Günter Grass

Ein weites Feld

Roman

Deutscher Taschenbuch Verlag

Die Gestalt des Tallhover, die in dem vorliegenden Roman
als Hoftaller fortlebt, entstammt dem 1986 bei Rowohlt/Reinbek
erschienenen Roman ›Tallhover‹ von Hans Joachim Schädlich.

Ungekürzte Ausgabe
September 1997
3. Auflage Dezember 1999
Deutscher Taschenbuch Verlag GmbH & Co. KG,
München
© 1995 Steidl Verlag, Göttingen
Der vorliegende Text entspricht der von Volker Neuhaus
und Daniela Hermes herausgegebenen Werkausgabe,
Göttingen 1997: Band 13, herausgegeben von
Daniela Hermes
Umschlagkonzept: Balk & Brumshagen
Umschlaggrafik: Günter Grass
Satz: Steidl, Göttingen
Gesetzt aus der Baskerville Book
Druck und Bindung: C. H. Beck'sche Buchdruckerei,
Nördlingen
Gedruckt auf säurefreiem, chlorfrei gebleichtem Papier
Printed in Germany · ISBN 3-423-12447-4

Für Ute, die es mit F. hat ...

ERSTES BUCH

1 Bei den Mauerspechten

Wir vom Archiv nannten ihn Fonty; nein, viele, die ihm über den Weg liefen, sagten: »Na, Fonty, wieder mal Post von Friedlaender? Und wie geht's dem Fräulein Tochter? Überall wird von Metes Hochzeit gemunkelt, nicht nur auf dem Prenzlberg. Ist da was dran, Fonty?«

Selbst sein Tagundnachtschatten rief: »Aber nein, Fonty! Das war Jahre vor den revolutionären Umtrieben, als Sie Ihren Tunnelbrüdern bei Funzellicht was Schottisches, ne Ballade geboten haben...«

Zugegeben: es klingt albern, wie Honni oder Gorbi, dennoch muß es bei Fonty bleiben. Sogar seinen Wunsch nach dem abschließenden Ypsilon müssen wir mit einem hugenottischen Stempel beglaubigen.

Seinen Papieren nach hieß er Theo Wuttke, weil aber in Neuruppin, zudem am vorletzten Tag des Jahres 1919 geboren, fand sich Stoff genug, die Mühsal einer verkrachten Existenz zu spiegeln, der erst spät Ruhm nachgesagt, dann aber ein Denkmal gestiftet wurde, das wir, mit Fontys Worten, »die sitzende Bronze« nannten.

Ohne Rücksicht auf Tod und Grabstein, eher angestoßen vom ganzfigürlichen Monument, vor dem er als Kind oft allein und manchmal an des Vaters Hand gestanden hatte, übte sich schon der junge Wuttke – sei es als Gymnasiast, sei es in Luftwaffenblau – so glaubhaft ein bedeutendes Nachleben ein, daß der bejahrte Wuttke, dem die Anrede »Fonty« seit Beginn seiner Vortragsreisen für den Kulturbund anhing, eine Fülle von Zitaten auf Abruf hatte; und alle waren so treffend, daß er in dieser und jener Plauderrunde als Urheber auftreten konnte.

Er sprach von »meiner sattsam bekannten Birnenballade«, von »meiner Grete Minde und ihrer Feuersbrunst«, und immer wieder kam er auf Effi als seine »Tochter der Lüfte«. Dubslav von Stechlin und die aschblonde Lene Nimptsch, die gemmengesichtige Mathilde und die zu blaß geratene Stine, nebst Witwe Pittelkow, Briest in seiner Schwäche, Schach, wie er lächerlich wurde, der Förster Opitz und die kränkelnde Cécile, sie alle waren sein Personal. Nicht etwa zwinkernd, sondern durchlebter Leiden gewiß, klagte er uns seine Fron als Apotheker zur Zeit der achtundvierziger Revolution, sodann die ihm mißliche Lage als Sekretär der Preußischen Akademie der Künste – »Bin immer noch kolossal schlapp und nervenrunter« –, um gleichwegs von jener Krise zu berichten, die ihn fast in eine Heilanstalt gebracht hatte. Er war, was er sagte, und die ihn Fonty nannten, glaubten ihm aufs Wort, solange er plauderte und die Größe wie den Niedergang des märkischen Adels in pointenscharfe Anekdoten kleidete.

So hat er uns trübe Nachmittage verkürzt. Kaum saß er im Besuchersessel, legte er los. Ihm war ja alles geläufig; sogar die Irrtümer seiner Biographen, die er bei Laune »meine verdienstvollen Spurentilger« nannte, konnte er auflisten. Und als ihm sicher zu sein schien, daß er uns zum Modell wurde, rief er: »Wäre ridikül, mich als ›heiter darüberstehend‹ zu portraitieren!«

Oft war er besser als wir, seine »fleißigen Fußnotensklaven«. Den bei uns lagernden Briefwechsel, etwa mit der Tochter, konnte er derart zitatsicher abperlen, daß es ihm eine Lust gewesen sein muß, diese Korrespondenz in unvergänglicher Brieflaune fortzusetzen; schrieb er doch gleich nach der Öffnung der Berliner Mauer einen Metebrief an Martha Wuttke, die ihrer angegriffenen Nerven wegen in Thale am Harz zur Kur war: »... Mama hat sich natürlich zu Tränen verstiegen, während mir solche Ereignisse, die partout groß sein wollen, herzlich wenig bedeuten. Eher setze ich aufs aparte Detail, zum Beispiel auf jene jungen Burschen, unter ihnen exotisch fremdländische, die als sogenannte Mauerpicker oder Mauerspechte den zweifelsohne begrüßenswerten Abbruch dieser kilometerlangen Errungenschaft teils als Bildersturm, teils als Kleinhandel betreiben; sie rücken dem gesamtdeutschen Kunstwerk mit Hammer und Meißel zu Leibe, auf daß jedermann – und es fehlt nicht an Kundschaft – zu seinem Souvenir kommt...«

Hiermit ist gesagt, in welch zurückliegender Zeit wir Theo Wuttke, den alle Fonty nannten, aufleben lassen. Gleiches gilt für seinen Tagundnachtschatten. Ludwig Hoftaller, dessen Vorleben unter dem Titel »Tallhover« auf den westlichen Buchmarkt kam, wurde zu Beginn der vierziger Jahre des vorigen Jahrhunderts tätig, stellte aber seine Praxis nicht etwa dort ein, wo ihm sein Biograph den Schlußpunkt gesetzt hatte, sondern zog ab Mitte der fünfziger Jahre unseres Jahrhunderts weiterhin Nutzen aus seinem überdehnten Gedächtnis, angeblich der vielen unerledigten Fälle wegen, zu denen der Fall Fonty gehörte.

So war es denn Hoftaller, der am Bahnhof Zoologischer Garten blechernes Ostgeld versilberte, damit er sein Objekt dank westlicher Währung einladen konnte, den siebzigsten Geburtstag zu feiern: »Da kann man nicht still drüber weg. Muß begossen werden.«

»Das wäre, als wollte man mir die vorletzte Ehre erweisen.«

Fonty erinnerte seinen altgewohnten Kumpan an eine Situation, die sich durch Einladung der »Vossischen Zeitung« ergeben hatte. Ein Brief des Chefredakteurs Stephany war ins Haus gekommen. Doch schon vor hundert Jahren hatte er postwendend lustlos reagiert: »Siebzig kann jeder werden, wenn er einen leidlichen Magen hat.«

Erst als Hoftaller versprach, nicht, wie damals die »Vossin«, an die vierhundert Spitzen der Berliner Gesellschaft zu versammeln, sondern den Kreis der Feiernden klein zu halten, ihn sogar, wenn gewünscht, radikal auf das betagte Geburtstagskind und ihn, den Nothelfer in schwieriger Lage, zu beschränken, gab Fonty klein bei: »Möchte mich zwar lieber in meine Sofaecke drücken – mit demnächst siebzig darf man das –, aber wenn es denn sein muß, muß es was Besonderes sein.«

Hoftaller schlug den Künstlerklub »Möwe« in der Maternstraße vor. Danach bat er seinen Gast, das beliebte Theaterrestaurant »Ganymed« am Schiffbauerdamm zu erwägen. Nichts paßte. Und auch das »Kempinski« im Westen der Stadt war nicht nach Fontys Wünschen. »Mir schwebt«, sagte er, »etwas Schottisches vor. Nicht unbedingt mit Dudelsack, aber annähernd schottisch soll es schon sein...«

Wir, die im Archiv übriggebliebenen Fußnotensklaven, ermahnen uns, nicht vorschnell den Siebzigsten abzufeiern, sondern von jenem Spaziergang Bericht zu geben, der schon Mitte Dezember stattfand und erst nach längerem Verlauf Gelegenheit bot, den bevorstehenden Geburtstag zu bereden und dessen Feier zu planen.

An einem frostklirrenden Wintertag, dem ein wäßrig blauer Himmel über der nunmehr ungeteilten Stadt entsprach, am 17. Dezember, als in der Dynamo-Halle die bislang führende Partei tagte, um sich mit neuem Namen zu verkleiden, an einem Sonntag, der Klein und Groß auf die Beine brachte, kamen auch sie zielstrebig Ecke Otto-Grotewohl-, Leipziger Straße ins Bild: lang und schmal neben breit und kurz. Der Umriß der Hüte und Mäntel aus dunklem Filz und grauem Wollgemisch verschmolz zu einer immer größer werdenden Einheit. Was sich gepaart näherte, schien unaufhaltsam zu sein. Schon waren sie am Haus der

Ministerien, genauer, an dessen nördlicher Flanke vorbei. Mal gestikulierte die hochwüchsige, mal die kleinwüchsige Hälfte. Dann wieder waren beide mit Händen aus weiten Ärmeln beredt, der eine bei ausholendem Schritt, der andere im Tippelschritt. Ihre Atemstöße, die sich als weiße Wölkchen verflüchtigten. So blieben sie einander vorweg und hinterdrein, waren aber dennoch miteinander verwachsen und von einer Gestalt. Da dem Gespann kein Gleichschritt gelang, sah es aus, als bewegten sich leicht zapplige Schattenrißbildchen. Der Stummfilm lief in Richtung Potsdamer Platz, wo die als Grenze gezogene Mauer schon in Straßenbreite niedergelegt war und in jede Fahrtrichtung offenstand; doch ließ dieser Übergang, weil oft verstopft, nur verzögerten Verkehr von der einen zur anderen Stadthälfte, zwischen zwei Welten, von Berlin nach Berlin zu.

Sie überquerten ein Jahrzehnte lang wüstes Niemandsland, das nun als Großfläche nach Besitzern gierte; schon gab es erste, einander übertrumpfende Projekte, schon brach Bauwut aus, schon stiegen die Bodenpreise.

Fonty liebte solche Spaziergänge, zumal ihm der Westen neuerdings mit dem Tiergarten Auslauf bot. Jetzt erst kam sein Spazierstock ins Bild. Von Hoftaller, der ihm ohne Stock, aber mit praller Aktentasche anhing, war bekannt, daß er, außer der Thermosflasche und der Brotbüchse, jederzeit einen durch Knopfdruck auf Normalgröße zu entfaltenden Kleinschirm bei sich trug.

In ihrem kaum mehr bewachten Zustand machte die Mauer beiderseits des Durchlasses Angebote. Nach kurzem Zögern entschieden sie sich nach rechts hin in Richtung Brandenburger Tor. Metall auf Stein: von fern her schon hatten sie das helle Picken gehört. Bei Temperaturen unter Null trägt solch ein Geräusch besonders weit.

Dicht bei dicht standen oder knieten Mauerspechte. Die im Team arbeiteten, lösten einander ab. Einige trugen Handschuhe gegen die Kälte. Mit Hammer und Meißel, oft nur mit Pflasterstein und Schraubenzieher zermürbten sie den Schutzwall, dessen Westseite während der letzten Jahre seines Bestehens von anonym gebliebenen Künstlern mit lauten Farben und hart konturierendem Strich zum Kunstwerk veredelt worden war: Das geizte nicht mit Symbolen, spuckte Zitate, schrie, klagte an und war gestern noch aktuell gewesen.

Hier und dort sah die Mauer schon löchrig aus und zeigte ihr Inneres vor: Moniereisen, die bald Rost ansetzen würden. Und über weite Flächen gab das kilometerlange, bis kurz vor Schluß verlängerte Wandbild in museumsreifen Fragmenten handtellergroße Placken und in winzigen Bruchstücken wilde Malerei preis: freigesetzte Phantasie und erstarrte Protestchiffren.

All das sollte dem Andenken dienen. Abseits vom Gehämmer, im sozusagen zweiten Glied der von Westen her betriebenen Demontage, lief bereits das Geschäft. Auf Tücher oder Zeitungen gebreitet, lagen gewichtige Batzen und winziger Bruch. Einige Händler boten drei bis fünf Fragmente, keins größer als ein Markstück, in Klarsichtbeuteln an. Bestaunt werden konnten mit Geduld abgesprengte größere Details der Mauermalerei, etwa der Kopf eines Ungeheuers mit Stirnauge oder eine siebenfingrige Hand; Exponate, die ihren Preis hatten, und dennoch fanden sich Käufer, zumal ihnen ein datiertes Zertifikat – »Original Berliner Mauer« – mit dem Souvenir ausgehändigt wurde.

Fonty, der nichts unkommentiert lassen konnte, rief: »Bruch ist besser als Ganzes!« Weil er nur Ostgeld locker hatte, schenkte ihm ein jugendlicher Händler, dem offenbar genug Gewinn zugeflossen war, drei groschengroße Absprengsel, deren Farbspuren, das eine Schwarz gegen Gelb, das andere Blau neben Rot, das dritte Stück dreierlei Grün, als kostbar zu gelten hatten: »Hier, Opa, nur für Ostkundschaft und weil Sonntag ist.«

Anfangs wollte sein Tagundnachtschatten dem zwar illegalen, doch beiderseits der Mauer geduldeten Volksvergnügen nicht zusehen; Fonty mußte ihn am Ärmel ziehen. Er zerrte seinen Kumpan regelrecht an laufenden Bildmetern vorbei Nein, das war nichts für Hoftaller. Diese Mauerkunst war nicht nach seinem Geschmack; und doch mußte er ansehen, was ihn schon immer angewidert hatte. »Chaos!« rief er. »Nichts als Chaos!«

Als sie an eine Stelle der enggefügten und durch einen Wulst überhöhten Betonplatten kamen, die nach Osten Ausblick bot, weil dem abgrenzenden Bauwerk kürzlich von oben weg eine weit klaffende Lücke geschlagen worden war, blieben sie stehen und schauten durch den offenen Keil, aus dessen gezackten Rändern teils verbogene, teils abgesägte Moniereisen ragten. Sie sahen den Sicherheitsgürtel, die Hundelaufanlage, das weite Schußfeld, sahen über den Todesstreifen hinweg, sahen die Wachtürme.

Von drüben gesehen, schaute Fonty ab Brusthöhe durch den erweiterten Spalt. Neben ihm war Hoftaller von den Schultern aufwärts im Bild: zwei Männer mit Hüten. Wäre aus östlichem Bedürfnis nach Sicherheit noch immer ein Grenzsoldat wachsam gewesen, hätte er von beiden ein erkennungsdienstliches Photo schießen können.

Längere Zeit schwiegen sie durch den geschlagenen Keil, doch hielt jeder anders laufende Erinnerung zurück. Endlich sagte Hoftaller: »Macht mich traurig, auch wenn wir diesen Abbruch spätestens seit der ›Sputnik‹-Affäre vorausgesagt haben. Wird man eines Tages lesen können, unseren Bericht über den Zerfall staatlicher Ordnung. Wurde nicht zur Kenntnis genommen. Keiner der führenden Genossen war ansprechbar. Kenne das: die übliche Ertaubung während ner Spätphase...«

Mehr flüsternd als laut setzte Hoftaller seinen dienstlichen Kummer durch die Mauerlücke frei. Plötzlich kicherte er. Ein lange zurückgehaltenes, nun bis zum Überfluß gespeichertes Kichern schüttelte ihn. Und Fonty, der sein Ohr dem Flüsternden zuneigen mußte, hörte: »Eigentlich komisch. Typischer Fall von Machtermüdung. Nichts greift mehr. Aber wissen möchte man schon, wer den Riegel aufgesperrt hat. Na, wer hat dem Genossen Schabowski den Spickzettel untergeschoben? Wer hat ihm erlaubt, ne Durchsage zu machen? Satz auf Satz rausposaunt... ›Ab heute ist...‹ Na, Fonty, wem wird das Sprüchlein ›Sesam, öffne dich‹ eingefallen sein? Wem schon? Kein Wunder, daß der Westen wie vom Schlag gerührt war, als ab 9. November Zehntausende, was sag ich, Hunderttausende rüberkamen, zu Fuß und mit ihren Trabis. Waren richtig perplex... haben Wahnsinn geschrien... Wahnsinn! Aber so ist das, wenn man jahrelang jammert: ›Die Mauer muß weg...‹ Na, Wuttke, wer hat ›Bitteschön, schluckt uns‹ gesagt? Fällt der Groschen?«

Fonty, der bisher bei schräger Kopfhaltung geschwiegen hatte, wollte nicht rätseln. Eher beiläufig spielte er eine Gegenfrage aus: »Wo steckten eigentlich Sie, als damals hier alles dichtgemacht wurde, querdurch?«

Vor dem in Brust- und Schulterhöhe klaffenden Spalt standen sie immer noch wie gerahmt: ein Doppelportrait. Weil sich beide gern dem Ritual eingeübter Befragungen unterwarfen, nehmen wir an, daß Fonty vorauswußte, was Hoftaller zur Litanei reihte: »Infolge der Konterrevolution... Als nur noch mit Hilfe der Sowjetmacht... Kam zu Säuberungen bald danach...«

Er zählte unterlassene Sicherheitsmaßnahmen auf und sprach von Enttäuschungen. Noch immer bedauerte er Systemlücken. Untilgbar hing ihm der 17. Juni an: »Wurde strafversetzt. Saß im Staatsarchiv rum. Rutschte in ne depressive Stimmungslage. Habe deshalb den Arbeiter- und Bauern-Staat verlassen müssen. War aber keine prinzipielle

Sinnkrise. Nein, Tallhover hat nicht Schluß gemacht, hat nur die Seite gewechselt, war drüben gefragt. Das hat mein Biograph leider nicht glauben wollen, hat die im Westen gängige Freiheit fehleingeschätzt, hat mich ohne Ausweg gesehen, mir ne Todessehnsucht angedichtet, als könnte unsereins Schluß machen. Für uns, Fonty, gibt's kein Ende!«

Hoftaller sprach nicht mehr im Flüsterton. Nun nicht mehr vor die klaffende und zum Bekenntnis zwingende Plattenkonstruktion gestellt, sondern wieder im Tippelschritt und am endlosen Mauerbild vorbei, gab er sich gutgelaunt: »Jetzt kann man ja offen reden: Wurde mit Kußhand genommen. Versteht sich: mein Spezialwissen! Lief drüben unter gewendetem Namen. Wurde als ›Revolat‹ geführt. Bekam mir gut, der Klimawechsel. Doch auch die andere Seite knauserte nicht mit Enttäuschungen. Meine Warnungen vor drohender Abriegelung sind für die Katz gewesen. Habe in Köln mit abgelichteten Lieferscheinen alle im Westen getätigten Großeinkäufe belegt; was man so brauchte für den Friedenswall: Zement, Moniereisen, ne Menge Stacheldraht. Gab schließlich Pullach nen warnenden Tip. Half nichts. Endlich, als es zu spät war, merkte der Agent Revolat, daß auch der Westen die Mauer wollte. War ja alles einfacher danach. Für beide Seiten. Sogar die Amis waren dafür. Mehr Sicherheit war kaum zu kriegen. Und nun dieser Abbruch!«

»Nichts steht für immer« hieß Fontys Trost. Im schräg einfallenden Nachmittagslicht schritten und tippelten sie Richtung Tor. Die schon tief stehende Sonne machte, daß sie auf das Mauerbild einen gepaarten Schatten warfen, der ihnen folgte und ihre Gesten nachäffte, sobald sie mit Händen aus weiten Mantelärmeln redeten und die neuerliche Sicherheitslücke entweder als Risiko einschätzten – »Wird man sich noch zurückwünschen eines Tages« – oder als »kolossalen Gewinn« feierten: »Ohne ist besser als mit!«

Einige Mauerspechte betrieben ihr Handwerk verbissen, wie gegen Stücklohn, ein Herr fortgeschrittenen Alters sogar mit einem batteriegespeisten Elektrobohrer. Er trug eine Schutzbrille und Ohrenklappen. Kinder sahen ihm zu.

Viel Volk war unterwegs, auch türkisches. Junge Paare ließen sich vor Hintergrund photographieren, damit sie sich später, viel später würden erinnern können. Hier trafen lange getrennte Familien einander. Von fern Angereiste staunten. Japaner in Gruppen. Ein Bayer in Tracht. Heitere, aber nicht laute Stimmung. Und über allem lag dieses dem Specht nachgesagte Geräusch.

Zwei berittene Westpolizisten kamen ihnen entgegen und schauten über die Sonntagsarbeit hinweg. Hoftaller gab sich einen dienstlichen Ruck, doch auf die Frage nach der Zulässigkeit des destruktiven Vorgangs sagte der eine Wachtmeister: »Zulässig isset nich, aber verboten noch wenjer.«

Zum Trost schenkte Fonty seinem Tagundnachtschatten die drei groschengroßen Mauerbröcklein. Und während er noch die einseitig bunten Fragmente wie Beweisstücke im Portemonnaie sicherte, sagte Hoftaller: »Jedenfalls war ab August einundsechzig wieder was fällig. Meine alte Dienststelle klopfte an. Ließ mich nicht lange bitten. Aber das wissen Sie ja, daß ich schon immer gesamtdeutsch...«

Ihr Ritual gab nichts mehr her. Schweigend liefen sie die Mauer ab. Nur als Dampf verwehte ihr Atem. Schritt nach Schritt, dann stand das Gespann im gestauten Auflauf vor dem Brandenburger Tor oder vielmehr vor dem weit ausgebuchteten, das Tor noch immer sperrenden Betonwall, auf dessen Abriß seit Wochen die Welt mit lauernden Kamerateams wartete.

Massiv, wie für ewig gebaut. Nur die Verlegenheit einiger Grenzsoldaten, die auf dem oberen Wulst der hier begehbaren Bastion mehr herumstanden als Präsenz zeigten, kündigte die auf demnächst datierte Hinfälligkeit des Bollwerks an. Wir sind sicher: Hoftaller sah das mit gemischten Gefühlen, doch Fonty hatte Freude an den Nebenhandlungen der sonntäglichen Idylle. Junge Frauen und von Müttern hochgehaltene Kinder schenkten den Soldaten Blumen, Zigaretten, Orangen, Schokoladenriegel und natürlich Bananen, jene dazumal demonstrativ beliebte Südfrucht. Und Wunder über Wunder, die kürzlich noch schußfertigen Männer in Uniform ließen sich beschenken, sogar Westsekt nahmen sie an.

Und hier, in Sonntagsstimmung gebettet, umgeben von Schaulustigen, unter denen Jugendliche mehr bierselig als aggressiv »Macht das Tor auf!« brüllten, damals, zur Zeit der steilen Hoffnungen und Runden Tische, der großen Worte und kleinstriezigen Bedenken, zur Stunde der abgesägten Bonzen und schnellen ersten Geschäfte, an einem windstill klaren Dezembertag des Jahres 89, als das Wort »Einheit« mehr und mehr an Kurswert gewann, sagte Fonty plötzlich laut und von Hoftaller nicht zu dämpfen, jenes lange Gedicht mit dem Titel »Einzug« auf, das am 16. Juni 1871 im Berliner Fremden- und Anzeigenblatt pünktlich zum Anlaß gedruckt gestanden hatte und dessen Reime das siegreiche Ende des Krieges gegen Frankreich sowie die Reichsgründung und die Krönung des preußischen Königs zum Kaiser der Deutschen feierten, indem sie strophenreich alle heimkehrenden Regimenter, die Garde voran, zur Parade führten – »Mit ihnen kommen, geschlossen, gekoppelt, die Säbel in Händen, den Ruhm gedoppelt, die hellblauen Reiter von Mars la Tour, aber an Zahl die Hälfte nur...« – und durchs Brandenburger Tor, dann die Prachtstraße Unter den Linden hoch im Gleichschritt marschieren ließ: »Bunt gewürfelt Preußen, Hessen, Bayern und Baden nicht zu vergessen, Sachsen, Schwaben, Jäger, Schützen, Pickelhauben und Helme und Mützen...«

Das geschah zum wiederholten Mal, denn nach den preußischen Siegen über Dänemark und Österreich, den ersten Einheitskriegen, war es gleichfalls zur Parade und zu gereimten Einzugsgedichten gekommen; ein Huldigungseifer, den Fonty mit der ersten Strophe den Schaulustigen vor dem gesperrten Tor in Erinnerung gerufen hatte: »Und siehe da, zum dritten Mal ziehen sie ein durch das große Portal; der Kaiser vorauf, die Sonne scheint, alles lacht und alles weint...«

So betont er deklamierte, hier, unter freiem Himmel, trug die Stimme des ehemaligen Kulturbundredners Theo Wuttke, den alle Fonty nannten, nicht weit genug. Nur wenige lachten, und niemand weinte vor Freude, auch blieb der Beifall spärlich, als er mit letzter Strophe die Siegesparade vor dem Denkmal des zweiten Friedrich, vorm »Fritzen-Denkmal«, hatte auslaufen lassen.

Gleich nach dem Verhall der Verse lösten sich beide aus der Menge. Fonty schien es eilig zu haben, und Hoftaller sagte ihm hinterdrein: »Sollte das etwa Ihr Beitrag zur kommenden Einheit sein? Zackig und forsch. Hab's noch im Ohr: ›Die Linden hinauf erdröhnt ihr Schritt, Preußen-Deutschland fühlt ihn mit...‹«

»Weiß ich, weiß ich! War bloße Lohnarbeit, schlecht bezahlte obendrein...«

»Davon gibt's mehr, mal stocksteif, mal schnoddrig gereimt.«

»Leider. Aber Besseres gibt's auch – und das bleibt!«

Inzwischen entfernten sie sich unter winterstarren Bäumen. Ihr Gespräch über den Wert von Gebrauchslyrik verebbte schnell; wir lassen es unkommentiert. Sie machten verschieden lange Schritte den Sonntagspassanten entgegen, die zum Tor wollten. Ihr Ziel hieß Siegessäule, deren krönender Engel als neuvergoldete Scheußlichkeit in der Abendsonne prahlte. Zum Großen Stern zog es sie, mitten durch den Tiergarten, der auf nach links abzweigenden Nebenwegen zur Luisenbrücke, zur Amazone und in Richtung Rousseau-Insel mit Ruhebänken lockte. Aber sie wichen nicht ab. Kaum, daß sie am sowjetischen Ehrenmal den Schritt verlangsamten.

Vom Brandenburger Tor aus gesehen, wurden sie kleiner und kleiner. Das verschieden hohe Paar. Schon wieder gestikulierend: der eine mit dem Spazierstock, den er »meinen märkischen Wanderstock« nannte, der andere mit den kurzen Fingern seiner Rechten, denn links trug er die gebauchte Aktentasche. Der Stummfilm. Schreitend der eine, tippelnd der andere. Vom Großen Stern aus gesehen, kamen sie gut voran. Mantel mit Mantel zu einem Schattenriß verwebt, obgleich sie nicht Arm in Arm gingen. Am Ende der Paradestraße verschwanden beide für kurze Zeit, weil sie den ungebremsten Kreisverkehr um die Siegessäule durch einen Tunnel, extra für Fußgänger gebaut, unterlaufen mußten.

Nun, da das Paar weg ist, sind wir versucht, über Berlins Sehenswürdigkeit, die in ganzer Höhe beide Weltkriege überstanden hat, zu lästern, doch Fonty fällt uns ins Wort; kaum waren sie wieder aufgetaucht, bot sich vorm Sockel der hochragenden Säule, die bis zur Spitze des siegreichen Feldzeichens sechsundsechzig Meter mißt, Gelegenheit für Abschweifungen ins historische Feld, entweder mit Hilfe vielstrophiger Gedichte oder aus Erinnerung, die bis zum Sedanstag und noch weiter treppab zurückreichte.

Wie es sich anhörte, hatten sie am 2. September 1873 die Enthüllung der Siegessäule miterlebt. Damals stand die erhöhte Borussia als Viktoria auf dem Königsplatz, dem heutigen Platz der Republik. Kurz vor Beginn des Zweiten Weltkriegs wurde sie auf allerhöchsten Befehl abgetragen und vom Vorfeld des Reichstagsgebäudes an den Großen Stern versetzt.

Sehenswürdig soll ein Relief sein, das in Sichthöhe Sieg nach Sieg die Einheitskriege feiert. Hier trägt ein lockenköpfiger Junge dem Vater, den die Mutter zum Abschied umarmt, das Gewehr, dort haben Landsturmmänner das Bajonett aufgepflanzt. Ein Trompeter bläst zum Angriff. Über Gefallene geht es vorwärts.

Sie schritten den Sockel ab. Weil die Säule, samt rotschwedischem Granit, allseitigem Metallguß und krönender Siegesgöttin, im letzten, elend verlorenen Krieg Schaden genommen hatte, wies Hoftallers Zeigefinger überall Löcher nach, denen nicht anzusehen war, ob Bomben- oder zum Schluß Granatsplitter ihr Ziel gefunden hatten. Durchlöchert die Brust eines Infanteristen. Halbierte Helme. Drei Finger nur hat die Hand. Hier fehlt einem gußeisernen Dragonerpferd das rechte Vorderbein, dort stürmt ein kopfloser Hauptmann voran, sei es bei Düppel, sei es bei Gravelotte. Bekümmert zog Hoftaller Bilanz. Fünfzig und mehr Einschüsse zählte er, den Schaden am Granitsockel nicht mitgerechnet. Aber Fonty hatte, was Siege betraf und soweit Preußens Geschichte zurückreichte, mehr als die Säule zu bieten.

Er zitierte den Grafen Schwerin und dessen Fahne, den alten Derfflinger, die Generäle Zieten und Seydlitz, obendrein alle Schlachten von Fehrbellin über Hohenfriedberg bis Zorndorf. Schon wollte er Preußens Siege und gelegentliche Niederlagen an die Standarten berühmter Regimenter knüpfen und des Großen Friedrich besungene Haudegen mit knappem Zitat vorführen – »Herr Seydlitz bricht beim Zechen den Flaschen all den Hals, man weiß, das Hälsebrechen verstund er allenfalls...« –, da wurde Fonty, der bereits Atem zum Balladenton sammelte und samt Stock die Arme hob, von hinten angestupst.

Ein Junge, den er uns später als sommersprossig geschildert hat, sagte einen Wunsch auf: »Ob Se mia mal nen

Schnürsenkel binden könn? Kann ick nämlich nich. Bin erst fünfe.«

Fonty bückte sich, legte den Wanderstock ab und band, wie gewünscht, den offenen Senkel des rechten Schuhs zur Schleife.

»So«, sagte er, »die hält.«

»Na, nächstet Mal kann ick selba!« rief der Junge und rannte zu den anderen Jungs, die rund um die Siegessäule und umrundet vom Kreisverkehr Fußball spielten.

»Da haben Sie's«, sagte Fonty, »nur sowas ist wichtig. Schlachten, Siege, Sedan und Königgrätz sind null und nichtig. Alles Mumpitz und ridikül. Deutsche Einheit, reine Spekulation! Die erste gelungene Schnürsenkelschleife jedoch, die zählt.«

Hoftaller stand in abgelaufenen Schnallenschuhen. Er wollte sich nicht erinnern.

Dann war die Sonne weg. Durch den Fußgängertunnel unterwanderten sie abermals den Großen Stern, gingen die Straße des 17. Juni lang und wollten ab S-Bahnhof Tiergarten die Bahn nehmen. Zwei alte Männer im Gespräch. Ihre Gesten nun eckiger. Keinen Schatten warfen sie mehr.

Und jetzt erst, nicht voreilig verfrüht, sondern knapp vierzehn Tage vor dem runden Anlaß, begann Hoftaller, seine Einladung vorzubereiten: »Wird man nicht alle Tage, siebzig.«

»Zur Feier fehlen mir einige Zentner Überzeugung.«

»Die kommt noch, bestimmt.«

»Und woher nehmen?«

»Schlage Bahnhof Friedrichstraße vor, Mitropa-Gaststätte. War mal Agententreff. Ein historischer Ort sozusagen.«

Fonty setzte ein subversiv verschlossenes Gesicht auf und machte längere Schritte.

So kurzbeinig Hoftaller war, er blieb ihm zur Seite: »Kein großer Auftrieb, versprochen. Ne kleine gemütliche Runde nur...«

»Würde trotzdem, wie gehabt, zu radaumäßig verlaufen... Außerdem stinkt mir...«

»Soll das etwa ne Verweigerung sein?«

»Soll das heißen, ich muß?«

»Um nicht deutlicher zu werden: Glaube ja.«

»Und wenn ich nein sage...«

»Würde mich traurig machen, Wuttke. Sie wissen ja, wir können auch anders.«

Nachdem sie das letzte Stück Weg stumm hinter sich gebracht hatten, blieb Fonty kurz vorm S-Bahnhof stehen. Nun nicht mehr von subversivem Ausdruck, hob er, als sollte zur Rede ausgeholt werden, den rechten Arm, ließ ihn dann aber sinken und sprach über Hoftaller hinweg: »Wie sagte der alte Yorck bei Laon, als die Russen nicht anrückten? – ›Nunja, es muß auch so gehn.‹«

Dieser Ausspruch ist, wie wir vom Archiv wissen, Zitat aus einem Brief an den märkischen Pfarrer Heinrich Jacobi, in dem ferner zu lesen steht: »Von meinem ›Jubelfeste‹ schreibe ich Ihnen nicht. Die konservativen Blätter, die mich als einen ›Abtrünnigen‹ – es ist aber nicht so schlimm damit – einigermaßen auf dem Strich haben, haben nur sehr wenig davon gebracht...«

2   Annähernd schottisch

Weiter stand in dem Brief an Pfarrer Jacobi: »Man hat mich
kolossal gefeiert und – auch wieder gar nicht. Das moderne
Berlin hat einen Götzen aus mir gemacht; aber das alte Preußen, das ich durch mehr als vierzig Jahre hin in Kriegsbüchern, Biographien, Land- und Leuteschilderungen und
volkstümlichen Gedichten verherrlicht habe, das ›alte Preußen‹ hat sich kaum gerührt und alles (wie in vielen Stücken)
den Juden überlassen...«

Um Einsicht in das Original dieses Briefes vom 23. Januar
1890 zu nehmen, in dem immerhin steht, daß der Minister
von Goßler, sein alter Gönner, die Sache »persönlich heraus-
gerissen« habe, hat Fonty uns wenige Tage vor Weihnachten
besucht. »Ist ja nun keine Weltreise mehr wie früher, selbst
wenn die S-Bahnverbindung nach Potsdam noch nicht
recht klappt. Aber mit dem Bus geht's!«

Das rief er noch in offener Tür und überreichte den
Damen wie üblich, wenn er uns aufsuchte, einen Strauß Blumen, besser gesagt, drei Mistelzweige und deren glasig
blasse Früchte, eine, wie uns versichert wurde, englische,
doch gleichfalls in Wales und bis hoch zu den Orkney-
Inseln lebendig gebliebene Tradition: »Bitte darum, zur
Kenntnis zu nehmen: That's British Christmas!«

Als wir nach seinen Wünschen fragten, fragte Fonty
zurück: »Warum wird man siebzig?« und nannte dann
Briefe, darunter den an Jacobi, die alle um den Geburtstag
vom 30. Dezember kreisten und um dessen offizielle Nachfeier, die gleich zu Beginn des neuen Jahres, am 4. Januar, im
Restaurant »Englisches Haus« in der Mohrenstraße stattgefunden hatte.

Er blieb nicht lange und machte sich keine Notizen. Kaum, daß er beim Lesen nickte oder die Brauen hob. Außer den Briefen durften wir ihm einige den bejahrten Greis feiernde Zeitungsberichte vorlegen, die er – sogar die Eloge in der Vossischen – nur flüchtig las. Weiter reichte sein Interesse nicht. Bevor er nach einigem Geplauder – es ging um Tagesereignisse, zu denen die blutigen Unruhen in Rumänien zählten – uns, das Archiv, verließ, kam er noch einmal auf den vor hundert Jahren abgefeierten Geburtstag, wobei er dem eigenen, der bevorstand, nicht ohne Bedenken, fast mit Furcht entgegensah: »Muß ja nicht sein. Muß wirklich nicht sein!«

Deshalb hat er das von Hoftaller gewünschte Fest ausgeschlagen. Nichts klappte wie geplant. Im Bahnhof Friedrichstraße, in dessen Mitropa-Gaststätte Hoftaller einen Tisch reserviert hatte, kam keine Feierlichkeit auf. Zwar waren drei oder vier junge Männer, die um das betagte Geburtstagskind versammelt werden sollten, pünktlich zur Stelle, doch der Ehrengast ließ auf sich warten.

Es werden welche vom Prenzlauer Berg gewesen sein, dieser oder jener. Anscheinend war keiner unter ihnen, der später, auf Grund von Akteneinsicht, zu Schlagzeilen gekommen ist. Vieles hat sich seitdem durch Vergessen erledigt, manches lebte noch lange vom bloßen Verdacht; doch damals konnte man sorglos von Talenten sprechen, die Hoftaller geladen hatte.

Die Auswahl war groß. Und Fonty, dem schon immer aufkeimende Begabungen tauglich zum Vergleich mit Poeten gewesen sind, die einst im Leipziger Herwegh-Club oder im Tunnel über der Spree ihre Verse vorgetragen hatten, verglich die Prenzlberger gerne mit Wolfsohn, Lepel oder Heyse, besonders im Rückblick auf revolutionäre Zeiten; das war ihm ein Daumensprung nur: vom Vormärz zu den

Montagsdemonstrationen. Und da die jungen Poeten den alten Herrn nie als schrulligen Theo Wuttke verlacht, sondern als Fonty hochgeschätzt haben, gelang es ihnen mühelos, sein die Zeit verkürzendes Verständnis von Politik und Literatur auf Glaubenssätze oder einen Scherz zu verknappen: Teils wurde er bis zur Erhabenheit verklärt, teils zum Maskottchen verniedlicht. Und weil er scheinbar über allem Zeitgeschehen stand, war ihm die Aufgabe zugefallen, zwischen den sich anarchistisch gebenden Dichtern und der immer besorgten Staatssicherheit zu vermitteln.

Wir können nur vermuten, daß die jahrelange Duldung der unruhigen und manchmal vorlauten Prenzlberger Szene nicht nur der Harmlosigkeit ihrer Produkte, sondern auch Fonty zu verdanken war, der mit gewiß kenntnisreichen und – seinem Wesen nach – sarkastischen Gutachten sowie in witzigen Personenbeschreibungen die Wünsche seines Tagundnachtschattens erfüllt und so die dem Staat verdächtigen Genies auf Mittelgröße verkürzt hat. Man dankte ihm das. Er durfte als Schutzpatron gelten. Doch hatte es nicht nahegelegen, daß auch er, das Maskottchen vermeintlich konspirativer Versammlungen, Gegenstand gutachtlicher Beurteilungen zu sein hatte, und zwar aus Sicht der jungen Talente? Diese Spiegelungen verlangte ein auf permanente Rückversicherung und vorbeugende Fürsorge angelegtes System, dem jemand wie Hoftaller stets, sogar nach dessen Untergang, verpflichtet gewesen ist.

Enttäuscht warteten die Gäste auf den Ehrengast. Unruhe kam auf. Wir stellen uns besorgte Gespräche vor. Hoftaller mußte beschwichtigen.

»Was issen mit Fonty los?«

»Wird sich im Tiergarten verlaufen haben.«

»Der ist doch sonst die Pünktlichkeit in Person.«

»Unser Freund kommt bestimmt. Hat ja zugesagt.«

»Auf den können wir lange noch warten. Der is inne Freiheit drüben und verjuxt sein Begrüßungsgeld.«

»Für den sind wir historisch jeworden, na, wie seine Tunnelbrüder…«

»Paß auf! Den führn se jetzt im Westen spazieren, am Wannsee womöglich. Zum Siebzigsten ein Galaabend für Fonty am Sandwerder. Und einer dieser Oberwessis mit Fliege am Hals hält nen Festvortrag über die Unsterblichkeit als Wegwerfprodukt…«

»Quatsch! Wenn einer redet, dann Fonty, irgendwas über Jenny Treibel. Wie die mit ihrem Clan das Ende der Mauerzeit erlebt. Und was dabei an Profit rausspringt.«

»Oder sie reichen ihn rum: von einer Talkshow zur andern. Der quasselt doch gerne. Den sind wir los.«

»Ich bring ihn euch!« sagte Hoftaller oder hätte er sagen können. »Unser Fonty wird begreifen müssen, wohin er gehört, selbst an seinem Geburtstag.«

Mit letztem Wort klopfte er knöchelhart auf die Tischplatte und versprach, mit dem Ausreißer »in Bälde« zurück zu sein. Den jungen Talenten spendierte er ein Tellergericht, Hackbraten mit Spiegelei zu Bratkartoffeln, eine weitere Runde Bier und – wie zum Trost – eine Lage Nordhäuser Korn.

»Na gut, warten wir, bis er hier antanzt, endlich.«

Dann wird sich Hoftaller mit seiner ihm allzeit berufstauglichen Nase auf Suche begeben haben. Ohne Umweg nahm er die S-Bahn zum Bahnhof Zoo. Und da er den westlichen Teil der Stadt in sein Ordnungssystem einbezog, stieg er nicht wie in Feindesland aus, sooft er Fonty gegenüber beteuert hatte, ihn schmerze die notwendig gewordene Öffnung der Friedensgrenze. Sogar uns gegenüber sagte er: »Wird man sich noch zurückwünschen eines Tages, den Schutzwall.«

Damals, zum Zeitpunkt der sich überstürzenden Weltereignisse, als nicht nur in Rumänien, sondern, wie zum Ausgleich, auch am Panamakanal scharf geschossen wurde, hat man den Bahnhof Zoologischer Garten, besonders dessen zugige Vorhallen, bis hin zur Heine-Buchhandlung, als Wechselstuben benutzt. Einerseits kam Ostgeld in Bündeln günstig in Umlauf, andererseits waren Kleinbeträge in Westmark gefragt. Der unstabile Kurs von zehnkommafünf bis elf Mark Ost zu einer Mark West belebte das Geschäft, zumal sich viele Einwohner der bis vor kurzem abgeriegelten Stadthälfte für den Besuch der anderen zahlungsfähig machten: Zumindest für einen Kinobesuch und ein Bier danach mußte es reichen.

Und inmitten der Händler und wechselnden Kunden stand im Wintermantel, mit Hut, Shawl und Stock ein genügsamer Beobachter. Fonty wurzelte reglos im immer neu belebten Zahlungsverkehr und hatte sein Vergnügen an dieser für ihn kostenlosen Revue. Er vermutete Zaubertricks, sah Fingersprache inmitten Stimmengewirr, war Zeuge schnellbeschwichtigten Streits. Das Händlervolk und dessen mobile Kundschaft erstaunte ihn. Als Abgesandte eines Vielvölkerstaates mochten sie Vorboten größeren Andrangs sein. Fremdländisch wurde der schwankende Kurs der blechernen Ausverkaufswährung betont, in wechselnder Stimmlage, hier flüsternd, dort mit lautem Akzent. Dann wieder herrschte der trockene bis naßforsche Berliner Sprechanismus vor. Aber niemand trat auf, der die Bahnhofshallen zum Tempel erklärt und geräumt hätte.

Außer der Deutschmark waren amerikanische Dollar und Schwedenkronen gefragt. Gegen Pfennigbeträge wurde umgerubelt. Fonty sah, wie schlanke und dicke Finger gleich flink gebündelte Scheine abzählten. Überall waren Taschenrechner in Gebrauch. Jemand trug einen Hut, an dessen Krempe drei Scheine fremder Währung hingen, durch Wäscheklammern gesichert. Er sah, wie Plastikbeutel, Rucksäcke und neuglänzende Diplomatenkoffer prall gefüllt ihre

Besitzer wechselten, einige mehrmals, als folgten sie den Regeln eines allseits tolerierten Rituals. Da wurde er rücklings angesprochen.

»Ihre jungen Freunde warten nun schon ne geschlagene Stunde. Schwer enttäuscht sind sie, bitter enttäuscht.«

»Kann sich nur um ungeladene Gäste handeln.«

»Sollte ne Überraschung werden ...«

»Also wenn schon gefeiert wird, dann bitte nach Pläsier.«

»Und wo? Etwa auf dieser Stehparty, die in Nullkommanix durch ne Razzia beendet werden kann?«

»Wäre ich bei Kasse, wüßte ich, wo.«

Zur Einladung genötigt, tauschte der Gastgeber beim nächststehenden Anbieter etliche Scheine Ost gegen rund fünfzig Mark West. Doch erst auf dem gleichfalls betriebsamen Vorplatz des Bahnhofs nannte Fonty das Lokal seiner Wahl: Nicht auf dem Kurfürstendamm oder am Savigny-Platz, ganz nahbei, in Nachbarschaft zum Elefantenhaus des Zoologischen Gartens, dem Bahnhof gegenüber, sollte in einem Lokal, das zwischen einer Radiohandlung und einem Tanzcafé mit Leuchtschrift warb, des Unsterblichen und des Nachgeborenen runder Geburtstag gefeiert werden: »Glaube zwar immer noch nicht, daß meine siebzig Anlaß genug sind, doch hundertsiebzig machen was her. Erwarten Sie aber bloß nicht, daß ich dabei ein feierliches Gesicht schneide.«

Das also verstand Fonty unter »annähernd schottisch«. Bei McDonald's lief der übliche Betrieb. Dennoch fanden sie dem langen Tresen und den sechs Kassen schräg gegenüber einen Zweiertisch, von dem aus Blicke auf anschließende Räume möglich blieben. Sie belegten die Stühle mit ihren Hüten, Fonty den seinen zusätzlich mit dem Stock. Nie ließ Hoftaller von seiner Aktentasche.

Vor Kasse fünf stellten sie sich an und mußten schnell zum Entschluß kommen, denn der fragende Blick der Kassiererin, die, wie das gesamte Personal von McDonald's, unter grüner Schirmmütze einen grünen Schlips zum grünweißen Hemd trug und – laut Namensschild links überm Herzen – Sarah Picht hieß, verlangte Bestellung, sofort.

Nach Blick auf das gut leserliche und mit Preisen ausgewiesene Angebot entschied sich Fonty, dem der Super Royal TS für 5 Mark 95 West zu teuer war, für einen Cheeseburger und eine Portion Chicken McNuggets. Hoftaller schwankte zwischen dem Evergreen Menue – Hamburger Royal TS, mittlere Portion Pommes frites und mittelgroßes Erfrischungsgetränk, alles für nur 7 Mark 75 – und einem bloßen McRib, zog dann aber den doppelstöckigen Hamburger namens BigMäc vor, dazu Milchshake mit Erdbeergeschmack; Fonty wünschte einen Pappbecher Coca-Cola. So sicher traf er Entscheidungen, als sei McDonald's schon immer sein Stammlokal gewesen. Er riet Hoftaller, der schließlich für beide zahlte, zu einer zusätzlichen Bestellung: Pommes frites mit Senfsoße. Ihm stand, als jedem sein Tablett über den Tresen geschoben wurde, zweierlei Soße zu – eine hieß Barbecue –, passend zu den Chicken McNuggets. Sarah Picht lächelte der nachrückenden Kundschaft entgegen.

Dann saßen sie, und jeder mampfte für sich. Hatte der eine Mühe mit dem BigMäc, tunkte der andere seine Chikken McNuggets wie geübt mal in die eine, mal in die andere Soßenschale. Von den Pommes frites nahmen beide. Noch aßen sie wortlos und blickten, obgleich einander gegenüber sitzend, aneinander vorbei. Cola und Milchshake wurden weniger. Natürlich waren die Strohhalme nicht aus Stroh, doch das Fleisch versprach, hundertprozentig vom Rind, die panierten Nuggets vom Huhn zu sein. Weil sie nicht wußten, wohin damit, hatten beide ihre Hüte auf. Fontys Spazier- oder Wanderstock hing an der Stuhllehne. Sie hörten sich und andere essen.

Laufkundschaft, die bestellte und mitnahm, viel jugendliches Publikum, aber auch Devisenhändler von gegenüber belebten den Betrieb; doch waren die beiden nicht die einzigen älteren Semester oder Senioren, wie man im Westen sagte. Hier und da standen ziemlich abgetakelte alte Männer und Frauen aus dem Bahnhofsmilieu, die sich bei McDonald's aufwärmten; und manchmal reichte es sogar für eine Portion Pommes frites. Bei soviel Zulauf hätte Lärm herrschen können, aber in allen Räumen ging es gedämpft zu.

Fonty wartete nicht, bis er mit seinem Cheeseburger und den Chicken McNuggets fertig war. Zwischen Biß und Biß, kauend kommentierte er das Lokal: die Messingleuchter über der Theke, die abgeschirmte Schnellküche, für deren Angebot Preistafeln sprachen – ein FischMäc für drei Mark dreißig. Und auf das überall, auch an der grünen Schirmmütze der Kassiererin Sarah Picht doppelbäuchig werbende Firmenzeichen wies er hin, um sich sogleich von jenem westlichen, nunmehr die Welt erobernden Namen, dessen Signum als Heilszeichen galt, davon- und zurückführen zu lassen.

Von der ihm aufgehalsten Zeitlast beschwert, begann Fonty bei den historischen Macdonalds und deren Todfeinden, den Campbells. Er erzählte, als wäre er dabeigewesen, von einem frostigen Februarmorgen des Jahres 1692, als über hundert Kiltträger des Campbell-Clans über die noch schlafdumpfen Macdonalds hergefallen waren und den Clan nahezu ausgerottet hatten. Und vom Massaker von Glencoe kam er auf die gegenwärtigen Wirtschaftsimperien der beiden schottischen Großfamilien, deren Namen sich global eingeprägt hatten: »Werden es nicht glauben wollen, Hoftaller. In aller Welt zerstreut leben heute grob geschätzt dreizehn Millionen Campbells und immerhin gut drei Millionen Macdonalds. Da staunen selbst Sie...«

Und schon war er, vom Stammsitz der Fast-Food-Firma Schloß Armedale ausgehend, unterwegs: Wanderungen jenseits des Tweed ins schottische Hochmoor. Bei Nebel zum Hexentreff. Maria Stuarts Spuren hinterdrein, schlug er Exkursionen von Burgruine zu Burgruine vor. Jeden Clan konnte er beim Namen nennen, jedes Kiltkaro war ihm bis in Farbnuancen vor Augen. Fonty hatte nur noch Schottland im Sinn. Deshalb geriet er, nachdem die letzten Hähnchenhappen verputzt waren und er mit einem Rest Cola nachgespült hatte, über windgepeitschte Heide und entlang blauschwarz tiefgründigen Wasserlöchern in das Strophengefälle jener schier endlosen Balladen, die der Unsterbliche zum Gutteil im Tunnel über der Spree den gleichfalls dichtenden Leutnants und Assessoren, seinen Tunnelbrüdern, vorgelesen hatte, Verse, die Fonty als »meine ein wenig verstaubten Balladen« wertete; und manchmal sprach er von »unseren Balladen« wie von einem Gemeinschaftswerk.

Nahtlos schloß an den mörderischen Streit zwischen den Macdonalds und den Campbells der Dauerzwist zwischen den Douglasbrüdern und König Jakob an. Als suchte er Anlauf, zitierte er anfangs aus den Jakobitenliedern – »Die Duncans kommen, die Donalds kommen ... « –, stieg dann in den Romanzenzyklus um Maria Stuart ein – »Schloß Holyrood ist öd und still, der Nachtwind nur durchpfeift es schrill ... « –, irrte anschließend durch den Zyklus von der schönen Rosamunde – »Schloß Woodstock ist ein alter Bau aus König Alfreds Tagen ... « –, war plötzlich bei den Schustern von Selkirk, dann wieder in Melrose-Abbey, um noch einmal die Phersons, die Kenzies, die Leans und Menzies aus den Jakobitenliedern herbeizuzitieren – »Und Jack und Tom und Bobby kommen und haben die blaue Blume genommen ... « Dann aber, nachdem ihn die schöne Maid von Inverneß ins blutige Drummossie-Moor geführt und

Graf Bothwell den König erschlagen hatte, stand Fonty plötzlich, wie aufgerufen. Er nahm Haltung an und den Hut ab, hielt ihn seitlich, schob mit linker Hand die Schachteln, Soßenschälchen und den Pappbecher samt Strohhalm beiseite, war bei Atem und trug mit heller Stimme, die, obgleich sie manchmal zitterte, jegliches Geräusch übertrumpfte, seinen »Archibald Douglas« vor. Strophe folgte Strophe. Reim paßte auf Reim. Vom wohlbekannten Einstieg – »Ich hab es getragen sieben Jahr und ich kann es nicht tragen mehr...« – über des alten Grafen Bitte – »König Jakob, schaue mich gnädig an...« – und des Königs schroffe Zurückweisung – »Ein Douglas vor meinem Angesicht wär ein verlorener Mann...« – bis zum versöhnlichen, noch immer das Herz anrührenden, wenngleich die Historie verfälschenden Ausblick – »Zu Roß, wir reiten nach Linlithgow, und du reitest an meiner Seit! Da wollen wir fischen und jagen froh als wie in alter Zeit...« – sagte er die kaum einem Schulbuch fehlende Ballade auf: dreiundzwanzig Strophen lang ohne Versprecher, ohne zu stolpern, mit Betonung. Sogar den dramatischen Höhepunkt »Und zieh dein Schwert und triff mich gut und laß mich sterben hier...« setzte er wirksam ergreifend. Und dennoch deklamierte kein Schauspieler, nein, der Unsterbliche sprach.

Kein Wunder, daß der Betrieb an allen Tischen verstummt war. Niemand wagte, in seinen Cheeseburger, in seinen BigMäc zu beißen. Beifall belohnte Fonty. Jung und alt klatschte. Die Kassiererin Sarah Picht rief vom Tresen herüber: »Spitze! Das war Spitze!«

Sein Vortrag hatte so sehr begeistert, daß zwei schrille Mädchen, die in der Nähe saßen, aufsprangen, herbeihüpften, ihn umarmten und abküßten, wie ausgeflippt. Und ein vom Bier aufgeschwemmter, in viel nietenbeschlagenes Leder gezwängter Glatzkopf hieb Fonty auf die Schulter: »War ne Wucht, Alter!«

34

Das Personal und die Stammkundschaft waren baff vor Staunen: So etwas hatte es bei McDonald's noch nie gegeben.

Wir vom Archiv wären weniger erstaunt gewesen. Seit Jahren trug uns Fonty, manchmal auf Wunsch, häufiger ungebeten, »seine« Balladen vor, auch Gelegenheitsgedichte, wie das Poem zu Menzels siebzigstem Geburtstag, »Auf der Treppe von Sanssouci«, oder kurze Widmungen nur, für Wolfsohn, Zöllner, Heyse bestimmt. Unvergeßlich ist den älteren unter uns ein spätherbstlich trüber Nachmittag geblieben, anno 61, als wir uns durch die leider notwendig gewordenen Maßnahmen entlang unserer Staatsgrenze zwar vorm Klassenfeind geschützt, doch gleichermaßen wie eingesperrt vorkamen. Um jene Zeit, es wird im November gewesen sein, kam Fonty über nunmehr langwierige Umwege auf Besuch und hat uns mit der späten Ballade »John Maynard«, die vom brennenden Schiff auf dem Eriesee handelt, zu trösten versucht: »Und ein Jammern wird laut: ›Wo sind wir? wo?‹ Und noch fünfzehn Minuten bis Buffalo.«

Mag sein, daß uns damals, als Dr. Schobeß noch Archivleiter war, die rettende und heldenmütige Tat des Steuermanns – »In Qualm und Brand hielt er das Steuer fest in der Hand . . .« – Hoffnung auf bessere Zeiten, auf freieres Wort, auf nachlassende Zwänge gemacht hat; jedenfalls gelang es ihm, uns ein wenig aufzumuntern. Und wie Fonty dem sozialistischen Alltag Glanzlichter gesetzt hat, so hob er mit strophenreicher Darbietung die Stimmung bei McDonald's. Sogar Hoftaller klatschte Beifall.

Danach saßen beide nur noch für sich. Kundschaft ging, Kundschaft kam. Fonty wieder mit Hut. Da die Pappbecher leer waren, holte Hoftaller eine weitere Cola und für sich einen Milchshake, diesmal mit Vanillegeschmack. Am Tresen hatte das Personal gewechselt: keine Sarah Picht mehr. Sie sückelten sparsam und ließen dabei ihre Gedanken treppab eilen. Endlich bei sich angekommen, sagte Fonty: »Habe diese Ballade mit einigem Erfolg, doch unter anderem Titel im Tunnel gelesen: ›Der Verbannte‹.«

Hoftaller erinnerte sich: »Zwei Jahre nach Ihrem ersten von uns geförderten Londoner Aufenthalt war das. Lange nach den revolutionären Umtrieben. Um genau zu sein: am 3. Dezember 1854. Wir hatten Sie wieder bei der ›Centralstelle‹ in Dienst genommen. War ja nicht einfach, für den abgebrochenen Apotheker ne Existenzgrundlage zu finden. Natürlich gab Merckel seinen Segen dazu. Zu observieren war damals bei Ihnen nichts mehr. Die letzten achtundvierziger Flausen hatte Freund Lepel dem Revoluzzer ausgetrieben. Adlig war der Herr, wie die meisten Tunnelbrüder, liberal und doch standesbewußt. Jedenfalls ließ das freundliche Herrensöhnchen keine Herweghiaden mehr zu. So kamen Sie unter die Preußen! Und denen gefiel das geschickte Gereime dieser Rührstory – ›Graf Douglas faßte den Zügel vorn und hielt mit dem Könige Schritt...‹ –, die Ihnen immer noch, wie man hören konnte, ungebrochen über die Lippen kommt. Respekt, Fonty, Respekt! War aber nicht Ihr erster Erfolg bei den sonntäglichen Versammlungen in Tabak- und Kaffeespelunken. Ihre Mache gefiel schon zuvor. Nacheinander bekamen ne Menge preußischer Totschläger, ›Der alte Derffling‹, ›Der alte Zieten‹, ›Seydlitz‹, ›Schwerin‹ und ›Keith‹, Beifall bis ins Protokoll hinein. Doch zu Zeiten des sogenannten Vormärz waren Sie häufig durchgefallen. Jedenfalls solang Sie bei dem von uns observierten Herwegh in die Schule gingen. Ihre Übersetzungen nach englischen Arbeiterdichtern: ein glatter Mißerfolg! Zum Beispiel ›Der Trinker‹, vorgetragen im Tunnel am 30. Juni 43. Wollten wohl damit Ihren Freund Lepel und den gesamten verseschmiedenden Adel aufrütteln. Das Portrait eines ver-

soffenen Proletariers. Hörte man gar nicht gern. Auch nicht
›Des Gefangenen Traum‹: ›Das Volk ist arm! Warum?
Warum verprassen die hohen Herrn des Volkes Hab und
Gut?‹ Peinlich, Fonty, hab ich noch immer im Ohr, Ihre allzu
nackte soziale Anklage. War ja nicht nur dem Objekt Herwegh auf der Spur, sondern auch, was mein Biograph
meinte nicht erwähnen zu müssen, den Herwegh-Epigonen,
darunter einem zweiundzwanzigjährigen Fant, der seine
Apothekerprüfung noch nicht hinter sich hatte, doch in
Leipzig und anderswo fleißig gegen die Obrigkeit konspi-
rierte. Na, soll ich nachhelfen? ›Doch die Wände haben
Ohren, und kaum weiß ich, wer du bist, und ich wäre schier
verloren, hörte mich ein Polizist...‹ Zweiundvierzig war
das. Wolfsohn, Max Müller, Blum, Jellinek hießen Ihre zu-
hörenden Freunde, die Sie allesamt, als es brenzlig wurde,
gegen Lepel ausgetauscht haben. Und der hat Sie dann in
den reaktionären Tunnel eingeführt. Nationalliberal nannten sich die Herren Merckel und Kugler. Gaben sich hoch-
trabende Namen, daß ich nicht lache! Xenophon und
Aristophanes, Petrarca natürlich. Freund Lepel war Schen-
kendorf. Ihnen hat man als Vereinsmeiernamen, fast zu
naheliegend, Lafontaine verpaßt. Und mich, den der erz-
reaktionäre Redakteur der Kreuzzeitung, ne längst vergessene Größe namens Hesekiel, mehr eingeschleust als eingeführt hatte, mich, den eher passiven Literaturliebhaber,
glaubte man mit dem Namen eines mausetoten Stücke-
schreibers in russischen Diensten ehren zu können. Warum
nicht? Gar nicht so übel seine Komödien. Wurde übrigens
geboren, als ein Student Kotzebue erdolchte. Ohne diesen
Mordanschlag hätte es womöglich keine Karlsbader Beschlüsse, keine Demagogenprozesse, kein Wasnochalles
gegeben. ›Ein weites Feld‹, wie Ihr Briest zu sagen pflegte.
Doch grundsätzlich waren Sie wohlgelitten bei den Tunnelbrüdern, trotz der Proletarierverse. Hat nicht der junge

Heyse, der Sie bewunderte, passende Reime gefunden? Ich krieg's noch zusammen. ›Doch der ist ein Dichter! weiß ich sofort, Silentium! Lafontaine hat's Wort.‹«

Fonty lächelte über dem Rest seiner Cola, doch war dem heiteren Anschein eine gallige Farbspur beigemischt. Ganz gegenwärtig und ganz vergangen sagte er: »Ja, Hoftaller, Sie waren als Tallhover superb. Selbst ohne Hinweis auf Kotzebue sind mir Ihre Schofelinskischaften erinnerlich geblieben. Finde allerdings in meinem sonst gut sortierten Gedächtnis keinen Hinweis, daß Sie irgend etwas, und sei es einen Ihrer Polizeiberichte, in gereimter Fassung vom Blatt gelesen hätten. Menzel, den wir ›Rubens‹ nannten, hat ja trotz Tabakdunst und funzligem Licht etliche Skizzen aufs Papier geworfen und so einige der inzwischen total vergessenen Verseschmiede verewigt, aber Sie sind uns leider auf keinem Blatt erhalten. Kann jedoch sein, daß man Ihresgleichen aus den Skizzenbüchern heraussortiert hat. Spuren verwischen. Verdeckt bleiben. Abtauchen, ganz Ihre Methode.«

Hoftaller saß hinter leerem Becher, mochte aber restlichen Vanillegeschmack nachkosten. Immer wieder meinte er, sich mit einer neuen Papierserviette den Mund wischen zu müssen. Als Fonty nachhakte und ihm die Opfer des Leipziger Herwegh-Clubs in Erinnerung rief – »Haben nicht Sie dafür gesorgt, daß Hermann Jellinek und Robert Blum später füsiliert wurden?« –, täuschte er mit dem Strohhalm Reste von Milchshake vor und rief schließlich: »Leer! Absolut leer! Aber Sie irren sich, Fonty, übertreiben maßlos. Bin kein Bluthund. Ist mir einzig um Sicherheit gegangen. Mein Biograph bezeugt das. Die Politik haben andere gemacht, damals wie heute. War oft genug ne Politik, die uns mißfiel, ob unter Manteuffel oder während der Herrschaft unserer führenden Genossen. Besonders die Schlußphase: kopflos. Was haben wir nicht alles versucht, um unseren Arbeiter- und Bauern-Staat vor drohendem Zerfall zu bewahren. Das nun den Klassenfeind destabilisierende Ergebnis unserer Bemühungen haben wir noch kürzlich besichtigt. Sowas gefällt Ihnen natürlich: Mauerspechte! Wie uns damals eure Kleintalentebewahranstalt, der Tunnel über der Spree, gefallen hat. Namhafte Dichter, etwa Storm oder Keller, wollten damit nichts zu tun haben. War durchweg harmlos, was an ›Spänen‹, wie dort Gedichte genannt wurden, zu Gehör kam. Selbst Ihr anfänglicher Herwegh-Verschnitt mit sozialkritischem Tremolo und vormärzlichem Revoluzzergehabe ist kaum einen Bericht wert gewesen. Im Grunde waren Sie da gut aufgehoben: ganz der Kunst hingegeben und politisch entschärft. Erinnert mich an die Prenzlberger Szene. Auch dieser Poetentreff hat sich als nützliche Bewahr- und Vorbeugeanstalt erwiesen, und das ohne Adel und Preußentum, vielmehr als typisches Produkt unserer klassenlosen Gesellschaft.«

Fonty schwieg. Außer altersbedingter Müdigkeit war ihm nichts anzusehen. Auch Hoftaller schwieg jetzt. Ihm war gleichfalls nichts anzusehen, außer seiner weit über hundertjährigen Aufmerksamkeit. Und da beide dem Jahrgang neunzehn angehörten, hatte Fonty noch kürzlich Hoftaller zu seinem Siebzigsten ein Geschenk präsentiert, das schon Tallhovers Biograph als geeignet nachgewiesen und somit in Vorschlag gebracht hatte: Dem Geburtstagskind gefiel das vielteilige Puzzle, ein original Westprodukt, dessen Motiv eine Großtankstelle mit allem Drum und Dran war; um ein Jahrhundert zurückentwickelt hätte es in zusammengesetztem Zustand durchaus einen preußischen Exerzierplatz, das Tempelhofer Feld, abbilden können, gleichfalls mit allem Drum und Dran, so zeitlos war Hoftaller am 23. März siebzig geworden. Verspätet hatte Fonty das Tankstellen-Puzzle vom damals üblichen Begrüßungsgeld in der Spielzeugabteilung des KaDeWe gekauft und seinem betagten Tagundnachtschatten nachgeliefert.

Weil sie nunmehr einander wortlos und trocken gegenübersaßen, holte Hoftaller eine dritte Cola und abermals einen Milchshake; dieser versprach Schokoladengeschmack. Sie hoben spaßeshalber die Pappbecher und nahmen Haltung an. Fonty sagte: »Furchtbar richtig! Wir wollten ja anstoßen, selbst wenn mir noch immer nicht nach Feiern ist. Welcher Siebzigste soll es denn sein?«

Der gegenwärtige Geburtstag hatte seinen Höhepunkt hinter sich. Eher beiläufig nahm Fonty Abstand: »Heut morgen, das längere Frühstück mit Frau und Tochter bei Rotkäppchensekt, war grad genug bei meinem fehlenden Sinn für Feierlichkeit. Außerdem kränkelt Mete noch immer, trotz Kur in Thale...« Erst Hoftallers Brückenschlag – »Na, feiern wir doch den großen Auftrieb vom 4. Januar, als die Vossische Zeitung zur Nachfeier eingeladen hatte« – erlaubte ihnen prompten Kostüm- und Kulissenwechsel. McDonald's und dessen Kundschaft wurden unscharf, rückten weit weg.

Immerhin war das Ereignis durch den kaiserlichen Hoftraiteur ausgerichtet worden. Auf den einladenden Billets standen die Literarische Gesellschaft und des Unsterblichen Freunde – Brahm, Stephany, Schlenther – vermerkt: Als langjährige Existenzstütze des Theaterkritikers im Königlichen Schauspielhaus – Eckplatz Nr. 23 – wollte sich die Vossische spendabel zeigen. Ganz Berlin war geladen.

Doch Fonty bemängelte den Aufwand: Für ihn sei das ein fragliches Glück gewesen. Die Zahl seiner Gegner habe sich verdoppelt, verdreifacht. Die über vierhundert Geladenen hätten sich auf das Vertilgen teurer Speisen und noch viel teurerer Weine konzentriert. Wohin man blickte: zur Schau gestellte Ordensbrüste und Schmuckkollektionen. Über allem habe auf- und abschwellender Lärm, gemischt aus Geschnatter und Renommiergehabe, gelegen. Kolossal ledern das Ganze und wichtigtuerisch. »Nichts ridiküler als Empfänge!« Und als gegen Schluß der Massenabfütterung sein »Archibald Douglas« rezitiert worden sei, habe die Mehrzahl der Gäste Unkenntnis durch vorzeitigen Applaus bekundet. Man hätte in den Boden sinken mögen.

»Jedenfalls war vorhin noch, was das Publikum betrifft, McDonald's besser als Englisches Haus damals!« rief Fonty. »Aber was rede ich. Eure hochwohlgeborene Zuhörigkeit und untertänigst spitzelnde Durchlauchtigkeit waren ja dabei, ob geladen oder ungeladen. Gnädigst einen Schatten werfend, hat der Herr bemerken können, wie verlegen ich während der Rezitation auf das auf meinem Teller vereinzelte Radieschen gestarrt habe, als sei mir ein Hühnerdreck auf den Teller gefallen. Blamabel das Ganze! Hätte die Einladung ausschlagen sollen, als Stephany, freundlich wie immer, anfragte. Hätte nein und danke bestens sagen sollen, wie meine Emilie, aber auch Mete, die nicht dabei waren, angeblich fehlender Garderobe wegen, aber wohl eher doch, weil meine liebe Frau wieder einmal in Sorge war, ich könne mich in vornehmer Gesellschaft nicht recht benehmen und womöglich Unschickliches sagen, so daß man sich hätte genieren müssen. Schrieb deshalb an Stephany zurück: ›Muß ich Ihnen die Weiber schildern? Meine sind in einer Todesangst, daß ich mich blamieren könnte. Jede Frau wird diese Angst nie los; es muß wohl an uns liegen...‹«

Fonty starrte auf die leergefutterten Schachteln, als läge in deren Mitte noch immer das einsame Radieschen vom 4. Januar 1890. Das Jahr des jungen Kaisers, der, forsch von Anbeginn, seinem Kanzler den Laufpaß gab. Und im Vorjahr der Triumph der Freien Bühne, deren Intendanz der Unsterbliche ein Stück, Hauptmanns Erstling »Vor Sonnenaufgang«, empfohlen hatte: »Na, Tallhover, fällt der Groschen? Ende Oktober neunundachtzig? Und zwar im Lessing-Theater: Uraufführung. Schrieb in der Vossischen ziemlich begeistert gleich zweimal nacheinander. Und prompt war Emilie wieder in Angst, ich könnte, was den Hauptmann und seine schwarze Realistenbande betreffe, zu weit gehen. Ich engagiere mich ungebührlich, hat sie gesagt. Jedenfalls haben selbst Sie diesen völlig entphrasten Ibsen nicht aufhalten können. Und als dann das Deutsche Theater ›Die Weber‹ brachte, mit Liebknecht und weiteren Sozis im Parkett, war es mit den Bismarckschen Sozialistengesetzen vorbei; was Ihresgleichen natürlich nicht arbeitslos gemacht hat. Der Schnüffelei war kein Ende gesetzt. Hält sich bis heutzutage. Ist wohl auf Ewigkeit abonniert. Respekt, Tallhover! Respekt, Hoftaller!«

Nun starrte Fontys Tagundnachtschatten auf die leeren Schachteln, die Pappbecher und die zerknüllten Papierservietten, als läge zwischen ihnen zerknautscht jener Theaterzettel, der die Premiere der Hauptmannschen »Weber« angekündigt hatte. Das war mehr als nur ein Skandal gewesen. So viel verletzte Sicherheit. So viele unterlassene Verbote und am Parlament gescheiterte Umsturzvorlagen, so viele schriftliche Eingaben und vorzeitige Hinweise während Kaiser- bis Stasizeiten, die alle mißachtet worden waren. Zu viel Vergeblichkeit.

»Gehen wir!« rief Hoftaller. »Im Mitropa warten noch immer unsre jungen Poeten.«

»Glaube kaum, daß ich für weiteres Geschwätz aufgelegt bin.«

»Sie wollen doch nicht etwa kneifen?«

»Keine Festivitäten mehr. Mein Bedarf ist gedeckt!«

»Aber aber. Um ne kleine Nachfeier werden Sie nicht herumkommen ...«

»Und wenn ich nein sage?«

»Ratsam wäre das nicht.«

Indem Fonty verzögert und wie von innerem Zaudern gehalten aufstand, sagte er: »Übrigens wüßte ich gerne, auf wessen Gehaltsliste Sie stehen werden, wenn es unseren Arbeiter- und Bauern-Staat nur noch als Konkursmasse geben wird?« Dann seufzte er und stützte sich auf den Wanderstock: »Zweifelsohne, das findet kein Ende. Warum wird man siebzig?«

Sie ließen einigen Müll zurück, als beide zwischen vollbesetzten Tischen auf den Ausgang zusteuerten. Plötzlich blieb Fonty wie auf Anruf stehen. Nahe dem Tresen mit den sechs Kassen und grünbemützten Kassiererinnen sah er eine Frau seines Alters, die, mit Blick auf ihn, ständig ihr rechtes Auge verkniff, als wollte sie ihm zuzwinkern. Ihr steingraues Haar hatte sie beiderseits zu Gretchenzöpfen geflochten und mit knittrigen Propellerschleifen, die eine rot, die andere blau, gebunden. Die Zöpfe standen ab. Um den dürren Hals trug sie eine aus getrockneten Hagebutten gereihte Kette in doppelter Schlinge. Sie hatte sich in eine Decke gewickelt, in die Schlitze für die Arme geschnitten waren. Ihre löchrigen Handschuhe. Sie stand in Holzpantinen. Der halbvolle Sack neben ihr sagte nichts über seinen sperrigen Inhalt. Ein Lederkoppel, dessen Schloß die Rote Armee auswies, hielt die Decke zusammen. Und mit beiden Handschuhen, durch deren Löcher sie fingerte, faßte sie einen BigMäc, der ihr, fehlender Zähne wegen, Mühe machte. Doch während sie zubiß, dann mümmelnd kaute, zwinkerte unablässig ihr Auge, bis endlich auch Fonty ihr zuzwinkerte, mehrmals.

Sie muß ihm bekannt vorgekommen sein. Eine seiner Kräuterhexen, etwa die Buschen aus dem »Stechlin« oder Mutter Jeschke aus »Unterm Birnbaum«. Nein, wir tippen auf Hoppenmarieken aus »Vor dem Sturm«. Die hätte so zwinkern können.

Hoftaller zog ihn zum Ausgang: »Nun aber los, Fonty. Von McDonald's haben wir mehr als genug.«

Draußen wehte ein böiger Wind. Bis zum gegenüberliegenden Bahnhof war es nicht weit. Indem sie gingen, wurden sie wieder zum Paar. Beide Mäntel miteinander verwebt. Von hinten gesehen, gaben sie ein einträchtiges Bild ab. Und übereinstimmend lehnten sie sich gegen den Wind aus Nordwest.

3 Wie von Liebermanns Hand

Wie sahen sie aus? Bisher nur Schattenrisse: die Mäntel, zwei Hüte, der eine hoch und gedellt, der andere flach. Mit einem Einzelbild zu beginnen heißt, vorläufig auf Hoftaller und dessen Aussehen zu verzichten, denn der sah nach nichts oder beliebig aus; Fonty hingegen prägte sich ein, weil sein Charakterkopf das Konterfei einer namhaften Person zu sein versprach.

So sehr ähnelte er, daß man vermuten konnte: er ist es; wenn Unsterblichkeit – oder anders gesagt, das ideelle Fortleben nach dem Tod – ein beschreibbares Aussehen hat, gaben seine Gesichtszüge im Profil wie frontal den Unsterblichen wieder. Ob in der S-Bahn oder Unter den Linden, auf dem Gendarmenmarkt oder im Getriebe der Friedrichstraße, man blickte sich nach ihm um. Passanten stutzten, zögerten. Man hätte den Hut ziehen mögen, so vorgestrig wirkte er.

Einige Mitarbeiter des Archivs, denen Fonty seit den fünfziger Jahren bekannt war, behaupten noch heute, er sei jederzeit als Neuauflage in Erscheinung getreten. Aber erst im Jahr, als die Mauer fiel, und seitdem er uns allen als Redner auf dem Alexanderplatz ins Blickfeld gerückt worden war, näherte sich sein Aussehen der bekannten Lithographie von Max Liebermann aus dem Jahr 1896, die nach einigen Kreidezeichnungen entstanden ist, auf denen besonders Nase und Augen betont sind; doch wurde die Länge des leicht gebogenen Nasenrückens schon auf einer relativ frühen Bleistiftzeichnung bewiesen, die uns den Fünfunddreißigjährigen überliefert.

Zwischen den Englandreisen hat ihn Hugo von Blomberg, ein Tunnelfreund, skizziert. Das geschah kurz nach dem Tod seines dritten Sohnes. An Theodor Storm, der sich aus dem dänisch besetzten Schleswig nach Preußen geflüchtet hatte, ohne in Potsdam seines Exils froh zu werden, schrieb er über das verlorene Söhnchen: »Außer Vater und Mutter wohnte ein besoffener Leichenkutscher und die untergehende Sonne dem Begräbnis bei . . . «

Mit der spätbiedermeierlichen Blomberg-Skizze, die einen stutzerhaft gekleideten und modisch frisierten jungen Mann vorstellt, wird die Aussage älterer Archivmitarbeiter bestätigt, nach der Fonty in den fünfziger Jahren langmähnig und mit zum Backenbart tendierenden Koteletten als Reisender für den Kulturbund aufgetreten sein soll und besonders bei Zuhörerinnen Eindruck hinterlassen haben muß; eine dieser mittlerweile reifen Damen schwärmt noch immer vom »zwar spätbürgerlichen, doch zugleich verführerischen Glanz« seiner Auftritte in Oranienburg oder Rheinsberg, wo immer sie ihn erlebt hat: »Wirklich, er verzauberte uns.«

Nichts dergleichen bietet jene Liebermann-Lithographie, die mit der Zeitschrift »Pan« verbreitet wurde. Wenn Thomas Mann als noch junger, doch schon seit den »Buddenbrooks« erfolgreicher Schriftsteller in seinem um 1910 geschriebenen Essay das »blasse, kränklich-schwärmerische und ein bißchen fade Antlitz von dazumal« mit dem »prachtvollen, fest, gütig und fröhlich dreinschauenden Greisenhaupt« vergleicht und überdies sehen will, daß »um dessen zahnlosen, weiß überbuschten Mund ein Lächeln rationalistischer Heiterkeit liegt«, wird auch er die Blomberg-Skizze mit dem Liebermann-Blatt verglichen haben, auf dem das annähernd weißergraute Haar willentlich ungekämmt über Mund und den Ohren fusselt und auf dem Schädel spärlich ausfällt.

Der gleiche Mangel machte Fonty eine hohe Stirn. Auch er war über die Ohren hinweg und bis in den Nacken vollhaarig geblieben. Auch er liebte es, die silbrigen Strähnen unordentlich über den Kragen fallen zu lassen. Und seine Koteletten wucherten gekräuselt bis flaumig an den Ohrläppchen vorbei.

Nicht etwa wilhelminisch gezwirbelt, kaum gebürstet, als unbeschnittener Wildwuchs hing ihm der Schnauzbart über die Oberlippe hinweg und verdeckte mit den Mundwinkeln deren häufiges, weil nervöses Zucken. Die Augäpfel von plastisch gewölbten Lidern gefaßt. Der Blick wissend und – obgleich wäßrig schwimmend – fest auf das jeweilige Gegenüber gerichtet; das mochten Personen oder Gegenstände sein. Ein Beobachter und Zuhörer, dem gesellschaftlicher Klatsch und märkische Spukgeschichten gleich wirklich waren, so sehr er handfesten Realitäten verhaftet schien. Herausfordernd und ein wenig herablassend blickt er uns an.

Das Kinn eher ängstlich, weich und zurückgenommen. Und diese in der Unterpartie des Gesichts mangelhaft ausgebildete Willenskraft, die dem zeichnenden Liebermann nicht verborgen geblieben ist, könnte auf Fontys häufig bewiesene Schwäche deuten: Ob Tallhover oder Hoftaller gegenüber, unter Druck gab er nach. Verjährte Verstrickungen mit dem Zensurwesen während seiner Tätigkeit in der »Centralstelle für Presseangelegenheiten« sind dafür Beleg, ob in Berlin oder später in London; desgleichen Fontys Dienstwilligkeit im Haus der Ministerien. Weitere Phasen seiner nachgelebten Biographie, etwa die wiederholten Kriegsberichte aus dem abermals besetzten Frankreich und alle Vorträge, die er für den Kulturbund gehalten hat, waren dem jeweiligen Staatswesen dienstbar; sosehr wir heute bereit sind, ihm vieles nachzusehen und anderes als üble Anpassung zu verurteilen: Seine Versuche, das Literaturverständnis jener Jahre, die dem elften ZK-Plenum folgten, mit Rückbezügen auf die preußische Zensur zu erweitern, wurden damals als halsbrecherisch mutig gewertet. Das brachte ihm Ärger ein. Und Ärger hat er sich allemal, in dieser und jener Gestalt, bereitet.

Hoftallers Aussehen beweist kein Photo, geschweige denn eine Portraitzeichnung. Und da uns Tallhovers Biograph nichts Zitierbares in die Hand gegeben, nicht einmal ein Phantombild geliefert hat, können wir nur hoffen, daß mit Fontys Gesamterscheinung auch dessen Tagundnachtschatten ins Bild kommt, zumindest andeutungsweise.

Sobald Fonty das Archiv besuchte, wurde uns eine gereimte Schilderung lebendig, die Paul Heyse anläßlich der Lesungen im Literatentreff Tunnel über der Spree gedichtet hatte: »Da ging die Tür, und in die Halle mit schwebendem Gang wie ein junger Gott trat ein Verspäteter frei und flott, grüßt' in die Runde mit Feuerblick, warf in den Nacken das Haupt zurück...« Zu solchem Auftritt und Gang war der Unsterbliche bis ins hohe Alter fähig. Wir sahen bereits, daß an Hoftallers Seite, der wie in allzeit unsicherem Gelände tastende Schritte nach Altmännerart machte, Fontys beschwingtes Schreiten besonders auffiel: ein Jüngling in bejahrter Hülle.

So sahen wir Theo Wuttke. Und Julius Rodenberg, der den Endsiebziger »im Tiergarten, in der Abenddämmerung, mit dem historischen dicken Tuch um den Hals« gesehen hatte, notierte an anderer Stelle: »Er macht noch ganz, trotz des greisen Schnurrbartes, den jünglingshaften Eindruck, unter dem er fortleben wird...«

Hier ist Unsterblichkeit direkt angesprochen; und Fonty hat das Fortleben wie ein Programm durchexerziert. Deshalb nahmen wir ihn nicht nur beim geplauderten und über Seiten und Verskolonnen hinweg zitatseligen Wort, sondern ließen uns überdies von seinem Anblick zu dem Glauben hinreißen: Er täuscht nicht vor. Er steht dafür. Er lebt fort.

Unsere Zweifel wurden an seiner Erscheinung nichtig; und auch alle anderen, die ihm begegneten, sahen sich dem Urheber gegenüber, selbst wenn sie versuchten, mit üblicher Anrede – »Na, Fonty, wieder mal unterwegs?« – in ironische Distanz zu flüchten.

Deshalb diente er in den siebziger Jahren, als politischer Protest einige Künstler zu vieldeutigen Parabeln provozierte, dem Maler Heisig oder einem der vielen Heisig-Schüler als Modell für ein Wandbild, das in der expressiv abgewandelten Manier des sozialistischen Realismus eine Gruppe bedeutender Schriftsteller versammelte. So fand sich das Modell Fonty stellvertretend zwischen Georg Herwegh und dem jungen Gerhart Hauptmann plaziert. Miteinander einig die Brüder Mann, unverkennbar Brecht und die gestrenge Seghers, natürlich Johannes R. Becher; auch waren einige nur damals gegenwärtige Literaten dem Gruppenbild einverleibt.

Den Auftrag für die heftige und in allen Farben schwelgende Malerei soll der Kulturbund erteilt haben. Eines seiner Häuser, vielleicht der Neubau in Bitterfeld, verlangte nach Bildschmuck. Leider ist dieses Werk, wie so viele andere, am Einspruch der führenden Genossen gescheitert. Selbstkritik mußte geübt, die ideologische Plattform beschworen, die Wandmalerei übertüncht, der Entwurf an eine staatliche Sammelstelle ausgeliefert werden, weil Heisig oder einer seiner Schüler die Versammlung literarischer Größen mit Vertretern aus dem, wie es hieß, »Lager der Kriegstreiber und Imperialisten« aufgefüllt hatte.

Man stelle sich vor: Das Portrait Franz Kafkas soll eine kopfgroße Lücke gefüllt haben; in einer bärtigen, über der Versammlung als Traumbild schwebenden Erscheinung will jemand die Kultfigur bürgerlicher Dekadenz, Sigmund Freud, erkannt haben; dem stellvertretend abgebildeten Fonty, der allzeit schreibbereit einen Gänsekiel hielt, blickte, nach Aussage einiger Zeitgenossen, der zu früh gestorbene Uwe Johnson mutmaßend über die Schulter; die noch kürzlich vom Parteikollektiv gerügte Wolf stand der Seghers nachgeordnet; Heine zu Füßen, von dem es hieß, er habe ein Bändchen Biermann-Lieder in Händen gehalten, schlug ein Dreikäsehoch auf eine Blechtrommel; und überdies soll in dem Wandbild jemand versteckt und doch, wie in einem Vexierbild, auffindbar gewesen sein: hier laufend, dort zusammengekauert und dort versteinert, als Phantom.

Behauptet wurde: Den vervielfachten Hoftaller habe man an seinem Dauerlächeln, dem beständigen Ausdruck bedrohlicher Allwissenheit und an seiner auffälligen Unauffälligkeit erkennen können. Ein eher gerundetes als langes Gesicht, das ihm nachgesagt wurde, ist zu bestätigen, gleichfalls das Lächeln. Dicht hinter Herwegh gerückt, soll er durch ein nur mit Mühe lesbares Namensschild am Revers als Tallhover enttarnt worden sein. An anderer Stelle der Malerei will man gesehen haben, wie er ein Zeitungsblatt des Zentralorgans als vielteiliges Puzzle zusammensetzte, dessen bereits fertigem Teil das Adjektiv »schädlich« abzulesen gewesen sei. Da die Tallhover-Biographie erst seit Mitte der achtziger Jahre im Westen als Buch vorlag, ist anzunehmen, daß dem Maler eine Portion Spezialwissen vermittelt worden war. Schade, daß der enge Geist jener weit zurückliegenden Jahre die komplexe Dichte dieses Wandbildes nicht hat dulden wollen.

Was Fonty betrifft, bleibt zu sagen: Er trug als Modell und fortlebendes Abbild jenen Shawl, den Rodenberg als »historisch« empfunden hat und den der Literaturhistoriker Servaes im Todesjahr des Unsterblichen wie eine Reliquie beschreibt: ». . . ganz nahe am Potsdamer Platz. Da stand er vor dem Palast-Hotel, den blaugrünen schottischen Shawl locker um die Schulter . . . «

Hiermit ist letztlich begründet, warum Fonty sommers wie winters ein solch langwüchsiges Abzeichen keltischen

Clanwesens trug; zum Beispiel, als er mit Hoftaller bei McDonald's seinen siebzigsten Geburtstag feierte und anschließend zu einer Nachfeier gezwungen wurde, die in der Mitropa-Gaststätte am Bahnhof Friedrichstraße stattfand und eher trist endete. Der Shawl gehörte zum Fortleben des Originals. Doch Max Liebermann hat den mittlerweile sechsundsiebzigjährigen Greis ohne Schottenmuster am Hals, mit hochgeschlossener Binde gezeichnet. Die Sitzungen fanden entweder am Pariser Platz, im Atelier des Meisters, oder auf Wunsch in der Potsdamer Straße 134 c statt. Zwar steht in dem Brief vom 29. März 96: »Es ist hundekalt und ich erkälte mich so leicht. Wage deshalb die Bitte auszusprechen, daß wir die letzte Sitzung wieder bei uns haben ...«, doch die Ateliersitzungen überwogen.

Er ging da gerne hin. Nicht nur weil Liebermann, wie er seiner der Nerven wegen kurenden Tochter in einem alles verplaudernden Brief geschrieben hatte, »... ein richtiger Maler ist, dem ich in die Hände falle ...«, sondern mehr noch, weil ihm des Malers nie um Pointen verlegener Witz, der weder Kaiser noch Kanzler und schon gar nicht die hofmalende Zunft schonte, das anstrengende Stillsitzen verkürzte. Wenngleich er Menzel höher schätzte, war Liebermann ganz nach seinem Geschmack. Der nahm kein Blatt vor den Mund. Dessen Methode, die neureichen Spießer und verschuldeten Leutnants, die ledernen Prinzipienreiter und nicht nur am Sedanstag dröhnenden Geheimräte durch das feinmaschige Sieb seiner Ironie zu jagen, glich selbst im Nachhall noch Fontys Methode, dem preußischen Adel hohnzulachen, auch wenn bei seinen Tiraden gekränkte, zurückgewiesene oder verkannte Liebe den Ton angab.

»Das Zeitalter des Schönrednerischen ist vorüber. Jetzt gilt nur noch: Freiweg!« rief er bei Tisch den erschrockenen

Söhnen zu. Die Mansardenwohnung in der Potsdamer Straße kannte diese Parolen, deren Schärfe seine Emilie, die immer besorgt war, er könne übers Ziel hinausschießen, gleichfalls mit Schrecken hörte. Solche »Forsche« brachte Ärger, wie kürzlich das Gezeter anläßlich seiner späten Ballade »Die Balinesenfrauen auf Lombok«; deren dem Massaker folgende Schlußzeilen »Mynheer derweilen, in seinem Kontor, malt sich christlich Kulturelles vor« hatten anstößig gewirkt. Gleichfalls war die Doppelzeile »Allerlei Leute mit Mausergewehren sollen die Balinesen bekehren« in den Niederlanden empfindlich aufgenommen worden. Man hatte ihn »einen Meister der Grobschmiedekunst« genannt. Tüftelnde Schlaumeier waren dahintergekommen, daß die niederländischen Kolonialtruppen nicht mit Mausergewehren, vielmehr mit solchen der Firma Mannlicher ausgerüstet und auf Missionsreise gewesen seien.

Das alles erzählte er Liebermann, während er doch eigentlich beim Modellsitzen ein würdiges Greisengesicht hätte zeigen müssen. »So sind die Kolonialherren. In England übrigens nicht weniger. Sagen Christus und meinen Kattun! Oder wie's in meinem John-Bull-Poem heißt: ›Und auf hundert Hosenpaare kommen funfzig Missionare...‹«

Gestauten Ärger breitete er aus, denn wenige Tage vor dem Modellsitzen hatte sich sogar das Auswärtige Amt bekümmert gezeigt, weil seine Ballade, durch Abdruck und Kommentierung im »Börsenkurier«, als wellenschlagende Geschichte einen Zeitungskrieg entfesselt hatte. »Nur noch Diplomatengezänk. Über das Poetische steht natürlich kein Wort!«

Liebermann zeichnete Blatt nach Blatt, war aber nicht stumm dabei. Jetzt ging es um Bismarck, von dem der Maler gehört hatte, daß er seit seiner Entlassung die Tage nur noch mit Schimpfen verbringe. Sobald Besuch komme, ziehe der Alte im Sachsenwald ein neues Register seiner Invektivorgel. »Und immer geht's gegen den Kaiser und dessen neueste Reden, Dummheiten, Telegramme.«

Das Modell stimmte zu, wollte aber nicht nur Wilhelm zwo verspottet hören, sondern war für Ausgleich und nannte den Eisernen Kanzler einen »schrecklichen Heulhuber, wenngleich einen genialen«.

Liebermanns alter Diener, der während der scharfzüngigen Wechselreden im Atelier herumkramte, sagte, weil er Steigerungen befürchtete: »Ick will lieber en bisken rausjehn, daß ick nich alles hör.« Und Liebermann, der gerade eine weitere Skizze begann, sagte: »Ja, geh nur: Ich hab mich noch lange nicht ausgekollert.«

Als Fonty während der Nachfeier seines siebzigsten Geburtstages, im Kreis seiner Freunde vom Prenzlauer Berg, von diesen Sitzungen erzählte oder auf Befragen uns im Archiv Bericht gab, hörten sich seine Erinnerungen merkwürdig distanziert an, so nah er seinen Zuhörern die Atelierstimmung brachte, mit Oberlicht, Pinseltöpfen, Palmwedeln und überall herumliegenden Pferdestudien: »Neueste Malerei, ein wilder Norweger namens Munch wurde abgehandelt. Doch meistens ging es um Politisches. Na, um den Schwefelgelben. Übrigens: das Richtigste über Bismarck hat ein Pole namens Henryk Sienkiewicz geschrieben; der Rest ist Blech, selbst wenn es druckfrisch im ›Spiegel‹ steht. Oder um Stöcker ging's, den Judenfresser: des Hofpredigers jüngste Schandmaulerei. Oder um Bebels letzte Rede im Reichstag. War ja auch toll, wenn der Drechslermeister vom Leder zog und gegen die Kolonialherrschaft austeilte, bis daß die Fetzen flogen. Doch sobald ich Worte wiederbelebe – ›Alles Interesse ruht beim vierten Stand! Der Bourgeois ist furchtbar, und Adel und Klerus sind altbacken. Die neue bessere Welt fängt bei den einfachen Leuten an. Denn sie, die Arbeiter, packen alles neu an, haben nicht bloß neue

Ziele, sondern auch neue Wege...‹ – und mein Propheten-latein aus den mittleren neunziger Jahren – paar Jährchen, bevor mir die Lampe ausging – mit dem nun bevorstehenden Ende des Arbeiter- und Bauern-Staates, der vierzig Jahre lang ›der erste auf deutschem Boden‹ genannt wurde, in strengen Vergleich bringe, macht das zwar Adel und Klerus von dazumal nicht besser, was aber den Arbeiter angeht: Da ist die Luft raus! Liebermann war damals schon skeptisch und ich im Grunde auch. Das gilt gleichfalls für heute, meine jungen Freunde. Skeptisch bleiben ist besser als zynisch werden. Kommt sowieso alles ins Rutschen, in Rußland und anderswo. Kaum ahnen wir, was alles. Es ist wie im ›Stechlin‹, den ich ab Winter fünfundneunzig in der Mache hatte; dort sagt mein Dubslav: ›Nichts ist unmöglich. Wer hätte vor dem 18. März den 18. März für möglich gehalten, für möglich in diesem echten und rechten Philisternest Berlin!‹ Oder wäre etwa hier der 4. November vorstellbar gewesen, an dem ich nach all den blitzgescheiten, plötzlich mutigen und nun freiheitsbesoffenen Rednern aufs Podest gerufen wurde, von wo ich dann meine notwendigerweise skeptisch eingetrübte Rede gehalten habe: ›Ist alles Trug und Blendwerk!‹ Denn daß Parolen wie ›Wir sind das Volk!‹ wetterwendisch sind, war mir sicher. Man mußte nur ein einziges Wörtchen austauschen, und schon war die Demokratie weg und die Einheit da. So schnell ging der jüngsten Revolution das Pulver aus...«

Wenn Fonty, der uns oft versichert hat: »Reden müssen hat für mich immer etwas hervorragend Schreckliches gehabt; deshalb meine Aversion gegen den Parlamentarismus«, derart, weil aufgefordert, ins Reden geriet, stieg ihm Röte ins Gesicht, besonders heftig um die Backenknochen. Solche Auftritte haben seinen Augen Glanzlichter gesetzt. Wie vom Wind bewegt das greise Fusselhaar. Die Nase kühn im Profil. Der Blick über alles weg. Und so ist er jenem

Teil der Fünfhunderttausend in Erinnerung geblieben, der auf dem Alexanderplatz nahe dem Podest stand. In ganzer Figur und in freier Rede. »In Deutschland hat die Einheit immer die Demokratie versaut!« rief er ins Mikrophon und bekam Beifall. Und so, als Redner, hätte man ihn zeichnen müssen, leicht koloriert.

Sobald wir das Portrait des Menzel-Schülers Fritz Werner mit Liebermanns Blättern vergleichen, fällt auf, daß Werner der plustrige Orden am Jackett wichtiger war als der Kopf des Modells, der uns fremd, weil kommerzienrätlich vorkommt. Fonty, dem seine Auszeichnungen als verdienstvoller Kulturaktivist so schnuppe waren wie dem Unsterblichen seine drittklassigen Orden, wies wiederholt auf die Sitzungen in Liebermanns Atelier hin und zitierte den Maler bei jeder sich bietenden Gelegenheit, besonders gerne, wenn er den Wortschwall seiner Jünger vom Prenzlberg oder unsere archivalischen Bedenken zu kürzen versuchte. »Auf meine die Kunst betreffende Frage sagte der Meister: ›Zeichnen ist Weglassen!‹ – Ich darauf: ›Aber man muß auch genug Stoff unterm Daumen haben, um weglassen zu können.‹«

Was immer er sagte, war mehr als bloßes Zitat. Sein bei lockerer Wortwahl zwingender Ausdruck bannte den Zuhörer. Das konzentrierte Dreieck aus Nase und Augen, der anziehende und zugleich Distanz fordernde Blick, mit dem Fonty uns musterte, sobald wir ihm zu nahe traten, ließ nicht los. Deshalb wird die Frage »Wie sah er aus?« am treffendsten von Max Liebermanns alles Beiwerk weglassenden Kreidezeichnungen beantwortet.

»Die müßte man als Steckbrief anpinnen!« spottete Hoftaller, der am späten Abend des Tages nach den Geburtstagsfeiern bei McDonald's und im Mitropa als Tallhover nicht nur mit dem Maler abrechnete:

»Liebermann, immerzu Liebermann! Was heißt das schon: bedeutender Impressionist? Reden wir deutsch: der Jude Liebermann! Na schön, hat Sie gezeichnet und lithographiert, besser als andere, zugegeben. Bleibt aber trotzdem Jude, auch wenn er noch so hübsche Illustrationen zu ›Effi Briest‹ gestrichelt hat. Überhaupt, die vielen Juden an Ihrer Seite, um Sie herum. Ihr Stoff spendender Brieffreund, der Jude Friedlaender! Jahrzehntelang war Ihr wichtigster Verleger ein Jude: der Jude Wilhelm Hertz! Und die erste Sammlung Ihrer lyrischen Ergüsse hat, weil Cotta nicht wollte, natürlich ein Herr Katz auf den Buchmarkt gebracht. Dazu der Jude Schottländer, der ›L'Adultera‹ verlegte, einen Roman, in dem die ehebrecherische Hauptperson, das pleite gegangene Finanzgenie Rubehn, natürlich Jude ist. Und Rodenberg, der aus dem hessischen Rodenberg stammte und eigentlich Julius Levy hieß, hat als Jude die ›Deutsche Rundschau‹ herausgegeben und drei Ihrer Schmöker, zuletzt ›Effi Briest‹, vorabgedruckt. Zu Tisch bei Juden, in Karlsbad von Juden umringt, bei der Vossischen von Juden gelobt, lauter Juden. Wo man kratzt, kommen Juden raus. Selbst als Ihr Sohn Friedrich nen Verlag gründete und des Vaters Bücher nicht gerade besonders erfolgreich verlegte, hieß der stille Teilhaber Fritz Theodor Cohn. Ein Jude wie jener Cohn, den Sie zum Schluß Ihrer leichtfertigen Geburtstagsreimerei zum Fünfundsiebzigsten hochleben lassen: ›Kommen Sie, Cohn!‹ Außerdem hat bei der Gründung des Familienverlags ein weiterer Jude, den Sie bei Laune ›den dicken Lewy‹ nannten, Kapital eingebracht und so den Roman ›Frau Jenny Treibel‹, in dem gleichfalls Juden zur Staffage gehören, vorfinanziert. Überhaupt! Wäre ne Sache gewesen, die sich für nen Kulturbundvortrag geeignet hätte: Die Juden in den Romanen des Unsterblichen. Oder: Der Unsterbliche und die Juden! Zum Beispiel diese fatale Ebba Rosenberg – naja, die Szene im brennenden

Schloß – in ›Unwiederbringlich‹, wo anfangs ein jüdischer Tierarzt namens Lissauer kurz abgehandelt wird, aber nie in Erscheinung tritt. Oder Ihre jüdischen Kommerzienräte wie Blumenthal und der Bankier Bartenstein, der es bis zum Generalkonsul bringt. Oder die Firma Silberstein und Isenthal, die in ›Mathilde Möhring‹ zum Schluß ne bezeichnende Rolle spielt, indem Isenthal der geschäftstüchtigen Titelheldin bestätigt, sie höre das Gras wachsen: ›Sie hat entschieden was von unseren Leuten.‹ Was denn? Das Gemauschel? Das Tachelesreden? Das Geschacher? Und im ›Stechlin‹ sind es Vater und Sohn Hirschfeld mit ihrem Dauergezänk. Bis zum Schluß Juden! Lauter Juden als Superpreußen! Nicht zu vergessen Ihre dicksten Freunde: Hieß Ihr großer Förderer, der Jude Brahm, nicht eigentlich Abrahamson? Oder der Jude Theodor Wolff, dem später, viel später nur noch das KZ offenstand; was prompt auch der Witwe Liebermann passiert wäre, hätte sie nicht selbst Schluß gemacht. Das fing schon früh an, im Herwegh-Club, als Sie noch revolutionär reimten – wie hieß das Bürschchen aus Odessa? Wolfsohn hieß der Judenbengel, frecherweise Wilhelm vorweg. Und Moritz Lazarus hieß ein anderer, den später miese Geschäfte in Verruf brachten. Dazu ne Menge Briefe, an Juden gerichtet. Das wollte nicht aufhören. Bis zum Schluß Episteln an Friedlaender, immer wieder an Friedlaender; wie Sie heutzutage einen gewissen Professor Freundlich – oder sage ich besser: den ehemaligen Genossen Freundlich – zum Brieffreund haben. Im einen wie im anderen Fall: ein dicker Packen Plauderbriefe an Juden. Dem einen haben Sie Ihre Sorgen über das preußische Bündnis von Thron und Altar geklagt, dem anderen noch kürzlich Ihren revisionistischen Ärger über die, wenn ich mal zitieren darf, ›Mißgeburt des preußischen Sozialismus‹ bestätigt. Ob mit Friedlaender oder Freundlich, mit beiden ließ sich gut lästern und dem ewigen Renegatentum Vorschub leisten. Kein Wunder, daß man aus verantwortlicher Position nicht gerne sah, wie Sie auf Kosten Ihres einst so geliebten Preußen mit Juden verkehrten, von Juden abhingen und uns den Juden als eigentlichen Kulturträger hochjubeln wollten. Zwar steht im letzten Ihrer Briefe an die Tochter Martha: ›Immer wieder erschrecke ich vor der totalen ‚Verjüdelung‘ der sogenannten ‚heiligsten Güter der Nation‘, dann aber wird die totale Verjudung mit nem Dankgebet gutgeheißen: ›... daß die Juden überhaupt da sind. Wie sähe es aus, wenn die Pflege der ‚heiligsten Güter‘ auf den Adel deutscher Nation angewiesen wäre! Fuchsjagd, getünchte Kirche, Sonntagnachmittagspredigt und Jeu...‹ Und deshalb steht in Ihrem frivolen, ungemein witzigen, doch insgesamt abartigen, weil Ihren Ruf als deutscher Schriftsteller für alle Zeit schädigenden Geburtstagsgedicht diese Preußens Adel höhnisch erteilte Abfuhr und ne lobrednerische Aufzählung von Juden. Juden, die Ihnen schmeichelten. Juden, die hilfreich waren. Juden, mit denen sich bei Tisch plaudern ließ. Juden, die zahlten. Ihre Leser, die Juden...«

Das alles und noch mehr sagte Hoftaller, der sich als Tallhover erinnerte, am Silvesterabend, ohne sich von Fonty unterbrechen zu lassen; weil dessen Frau und Tochter kränkelten und deshalb schlafend ins neue Jahr gleiten wollten, hatte sein Tagundnachtschatten keine Mühe gehabt, ihn zu einem »Jahresendbummel« zu überreden: »Was soll diese elende Stubenhockerei!«

Und Theo Wuttke, Fonty genannt, wie wir ihn nun, dank Liebermanns Kreidezeichnung, vor uns sehen, hob leicht die Augenbrauen, weil er bemerkte, daß sich Hoftallers Aussehen, während beide zu später Stunde vom Marx-Engels-Platz aus in bekannter Paarung die Linden runterbummelten, verändert hatte: breites, Grübchen werfendes

Dauerlächeln war viereckigem, die Lippen ins Quadrat zwingendem Haß gewichen.

Fonty sagte:»Was da meiner Mete, im Todesjahr übrigens, geschrieben wurde, ist immer noch kolossal richtig. So war's, Hoftaller! Denken Sie mal zurück, aber ohne schiefen Blick. Wie ich im Gespräch mit Professor Lasson – Sie werden sagen, schon wieder ein Jude – bestätigt fand, taten die Juden dazumal die deutsche Kulturarbeit, und die Deutschen leisteten als Gegengabe den Antisemitismus. Und was ich meiner Mete über den christlichsozialen Hofprediger Stöcker und den Giftspritzer Ahlwardt zu schreiben hatte, daß nämlich der Ahlwardt ein Lump sei, bleibt richtig, selbst wenn die Herren Söhne und der Herr Schwiegersohn später meinten, Rücksicht nehmen und den ›verrückten Lump‹ bei der Veröffentlichung der Familienbriefe streichen zu müssen. Wahrscheinlich hat sich Mete deshalb geweigert, als Mitherausgeberin zu zeichnen. Desgleichen fehlt in der späten Ausgabe der Gedichte mein Gelegenheitsgedicht zum Fünfundsiebzigsten. Dabei mußte gesagt werden – freiweg! –, daß bei den Feierlichkeiten, wie schon zum Siebzigsten, Preußens Adel durch Abwesenheit glänzte. Es war, wie sonst der Pastor von der Kanzel predigt: Ich sehe viele, die nicht da sind. Und deshalb reimte ich: ›Keine Bülows und Arnims, keine Treskows und Schlieffen und Schlieben – und über alle hab ich geschrieben. Dafür jene von prähistorischem Adel, die Abram, Isack, Israel. Alle Patriarchen waren zur Stell. Stellten mich freundlich an ihre Spitze, was sollten mir da noch die Itzenplitze!‹«

Weil Hoftaller schwieg oder schweigend nach seinem entschwundenen Dauerlächeln suchte, hakte Fonty, der nun Oberwasser hatte, sogleich nach:»Waren doch bei der Geburtstagsfete dabei, Tallhover! Zweifelsohne dienstlich. Haben emsig ne Liste gemacht für Ihren Rapport. Ja doch, Brahm, Lazarus, Wolff, alle waren gekommen. ›Die auf

‚berg' und auf ‚heim' sind gar nicht zu fassen, sie stürmen ein in ganzen Massen.‹ Sogar Liebermann, dem solch ein Auflauf, wie mir, zuwider war, hat mich beehrt. Und selbstverständlich der Co-Verleger Fritz Theodor Cohn an der Seite meines in Verlagsdingen nicht immer glücklichen Sohnes Friedrich. Und deshalb schließt das bei dieser Gelegenheit verzapfte Gedicht mit artiger Verbeugung: ›Jedem bin ich was gewesen, alle haben sie mich gelesen, alle kannten mich lange schon, und das ist die Hauptsache... kommen Sie, Cohn!‹«

Inzwischen waren die beiden Jahresendbummler an der Humboldt-Universität und dem Roßundreiterdenkmal vorbei. Die Staatsoper hatten sie hinter sich. Der ereignisreichen Zeit wegen herrschte Unter den Linden ein Sog in Richtung Tor. Es ging ja nicht irgendein beliebiges Jahr zu Ende. Und während beide nun wie vom Zeitgeist beschleunigt vorankamen – »Go West« hieß eine Zigarettenreklame jener Jahre –, fand der in Hoftaller abgetauchte Tallhover sein Dauerlächeln wieder: »Naja, Sie gelten nun mal als ausgepichter Judenfreund. Doch selbst Ihr Biograph Reuter tut sich mit dieser Legende schwer. Mußte an Ihrer, nach Percy, einem Blutritual abgeschöpften Ballade ›Die Jüdin‹ – ›Sie hatte ein silbernes Messer, das trennte gut und schnitt...‹ – ziemlich schlucken. Wurde anno zweiundfünfzig im Tunnel gelesen, doch erst vierzig Jahre später folgten Sie dem Wunsch Ihres Tunnelfreundes Heyse und kippten den Knabenmord aus der folgenden Neuauflage der Gedichte. Und außerdem: Was für ne wacklige Meinung zur Dreyfus-Affäre! Ist alles in den schriftlichen Plaudereien mit Ihrem Spezi Friedlaender verbrieft: ›Ich war anfangs natürlich ganz Zola!‹ Dann aber kommt die Kehrseite zur Ansicht. Einer jüdischen ›Gazettenverschwörung‹ sind Sie auf der Spur: ›... die europäische Presse ist eine große Judenmacht, die es versucht hat, der gesamten Welt ihre Meinung aufzuzwingen.‹ Da wird – Hand aufs Herz, Fonty! – der wohlwol-lende Philosemit – ›Kommen Sie, Cohn!‹ – zu nem stink-normalen Antisemiten. In Himmlers ›Schwarzem Korps‹ wurde denn auch prompt, und zwar anno fünfunddreißig, Ihre, wie wir wissen, immer noch griffige Verurteilung des internationalen Judentums fettgedruckt. Und wie Sie einer-seits honigsüß beteuert haben: ›Ich bin von Kindesbeinen an ein Judenfreund gewesen und habe persönlich nur Gutes von den Juden erfahren...‹, waren Sie andererseits nicht sparsam mit happigen Prophezeiungen, und zwar in ein und demselben Brief; denn was Sie am 1. Dezember 1880 Ihrer Busenfreundin und Beichtmutter Mathilde von Rohr vor-ausposaunt haben, hört sich heute wie Endlösung an: ›... Dennoch habe ich so sehr das Gefühl ihrer Schuld, ihres grenzenlosen Übermuts, daß ich den Juden eine ernste Nie-derlage nicht bloß gönne, sondern wünsche. Und das steht mir fest, wenn sie sie jetzt nicht erleiden und sich jetzt auch nichts ändert, so bricht in Zeiten, die wir beide freilich nicht mehr erleben werden, eine schwere Heimsuchung über sie herein.‹ Na, Fonty? Richtig zitiert?«

Schon standen sie inmitten der Masse, die sich vorm offe-nen Tor staute. Fonty alterte unter dem lastenden Zitat: »Wir haben sie erlebt, diese Zeiten. Ich weiß, Tallhover, ich weiß. Und Sie wissen noch mehr. Nicht jeden meiner Briefe möchte ich geschrieben oder so geschrieben haben. Es war wohl die Zeit damals...«

»Schwamm drüber!« rief Hoftaller.

»Fürchte, diese Schande wird bleiben...«

»Ach was, Fonty! Damit leben wir. Gibt ja noch andere Sachen, die vor sich hin ticken, zum Beispiel...«

Da stiegen die ersten Raketen, obgleich es noch gut eine halbe Stunde vor Mitternacht war. Die Masse guckte den Raketen nach, die als Leuchtschirme und Goldregen aufgin-gen; und mit der Masse blickten die beiden gen Himmel.

Nun hätte man sehen können, wie rundum unschuldig Hoftaller aufschaute: beglänzt vom Widerschein, in kindlicher Freude. Auch so konnte er aussehen.

Und nur dieser Details wegen, nur um sein flächiges Gesicht voll aufzuhellen, soll hier das Silvesterfest ums Brandenburger Tor bis zum Glockenschlag und einige Minuten länger ablaufen; denn wie er himmelwärts starrt, sind uns seine unter kurzer Knolle großen Nasenlöcher wichtiger als der zum Jubelfest aufgepumpte Jahreswechsel. Damals glaubte man, einen Sieg, wenn nicht errungen, dann geschenkt bekommen zu haben: Siegesraketen, die auf Hoftallers vergreistes Kindergesicht Lichter setzten. Sein Erstaunen über den Raketenhimmel und den himmelhoch proklamierten Weltfrieden wurde von rundgewölbten Augenbrauen beglaubigt. Und wie das entfesselte Volk nur das offene Tor sah, erlebte er sich und sahen wir ihn mit offenem Mund, in dem tadellos gerichtete Ersatzzähne blinkten. Von der nationalen Rührkelle bis zum Bodensatz aufgewühlt, meinte er, vereint, geeint, nicht nur mit sich einig zu sein. Entsprechend laut waren er und das Volk.

Noch herrschte planloser Eigensinn. Jeder rief, was ihm einfiel. Viel Geschubse, weil alle von besserem Platz aus bessere Sicht erhofften. Dabei gab es, außer Raketen für jedermann, nur das mächtig überragende Tor zu sehen. Kein Betonwulst sperrte mehr ab. Klotzig stand es in Licht gebadet und versprach, bald für Taxis und Busse offen zu sein. Noch stand auf dem beliebten Briefmarkenmotiv als Krönung die mal nach Osten, mal nach Westen reitende Quadriga. Hunderte waren über ein angrenzendes Baugerüst auf das flache Dach des breitgelagerten Tores gestiegen; dabei war es zu Unfällen, sogar tödlichen gekommen, doch das bemerkten nur wenige.

Fonty stand unschlüssig neben seinem Tagundnachtschatten. Er wollte weg:»Kolossal zuwider sind mir Aufläufe, die partout Ereignis sein wollen.«

Hoftaller hielt ihn am Ärmel und rief irgendeinen Unsinn:»Dabeisein ist alles!«

»Hab schon siebzig-einundsiebzig, als man hier siegreich durchmarschierte, nicht hingucken wollen...«

»Aber dazumal ist Ihnen, wie nach jedem gewonnenen Krieg, auch zu dieser Parade ein säbelrasselndes Gedicht eingefallen.«

»War trotzdem ridikül, das wiederholte Triumphgeheul...«

»Unsinn, Fonty! Haben doch kürzlich noch, als wir auf unserem Sonntagsbummel bei den Mauerspechten waren, sich selbst zitiert: Strophe nach Strophe...«

»Eine sentimentale Anwandlung nur...«

Hoftaller ersparte ihm nicht das forsche Gereime:»Und siehe da, zum dritten Mal ziehen sie ein durch das große Portal...«

Davon wollte Fonty nichts hören:»War bloße Mache. Und alles zum falschen Anlaß. Ist ihnen zu Kopf gestiegen: Siegen macht dumm! Wollten sich groß und größer plustern. Wird auch diesmal nicht besser über den Leisten kommen. Sind doch schon da: die Treibels! Die machen als erste ihren Schnitt. Und genau das habe ich Friedel geschrieben, als ich ihm diesen Roman als Futter für den jüngst gegründeten Verlag in Aussicht stellte:›... das ist die Tendenz der Treibels. Das Hohle, Phrasenhafte, Lügnerische, Hochmütige, Hartherzige des Bourgeoisstandpunktes...‹ Natürlich war meine Emilie wieder mal überängstlich.›Du gehst zu weit! Du engagierst dich ungebührlich!‹ –›Draufgänger!‹ hat sie mir ins Gesicht gesagt.›Du Hitzkopf! Du Jüngling!‹ Dabei war ich schon über siebzig hinaus...«

Hoftaller kam nicht mehr zu Wort. Überall schlug es zwölf. In Ost und West: zwölf. Im Rundfunk, im Fernsehen:

zwölf. Und auf Schlag zwölf stiegen besonders kostspielige, bisher mühsam zurückgehaltene Raketen in jeder Himmelsrichtung hoch und entfalteten sich wunderbar. Mit dem ums Tor versammelten Volk schäumten Sekt und Büchsenbier über. Wie losgelassen hüpfte die Menge. »Wahnsinn!« rief sie, »Wahnsinn!« Die Tollkühnen auf dem flachen Dach des Tores sprangen hoch, wollten höher, noch höher hinaus.

Und jetzt erst löste sich aus dem Gebrüll einzelner Worte vielstimmiger Gesang. Schunkellieder zuerst – »So ein Tag, so wunderschön wie heute . . . « –, dann aber des armen Fallersleben gutgemeintes, später zur Nationalhymne gesteigertes Lied. Ansteckend, mitreißend folgte es anfangs noch der zugelassenen dritten Strophe: »Einigkeit und Recht und Freiheit . . . «, dann aber mußte es die verdammte erste, seit letztem Krieg verfemte Strophe »Deutschland, Deutschland über alles . . . « sein, die dem Volk den Weg ins neue Jahr zu weisen hatte. Da war von Einigkeit und Recht und Freiheit nur noch wenig zu hören; dünnstimmig gingen sie verloren.

Noch versuchte Fonty mit »des Glückes Unterpfand« gegenzuhalten, doch hatte, dicht neben ihm, Hoftaller mehr Stimme. Sein »Über alles in der Welt« war auf Siegers Seite. Wie nach zu langer Zurückhaltung sang er sich lauthals frei.

Jetzt sah man, daß er beim Singen weinte. Fonty sah, daß der singende Hoftaller weinte. Er ließ von der dritten und vergeblichen Strophe ab und sagte: »Aber Sie weinen ja, Tallhover. Habe nicht geahnt, daß Sie richtig weinen können. Gratuliere!«

Mit glänzend rundem Gesicht sah er wie ein weinendes Kind aus. Tränen kullerten über die Backen zum Kinn, perlten ab. Ein glückliches Weinen, das erst mit dem Singen sein Ende fand. Doch so mitgerissen er sang und weinte, seine Augen blieben unbeteiligt grau, alt, aber nicht müde: Hoftallers Blick.

Noch bevor sich die Massen verliefen, waren Fonty und sein Tagundnachtschatten unterwegs: die Linden runter. Von vorne gesehen, sahen sie gegensätzlich aus, von hinten beobachtet, zueinander passend, wie Teilstücke in einem Puzzle; doch aus jeder Sicht gaben beide ein Doppelportrait ab, geschaffen für immer neue Skizzen.

Da sind sie wieder, vor das Portal gestellt, das beide zu Winzlingen macht. Kein Zufall wirkte, der Architekt hatte sich dem Willen eines Bauherrn unterworfen, dem das Bombastische als Uniform angepaßt saß. In jener zurückliegenden Zeit wurde ein Berliner Spottlied verboten, das mit dem Kehrreim »Hermann-heeßt-er...« ausklang; und dieser besungenen Größe sollte hoch und breit das Portal entsprechen.

Fortan wurde jeder, der entschlossen oder zögernd Anlauf, dann die Stufen nahm, durch eine Architektur verkürzt, die vorm Eintritt alle Personen schrumpfen ließ, denen sie Diensträume und Sitzungssäle hinter fugendichten Muschelkalkfassaden eingeräumt hatte. Wer sich hier näherte, empfand sich als geduckt, ob ministerieller Mitarbeiter gleich welchen Ranges oder Besucher des Hauses. Sogar Staatssekretäre, die im Dienstwagen vorfuhren, und hohe ausländische Gäste, etwa Italiens Graf Ciano oder Ungarns Admiral Horthy, mußten die augenblickliche Minimalisierung erdulden, und sei es als Gefühl inwendiger Enge.

So übte das Portal gleichmachende Gerechtigkeit. Alle, die ihm nahe kamen, hatten sich zwangsläufig als degradiert zu begreifen; erst im Inneren des über endlose Korridore verzweigten Gebäudes herrschte wieder jene den Dienstweg bestimmende Rangfolge, nach der es Untergebene und Vorgesetzte, die abgestufte Ordnung gab.

Um so viel Erniedrigung und Erhöhung zu erfahren, mußte zuvor eine Durststrecke überwunden werden: Dem breitgelagerten und mit mehreren Büroflügeln in die Tiefe gehenden Gebäudekomplex war von der Straßenseite her eine Freifläche ausgestanzt worden; jeder, der in Zivil oder Uniform zum Portal wollte, hatte den Ehrenhof zu überwinden.

Von drei hochragenden Fassaden flankiert, lag er als Präsentierteller. Selbst nach dem Krieg, als der Ehrenhof nicht mehr Ehrenhof hieß, haben ihn viele als bedrückend, wenn nicht überwältigend empfunden; Fonty jedoch hatte seine Ausmaße schon in jungen Jahren als »zu kolossal« eingeschätzt. Wenn wir auch zugeben, daß »kolossal« zu seinen Lieblingswörtern gehörte und er wenig Hemmung kannte, irgend etwas – und sei es ein Blumentöpfchen – »kolossal niedlich« zu finden, muß gesagt sein: Zum Ehrenhof paßte sein forsches »Zu kolossal, Hoftaller! Werde mich nie dran gewöhnen. Einfach zu kolossal!«

Jetzt erst näherten sie sich. Vom Zaun aus, der den Hof zur Straßenseite hin begrenzte, sah es aus, als sauge das Portal sie an, mehr noch, als wachse der von elf Pfeilerprofilen gehobene Einlaß über sich hinaus, während beide zu verschieden großen Gnomen wurden; und diese Verzwergung widerfuhr ihnen zu jeder Jahreszeit, sogar bei Regenwetter, wenn sie sich unter schützendem Schirm näherten.

Hoftaller, dem die veränderten Proportionen zur Erfahrung geworden waren, litt nicht wie Fonty, der, kaum hatte er »kolossal, zu kolossal« gerufen, seinen Tagundnachtschatten hörte: »Mir gibt das ne gewisse Festigkeit. Weiß jedesmal, wenn ich hier antrabe, wohin ich gehöre. Und in Zeiten wie gegenwärtig, die sowieso auf ne gewisse Haltlosigkeit hinauslaufen, steigt in mir Dankbarkeit auf, wenn ich das Portal sehe, wie es größer, immer größer wird. Auch Sie, mein lieber Wuttke, sollten sich hier zu Hause, zumindest geborgen fühlen. Bißchen Demut kann nicht schaden.«

Fonty, den das Tausendjährige Reich immer noch kränkte, blieb schroff: »Hielt nur zwölf Jahre, wirft aber einen kolossal langen Schatten.«

Deshalb müssen wir ihre Auftrittsnummer wiederholen und sie schrumpfend dem wachsenden Portal zuführen. Gezählt viele Schritte vor der ersten Stufe zieht Hoftaller seinen flach eingedellten Hut, um ihn seitlich zu halten, während Fonty über die Stufen hinweg bedeckt bleibt. So begehren sie Einlaß: ergeben der eine, abgestoßen der andere. Verglichen mit weiteren Personen, die eintreten oder das Gebäude verlassen, sind beide besonders. Zwar ist jedem, der ein- oder austritt, der 18. Januar 1990 als Donnerstag sicher, doch ist ihnen dieses Datum gleichfalls als Tag der Reichsgründung von 1871 gesetzt; zwar verstehen sie sich wie alle hier Bediensteten nunmehr der Regierung Modrow und den Beschlüssen des Runden Tisches unterstellt, doch sind Fonty und Hoftaller der Zimmerflucht im Haus der Ministerien schon von Person her bekannt gewesen, als der zur Baumasse gefügte Komplex noch als Neubau galt, Reichsluftfahrtministerium hieß und im Sinn der He 111, des dazumal modernsten Langstreckenbombers, von weitreichender Bedeutung gewesen ist; ab 1935 ging der binnen Jahresfrist errichtete Großbau in die Geschichte ein. Im Taumel erster Siege wurde von hier aus die Lufthoheit verkündet.

Als am Ende des Zweiten Weltkriegs das Regierungsviertel in Trümmern lag, blieb der Koloß, frei von sichtbaren Schäden, »wie ausgespart« übrig. Welch ein Angebot in dürftiger Zeit! Bald bezogen neue Herren die über zweitausend Diensträume des Gebäudes, das nun nahe jener Linie lag, die als Sektorengrenze die sowjetische Besatzungsmacht von der amerikanischen trennte. Bald hieß es: Drüben liegt Feindesland.

Immer wenn beide eintraten, wobei auch Fonty endlich seinen hohen und breitkrempigen Hut zog, war ihnen bewußt, daß die an der Langseite des Gebäudes vorbeiführende

Otto-Grotewohl-Straße zu Zeiten des Kaiserreichs, während der Weimarer Republik und solange das Reichsluftfahrtministerium in Betrieb gewesen war, Wilhelmstraße geheißen hatte. Damals standen links und rechts vom Portal Uniformierte mit Stahlhelm und geschultertem Gewehr in erstarrter Haltung. So ausgesucht hochgewachsen die Soldaten des Wachbataillons waren, wirkten selbst sie, aus Distanz gesehen, spielzeughaft klein im Verhältnis zur bewachten Architektur. Und wie seinen Zinnsoldaten erging es dem Reichsmarschall, sobald er sich in vollem Wichs und mit Marschallstab über den Ehrenhof hinweg dem Portal näherte, worauf die Wachtposten aus befohlener Starre erwachten und das Gewehr präsentierten. In all seiner bewitzelten Leibesfülle widerfuhr ihm jener Grad von Verniedlichung, der gleichfalls den Adjutanten im Gefolge und namhaften Größen an seiner Seite, etwa hochdekorierten Fliegerassen sicher war; Auftritte mit Mölders, Galland und Udet wurden für die Wochenschau gefilmt und sind heute Archivmaterial, das sich rückspulen ließe.

Und hier war Fonty während der Kriegsjahre als Soldat ein und aus gegangen, mit längeren Pausen dazwischen, wenn er auf Dienstreise war. Oft kam und ging er allein, selten und nur bei besonderen Anlässen in Begleitung von Hoftaller, der damals als Tallhover von seiner Dienststelle aus Kontakt mit dem Gestapoquartier im nahe gelegenen Prinz-Albrecht-Palais hielt; eine Adresse mit Ruf, die nur mit belegter Stimme geflüstert wurde.

Wie sein Biograph versichert, hat Tallhover in jener Phase seiner Tätigkeit dem Reichssicherheitshauptamt zugearbeitet: so dem Amt Zwei mit einem Memorandum zur Überwachung der Kirchen jeglicher Konfession. Ab 43 betreute er, im Auftrag des Amtes Fünf, prominente Gefangene im KZ Sachsenhausen, darunter den kriegsgefangenen Sohn Stalins. Und dennoch fand Tallhover Zeit für seinen Schutzbefohlenen, den als Sonderfall geführten Gefreiten Theo Wuttke.

Noch keine zwanzig Jahre alt war Fonty, als man ihn in Uniform steckte. So, im kleidsamen blaugrauen Tuch der Luftwaffe, näherte er sich dem Portal. Das Käppi saß ihm schräg auf unvorschriftsmäßig langem Haar. Seinetwegen präsentierte niemand das Gewehr, wenngleich er in nicht unwichtiger Funktion das Reichsluftfahrtministerium betrat. Der uniformierte Fonty war als Kriegsberichterstatter tätig, ohne sich dabei besonders in Gefahr begeben zu müssen. Nicht als Augenzeuge direkter Kampfhandlungen, etwa als Copilot in einem Sturzkampfflugzeug, Stuka genannt, hatte er zu berichten, vielmehr machte er auf französischen Feldflugplätzen und in deren Umgebung Notizen, die ganz zwanglos Eingang in kunsthistorische Betrachtungen und geschichtliche Rückblicke fanden, in die er freigiebig literarische Bezüge streute: Goethe und die Kanonade von Valmy; Schiller und die Jungfrau von Orléans; die Beiträge hugenottischer Einwanderer zur deutschen Literatur, mithin Zitate aus allem, was dem Unsterblichen zum Werk geworden war. Des Kriegsberichterstatters Wuttke in bretonische Landschaft verliebte, an französischen Kirchenfassaden hochschweifende und nur wie nebenbei am Militärischen orientierte Berichte boten so feingepinselte und bezaubernde Stimmungsbilder, daß sie, außer in Soldatenzeitungen, auch in den Feuilletons der bürgerlichen Presse Leser fanden.

Tallhover hatte ihm diesen, wie man damals sagte, Druckposten verschafft. Eine Gefälligkeit, die allerdings mit der Auflage verbunden war, sich in Offizierskreisen kundig zu machen, die Stimmung der Truppe zu erfragen und weinselige Kasinoabende auf Nebentöne abzuhören. So bot sich Grund, von Fliegerhorst zu Fliegerhorst, von Städtchen zu Städtchen die Landschaft zu wechseln und sich als aufmerksamer Zuhörer und Beobachter zu beweisen. Doch werden Theo Wuttkes zusätzliche Berichte, die nie veröffentlicht worden sind, wenig verwendbares Material für Tallhover oder das Reichssicherheitshauptamt hergegeben haben, denn Fonty verlor sich gerne im Anekdotischen und hatte kein Ohr für konspirative Nebentöne. Bei alledem blieb seine soldatische Existenz außer Schußweite.

Weshalb war der Soldat, dann Gefreite und später Obergefreite Theo Wuttke für diese Doppeltätigkeit besonders geeignet? Wir vom Archiv vermuten, daß ihn das Gesamtwerk des Unsterblichen schon während der Neuruppiner Schulzeit auf die Fortsetzung oder Wiederholung bestimmter Arbeitsphasen vorbereitet hat. Sobald er mit ersten Artikeln aus besetzten Ländern Bericht gab, zum Beispiel aus Dänemark, waren die drei Kriegsbücher von Gewicht. In einem längeren Kopenhagener Stimmungsbild schlugen sich nicht nur dem Roman »Unwiederbringlich« entliehene Zitate nieder, sondern auch Episoden aus jenem Buch, das den Krieg Preußens gegen Dänemark im Jahr 1864 zum Anlaß gehabt hatte. Er rückte Einzelheiten von der Erstürmung der Düppeler Schanzen wie diese: »...am 2. Ostertag, als das Leibregiment in heftigem Feuer stand, rief einer der Grenadiere: ›Die Dänen kochen ihre Ostereier ziemlich hart‹...« in seine sonst friedfertige Reportage.

Und wie sich die deutschen Überfälle auf Norwegen und Dänemark ins Historische verplaudern ließen, so gab der Krieg gegen Österreich von 1866, der ein zweites Kriegsbuch zur Folge gehabt hatte, landschaftlich eingebettete Berichte her, die der Gefreite Wuttke aus dem Reichsprotektorat Böhmen und Mähren schrieb: »Schneiden wir aus dem Plateau von Gitschin einen Bruchteil heraus, dessen östliche Seite durch den Lauf der Elbe zwischen Josephstadt und Königgrätz, dessen westliche Seite aber durch die Linie

Horsitz–Neu Bidsow gebildet wird, so haben wir im wesentlichen ein zwei Meilen langes und zwei Meilen breites Quadratstück, das wir im weiteren Sinn als das Schlachtfeld von Königgrätz bezeichnen können...«

Wir kannten Fontys Hang zum alles einbeziehenden Rückgriff. Das Archiv wußte, welche Quellen er abschöpfte und daß sein Blick auf Landschaften, die sich als Schlachtfelder bewiesen hatten, übersättigt war. Zwölf Jahre lang hatte der Unsterbliche, im Dienst eines geizigen Verlegers, Kriegsbuch nach Kriegsbuch geschrieben: ein jedes dickleibiger und mit mehr todbringendem Wissen vollgepropft; denn noch ergiebiger als der dänische und der österreichische Feldzug war der Krieg gegen Frankreich gewesen. Auf zweitausend Seiten wurde keine Schlacht, keine Belagerung, kein Scharmützel ausgelassen. Nicht nur Armeen und Regimenter, sondern auch Bataillone und Kompanien fanden Erwähnung, sofern ihre Verluste an Offizieren und Mannschaften groß genug waren. Wir vom Archiv neigen dazu, von zwölf verlorenen Jahren und vergeudeter Kraft zu sprechen, sobald uns der Wust der Kriegsbücher kommentierende Arbeit bereitet; doch des jungen Theo Wuttke Hunger nach Details zehrte von diesen Wälzern. Schon seinen Abituraufsatz hatte er mit Zitaten aus dem letzten Feldzugsbericht angereichert, in dem, zum Beispiel, haushälterisch Kriegsbeute aufgezählt wurde: »Vom Potsdamer Tore an begann die Aufstellung der eroberten Geschütze, derart verteilt, daß in der Königgrätzer Straße 453, unter den Linden 514 standen, unter ihnen bemerkenswert ein in Soissons erbeuteter, mit reichem Relief bedeckter Vierundzwanzigpfünder aus dem vorletzten Regierungsjahre Ludwigs XIV. ...«

Kein Wunder, daß so viel der Vergangenheit gezollte Besessenheit auffiel und den eher unterdurchschnittlichen Schüler Theo Wuttke herausriß. Sein Abituraufsatz wurde, wenngleich gekürzt, im Lokalblatt abgedruckt. Und so wird

Tallhover, der ja auf Unsterbliche und deren Obsessionen spezialisiert war, von dem nachwachsenden Talent Wind bekommen haben. Ein junger Mann, der sich dicke Bücher so kurzgefaßt einverleiben konnte, daß dabei die auf drei Kriegen beruhende Einheit Deutschlands für jedermann schlüssig wurde, ein solches Talent war zu weiterführenden Aufgaben befähigt.

Wie Theo Wuttkes Karriere auch immer begann, jemand, im Zweifelsfall Tallhover, hatte ein Auge auf ihn geworfen. Gleich nach Ende des Polenfeldzugs wurde der Rekrut vom Truppenübungsplatz Groß-Boschpol, wo man gerade begonnen hatte, ihn als Infanteristen zu schleifen, zum Reichsluftfahrtministerium befohlen: Abteilung Kriegsberichterstattung und Propagandawesen. Später erinnerte sich Fonty, daß er diesen Wechsel so dankbar wie gedankenlos vollzogen habe, denn die Bedingungen seines relativ gefahrlosen Etappendienstes seien ihm damals nicht durchschaubar gewesen: »Zumindest anfangs roch es recht appetitlich in des Teufels Küche.«

Wir vom Archiv lassen das unkommentiert. Jedenfalls befand sich der Soldat Theo Wuttke ab Anfang 1940 im Generalgouvernement Polen auf Dienstreise. Den Achtzehntagefeldzug zeichnete er noch unsicher nach, weil ihm auf diesem Terrain kein Kriegsbuch des Unsterblichen den Rücken stärkte und die in Westpreußen handelnden Kapitel aus »Mathilde Möhring« landschaftlich wenig hergaben, indem sie nicht die Bohne nach Schlachtfeld und Schießpulver rochen; doch seit Beginn der Blitzsiege über Frankreich konnte er sich nicht nur auf das dickleibigste aller Kriegsbücher, sondern auch auf ein Nebenwerk berufen, in dem der Unsterbliche von seiner Festnahme in Domrémy bis zur Entlassung von der Insel Oléron Bericht gegeben hat.

Ohne ausreichende Kenntnis oder gar Anspruch auf die vollzählige Erfassung seiner Artikel können wir dennoch

sagen: Theo Wuttke hat aus Sedan und Metz, aus Nord-
frankreich und dem Elsaß, desgleichen aus Neufchâteau,
Langres und Besançon, vom Geburtsort der Jungfrau von
Orléans, natürlich von der Festungsinsel an der Atlantikküste und später sogar aus Lyon einfühlsame, rückbezüg-
liche, zitatsichere und immer amüsant anekdotische Berichte geschrieben, die bald viele Liebhaber fanden, weil in
ihnen der tagtägliche Krieg wie eine Nebensache behandelt,
die Vergangenheit jedoch in aller Breite und Tiefe und nicht
nur auf Schlachtfeldern belebt wurde. Schließlich war des
Unsterblichen hugenottische Abstammung eine kaum zu
erschöpfende Fundgrube: Besonders die späten Berichte
aus Lyon und von nicht ungefährlichen Exkursionen in die
Cevennen, bis in die Schluchten der Ardèche hinab, zeugen
von solcher Spurensuche.

Auf diesen Teil seiner Tätigkeit von uns angesprochen,
sahen wir ihn verlegen lächeln. Nur ungern sprach Fonty
über die Kriegsabenteuer des Gefreiten Wuttke: »Naja, das
war zu jener Zeit mehr als gewagt. Leider wurde mir für eine
Reise in die Gascogne keine Sondergenehmigung erteilt.
Hatte im Frühling vierundvierzig sogar Nîmes und die Rhô-
nemündung im Blick. Aber Berlin war dagegen ...«

Zwischen Dienstreise und Dienstreise galt es, im Reichsluftfahrtministerium neue Marschbefehle zu empfangen.
Mal um Mal sah sich der junge Soldat vor das »kolossale«
Portal gestellt. Später durfte er ein Bürofräulein namens
Emilie Hering über den Ehrenhof in den Kolossalbau führen und seinem Vorgesetzten, einem Oberst von Maltzahn,
bekannt machen: »Gestatten, Herr Oberst, meine Verlobte!«

Doch wenn sich der alte und zivile Wuttke, der noch kürzlich als Fonty auf doppelte Weise Geburtstag gefeiert hatte,
in Erinnerungen erging, sagte er, sobald er mit Hoftaller vor
dem Haus der Ministerien und dessen sich treu geblie-
nem Portal stand: »Daß Scheußlichkeiten wie diese von

einer gewissen Unsterblichkeit sind, macht mir jeglichen Lorbeer fraglich. Wäre doch alles ein paar Nummern kleiner!« Schon vor der untersten Treppenstufe zog Hoftaller den Hut, während Fonty bis hinter die Flügeltüren bedeckt blieb.

Wir bedauern: Die Innenansicht des Gebäudes entlang der Otto-Grotewohl-Straße muß bis zur Phase der nächsten Nutzung undeutlich bleiben. Erst später und renoviert dürfen dessen Zimmerfluchten zu Glanz kommen. Noch sah alles schäbig aus. Blind, weil nicht aufpoliert, faßte verschieden getönter Marmor die Türen zu den Diensträumen von zehn Ministerien ein, die den einzelnen Industriesparten übergeordnet waren. Unansehnlich gewordene Teppichböden deckten den ursprünglichen Linoleumbelag der Korridore ab. Vierzig Jahre lang hatte der Arbeiter- und Bauern-Staat hier seine Mangelwirtschaft verwaltet. In Planungskollektiven waren Fünfjahrespläne ausgeheckt, nach Nichterfüllung geschönt und von neuen Planzahlen überfordert worden. Dabei hatten sich Aktenvorgänge ergeben, die ihr Innenleben in ungezählten Ordnern führten; unter diesen Aktenordnern waren solche, die neuerdings nach Einsicht verlangten: auf schnellstem Wege.

Und schon kommt wieder Fonty ins Spiel. Theo Wuttke trug aus. Als Aktenbote schleppte er einen Stoß Ordner von Abteilung zu Abteilung. Er war zwischen den Ministerien tätig. Und da er diese Arbeit, dank Hoftallers Fürsorge, gefunden hatte und hier seit Ende der siebziger Jahre auf allen Korridoren unterwegs war, stellt sich die Frage nach dem Personenverkehr zwischen Stockwerk und Stockwerk.

Sogleich rückt ein Transportmittel ins Blickfeld, das seit Anbeginn in Betrieb war. Wir stellen uns den Aktenboten Theo Wuttke in einem nach vorne offenen Aufzug vor, der in zwei Fahrtrichtungen aus einer Vielzahl von Kabinen gereiht ist und unablässig, das heißt über die Wendepunkte im Keller- und Dachgeschoß hinweg, auf und ab fährt, ohne Halt, leicht klappernd, nicht ohne verhaltenes Gestöhne und Seufzen, aber doch zuverlässig, sagen wir ruhig »gebetsmühlenhaft«; weshalb man diesen altmodischen, inzwischen – trotz aller wohlmeinenden Proteste – fast überall ausgemusterten Personenaufzug »Paternoster« genannt hat.

Und in solch einem Paternoster ging Fonty im Haus der Ministerien seiner Halbtagsarbeit nach. Trotz hohen Alters hielt man an ihm, dank Sondergenehmigung, fest. Mit Akten beladen fuhr er von Stockwerk zu Stockwerk. Niemand sonst schien mit allen zehn Ministerien so rastlos tätig vertraut zu sein. Er stieg aus der Tiefe auf, wurde in halber, dann in ganzer Person sichtbar, verschwand nach oben geköpft, halbiert, zeigte nur noch die hohen Schnürschuhe vor, war wie entschwunden, bestand aber darauf, ein Stockwerk höher in gleichbleibender Gestalt, weißhaarig, mit fusselndem Schnauz, sodann als Brustbild, schließlich nach halber in ganzer Figur einen Augenblick lang da zu sein; oder er kam mit den Schnürschuhen voran von oben herab, trug halb-, dann ganzfigürlich einen Stoß Aktenordner vor der Brust umklammert, zeigte, wie zum Abschied, sein uns vertrautes Gesicht, war nun ganz und gar weg, um ein Stockwerk tiefer wieder langsam ins Bild zu kommen und – falls im dritten Stock Akten abzuliefern und zu holen waren – mit den umklammerten Ordnern auszusteigen.

Und so stellen wir uns Fontys Abgänge vor: Sobald die Bodenplatte der Paternosterkabine in etwa dem Korridorniveau angeglichen war, verließ er mit kleinem Sprung die Kabine, um jugendlichen Schrittes und in Kenntnis der Lage aller Diensträume seinen Weg als Aktenbote zu nehmen. Ihn schienen die Korridore nicht zu ermüden. Ein Schrittzähler am Bein hätte ihm kilometerlange Leistungen nachweisen können. Er lieferte ab, nahm in Empfang, kam mit Hausmitteilungen, Anordnungen im Umlaufverfahren, mit weiteren Mappen und Ordnern beladen zurück. Immer näher kam er, war mit weitem Schritt Herr der Korridore und wuchs sich zwischen marmorgefaßten Türen zur uns bekannten Größe aus.

Bei Andrang vor dem Personenaufzug hatte er Vortritt. Mal stieg er in absinkender, mal in steigender Tendenz in den Paternoster, indem er die sinkende Kabine mit leicht nach unten geneigtem Hüpfer, die steigende mit aufstrebendem Sprung besetzte, um nach unten, nach oben zu verschwinden; nie hat jemand gesehen, daß Fonty beim Ein- oder Ausstieg gestolpert oder gefallen wäre.

Soweit die Alleingänge auf Korridoren und die Soloauftritte im Paternoster. Da er aber seine Halbtagstätigkeit – von Woche zu Woche umschlägig vor- oder nachmittags – Hoftaller verdankte und ihm deshalb verpflichtet war, so wie der Luftwaffengefreite Wuttke seinen Druckposten als blutjunger Kriegsberichterstatter einem gewissen Tallhover zu verdanken gehabt hatte und diesem verpflichtet gewesen war, benutzte er oft mit jenem gemeinsam ein und dieselbe Paternosterkabine. Sie standen einander zugewandt. Und nicht selten ergab es sich, daß sie über die Wendepunkte zuunterst zuoberst hinwegfuhren, auf und ab, immer wieder; was nur scheinbar sinnlos anmutete.

Wenn beide mehrere Vaterunser lang eine Kabine besetzt hielten, war Hoftaller tätig. Er verlangte Einblick in die beweglichen Akten. Und Fonty kannte Gründe, ihm diesen Einblick nicht zu verweigern. Solange er im Haus der Ministerien Aktenbote gewesen war, hatte Akteneinsicht zur Routine gehört. Nun aber, seitdem das eigentliche Zentrum der Arbeiter- und Bauern-Macht, die Festung der Staatssicherheit in der Normannenstraße, gestürmt und sogleich versiegelt worden war, stellten sich neue Aufgaben: Oft kam Hoftaller mit praller Tasche, um gerettete Vorgänge zu sichern. Während umlaufender Paternosterfahrten sprach er von »ner zwischenzeitlichen Ablage«, sobald Fonty ihm den einen oder anderen Ordner geöffnet hatte. Später mußten die eingelagerten Akten verschwinden; und Hoftaller wußte, wo.

Viel hausinterner Verkehr war Folge dieser Umstände. Was gestern noch gerettet schien, mußte tags drauf umgeschichtet werden. Oft verlangten diese vorbeugenden Maßnahmen, daß beide den Paternoster zugleich verließen oder ihn gleichzeitig betraten. Fonty zeigte sich beim Ein- und Ausstieg geschickter. Hoftaller, der dem offenen Personenaufzug mißtraute, aber aus übergeordneten Zwängen glaubte, auf die Zweierkabinen angewiesen zu sein, stolperte manchmal beim Ein- oder Ausstieg. Fonty mußte ihn bei der Hand nehmen. Auf ihn war Verlaß. Er bot Halt. Des Aktenboten sprungsicheres Vertrautsein mit dem unablässigen Paternoster gab Hoftaller ausreichend Sicherheit; immerhin waren der Aufzug und dessen Risiken Fonty seit fünf Jahrzehnten bekannt.

Schon in Uniform hatte er die flotte Technik des Sprungs in die Kabine und auf den Korridor entwickeln können, denn jeder Marschbefehl, der ihn ins Reichsluftfahrtministerium zurückrief, brachte Übungsstunden mit sich, die aber dem Gefreiten kein reines Vergnügen waren. Tallhover ging es damals nicht um die Sicherung von Akten, sondern um die Abnahme oder Übergabe von Kurierpost, die der Soldat Wuttke, ohne den Inhalt der Kassiber zu kennen, aus den besetzten Ländern, besonders häufig aus Frankreich brachte oder nach dorthin mitnahm. Und überall, ob in Frankreich, Belgien oder Dänemark, hatten sich Mittelsmänner gefunden, unter ihnen nicht wenige von preußischem Adel.

So machte er sich nützlich. So mußte er sich nützlich machen. Denn ob zu Tallhovers oder Hoftallers Zeiten: Theo Wuttke stand als Fonty unter Druck. Er wurde an kurzer Leine gehalten. Nein, schlimmer: Wir vom Archiv wissen, daß er von Anbeginn unter Aufsicht gewesen ist. Bereits die Jugendeseleien des Unsterblichen zeitigten Spätfolgen. Der konspirative Zirkel in Leipzig, die Liebelei in Dresden, die Berliner Tage als Apotheker und Revoluzzer: nichts geschah ohne Nachspiel. Ganz zu schweigen von seinen Tätigkeiten für die »Centralstelle« und als Regierungsagent in London. Ein Fangnetz war geworfen worden, in dessen Maschen der achtundvierziger Barrikadenheld und der Freund der Prenzlberger Szene zugleich zappelten; so wenig Freiheit hatte ihm der Zerfall der Berliner Mauer gebracht. Zwar stand nun alles offen, doch die anhaltende Gefangenschaft wollte kein Ende nehmen. Manchmal hörten wir Fonty rückwirkend wie gegenwärtig stöhnen, und doch trug er seine doppelt geschnürte Last über alle Wendezeiten hinweg; ein Archibald Douglas, dem keine Gnade zuteil wurde.

Natürlich gab es auch zwanglose Paternostergespräche. Als der Soldat Wuttke im April des ersten Kriegsjahres von einer Dienstreise aus dem Protektorat Böhmen und Mähren zurückgekommen war, hüpfte er in eine aufwärts steigende Kabine, in der ein dunkelhaariger Wuschelkopf stand und eine Adler-Schreibmaschine umklammert hielt.

Fonty hat uns eingestanden, daß er »das junge Ding« auf »höchstens achtzehn« taxiert habe und daß ihn die Schreibmaschine sogleich auf einen Gedanken gebracht hätte. Sonst eher schüchtern und alles andere als ein Schwerenöter, sei es ihm im Paternoster leichtgefallen, mit dem »kolossal niedlichen Fräulein« ins Gespräch zu kommen. »Man lächelt hin und zurück und sagt dann was.«

Er hat ihr angeboten, die schwere Maschine zu tragen. Diese zu plötzliche Annäherung wurde abgelehnt. Erst nachdem der Soldat sich vorgestellt hatte, durfte er die »Adler« übernehmen. Er schlug, als er sich im Paternoster bekannt machte, die Hacken zusammen. Das Fräulein hieß Emilie Hering, wollte aber Emmi genannt sein. Er wollte wissen, ob sie mit dem Schriftsteller Willibald Alexis, der den berühmten Roman »Die Hosen des Herrn von Bredow« geschrieben habe, irgendwie verwandt sei. Dessen bürgerlicher Name Häring wäre einst von dem hugenottischen Einwanderernamen Hareng abgeleitet worden.

»Nich um drei Ecken rum!« Emmi bestand darauf, oberschlesischer Herkunft zu sein. »Außerdem les ich keine unanständigen Bücher, in denen es um Hosen und sowas geht.«

Da hatten sie schon den Ausstieg im siebten Stockwerk verpaßt. Der Soldat sprach dem Fräulein beruhigend zu, denn nicht ohne Angst erlebte Emmi die Wendemarke im Dachgeschoß, das leichte Seitwärtsruckeln und den sofort beginnenden Abstieg in der gemeinsamen Kabine. Sie nannte dieses Erlebnis aufregend. Das habe sie noch nie gewagt. »Is richtig spannend, aber schlimm überhaupt nich.«

Und weil beide im Gespräch blieben, genoß Emmi die untere und obere Wendemarke mehrmals. »Viele Vaterunser lang«, sagte Fonty zu uns, seien sie sich nähergekommen. Zuerst habe er nur auf die Büroschreibkraft spekuliert, doch dann sei es der kastanienbraune Wuschelkopf gewesen, der ihn närrisch gemacht habe. »War Liebe auf zweiten Blick. Habe allerdings darauf bestanden, Emilie sagen zu dürfen. Paßte ihr gar nicht. Aber dann durfte ich doch – und ein bißchen mehr...«

So lernte Theo Wuttke seine spätere Verlobte, die Mutter seiner Kinder, Emilie Wuttke, geborene Hering, kennen. Nach gerade abgeschlossener Lehre hatte sie als »Tippse« und Stenotypistin in einem der vielen Vorzimmer der Reichsluftfahrt Anstellung gefunden. Und gerne war sie bereit, des Kriegsberichterstatters Wuttke handschriftliche Stimmungsbilder nach Dienstschluß, wie sie sagte, »ins reine« zu tippen. Schriftlich sei sie gut. Sie werde sich schon hineinlesen. Und zu Hause, bei ihrer Tante Pinchen, habe sie eine funkelnagelneue »Erika« stehen.

Erst nach dem fünften Vaterunser will der Soldat Wuttke das Bürofräulein Emmi geküßt haben, und zwar an der unteren Wendemarke und schon wieder im Aufstieg begriffen.

Jedenfalls begann ihre Geschichte im Paternoster. Und der Bericht aus Böhmen, den Emmi Hering säuberlich in Maschinenschrift gebracht hat, las sich flüssig. Wie selbstverständlich waren den Reiseimpressionen lange zurückliegende Schilderungen des sechsundsechziger Krieges gegen Österreich unterlegt, mithin Beobachtungen, die er bei der Besichtigung des einstigen Schlachtfeldes von Königgrätz notiert hatte. So gut wie nichts stand über die zivilen Zustände im besetzten Protektorat in seinem Bericht, doch wurde an die historische Schlacht erinnert; der Kriegsberichterstatter Theo Wuttke war ein Meister der Aussparung.

Und als er zwei Tage später Tallhover neben sich hatte, um diesem, wie üblich, die angeforderten Stimmungsbilder aus der Etappe zu übergeben, zog er die frisch abgetippte Fassung seines Manuskripts aus der Kuriertasche und will gesagt haben: »Herrgott! Wie mir alles wieder lebendig wurde. Etwa das Gehölz von Sadowa oder das Dorf Cistowes, darin wir damals wenig Zerstörung fanden, da das Feuer der großen Chlum-Batterie darüber hinweggegangen war. In Lipa, das heute auf andere Weise trostlos wirkt, sah es freilich übel aus. Ganze Reihen von Häusern ragten nur noch mit ihren Feueressen auf. Und auch hier kamen uns Kinder mit Erinnerungsstücken entgegen. Ein ganzer Basar wurde ausgebreitet: Federbüsche, Käppis, Doppeladler, Schärpen mit und ohne Blut. Tempi passati! Diesmal keine Kinder. Und wenn, dann liefen sie weg, voller Schrecken. Doch die Landschaft noch immer groß. Welch prächtiges

Panorama. Nach links hin der glitzernde Streifen der Elbe und unmittelbar dahinter die hohen Türme von Königgrätz! Das alles, Herr Hauptkommissar, ist heute noch ahnbar, wenngleich die Zeit, so die gegenwärtige Kriegszeit, darüber hinweggegangen ist. Habe aber dennoch in meinem Bericht das Vergangene beleben und der Gegenwart als mächtigen Kraftstrom zuleiten können. Bin gespannt, was mein Oberst dazu sagen wird. Schließlich liegt einer seiner Vorfahren mit vielen gemeinsam auf der Höhe von Chlum begraben: ein Leutnant von Maltzahn, blutjung wie all die anderen . . . «

Im vierten Stockwerk des Reichsluftfahrtministeriums verließ der Kriegsberichterstatter den Paternoster und suchte seinen Vorgesetzten auf. Der schätzte Fonty und dessen geschickte Aussparungen. Mit ihm, der als belesen galt, sind Plauderstündchen im Dienstraum, aber auch im Paternoster vorstellbar. So könnte der junge Wuttke den Oberst während eines längeren, über die Wendemarken hinwegführenden Gespräches darauf aufmerksam gemacht haben, daß die Gestalt des Grafen Holk aus »Unwiederbringlich« und dessen Kopenhagener Affäre mit einer gewissen Ebba von Rosenberg Personen einer mecklenburgischen Skandalgeschichte waren, die sich zwischen einem Carl von Maltzahn und einer Hofdame namens Auguste von Dewitz abgespielt hatte. Und der Oberst könnte, weil literaturkundig, gesagt haben: »Ist ja toll, Wuttke! Hab Ähnliches munkeln hören. Aber diese Ebba ist wohl ziemlich daneben, was? Vom Stamme Israel, wenn auch geadelt. Total unmöglich bei den Maltzahns. Muß reine Romanphantasie sein, verstanden!«

Und der Soldat Wuttke wird »Jawoll, Herr Oberst!« gerufen und sich mit kleinem Sprung gerettet haben – wie er fünfzig Jahre später mit immer noch jünglingshaftem Sprung die Kabine betrat und Hoftaller mit sich zog; Aktuelles war zu verplaudern.

»Macht mich traurig, Fonty, dieser Aktenverschleiß...«

»Ging wohl schief in der Normannenstraße?«

»Und weil sich die Regierung Modrow nicht halten kann...«

»Sind etwa Vorgänge, die meine Familie betreffen, versiegelt worden? Oder hat man sie durch den Reißwolf...«

»... soll es ne vorgezogne Wahl geben, schon Mitte März...«

Dazu schwieg Fonty, der zwischen den Stockwerken Einblick in seine Last, den Stoß Aktenordner, gewährte. Aber Hoftaller, der nichts von Interesse fand und nur einen einzigen Vorgang zwischenlagerte, blieb auf Wendespur: »Hängt alles von Bonn ab. Haben es eilig, die Herren. Einheit sofort! Doch uns sind Wahlen egal, nicht wahr, Fonty? Wahlen ändern nichts, jedenfalls nicht im Prinzip. Wir bleiben so oder so im Gespräch...«

Der Aktenbote Theo Wuttke verabschiedete sich mit kleinem Sprung. Was hätte er, der zu keiner Wahl ging, dem keine Wahl blieb, sagen können?

Auf langem Korridor trug er den Stoß Ordner zu Diensträumen, aus denen er, beladen mit neuen Akten, wieder in Richtung Paternoster schritt. Im Haus der Ministerien war viel Personal aus Zeiten der nun zerfallenden Arbeiter- und Bauern-Macht beschäftigt, doch sah man auch Neulinge, die zwar dem mürben Staatswesen den letzten Stoß gegeben hatten, nun aber, im Umgang mit Akten, wenig Kenntnis bewiesen: Immer fanden sie, was sie nicht suchten – und umgekehrt.

Wohl deshalb waren so viele Angestellte auf den Korridoren und zwischen den Stockwerken unterwegs. Mit Alteingesessenen und Neulingen teilte Fonty schwer beladen die Paternosterkabine, wenn nicht gerade Hoftaller den zweiten Platz beanspruchte. Seitdem das Haus der Ministerien zu einem hochgebirgsähnlichen Klettergelände umgedeutet wurde, sprach man jetzt häufig von Seilschaften, alten und neuen. Einige Herren und Damen der alten Seilschaften waren Fonty seit Jahren aus dienstlicher Tätigkeit bekannt, doch mit den Neuangestellten war er gleichfalls vertraut, sei es vom Prenzlauer Berg her, sei es von konspirativen Treffen in der Gethsemanekirche. Man nickte sich zu. Man hatte ein Wort füreinander. Man ahnte, was man nicht wußte. Und viele, die mit ihm im Paternoster auf und ab fuhren, nannten ihn Fonty: »Nimmt kein Ende mit den Akten, was, Fonty?« – »Was gibt's denn Neues, Fonty?« – »Immer schwer zu tragen, was, Fonty?«

Auch wenn wir uns der primären und sekundären Fakten
sicher sind, muß zugegeben werden: Das Archiv wußte
nicht alles. Tiefere Einblicke in jenen Bereich, der unterhalb
seiner Nervenpleiten lag, blieben versagt. Und weil der
Unsterbliche bis in die Tagebücher hinein dichtielt, über-
prüften wir ersatzweise Fontys wortwörtliches Fortleben,
von dem er uns Beweise in Zitaten gab, die selten vom Original abwichen. Mehr aus Jux denn ernsthaft haben wir ihn
auf die Probe gestellt, zumeist mit verblüffendem, uns
beschämendem Ergebnis. Sobald er das Archiv besuchte,
fragten wir ihn aus, insgeheim hoffend, er werde aus der
Rolle fallen oder ein wenig aus dem Nähkästchen plaudern
und dabei mehr preisgeben, als sich der Unsterbliche erlaubt hat.

Doch selbst auf dürftig bestelltem Feld, zum Beispiel, als
wir nach dem späten und immer wieder liegengebliebenen
»Likedeeler«-Projekt fragten, wußte er Antwort. Der Verleger Hertz habe für das geplante Epos über »frühkommunisti-
sche Gleichteiler« nur gängiges Zeug geliefert: Störtebekers
Seeräuberei aus hanseatischer Sicht, nichts über die Ideologie der brüderlichen Genossenschaft. Dennoch wolle er diesen Plan als Vermächtnis aufgreifen und das Fragment in
balladeskem Ton zur Reife bringen, er wisse schon, wie;
bestimmt nicht mit grobem Seeräubergereime und parteilichen Sprüchen, wie es dieser Barthel, den die Genossen
Kuba nannten, getan habe. Und nach einem zeitentlegenen
Randproblem, dem Skandalfall Oskar Panizza, befragt,
sagte er, was dessen »Liebeskonzil« angehe, sei dieses zwar
»polizeischwierig« gewesen, doch stehe er nach wie vor auf

dem Punkte: Für Panizza müsse »entweder ein Scheiterhaufen oder ein Denkmal errichtet werden«.

Er wußte alles, und wir konnten nur ahnen, was alles und in wessen Tonfall von ihm verschwiegen wurde; denn die dunkle Seite seiner fortgesetzten Existenz ließ sich allenfalls mit dem flackernden Schein eines konjunktivischen Talglichts ausleuchten, zum Beispiel seine weggeplauderten Heimlichkeiten, alles apart Ausgesparte, die letzten Zufluchten, das Schlupfloch. Und deshalb tappten wir lange im dunkeln, als wir der Frage nachgingen: Wo ließe sich das von ihm mehrmals angedeutete Versteck vermuten? Was hatte er mit dem Köderwort »Sitzmöbel« sagen wollen? Und welcher Stil ließe sich dem offenbar bequemen Möbel nachweisen?

Sicher ist, daß es im Haus der Ministerien einen besonderen Sessel oder ein einzigartiges Sofa gegeben haben muß. Fontys Satz »Sie ahnen nicht, wieviel Vergangenheit in einem Polstermöbel Platz findet« war dafür Hinweis genug. Und da er in diesem Gebäude nur mit Schatten vorstellbar war, schied der Sessel aus; wo aber das Sofa seinen Platz hatte, ist nicht eindeutig zu bestimmen.

Entweder war sein Standort in der Kelleretage, genauer gesagt, im Heizungskeller zu finden, oder es gammelte in einem Winkel des unübersichtlichen Dachbodens vor sich hin. Zöge man den Keller in Betracht, hieße die Frage: War die Heizungsanlage geeignet, Hoftallers vorbeugende Aktionen abzuschließen? Gewiß, aber nur dann, wenn Braunkohle als Brennmaterial und eine Großofenklappe möglich gewesen wären, zudem eingebunkerte Brikettberge und schaufelnde Heizer; immerhin ist der Arbeiter- und Bauern-Staat mit dieser oft minderwertigen Kohle beheizt worden, und entsprechend gasig roch es landauf, landab, falls einem Staatswesen solch eigenständiger Geruch nachgesagt werden kann.

Hätten wir um Auskunft gebeten, wäre unsere Frage sicher mit knappem Hinweis auf Fernwärme beantwortet worden. Die nachgereichte Frage nach einem eventuell vorhandenen Notofen würde der angeschriebenen Dienststelle weder ein Ja noch ein Nein wert gewesen sein, also blieb sie offen, also ließe sich eine seit Kriegsende nicht mehr benutzte Feuerstelle, vielleicht benachbart der Tiefgarage, vermuten, also wären Kellerbesuche zu erwägen gewesen. Das Sofa stünde dann in einer Nische mit Blick auf den Notofen; und ein solch gemütliches Refugium käme unserem Verdacht entgegen: Weil kein in der Lausitz betriebener Braunkohleabbau die Heizung hätte füttern müssen, sondern nur eine Notbefeuerungsanlage instand gehalten wurde, diente dieser seit Jahren kalte Ofen beim Vollzug eines Vorgangs, den Hoftaller, der sich manchmal in westlichem Jargon gefiel, »Entsorgung« nannte.

Die Akten, mit denen Fonty im Untergeschoß aus dem Paternoster stieg, stammten aus den im Haus ansässigen Ministerien. Hinzu kamen ab Mitte Januar papierene Vorgänge, die seit der Versiegelung der Zentralstelle Normannenstraße neue Bleibe suchten. Nicht auszuschließen ist, daß photographische Ablichtungen von Akten, die für den Heizungskeller freigegeben waren, die »Entsorgung« überlebt haben. So viel Rückversicherung hätte Hoftallers Prinzip entsprochen: Stets hatte er etwas in der Hinterhand, nie hat er zu uns »Alles wurde vernichtet« gesagt, vielmehr immer wieder beteuert, daß »beinahe alles entsorgt« worden sei.

Fonty warf selten Blicke in die zu Heizmaterial abgewerteten Aktenstöße. Er wußte, warum das durch viele Risse und Löcher auslaufende Staatswesen sein Innenleben nicht den bereits anreisenden Konkursverwaltern zumuten wollte, zumal nach den Märzwahlen deutlich geworden war, daß zwischen Ostsee und Erzgebirge mit westlich geschulter Oberaufsicht gerechnet werden mußte.

Aber gelegentlich bestand Hoftaller auf Kenntnisnahme. Selbst flüchtige Einsicht bestätigte dem Aktenboten: Die zukünftige Ordnungsmacht hatte Grund, allen entsorgenden Fleiß zu begrüßen, denn der hinfällige Oststaat gab nicht nur über sich Auskunft; zusätzlich legte er ein weiteres, bis dahin verdecktes Innenleben frei, dessen verzweigte Wege und Abwege den Weststaat kenntlich machten. Das Gemenge einer gesamtdeutschen Aktenlage mußte einerseits getilgt, andererseits gesichert werden; Hoftaller sprach wiederholt vom »vorauseilenden Zugriff«.

Uns gegenüber hat Fonty beteuert, ihm seien die Geheimhaltungsrituale beim Aktentausch lächerlich vorgekommen. In auf- und absteigenden Paternosterkabinen hätte sein Tagundnachtschatten im Schnellverfahren entschieden, welcher Vorgang als brisant, welcher als harmlos beurteilt werden müsse.

Wir nehmen an, daß sich der Entsorger im Paternoster und vor offener Ofenklappe ziemlich wichtigtuerisch benommen hat, denn Fonty sagte später zu uns: »Als geeichte Archivare kennen Sie diesen Tick. Alles, selbst der kompletteste Unsinn war ihm bedeutsam. Sogar Quittungen über zwei Biere zu zweimal Bockwurst und lange Gesprächsprotokolle von Nichtigkeiten sammelte er, um sie zu vernichten oder für späteren Bedarf aufzubewahren.«

In diesem Sinn hat Hoftaller uns gestanden: »Ach, haben Sie es doch gut! Nichts geht über ne stubenwarme Klause. Beneide Sie manchmal. Bin nämlich ganz närrisch nach alten Papieren, dürfen von mir aus stockfleckig sein.«

Als beide wieder einmal vor der Ofenklappe der Notheizung standen und Hoftaller überschüssige Akten in Flammen aufgehen ließ, sagte Fonty: »Nur weil jetzt die Regierung Modrow wie weggeputzt ist? Was soll diese Posse! Ist ja lächerlicher als nach dem Sturz der Manteuffel-Regierung, als man versuchte, deren Pannen durch Aktenschwund zu löschen. Dabei pfiffen die Spatzen von den Dächern, wer an wen talerschwer Bestechungsgelder gezahlt hat. Selbst mir wollte man während meiner Londoner Jahre solche Peinlichkeiten zumuten... Sollte einen gewissen Glover schmieren... Graf Bernstorff drängte... Mein eigentlicher Vorgesetzter, Direktor Metzel... Saß im Café Divan, schrieb mir die Finger wund... Aber über derartigen Zahlungsverkehr wissen Sie mehr, als ich meinerzeit ahnen konnte...«

Mit diesem Hakenschlag begann Fontys Rückzug in die fünfziger Jahre des vorigen Jahrhunderts: »En famille nach Kensington... Emilie über english people entrüstet... In der ›Times‹ eine Depesche: Hinkeldey im Duell erschossen...« Dem folgte ein längeres Gespräch, das vor offener Ofenklappe begonnen wurde, doch erst ein Ende fand, nachdem alle als »geheim« eingestuften Fundsachen verbrannt und, dank gutem Abzug, wie aus der Welt waren. Lange plauderten sie. Zuerst im Stehen, im Gehen dann, schließlich saßen beide.

Angenommen, das Sofa stand in einer Nische des Heizungskellers und hätte, weil es dort stand, zum Gespräch eingeladen, und weiterhin angenommen, der Aktenbote Wuttke war, nach beendetem Frühdienst, frei für ein nachmittägliches Geplauder und wäre, weil es draußen Bindfäden regnete, bereit gewesen, auf seinen gewohnten Tiergartenspaziergang zu verzichten, dann hätten beide eine Weile lang das preußische Polizeisystem aus unterschiedlichem Ärger beschimpfen können – Hoftaller nannte es »immer schon durchlässig, weil lückenhaft«, Fonty hatte es »allgegenwärtig« erlebt –, doch dann wären Tallhovers abgelagerte Erfahrungen zum Zuge gekommen: »Die Tagebücher sind, richtig gelesen, ne Fundgrube. Wie wir mußten Sie bestimmten Anweisungen der Regierung Manteuffel folgen. Ihr Freund und Gönner Merckel, dem die Nachwelt den oft bestätigten

Reim ›Gegen Demokraten helfen nur Soldaten‹ verdankt, hatte Sie, trotz unserer Bedenken, nach London geschickt. Danach hatte Sie ein gewisser Metzel unter Aufsicht. Aber auch der konnte beim Regierungswechsel nicht alles vertuschen. Zum Beispiel Ihre Schmiergeldaktionen. Die an den Besitzer des ›Morning Chronicle‹ gezahlte Stillhaltesumme in Höhe von jährlich zweitausend Talern ist belegt, selbst wenn sich Ihre Biographen, Reuter eingeschlossen, drumrum schummeln wollten. Angeblich ist keine Zahlung quittiert worden.«

»Sie übertreiben, Herr Polizeirat Tallhover! Oder können noch immer nicht zugeben, daß ich, wenn keine Null, dann eine Fehlbesetzung gewesen bin. Klappte nicht mit dem Kauf der Zeitung ... Berlin war zu geizig ... Mußte Glover und Bernstorff enttäuschen ...«

»... weil es Ihnen an Ausdauer fehlte. Schon Ihre erste Englandreise hätte, wenn nicht uns, dann der Centralpressestelle in der Leipziger Straße die Augen öffnen müssen. Doch ne affige Liebe zur Literatur hat Merckels Blick getrübt ...«

»Unsinn! Waren doch selbst vor Ort. Hätten erkennen müssen, wie ungeeignet ich war ...«

»Eine zu kurze Inspektionsreise. Mußte mich um Marx und Konsorten kümmern. Nichts klappte. Ging nem gefälschten Protokollbuch auf den Leim. Lief unruhig durch Soho, durchs Nuttenviertel. Von der Gerrard Street zur Dean Street. Aber nur schnell an besagtem Haus vorbei. Wir mußten, wenn irgend möglich, die Partei Marx meiden. Außerdem war Freiligrath in London. Hatte sich rechtzeitig vom Kölner Kommunistenprozeß abseilen können. Einzig darum ging's, während Sie nur ein kleiner Fisch, der allerdings nach heutiger Moral erledigt wäre. Ein Fall fürs Feuilleton! Schonungslos demaskiert. Der Unsterbliche hatte Dreck am Stecken. An den Pranger gestellt! Da kennen die nix, Fonty. Denn wenn man heute nachdrucken oder zitieren würde, wie Sie Ihren erklärten Feind, den Premierminister Lord Palmerston...«

»...den meine Artikel in der Kreuzzeitung nicht haben stürzen können, so tendenziös zugespitzt sie waren. Ausgerechnet ich mußte englandfeindlich mit Tinte spritzen. Dabei war London besser als Berlin. Was sagt das schon: zwei Millionenstädte, wenn man Vergleiche zieht. Dort wagemutige, auf Gewinn setzende Weltbürger, hier pfennigfuchsende Kleinstädterei. Trockener Humor an der Themse, gehässiger Witz an der Spree. Mich jedenfalls hat Berlin gelähmt und London gebildet, auch wenn ich keinen Schimmer von Marx und Konsorten hatte. Der kam nicht vor. Können Sie nachblättern. Selbst von Hegel schwante mir nichts... Hatte Mühe genug mit Kant... Allenfalls Schopenhauer... War nicht nur in Philosophie, nein überhaupt ahnungslos. Begriff kaum, was ich in London zu leisten hatte und in welche Malaise mich die Manteuffelei bringen würde...«

»Sie wußten, von wem Sie bezahlt wurden.«

»Schlecht genug, Tallhover! Schlecht genug!«

»Und die deutschen Emigranten wußten gleichfalls, in wessen Sold Sie standen. Geschnitten hat man Sie. Sogar Max Müller blieb reserviert. Für nen Spitzel hat man Sie gehalten, der gegen Buchers antipreußische Polemiken agitiert und versucht hat, Schlesingers ›Englischer Correspondenz‹ das Wasser abzugraben, was nicht gelang...«

»Sag ich ja: War eine Fehlinvestition!«

»...und sind bald nach dem Sturz der Manteuffel-Regierung gänzlich wertlos geworden, für uns jedenfalls. Deshalb der Versuch, diese Lappalien zu löschen. Nicht gründlich genug, wie wir wissen. Irgend etwas bleibt immer unversorgt liegen...«

Beide saßen mit gestreckten Beinen. Jeder in eine Sofaecke gedrückt. Fonty schaute auf seine Schnürschuhe. Hoftaller hatte sich auf seine Schnallenschuhe konzentriert. Sie hingen Gedanken nach, die sich womöglich auf Londons Straßen ergingen, sei es in Soho, sei es in Camden Town. Überall viel Betrieb und Gedränge. Sie saßen versunken. Zwischen ihnen ein Loch.

Jedenfalls war die Holzfassung der Sofalehne mit ihren drei Schwüngen für mehr als zwei Personen breit. Ein Möbel der Gründerjahre, dessen Bezug einmal weinrot gewesen sein mochte. Durchgesessen und abgewetzt, war ihm nur wenig bestimmbare Farbe geblieben. Des Sofas Beine wie von August Bebel gedrechselt. Die gepolsterten Seitenlehnen schmückte wilhelminische Schnörkelei. Nur die geschwungene Rückenlehne verlief schlichter, als wollte sie sich biedermeierlicher Vorfahren erinnern. Beide saßen wie übriggeblieben. Und aus der Tiefe des Sofas sagte Fonty: »Jedenfalls konnten Lepel und ich, noch bevor der Manteuffel-Spuk vorbei war, endlich unsere Schottlandreise antreten. In ›Jenseit des Tweed‹ steht gleich zu Beginn...«

Aber Hoftaller wollte keine längeren Zitate und gewiß nichts Verwirrendes über das schottische Clanwesen hören. Er haßte Schottland, weil diese abseitige Gegend außerhalb seiner Kontrolle lag. »Verschonen Sie mich! Nichts liegt mir ferner als Ihre Campbells, Stuarts und Macdonalds. Es gehörte nicht zu meinen Aufgaben, Ihre oft schlampig recherchierten Reiseberichte zu korrigieren. Im Unterschied dazu waren Ihre Verfälschungen von ›Times‹-Artikeln in den Spalten der ›Neuen preußischen (Kreuz-)Zeitung‹ ne wahre Leistung: Meisterstücke stilistischer Glaubwürdigkeit, trotz aller englandfeindlichen Propaganda. Doch lassen wir das. Bin ja zufrieden mit unserer gegenwärtigen Zusammenarbeit. Entwickelt sich produktiv. Sehe mich mittlerweile sogar bereit, einige Sie betreffende Unterlagen der Notheizung zuzuführen. Denke dabei an meist harmlose, doch in besonderen Fällen ziemlich brisante Informantenberichte aus der Zeit Ihrer Tätigkeit beim Kulturbund. Zum Beispiel die Einschätzung eines Theaterstücks, die Sie noch vor der Aufführung schrieben, als in Berlin-Karlshorst eine FDJ-Studentengruppe... Naja, damit wurde man fertig. Aber Ihr lobhudelnder Vergleich, der den Autor Müller neben den jungen Hauptmann, das Machwerk ›Die Umsiedlerin‹ neben ›Die Weber‹ stellte, grenzte an Sabotage. Und das wenige Wochen nach dem Bau des antifaschistischen Schutzwalls. Leider haben wir damals den abschließenden Satz des Informanten ›Fonty‹, ›Dieses Stück birgt Sprengkammern voll sozialistischem Dynamit‹, als positive Wertung verstanden. So kam es am 30. September 61 zur Aufführung, das heißt zur Beleidigung der Arbeiterklasse durch verzerrende Darstellung der Wirklichkeit. Zynisch wurde die Kollektivierung der Landwirtschaft in Szene gesetzt. Maßnahmen mußten ergriffen werden. Verbandsausschluß. Endlose Sitzungen. Sogar die Akademie tagte. Danach die übliche Selbstkritik. War ne Staatsaffäre! Und alles nur, weil wir Ihrem Gutachten, dem ›sozialistischen Dynamit‹ vertraut haben.«

Fonty lachte in seiner Sofaecke. »Geknallt hat es immerhin!« Und als Hoftaller das verjährte Papier aus seiner Brieftasche zog, entfaltete, glättete, schließlich den Informantenbericht Zeile nach Zeile bis zum »sozialistischen Gruß, Ihr Theo Wuttke« vorlas, wobei der im Briefkopf angeführte Deckname »Fonty« nicht verschwiegen wurde, lachte er immer noch: »Ach Gottchen, was ist nur aus unserem Müller geworden!«

Erst als sich Hoftaller aus seiner Sofaecke vorbeugte, das handschriftlich doppelseitig beschriebene Blatt mit zwei Fingern von sich hielt, sein Feuerzeug zog und schon beim ersten Versuch Erfolg hatte, lachte er nicht mehr. Bei schwindendem Lächeln sah er zu, wie das Zeugnis seiner Doppeltätigkeit beim Kulturbund von der linken unteren Ecke nach oben weg abbrannte, ohne daß Hoftaller, der rechtzeitig losließ, Schaden nahm. Zwischen ihren Schnür- und Schnallenschuhen verglühte das Blatt auf dem Betonfußboden des Heizungskellers. Ein wenig feierlich war ihnen zumute.

Wohl deshalb holte Hoftaller aus der Tiefe seiner Aktentasche nicht etwa, wie sonst bei Pausen, jene Thermosflasche und Blechdose voller Mettwurstbrote, die schon Tallhovers Biograph nachgewiesen hat, sondern zauberte eine Flasche Rotwein, zwei Pappbecher und einen Korkenzieher hervor.

Bevor Hoftaller »Nun wollen wir es uns aber gemütlich machen« sagen konnte, sagte Fonty schnell und wie abschließend: »Daß ich den jungen Müller mit dem jungen Hauptmann verglichen habe, ist immer noch furchtbar richtig. Leider sind auch ihre Altersstücke von ähnlicher Mache. Aufgedonnerter Kulissenzauber. Beim einen reizt mystischer Qualm die Lachnerven, der andere bietet verwursteten Shakespeare und Grausamkeiten als Dutzendware. Soll alles zynisch wirken, bleibt aber Pose und wabert kolossal . . . «

Wir vom Archiv wissen, daß ihm schon das frühe Hauptmannstück »Hanneles Himmelfahrt« mißfallen hat. »Über diese Engelmacherei könnte ich zwei Tage lang ulken«, schrieb er im November 93 an sein angestammtes Theater, in dem er zwanzig Jahre lang als Kritiker den Eckplatz Nr. 23 besetzt gehalten und kaum eine Premiere versäumt hatte. Liest sich noch immer tintenfeucht, was über Schillers »Tell« und Ibsens »Nora« in der Vossischen Zeitung stand. Alles Bombastische war ihm zuwider, wie etwa Wagner und Bayreuth, wo er gleich nach Ende der »Parsifal«-Ouvertüre – »Noch drei Minuten und du fällst ohnmächtig oder tot vom Sitz« – die vollbesetzte Festspielscheune verließ und das teure Billett für »Tristan und Isolde« an der Theaterkasse zurückgab, verbunden mit der Bitte, den Gegenwert einer »frommen Stiftung« zugute kommen zu lassen.

Desgleichen Fonty. Alles Überwürzte war nicht nach seinem Geschmack – wie jener Rotwein, den Hoftaller aus der Aktentasche gezogen hatte, ihm zu süß, zu klebrig war; und dennoch mußte er trinken, weil ihm »ein kurzes, aber gemütliches Beisammensein« verordnet blieb. Immer wieder goß Hoftaller nach. Immer wieder zitierte Fonty den berüchtigten Schierlingsbecher herbei. »Auf Ihr Wohl« mußte er sagen, »auf Ihr spezielles . . . « Und nach jedem Schluck befürchtete er, an Übersüße zu sterben.

Das Sofa hatte schon viel aushalten müssen. Wahrscheinlich stand es seit Kriegszeiten im Keller. Während der häufigen Bombardierungen mochte es als Zuflucht gedient haben. Wir stellen uns vor, wie es, zwischen Luftalarm und Entwarnung, drei bis vier weiblichen Bürokräften, die im Reichsluftfahrtministerium angestellt waren, den Anschein von Sicherheit bot. Bestimmt war Fontys Verlobte, das Bürofräulein Emmi Hering, unter den Schutzsuchenden, zumal auf Berlin nachts wie am Tage Bomben fielen. Schon damals wird das Sofa zum Plaudern – und sei es über die Angst hinweg – eingeladen haben; und Emmi Wuttke, geborene Hering, soll von Anbeginn eine unerschöpfliche Plaudertasche gewesen sein; ihr riß der Faden nie ab.

Nur so hat sie dem Gefreiten Wuttke gefallen können, nur so war sie, selbst bei übler Laune, zu ertragen; und nur so ist ihr, über Jahrzehnte hinweg, der Soldat und Zivilist erträglich gewesen, denn Fonty war das Plaudern, wie er sagte, »bis ins Schriftliche« zur zweiten Natur geworden. Sogar mit Hoftaller plauderte er aus Neigung, gewiß aber auch, um über die aufgenötigte Süße des Rotweins hinwegzukommen. Nur keine Pause zulassen. Mit vorletztem Wort das übernächste anstoßen. Indem er die Zeit immer wieder neu mischte, sprang er, ohne seine Sofaecke zu verlassen, aus dem einen ins andere Jahrhundert.

Mehrmals wurde die Geburtsstadt Neuruppin berufen. Dem Apotheker unter den Vätern gab er nur wenige, doch dessen ewige Spielschulden mit Nachsicht wägende Worte. Dann war er mit Vater Wuttke, der das Steindruckerhandwerk gelernt hatte, ausschweifend lang bei den berühmten Neuruppiner Bilderbögen, deren farbig fortlaufende Schilderungen jegliches militärische Ereignis, zudem aktuelle Begebenheiten wie Großbrände und Sturmfluten über ein Jahrhundert lang populär gemacht hatten. Fonty beteuerte, wie dieser bunte Bildersegen die eine und die andere Jugendzeit bereichert, wie nachhaltig ihn der Steindruck geprägt habe. Er färbte einige Bilderbogengeschichten so bluttriefend und schießpulverschwarz ein, als stünde ihm des Försters Tod von Wilderers Hand noch immer vor Augen, als fände das Gemetzel von Mars-la-Tour gegenwärtig statt. Und während er noch Lithographien aus Gustav Kühns Werkstatt belebte, klagte er darüber, daß vom aktuellen Geschehen der Wendezeit nichts einprägsam anschaulich werden wolle: »Stellen Sie sich die Oktoberereignisse vor. Soeben noch feiert der Arbeiter- und Bauern-Staat sein vierzigjähriges Jubiläum. Großes Trara! Paradierende Volksarmee. Die werktätigen Massen ziehen an der Tribüne auf dem Marx-Engels-Platz vorbei. In bunter Folge sehen wir winkende Genossen, natürlich auch den mit dem Hütchen, wie er zurückwinkt: lächelnd nach Krankheit und Operation. Und neben unserem Honni sehen wir Gorbi, der nicht lächeln will. Warum nicht? Da kommt es schon in weiteren Bildern zu den Leipziger Ereignissen. Die Montagsumzüge. Die vielen friedfertigen Kerzen. Die Ordnungskräfte, die Hundestaffeln und alles wunderbar bildträchtig! Motive über Motive. Mit Beffchen und im Talar sehen wir hundert und mehr Pfarrer bildstrotzender Lutherworte mächtig. Den Pastor Christian Führer sehen wir, wie er von der Kanzel der Nikolaikirche herab in Gleichnissen Gewaltlosigkeit predigt. Wir sehen das bröckelnde Leipzig, die Heldenstadt! Dann wieder Berlin. Vom Volk enttäuscht, tritt Honni zurück. Sein Nachfolger bleckt lachend die Zähne. Immer mehr Rücktritte und Herzattacken. Sodann in Bilderfolge mit Sprechblasen: zerknirschte Genossen im Gespräch mit bärtigen Menschen vom Neuen Forum. Weitere Rücktritte, Forderungen. Überall Runde Tische! Und überall Pastoren; mein Lorenzen hätte dabeisein können. Natürlich darf der 4. November nicht fehlen, der Tag der tausend Transparente und viel zu vielen Redner, die in immer größeren Sprechblasen ein klein wenig Hoffnung machen. Heym klagt bitter. Die Wolf sucht Nähe zum Volk. Müller warnt: ›Machen wir uns nichts vor…‹ Die Schauspielerin Spira sagt ein Gedicht auf. Und dann, nachdem ein jüngerer Autor namens Hein jegliche Euphorie kleingeredet hat, werde ich aufs Podium gerufen: ›Fonty soll reden! Fonty soll reden!‹ Ja, ich sprach zu den Fünfhunderttausend auf dem Alex. ›Es sind die Imponderabilien, die die Welt regieren!‹ rief ich durchs Mikrophon. Und dann berief ich die achtundvierziger Revolution: ›Viel Geschrei und wenig Wolle!‹ Ob jemand meine Warnrufe verstanden hat? Und schon kam der uns Deutschen so eingefleischte 9. November, aber diesmal mit Anlaß für fröhliche Folgen. Nach all den Schrecknissen dieses Datums darf endlich Freude den Ton angeben: Die Mauer sperrangelweit offen, der Schutzwall fällt, Mauerspechte sind tätig, Bananen beliebt… Jedenfalls ergäbe sich eine Bildfolge, vergleichbar den Neuruppiner Steindrucken, die den Sieg von Sedan, die Kaiserproklamation im Schloß von Versailles, sogar die Tage der Pariser Kommune, dann aber den Einzug der siegreichen Regimenter durch das Brandenburger Tor bebildert haben; wie ja auch mir, der ich voll Hoffnung war, der gesamte Waffengang zweitausend Seiten lang Stoff gewesen ist. Aber niemand hat mein Kriegsbuch lesen wollen, alle griffen nach kolorierten Bilderbögen. Ja, Kühn hieß der Mann, der das große Gemetzel so farbgesättigt unters Volk gebracht hat. Ein solcher Kühn fehlt uns heute. Denn soviel sage ich freiweg: Zwar holzen wir ganze Wälder ab, damit sie zu Zeitungslöschpapier werden, zwar plärrt das Radio rund um die Uhr, und Fernsehen so viel, daß man erblinden möchte, doch was fehlt, Hoftaller, woran wir Mangel leiden, wie vormals den Hauptmannschen Weberkindern ein Stickel Brot mangelte, das ist ein Gustav Kühn aus Neuruppin!«

Fast wäre er aufgesprungen. Er versuchte, aus dem durchgesessenen Polster zu kommen, sank aber wieder in seine Sofaecke, tiefer als zuvor. Bevor ihn weitere Bilder anflogen, füllte Hoftaller, der bei kleinem Lächeln zugehört hatte, abermals den Pappbecher mit übersüßem Wein; und dann holte Fonty weit aus:

Die Lehrjahre als »Giftmischer« in diversen Apotheken verzwirnten sich mit den Front- und Etappenberichten des Luftwaffengefreiten Wuttke. Nachdem er die Lehr- und Wanderjahre zweigleisig abgefahren hatte, war er plötzlich bei Orden- und Ehrenzeichen: »Anno siebenundsechzig fand man mich mit dem Kronenorden vierter Klasse ab, erst anno achtundachtzig war es endlich das Ritterkreuz des Hohenzollernhausordens . . . « Kaum aber hatte er den eher spärlichen Ordensschmuck als »bloßes Blech« abgetan, wurde seine während des Zweiten Weltkrieges ordensfrei gebliebene Brust mit Ehrennadeln und Verdienstschnallen geschmückt, die ihm während seiner Tätigkeit im Kulturbund verliehen worden waren: »Alles nur drittrangig! Aber immerhin: zwei- oder dreimal ›verdienter Aktivist‹. Bredel persönlich hat mich für eine Medaille vorgeschlagen. Wiederholt haben die Kollegen Strittmatter, Fühmann meine

Verdienste um das kulturelle Erbe herausgestrichen. Dann aber starb mein damaliger Gönner, der Präsident des Kulturbunds, Johannes R. Becher... Hätte, wenn mir danach gewesen wäre, als Kreissekretär Karriere machen können, in Potsdam oder Oranienburg... Oder stellen Sie sich vor, Tallhover, es hätte anno achtzehnneunundfünfzig geklappt. Meinem Freund Heyse wäre es gelungen, mich, als es nach der halbwegs passablen Londoner Zeit in Berlin ganz duster aussah und Emilie nur noch das Jammern hatte, an den bayerischen Hof zu vermitteln. Ich als königlicher Privatbibliothekar. Ich fest besoldet! Alles wäre anders verlaufen. Keine Wanderungen durch die Mark und keine Kriegsbücher, aber die Voralpen, der Starnberger See, Berchtesgaden, Oberammergau, des König Ludwigs Schlösser und viele Romane, in denen Enzian getrunken wird und Föhn herrscht. Alpenglühen, Wilderer, Bergbauern, farbig Katholisches...«

Da unterbrach ihn Hoftaller und wollte alles auf einen Punkt bringen: »Machen Sie sich nichts vor, Fonty. Sie waren und sind ne verkrachte Existenz. Hier, in dieser sandigen Gegend, haben Sie es immerhin zum Denkmal gebracht, doch in Bayern hätte es nicht mal zu ner achtel Portion Unsterblichkeit gereicht.«

Er holte als Tallhover aus, um als Hoftaller draufzupakken. Zum Abrechnen war das Sofa wie geschaffen. Die Beweise für »verkrachte Existenz« brachte er mit lächelndem Bedauern, eher geflüstert als herausposaunt. Nur selten kam Schärfe in seine Stimme. Und selbst Punktumsätze wie »Sie waren und bleiben ein unsicherer Kantonist« hoben das milde und nachsichtige Lächeln nicht auf. Wohlwollen überwog, wie überhaupt Hoftallers rundes, wir sagten oft bauernschlaues Gesicht samt den knopfkleinen, von Lachfältchen gefaßten Augen eher bekümmerte Fürsorge als Härte spiegelte.

Ohne zu dem in der Tallhover-Biographie erwähnten, durch einen gewissen Lieske ermordeten Polizei-Rath Rumpf eine namentliche Annäherung herbeispekulieren zu wollen, können wir Fontys Hinweis auf den frühen Berlinroman »L'Adultera« bestätigen; in ihm tritt ein Polizeirat Reiff als Nebenfigur auf und beweist dabei eine nicht zu ignorierende Ähnlichkeit mit Hoftaller als Tallhover: »...ein kleiner behäbiger Herr mit roten und glänzenden Backenknochen, auch Feinschmecker und Geschichtenerzähler, der, solange die Damen bei Tisch waren, kein Wässerchen trüben zu können schien, im Moment ihres Verschwindens aber in Anekdoten exzellierte, wie sie, nach Zahl und Inhalt, immer nur einem Polizeirat zu Gebote stehn...«

Wir vermuten, daß Tallhover als Modell stillgehalten hat, damit auf Papier die Nebenfigur Reiff entworfen werden konnte; und daß die romanhafte Person in preußisch-protestantischer Umgebung katholisch zu sein hatte, hätte auch zu Tallhover gepaßt, wenngleich Hoftaller, nach seiner Religion befragt, vorgab, »streng wissenschaftlicher Materialist« zu sein.

Anfangs verfuhr er nachsichtig mit der »verkrachten Existenz«. Er überging die abgebrochene Gymnasialbildung, lobte sogar den Abschluß an der Friedrichswerderschen Gewerbeschule, also das »Einjährigen-Zeugnis«, und erweiterte sein Lob um die Spanne der Lehrzeit in der Apotheke »Zum Weißen Schwan«, die trotz unablässiger Reimerei durchgehalten und mit dem Abschluß als Apothekergehilfe – unterschrieben von Wilhelm Rose, Spandauer Straße – beendet wurde. Dann aber hörte sich Hoftallers Abrechnung streng, schließlich unerbittlich an: »Diese Unruhe! Ne Menge Ortswechsel. Will aber nur an die Dresdner Adresse erinnern: Salomonis-Apotheke, denn dort wurde beim Verkauf von Lebertran und direkt übern Ladentisch weg ne Verbindung geknüpft, die nicht gerade revolutionär war, eher spätromantisch, deren Folgen jedoch ruinös blieben: Einmal und abermals wurden dem Apothekergehilfen und Jungdichter Alimente abkassiert, wovon ein Jammerbrief an Freund Lepel Zeugnis gibt: ›Meine Kinder fressen mir die Haare vom Kopf, eh die Welt weiß, daß ich überhaupt welche habe...‹ Nun, wir wußten von der beklagten, zu großen ›Lendenkraft‹. Aber Emilie Rouanet-Kummer, die Verlobte im Wartestand, durfte nicht wissen, was für ne Hurerei sich über Jahre hinweg am Elbufer abgespielt hat. Lief alles heimlich. Lepel pumpte Geld. Nichts kam ans Tageslicht. Aber wir hatten den Fisch an der Angel: die verkrachte Existenz, den ausgepowerten Kindsvater, das Liebesverse schmiedende Genie ... Könnte plaudern ... Hätte Lust, auskunftsfreudiger zu sein als das so gut sortierte Potsdamer Archiv...«

Fonty war erschrocken und wir mit ihm. Er sank, als immer mehr Peinlichkeiten aus der anderen Sofaecke kamen, tiefer und tiefer ins Polster, wie auch uns das detaillierte Spezialwissen verstörte. Was Hoftaller »Dresden und die Folgen« nannte, hätte als Konvolut belastender Papiere eine das Archiv schmerzende Lücke füllen können. Er zitierte aus Briefen und beigelegten Gedichten. Er hob Datierungen hervor. Aus sieben Jahren, bis zum Abbruch der Revolutionären Korrespondenzen in der »Dresdner Zeitung«, sollen siebenunddreißig Liebeszeugnisse von des Unsterblichen Hand überliefert sein, doch blieben diese mehr herzzerreißend poetischen, weniger radikal politischen Papiere als Geheimdossier nur jenen verfügbar, die von Berufs wegen Druck ausüben.

Selbst uns gegenüber ging Fonty nicht ins Detail, wenn wir nach dem Verbleib der Briefe fragten. Als wäre ihm noch immer seine Sofaecke verordnet, flüchtete er ins Allgemeine: »Lauter Unsinn! Was man briefverborgen schreibt, darf nicht zählen. Meine Episteln an Emilie aus überlanger Verlobungszeit sind gleichfalls futsch. Wurden allesamt verbrannt. Nicht schade drum. War sowieso alles unerlaubt unbedeutend. Na, weil Liebesbriefe in der Regel Ablage für Allgemeinplätze sind. Viel ausgeborgte Zärtlichkeit. Und die Zitate nach Lenau und Platen wie aufgenähte Hosenknöpfe. Sicher, Eigenes kam auch vor. Das floß nur so. Hatte ja eine leichte Hand und ein beständiges Sehnen. War mit dem Herzen dabei ... «

Weil uns der Hunger nach den geheimgehaltenen Briefen des Unsterblichen oft bis zum Äußersten trieb, haben wir Fonty aus archivalischer Hemmungslosigkeit regelrecht verhört. Nachhaken! Stochern! Nur nicht lockerlassen. Als Verhörende mögen wir seinem Tagundnachtschatten ähnlich gewesen sein, jedenfalls lief unsere einzige Sorge auf die Befürchtung hinaus, Hoftaller könnte auf die Idee kommen, den Fall »Dresden und die Folgen« nach seiner Methode abzuschließen, denn als beide in ihren Sofaecken saßen, hat er zum übersüßen Rotwein noch süßere Verheißungen tröpfeln lassen. Wir ahnten, welche Gefahr den siebenunddreißig Briefen, unserer Archivlücke, drohte.

Fonty schockierte uns mit dem Eingeständnis, Hoftaller habe eine Kunstpause eingelegt, sich aus der Sofaecke vorgebeugt und seine Stimme mit Wohlwollen gesalbt: »Selbst wir sind der Meinung: Genug ist genug. Dresden soll keine Folgen mehr haben. Nicht nur das Bündel heißblütiger Briefe und beigelegter Gedichte, auch alle Zahlungsanweisungen, jeglichen Behördenkram, alles, was andeutungsweise nach Alimenten riecht, sogar unsere Protokolle bringen wir zum Schweigen, indem wir zwar nicht das tun, was Ihre arme Effi, dieses Dummerchen, mit den Crampas-Briefen hätte tun sollen und was Ihr überängstlicher Botho mit den Lene-Briefen tat, nein, wir verbrennen sie nicht, wir entsorgen sie auf nahestehende Weise: Alles, jeder Seufzer, jeder Herzenserguß, jede gereimte Beteuerung, wird ritsch-ratsch zerrissen, zerfetzt und verschwindet in diesem Sofa, in dessen Tiefe sich des Poeten und Jungapothekers Briefschnipsel getrost mit vieltausend anders geschwätzigen Schnipseln, die schon entsorgt wurden, vermischen und – von mir aus – begatten dürfen...«

Hiermit steht fest: Kein Notheizungsofen war im Spiel. Das Sofa war nicht im Keller zu finden. Wir betreten den Paternoster und steigen zum Labyrinth des Dachbodens auf, der sich über dem teils vier-, teils siebenstöckigen Gebäude hinzieht. Und dort, im siebengeschossigen Seitenflügel, entlang der Leipziger Straße, sehen wir das Sofa: einfach abgestellt, aus welchen Gründen auch immer.

Aber genau besehen war das Dachbodenmöbel nicht mehr abgrundtief durchgesessen, sondern wohl gepolstert, weil mit zerfitzelten Papieren vollgestopft, die als geheim gegolten hatten. Wie wir inzwischen wissen, entstammten viele Aktenvorgänge dem Haus der Ministerien, doch hatte die Zentralstelle Normannenstraße beim Stopfen und Nudeln nicht gegeizt; nach Fontys Worten hätte eine pommersche Gans kaum nachdrücklicher gemästet werden können, so satt war das Sofa an Geheimnis.

Hoftallers Werk. Sagen wir lieber: Hoftallers und Fontys Gemeinschaftswerk. Beide haben als Reißwölfe Akten per Hand zerschreddert, die Schnipsel durch Löcher ins ohnehin löcherige Unterfutter gestopft und mit Fingern und Fontys Wanderstock dem Sofa nach und nach zu straffer Polsterung verholfen.

Seit Mitte Januar waren sie fleißig. So über Wochen hinweg. Und so an jenem Nachmittag, Ende März, als Hoftaller die Flasche Rotwein, die Pappbecher und den Korkenzieher aus der Tasche gezaubert hatte. Erst nach getaner Arbeit und nachdem sie einen Stoß Personalakten, einige verdeckte Gehaltslisten, etliche Kontaktprotokolle und wohl auch ein Bündel westöstliche Korrespondenz zerkleinert, durch sieben Löcher getrieben und bis in die entlegensten Hohlräume der Polsterung verteilt hatten, lud Hoftaller zum Umtrunk ein. »Sowas macht durstig!« rief er.

Fonty sah sich genötigt, nach einem zweiten einen dritten Pappbecher zu leeren. Zum vierten Mal wurde ihm eingegossen. Folgsam nahm er mit kleinen Schlucken die Übersüße des Weins wie eine Strafe auf sich. Er ließ sich abfüllen, und dabei zählte der Gastgeber, der nur andeutungsweise trank, alles auf, was zur Schuld beigetragen hatte: Dresden und kein Ende.

Und hier, auf dem Dachboden und nicht im Keller, wurde die Möglichkeit erwogen, mit diesem papiernen Wissen das mittlerweile stramme Sofa zusätzlich zu mästen. Was im Potsdamer Archiv nicht katalogisiert ist und uns als Lücke schmerzt: Hier kam es zur Sprache, hier wurde ausgiebig Liebesgestammel zitiert, ungereimt und gereimt, hier quälte sich über Jahre hinweg eine geheimgehaltene Liebe von Blatt zu Blatt, hier sollte mit kostbarem Spezialwissen ein Sofa aufgemöbelt werden.

Uns liegt nur der besondere Brief an Bernhard von Lepel vor, in dem als »Enthüllung« steht: »... zum zweiten Male unglückseliger Vater eines illegitimen Sprößlings.« Zudem ist der Tatort angegeben: »Das betreffende interessante Aktenstück (ein Brief aus Dresden) werd ich Dir am Sonntage vorlegen...« Doch Hoftaller wußte mehr und alles, was Fonty zu wissen schien, aber unter der Decke halten wollte: daß die Mutter beider Kinder als Tochter eines Gärtners in Dresden-Neustadt gelebt und Magdalena Strehlenow geheißen hat; daß die Gärtnerstochter gern gesehene Kundin der Salomonis-Apotheke gewesen ist; daß es Lebertran für ihre kleinen Geschwister war, nach dem sie immer wieder verlangt hat; daß der junge Apothekergehilfe, der sie über die Ladentheke hinweg bediente, es verstand, die Gärtnerstochter zu Kahnpartien auf der Elbe einzuladen; daß dem Ruderer anfangs zu Lena Strehlenow revolutionäre Verse im Herwegh-Stil eingefallen sind; daß er auf dem ruhig fließenden Nebenarm der Elbe schließlich rückfällig geworden ist und – angestiftet vom Namen der Gärtnerstochter – nur noch im Stil des Romantikers Nikolaus Niembsch von Strehlenau zu seiner Lena passende Reime hat finden können; und daß die Beschreibung der Jahre später abermals geschwängerten Person – »schlank, mittelgroß, aschblond« – mit einer weitaus späteren Romanfigur verdächtig übereinstimmte. »Wir wissen, wer auf Ruderbänken für Lene Nimptsch Modell gesessen hat.«

Hoftaller ließ sich nicht beschwichtigen: »Ihr Hinweis auf bloße Fiktion zieht nicht. Wenn die romanhafte Lene infolge der Bootspartie auf der Havel und der anschließenden Übernachtung in Hankels Ablage nicht schwanger ging, beweist das nur, daß der Autor, hier ganz seinem Stilprinzip folgend, das Bett, die Dresdner Konsequenzen ausgespart hat. Nur mit dem Namen wagte er ein wenig zu spielen. In Wirklichkeit aber wurde die aschblonde Gärtnerstochter nach wiederholtem Rudern zum ersten Mal und sechs Jahre später abermals Kindsmutter. Der ›Sprößling‹, wiederum ein Mädchen, wurde keine zwei Jahre alt. Nur die erstgeborene Tochter ist nicht von der Diphterie hingerafft worden. Seien Sie froh, Fonty! Die kleine Mathilde überlebte alle Kinderkrankheiten, wuchs heran, war ne praktische Person, die zupackte, fiel durch Klugheit und strebsamen Sinn auf und heiratete später...«

Hier brach Hoftaller ab. Und Fonty drängte ihn nicht, weiterführende Sofageschichten auszuplaudern. Es reichte. All dieses aufgehobene Wissen – sein Tagundnachtschatten zitierte nicht nur aus Liebesbriefen, sondern auch Widmungsverse, in denen sich Lebertran auf holden Wahn und andernfalls anzüglich auf Elbkahn reimte – versetzte ihn in einen elenden Zustand, zu dem das Übermaß an Rotwein beitrug. Klebrige Süße stieß übel auf. Aus Hoftallers halbem Versprechen, das Sofa mit belastenden Briefschnipseln zu stopfen, wurde nichts: »Später, Fonty, vielleicht später, wenn wir die Dresdner Folgen abgearbeitet haben.«

Das gab ihm den Rest. Dem Aktenboten Theo Wuttke kam es hoch. Schon würgte er. Und selbst wenn der Unsterbliche im vergleichbaren Fall diese Szene ausgeblendet und dem Romanleser alles Vulgäre erspart hätte, sehen wir uns zu dem Eingeständnis gezwungen: Fonty mußte kotzen.

Aber wohin? Wo hinein? Wären wir noch, wie anfangs vermutet, in der Kelleretage und stünde das Sofa in Nähe der Eisenklappe zur Notheizung, hätte Hoftaller rufen können: »Mensch, Wuttke, dahin! Einfach in den Heizkessel rein!« Weil aber Fonty nicht im Keller des ehemaligen Reichsluftfahrtministeriums speiübel wurde, sondern in dessen Dachgeschoß, wird er das neu aufgepolsterte Sofa vollgekotzt haben.

Nach so viel widerwilligem Weingenuß und nachdem er gezwungen worden war, all das Bedrückende anzuhören und dabei den eingedickten Sud vergangener Zeit zu schlürfen, wird niemand erwarten können, daß es dem Greis gelang, rechtzeitig vom Polster hochzukommen und sich irgendwo abseits zu entleeren, zwischen Gerümpel etwa: Über Transparente, die vom letzten Ersten Mai geblieben waren und noch immer zur Solidarität aufriefen, hätte er sich erbrechen und so gründlich auskotzen können, bis nichts mehr gekommen wäre.

Hoftaller half Fonty, der sich im Paternoster nur mühsam aufrecht hielt, vom Dachboden ins Erdgeschoß, dann, schnurstracks an der Anmeldung vorbei, unter das kolossale Portal und endlich ins Freie.

Draußen dunkelte es. Kein Regen, doch unter tiefhängenden Wolken drückte feuchte Luft. Süßlich und gasig bitter roch es nach Braunkohlefeuerung, dem untergehenden Staatswesen.

Der Aktenbote Theo Wuttke atmete schwer, wollte aber nicht gestützt werden, sondern ganz allein über den Ehrenhof. In dem ausgestanzten Viereck hallte jedes zu laute Wort: »Loslassen, Tallhover! Was noch, Hoftaller, was noch? Zur Hölle mit Ihren operativen Vorgängen! Zum Teufel mit Ihren Harmlosigkeitsallüren, Herr Polizeirat Reiff!«

Aber sein Tagundnachtschatten blieb ihm zur Seite. Es sah so aus, als gehörten sie auf ewig zusammen. Kein literarischer Trick konnte sie trennen. Uns verwunderte diese weit über hundertjährige Praxis nicht, sagte doch schon in »L'Adultera« der pleite gegangene Bankier Rubehn zu seiner geliebten Melanie: »Vor dieser Spezies muß man doppelt auf der Hut sein. Ihr bester Freund, der leibliche Bruder ist nie sicher vor ihnen...«

Vom »Genossen Fonty« hätte selbst im Scherz nicht die Rede sein können; und weil er nie jemand mit Parteibuch gewesen ist, legte er Wert darauf, als »Herr« angesprochen zu werden. Nicht selten sind ihm flapsige Anreden wie »Hallo, Fonty, wie geht's« ärgerlich aufgestoßen: »Für Sie, junger Mann, immer noch Herr Wuttke.«

Sein bürgerlicher Name schützte ihn, und gerne betonte er den weit übers Rentenalter hinaus tätigen Aktenboten, dessen Leistungen häufig erwähnt und in zurückliegenden Jahren sogar am Schwarzen Brett gelobt worden waren; ob beim Kulturbund oder im Haus der Ministerien: Theo Wuttke galt als Aktivist. Mit mürrischer Lust behauptete er, dem Arbeiter- und Bauern-Staat von Anbeginn als loyaler Bürger verpflichtet gewesen zu sein. Aber einzig als Theo Wuttke zu gelten war so schwer, wie es ihm leichtfiel, uns alle als Fonty zu überzeugen.

Er war beides. Und in zwiefacher Gestalt hing er am Haken. Wir, die ihn zappeln sahen, ahnten anfangs nur, was uns später zur Gewißheit wurde: Zu viele Aktenvorgänge belasteten seine verlängerte Existenz zugleich. Und weil jeder Vorgang gewichtig genug war, ihn im Verlauf der Zeit unter mehr oder weniger durchlässige Aufsicht zu stellen, hatte das gesamte Papierbündel andauernde Beschattung zur Folge. Gründe genug gab es, ihm eine Person zuzuordnen, die, wie Theo Wuttke, nicht nur von heute war: Zwei Immortellenkränze wären zu vergeben, sogar ein dritter, denn uns erging es kaum besser; nichts ist unsterblicher als ein Archiv.

So ängstlich wir versucht haben, Hoftaller zu meiden, Wegducken half nicht: Mit Fonty saßen wir in der Falle, wie ihm war dem archivierenden Kollektiv der Name des Unsterblichen vorgeschrieben; doch uns hat jahrzehntelang ein Gutachten geschützt, nach dessen Befund wir als nur sekundär und obendrein harmlos einzustufen waren.

Hoftaller nahm das Archiv nicht ernst. Er belächelte die Lücken in unserer Kartei, sah Fonty weiterhin als Objekt und hat sich wohl deshalb geweigert, seinem Biographen, der ihn nach über hundert Dienstjahren auslöschen wollte, Gehorsam zu leisten. Hätte er sich, dem biographischen Aufruf folgend – »Genossen! Kommt! Helft mir!« –, durch Selbstjustiz unters Fallbeil gebracht, wäre mit Fonty auch uns geholfen gewesen. Wir hätten uns freier, ein wenig freier entfalten können. Ab 13. Februar 1955 wäre dem Archiv von Staats wegen Ruhe gegönnt worden. Und mit dem Fall »Tallhover, Ludwig, geboren am dreiundzwanzigsten März Achtzehnhundertneunzehn, ehemaliger Mitarbeiter der Dienste«, hätte der Fall Fonty ad acta gelegt werden können.

Oder wäre dieser nur literarisch schlüssige Tod kein Anlaß zur Freude gewesen? Hätte es Gründe gegeben, Tallhovers Tod zu betrauern? Ließe sich ausdenken, daß es Fonty war, der gegen den Schluß der Biographie auf Seite 283 protestiert und deren Fortsetzung – und sei es von uns – gefordert hat, weil er sich nach so langer Fürsorge einsam, rückhaltlos und ohne Tagundnachtschatten sozusagen schlemihlhaft vorgekommen wäre?

Fragen, auf die Tatsachen Antwort gegeben haben. Fonty stand weiterhin unter Zwang. Er hing am Haken. Und wir, die im Archiv wie unter Hausarrest saßen, sahen ihn zappeln.

Dennoch waren dem Aktenboten Theo Wuttke kleine Ausbrüche in die Freiheit möglich. Immer wieder konnte er sich von seinem Schrittmacher und Aufpasser, dem Stachel und Widerhaken in seinem Gedächtnis lösen. Jedenfalls glaubte er, daß ihm nach Dienstschluß tagundnachtschattenlose Alleingänge freistanden. Vor dem Mauerfall hatte ihm der Volkspark Friedrichshain Auslauf geboten; nun aber überquerte er, ohne lange Anlauf nehmen zu müssen, den Potsdamer Platz, auf dessen abgeräumter Fläche, nicht erst seit ausbrechendem Frühling, grelle Spekulationen blühten. Danach bummelte er von Schaufenster zu Schaufenster die westliche Potsdamer Straße hoch bis hin zur kläglich übriggebliebenen Hausnummer 134 c, um von dort aus trotz undurchlässiger Verkehrsdichte Rückschau auf romanträchtige Mansardenfron zu halten; oder er folgte vom Potsdamer Platz aus anderer Gewohnheit, immer wieder abzweigenden Spazierwegen, die der Tiergarten – sei es zum Goldfischteich oder zur Amazone, sei es am Uferweg, der Rousseau-Insel gegenüber – mit Ruhebänken zu bieten hatte. Natürlich ging er mit Stock. Jugendlich, wie überliefert, schritt er aus. Und wenn er saß, lag der Wanderstock neben ihm.

Meistens saß Fonty für sich, mehr beurlaubt denn aus freien Stücken allein. Waren ihm Fristen eingeräumt worden? Hat er diese Alleingänge seinem Tagundnachtschatten abtrotzen müssen? Oder kann es sein, daß Hoftaller aus pädagogischen Gründen nachgab und ihm abrupte, oft mitten im Satz vollzogene Kehrtwendungen – »Gesellschaft ist gut, Einsamkeit besser!« – ohne Bedingung erlaubt hat, weil sich Fonty nur so an die neue, dem Westen eigentümliche Freiheit gewöhnen konnte?

Ihre Trennungen auf Zeit fanden zumeist gleich nach Dienstschluß an Straßenecken statt, zum Beispiel Ecke Otto-Grotewohl-, Leipziger Straße. Hoftaller wollte geradewegs weiter, Fonty bog links ab. Nach kurzem Gruß »Bis morgen dann« scherte er aus. Hoftaller blieb stehen, bestätigte: »Na klar, bis morgen.« Er sah seinem Schützling und dessen wehendem Shawl eine Weile lang nach, setzte den Weg dann fort; indessen entfernte sich Fonty.

Hier müssen wir einräumen, daß beide gelegentlich einem altersbedingten Drang nachgaben, so auch, als sie sich trennten. Dieser und jener ging zwischen Schritt und Schritt furzend in eine Richtung, die er für seine hielt, der eine mit dem ausholenden Schritt des ewigen Jünglings und mit regelmäßig auftrumpfendem Stock, der andere schnellfüßig tippelnd. Bei wachsender Entfernung blieben sie einander dennoch sicher. Spätestens am nächsten Tag waren sie wieder vereint, sobald Hoftaller im Paternoster zustieg, denn an gemeinsamer Arbeit fehlte es nicht. Von Stockwerk zu Stockwerk war der Aktenbote Theo Wuttke im Haus der Ministerien gefordert und bis hoch zum Dachgeschoß, wo das Sofa stand, immer gefällig und ansprechbar: »Werden dringend gebraucht, Fonty. Zimmer 718, Abteilung Transportwesen, wartet schon lange, und auch bei der Personalabteilung stapeln sich einige Vorgänge ...«

Nur auf Tiergartenbänken war er allein. Selbst wenn sich ein Rentner neben ihn setzte und beide einander Altersgebrechen aufzählten oder ihre Ärzte als Stümper beschimpften, blieb ihm Einsamkeit sicher: So gutgelaunt er mit »wiederholter Nervenpleite« auf »chronisches Asthmaleiden« antwortete, alles Geplapper lief obenhin, und nie wurden seine Hintergründe befragt.

Die zu einem großräumigen Garten gezähmte Natur half ihm, selbst in Gesellschaft allein zu sein; doch nicht nur deshalb liebte Fonty den Tiergarten. Wir werden sehen, daß er in dieser Kunstlandschaft von Anbeginn unverkennbar gewesen ist.

Nachdem sich Theo Wuttke von seiner scherzhaft »Schutzengel« genannten Aufsicht getrennt und den Aktenboten wie ein Rollenkostüm abgelegt hatte, war er, wie schon den April über, nun bei schönstem Maiwetter unterwegs. Abgesehen von einer gerollten, in rechter Manteltasche steckenden Tageszeitung, glich er mit Hut und Stock einer Karikatur, die seinen Vorgänger zum Motiv gehabt und dessen Eigenart dergestalt treffend wiedergegeben hatte, daß sie gut zwanzig Jahre nach dem amtlichen Tod des Unsterblichen im »Simplicissimus« wie eine Novität abgedruckt werden konnte; das Archiv bewahrt ein Exemplar als Beleg auf.

Über der kommentierenden Zeile »Sieht der märkische Adel jetzt so aus?« hat man ihn vor sich, leibhaftig, wie er mit dem Wanderstock in rechter Hand ausschreitet. Der linke Arm ruht abgewinkelt hinterm Rücken. Ohne sein Schottenmuster zu betonen, fällt der oft zitierte Shawl lässig drapiert über die Schulter und reicht beiderseits abfallend bis zur Seitentasche des weiten Mantels. Beschattet von der geschwungenen Krempe des Künstlerhutes, schaut er über alles Nahe hinweg in die Ferne. Zum fusselnden Bart unter kühn geprägter Nase paßt das hinter den Ohren strähnig in den Nacken fallende Haar. Ein Bild, das einen Gutsherrn vortäuscht, entfernt sogar Bismarck im Sachsenwald oder Dubslav von Stechlin spiegelt, der angeblich Bismarck glich. Und deshalb stellt sich einem nur wenig entfernt treppab steigenden Bürgerpaar, dem zwei lärmende Kinder vorauslaufen, die offensichtlich neureiche Frage nach dem gegenwärtigen Aussehen des märkischen Adels.

Das alles hat der Karikaturist Th. Th. Heine mit sicher gesetzten Konturen und nur sparsamer Binnenzeichnung zu Papier gebracht. Er wußte, wie vorgestrig der Unsterbliche den Tiergarten aufgesucht und dort belustigtes Erstaunen erregt hatte. Und wir wissen, daß nicht nur im »Stechlin« der Tiergarten Platz für Spaziergänge und Kutschfahrten bietet, sondern auch Waldemar von Haldern Ruhe verspricht: Der junge Graf, der nahbei in der Zeltenstraße wohnt, hat sich unter Tiergartenbäumen eine Bank gesucht, um dort zum Entschluß, dem endgültigen Verzicht auf Stine und dem Griff nach dem Revolver zu kommen: »Eine frische Brise ging und milderte die Hitze, von den Beeten aber kam ein feiner Duft von Reseda herüber, während drüben bei Kroll das Konzert eben anhob...«

Den Krollschen Musikgarten und die später gebaute Kroll-Oper gibt es nicht mehr, vieles ist abgeräumt worden, doch dem Tiergarten gelang es immer wieder, sich zu erneuern. Fonty war Zeuge.

Sein Bild stand schon immer fest, und nur die Kunstlandschaft, in der er sich bewegte, war behutsam in Phasen oder gewaltig auf einen Schlag verändert worden. Bis zum Mauerbau lag der Tiergarten, trotz der Teilung der Stadt in Besatzungszonen, für Fonty offen, dann jedoch blieben die Wanderwege annähernd drei Jahrzehnte lang all jenen versperrt, für die, wie für ihn, der Ostteil Berlins als Hauptstadt der Arbeiter- und Bauern-Macht genug sein mußte.

Nun staunte er, wie üppig sich die Neuanpflanzungen der Nachkriegsjahre in Höhe und Breite verästelt und verzweigt hatten. Die auf wüstem Gelände zuerst gepflanzten, weil schnellwüchsigen Pappeln und Erlen waren inzwischen Buchen und Eichen, Ahorn und Trauerweiden gewichen. Hier Einzelbäume auf dicht umsäumten Wiesen, dort hainartige Baumgruppen, dann wieder geschlossene Gehölze, Uferbepflanzungen, niedrig gehaltenes Gebüsch. Natürlich fehlten nicht die dem märkischen Boden heimischen Nadelbäume und Birken. Und die gesamte, vom Brandenburger Tor bis zum Landwehrkanal und dem dahinter liegenden Zoologischen Garten gestreckte Anlage war, wie vom Baumeister Lenné entworfen, von beiderseits bepflanzten Alleen durchzogen: hier, bis zum Zeltenplatz hin, siebenmal unterschiedlich von Kastanien, Rüstern, Platanen und so weiter bestanden, dort der Länge nach über den Kleinen und Großen Stern hin durchkreuzt oder von Doppelreihen beschattet, wie die Hofjägerallee, die gleichfalls zum Gro-

ßen Stern führte. Doch zwischen den vom Verkehr über-
lasteten Schnellstraßen und beiderseits der ehemaligen Sie-
gesallee, dann Straße des 17. Juni, eröffnete ein Netz ruhig
verlaufender Wanderwege den Ausblick auf freie Wiesen-
flächen, Teiche und Seen. Sie führten zum Rosengarten oder
über die Luisenbrücke und erlaubten, von Denkmal zu
Denkmal zu wandern, von Goethe zu Lessing, von Moltke
zu Bismarck und weiter bis in den Englischen Garten hinein, den der Schloßpark Bellevue begrenzte und in dessen
Nachbarschaft die der westlichen Halbstadt teure Akademie der Künste bis vor kurzem ihre Ruhe gepflegt hatte,
doch seit dem Fall der Mauer vom Zeitgeist aufgestört und
ums Selbstvergnügen gebracht war; gab es doch in der östlichen Stadthälfte gleichfalls eine Akademie der Künste,
und beide Versammlungen, die während Jahrzehnten einander gemieden hatten, blickten nun, verlegen grimassierend,
weil zur Einheit verurteilt, auf eine preußische Institution
zurück, deren Sekretär einst der Unsterbliche gewesen war,
wenn auch ein halbes Jahr lang nur, so schnell hat ihn das
Akademiewesen angewidert.

Fonty pflegte seine Vorlieben. Gerne wanderte er vom
Denkmal Friedrich Wilhelms III. zum Lortzingdenkmal
und suchte von wechselnden Parkbänken aus unverstellte
Blicke übers Wasser bis hin zur Rousseau-Insel. Und wie
wir wissen, gab es dort eine Lieblingsbank, die im Halbschatten stand, mit einem Holunder hinter der Rückenlehne.

Manchmal lief er bis zur Fasanerieallee und den bronzenen Skulpturen Hasenhetze und Fuchsjagd, dann weiter
zum Neuen See, den der Landwehrkanal speiste und der ab
Anfang Mai von Ruderbooten belebt war. Hier sah er von
Uferbänken aus zu und war voller Gedanken an Ruderpartien, an denen er teilgenommen oder deren Verlauf sich
literarisch niedergeschlagen hatte, etwa die Kahnfahrt in

Stralau am zweiten Ostertag, später auf der Spree bei Hankels Ablage, doch ganz zu Anfang ist es ein stiller Seitenarm der Elbe gewesen, auf dem zu zweit gerudert wurde; und immer war, ob vorgeahnt oder nacherlebt, Lene Nimptsch dabei, die von Frau Dörr »Leneken« gerufen wurde.

Das waren seine Lieblingsplätze. Selten überquerte Fonty die Hofjägerallee, um eine »Volkslied« genannte Skulptur aufzusuchen; denn ganz in deren Nähe hätte er am Rand des Tiergartens sich selbst als marmornes Denkmal sehen müssen, wie er von hohem Rundpodest barhäuptig, mit beschädigtem Stock und in preußischer Haltung über alles hinwegschaut.

So, als einem versteinerten Beamten, wollte er sich nicht begegnen. Dann lieber doch und immer wieder den Großen Weg lang zum stillen Wasser um die Rousseau-Insel. Dort konnte nach einigem Stillsitzen – mit blühendem oder reifem Holunder im Rücken – dieser besondere Blick in wechselnde Zeit genossen werden, etwa in die um 1836, als in Wilhelm Roses Apotheke »Zum Weißen Schwan« seine Lehrzeit begann. Das war kurz nachdem er noch als Gewerbeschüler beim Bruder des Vaters, dem Pumpgenie Onkel August, zum ersten Mal Emilie Rouanet gesehen hatte. Weil unehelich geboren, hieß sie außerdem Kummer, nach ihrem Pflegevater. Ein verwildert anmutendes Kind, dem ein Eierkiepenhut zu Gesicht stand und das er verschreckt haben mochte, wie ihn das Mädchen auf ersten Blick erschreckt hatte. Schon damals hätte er Emilie bei der Hand nehmen und, falls das Kind ihm gefolgt wäre, durch den noch unfertigen Tiergarten über sandige Reitwege führen können, bis hin zur Aussicht auf die so frühzeitig nach einem Philosophen benannte Insel; wie er im Frühling 1846, dem Jahr nach der Verlobung, mit Emilie Rouanet-Kummer einen Ruheplatz gesucht und eine Tiergartenbank mit Blick auf die Insel des rabiaten Aufklärers und Pädagogen gefunden hat.

Im Rückblick sah sich Fonty neben der Einundzwanzig-jährigen, die nicht mehr wild und schwarzäugig einer Zie-genhirtin aus den Abruzzen glich, sondern mit graublauen Augen die Welt märkisch normal einschätzte und ihr kasta-nienbraunes Haar zur Frisur getürmt trug: reif zur Ehe.

Zu jener Zeit galt die Gestaltung des Tiergartens durch den Gartenbauarchitekten Lenné als abgeschlossen. Nach seinen Plänen war die Umgebung der Rousseau-Insel zur Ruhe gekommen. Alles grünte wie vorbedacht. Und der Große Weg führte am See vorbei zur Großen Sternallee, wie er vierzig Jahre später noch immer verlief, als die Tochter Martha, Mete gerufen, den Vater manchmal durch den Tier-garten zu dessen Lieblingsplätzen begleitete; doch sobald sich Fonty so rückgespult und in längeren Bildsequenzen mit Mete sah, konnte er nicht verhindern, daß ihm im Zeit-sprung die neunjährige Martha Wuttke über den Weg lief, gefolgt von Theo Wuttke, der immerfort »Mete, komm!« rief.

Das war kurz vorm Mauerbau. Vater und Tochter hatten zuvor den Großvater, Max Wuttke, in dessen Kellerwoh-nung am Hasensprung besucht. Dann sah er sich wieder allein durch den Tiergarten laufen, diesmal als verstörten Revoluzzer. Das war wenige Wochen nach dem Begräbnis der Märzgefallenen, als selbst der König gezwungen war, den Hut zu ziehen.

Übrigens fand die Hochzeit mit Emilie Rouanet-Kummer gut zweieinhalb Jahre später, am 16. Oktober 1850, mit einem Festessen am Rande des Tiergartens statt, nahe der Bellevuestraße in einem Restaurant namens »Georgischer Garten«; ein Vergnügungslokal, das seiner geschützten Lage und guten Küche wegen sowohl vor wie nach der Revolution viele Gäste anzog. Die Tunnelbrüder hatten für ein Geschenk gesammelt. Von den Jugendfreunden der Leipziger und Dresdner Zeit war einzig Wolfsohn dabei. Als nach drei Jahrzehnten in der Potsdamer Straße 134 c das runde Datum gefeiert werden wollte, hieß es in einem der alles ausplaudernden Briefe: »Nur wenige Freunde nahmen Anteil an unserem mittlerweile ›Dreißigjährigen Krieg‹…«

Doch Fonty sah von seiner Lieblingsbank aus nicht nur Familie kommen und gehen. Er sah Lepel an seiner Seite, sah Storm und Zöllner, traf zufällig Heyse und Spielhagen, schwadronierte mit Ludwig Pietsch; später, viel später saß er mit Schlenther und Brahm auf einer Bank: endloser Theaterklatsch.

Zu wechselnden Jahreszeiten erlebte er sich zwischen und nach drei Feldzügen, die bald Einigungskriege genannt wurden, von wechselnden Manuskripten beschwert, die jeweils Schlacht- und Landschaftsbeschreibungen zum Inhalt hatten; eine langjährige Plackerei, die nichts außer Ärger einbrachte und deren unablässiges Wortgetümmel er dennoch in den Tiergarten schleppte, um es, ein wenig verschlimmbessert, wieder nach Haus und in wechselnde Wohnungen zu tragen. Erst als er den Akademiekrempel hinter sich hatte und endlich, doch zu Emilies Leid, ein freier Schriftsteller war, sah er sich mit anderem Gepäck unterwegs: Leichthin geplauderte Romandialoge trug der Unsterbliche als Tiergartenausbeute hoch ins Mansardenloch der Potsdamer Straße, nun ein betagter Anfänger, um die Sechzig, dann auf die Siebzig zu und drüber weg.

»Vor dem Sturm« wurde hier ausgetragen. Was an Novellen und Romanen unfertig im Kasten lag, tickte auf Spazierwegen weiter: »Bin für Überschriften, das heißt, auch im Leben für Ruhepunkte; Parks ohne Bänke können mir gestohlen bleiben…« Doch als die Familie sagte: »Überschriften sind altmodisch«, schlug er seinem Verleger für alle »L'Adultera«-Kapitel Zahlen vor; aber es blieb bei den Überschriften. Und als nach »Grete Minde« und »Ellernklipp« Kritik an zu vielen »und's« aufkam, hielt er dagegen: »…bilde mir ein, ein Stilist zu sein, der seinen Stil aus der Sache nimmt, die er behandelt, und so ist es mit den vielen ›und's‹...«

Und so bis zuletzt. Kaum hatte »Effi Briest«, vorabgedruckt, ihr trauriges Ende gefunden, war er schon mit dem alten Stechlin unterwegs: im Überrock und mit Stock und Hut, zielstrebig von der Hausnummer 134 c aus in Richtung Königin-Luise-Brücke, immer mit Rex und Czako im Gespräch, immer scharf auf Pointen, wiederholt Gundermanns »Wasser auf die Mühlen der Sozialdemokratie« gießend, abermals vor der »großen Generalweltanbrennung« warnend und die Domina Adelheid im Kloster Wutz mit spitzen Worten reizend, die ihrem Bruder Dubslav, dem alten Stechlin, heimzahlt: »Sage nichts Französisches. Das verdrießt mich immer.«

Und dann lange nichts mehr. Friedhofsruhe. Die Denkmäler. Der vom Sohn für lumpige achttausend Reichsmark verscherbelte Nachlaß. Ihm nachplappernder Professorenfleiß. Von ihm beschimpfte Pedanten: »Lederne Fachsimpler, sie sollten fördern und verwüsten alles...« Den einen war er zu preußisch, den anderen nicht preußisch genug. Jeder schnitt sich das passende Stück heraus: mal hübsch zum »Wanderer durch die Mark« gestutzt, mal aufs »Heitere Darüberstehn« verkürzt, mal als Balladendichter gefeiert, mal als Revolutionär wiederentdeckt oder parteilich gestrichen. Schulen wurden nach ihm benannt, sogar Apotheken. Und weiterer Mißbrauch. Schon war er in Schulbüchern abgetan, schon galt er als verstaubt, schon drohte Vergessen, als endlich dieser junge Mann in Luftwaffenblau aufkreuzte, sich allein oder in Begleitung auf die besondere Tiergartenbank setzte und ihn, immer nur ihn, einzig den »Unsterblichen« im Munde führte.

Heißt Wuttke und Theo dazu. Kommt aus Neuruppin und zeigt sein Geburtsdatum, den 30. Dezember 1919, als Ausweis vor. Hat seiner Verlobten, Emmi Hering, die die Haare hochgekämmt trägt und im kleingeblümten Kleid zur Fülle neigt, Altes und Neues aus Frankreich zu berichten. Anfangs nur Gravelotte und Sedan, dann aber Schlag auf Schlag: Blitzsiege, Umfassungsschlachten, Guderians Panzer, Lufthoheit bis zu den Pyrenäen, Sedan und Metz diesmal fast kampflos gefallen, über die Marne weg, Paris, Paris! Und dann die Fernsicht von der Atlantikküste über normannische und bretonische Ebbestrände nach England rüber, zum feindlichen Vetter. Und Frankreichs Küste vorgelagert die Inseln, zu denen Oléron zählt und besonders ist: viele stimmungsvolle Berichte.

Denn immer wieder kommt er als Fronturlauber oder kurz nur auf Dienstreise zurück, führt Emmi verlobt am Arm durch den Rosengarten, vorbei am Lortzingdenkmal und ist mit ihr schon einmal rund ums Wasser und über Brücken gelaufen, ganz hingegeben dem pädagogischen Zauber der Insel: Freiheit und Tugend, das beißt sich oder gebiert Wohlfahrtsausschüsse und Fallbeilurteile; Robespierre war Rousseaus folgsamster Schüler...

Doch des Luftwaffengefreiten Berichte, die er der Braut, die hübsch und ein wenig plapprig ist, wie vom Blatt flüstert, sind in dem verwitterten Nest Domrémy auf Spurensuche. Dort hat er Mannschaften und Offizieren literaturgeschichtliche Vorträge gehalten: Wo Schillers »Jungfrau von Orléans« geboren wurde ... Warum »La pucelle« unsterblich ist... Und wie der Unsterbliche, auf der Suche nach Jeanne d'Arc, im Verlauf des siebziger Krieges samt Rotkreuzbinde und fataler Pistole als preußischer Spion hopsgenommen wurde und in Gefangenschaft geriet.

Immer wieder kommt er mit neuen Reiseimpressionen, die ihm die Verlobte säuberlich abtippt. Berichte aus Besançon, Lyon, schließlich aus den Cevennen, wo er sich nach hugenottischen Fluchtburgen umgesehen und in Gefahr gebracht hat. Doch immer noch berichtet er siegesgewiß und kulturbeflissen, obgleich er, vor letztem Marschbefehl, den Tiergarten in verletztem Zustand erlebt hat und seit Stalingrad alle Fronten rückläufig sind und die Braut Emmi schwanger ist und Tante Pinchen auf Heirat drängt...

Dann kam der Luftwaffengefreite und Kriegsberichterstatter Theo Wuttke nicht mehr. Erst nachdem im Tiergarten der Kahlschlag beendet war, Bombentrichter neben Bombentrichter voll Wasser stand, alle Denkmäler nur torsohaft überlebt hatten, die Tiergartenbänke, die Luisenbrücke und die Kroll-Oper zerstört waren, als alles, was um den Zeltenplatz an Herrlichkeit gewesen war, in Trümmern lag und nur noch, wie zum Hohn, die Siegessäule ragte, als der Krieg aus war, kam er wieder: zurück aus französischer Gefangenschaft, Lager Bad Kreuznach, deshalb ausgehungert und klapprig in Uniformresten und auf der Suche nach seiner Verlobten, die er mit Georg, dem Söhnchen, bei Emmis Tante Pinchen unter bombenbeschädigtem Dach fand und im Nachholverfahren Oktober 1945 heiratete.

Gleich nach der Trauung mußte das junge Paar auf Holzsuche gehen, denn Tante Pinchens Kohlenkeller war, bis auf staubige Reste, leer. Und da das Schlachtfeld des Tiergartens für die Wuttkes und hunderttausend andere Berliner nur noch aus restlichem Brennholz bestand, wurden selbst Wurzelstöcke gerodet, nichts blieb.

Diese und weitere Rückblenden erzwang die Lieblingsbank. Nachdem er sich mit Axt, Fuchsschwanz und Bollerwagen auf Suche nach letzten Stubben und Strünken gesehen hatte, rührte ihn ein Familienbild: Gleich zehntausend anderen beackerten er und Emmi mit Spaten und Hacke eine Parzelle, während das Söhnchen Georg zwischen den Eltern mit einem Schäufelchen herumlief. Sie pflanzten Kartoffeln, säten Rübensamen aus, denn ab April 46 wurde das kahlgeschlagene Tiergartengelände vom Brandenburger Tor bis hin zum Flakbunker am Zoo parzelliert.

Das geschah laut Magistratsbeschluß; so groß war die Not, so hart der Winter von 46 auf 47. Viele starben weg, auch Pauline Piontek, geborene Hering, die ihren jüngeren Bruder, Emmi Wuttkes Stiefvater, der mit seiner Frau wahrscheinlich in Breslau zu Tode gekommen ist, um nur zwei Jahre überlebt hat. Noch keine sechzig war Tante Pinchen, als sie den Wuttkes ihre Dreieinhalbzimmerwohnung auf dem Prenzlauer Berg hinterließ; ein Umstand, der beide für kurze Zeit glücklich machte.

Erst jetzt, nach den Notjahren, kehrte Fonty von seinen Ausflügen in die Vergangenheit zurück. Erstaunt sah er, daß des Großgärtners Peter Josef Lenné Traum, den kein knauseriger König und keine Berliner Zerstörungswut hatte löschen können, nun endlich und nach immer neuen Pflanzstufen, Wegeplänen und Wasserregulierungen in Erfüllung gegangen war: Um ihn stand alles in Maigrün, zusehends gingen Millionen Knospen auf, Vogelstimmen, so reich gemischt, daß selbst die Amsel Mühe hatte, für ihre Strophen Gehör zu finden. Hinter ihm begann der Holunder in Fächern aufzublühen. Und weil das Wasser um Rousseaus Insel gleichfalls und anregend belebt war, sah Fonty sich versucht, den Lennéschen Traum abermals in Fortsetzungen zu träumen, als wäre nichts geschehen, als hätte es weder Krieg noch Verwüstung gegeben, als werde der Landschaftspark so ungekränkt in Schönheit verharren, wie er ihm immer schon Augenweide und Zuflucht gewesen war; da wurde ihm plötzlich alles fremd: Aus anderer Welt standen Kinder, zwei Türkenmädchen mit streng gebundenen Kopftüchern, vor ihm und der Tiergartenbank, auf der er glaubte, seit frühesten Apothekerjahren zu sitzen.

Beide Mädchen blickten ernst. Sie mochten zehn oder schon zwölf Jahre alt sein. Beide gleich groß und gleich ernst, denn sie sahen ihn an, ohne sein Lächeln aufnehmen zu wollen. Da sie nichts sagten, wollte auch er kein Wort riskieren. Nur Vogelstimmen und fernes Rufen überm Wasser. Weit weg lärmte die Stadt. Lange blieb es fremd zwischen Fonty und den türkischen Mädchen. Die Kopftücher faßten dunkelfarbig ovale Gesichter ein. Vier Augen blieben auf ihn gerichtet. Langsamer Wimpernschlag. Nun auch die Amsel stumm. Schon wollte Fonty einen freundlich fragenden Satz bilden, um die Stille aufzuheben, da sagte das eine Mädchen in kaum berlinerndem Deutsch: »Können Sie uns bitte verraten, wie spät es ist?«

Sogleich war alles weniger fremd. Fonty suchte unterm Mantel nach seiner Taschenuhr, zog diese, ließ sie golden aufspringen, las, ohne zur Brille greifen zu müssen, die Zeit ab und verriet sie den Mädchen, die mit gelerntem Knicks dankten, sich abwendeten, davongingen, nein, nach wenigen Schritten davonliefen, so schnell, als müßten sie die verratene Zeit eilig in Sicherheit bringen.

Als er wieder mit sich allein war, glaubte Fonty, ganz ohne abwegige Gedanken oder versuchsweise gedankenlos zur Rousseau-Insel schauen und den Enten, zwei Schwänen und anderen Wasservögeln, unter ihnen einem Haubentaucher, zusehen zu können; aber er blieb nicht allein.

Nicht, daß sich jemand neben ihn setzte und ein Gespräch übers Wetter begann. Kein Rentner, keine gichtkrumme Oma und keine aus vorigem Jahrhundert noch immer ansässige Amme – »Die Spreewälderinnen riechen alle milchsauer« – wurde ihm lästig. Niemand mußte als kompakte Person Platz nehmen, um ihn ins anekdotische Erzählen und Durchhecheln ganzer Tischgesellschaften zu bringen. Er blieb, selbst wenn er allein saß, im Gespräch.

Diesmal kam kein Plauderton auf. Gezwungen zuzuhören, hatte er Hoftallers gleichbleibend abrechnende, dabei nicht strenge, eher trocken Papier auswertende Stimme im Ohr. Als Tallhover setzte er wieder einmal dort an, wo es weh tat, beim Herwegh-Club. Die Leipziger Zeit. Und schon war er, ohne Sachsen verlassen zu müssen, in der Salomonis-Apotheke des Dr. Gustav Struve und sogleich bei der anfangs revolutionär, dann romantisch gestimmten Gärtnerstochter Magdalena Strehlenow, bei Ruderpartien auf der Elbe, Dresden und die Folgen: »Naja, so schlimm war es nun auch wieder nicht. Notfalls konnte man Lepel anpumpen. Man war frei, hatte das Wacheschieben als Einjährig-Freiwilliger beim Garderegiment ›Kaiser Franz‹ hinter sich, gleichfalls die ungeplante Urlaubsreise, diesen total verrutschten Zweiwochenabstecher nach England. Und endlich war mit nem Staatsexamen erster Klasse – gratuliere! – die Approbation als Apotheker verbrieft. Mehr oder weniger glücklich verlobt waren wir, ohne allerdings der zukünftigen Braut die Dresdner Geheimnisse zu flüstern. Feige weggedrückt wurden die Kahnfahrten, das liebestolle Gebumse, das Kindergeplärr. Statt dessen hat unser Achtundvierziger mit nem rostigen Gewehr rumgefuchtelt. Dabeisein ist alles! Und trotzdem: wir haben nicht zugegriffen. Sosehr uns ein paar Tunnelgedichte und später der konspirative Herwegh-Club mißfallen mußten, nix geschah, nicht mal ne Abmahnung. Na, weil wir ausgelastet waren, besonders ich. Als Kriminalkommissar hatte man mich auf das überall Epigonen heckende Objekt Georg Herwegh angesetzt, und das mit nem Signalement, das mein Biograph zu Recht ›lächerlich‹ nennt. Als aber in der ›Dresdner Zeitung‹ nach und nach neunundzwanzig politische Korrespondenzen erschienen, deren Autor chiffriert auftrat, sahen wir uns doch gezwungen, ne Akte anzulegen: Kennwort ›Fontaine‹. Las sich teils überspannt, teils scharfmacherisch, hatte durchweg Preußens Polizeistaat am Wickel, gab zwar nichts Neues her, aber gefährlich waren diese Rundumschläge schon...«

Fonty hörte das alles in sich hinein. Wer ihn im Vorbeigehen auf der Tiergartenbank gesehen hätte, wäre bei verlangsamtem Schritt Zeuge seines Kopfschüttelns und seiner Grimassen geworden: ein alter Mann mit sich und anderen im Streit. Ab und zu rief er: »Alles Mumpitz!« Und: »Autodidakten übertreiben immer!« Er widersprach: »Irrtum, Tallhover! Schon Pietsch hat bestätigt, daß ich in ›Zwischen Zwanzig und Dreißig‹ weder mich noch andre geschont habe…« Er holte zur Gegenrede aus: »Freut mich, daß es mit Ihrem Gedächtnis so kolossal hapert. Unser erstes Kontaktgespräch fand nicht vor, sondern bald nach meiner Eheschließung statt. Und zwar im Spätherbst fünfzig, kurz vor Auflösung des ›Literarischen Kabinetts‹. Wir trafen uns hier im Tiergarten, genauer, beim Kahnverleih In den Zelten. Sie wollten unbedingt aufs Wasser. Aber mir war nicht nach Rudern. Also setzten wir uns in den Biergarten Moritzhof. Die letzten Kastanien fielen. Weißbier und Blätterfall. Und gleich nach dem ersten Schluck lag mein Dossier auf dem Tisch, nicht dick, aber ausreichend…«

Wenn Fonty nach solchen Erklärungen schwieg oder so tat, als sei er nur noch an Entenfamilien und einem besonders fleißigen Haubentaucher interessiert, gelang es ihm dennoch nicht, außer stumm taub zu sein. Jemand sprach auf ihn ein. Wenn nicht Hoftaller, dann Tallhover. Dessen unbekümmertes Nörgeln war nicht abzustellen: »Nicht im Spätherbst, gleich nach Ihrer letzten Tollerei, dem mißglückten Versuch, auf seiten Schleswigs gegen die Dänen den Kriegshelden zu mimen, Ende August fünfzig habe ich Sie vorladen müssen. Treffpunkt Tiergarten stimmt. War das ne Hitze! Jedenfalls konnte der Bräutigam schon kurz vor der Hochzeit mit unserer Unterstützung rechnen. Ab September wurden Sie als Lektor im ›Literarischen Kabinett‹ von der Regierung bezahlt. Wurde Zeit, daß Sie unter die Fittiche kamen. In jeder Beziehung. Privat sorgte Ihre gestrenge Emilie, offiziell standen Sie unter Aufsicht des Herrn von Merckel; Ihr Gönner, gewiß, aber auch unser Mann. Ein Zensor höchster Güte, wie es ihn heute in unserer Branche kaum noch gibt. Wußte ne Menge, war rundum gebildet, ist mir unerreichtes Vorbild gewesen. Der konnte nicht nur Soldaten gegen Demokraten reimen, der hatte mehr auf dem Kasten. Sein Fürsorgeprinzip, knapp, aber regelmäßig zu zahlen, wirkte beispielhaft. Jedenfalls war Ihre junge Frau froh, endlich mit nem festen Gehalt rechnen zu dürfen. Ein Jahr später war ja schon George, der Stammhalter, da...«

Inzwischen bot, zwischen Enten, der Haubentaucher ein Gegenprogramm. »Laß ihn quasseln!« mag Fonty sich gesagt haben. »Immerhin erschienen meine gesammelten Gedichte. Und was Merckel betrifft, bahnte sich freundschaftlich kollegialer Umgang an...«

»Aber ja doch. Von Familie zu Familie, später mit Briefwechsel hin und her. Niemand hat sich so liebevoll um Ihren armen, vom Vater vernachlässigten Sohn Theo gekümmert wie die Merckels. Kein Wunder, wenn bei solcher Protektion nicht ein Posten frei gewesen wäre, und zwar bei der ›Centralstelle für Presseangelegenheiten‹, einem nur lässig verdeckten Zensurbetrieb, dem sich unsere verkrachte Existenz – bei all dem Gejammer zu Haus – fügen mußte, zumal ihm nach Rastatt die letzten revolutionären Hahnenfedern gerupft waren. Hinkeldey hieß Berlins Polizeipräsident...«

Der Haubentaucher war weg und plötzlich wieder woanders da. Fonty ließ sich überraschen. Nach jedem Abtauchen verwettete er sich. Gerne wäre auch er so unberechenbar mal hier, mal dort, nach Lust und Laune – sei's für Minuten nur – weggewesen: »Alles furchtbar richtig, Tallhover! Habe mich verkauft, damit ein Wunsch in Erfüllung ging. Endlich mal raus aus den ledernen Zwängen. Über Köln, Brüssel,

Gent und Ostende nach London, wenn auch mit ministeriellem Knüppel am Bein. War meine erste richtige Englandreise, denn die allererste, diese zwei Wochen auf Pump, zählt nicht. Mußte mir allerdings, trotz Auftragskorrespondenzen, ein Zubrot verdienen, gab Sprachunterricht! So schlecht bezahlt war ich. So elend lohnte Preußen meinen kleinen Verrat. Was wollen Sie noch, Tallhover! Sie ewiger Kriminalkommissar. Verduften Sie endlich. Wir sitzen hier nicht auf dem Verhörsofa. Sie Wiederkäuer! Weg! Auf Distanz, bitte! Das ist mein Tiergarten. Hier stand schon immer meine Lieblingsbank. Die Rousseau-Insel ist meine, einzig meine Augenweide. Und mein Haubentaucher ist das!«

Linkshändig machte Fonty scheuchende Gesten, wie von Fliegen belästigt. Mit rechter Hand hatte er den Spazierstock gefaßt, mit festem Griff, daß er zitterte. Ein zorniger Greis, der in die Luft hieb.

Türkenfamilien gingen in ihrer Ordnung vorbei: die Männer zuerst, dann Frauen und Kinder. Immer wieder Türken mit Einkaufsnetzen und Plastiktüten. Fonty versuchte, den Kopftüchern der Frauen und Mädchen – viele waren schwarz oder weiß, einige mehrfarbig – einen dem schottischen Farbspektrum vergleichbaren Sinn abzulesen.

Nachdem abermals eine türkische Großfamilie ohne Blick für seinen Kampf mit dem Dämon vorbeigezogen war, rief er: »Hören Sie, Tallhover! Außer mir gehört der Tiergarten denen da. Die Wege, die Wiesen, die Bänke, alles. Das hier ist zweifelsohne türkisches Terrain. Hab ich gelesen: Nach Istanbul und Ankara gilt Berlin als drittgrößte türkische Stadt. Und immer mehr kommen. So viele bringt selbst Ihresgleichen nicht unter Kontrolle. Kapiert? Die neuen Hugenotten sind Türken! Die werden hier Ordnung schaffen und System reinbringen; Ihres hat gestern abgedankt, meines schon lange. Zwar schrieb ich, bevor man mich zum Zuarbeiter der Zensur machte, an meinen Freund Friedrich Witte: ›Ich verachte diese feige, dumme und gemeine Sorte Politik und drei- und sechsfach die Kreaturen, die sich dazu hergeben, diesen Schwindel zu verteidigen, und tagtäglich ausrufen: Herr von Manteuffel ist ein Staatsmann! Sie könnten mir meine frühere Stellung wieder antragen, ich will sie gar nicht . . .‹ – aber ein halbes Jahr später mußte ich dennoch Lepel beichten: ›Habe mich heut der Reaktion für monatlich 30 Silberlinge verkauft. Man kann nun mal als anständiger Mensch nicht durchkommen. Ich debütiere als angestellter Skribifax bei der Adler-Zeitung mit Ottaven zu Ehren von Manteuffel. Inhalt: Der Ministerpräsident zertritt den Drachen der Revolution!‹ Doch als mich in London der Gesandte von Bunsen, ein Liberaler natürlich, gegen Manteuffel aufwiegeln wollte, hab ich, bei aller Neigung, widerstanden und schrieb meiner Emilie, die natürlich voller Angst war, ich könnte den Krempel hinschmeißen: ›Von Manteuffel leben und gegen ihn schreiben wäre die Steigerung der moralischen Ruppigkeit . . .‹ Dann starb in Berlin das zweite Kind, das ich nie gesehen habe. Ein Elend war's. Nicht mehr Giftmischer, dafür Skribifax unter Aufsicht. Und das immerfort, ob bei der Reichsluftfahrt oder beim Kulturbund. Immer hattet ihr eure Finger drin, damit meine durch und durch verkrachte Existenz . . . Selbst jetzt noch, wo doch die Mauer weg . . . Darf gnadenhalber Akten schleppen und muß beiseite gucken, wenn ihr . . . Dabei nie allein, sogar im Paternoster nicht . . . Und gäbe es nicht den Tiergarten, die vielen Türken, den Haubentaucher . . . «

Danach brummelte Fonty nur noch vor sich hin. Einen Furz ließ er streichen und noch einen. Den Kopf mit dem fusselnden Weißhaar vornübergebeugt, so saß er, beidhändig auf den Stock gestützt, die nervös zuckende Unterlippe verdeckt. Gealtert, als ginge es aufs Ende zu, wollte ihn kein Gedanke beleben, nur Flucht treppab, immer weiter zurück.

Wer langsam vorbeiging, hätte einzelne Wörter, auch Halbsätze mitnehmen können; und wir vom Archiv wären in der Lage gewesen, seinen Sprachfluß zu entziffern. Vieles gab sich als Zitat aus des Unsterblichen Reisebrief »Jenseit des Tweed« zu erkennen, den er nach dem dritten und längsten Englandaufenthalt schrieb, als er, gemeinsam mit seinem Freund Lepel, Schottland besuchte: »Als wir High-Street entlang... An allen Ecken Hochlandsöhne mit Kilt und Plaid... Waren wohl Werbeoffiziere von den Highlanders...«

Danach war er nicht mehr auf Edinburghs Pflaster unterwegs, sondern lebte zur Zeit Jakobs IV. Um Ritterlichkeit ging es und um »Bell-the-Cat«. Mit geschultem Ohr ließ sich aufschnappen: »An Jakobs Hofe war Spens von Kilspindie... In Stirling Castle beim Weine flogen... Des Hauses Douglas wachsende Macht... Der Hieb war tödlich, traf in die Weiche...«

Dann sah er nur noch dem Haubentaucher zu, der mal da, mal weg war. Dessen Wiederholungen langweilten nie. Selbst als er aufstand, sich dem Ufer näherte und aus der Manteltasche heraus Enten mit Brotkrusten fütterte, war er mehr beim Haubentaucher und dessen Künsten. Nichts konnte ihn ablenken. Zwar steckte in der anderen Manteltasche gerollt »Der Tagesspiegel« und meldete Wahlergebnisse aus den anschlußbereiten Ländern, doch Fonty hatte vom Arbeiter- und Bauern-Staat Urlaub genommen. Aktuelles, das er als Theo Wuttke wahrnahm, wenn es ihn hart genug anstieß, zählte im Tiergarten nicht; dort blieb er rückläufig unterwegs: schon wieder in Schottland, von Stirling Castle nach Loch Katrine...

7   Vorm Doppelgrab

Bis dahin ist es noch weit. Zwar mußte keine Sondergenehmigung mehr beantragt werden, um den seiner Lage wegen schwer zugänglichen Friedhof betreten zu dürfen, doch bis sich Fonty zum Besuch der Grabstelle entschloß, verging der Mai und wurde es Juni, hatte der Tiergarten Vorrang, saß er auf seiner Lieblingsbank, gefielen ihm Plauderstündchen mit Lebenden und Toten und redete ihm ein Wasservogel Reiserouten auf vorgeschriebenen Wegen ein.

Warum nicht nach Frankreich? Hätte nicht die Gascogne Ziel sein können? Wir vom Archiv, denen die Schwankungen seines Fernwehs bis ins Wetterwendische in tausend Briefen belegt sind, mußten uns diese Fragen stellen. Warum mit allen Abtauchgedanken nach London und weiter weg über den Grenzfluß Tweed? Was zog ihn in schottische Hochmoore, auf Macbeths Hexenheide? Gaben seine von der Tiergartenbank aus laufenden Fluchtgedanken nur diese entlegene, vom Clanwesen abgesteckte Region frei? Hätte der Unterricht beim Haubentaucher nicht in eine aufgeklärtere Richtung weisen können?

Wir blieben geteilter Meinung. Immerhin standen den gedruckten Erinnerungen an zwei Aufenthalte in England und dem damals noch ungedruckten Londoner Tagebuch andere, tiefer wurzelnde Bindungen entgegen: Die doppelt hugenottische Herkunft hätte ihn, der ja alles nachlebte, bestimmen müssen. Und selbst wenn man den familiären Hintergrund wegließe, wären sein Wälzer über den Deutsch-Französischen Krieg und das Büchlein über die Gefangenschaft genauso zwingend gewesen wie die Schottlandreise mit Bernhard von Lepel, wenngleich das Kriegsbuch weder bei Militärhistorikern noch beim Kaiser anerkennende Worte gefunden hat; und was die Erinnerungen an die Internierung in Frankreich betraf, hatte der Sohn George, der 70/71 als Hauptmann im Feld stand, sogar fehlenden Franzosenhaß angemahnt; in einem nörgelnden Brief beklagte er des Vaters Mangel an vaterländischen Gedanken.

Dennoch, gerade weil er nahe den Kriegsschauplätzen, obzwar nie in Kämpfe verwickelt, in Gefangenschaft geraten war, sprach alles für Frankreich. Man hatte ihn, nach Zwischenstationen, auf der Insel Oléron interniert. Man hätte ihn standrechtlich erschießen können, was nach Kriegsrecht billig gewesen wäre. Jedenfalls haben ihm preußische Offiziere versichert, daß er im umgekehrten Fall, was heißen sollte, als Franzose in deutscher Hand, nicht mit Gnade hätte rechnen können; auch als harmlose, »nur schreibende Person« wäre er füsiliert worden.

Außer einiger Dankbarkeit – schon nach zwei Monaten fand die Internierung des Unsterblichen ein Ende – hätte Fonty im Verlauf seiner nachgeordneten Existenz weitere Bindungen an Frankreich finden können. Wie wir wissen, war er bereits im übernächsten Krieg dort abermals als Berichterstatter tätig. Dem Gefreiten Wuttke ging in vier Jahren Etappendienst die Tinte nicht aus, so fleißig und rückbezüglich ist er sich vom Atlantikwall bis in die Cevennen hinein auf der Spur gewesen; und wir vom Archiv hätten dieses Material sammeln müssen, denn alle vom Reichsluftfahrtministerium freigegebenen Texte waren reich an Zitaten und schillernden Querverweisen – nicht nur die Kriegsbücher haben ihm Stichworte geliefert. Gleichfalls versäumten wir, uns über Lyon und jene angeblich folgenreiche Liebesaffäre kundig zu machen, die später wundersam aufleben und Fonty einholen sollte.

Hoftaller ist zum Zeitpunkt nur mutmaßlicher Reiseziele oft mit Andeutungen »operativ« gewesen, und als er uns wieder einmal aufsuchte, um das Archiv durch bloße Anwesenheit zu irritieren, sagte er: »Ob Dresden oder Lyon, dem Apothekergehilfen entspricht der Luftwaffengefreite. Man könnte sogar von nem gewissen Schulterschluß sprechen, denn beide haben sich leichtsinniger betragen, als zu verantworten war. Aber ich merke schon: Hier ist man schnell dabei, alles mit Jugend zu entschuldigen.«

Fontys nun häufig wiederholte Sentenz »Ich stehe auf dem Punkte, mich demnächst dünne zu machen« war, wie viele seiner Punktumsätze, ein Zitat mehr. Noch durften wir folgern, daß seine Sehnsucht in Richtung Cevennen ging, er hätte in den Schluchten der Ardèche untertauchen können; doch blieb er insgeheim auf England und die schottischen Hochmoore fixiert. Nichts konnte ihn vom Sprung über den Kanal abbringen. Er trug seinen Fluchtgedanken zum Arbeitsplatz, schwieg aber, wo immer er tätig war, ob im Paternoster oder beim Aufpolstern des Sofas. Die Lektion des Haubentauchers wurde als Geheimsache gehütet. Schweigsam erlebten ihn Frau und Tochter zu Haus.

Als wir später im dritten Stock des Mietshauses in der Kollwitzstraße klingelten, sagten uns beide: »Wenn mein Wuttke mit mir redet, redet er nie über seine Sachen und so...« – »Ist doch nix Neues! Im Prinzip ist Vater immer schon unruhig gewesen. Und weil er nie Reisekader war, denkt er sich Reisen aus, mal hierhin, mal dahin.«

Selbst Hoftaller, der lange vor uns Fontys nach auswärts gerichtete Absichten erahnt hatte, fand keinen Ansatz für ein abtastendes Verhör, so oft beide unterwegs waren; das Thema jener Tage – der bevorstehende große Geldumtausch – brachte nicht nur unser verzwirntes Gespann, sondern landesweit alle auf Trab.

Sie nannten ihre gemeinsamen Spaziergänge »Einkaufsbummel«. Kurz vor Herrschaftsbeginn des neuen Geldes war überall Ausverkauf angesagt. Produkte aus volkseigenen Betrieben gingen zu Schleuderpreisen vom Ladentisch. Am Tag des verheißenen Geldwunders sollten die Regale in allen HO- und Konsumläden, in jeder Kaufhalle leer sein, damit, anstelle der dürftigen und unansehnlich verpackten Ware, der Westen Platz für sein Angebot fände. Hoffnungen spitzten sich zu: Endlich werde lang entbehrter Konsum stattfinden können. Endlich dürfe der Kunde König sein.

Doch so heiß ersehnt die neue Währung war, so bänglich sahen viele ihrer Härte entgegen. Noch blieb Zeit, sich billig mit unverderblichen Vorräten einzudecken. Außer Fonty und Hoftaller waren nicht nur vieltausend Ostberliner Aufkäufer mit Taschen und Beuteln unterwegs; auch Westberlin half, den Ramsch abzuräumen. Allen saß das alte Geld locker. Jeder griff zu. Und überall leerten sich die Regale.

Am Alexanderplatz kam Fonty billig zu einigen Packen Schreibpapier – garantiert holzfrei – und zu zwei Dutzend Bleistiften. In einem Spirituosengeschäft nahe dem Rosa-Luxemburg-Platz kaufte er günstig sieben Flaschen Weinbrand, die das Etikett der im Arbeiter- und Bauern-Staat für Qualität bekannten Brennerei VEB Wilthen trugen; deren Produkte waren während der zurückliegenden Jahre nur selten vorrätig gewesen. Außerdem bekam er zu Ausverkaufspreisen Haushaltsartikel für Frau und Tochter. Martha Wuttke, Mete genannt, wollte demnächst heiraten. Und weil ihr zukünftiger Mann aus dem Westen kam und als gutgestellt, wenn nicht vermögend galt, sollte sie nicht als arme Ostmaus, kenntlich durch magere Aussteuer, nach Münster in Westfalen ziehen. Dort betrieb der zukünftige Bräutigam Heinz-Martin Grundmann mit Kompagnon eine Baufirma, die schon seit Jahren in Ostblockländern tätig war, besonders erfolgreich in Bulgarien.

Also kaufte Fonty ziemlich wahllos Bettwäsche, eine Suppenterrine »echt Meißner Porzellan«, Tischdecken, sogar ein

Sortiment Nähgarn ein und überdies einen Mixquirl, herge-
stellt vom VEB Robotron. Gleichfalls sorgte er für seine
Emmi mit Frottierhandtüchern und Toilettenseife; so unzu-
reichend die Produktion der großen Textil-Kombinate früher gewesen war, jetzt, gegen Schluß, bewiesen sie sich als lie-
ferfähig. Schwer beladen kam Fonty nach Hause. Hoftaller
half beim Schleppen.

Dessen Schlußeinkäufe zielten auf anderes. Hier muß
nachgetragen werden, daß der Tagundnachtschatten gelegentlich rauchte, nein, mit Sinn für Qualität ein Zigarrenraucher war. Das heißt, wir müssen uns Hoftaller bei Anlässen,
von denen schon berichtet wurde, mit dickem Lungentor-
pedo und weißer, erst im letzten Moment lässig abgeklopf-
ter Asche vorstellen. Ob längs der von pickenden Spechten
besetzten Mauer oder nach dem Geburtstagsimbiß bei
McDonald's, überall, wo er mit Fonty unterwegs gewesen
oder eingekehrt war, im Kreis der Talente vom Prenzlauer
Berg oder auf einer Tiergartenbank, sogar im Haus der
Ministerien hatte er seine immer kürzer werdenden Zigarren geraucht, sei es im Heizungskeller, sei es auf dem
anfangs durchgesessenen, dann aufgepolsterten Sofa, das
im Dachgeschoß stand und Platz für Raucher und Nichtraucher bot.

All die Jahre im Staatsdienst bis hin zur angekündigten
Währungsunion konnte sich Hoftaller aus hölzernen Kisten
kubanischer Herkunft bedienen. Er wußte Quellen dieser
exquisiten Ware aus dem sozialistischen Bruderland. Sogar
in Mangelzeiten blieb er versorgt, und wann herrschte kein
Mangel? Außer kubanischen Produkten rauchte er ab Mitte
der achtziger Jahre Handgewickelte aus Nicaragua, die von
besonderer Länge waren. Nie hat ihn jemand mit einer Bra-
sil gesehen.

Wie schon Tallhover von seinem Biographen als Zigarillo-
raucher beschrieben wird, so können wir Hoftaller als Zigar-

renraucher bestätigen: Wiederholt ist er mit Castros Markenzeichen ins Archiv gekommen, demonstrativ paffend, als wollte er uns die internationale Reichweite seiner Beziehungen beweisen. Soviel Qualm wäre dafür nicht nötig gewesen. Wir vermuteten ohnehin Dienstreisen, die ihn, wenn nicht ins kapitalistische, dann ins befreundete Ausland, warum nicht nach Kuba geführt hatten. Als sich einer unserer Kollegen im Gespräch mit ihm als gelegentlicher Konsument von Handgewickelten zu erkennen gab, spielte Hoftaller den Großzügigen; und selbstverständlich wagte es unser Kollege nicht, die Rarität auszuschlagen.

Nun aber war die Zeit der Privilegien vorbei. Anlaß zur Sorge bestand. Demnächst sollte es mit den feinduftenden Kisten zu Ende gehen. Durch radikalen Währungsschnitt drohte eine Zulieferung gekappt zu werden, die vom freien Markt des Westens durch Handelsboykott verbannt war; kein Wunder, daß Hoftaller dieser Gefahr zuvorkommen wollte. Begleitet von Fonty, der seine Einkäufe – Waschpulver und Sonnenblumenöl – hinter sich hatte, suchte er nahe dem Bahnhof Lichtenberg in der Weitlingstraße ein Tabakwarengeschäft auf, um dort letzte Bestände zu sichern. Fonty sprach später von einem Panikkauf.

Als Nichtraucher stand er wie abwesend und mußte doch sehen, wie mit einem Bündel Ostgeld – er sagte: »Zwei satte Monatsgehälter« – der offenbar privat geführte Laden leergekauft wurde. Außer Rauchwaren gehörten Zeitungen, nun aus Gesamtberlin, zum Angebot. Hoftallers Ausbeute bestand aus drei Kisten »Romeo y Julieta« und zwei Kisten voller überlanger Zigarren der Marke »Joya de Nicaragua«. Fonty kaufte die ihm seit Jahren gewohnte »Wochenpost« und den Westberliner »Tagesspiegel«.

Während der Raucher zahlte und dabei ein feierliches Gesicht schnitt, las der Nichtraucher unter der Überschrift »Das neue Geld kommt über Nacht« die Ankündigung vom

Ende der Ausverkaufswährung. Als Datum stand der 1. Juli fest. Ab Montag, dem 2., sollte nur noch die harte Mark Geltung haben. Zwar hatte der östliche Finanzminister, ein Sozialdemokrat namens Romberg, ängstlich Bedenken geäußert, doch dann tapfer den Staatsvertrag unterschrieben. Indem Fonty Einzelheiten überflog, machte er sich mit gestaffelten Umtauschsätzen vertraut. Schließlich mußte das dem Haubentaucher abgeguckte Prinzip finanziert werden. Er rechnete sich insgeheim sein Sparkassenguthaben aus und kam zu einem Ergebnis, das Hoffnung machte: Bis zum 1. Juli – Tag X genannt – blieb noch gut eine Woche Zeit.

Draußen war alles wieder normal. Die Weitlingstraße grau in grau, zwei alte Männer als Pflastertreter. Sie plauderten über ihre Einkäufe, bis sie im Innern des Bahnhofs vor einem Imbiß- und Getränkestand unschlüssig zögerten. Über Berlin-Lichtenberg lief Fernverkehr, zum Beispiel von Leipzig nach Stralsund und weiter nach Saßnitz auf Rügen, von wo aus die Fähre nach Schweden ging.

Seiner Zigarrenvorräte sicher, lud Hoftaller zu Bockwurst und Bier ein. Er gab sich gutgelaunt und behauptete, glücklich zu sein. Sie standen an einem Tisch, dessen Platte von Mostrich- und Ketchupschlieren marmoriert war. Des frühsommerlichen Wetters wegen trugen beide weder Hut noch Mantel; allerdings hatte sich Hoftaller mit einer Neuanschaffung bedeckt: Die Kappe mit durchsichtigem Schirm war von amerikanischem Zuschnitt, desgleichen ein auf breiten Streifen geblümtes Hemd. Annähernd westlich gekleidet, gab er zu verstehen, daß es jetzt darauf ankommen werde, die Zeichen der neuen Zeit zu begreifen. Doch Theo Wuttke wollte Fonty sein: Auch sommers trug er den historischen Shawl doppelt um den Hals geschlungen; zudem zog es in der Bahnhofshalle.

Kaum war seine Bockwurst weg, holte Hoftaller wie zum Monolog aus. Das heißt, noch bevor er sich an einen Auftrag Tallhovers erinnerte, der einem verplombten Spezialzug von Zürich nach Saßnitz und dessen Mitreisenden galt, unter ihnen ein gewisser Lenin, der auf Wunsch der kaiserlichen Reichsregierung die Revolution nach Rußland bringen und so den Feind an der Ostfront schwächen sollte, griff er in seine Einkaufstüte und öffnete eine der Zigarrenkisten. Laut Tallhovers Biograph durchquerte der Sonderzug von Zürich über Gottmadingen kommend mit Zwischenhalt in Mannheim, Frankfurt und Berlin das Deutsche Reich. Das war im März 17. Umständlich und geheimniskrämerisch sperrte Hoftaller im Innern der Tüte die Kiste auf, kam endlich wieder hoch und stand nun kleinwüchsig mit einer Romeo y Julieta am Stehtisch. »Allerdings«, sagte er, »ist der Sonderzug nicht von hier aus, sondern vom Stettiner Bahnhof nach Saßnitz abgedampft.« Die Länge der Zigarre in Hoftallers Gesicht entsprach dem Schirm der Baseballkappe. »Jedenfalls fing alles, was hinterher kam, mit Lenins Durchreise an.« Das sagte er, als die Zigarre, kennerisch angezündet, schon zog und während Fonty immer noch von seiner Bockwurst abbiß, Häppchen nach Häppchen und jedes Häppchen in Mostrich getunkt.

Und jetzt redete Hoftaller in den kurz innehaltenden, dann mit der Zugluft abziehenden Zigarrenrauch hinein: »Das kommt davon. Was jetzt passiert, hat immer noch mit damals zu tun: Lenin und die Folgen. Behaupte trotzdem: Ab 1. Juli sieht die Welt anders aus. Klar, unsere Produkte werden danach nur noch zum Wegschmeißen und unsere Betriebe das sein, was der Westen seit Monaten sagt: Schrott. Von Rostock bis Karl-Marx-Stadt: ne einzige Schrotthalde. Doch dafür sind dann überall die Regale voll. Und zwar im Handumdrehen. Lauter Westzeug, prima verpackt. Und genauso schnell wird das Hartgeld, das wir ruckzuck eins zu eins und den dicken Rest später halbiert kriegen, wieder im Westen sein, wo es ja herkommt. ›Ein Schnäppchen machen‹ heißt das bei denen. Und mit der harten Mark kommen ne Menge Aufkäufer. Sind übrigens schon da, um sich Greifbares auszugucken. Na, Fonty, diese Sorte kennen Sie doch. Sind alle vom Stamme Nimm, Ihre Treibels und Konsorten. Die machen bei uns ihren Schnitt. Für all diese Raffkes ist das hier Niemandsland. Die sehen nur Baugrund. Hier ein Stück, da ein Stück raus. Filetstücke nennen die das. Am Potsdamer Platz schnibbeln sie jetzt schon rum. Nicht nur die Japse. Klar doch: Mercedes voran!«

Inzwischen hatte Fonty seine Bockwurst erledigt. Sorgfältig wischte er sich mit der Papierserviette. Die im Bahnhof Lichtenberg herrschende Zugluft wühlte in seinen dünnen weißgrauen Haarsträhnen. Ohne Hut wirkte er älter. Nur seine Stimme blieb jung: »Kolossal ideologisches Gewäsch, was Sie da reden. Ausbeuterklasse, kennen wir doch diese Sprüche. Kapitalisten wollen uns plattmachen, oft gehört, nie geglaubt. Das sind nur Sie, Hoftaller, der hier mit dicker Zigarre den Teufel an die Wand schwatzt. Und alles, weil Sie und Ihre Genossen nichts mehr zu melden haben. Ist ja auch schlimm, was? Die Festung Normannenstraße gestürmt. Die Aktenschränke versiegelt. Das Staatswesen pleite. Und Ihr papierner Fleiß, all die jahrzehntelangen Schofelinskischaften der Firma Horch, Guck und Greif sind für die Katz gewesen. Da wird zwar noch ein bißchen geschnüffelt. Und was der Reißwolf nicht schafft, muß sonstwo und sei's in einem abgewetzten Sofa verstaut werden, aber richtig operativ ist das nicht mehr, eher Zeitvertreib. Naja, war behilflich dabei, sogar gerne. Bin ja froh, wenn das Giftzeug verschwindet. Doch nun ist Schluß damit, endgültig! Was ich im verflossenen November auf dem Alex gesagt habe, als da Hunderttausende standen, das gilt immer noch: ›Eine neue Zeit bricht an! Ich glaube, eine bessere und glücklichere! Und wenn nicht eine glücklichere, so doch mindestens eine Zeit mit mehr Sauerstoff in der Luft, eine Zeit, in der wir besser atmen können. Und je freier man atmet, je mehr lebt man!«

Hoftaller deutete mit kurzfingrigen Händen Beifall an: Seine Zigarre gab Rauchsignale. »Kenn ich, Fonty. Originalton Pfarrer Lorenzen. ›Demokratische Weltanschauung‹, hat er der schönen Melusine vorgesäuselt. Daß ich nicht lache. Ne Schummelpackung, nur neue gegen alte Zwänge getauscht, das ist alles, was sicher sein wird...«

»Und doch kommt zuallererst einmal Freiheit. Rieche sie förmlich, hat Raubtiergeruch. Gewiß, war schon immer gefährlich, und nichts war mir lächerlicher als Liberale, diese ewigen Freiheitshuber. Aber diesmal ist es anders. Mit der Freiheit wird's offen nach allen Seiten. Zweifelsohne: Die Welt lädt uns mit ihrem Lockfinger ein. Die schreckliche und einengende Zeit der ausgewählten Reisekader ist vorbei, die schöne Aussicht nicht mehr versperrt. Jawoll, Herr Kriminalkommissar Tallhover! Jawoll, Hoftaller! Jetzt, wo selbst Sie außer Dienst sein könnten, sollte Ihnen eine Reise, weiß nicht, wohin, verlockend sein. Italien, Griechenland! Reisen bildet! Was waren Sie eigentlich bis noch vor kurzem: Hauptmann? Major?«

So namentlich und über die Zeit hinweg angesprochen, lächelte Fontys ausdauernder Tagundnachtschatten. Wunderbarerweise zog seine Zigarre noch. Er nahm die Baseballkappe ab und wischte sich mit dem Handrücken die Stirn. Man sah, daß ihm das Haar streichholzlang um den Kopf stand, einst semmelblond, jetzt steingrau. Hoftaller konnte gewinnend lächeln. Und seine Stimme kam ohne Schärfe aus: »Aber, aber. Wer redet hier leichtfertig von Dienstschluß. Glauben Sie mir: Für uns gibt's kein Ende. Kaum weggepustet, sind wir schon wieder da, und zwar vollgestopft mit nem Wissen, das gut verpackt überwintern durfte. Ein Wissen übrigens, das gefragt ist und seinen Preis hat. Schon jetzt klopft Kundschaft an: Pullach, Köln, um nur naheliegende Adressen zu nennen. Hab da ne Menge Kollegen, die wollen auf allerletzten Wissensstand gebracht werden. Aber auch älteres Spezialwissen ist gefragt. Und da die Dienste schon immer gesamtdeutsch geplant und gehandelt haben, ist man gerne behilflich. Doch damit sind unsere Möglichkeiten nicht erschöpft. Gerade Sie, mein lieber Wuttke, sollten beim Ausdenken von Reisen vorsichtig sein. Selbst wenn es Ihnen neuerdings gefällt, großartig Freiheit auszuposaunen, muß ich daran erinnern, daß Ihnen unter diesem und jenem Namen Freiheit schnurzpiepegal gewesen ist. Immer stand Preußen ganz oben, dann kamen König und Junkertum. Jedenfalls solang Sie sich der Kreuzzeitung, den Hesekiels und Merckels gegen miese Bezahlung verschrieben hatten. Während der ziemlich stabilen fünfziger und sechziger Jahre. Immer auf Linie, jawoll, und nur in Briefen gemeckert. Genauso beim Kulturbund. Hand aufs Herz, Fonty! Wie bei der Reichsluftfahrt die ›Volksgemeinschaft‹ haben Sie später die ›Arbeiter- und Bauern-Macht‹ in Großbuchstaben gefeiert. Und je schneidiger sich der Sozialismus Ihrem geliebten Preußen anpaßte, um so mehr war Ihnen Freiheit schnuppe. Hieß nicht einer Ihrer Vorträge über den Wälzer ›Vor dem Sturm‹ geradezu anschmeißerisch ›Vom preußischen Landsturm zur Volksarmee‹?«

»Kolossaler Irrtum! Hieß zwar so, wurde aber verboten, nachdem ich ihn zweimal gehalten hatte. Zu viel Scharnhorst und Gneisenau, zu wenig Rote Armee...«

»Weil Ihre Thesen zu früh kamen. Mitte der sechziger Jahre mußte das folgenlos bleiben. Doch keine zehn Jahre später lief alles im Stechschritt auf Zack. Und nun soll auf einmal Freiheit das große Rennen machen. Raus in die weite Welt! Dabei geht es nur um uns, um Deutschland, die

Einheit! Nur deshalb haben wir nachgeholfen und die Genossen hier, die Herren drüben unter Zugzwang gesetzt. Wir haben dafür gesorgt, daß in Leipzig und anderswo dieses kindische Gegröle ›Wir sind das Volk‹ durch ein ausgetauschtes Wörtchen ne Prise Pfeffer bekam: ›Wir sind ein Volk!‹ Jawoll, ein einziges. So jedenfalls, mit Sprechchören, wurde Einheit diktiert, und die kommt. Geht gar nicht anders. Aber zuerst kommt, weil es muß, das Geld. Werden zahlen müssen, jahrelang zahlen müssen. Und wenn die Herren von drüben vom Zahlen und Draufzahlen schwach sein werden, wie unsere Genossen schwach, einfach zu schwach gewesen sind, dann heben wir den Deckel und machen die Büchse, das große Faß auf. All unser Wissen – und wir sind fleißig gewesen – wird über sie kommen. Beim heiligen Mielke! Nichts soll umsonst gewesen sein. Und auch Sie, mein lieber Fonty, sollen wissen, daß unsere operativen Vorgänge nicht abgeschlossen sind. Ins Offene drängen die Akten in ihrer Ordnung, wieder aufleben wollen sie und die von Ihnen so laut berufene Freiheit genießen. Das wird ein Fest, ne gesamtdeutsche Fete! Am Ende weiß jeder über jeden Bescheid. Wir nennen das: offengelegte Einheit. Deutschland muß durchsichtig werden. Das gilt auch für Sie, mein lieber Wuttke. Ist nix mit untertauchen und mal kurz weg sein. Kennen wir doch seit Herweghs Zeiten, das Haubentaucherprinzip!«

Die Biergläser leer. Beide am Stehtisch in zugiger Bahnhofshalle. Hoftallers Zigarre nun kalt. Die Abfahrt eines Fernzugs über Stralsund nach Saßnitz wurde ausgerufen. Und Fonty schwieg. Erst als sie auf dem U-Bahnsteig in Richtung Alexanderplatz und Weiterfahrt zur Schönhauser Allee standen, sagte Fonty, kurz bevor der Zug aus Richtung Marzahn einfuhr: »Das ist alles furchtbar richtig. Aber was richtig ist, muß nicht wahr sein. Die Wahrheit ist ein weites Feld.«

Dann griffen sie zu ihren Schlußverkaufstüten und stiegen ein: Hoftaller nach Fonty.

Kurz danach kam er ins Archiv, natürlich wieder mit Blumen. Er hatte keine besonderen Wünsche, wollte nur plaudern. Außer seinem wiederholten Hinweis auf den Friedhof der französischen Domgemeinde an der Pflugstraße, den zu besuchen er vorhatte – »Bin allerdings auf touristisches Gerempel gefaßt« –, fiel nichts Besonderes auf; wer hätte ahnen können, daß ihn zu uns wie zum Friedhof Abschiedsgedanken geführt haben.

»Habe heute meinen Zitiertag!« rief er und begann sogleich, nach der »Rütli-Methode« einige dazumal hochgeschätzte Kollegen niederzumachen: »Heyses Triumphe sind immer noch mehr seiner Persönlichkeit als seinem Dichtertum zuzuschreiben...« Und nach Storms »ewiger Husumerei« war Raabe dran: »Er gehört zu der mir entsetzlichen deutschen Menschengruppe, die mit allem unzufrieden sind, alles erbärmlich, verlogen und Quatsch finden...« Dann machte er sich über Leserinnen, die typische »marlittgesäugte Strickstrumpfdame aus Sachsen oder Thüringen« lustig und leitete mit dem Ausruf: »Brachvogel ist Küchenlektüre!« von der Ebbe deutscher Literatur zur Flut seiner englischen Lieblingsautoren über, wobei er Walter Scott höher als Dickens stellte.

Nachdem wir uns des längeren über literarisch erzeugte Sympathie für an sich verbrecherische Taten unterhalten und dabei Thackerays »Catherine« mit des Unsterblichen »Grete Minde« verglichen hatten, machte uns Fonty darauf aufmerksam, wie sehr der Vorabdruck von Novellen und Romanen den Zwang zum spannenden Kapitelschluß gefördert habe. Doch kaum hatte er durch Zitat Tangermünde in Schutt und Asche gelegt – »Ein Feuermeer unten die ganze Stadt; Vernichtung an allen Ecken und Enden, und dazwischen ein Rennen und Schreien, und dann wieder die Stille des Todes...« –, lachte er plötzlich und wechselte das Thema. Er wollte von uns wissen, wie das Archiv nach der demnächst fälligen Währungsunion finanziert werden könne. »Das kostet doch nur und bringt nichts ein.«

In unserer damals allgemeinen Ratlosigkeit stellten wir die Gründung einer fördernden Gesellschaft in Aussicht und sagten, daß es im Dezember, und zwar hier in Potsdam, zu einer Tagung kommen werde und daß Frau Professor Jolles extra aus London anreisen wolle, um den Festvortrag zu halten. Fonty gab zu verstehen, wie sehr er die forschende Arbeit der alten Dame schätze; besonders beispielhaft seien ihre Erkundungen der Englandaufenthalte: »Sie weiß beinahe alles. Und vielleicht weiß sie sogar mehr, als sie offengelegt hat...«

Der Archivleiter gab zu verstehen, Charlotte Jolles habe brieflich versprochen, beim Festvortrag unüberhörbar zu Geldspenden aufzurufen. Und Fonty war mit einem Zitat gerüstet: »Der eine hat den Beutel, der andere hat das Geld...«

Nachdem er die anfangs zu heftig ausgefallene Kollegenschelte zurückgenommen oder relativiert, Heyses Sonette und Storms Lyrik gelobt, sogar Brachvogel einen »guten Handwerker« genannt und sich für Raabes bitteren, manchmal nur kauzigen Humor ausgesprochen hatte, ging er und winkte von der Tür aus mit seinem leichten strohgelben Sommerhut; den hatte ihm seine Tochter Martha vor Jahren von einer Urlaubsreise an die bulgarische Schwarzmeerküste mitgebracht.

Nicht nur uns machte das neue Geld Hoffnung und Sorgen zugleich. Insgesamt ging es um Wünsche, die lange, vielleicht zu lange hatten warten müssen. Beunruhigt war auch die Familie Wuttke und auf besondere Weise Fonty, den sein

Abtauchgedanke umtrieb; weil mit dem damaligen Blechgeld dort, wo er hinwollte, nichts zu haben war, setzte er kopfrechnend auf die neue Währung. Sein Hoffen klammerte sich an den amtierenden Ministerpräsidenten des immer noch existierenden Zweitstaates, eine zwar in der Öffentlichkeit verdrückt wirkende, doch nach letzter Wahl durch westliche Schubkraft gestützte Figur, die den aus Arbeiter- und Bauernstaatsjahren hinterbliebenen Genossen Modrow abgelöst hatte. Nun übte er landesweit und stellvertretend Zerknirschung und bewies bis in den Namen hinein streng calvinistische Ausstrahlung.

Deshalb wurde Lothar de Maizière für Fonty zum Hoffnungsträger. Er mag sich gesagt haben: Dem könne der Westen nicht, wie dem Vorgänger, sozialistischen Eigensinn nachsagen. Der werde für neues und härteres Geld sorgen. Dessen bewiesene Demut dürfe mit irdischem Lohn rechnen. Nur mit seiner Hilfe könne, bei halbwegs günstigem Umtausch, das Programm, hier untertauchen und anderswo auftauchen, finanziert werden. Das Calvinistische habe schon immer dem Geld nahegestanden; doch er habe diese Nähe zum Mammon nie ausleben dürfen, so doppelt hugenottischer Herkunft der Unsterbliche gewesen sei. Dem Archiv wurde versichert:»Zwar wird uns dieser de Maizière verkaufen, doch nicht unter Preis.«

Solche Spekulationen mögen Fonty bewegt haben, als er im Norden Berlins den Friedhof der französisch-reformierten Domgemeinde nahe dem ehemaligen Grenzübergang Chausseestraße besuchte. Diese Anlage und auch der Friedhofsanteil der katholischen St.-Hedwigs-Gemeinde grenzten zur Liesenstraße hin an den planierten Todesstreifen und die umlaufende Mauer, weshalb der gesamte Friedhof ab 61 zum Grenzbezirk erklärt worden war und bis 85 nur mit Sondergenehmigung betreten werden durfte; ein Vorzug, den man selbst Fonty nur selten bescheinigt hatte. Doch nun stand der Zugang Pflugstraße zu allen Gräbern offen.

Weil die U-Bahnlinie 6 noch nicht in Betrieb war, kam er mit der Straßenbahn, deren Endstation »Stadion der Weltjugend« hieß. Es war ihm gelungen, sich auf Zeit von seinem Tagundnachtschatten zu lösen. Die restlichen Junitage standen bevor. Das Wetter konnte als wechselhaft eingeschätzt werden, meinte es aber gut mit dem Friedhofsbesucher. Im Sandboden der Wege waren die Pfützen des letzten Regengusses versickert.

Fonty kam ohne Blumen. Seine früher so oft durch Behördenkram erschwerte Anwesenheit mußte genügen. Des Geländes kundig, schritt er unter leichtem Hut und mit Bambusstock an schlichten Grabmälern vorbei, die sich im Gegensatz zur katholisch benachbarten Spruchfreudigkeit einsilbig gaben: nur Daten und Namen wie Delorme, Charlet, Marzellier. Kurz zögerte er vor einem hellroten Granitobelisken, auf dem Keilschrift die Namen einiger im Krieg 70/71 für Preußen-Deutschland gefallener Soldaten hugenottischer Herkunft reihte: Reclam, Bonnin, Harnier, Hugo, Sarre…

Und dann stand Fonty vorm Grabstein jenes Mannes, dessen später Ruhm mit dem Begriff Unsterblichkeit einherging und dem er bis ins Äußere nachlebte; sogar des Vorläufers leicht herbeizuzitierende Nervenschwäche brachte er mit, die allerdings durch Haltung wettgemacht wurde.

Genauer gesagt: er stand vor einem restaurierten Grabstein. Seit Beginn des Jahrhunderts waren es zwei Efeuhügel und zwei schlichte, oben flach abgerundete Granitsteine gewesen, die gegen Ende des Zweiten Weltkriegs, als die Schlacht um Berlin keinen Flecken aussparte, zerstört und beschädigt wurden: Eine Artilleriegranate großdeutscher oder sowjetrussischer Herkunft zertrümmerte den Granit des Unsterblichen ganz und brach dem Stein seiner Frau

Emilie ein Stück der Oberkante weg. Desgleichen wurden die um das Doppelgrab gesetzten und mit einer Kette verbundenen gußeisernen Pfosten umgelegt und später von Metalldieben abgeräumt.

Der in den Nachkriegsjahren aufgestellte Stein, vor dem Fonty mit leicht zitterndem Schnauzbart stand und sich nun an den doppelten Granit und die zwei Hügel erinnern mochte, war weniger schlicht, aber von herkömmlicher Machart: Bis auf die Schriftfläche, die in der Tiefe graugestockt alle erhaben stehenden Buchstaben und Zahlen betonte, glänzte die Vorderseite des an den Rändern kunstvoll grob gebrochenen Granits, mitsamt der Inschrift, auf Hochglanz poliert. Ein hochkant stehender Stein, der die Anordnung der Namen untereinander gebot. Über Emilie, der geborenen Rouanet-Kummer, die am 18. Februar 1902 gestorben war, stand unter dem Namen und Geburtsdatum des Unsterblichen dessen Todesdatum: der 20. September 1898.

»Bald werden runde hundert Jahre zu feiern sein«, haben wir oft genug Fonty und uns versichert. »Das Archiv bereitet sich jetzt schon vor; dank kollektiver Bemühung soll etwas Besonderes zwischen Buchdeckel kommen.«

Mit gezogenem Hut stand er stumm vor dem Stein, doch hätte sich seine innere Rede durchaus als halblautes Geplauder mitteilen können. Zwei welke Kränze mit vom Wetter zermürbten Kranzschleifen gaben Stichworte genug her. Beide Kränze erinnerten an den letzten, den siebzigsten Geburtstag, den Fonty, wenn auch in beklemmender Gesellschaft, bei McDonald's gefeiert hatte. Auf der Schleife des übrigens vom Archiv gestifteten Kranzes stand, immer noch leserlich, daß der 30. Dezember 1989 »Dem großen Humanisten« gewidmet sein solle; der andere Kranz kam vom Hugenottenmuseum. Soviel Gedenken trotz unruhiger Zeit. Soviel Vorschuß auf weitere Unsterblichkeit.

Fonty bewies sein Zahlengedächtnis. Da er allein stand und nur entfernt einige Friedhofsbesucher mit Harke und Gießkännchen tätig waren, lobte er laut des vierten französischen Heinrichs Edikt von Nantes – »Das war anno 1598« –, um dann Brandenburgs Kurfürsten Friedrich Wilhelm zu rühmen, der die Aufhebung des Edikts durch Frankreichs vierzehnten Ludwig – »Das war anno 1685« – sogleich mit einem Toleranzedikt beantwortet hatte. Mühelos konnte Fonty daraus zitieren: »Unseren wegen der heiligen Evangelii und dessen reiner Lehre angefochtenen und bedrängten Glaubens-Genossen mittels dieses von Uns eigenhändig unterschriebenen Edicts eine sichere und freye retraite in alle Unsere Lande und Provinzen in Gnaden zu offerieren...«

Er sagte noch weitere feierliche Versprechungen wie ein Gedicht auf; und gar nicht verwunderlich ist es, daß Fonty zwischen den fünftausend »réfugiés«, die sich infolge der angebotenen Toleranz zwischen knapp zehntausend märkischen Berlinern ansiedelten, direkte Vorfahren fand und herbeirief, unter ihnen einige der Emilie Rouanet-Kummer: »Ohne uns Kolonisten und, zugegeben, die Schlacht von Fehrbellin, als die Schweden eins aufs Haupt bekamen, wäre wohl nichts aus Preußen geworden. Habe deshalb immer das hugenottische Herkommen gegen das dumpfe Borussentum gestellt. Will davon nicht lassen. Meine Ahnenwiege hat im Languedoc und in der Gascogne gestanden. War doch der Vater ein Gascogner wie aus dem Buche: voll Bonhomie, dabei Phantast... Wie man auch mir gelegentliche Gasconnaden nachsagt: stets auf dem Sprung, über den Zaun und weg, abtauchen einfach... Dabei nicht ohne Renommiergehabe, trotz leeren Beutels... Jadoch, hier stehe ich vor diesem nachgemachten Stein, sehe verwelkte Kränze und dauerhaft seßhaften Efeu, bin aber dennoch reisefertig, weil ich die Gascogne im Rücken wie vor mir habe... oder woanders hin: schottische Hochmoore, blauschwarze Seen, jenseits des Tweed ... Was Wunder, daß ich im Schreiben wie im Reden ein Causeur, ein Plauderer höchsten Grades geblieben bin, so daß mir bei meinen Vortragsreisen für den Kulturbund eine Gemeinde geneigter Zuhörer sicher gewesen ist. Und schon als junger Dachs und Luftwaffengefreiter habe ich in Domrémy vor hochrangigen Offizieren aus dem Stegreif über Jeanne d'Arc und ihr literarisches Fortleben plaudern können ... Lächerlich deshalb und empörend zudem, daß mich Julius Hart, einer dieser hyperklugen Kritiker der neuen Schule, die sich jemanden auf die Nadel spießen, ihn betrachten und dann niederschreiben, einen ›Stockphilister mit einem Ladestock im Rücken‹ geschimpft hat. Mich, der ich mit Maria Stuart zu Bett gegangen und mit Archibald Douglas aufgestanden bin, mich, den meine eigenste französische Natur immer noch anstiftet ... Die Labrys aus meiner Mutter Familie hatten alle mit der Strumpfwirkerei, mit Seidenraupenzucht, überhaupt mit Seide zu tun. Erst mein Großvater Pierre Barthélemy brachte das Künstlerische ein und war sogar Zeichenlehrer der Königskinder. Und später wurde er Kabinettssekretär der Königin Luise, weshalb ich mir im Tiergarten häufig eine Bank mit Blick auf ihr Denkmal suche. Alle meines Namens gehörten der französischen Kolonie an, wie einige meiner literarischen Weibsbilder: in ›Schach‹ Josephine von Carayon nebst unansehnlicher Tochter. Und den Treibels gegenüber betont sogar Corinna Hugenottisches, auch wenn sie Schmidt heißt. Übrigens war Melanie van der Straaten schweizerisch-calvinistischer Herkunft, suchte aber nur stimmungshalber Kirchen auf; wie ja auch mir, bei aller Verpflichtung der Kolonie gegenüber, alles organisiert Religiöse kolossal suspekt ... Und mir zweifelsohne ein gewisses Heidentum ... Jedenfalls wurde zu Haus – was manchmal ein bißchen albern war, fanden wir Kinder – unser Name immer mit Betonung der ersten Silbe, bei Verschlucken des abschließenden e, und von Papa sogar, besonders an Sonn- und Feiertagen, wenn Swinemündes Honoratioren zu Besuch kamen, mit Nasallaut ausgesprochen. Dabei hatte keiner, der zur Kolonie gehörte, etwas apart Pariserisches an sich, vielmehr waren alle von puritanischer Statur, steif, ernsthaft, ehrpusselig, na, wie diese Kirchenmaus de Maizière, ein Kerlchen, das nun, so mickrig es guckt, Ministerpräsident geworden ist, damit er, so rausgeputzt wie brav an der Leine gehalten, den abgetakelten Arbeiter- und Bauern-Staat in die Einheit überführt. ›Soll keinem schlechter und einigen sogar besser gehen‹, lispelt er mit Leichenbittermiene. Kein Blechgeld mehr soll in den Taschen scheppern, mit harten Silberlingen dürfen wir Sprünge machen, nachdem uns das Reisefieber gepackt hat, Sprünge, wer weiß, wohin. Jedenfalls guckt dieser de Maizière calvinistisch genug, um gut fürs Pekuniäre zu sein. Und meine Emilie, die es immer schon mit dem Rechnen hatte und selbst während der Sommerfrische den Spargroschen hütete, hat beim Wählen das Kreuzchen prompt an der richtigen Stelle... Während mir jeglicher Wahlkrempel... Aber das kenn ich von Kindesbeinen an... Diese Sechserwirtschaft... Diese Knapserei... Wurde anno sechsunddreißig im Mai, gleich nach Abgang von der Gewerbeschule, in der französisch-reformierten Kirche in der Klosterstraße eingesegnet und gleichfalls dort meiner Emilie nach viel zu langer Verlobungszeit angetraut. Weil immer das Geld und die feste Anstellung fehlte. Nein, war kein Kirchengänger, glaube aber immer noch calvinistisch: Alles ist Gnade. Erziehung hin oder her, ohne Gnadenwahl wird nichts. Wie schon mein sonst labiler Holk in ›Unwiederbringlich‹ sagt: ›In diesem Stück, so gut lutherisch ich sonst bin, steh ich zu Calvin!‹ Und genau das wird unser de Maizière sagen, wenn er in Bonn antanzen und sich in all seiner Armseligkeit neben die dröhnend regierende Masse stellen muß. Man hat es oder hat es nicht, nämlich das Geld wie die Gnade, von denen ich mir, wenn's denn zum Umtausch kommt, eine kleine größere Reise verspreche: Weiß schon, wohin... Will wegtauchen, auch wenn sich Emilie wieder zu Tränen versteigt und Metes schwache Nerven, die sie von mir hat... Doch ohne Abschiedsepistel wird schlecht reisen sein... Muß ja nicht alles aufs Papier... Jedenfalls ist Brief hinterlassen besser als vorher lange reden...«

Dann stand Theo Wuttke, den alle Fonty nannten, nur noch stumm vor dem Doppelgrab, dessen Einfassung kürzlich mit einem Sandsteinsockel und umlaufendem Eisengestänge aufgebessert worden war. Links und rechts vorm Stein standen je eine frischgepflanzte Eibe. Und genauso schlicht wie der Stein des Unsterblichen und seiner Emilie sagten beiderseits die Anschlußgräber ihre Namen auf: Links ruhte ohne Spruch Gerhard Baillieu; unterm rechten Stein lag Georg Minde-Pouet. Viel aufwendiger wirkte in der davorliegenden Grabreihe ein mannshoher Obelisk, auf dessen polierter Fläche dankbare Schüler ihres Lehrers A. F. Arends und der nach ihm benannten Stenographiemethode gedachten; sogar ein stenographisches Kürzel stand dem Stein eingemeißelt.

Fonty blickte über die Gräber hinweg. Hinter einem nach Westen hin abgrenzenden Eisenzaun war auf wüstem Gelände noch immer der Todesstreifen, die Mauer zu ahnen. Eine Gedankenflucht lang standen ihm rückläufig datierte Friedhofsbesuche vor Augen. Damals, als er mit Sondergenehmigung und gestempelter Grabkarte hier gestanden hatte, als bei der Bahnbrücke noch der Wachturm ragte, als Doppelposten die Friedhofsruhe bewachten und auf Flüchtende scharf geschossen wurde, als das Grab des Unsterblichen nur selten Besuch erlebte, als Ost und West sich mittels Lautsprechern bekriegten, als drüben Feindesland war.

Wir vom Archiv könnten aus eigener Erfahrung ergänzen, denn auch wir mußten zum Alexanderplatz und beim Magistrat von Groß-Berlin, Abteilung Inneres – Abteilung Kirchenfragen, immer aufs neue Anträge auf Grabkarten stellen. Eigentlich waren nur Verwandte ersten Grades auf Friedhöfen im Grenzgebiet zugelassen. Doch wie Fonty, dank Fürsprache seiner Bezugsperson, Sondererlaubnis erhielt, stand dem Archiv jeweils an Geburtstagen und zum Todesdatum der Friedhof der französischen Domgemeinde offen.

Gleichfalls könnten wir Fontys Selbstrede vorm Doppelgrab mit Einschüben anreichern, etwa durch Hinweise auf den Alexis-Aufsatz des Unsterblichen, in dem das Hugenottische in aller Breite Zitate hergibt; doch Theo Wuttke blieb nicht lange genug. Mit seiner Rede fertig, wandte er sich ab und ging, nun wieder mit Hut, auf Sandwegen an den gereihten Gräbern vorbei. In straffer Haltung und ohne Umweg überquerte er den angrenzenden katholischen Friedhof der St.-Hedwigs-Gemeinde, hatte keinen Blick für dessen noch immer von einem intakten Stück Mauer begrenzte Flanke, übersah die Reihe namenloser Nonnengräber, war schließlich in Eile und wie auf der Flucht, denn inzwischen hatte es sommerlich warm zu regnen begonnen.

Gut, daß am Friedhofseingang Pflugstraße jemand mit aufgeklapptem Regenschirm auf ihn wartete. Wie nach Absprache war Hoftaller zur Stelle. Er sagte: »Wollte nicht stören. Und zwar der Gedanken wegen, die man sich auf Friedhöfen macht. Kenne das. Ne kurze Besinnung ist ab und zu fällig. Zumindest vor Gräbern will man für sich sein.«

Dann nahm er Fonty unter den Schirm, der weit genug für beide spannte. Zwischen Mietshäusern, denen der Putz wie eine gelbgraue Uniform angepaßt war, gingen sie unter schräg einfallender Regenschraffur in Richtung Schwartzkopffstraße. Deren Verlauf war linker Hand noch immer gesperrt: Nur eine westliche Kirchturmspitze überragte das vergessene oder für Filmzwecke konservierte Stück Mauer. Doch zur Chausseestraße hin stand alles offen. Nach Süden, wo keine Regenwolken den Himmel über der Stadt niedrig machten, wuchs ein hoher Schornstein, der von einem Fernheizwerk gefüttert wurde und mit weißem Rauch die sommerliche Bläue wattierte. In perspektivischem Verlauf rahmten Mietshauskasernen einen Bildausschnitt, zu dem im Vordergrund die an der Endstation stehende Straßenbahn gehörte. Unter dem Schirm gingen die beiden Männer auf das himmelhohe Rauchsignal zu. Dann stiegen sie in die Straßenbahn, denn die Linie U 6, die heutzutage zwischen Alt-Tegel und Alt-Mariendorf verkehrt, wurde erst gegen Ende des Einheitsjahres in Betrieb genommen.

Wären drei Wünsche offen gewesen, könnten wir unsere
Erzählung im Ton umstimmen: Es war einmal ein Aktenbote, der hieß Theo Wuttke, der wollte sich dünnemachen,
denn endlich war es soweit. Tatsächlich fand am 1. Juli der
Tag X statt. Kein leeres Versprechen stand auf der Tagesordnung, vielmehr wurde das Heißersehnte abrufbar, sofort
und laut Staatsvertrag. Weil der regierenden Masse nicht
einfallen wollte, wie die Landeslast anders hätte geschultert
und einheitlich balanciert werden können, mußte Geld den
fehlenden Gedanken ersetzen. Das war da – nur Geld war
da, Geld für den ersten Wunsch.

Und überall, in zehntausend und mehr Bankfilialen, Spar-
kassen, Postämtern und Sonderauszahlungsstellen wurde
taufrisch die erste Milliarde hingeblättert. Die Bundesbank
sorgte dafür, daß im monetären Beitrittsgebiet, dem auf
Schrottwert herabgestuften Arbeiter- und Bauern-Staat,
kein Nest ohne Umtauschschalter blieb. Auf Rügen, in der
Altmark und Uckermark, an Vorpommerns Küste, zwischen Mecklenburgs Seen und Wasserlöchern, in Brandenburg – Fontys Gegend um Friesack und Ruppin nicht zu vergessen –, in der sandigen Lausitz und auf den fetten Böden
der Magdeburger Börde, im Oderbruch und an Neiße und
Elbe entlang, zu Füßen des Thüringer Waldes und im Land
der Sorben, soweit die sächsische Zunge trug, bis hoch ins
Erzgebirge, auf dem katholischen Eichsfeld, wo jeweils
Luther zu Wort gekommen war, im äußersten Zipfel des
Vogtlandes und natürlich in der nun offenen Halbstadt Berlin, die sich auf Behördenpapier immer noch Hauptstadt der
Deutschen Demokratischen Republik nannte, überall dort,

wo der erste deutsche Arbeiter- und Bauern-Staat vierzig Jahre lang seine stets zuversichtlichen Parolen Wind und Wetter ausgesetzt hatte, im Osten, in der aus Westsicht sowjetisch besetzten Zone, kurz SBZ genannt, im anderen, dem Gänsefüßchen-Deutschland, zog das erwünschte, herbeigewählte, nun endlich Härte verheißende Geld ein.

Die erste Milliarde kam in bewachten Spezialwagen, deren Anfahrtswege geheim blieben. Gleich umsichtig wurden dann weitere vierundzwanzig Milliarden von West nach Ost geschaufelt und in Umlauf gebracht. Kaufwünsche konnten erfüllt, Träume in Tatsachen umgemünzt werden; diese Rechnung schien aufzugehen.

Ach, wäre sie doch! All das viele Geld und noch viel mehr Geld – Geld war ja da; nur Geld war da – brachte nicht den ersehnten Wohlstand, sondern zog sich, nachdem es rasch Konsumgelüste gestillt hatte, eilig in den Westen zurück, wo es, samt abgeschöpftem Gewinn, wieder auf Bankkonten ansässig oder als Fluchtgeld in Luxemburg heimisch wurde; dabei hätte es rackern, schuften, hart arbeiten müssen, das Geld, es hätte wunder was wirken und nicht faul herumliegen dürfen, mit nichts als Zinsen im Sinn.

Ach, wären doch weitere Wünsche offen gewesen. So aber war das Märchen bald aus. Überall blieb eine Jammerlücke, würgte ein Sorgenkloß. Nur ein alter Mann jammerte und würgte nicht; deshalb dürfen wir sagen: Es war einmal ein Aktenbote, der hieß Theo Wuttke. Dessen Wunsch stieß sich nicht am zu raschen Zahlungsverkehr. Keine Konsumgüter standen auf seiner Liste. Leicht konnte er der schönsten Westverpackung den inbegriffenen Schwindel ablesen, und doch forderten auch seine Pläne ihren marktorientierten Preis.

Für Fonty, wie der Aktenbote Wuttke genannt wurde, hatte verdientes Geld über Jahre hinweg für das begrenzte Angebot von Ostprodukten gereicht und ihm sogar Ersparnisse erlaubt. Jetzt durfte er bis zur Höhe von sechstausend Mark mit einem Umtausch von eins zu eins rechnen: Was darüber zählte – Fonty hatte seit Kulturbundzeiten alles Ersparte im gelben Postsparbuch angesammelt –, war nur noch die Hälfte wert. Gleiches galt für des Aktenboten Frau und Tochter. Von Emmi Wuttkes Rente und Martha Wuttkes Lehrerinnengehalt hatte immer ein Notgroschen abgezweigt werden können. Weil aber der günstige Umtausch ausschließlich für Personen über dem sechzigsten Lebensjahr galt, rechnete sich diese Einschränkung für Martha, die achtunddreißig zählte, schlecht; ihr standen, laut Vorschrift, viertausend Mark eins zu eins und vom größeren Rest nur die Hälfte zu.

Das schmerzte die Tochter des Aktenboten. Sie wollte demnächst heiraten und hatte ihrer Hochzeitsausstattung wegen einen Besuch im Kaufhaus des Westens, dem legendären KaDeWe, geplant. Ähnliches wünschte Emmi. Keinesfalls wollte sie ihre Tochter, wie sie gesagt haben soll, »in Ostklamotten vorm Altar sehn«. Frau Wuttke hatte feste Vorstellungen: »Man heiratet ja nich alle Tage. Wenn schon, denn schon...«

Nur Fonty fand an seiner seit Jahren getragenen Garderobe Genüge: In schwarzgrau gestreifter Hose und in einem Jackett, das wir Bratenrock nannten, war er bei feierlichen Anlässen aufgetreten, zuletzt, als ihm für seine Bemühungen um das kulturelle Erbe die silberne Verdienstnadel angesteckt wurde. Verständlich, daß der Aktenbote Theo Wuttke nicht vorhatte, sich im Kaufhaus des Westens neu einzukleiden; vielmehr zielte sein Wunsch auf ein Reiseticket: Bis Hamburg wollte er die Reichsbahn und von dort aus das Fährschiff nach England nehmen.

Ihm stand eine Märchenreise offen, doch hatte er keine Eile. Nicht am ersten Umtauschtag, einem Montag, als nach Mitternacht überall und besonders auf dem Alexanderplatz das neue Geld mit Hupkonzerten, Böllerschüssen und vielchörigem Jubel begrüßt wurde, wobei die Scheiben einer Bank in Scherben gingen und ältere Personen im allgemeinen Gedränge in Ohnmacht fielen, sondern erst eine Woche später, am 9. Juli, stellte sich Fonty in der Schönhauser Allee ans Ende einer mäßig langen Schlange; war dies doch der Tag, von dem an über das gesamte Konto verfügt werden durfte. Zuvor war jeweils nur der Umtausch von zweitausend Mark zugelassen gewesen.

Das hatten alle, die dort standen, während jahrzehntelanger Mangelwirtschaft gelernt: Schlangestehen. In den fünfziger Jahren nach allem und besonders nach Kartoffeln, in den Sechzigern nach Fahrradschläuchen, Frischgemüse, Perlonstrümpfen und später nach Zitronen und Apfelsinen. Schlangestehen war zur eingeübten Haltung eines Volkes geworden, das sich Zeit nahm – wo sie nur greifbar war. Deshalb rückte niemand dem Sparkassenschalter in Ungeduld näher.

Emmi und Martha Wuttke hatten schon vorher ihre Konten erleichtert, ohne die Möglichkeit des günstigen Umtauschs sogleich ausschöpfen zu können. Danach war der Besuch im KaDeWe fällig gewesen, wo ihnen alle Abteilungen Angebote machten. Lange zögerten beide angesichts glitzernder Niedlichkeiten und solider Eleganz; und doch sollen sie sich an Emmis Weisung »Nur nichts Unnötiges anschaffen« gehalten haben: Außer der Hochzeitsgarderobe gingen nur zwei Luxusartikel ins Geld, für Martha eine schicke Handtasche italienischer Machart, für Emmi ein Flakon »echt Kölnisch Wasser«. Hinterher hieß es: »Also, wenn man nicht aufpaßt, wird man die Westmark ziemlich schnell los.«

Fonty stand sommerlich gekleidet in der Schlange. Er hatte einen Schein bei sich, auf dem jene Summe amtlich beglaubigt war, die sein gelbes Postsparbuch hergab. Anfangs wollte er noch hören, was die Schlange vor und hinter ihm laut zu sagen oder, wie gewohnt, zu flüstern hatte, doch dann verlor er sich in immer neuen Kopfrechnungen, die seiner geplanten Reise einen strengen Sparkurs vorschrieben; das Gerede vor und hinter ihm war wie auf halblaut bis null gestellt.

Dieses Gejammer kannte er ohnehin, kaum unterschied es sich von dem, was er täglich zu Hause hörte: tausend Wünsche zwischen zaunhohen Bedenken. Mal sollte es eine japanische Hi-Fi-Anlage, dann wieder ein fast neuer Opel Kadett für Martha sein, die aber, weil ohne Führerschein, abwinkte. Er hatte Mühe, Emmi ihren Herzenswunsch, »einen Westfernseher mit allem Drum und Dran«, auszureden: »Ging doch bis jetzt ohne Glotze. Kann mir gestohlen bleiben, dieser Bildersegen. Was soll der Unsinn: das schottische Hochland im Guckkastenformat!«

Und wie in der Kollwitzstraße blieb er beim Schlangestehen seinem Reiseziel treu. Vor und hinter ihm waren alle schwankend und bänglich. Er aber wollte waghalsig sein und nicht jetzt schon verzagt wie die alleinerziehende Mutter mit Kleinkind an der Hand, die vor ihm in der Schlange stand. Mit vielen fürchtete sie die neue Währung, weil sich deren Härte zuallererst gegen jene wenden könnte, die das Wunschgeld so laut herbeigesehnt hatten: »Naja, man wünscht sich was, doch wenn es denn kommt, is man verdattert, weil man sich jottwasnichalles vorjestellt hat.«

Doch selbst wenn Theo Wuttke als Aktenbote diese Ängste geteilt hätte, Fonty wäre furchtlos geblieben. Er war bereit, alles auf eine Karte zu setzen, und sah sich schon unterwegs. Er wollte nicht mitlachen, als jemand hinter ihm Witze über die Parteibonzen in Wandlitz riß. Er zog es vor, in Gedanken immer wieder an Bord zu gehen: Vor Jahren hatte das weiße Fährschiff nach Harwich »Prinz Hamlet«

geheißen; nun hieß sein Schiff, laut Reiseprospekt, »Stadt Hamburg« und sollte an den Landungsbrücken in St. Pauli ablegen.

Immer neue Witze ödeten ihn an. Weit hinten in der Schlange wollte jemand aufgesparte Wut loswerden und zählte Stasiseilschaften auf, die er überall, aber besonders steiglustig und alpin ausgerüstet im Haus der Ministerien tätig sah. Jedenfalls war in einem Westberliner Reisebüro für Fonty vorsorglich ein Schiffsplatz auf seinen bürgerlichen Namen gebucht worden; Englandreisen waren beliebt. Gleich hinter ihm wollte ein bärtiger junger Mann, der sich bis dahin maulfaul verhalten hatte, plötzlich von dem noch immer krakeelenden Stasiankläger wissen, zu welcher Seilschaft denn er gehöre: »Is doch ne altbekannte Masche. Laut wird auf die Firma geschimpft, von der man bezahlt wird!« Danach schwieg er muffig. Dem Witzeerzähler gingen die Witze aus. Die Mutter mit Kleinkind hörte zu jammern auf. Niemand wollte mehr Sätze mit »man« bilden: Man hat uns gesagt . . . Man glaubte und glaubte . . . Man ist ja gewohnt . . . Man hat ja nicht ahnen können . . . Man ist ja doch immer der Dumme am Ende . . . Bei lastender Sommerhitze wußte die Schlange vor der Sparkassenfiliale nichts mehr zu sagen. Nur Fonty war reich an inwendiger Rede.

Er litt nicht unter dem feuchtheißen Wetter. Zum Strohhut trug er einen leichten, oft gewaschenen Leinenanzug, dessen Knitterfalten wie angeboren waren und doch für lässige Weltläufigkeit bürgten. Ohne Wanderstock, aber mit gemustertem Shawl kam er langsam voran, während seine Gedanken rückläufig Halt suchten. Wo immer er sein Gedächtnis anzapfte, sprudelten sogleich die Quellen seiner Ersparnisse. Landesweit klapperte er Städte und Städtchen mit schütteren oder pompösen Kulturbundhäusern ab. Aus allen Vorträgen, die er seit Anfang der fünfziger Jahre und bis gegen Ende 76 gehalten hatte, zog er die Summe, minderte sie um die Kosten fürs tägliche Leben und kam dennoch auf einen satten Überschuß; denn außer den nicht gerade üppigen Honoraren, die der Kulturbund zwischen Stralsund und Karl-Marx-Stadt gezahlt hatte, waren ihm immer wieder Prämien für besondere Leistungen zugute gekommen: Der Vortragsreisende Theo Wuttke galt als Kulturaktivist.

Zwar hatte er nie ein Massenpublikum anziehen können, doch einer treuen und im Verlauf der Jahre nachwachsenden Zuhörergemeinde durfte Fonty sicher sein. Überall versammelten sich Heimat- und Naturfreunde, die für seine aufs Witzigste verkürzten »Wanderungen durch die Mark Brandenburg« ein offenes Ohr hatten; genügend Geduldige fanden sich, denen selbst vielstrophige Balladen nicht zu lang waren; allerorts gab es auf Pointen erpichte Liebhaber der vieltausend hingeplauderten Plauderbriefe; und immer ging es um das Werk des Unsterblichen. Mal waren dessen Romane – ob »Frau Jenny Treibel« oder »Unwiederbringlich« – Thema, bei anderen Vortragsreisen herrschten Frauen vor, die, mal zum klagenden, mal zum räsonierenden Chor zusammengerottet, in den Vordergrund drängten: Cécile neben Effi, Ebba Arm in Arm mit Melanie, Stine von Mathilde verdeckt, Lene zwischen Corinna und der Witwe Pittelkow. Ein Frauenkränzchen, in dem jede ihren Fall aufs neue inszenierte, Grete Minde zum Beispiel die allzeit latente Gefahr einer Feuersbrunst.

Natürlich sollte bei jedem öffentlichen Auftritt das Verhältnis überlieferter Stoffe zum Sozialismus mitbehandelt werden. In jedem Vortrag mußte, selbst wenn es um Ehebruch und Duelle ging, vom Humanismus die Rede sein, und zwar vom fortschrittlichen. Als heikel erwies sich oftmals der Versuch, das Sozialdemokratische richtig, das hieß im Sinne der Einheitspartei zu gewichten, gleich ob es um den Rheinsberger Wahlsieger und Feilenhauer Torgelow oder um den »angebebelten« Junker Woldemar ging. Mehr noch als »Der Stechlin« gaben die späten Briefe Anspielungen auf die Arbeiterklasse oder – wie aus einem Brief an Friedlaender zitiert – »den vierten Stand« her. Das war leicht bis leichtfertig auf Linie zu bringen; hingegen stieß der in Hoyerswerda gehaltene Vortrag über die Zeitungspolemiken des jungen Apothekergehilfen gegen den »preußischen Polizeistaat« auf Ablehnung von oben, weil Vergleiche mit der Praxis der Volkspolizei allzu nahe lagen. Dieser Vortrag durfte nicht wiederholt werden. Gleiches widerfuhr einer längeren Vortragspassage, die sich auf des Apothekers Tunnelfreund Wilhelm von Merckel einließ; dessen zum Motto erhobener Reim »Gegen Demokraten helfen nur Soldaten« mußte gestrichen werden, weil im Reiseplan für den Spätherbst 53 die Kulturbundhäuser in Merseburg, Bitterfeld und Hennigsdorf vorgemerkt standen. Und nach dem Einmarsch der sozialistischen Bruderländer in die ČSSR durfte das Kriegsbuch des Unsterblichen über den Feldzug gegen Österreich und die Schlacht bei Königgrätz kein Thema sein, weil, nun ja, weil Böhmen schon immer zu nahe lag. Sogar des Pastors Lorenzen Sympathien für die christlichsozialen Thesen des wilhelminischen Hofpredigers Stöcker galten als anrüchig und mußten entsprechend kommentiert werden. So viel Mühe landauf landab. Lauter Querelen und engstirnige Funktionäre, die nichts, aber alles besser wußten. Verbotsschilder vor jeder Ortschaft.

Und doch überwogen freundliche Erinnerungen. Fonty hörte sich, während er in der Schlange Schritt für Schritt in Richtung Umtauschschalter vorrückte, wiederholt Vorträge ohne einschneidende Abstriche halten. Ein Knüller war sein Lieblingsvortrag »Wie sich der preußische Adel bei Tisch verplaudert« zwischen Ostsee und Riesengebirge gewesen. So etwas fand Publikum. Was Rex und Czako, Bülow und der junge Poggenpuhl zu schwadronieren hatten, hörte sich zwar fremdsprachig, doch unterhaltsam an und erlaubte, gegen Adelshochmut und bürgerliche Dekadenz vom Leder zu ziehen. Desgleichen war sein Ribbeck-Vortrag »Vom Junkertum zur LPG« ein Treffer. Neunzehnmal durfte er diesen Text ungekürzt, samt Birnenballade, vortragen. So war er zu Ersparnissen gekommen. Doch nie sind ihm von Hoftaller oder Tallhover Geldsummen zugesteckt worden, weder für seine milieubetonten Reiseberichte noch für jenen peinlichen Erguß, den er, laut Weisung, über des Unsterblichen Zusammenarbeit mit der Regierung Manteuffel in Potsdam und anderswo hatte vortragen müssen. Und selbstverständlich wurden angeforderte Portraitskizzen von Kulturfunktionären, die ihm auf Vortragsreisen bekannt wurden, ohne Entgelt geliefert; zumeist handelte es sich um beim Glas Wein geplauderte Nichtigkeiten und liebevoll ausgepinselte Schwächen von Lokalgrößen, sei es in Güstrow oder Wittstock.

Und die Prämien? Die gab's für besondere Leistungen, fürs Langjährige, für – zwischen Rückfällen – bewiesene Linientreue. War ja auch mühsam, den Werktätigen in Guben oder Neubrandenburg, Senftenberg und Eisenhüttenstadt das handlungsarme und zudem verarmte Adelsmilieu der Poggenpuhls spannend aufzubereiten: »Sie alle – die Mutter freilich weniger – besaßen die schöne Gabe, nie zu klagen, waren lebensklug und rechneten gut, ohne daß sich bei diesem Rechnen etwas störend Berechnendes gezeigt hätte. Darin waren sich die drei Schwestern gleich, trotzdem ihre Charaktere sehr verschieden waren...«

»Neinnein!« rief Fonty plötzlich laut. »Das ist alles sauer verdientes Geld!«

Und alle, die vor und hinter ihm in der Schlange standen, stimmten zu, denn auch sie, die Frau mit Kleinkind vor ihm, der mürrische Bartträger hinter ihm, trugen ihr sauer Verdientes zum Umtauschschalter: »Man hat sich ganz schön abrackern müssen.«

»Keine Mark«, rief Fonty, »ist mir geschenkt worden, und mag sie noch so leichtgewichtig aus Blech gewesen sein.«

Wieder Zustimmung: »Nix hat man uns geschenkt. Und das bißchen, was man kriegte, kriegte man nicht umsonst.«

Und als Fonty ausrief: »Eins zu eins ist richtig; aber falsch ist, daß unser Altersgroschen halbiert wird«, hörte er, nachdem Fragen wie »Ist man denn nur noch die Hälfte wert?« – »Will man uns etwa zur Strafe halbieren?« seine Sorge um die Altersreserve gestützt hatten, jemanden laut rufen, der sieben oder neun Schlangenglieder hinter ihm stand: »Na, weil das Volk das gewollt hat. Jetzt sind wir zwar bald ein Volk, aber im Prinzip nur noch ne halbe Mark wert.«

Fonty mußte sich nicht umgucken. Das war Hoftaller, dessen launiger Einwurf mit Gelächter belohnt wurde. Er hatte mehr auf der Latte: »War doch schon immer so, wenn's um die Wurst ging. Der Rest fürs Volk, und zwar scheibchenweise, damit sich ja keiner überfuttert . . .«

Und dann zitierte Hoftaller, der offenbar Zuhörer fand, wie aus dem Stegreif einige Eckwerte des Staatsvertrags zwischen den beiden Deutschländern. Er wies darauf hin, daß unter Absatz sechs ein verbrieftes Anteilsrecht am volkseigenen Vermögen eingeräumt werden könne. »Merkt euch das, Leute! Das soll ne Treuhandanstalt regeln. Jadoch, die drüben nennen das so: Treuhand!«

Dann stand Fonty unversehens vorm Umtauschschalter. Er gab den beglaubigten Schein und sein Postsparbuch ab, legte seinen Ausweis dazu und bekam die neue Währung im Großen hingeblättert, den Rest in Silber, dazu das Sparbuch, dem eine Ecke abgestanzt worden war. Zu den sechstausend, die er eins zu eins umtauschen durfte, kamen dreitausendfünfhundertzweiundachtzig Mark, die halbiert wurden. Nur ein Kleckersümmchen, runde zwanzig DM, ließ er ins neue Sparbuch, ein blaues, eintragen, den großen Batzen hob er ab.

Nachdem der Kulturbundreisende und spätere Aktenbote Theo Wuttke ohne Eile alle Scheine und das Silbergeld
durchgezählt, als Frischgedrucktes in der Brieftasche versorgt, die Münzen zu restlichem Blechgeld ins Portemonnaie gesteckt hatte und nun den Umtauschschalter für den
nachrückenden Bartträger freigab, fühlte Fonty sich reich
und nur zum geringeren Teil halbiert. Er hatte es eilig, an der
Schlange vorbei davonzukommen.

Tatsächlich war alles so und doch wie im Märchen. Ein
Aktenbote, von dem zu sagen ist, er war einmal, tauschte
nach längerem Schlangestehen all sein Geld um und
machte sich, nachdem er seinem Tagundnachtschatten, der
weiter hinten in der Schlange stand, einen Gruß zugenickt
hatte, unbeschattet auf den Weg. Schnurstracks eilte er zur
S-Bahnstation Schönhauser Allee, fuhr Richtung Ostkreuz,
stieg dort in die Bahn, die über Warschauer Straße, Haupt-
bahnhof, Jannowitzbrücke zur Friedrichstraße fuhr, und
blieb mit seinem Geld in der Brieftasche bis zur schon westlichen S-Bahnstation Bellevue sitzen. Von dort aus lief er in
Richtung Kleiner Stern, dann zum Rosengarten und suchte,
am Lortzingdenkmal vorbei, seinen Lieblingsplatz mit Blick
auf die Rousseau-Insel. So zielstrebig tauschte er die Bundesbank gegen eine Tiergartenbank, daß man glauben mochte,
nur hier fühle er sich sicher, nur hier könne er mit sich und
seinem Geld allein sein, trotz der vielen Türken, die als
Großfamilien auf den Tiergartenwiesen lagerten und sich
dort mit den Reichtümern ihrer anatolischen Küche ausgebreitet hatten: Leise roch es nach Schaschlik.
    Nicht mehr Theo Wuttke, Fonty sah dem Haubentaucher
zu. Wie plötzlich er weg war. Wie jedesmal überraschend er
anderswo als vermutet auftauchte. Und wie des Tauchers
Häubchenfrisur bei all den Unterwasserübungen keinen
Schaden nahm: Hübsch und elegant gestylt, bot sie ein

besonderes Profil. Während der Überraschungskünstler unter den Wasservögeln abgetaucht war, kam es vor, daß Fonty seine geschwollene Brusttasche betastete. Fast sah es aus, als streichle er die Schwellung seines Jacketts. Der längst abgeblühte Holunder hinter der Tiergartenbank breitete schon Fruchtfächer aus. Er saß, wie gewünscht, vor sommergrüner Kulisse allein, bis plötzlich und ohne Vorwarnung Hoftaller neben ihm Platz nahm.

So unversehens wie selbstverständlich war er zur Stelle: diesmal in sommerlichen Kniehosen. Dazu paßten das kurzärmelige Hemd und die Baseballkappe. Da er in solchem Aufzug auch uns, das Archiv, mehr überrascht als besucht hat, kannten wir seine strammen Waden und rundgepolsterten Knie. Die vielen Sommersprossen auf hellbeflaumten Unterarmen. Überall zeigte er alterslos rosiges Fleisch.

Diese Freizeitkleidung, zu der neue und vielfarbige Joggingschuhe gehörten, hinderte Hoftaller nicht, sich wortlos und umständlich eine Romeo y Julieta anzuzünden. Konzentriert und entspannt zugleich blickte er dem Rauch nach. Nun sah Fonty den Teich leicht verschleiert. Beide saßen im Halbschatten. Hinter ihnen war der Holunder grün. Ab und zu gingen Einzelpersonen, Paare und türkische Mütter mit Kindern vorbei. Kaum Vogelstimmen. Stille, Insektengesumm und taumelig zwei Kohlweißlinge. Sie hätten lange so wortlos sitzen können, weil alle Geheimnisse ausgeplaudert und jeder Verdacht schon benannt war.

Erst nachdem der Raucher in Kniehosen seiner Zigarre die Asche abgeklopft hatte, kam Hoftaller zur Sache: »Hat sich zusammengeläppert, was, Fonty? Vermute ein kleines Vermögen auf Ihrem Konto. Verlockend solch Minireichtum. Aber wir machen trotzdem nichts Unüberlegtes. Das haben wir hinter uns, was? Überstürzte Aufbrüche, Flucht aus allen Zwängen und Bindungen! Wie etwa damals, anno fünfzig, die hastige Abreise nach Schleswig-Holstein meerumschlungen, wo gegen die Dänen im besonderen und gegen die Unterdrückung der Freiheit im allgemeinen mit blanker Waffe gekämpft werden sollte. Ne Heldennummer wie diese ist uns heute allenfalls lächerlich. Wurde ja auch nix draus. War ne Pleite wie beim achtundvierziger März, hah, das Glockengeläute! Doch kaum war das bißchen Revoluzzertum ausgelebt, sollte ›Amerika, du hast es besser‹ den ausgepowerten Emigranten aufnehmen. Und wenn ich an all die anderen Ausbrüche denke. Flucht ohne Rücksicht auf Frau und Kind. Ab und davon. Einfach die Kurve kratzen. Hat mich oft traurig gemacht. War verantwortungslos!«

Fonty schwieg. Der Zigarrenraucher gab in gleichmäßigen Abständen Rauch frei. Wie aus der Zeit gefallen: zwei alte Männer. Von dazumal übriggeblieben, sahen sie dem Betrieb auf dem Teich zu, sahen Schwäne, verschieden gefiederte Enten, sahen den Haubentaucher und hatten dennoch mehr im Blick, als dem Teich anzusehen war.

Ein windstiller Tag. Wenn Hoftaller seine Zigarre zwischen zwei Fingern ruhen ließ, stieg der Rauch senkrecht. Fonty tastete nicht mehr die Schwellung seiner Jackentasche ab. Einmal raschelte hinter ihnen irgendwas im Holundergebüsch, vielleicht ein Kaninchen. Und einmal flog ein Schwan auf, um nach wenigen Flügelschlägen wieder und wie gemalt dem Teich anzugehören.

»War nur ne kurze Sensation«, sagte Hoftaller und sorgte sich nach einigen Seufzern: »Nicht wahr, Fonty? Wir bleiben besonnen – oder? Diesmal werden keine Dummheiten gemacht wie sechsundsiebzig, als Sie den ›Kulturkrempel‹, wie das bei Ihnen hieß, einfach hingeschmissen haben. Seitdem Sendepause. Keine Vorträge mehr. Und ich hatte alle Mühe . . . «

Bevor sie gingen, stellten sich beide an den Ufersaum, doch nicht, um Enten zu füttern. Mit dem Blechgeld der abgewerteten Währung versuchte sich Hoftaller, dem einige Münzen in der Tasche schepperten, an einem Kinderspiel. Wie man flache Steine mit geübtem Wurf im Dreisprung, ja, Fünfersprung übers Wasser schicken kann, sollte geworfenes Münzgeld springen. Doch kein Wurf glückte. Selbst zum Spiel taugte die Leichtwährung nicht. Auch Fonty blieb, zum Wurf aufgefordert, ohne Erfolg: Mit dem restlichen Blechgeld waren keine Sprünge zu machen.

Nun aber könnte das Märchen beginnen. Endlich dürfen wir sagen: Es war einmal ein Bahnsteig, auf dem es nicht mehr nach stehendem Rauch roch, auf dessen Gleisen keine stöhnenden und auf der Stelle tretenden Borsig-Lokomotiven auf das Abfahrtssignal warteten. Vorbei waren die Jahre, in denen die Dampfkesselkraft alles, sogar die Zeit beschleunigte. »Seitdem wir die Eisenbahn haben«, sagte der alte Stechlin, »taugen die Pferde nichts mehr…«

Und Fonty erinnerte sich an Abfahrten mit Frau und Tochter nach Thale am Harz, wo später die kränkelnde Cécile an St. Arnauds Arm im Hotel »Zehnpfund« abstieg. Oder an beschwerliche Eisenbahnreisen ins Riesengebirge, wo Friedlaender Amtsrichter war. Kein Jahr ohne Sommerfrische. Und was den Sommerfrischler erwartete, stand irgendwo gedruckt, weil geschrieben: »Vielfach reine Wegelagerei. Wirte, Mietkutscher überbieten sich in Gewinnsucht und Rücksichtslosigkeit… Der Zug hält. Es ist sieben Uhr abends. Jenseits des Schienenstranges steht die übliche Wagenburg von Omnibussen, Kremsern, Fiakern…« Dazu Erinnerungen an Hotelzimmer, die Fonty sich sogleich ausreden wollte: »Weg mit dem abgetretenen Teppichfetzen, weg mit der tabakverqualmten Goldtapete, weg mit dem schäbigen Plüschsofa, weg…« Und doch schrieb er aus Thale: »Es geht mir hier gut, wie unberufen immer, wenn ich Berlin den Rücken kehre…« Und immer reiste er mit

Arbeit beladen, gleich, wohin. Stets steckte Angefangenes im Gepäck, dazu Bücher gestapelt: »Las viel Lessing und Turgenjew abwechselnd. Gestern eine der Jägergeschichten. Er hat sowas von einem photographischen Apparat, ist aber die Muse in Sack und Asche, Apollo mit Zahnweh. Das Leben hat bei ihm einen Grinsezug...«

Und in jeder Sommerfrische lag was quer, ließ Ärger nicht auf sich warten, kam Überdruß auf, machte irgendwer – hier die Christen, dort die Juden – böses Blut; das schlug sich in Briefen nieder: »Ich erschrak, wenn ich einen Christen sah – alle sahen vergleichsweise wie Wassersuppe aus. Die Juden, selbst die häßlichsten, haben doch wenigstens Gesichter...« Aber der Post aus Norderney stand wie eingebrannt geschrieben: »Fatal waren die Juden; und ihre frechen Gaunergesichter – denn in Gaunerei liegt ihre ganze Größe – drängen sich einem überall auf...« Erst später, und immer häufiger auf Kurreise denn in die Sommerfrische, trägt ihn die Eisenbahn über Dresden nach Karlsbad, wo es an Juden, mit denen sich plaudern ließ, nicht mangelte. »Noch vorgestern hatten wir das herkömmliche Goldschmidtsche Diner im Hotel Bristol: einige Friedebergs, Liebermanns und Magnus. Alle schwer reich, alle sehr liebenswürdig und sehr versiert. Das heißt, sie kannten ›alles‹. Mir fiel wieder mein Cohn-Gedicht ein...« Und gleichfalls bekam sein englischer Brieffreund, James Morris, aus Karlsbad Post: »...kann mir wieder die Häuser ansehen, wo der alte Goethe gewohnt, desgleichen auch die Hotels, wo die Kaiser und Könige in den Gott sei Dank verschwundenen Tagen der Polizeialliance, die in der Geschichte den anspruchsvollen Namen ›Heilige Alliance‹ führt, ihre Karlsbader Tage verbracht haben...« Als er aber per Eisenbahn nach Berlin zurück mußte, hatte die Kur nur wenig gebracht und suchte sein Mißvergnügen sich Feinde: »Hoffentlich hab ich ein judenfreies Abteil...«

So überfüllt mit Erinnerung, bedrängt im Kopf und im Herzen, so böse hin- und hergerissen und doch mit sich einig, so nah der Nervenpleite und zugleich fernsüchtig heiter, so von uns offengelegt, stand Fonty auf dem Bahnsteig.

Leicht gekleidet, als wollte er wieder einmal in die Sommerfrische, wartete er. Nur sein alter Reisekoffer, ein mittelgroßes Gepäckstück, mit dem er im Dienst des Kulturbunds den Arbeiter- und Bauern-Staat bereist hatte, stand neben ihm, als mit der Diesellok voran der Zug nach Hamburg – nächster Halt Bahnhof Zoologischer Garten – einfuhr und nicht mehr nur märchenhaft, sondern tatsächlich zum Stillstand kam: Es war einmal ein D-Zug...

In einem Abteil zweiter Klasse nahm er Platz: am Fenster, in Fahrtrichtung. Bis kurz vor der Abfahrt blieb er allein, saß ruhig, bei leicht zitternden Schnurrbartspitzen. Dann nahm eine Frau, wenig jünger als er, ihm gegenüber Platz. Fonty hatte den Koffer auf den Gepäckträger geschoben und die Plastiktüte neben sich gestellt. Die alte Frau sah verweint oder verschnupft aus und ruckte mit dem Kopf unterm Hut. Nur um sich seiner Reiselektüre zu versichern, griff er in die Plastiktüte mit KaDeWe-Aufdruck und ertastete neben dem »Tagesspiegel« den Schmöker des märkischen Grafen Marwitz, der als Modell für den Grafen Vitzewitz hatte stillhalten müssen. Ihm gegenüber klammerte die verhuschte Alte ihre unförmig große Reisetasche, von der sie nicht lassen wollte.

»Marwitz ist mir immer förderlich und haltungsmäßig beispielhaft gewesen«, hatte er die Prenzlberger Jungautoren belehrt. »Ein Preuße alter Schule, konservativ-fortschrittlich, königstreu, doch notfalls zum Ungehorsam bereit, wie mein Vitzewitz im ersten, allzu lange hinausgezögerten Roman...«

Aus schwarzschuppigem Leder war die Reisetasche der Alten. »Beinahe sechzig bin ich damals gewesen, als mich der Streit im Senat der Akademie der Künste endlich nach wenigen Monaten Mühsal frei gemacht hat, zum Atmen frei, zum Schreiben frei...«

Gluckte auf ihren Knien, die schwarzgeschuppte Tasche, deren Rundbügel flach anlagen.»Keine Protokolle und Intrigen mehr. Als freiem Schriftsteller ist mir ›Vor dem Sturm‹ von der Hand gegangen. Danach Buch auf Buch bis zum ›Stechlin‹. Und hätte mir der Tod nicht die Lampe ausgeblasen...«

Unruhig tasteten die Hände der Greisin die Lederschuppen ab. »Aber angestoßen hat mich der alte Marwitz. Jawohl, meine hochbegabten, doch ahnungslosen Freunde. Ein Preuße bester Prägung. Immer frei raus. Und immer quer zum höfischen Klimbim. Wie ich auch Ihnen rate, dem lärmenden Zeitgeist offenen Auges zu widerstehn...«

Und kamen nicht zur Ruhe, die Hände auf dem geschuppten Leder, tasteten ab, streichelten etwas Lebendiges...

Ferner steckte in der Plastiktüte ein zeitgenössischer Reiseführer, der ihm Auskunft über Hotelpreise, Verkehrsverbindungen und die Öffnungszeiten der Museen und Schlösser mitteilte. Nur um sich von der gegenübersitzenden alten Frau mit der Tasche auf dem Schoß abzulenken, blätterte er kurz in dem reichbebilderten Paperback, saß dann wieder aufrecht und ruhig, bis auf die zitternden Bartspitzen.

Sicher, alles bei sich zu haben, besonders einen frisch ausgestellten Reisepaß, der ihn als Bundesbürger auswies, zeigte Fonty jene teils heitere, teils nur zur Schau gestellte Entschlossenheit, die viele Zeitzeugen dem Unsterblichen nachgesagt haben. Und so sahen auch wir vom Archiv ihn: allzeit zum Aufbruch bereit. Selbst seine Nervenpleiten nahm er mit, bis hin zu den Kriegsschauplätzen, nach Düppel, Königgrätz, Metz. Und ähnlich leichtsinnig und nervös wird sich der Gefreite und Kriegsberichterstatter Theo Wuttke auf den Weg nach Frankreich gemacht haben:

schnell abgelenkt, weil offenen Auges, und schnell verführt, weil augenblicklich eingeholt von Grabinschriften, Immortellenkränzen und anderen Leitmotiven: Effis Furcht vor dem Chinesengrab und dem schwarzen Huhn der Frau Kruse: »Vor dem hüte dich, das weiß alles und plaudert alles aus...«

Fonty saß jetzt zurückgelehnt mit geschlossenen Augen. Ihm gegenüber die gestreichelte Reisetasche. Das Abteil wie beheizt, überheizt. Stickige Julihitze, die mitreisen wollte. Als der Zug abfuhr, wurde, kaum daß er in schnellere Fahrt kam, die Abteiltür aufgerissen: Keuchend und durchgeschwitzt stemmte der zugestiegene Fahrgast seinen Koffer auf die Gepäckablage und warf sich auf den Sitz neben Fonty. »Grad noch erwischt!« rief er zur Begrüßung. »Fuhr schon an, mußte aufspringen!«

Sogleich riß er sich die amerikanische Kappe vom Kopf und wischte mit dem Handrücken die triefende Stirn, die schweißverklebten Haarspieße. Fonty hatte die Augen nicht öffnen müssen. Was nun kam, wollte er blindlings hinnehmen.

Wir vom Archiv zweifeln an der beteuerten Gewaltlosigkeit der weiteren Vorgänge. Doch da uns gegenüber von einer »eher sachlichen Übereinkunft« gesprochen wurde, kommt unserem Zweifel nur das Gewicht einer Nebenbemerkung zu. Soviel steht fest: Kaum begonnen, war das Märchen schon aus. Nach nächstem Halt – Bahnhof Zoologischer Garten – fuhr der Zug ohne sie weiter. Selbst wenn keine Gewalt angewandt wurde, muß doch ein gewisser Zwang nachgeholfen haben. Hoftallers Darstellung, Fonty habe aus freien Stücken aufgegeben, sagt alles.

Angeblich hätten wenige Worte genügt. Ausreichend sei der Hinweis gewesen, man werde entweder gemeinsam nach Hamburg fahren, gemeinsam das Fährschiff nach England nehmen und gemeinsam, wie einst der Unsterbliche mit dem Jugendfreund Lepel, London besichtigen und Schottland bereisen – »Dort werden wir fischen und jagen froh« –, oder man werde zu zweit aussteigen, zu zweit ein erfrischendes Bier trinken und so, »nach sachlicher Übereinkunft«, diesen unnützen und zudem kostspieligen Ausflug abbrechen.

Er sagte zu uns: »Eigentlich hätten Sie ihm diesen Unsinn ausreden sollen. Bestimmt war das Archiv an den Reisevorbereitungen beteiligt. Ziemlich unverantwortlich, einem alten Mann solch ne Strapaze zuzumuten. Aber jetzt herrscht ja Freiheit, nicht wahr? Narrenfreiheit!«

Erst nachdem er uns »passive Mittäterschaft« vorgeworfen und dem Archiv »wenig angenehme Konsequenzen« in Aussicht gestellt hatte, nahm er den anklagenden Ton zurück: »Naja. Schwamm drüber. Habe lange gut zureden müssen. Da mich unser Freund nicht als Reisebegleiter akzeptieren wollte, waren weitere Argumente überflüssig. Habe ihn dennoch auf das Unverantwortliche seines klammheimlichen Abgangs aufmerksam gemacht. Benutzte sogar den Ausdruck ›verduften‹. Sagte ihm wiederholt: ›Sie können doch nicht einfach verduften, Fonty!‹ Und gab ihm dann zu verstehen, daß es schofel sei, in solch schweren Zeiten Frau und Kinder im Stich zu lassen. Erinnerte ihn an Marthas bevorstehende Hochzeit, sagte: ›Vielleicht kommen sogar die Herren Söhne und wollen mitfeiern. Endlich ist Schluß mit dem ollen Familienstreit. Friedel kommt bestimmt und womöglich auch Theo aus Bonn. Ihre Emmi wird sich freuen, nach so vielen Jahren. Leider kann Georg, ihr Liebling, nicht mehr...‹ Und dann holte ich aus und packte ihn mit ner an sich verjährten Aktenlage: ›Wenn ich an Ihre Englandreisen denke. Herrgott! Was hat Ihre schwangere Emilie alles aushalten, dank Ihrer Eskapaden ertragen müssen. Kaum geboren, starb ihr das Kind weg, während Sie in

London weiß nicht was alles trieben. In Hafenspelunken...
Bei Nutten womöglich... Und als sie Ihnen mit zwei Kindern am Bein nachreiste, hat sie unter ,english people' und unterm Klima gelitten... Immerzu Nebel... Immerzu Heimweh...‹«

Hoftaller gab sich entrüstet, als er uns, »die Mitverantwortlichen«, wie aus überlieferter Pflicht informierte: »Jedenfalls hab ich unserem Fonty nichts ersparen können. Doch Reaktion keine. Außer uns nur ne alte Frau im Abteil. Aber die störte nicht. Ich redete, er blieb stumm. Bis zum Bahnhof Zoo stumm. Er wird sich gesagt haben: Was gestern war, zählt heut nicht mehr. Heute herrscht Freiheit. Jedenfalls kam es zu ner Kraftprobe. Da der Zug nach Hamburg erst nach nem zehnminütigen Zwischenhalt weiter sollte, glaubte er Bedenkzeit zu haben, blieb sitzen, nutzte die Zeitspanne und dachte sich, ich hätt mir nen Bluff ausgedacht, na, mit Schottland und ich als ne Art Reisebegleiter. Ich schlug die ›Berliner Zeitung‹ auf, er seinen ›Tagesspiegel‹. Ich las ihm was aus dem Feuilleton vor, das sich mit dem Prenzlauer Berg und ein paar mutmaßlichen Informanten befaßte. Er las weiter, und zwar im Wirtschaftsteil. Muß zugeben, daß mich seine Ruhe zu nerven begann. Er interessierte sich sogar für Börsennotierungen und unterstrich mit nem Bleistift Aktienwerte. Schon wollte ich, obgleich wir in nem Nichtraucherabteil saßen und zwei jüngere Frauen zugestiegen waren, demonstrativ nach ner Zigarre greifen, beklopfte auch schon ein Exemplar aus meinem kubanischen Vorrat, da stand er auf, ließ die Zeitung liegen, griff zum Hut, hob den Koffer vom Gepäckträger, hatte in der anderen Hand ne Plastiktüte, verbeugte sich knapp vor den jungen und ziemlich aufgetakelten Frauen, dann vor der alten Frau und sagte, schon in der Abteiltür, mir direkt ins Gesicht: ›Hier ist, wie Sie bemerkt haben sollten, nur für Nichtraucher Platz. Und wenn Sie schon auf die Damen keine Rücksicht nehmen wollen, dann, bitte, auf das arme Huhn da.‹ Schrecklich! Er wies mit zittrigem Finger auf die schwarze Tasche der Alten am Fenster und flüsterte, nur für mich bestimmt: ›Effi fürchtet sich vor dem Huhn. Das Huhn macht ihr angst.‹ Mußte mich höllisch beeilen, denn kaum war ich hinter ihm raus, fuhr der Zug ab. Erst auf der Treppe zu den Bahnhofshallen konnte ich mich bedanken: ›Find ich prima, Fonty, daß Sie immer wieder zur Vernunft kommen, wenn es manchmal auch dauert und dauert.‹«

Hoftaller hat ihn eingeladen. Beide haben mit ihrem Reisegepäck ganz in der Nähe des Bahnhofs einen Imbiß zu sich genommen, schräg gegenüber natürlich. Diesmal bestand Hoftaller auf McDonald's. Zu Cola und Milchshake hat jeder einen Cheeseburger verzehrt, dazu eine Portion Pommes frites. Um beide herum war viel jugendliches Publikum dabei, sich schnell abzufüttern.

Sie standen an einem Stehtisch dem Tresen gegenüber und hatten ihre Koffer einträchtig zu Füßen. Viel gab es nicht mehr zu sagen. Hoftaller versicherte, er werde sich um die Rückerstattung der Reisekosten bemühen: »Darf ich mal Ihr Ticket sehen, Bahn und Schiff?«

Fonty lieferte alles ab, aber den neuen Reisepaß nicht. Sein Tagundnachtschatten gab sich erstaunt: »Was sehe ich da: Nur die Hinreise ist bezahlt. Ganz schön teuer. Na, rund zehn Prozent davon können Sie jetzt schon in den Wind schreiben.«

Trotzdem hat Hoftaller aus Fontys geplanter Reise ohne Wiederkehr keine große Geschichte gemacht. Wie später uns gegenüber, sprach er zu dem Aktenboten Theo Wuttke nur andeutungsweise bedrohlich: »Werde sehen, ob ich das hinbiegen kann, meine, die Folgen betreffend, etwa im Haus der Ministerien. Werde ein Wort einlegen oder auch zwei. In Zeiten großer Umwandlung muß es Menschen wie Sie geben, Fonty. Menschen, die einsichtig sind und rechtzeitig zur Vernunft kommen. Menschen, die gelernt haben, sich in jedem System loyal zu verhalten. Das haben Sie oft genug bewiesen, selbst wenn es manchmal schwerfiel, bei der Stange zu bleiben. Waren nach eigenem Zeugnis zwar aufmüpfig, doch nie Frondeur. Sind sich immer treu geblieben, ob zur Manteuffel-Zeit oder bei der Reichsluftfahrt. Ihre Kulturbundvorträge beweisen das: kritisch, gewiß, doch nie destruktiv...«

Erst bei der zweiten Cola lockerte sich Fonty ein wenig. Er versuchte, seine verunglückte Reise leicht und sogar auf die Schippe zu nehmen. Aus drei oder vier McDonald's-Servietten faltete er einen Papierhut, setzte diesen auf und rief über die Geräusche der Schnellabfütterung hinweg: »Hätte nicht gedacht, daß meine Exkursion so rasch in schottischem Milieu enden würde. Frau Kruse zum Beispiel, na, die mit dem Huhn auf dem Schoß, braucht noch Stunden bis Hamburg.«

Dann rief er die Namen einiger legendärer Highlander auf, die Percys und die Douglas, war aber nicht bereit – so sehr Hoftaller drängte –, den öffentlichen Vortrag seiner berühmten Ballade zu wiederholen: Ich hab es getragen sieben Jahr...

ZWEITES BUCH

Die Kollwitzstraße ist eine zum gleichnamigen Platz führende Verlängerung der von der Dimitroffstraße gekreuzten
Senefelderstraße. Früher, als Tante Pinchen hier wohnte,
hieß sie anders, wie auch der Platz nicht den Namen der
einst hier ansässigen Künstlerin trug; Wörther Platz hieß er,
und die Straße hieß Weißenburger.

Käthe Kollwitz konnte den Blick nicht abwenden: Sie hat
menschliches Elend gezeichnet, was Grund genug war, ihren
Namen unter Verbot zu stellen oder zu ehren. Ähnlich hatte
sich die jeden Systemwechsel nachäffende Umbenennung
von Plätzen und Straßen im Bezirk Prenzlauer Berg und
anderswo niedergeschlagen. Wenn im »Stechlin« Schicke-
danz sagt: »Straßenname dauert noch länger als Denkmal«,
ahnte er nichts von der bald und rabiat aufkommenden
Kurzlebigkeit des Gedenkens; denn ob es bei Kollwitzplatz
und der gleichnamigen Straße bleiben würde, war zu Beginn der allerneuesten Wechsel- und Wendezeit nicht sicher.
In anderen Stadtteilen liefen bereits Anträge, nach deren heftigem Verlangen hier eine Heinrich-Heine-Straße, dort ein
Rosa-Luxemburg-Platz dran glauben sollte. Allerdings war
man im Sommer 90 noch um Namen verlegen, mit deren
Hilfe die angekündigte Einheit Deutschlands hätte befestigt
werden können.

Das Mietshaus Nummer 75 lag in Richtung Platz auf der
rechten Straßenseite. Beiderseits der scheunentorbreiten
Durchfahrt zum Hinterhof, von deren linker Mitte der Trep-
penaufgang ins Vorderhaus führte, bewahrte brüchiger Putz
einige Handelsangebote aus vergangener Zeit auf: Rechter
Hand waren, laut schwarzer, zum Teil versunkener Schrift,

»Holz, Kohlen, Briketts und Koks« vorrätig gewesen; linker Hand hatte ein Flickschuster eine Kellerwerkstatt als »Besohlanstalt« betrieben. Noch mehr bot der Fassadensockel des Nachbarhauses: Dort waren einst »Kurzwaren, Schuhcreme, Butterbrot- und Klosettpapier« sowie »Dosen und Gläser jeder Größe« über den Ladentisch weg verkauft worden.

Doch hier zählt nur die Nummer 75, ein vom Hochparterre an dreistöckiges Haus, in dessen von Nebengebäuden, Schuppen und Brandmauern verengtem Hinterhof ein Kastanienbaum die Kriegs- und Nachkriegszeiten überlebt hatte. Bis zum Dachgeschoß hoch, wo die Wuttkes ihre dreieinhalb Zimmer bewohnten, zeigte der Baum die Jahreszeit an, indem er winterliches Licht durchließ, mit Knospen prahlte, großblättrig Schatten gab und im Oktober die stachligen Schalen seiner sanft gerundeten Früchte auf geteerte Schuppendächer und den hartgetretenen Grund des Hofes warf. Nicht nur Kinder sammelten ein; auch Fonty hob frisch gefallene, noch feucht glänzende Kastanien in beiden Manteltaschen auf, Jahr um Jahr, oft bis in den Dezember hinein. Und alljährlich ärgerte sich Emmi über ruiniertes Taschenfutter: »Ist manchmal richtig kindisch, mein Wuttke. Was er sieht, hebt er auf.«

Es war aber ein heißer und bei Windstößen staubiger Julitag, an dem Hoftaller den verhinderten Englandreisenden bis zur Haustür heimführte. Ab U-Bahnstation Senefelder Platz trug er sogar beide Koffer. Mag sein, daß sich Fonty, dem nur die Tüte anhing, die letzte Wegstrecke lang zum jünglingshaften Schritt zwingen konnte, doch vom Kollwitzplatz an hatte er Blei in den Sohlen, und vorm Haus angekommen, verschleppte er seine Ankunft weiterhin und wollte nicht treppauf.

Er trat auf der Stelle. Das Mietshaus und dessen von Stockwerk zu Stockwerk wechselnder Geruch erschreckte ihn.

Sein sonst übliches »Also bis morgen dann« hielt er zurück und erfand eine Menge Vorwände für gnädigen Aufschub, indem er das Wetter, die Tagespolitik und die Fassadeninschriften – rechts den verjährten Kohlenhandel, links die einstige Flickschusterei – als Themen für unterhaltsames Zeitschinden ausprobierte.

Er sagte: »Eigentlich mag ich ja Hitze.« Oder urteilte: »Kolossal ridikül dieser Pastor mit Bart als oberster Dienstherr der Volksarmee. Habe schon immer gewußt, daß in meinen Landpfarrern enorm viel Ehrgeiz steckt.« Die verwitterte Mauerinschrift »Besohlanstalt« wurde zum wiederholten Mal »furchtbar witzig« genannt. Er erzählte Anekdoten aus Tante Pinchens Leben und von ihrer Not mit dem stets betrunkenen Ernst-August Piontek, einem Flickschuster, der die Besohlanstalt so lange an halbwegs nüchternen Tagen betrieb, »bis der Suffkopp am Ende war und vom Schemel fiel, worauf meine Emilie bei ihrer verwitweten Tante Wohnung fand. Das war anno neununddreißig, kurz vor Kriegsbeginn...«

Aber Fonty wollte eigentlich weder über die junge, schon als Bürolehrling mollige Emmi noch über die alte, wie er sagte, »vor der Zeit gealterte« Frau Wuttke reden, vielmehr geriet er, während sich Hoftaller »hinter moltkehaftem Schweigen« vermauerte, in ein Geplauder, das vor- wie rückläufig Zeit raffte; so unablässig lief ihm der Faden von der Spule.

Im Verlauf seiner Filibusterrede klapperte Fonty alle Stationen der vorzeitig beendeten Reise ab. In London ließ er keine Kunstgalerie, in Schottland kein Schloß aus. Alle Schrecknisse des Towers wurden aufgezählt. In jedem Hochmoor stocherte er nach Legenden, um schließlich mit dem Eingangszitat aus »Macbeth«, »When shall we three meet again«, und dem Hexentreff »Um die siebente Stund am Brückendamm« bei einer seiner späten Balladen zu verweilen: »Die Brück' am Tay« wurde am 10. Januar 1880 in Paul Lindaus »Gegenwart« veröffentlicht und beruhte auf einer Zeitungsnotiz, die unter der Rubrik »Vermischtes« von einem Eisenbahnunglück in Schottland Bericht gegeben hatte.

Strophe nach Strophe reihte Fonty vorm Hauseingang Kollwitzstraße 75. Er begann mit der Ankündigung des »trotz Nacht- und Sturmesflug« pünktlichen Edinburgher Zugs: »Ich seh einen Schein am anderen Ufer. Das muß er sein«, datierte nun, auf Wunsch des Brückenwärters, die von den Hexen heraufbeschworene Katastrophe aufs Weihnachtsfest: »Zünd alles an wie zum Heiligen Christ«, reimte sich in dramatischer Steigerung voran: »Denn wütender wurde der Winde Spiel«, war schon beim Zugunglück auf der Brücke: »Erglüht es in niederschießender Pracht überm Wasser unten . . . Und wieder ist Nacht«, worauf er mit dem Kommentar der drei Hexen »Tand, Tand ist das Gebilde von Menschenhand« abschloß und wieder einmal Hoftaller bewiesen hatte, was alles ihm geläufig war. Wie die Fassade, vor der er stand, den untergegangenen Einzelhandel memorierte, entstaubte er eine Schulbuchballade; aber aus dem Abschiedsbrief, den er für Frau und Tochter auf den Küchentisch gelegt hatte, wollte er nichts, keinen Halbsatz zitieren.

Sein Zuhörer gab sich dennoch zufrieden: »Großartig, Fonty! Sowas hör ich immer gerne, besonders diese Ballade. Da sieht man, was ein Könner aus ner bloßen Kurznachricht, die in der Vossischen stand, machen kann. Bezweifle, daß unsere Prenzlberger Talente sowas Schauriges hinkriegen. Läßt sich ne Menge dazu sagen. Zwar kommt mir das Ganze übertrieben fatalistisch vor, doch Ihr Hexeneinmaleins stimmt vorn und hinten. Wird einem ja tagtäglich bestätigt, daß alles vergänglich ist. ›Tand, Tand ist das Gebilde von Menschenhand.‹ Gut gereimt, Fonty! Sehe ich ähnlich. Muß mich nur im eigenen Dienstbereich umgucken. Was, außer Papierkram, ist von unserer Staatssicherheit geblieben? Wohin haben sich die führenden Genossen verkrochen? Memoiren schreiben sie... Nichts bleibt vom Klassenbewußtsein... Tand, alles Tand... Aber nun ist genug gejammert. Sie und Ihr Reisekoffer sollten sich langsam treppauf bewegen. Wird sich Sorgen machen, Ihre Emmi. Und auch mich ruft, wie man so schön sagt, die Pflicht. Wissen ja, wie das läuft. Muß nen Bericht verzapfen, reine Routine. Werde mich aber kurz fassen können und Ihre vernünftige Umkehr lobend erwähnen. Hochmoore, Schloßruinen auf schottischer Hexenheide, alles bestens, aber gebraucht werden Sie hier, besonders in Wendezeiten, in denen alles, naja, alles von Menschenhand, auf der Kippe steht.«

Abrupt ging Hoftaller. Kein Blick über die Schulter zurück. Bis in Höhe der verwitterten Fassadenangebote am Putzsockel des Nachbarhauses – »Kurzwaren, Schuhcreme, Butterbrot- und Klosettpapier« – hörte Fonty, daß sich sein davontippelnder Tagundnachtschatten nicht von einem allzeit triftigen Hexenbefund trennen konnte. Doch nicht düster, eher gutgelaunt wiederholte Hoftaller den Ohrwurm: »Tand, Tand ist das Gebilde von Menschenhand«, auch dann noch, als Fonty schon mit seinem Reisegepäck treppauf stieg.

Wir vom Archiv sind es gewohnt, bereits Gesichtetes nochmals zu überprüfen, feststehende Beurteilungen in Zweifel zu ziehen und jedes Quellwasser auf unsere Papiermühle zu leiten, gleich, ob es sprudelt oder nach kurzem Erguß zum Rinnsal wird. Von Berufs wegen sind wir neugierig. Zeitzeugen wollen gehört und unmittelbar am Geschehen beteiligte Personen müssen, so subjektiv fragwürdig ihr Urteil ausfällt, befragt werden, auch Familienmitglieder, die sich gern in betretenes Schweigen retten.

Doch Fontys Tochter Martha gab Auskunft: »Und ob uns Vater nen Schreck eingejagt hat! Mama war außer sich, als sie den Brief auffem Küchentisch fand. Und was er da alles fein säuberlich drumrum gelegt oder draufgepackt hat, sozusagen als Briefbeschwerer: lauter Orden von früher. Na, vom Kulturbund die Becher-Medaille in Bronze. Und die Aufbaunadel in Silber, die ihm die Nationale Front, glaub fünfundsechzig, angesteckt hat. Und den Vaterländischen Verdienstorden, nur in Bronze natürlich. Und noch paar Medaillen und Aktivistennadeln. Genau, sah ziemlich makaber aus. Ich war ja schon aussem Haus und Mama noch im Bett, als er sich weggemacht hat, ganz leise auf Socken, ohne Reisekoffer. Den hat er im HdM, womöglich im Keller oder vielleicht unterm Dach abgestellt gehabt. Jedenfalls saß Mama wie verhagelt, als ich gegen Mittag zurückkam, weil ich dienstags nur vier Stunden auffem Plan hab. Kein Wort, aber schob mir wortlos den Brief hin. Ahnte schon im Prinzip, was da drin stand, als ich den Ordenssalat auffem Küchentisch sah. Na, was schon! Sein übliches Gestöhn: ›Kann nicht mehr. Ist nicht mehr tragbar. All die Jahre wie eingemauert. Immer gegängelt. Da hilft nur Abschied nehmen und untertauchen...‹ Genau, steht hier wortwörtlich: ›Will untertauchen und dort, wo es still ist, auftauchen wieder.‹ Und das noch: ›Will irgendwo bescheiden am Rand meiner Diogenestonne sitzen und die Welt beschweigen...‹ Natürlich dicke Entschuldigung und tausend Dank an Mama für ihre ach so oft strapazierte Geduld. Und für mich jetzt schon ›Glückwünsche für die liebe Mete‹, wobei er wieder mal meinen Verlobten mit dem Mann von der historischen Mete verwechselt hat. Der hieß ja, wie Sie wissen, Fritsch und nicht Grundmann wie mein Heinz-Martin. Also, hier steht es, bittschön, sogar mit Tinte in Schönschrift: ›Macht nichts, daß er seit zwei Monaten erst Witwer ist. Dieser kurze Abstand zwischen Todes- und Hochzeitstag schafft nun zwar allerlei Verlegenheit, dennoch hast Du alle Ursach, glücklich zu sein. Dein Herr Fritsch ist ein kluger und gescheiter Mann von guter Gesinnung...‹ Und so weiter bis hierhin: ›Zwar weiß ich mich von allen kleinstriezigen Gedanken über Eheglück frei, doch wünsche ich Euch zum Hochzeitstag...‹ Na, das kann ich natürlich meinem Zukünftigen nicht erzählen, sowas. Und hier, da bittet er Mama, seinen ›Brieffreund Friedlaender‹, genau, diesen Juden von damals, der irgendwas, glaub, Richter im Riesengebirge gewesen ist und den es natürlich nicht mehr gibt, von seiner Abreise zu benachrichtigen. Genau! Er meint im Prinzip diesen Professor aus Jena, Freundlich heißt der und ist natürlich auch Jude. Und ausgerechnet diesem Klugscheißer, den Mama noch nie verknusen gekonnt hat, sollte sie schreiben, daß endlich auch er von den Privilegien der Reisekader Gebrauch machen kann. Was ja stimmt. Denn bis vor kurzem noch durfte Vater nie raus, jedenfalls nicht Richtung Westen. Aber dieser Freundlich, der durfte und durfte, bis er sich unbeliebt gemacht hat bei den Genossen wegen Revisionismus und fehlender Festigkeit des Standpunkts. Nur Vater, der zwar Kulturschaffender war und jede Menge Orden und sogar Prämien bekommen hat, gehörte nie zum Reisekader. Naja, vor achtundsechzig durft er paarmal nach Prag und Karlovy Vary auf Kur, doch mehr war nicht drin. Nee, an diesen Freundlich hätt Mama nicht mal ne Postkarte...so arrogant, wie der ist. Und dann noch das hier, was uns den Rest gegeben hat. Kann man eigentlich nicht laut vorlesen, was da steht: ›...um neun Uhr ist alles aus. Nicht im Sinn einer Todessehnsucht, sondern nur in dem tiefen Verlangen nach Ruhe. Ein so glückliches und bevorzugtes Leben, so viel Freiheit trotz Zwang, so viel gelebte Unsterblichkeit: und doch, was soll der Unsinn!‹ Ziemlich wirr alles, aber Sie vom Archiv werden schon wissen, was Fakt ist, wo genau er das herhat und was er alles dazwischenmixt, wenn er sich reinsteigert und denkt, er ist was Besonderes. Doch Mama, die immer alles ganz wörtlich nimmt, war fix und fertig. Na, weil sie mit Vater drinsteckt in dieser verdammten Rolle. Wir mußten ja beide, damit er Ruhe gab, mitspielen all die Jahre lang. War das ein Theater manchmal. Nur die Jungs machten nicht mit, Georg schon gar nicht. War ihnen peinlich. Sind deshalb drüben geblieben bei Tante Lise, wo sie auf Ferien waren, als die Mauer kam. Na, weil sie das nicht aushalten konnten. Ich schon. Schon als Kind, wenn Vater mich mitnahm auf Kulturbundreise, war ich seine Mete und angeblich hugenottisch, wie Mama und er sowieso. Dabei ist sie ne geborene Hering und stammt genau wie Tante Pinchen aus Oberschlesien. Und Vater, selbst wenn er immer sagt: ›Theo Wuttke, das ist nur amtlich und taugt allenfalls fürn Rentenbescheid‹, hat natürlich kein Tröpfchen Französisches in sich, jedenfalls nicht, daß ich wüßte. Nix ist da dran. Aber weil Geburtstag und Neuruppin gleich sind, nur alles genau hundert Jahre später, hat ihm das gereicht. Und alle haben mitgemacht, na, Sie doch ganz besonders, die Herren Bescheidwisser vom Archiv. Macht Spaß, nicht wahr, dem alten Mann zuzuhören, wenn er alles, aber auch alles auswendig brabbelt. Ein Stichwort reicht, und schon kann er das Wasser nicht halten. Genau, Sie sagen es: Ellenlange Balladen, halbe Romanseiten, das märkische Zeug, sogar die ollen Kriegsschmöker hat er intus. Und uns, nicht nur Mama und mich, auch die Jungs, als die noch hier waren, hat er gezwungen, nein, gezwungen stimmt nicht... Aber wir haben uns fügen müssen und ja und amen gesagt, jedenfalls im Prinzip. Mama, weil sie mußte, und ich, weil ich verdammt nochmal an ihm häng und ihn bewundert hab sogar, als Kind schon, wenn alle geklatscht haben zum Schluß, na, in Oranienburg oder Potsdam, wo ich oft mit war. Nix war mir peinlich. Aber die Jungs, die ja älter waren, besonders Georg, haben nicht mehr mitmachen gewollt. Sagte ja schon, daß sie deshalb im Westen geblieben sind. Noch heut ist Friedel sauer wegen dem Unsterblichkeitstick, wie er sagt. Und bestimmt will Teddy deswegen nicht zur Hochzeit kommen. Am meisten aber hat Georg, sein Liebling, quergeschossen, sogar von drüben noch: ziemlich gemeine Briefe. Verhöhnt hat er ihn: Parteiredner, Genosse Witzbold und so. Aber Fakt ist, daß Vater nie Mitglied gewesen ist, wie ich etwa, weil ich geglaubt und geglaubt hab, viel zu lange natürlich … Na klar, daß in Vaters Brief auffem Küchentisch kein Wort stand über die Jungs, nur über Mama und mich. Bin ja oft genug mit ihm auf Tour gewesen, hab sogar seine Wanderungen, wie sie im Buch stehn, mit ihm abgelaufen am Wochenende. War fünfzehn oder sechzehn, jedenfalls schon mit Blauhemd, genau. Und da standen wir dann, als er in Rathenow nen Vortrag gehalten hat, hinterher beide vor Kattes Gruft in Wust. War richtig unheimlich drinnen. Und Vater hat über Katte geredet, als wär das gestern passiert: Kopfab und so. Und vorher noch Kußhand vom Kronprinz. Aber vom Herrenhaus nix mehr da. Sag ja: immer zu Fuß, kreuzquer durch die Uckermark oder ab Freienwalde alles erwandert. Übern Schwielowsee natürlich, von Caputh mit nem Dampfer. Oder ab Lübbenau innen Spreewald rein. Schloß Kossenblatt: krieg jetzt noch nen Schauder, weil Vater überall seine Gespenstergeschichten … Weiße Frau und sowas … Und immer wieder in die Ruppiner Gegend: per Bahn, per Dampfer, zu Fuß … Wenn ich zurückdenk, war gar nicht mal übel mit ihm auf Schusters Rappen … All die Pfarrhäuser, die meistens Bruchbuden waren. Aber interessant, was man hörte, auch wenn keine Politik vorkam, nur Kirchenbücher, Chroniken, langweilige Sterberegister. Von Sozialismus kein Wort. Kam einfach nicht vor. Und Vater wußte immer Bescheid, na, über alles. Er traf sich da manchmal mit Leuten, die so verrückt wie er nach Altertümern

waren. Genau, all die Generäle und das gesamte Adelsge-socks. Lauter Reaktionäre, hab ich gedacht und deshalb...
Geb ja zu, daß ich ein paar Berichte... na, über angebliche konspirative Treffs: Hab mich mißbrauchen lassen von die-sem, na, Sie können sich denken, von wem. War zwar erst vierzehn oder knapp fünfzehn, ist aber trotzdem ne miese Nummer gewesen, auch wenn nix drin stand von ›antisozia-listischen Umtrieben‹ oder so, nur, daß da ziemlich langwei-liges Zeug gequatscht wurde. Klar, heut schäm ich mich, aber damals... Weiß noch genau, wie sich Vater in Kossen-blatt mit dem Schriftsteller, Sie sagen es, de Bruyn war das, stundenlang rumgestritten hat, ob der Graf Barfus vom Sol-datenkönig gezwungen wurde, sein Schloß zu verkaufen, und ob son Ölschinken mit der Familie von Oppen drauf ein Original war oder bloß ne Kopie. Und dann die Sache mit dem Hirschgeweih, das nach Sachsen verkauft wurde und deshalb sogar irgendwo bei Karl May vorgekommen sein soll. War ja im Prinzip alles ganz harmlos. Hab deshalb auch vom Schloß, das mit den toten Vögeln drin gebrannt hat, nix geschrieben, weil Vater alles bloß hinphantasiert hat, um mir nen Schreck einzujagen. Sind aber trotzdem meine schönsten Kindheitserinnerungen. Und wenn ich mitdurfte, wenn er beim Kulturbund, wie Vater gesagt hat, ›vorsingen‹ mußte, war ich ganz glücklich manchmal. Weiß noch, in Cottbus, über Frauengestalten: Melanie, Effi, Corinna, Stine, Mathilde und so weiter. Oder bei Ihnen in Potsdam, über ›Schach von Wuthenow‹ natürlich, wie die Frau von Carayon zum König geht und der immer so abge-hackt preußisch redet: ›Erinnere Kinderball. Schöne Toch-ter. Damals. Sehr fatal. Sich setzen, meine Gnädigste...‹ Vater konnte das gut nachmachen. Haben alle geklatscht und gelacht. Er redet ja manchmal selber so, na, wie's hier im Brief steht: ›Spiel nicht gern den Moralisten. War immer ein Singleton. Immer bloß Zaungast. Dinge beobachten ist

besser als Dinge besitzen. Will deshalb abtauchen ... ‹ Und dieser Kerl, na, sein Tagundnachtschatten, wie Vater sagt, redet manchmal genauso: ›Wolln doch vernünftig bleiben. Finden doch selbst, daß der Westen nichts taugt. Will nicht Meldung machen müssen ... Kann aber auch anders ...‹ Jedenfalls war das ganz witzig damals in Potsdam. Vorher gab's Kaffee und Kuchen beim Kreissekretär vom Kulturbund. Im Prinzip nette Leute meistens. Aber warum mich Vater manchmal mit seiner Corinna Schmidt verglichen hat, weiß ich bis heut nicht. Wär ja was, wenn ich die kesse Lippe von der hätte, na, wie die mit der Treibelschen abgerechnet hat, freiweg. Möcht ich auch manchmal, besonders Vater gegenüber, wenn der wieder mal durchdreht wie jetzt. Aber nun ist er ja zurück. Und Mama ist natürlich glücklich, trotz allem. Denn was diese Frau mit ›ihrem Wuttke‹, wie sie sagt, durchgemacht hat, geht auf keine Kuhhaut. Und seitdem die Mauer weg ist, wird es noch doller mit ihm. Hängt immer drüben im Tiergarten rum und denkt sich was aus. Fakt ist, daß dieser Kerl, na, Sie wissen schon, ihn am Haken hat. Immer schon im Prinzip. Müßte doch eigentlich Schluß damit sein, seitdem die Normannenstraße dichtgemacht ist und die Firma angeblich nix mehr zu melden hat. Aber nein! Ohne den läuft nix. Genau! Der hat sogar dafür gesorgt, daß Vater, als er nicht mehr beim Kulturbund vorsingen wollte und einfach alles hinschmiß, den Halbtagsjob im HdM bekommen hat, auch daß er nach der Wende da weitermachen durfte. Mama ist ungerecht, wenn sie immer nur rummäkelt: ›Was ist das schon, Aktenbote?‹ Denn im Prinzip läuft alles bestens für ihn, wenn er beschäftigt ist und obendrein auf seine Rente was draufkommt. Genau, finden wir auch: Für sein Alter ist er immer noch gut auf den Beinen ... «

Darin war Martha Wuttke zuzustimmen. Und gleichfalls hätten wir ihre Zweifel am väterlichen Vergleich ihrer

Person mit der Romanfigur Corinna Schmidt bestätigen können; sie mußte ohne angeborene Leichtigkeit und schlagfertigen Witz auskommen. Eher sahen wir Martha grobgliedrig beschaffen und von sperrig verschlossener Art, wenngleich ihr, von uns befragt, mehr über die Lippen kam, als ihr Kopf zulassen wollte. Hierin dem Vater ähnlich, neigte sie zu verknappten Sätzen; eine Sprechweise, die neuerdings sogar im Archiv um sich greift und die preußische Wortknapserei parodieren soll: »Habe strammen Briefschreibetag hinter mir.«

Nein, sie war keine Corinna, doch ließen sich gewisse Ähnlichkeiten familiärer Art nicht übersehen. Martha Wuttkes plötzliche Verstimmungen führten oft zu heftigen, ja fiebrigen Nervenkrisen, die nicht nur wochenlang ihre pädagogische Tätigkeit unterbrachen, sondern auch einen Vergleich mit ihres Vaters nachgelebten »Nervenpleiten« und den Verbiesterungen der historischen Martha erlauben. Sie ähnelte jener in vielen Briefen verewigten Mete, die uns zudem von archivierten Photos her bekannt ist, auf denen sie schon früh matronenhaft wirkt und den Betrachter, selbst bei versuchtem Lächeln, düster anblickt. Des Unsterblichen leises Mitgefühl »Mete hat beinahe einen heilen Zug, den das Leben nur abgedämpft hat« deutete an, was er an anderer Briefstelle bestätigt: »Du unterzeichnest Dich ›Pechmatz‹, und es ist auch sowas . . .«

Doch bei aller Ähnlichkeit war Martha Wuttke dennoch eine eigenständige Person. Über verschränkten Armen und bei schräger, von Mißtrauen bestimmter Kopfhaltung gab sie uns Antwort, manchmal gewollt schroff, dann wieder flapsig. Nicht daß sie übermäßig berlinerte, doch pflegte sie den ortsüblichen »Sprechanismus« dergestalt nachlässig, daß niemand hinter ihrer Wortwahl eine seit Jahren tätige Lehrerin vermutet hätte. Schließlich unterrichtete sie die Fächer Mathematik und Erdkunde und muß als junges

Mädchen sogar gut auf dem Klavier gewesen sein, jedenfalls gab sie uns beiläufig zu verstehen, daß sie »ein paar Sachen von Chopin ganz gut draufgehabt« habe: »Mama wollte natürlich, daß ich weitermach, aber ich wollt nicht mehr. Macht mich krank, Musik. Geht mir ähnlich wie Vater...«

Und die Gretchenfrage? Martha Wuttke hat zu ihrer Person mehr gesagt, als zu erwarten gewesen wäre, zum Beispiel, daß sie noch vor der Wende – und zwar »ab März neunundachtzig genau« – raus sei aus der Partei, »endlich«, wie sie betonte, doch komme die Nachfolgeorganisation für sie nicht in Frage: »Wenn der Glaube mal futsch ist, hilft nur noch ein radikaler Schnitt. Aber geglaubt hab ich, feste sogar und viel zu lang, na, an die gemeinsame Sache, Sozialismus, Völkerfreundschaft und so. Hatte ein Ziel vor den Augen... War stramm auf Linie... Wie es hieß, unbeirrbar, bis es nicht mehr ging. Auf einmal stimmte rein gar nix mehr. Aus und vorbei. Da bleibt ne ziemliche Leere übrig. Hab lang gesucht und dann ganz woanders angeklopft. Sie ahnen nicht, wo, und lachen womöglich. Na, bei Sankt Hedwig. Denn im Prinzip kommt der Mensch ohne Glauben nicht aus...«

Nur andeutungsweise sprach sie von ihrem erwachten Interesse an religiösen Fragen: »Man kann nicht alles rein materialistisch auf Reihe bringen« und machte sich sogleich Sorgen über ihre Zukunft als Lehrerin: »Weil ich so lang in der Partei war. Außerdem soll ab jetzt nur noch kapitalistisch gerechnet werden, kann ich aber nicht. Und wie das bei Erdkunde laufen soll, wenn es um Ölvorkommen und Dritte Welt geht, ist mir ziemlich schleierhaft. Null Perspektive, außer Hausfrau. Man wird ja sehen, was nach der Hochzeit kommt. Das Baugeschäft von meinem Verlobten ist zwar in Münster, aber nun will Heinz-Martin bei uns investieren, was im Prinzip ja richtig ist. Nee, nicht in Berlin, mehr in Schwerin und Umgebung, wo er schon ne Wohnung für uns hat seit neulich...«

Hörte man zu, wenn Martha Wuttke aufs Praktische kam, sprach eher eine Mathilde Möhring aus ihr, selbst wenn es am gemmenhaften Profil mangelte. Und aschblond war sie auch nicht, eher kastanienbraun gewellt wie ihre Mutter vorm Ergrauen. Es kann aber sein, daß sie des Vaters Haar hatte, wenngleich sich uns Fonty weißhaarig eingeprägt hat. Auf dessen jüngste Eskapaden kam sie immer wieder zu sprechen: »Man muß sich vorstellen. Hat mir einfach einen druckfrischen Fünfhunderter in den Brief gesteckt: als Hochzeitsgeschenk! Und wie er mit Koffer und Tüte zurückkam, war er natürlich die Unschuld in Person. Hat irgendwas von ›kleinem Ausflug‹ gefaselt. ›Ist leider ins Wasser gefallen.‹ Und zwar, weil sich, hat er gesagt, eine alte Frau zu ihm ins Abteil gesetzt hat, als der Zug Bahnhof Zoo hielt. Die soll ein schwarzes Huhn auf dem Schoß gehalten haben, genau, ein lebendiges. Na, kapiert? Richtig: die arme Effi, Kessin, das spukende Chinesenhaus, und genau die olle Frau Kruse ist es gewesen, in ihrer überheizten Stube, die immer son schwarzes Huhn auffem Schoß hatte, daß einem gruseln mußte. Und deshalb, hat Vater gesagt, ist er raus aus dem Zug, aus reinem Aberglauben, weil das Unglück gebracht hätte. Aber das stimmt natürlich nicht, auch wenn er sich das Huhn noch so lebendig hinphantasiert hat. Im letzten Moment rausgeholt hat ihn wer anders. Sie wissen schon, wer. ›Muß man noch dankbar sein, diesem Kerl!‹ hat Mama gesagt. Und Vater? Der hat gelacht, als ich ihm den Fünfhunderter zurückgeben wollte: ›Geschenk ist geschenkt!‹ Dann ist er samt Koffer in seine Stube rein...«

Tags drauf sagte Fonty im Paternoster: »Haben furchtbar recht gehabt, Hoftaller. Kann man nicht machen, Frau und Tochter einfach sitzenlassen. Waren beide froh, als ich ganz außer Puste oben mit Koffer und Tüte ankam. Auffallend viele Küßchen von Mete. Und meine Emilie mal wieder in

Tränen. Kenn das ja. Wurde mir aber trotzdem kolossal flau, wie ich die beiden am Küchentisch sah und mir vor Augen trat, welche Folgen mein plötzliches Abtauchen... Hatte mir eine torfbeheizte Hütte inmitten Heide und Hochmoor vorgestellt, versteckt hinter Erlen... Doch dieser Alterssitz wäre meinen an sich liebenswerten Damen kaum verlokkend zu machen gewesen. Schon London war für Emilie nur erbsensuppiger Nebel... Wollte mich allein und namenlos dem stumpfsinnig nahenden Vergessen zum Fraß hinwerfen. Sterblich sein, Tallhover! Endlich wollte ich sterblich sein... Hätte Metes Hochzeit abwarten sollen und dann erst... Wäre da oben, abgesehen von den drei Macbeth-Hexen – ›Um Mitternacht, am Bergeskamm. Auf dem hohen Moor, am Erlenstamm‹ –, so gut wie ohne Gesellschaft gewesen. Ganz schön weit weg und der Welt verloren. Schweigt das Leben, so schweigt der Wunsch... Aber so ist es besser, Hoftaller! Verantwortlich handeln. Die Sache durchstehn. Offenen Auges, freiweg... Außerdem will ich meine Mete endlich vorm Traualtar sehn. War immer nur engagiert, nur nicht ›engaged‹. Wird Zeit für das Mädchen, wo sie doch auf die Vierzig zugeht und weit und breit kein Reserveleutnant in Sicht. Hab ihr geschrieben und Glück gewünscht mit dem Herrn Fritsch. Soll tüchtig als Architekt sein und ist Professor sogar... So weit hab ich es nicht gebracht. Ganz zum Schluß noch, bevor es duster wurde, den Ehrendoktor der Philosophischen Fakultät. Kam auf Vorschlag von Schmidt und Mommsen, der – wegen ›Vor dem Sturm‹ – ein kleines liking für mich hatte. Meine Emilie, die ja solchen Klimbim schätzte, konnte sich freuen, ich nicht. Kam zu spät. Wäre lieber, als ich da stand im Talar, im Boden versunken und irgendwo anders rausgekommen. Jadoch! Aufgetaucht in einem schwarzbraunen Wasserloch mit Blasenwerfen und Blubbern. Hätte mich dann in der Hütte am Torffeuer trockengesessen und vor mich hingelacht...«

Kichernd verließ Fonty im dritten Stock den Paternoster. Obgleich mit drei Aktenordnern beladen, gelang ihm ein mutwillig jünglingshafter Hüpfer. Hoftaller, der zwischen den Stockwerken Einsicht genommen hatte, fuhr weiter abwärts und traf sich mit Fonty erst wieder nach einer halben Stunde, als jener im zweiten Stockwerk mit erneuter Aktenlast zustieg, woraufhin beide aufwärts fuhren. Ihr eingeübter Kreisverkehr. Ihre Aufundabreisen ohne Angst vor Wendepunkten. Dabei verging Zeit. Dabei ließ sich gut plaudern. Doch diesmal blieb ihr Paternostergespräch einseitig. Hoftaller begnügte sich als Zuhörer, und nur Fonty redete, als hätte er Quasselwasser getrunken.

Übervoll, wie nach langer Reise, sprach er sich aus. Mal war er mit dem Jugendfreund Lepel in Edinburgh unterwegs, mal verplauderte er die Stationen seiner ersten, überstürzten Englandreise, die er dem Militärdienst abgetrotzt hatte, dann zitierte er aus dem Londoner Tagebuch: »Im Café Divan Briefe geschrieben... Gearbeitet... Sadler-Wells: Miß Atkinson als Lady Macbeth...« Schließlich spielte der Briefwechsel mit James Morris, dem er zur Zeit seines zweiten Aufenthalts in England Sprachunterricht gegeben haben wollte, eine die Jahrhunderte raffende und vertauschende Rolle. Enthemmt, weil jenseits aller Zeitbarrieren, zitierte Fonty aus einem annähernd vierzig Jahre später an Morris gerichteten Brief, nunmehr als gegenwärtiger Weltstratege: »Die englische Herrschaft in Indien muß zusammenbrechen, und es ist ein Wunder, daß sie bis auf den heutigen Tag gehalten hat. Sie stürzt, nicht weil sie Fehler oder Verbrechen begangen hätte – all das bedeutet wenig in der Politik –, nein, sie stürzt, weil ihre Uhr abgelaufen ist...«

Gegen Schluß des aus dem Stegreif zitierten Briefes rückte er, nach der Ablösung Englands, eine andere Weltmacht in den geschichtlichen Vordergrund: »... die ›andere‹ heißt zunächst Rußland. Aber auch Rußland wird nur eine Episode sein . . . «, um sogleich und nach geflissentlicher Aussparung Amerikas auf die Gegenwart und deren Ab- stürze zu kommen: »Was wir hier als Fall der Mauer und Kol- laps der Sowjetunion erleben, bedeutet nicht Ende; nein, ein sich auf sich selbst besinnendes, nationales, religiöses und dem uralt Überlieferten angepaßtes Leben wird schließlich triumphieren. Schrecklich und unerlaubt dumm, ich weiß. Aber dieser hier nur angedeutete Werdeprozeß vollzieht sich, wohin man blickt, in der ganzen Welt. Dachte anfangs, mein verehrter Herr Morris, es ist ein Segen für die Völker, unter ihnen kleine und kleinste, befürchte nun aber, mit Blick auf Balkan und Kaukasus, das Allerschlimmste. Sollte ich demnächst, was weiterhin zu hoffen mir zusteht, an Ihrem Londoner Kaminfeuer sitzen dürfen, will ich mir gerne alle Trübsal, die mich mächtig erfaßt hat, wegblasen lassen, und zwar mit Hilfe des gesunden Menschenverstan- des; ein kolossaler Vorzug, den England immer noch auf sei- ner Seite weiß . . . «

Als beide den Paternoster im ersten Stockwerk verließen, sagte Hoftaller: »Ist ja gut, Fonty. Ihr Freund Morris kann warten. Noch hält ja die Welt einigermaßen. Sie aber sollten sich nicht allzu sehr erhitzen. Wie wär's mit Feierabend? Heute ein bißchen früher. Sehen spitz aus, mit Schweiß auf der Stirn. Ihr dünnes Nervenkostüm. Damit ist nicht zu spa- ßen. Aufpassen sollten wir, höllisch aufpassen! Habe übri- gens ne ähnliche Meinung, was den neuesten Groß-, Klein- und Kleinstnationalismus betrifft. Doch wollen wir dabei Amerika nicht vergessen. Und eines Tages wird China . . . Aber nun ist genug. Mensch, Wuttke! Sie zittern ja richtig. Wollen uns doch nicht krank werden?«

Diese Sorge teilte Fontys Tochter mit Hoftaller, der seinen von Schüttelfrost gepackten Schützling in der Dreieinhalbzimmerwohnung ablieferte: »Die Aufregungen der letzten Tage haben ihn mitgenommen. Schätze, es sind mal wieder die Nerven.«

Martha Wuttke bat den Tagundnachtschatten ihres Vaters nicht in die gute Stube. Wenngleich sie ihn, nach Fontys Worten, als »altvertrauten Kumpan« zu akzeptieren und seit Jugendjahren als »Stoppelkopp« zu fürchten gelernt hatte, fertigte sie Hoftaller in der Küche ab und hielt dabei die Tür zum Hausflur offen: »Glaub, daß ihm das Raufundrunter und die ewige Aktenschlepperei nicht bekommt. Man sollte ihn endlich in Ruhe lassen. In seinem Alter hat sich Vater, weiß Gott, ein bißchen Ruhe verdient. Das müßte Ihnen natürlich längst bewußt sein. Kennen ihn doch angeblich aus Kriegszeiten schon. Genau! Alte Kameraden! Von mir aus, bitte. Aber dann sollten Sie für ihn was ausfindig machen, das weniger anstrengend ist. Muß es doch geben in so nem großen Haus. Und zwar wie gehabt, halbtags. Denn im Prinzip haben wir nix dagegen, wenn Vater ner Tätigkeit nachgeht. Darf aber nicht in Arbeit ausarten. Sieht man ja, wohin das führt. Schlottert richtig. Das kommt, weil er sich leicht übernimmt. ›Vater kennt seine Grenzen nicht!‹ sagt Mama. Da ist was dran. Müßten Sie eigentlich wissen, nach so langer Bekanntschaft. Aber ist nix mit Rücksichtnahme. Ausgenutzt wird er, mißbraucht, zum bloßen Objekt gemacht. Sieht ja wie Spucke aus. Werden wieder die Nerven sein. Kenn ich von mir, wie das anfängt, genau. Müssen wieder mal Doktor Zöberlein rufen. Er wird uns noch krank werden!«

Hoftaller bestätigte Martha Wuttkes Befürchtungen, ohne sich zu verteidigen. Er ging, als ihm kein Stuhl angeboten wurde. Fonty hatte sich dem Gejammer um seinen Zustand durch Weghören entzogen. Er saß am Tisch, zitterte in Schüben und bewegte einige Brotkrümel auf dem Wachstuch. Mit gelockerter Krawatte saß er und blickte wäßrig.

Kaum war Hoftaller gegangen, öffnete Emmi Wuttke die Tür der guten Stube einen Spaltbreit zur Küche: »Is er weg endlich! Richtig durchlüften muß man hinterher, wenn dieses Stinktier sich breitgemacht hat. Aber läßt nich locker. Muß meinem Wuttke immerzu auf die Hacken treten. Und ich Dummerchen hab geglaubt, damit isses nu vorbei.«

Wir vom Archiv wären gern behilflich gewesen, und sei es mit einschlägigen Zitaten; aber die Nachricht von Fontys Nervenkrise erreichte uns mit Verspätung. Beide Frauen brachten ihn zu Bett. Er ließ das mit sich geschehen. Kein Wort, keine Klage. Nur beim Fiebermessen sagte er leise und doch wie vor Publikum deklamierend: »Tand, Tand ist das Gebilde von Menschenhand.«

Als Emmi Wuttke den Hexenspruch schottischer Herkunft hörte, rief sie: »Nu wirste uns och noch krank, Vater!«

Die Ehe war schwierig, die eine, die andere, doch beide hielten. Jene mit Emilie, geborene Rouanet, deren leiblicher Vater Bosse, deren Adoptivvater Kummer hieß, dauerte achtundvierzig Jahre, und der Bund mit der geborenen Emmi Balunek, die, dank des Stiefvaters Namen, als Bürofräulein Emmi Hering hieß, blieb gleichfalls krisenfest, trotz brüchiger Nähte. Fonty neigte dazu, über die zweite zu klagen, wenn die erste gemeint war, und doch lobte er in Briefen wie bei Archivbesuchen die mit Emilie ausgelebte Ehe als ein »alles in allem strapazierfähiges Bündnis«, das ihm und Emmi beispielhaft vorgeschrieben bleibe: »Wir sind zu verzwirnt, um auseinander zu können...«

Im Grunde hing er an beiden Frauen, denn das gelegentliche Zetern der hugenottischen Emilie und der oberschlesischen Emmi war ihm zwar schrille, doch lebendige Musik. In einem Brief an Martha Wuttke, den er später, Wochen nach seiner Erkrankung, geschrieben hat, lesen wir: »Mama verfällt leicht in ein gewisses Irrereden, und wenn man ihr einen Kranz einflicht, so ist Ophelia oder ohne Kranz die Lady Macbeth fertig; zwei Stunden später futtert sie dann eine Schinkensemmel...«

Und mit Zitaten dieser Art berief Fonty beide Ehen. Je länger sie dauerten, um so häufiger stand ihm aus doppelter Sicht, mal als Schrecknis, dann wieder als sauer verdiente Belobigung, die Goldene Hochzeit vor Augen. Selbst wenn er Ende der siebziger Jahre sein Eheleben als »unseren Dreißigjährigen Krieg« überschaut und mit wenigen Freunden abgefeiert hatte, hoffte er dennoch nicht auf Friedensschluß; auch bei den Wuttkes hing oft der Haussegen schief.

Sobald uns die historische Emilie auf Photos streng zuge-knöpft entgegentritt, entspricht ihre steife Würde den Mög-lichkeiten damaliger Atelierphotographen, denen Moment-aufnahmen nicht glücken wollten; aber Emmi wurde uns lebhafter und dergestalt leibhaftig bekannt, daß wir sie mit Schnappschüssen vorstellen könnten. Sie war eine gemüt-voll leidende Person, die zur Fülle neigte – nein, sie war dick. Wenn die photographierte Emilie matronenhaft stattlich auftrat, kam uns Emmi, sobald wir die Wuttkes besuchten, überbordend entgegen: mal aufgekratzt, dann wieder als Trauerkloß. Meistens erlebten wir sie in kurzärmeliger Kit-telschürze und in ausgetretenen Schlorren.

Kaum hatten wir im dritten Stock geklingelt, stand sie in der Wohnungstür mit vor der Brust verschränkten Unterar-men: eine fleischige Bastion, die geduldig überredet werden wollte, was nicht schwerfiel, denn Emmi Wuttke sprach gerne mit uns über Unpäßlichkeiten, denen stets der Jam-mer über ihres Mannes kaum faßliche Existenz beigemischt war. Ob sie über Blasen- oder Atembeschwerden klagte, ver-läßlich beschloß sie ihren neuesten Leidensbericht mit dem Satz: »Aber mein Wuttke macht alles immer noch schlim-mer.«

Und doch wurde mit dem Gejammer der alten Frau die junge Emmi Hering wachgerufen. Laut leidend blühte sie auf. Das Bürofräulein muß hübsch, zumindest anziehend gewesen sein. Wir stellten uns ihr früh ergrautes, später lei-der blauschwarz gefärbtes Haar in naturwüchsiger Bräune vor; »kastanienbraun«, wie uns Fonty versichert hat. Wenn Emmi lachte, lachte in ihr versteckt noch immer ein junges Mädchen. Jedenfalls war zu ahnen, warum sich der Soldat Theo Wuttke im Frühling 1940 in die knapp achtzehnjäh-rige »flotte Tippse« verlieben konnte; und zwar Knall auf Fall.

Wie wir wissen, geschah es im Paternoster. Später saßen sie, von Kurzurlaub zu Kurzurlaub, im frühlingshaften oder

herbstlichen Tiergarten, bestimmt auf einer Bank der Rousseau-Insel gegenüber, und hinter ihnen blühte der Holunder
oder war reif. Der Soldat erzählte Anekdoten aus dem besetzten Frankreich. Der Soldat lud das Mädchen zum
Rudern ein. Auf dem großen Kunstsee nahe dem Zooge-
lände ruderten sie abwechselnd. Und schon bald, das hieß
nach nächster Dienstreise, verlobten sie sich. Tante Pinchen,
bei der Emmi wohnte, hatte nichts dagegen, wenn der junge
und überdies unterhaltsame Soldat in der Weißenburger
Straße, die schon wenige Jahre später Kollwitzstraße heißen
sollte, ein und aus ging.

Der Soldat brachte Geschenke mit: normannischen Apfel-
schnaps, Würste aus Lyon, Schafskäse aus den Cevennen,
sogar Parfum und Brüsseler Spitzen. Der Soldat kam immer
wieder, während von vielen Nachbarssöhnen nur noch die
letzte Meldung nach Hause kam. Und als der Soldat Theo
Wuttke im Spätsommer 45 als entlassener Kriegsgefangener
heimkehrte, war er nur andeutungsweise erstaunt, als ihm
seine Verlobte zur Begrüßung den Erstgeborenen in den
Arm legte. Das Kind zahnte bereits; und bald lief der kleine
Georg in der nur mäßig beschädigten Dreieinhalbzimmerwohnung, von der Tante Pinchen der jungen Familie einein-
halb Zimmer abgegeben hatte.

Sie haben sogleich geheiratet. Der Soldat wurde Junglehr-
rer. Und als im Jahr darauf, weil zum Hunger die große
Kälte kam, Tante Pinchen starb, konnte ihnen das Wohnungsamt keinen Untermieter zwangsweise einquartieren,
denn Emmi ging bereits im fünften Monat mit Theodor
schwanger. Sie wollte noch mehr Kinder. Nach einer Fehlge-
burt gelang ihnen der jüngste Sohn Friedrich, der Friedel
gerufen wurde, wie alle Nachbarskinder im Haus und auf
der Straße den zweitgeborenen Sohn Teddy, den erstgeborenen Schorsch riefen. Erst drei Jahre später, als der einstige
Soldat nicht mehr Lehrer, sondern als Vortragsreisender

unterwegs war, kam Martha und wurde vom Vater gleich nach der Geburt als Mete liebkost und später sogar in Briefen Mete genannt.

Doch nicht die vielen Geburten haben Emmi fettleibig werden lassen. Auch war sie kein Vielfraß oder unmäßig auf Süßes versessen. Einzig Fonty soll schuld an ihrem Kummerspeck gewesen sein. Als wir es wagten, Zweifel zu äußern, lief ihr das Faß über: »Na, weil immer alles ganz unsicher mit ihm war. Weil er nachem Krieg, als er Lehrer konnt werden und nachem Schnellkurs gleich Anstellung für Deutsch und Geschichte fand, paar Jahre später schon, hier, inne Grundschule Senefelder, alles hingeschmissen hat, weil ihm das stank, hat er gesagt: ›Dieser pädagogische Krempel.‹ Und weil danach auch nichts Richtiges aus ihm geworden is. Weil er immer nur ›freiberuflich‹ was sein wollte. Und weil er von Anfang an diesen Tick gehabt hat. Na, Sie wissen schon, was ich mein. Deshalb sind auch die Jungs weggeblieben alle drei. Unser Georg war ja schon siebzehn, aber Teddy und Friedel mal grad erst vierzehn und zwölf, richtige Kinder noch, als die bei seiner Schwester Lise alles ganz superdoll fanden in Hamburg. Naja, gesorgt hat sie für die drei, da kann man nich meckern. Schule, Studium. Muß ganz schön was gekostet haben. Jedenfalls sind alle drei was geworden drüben. Und wenn unserm Georg nich, als er schon Fliegerhauptmann war, das mit dem Blinddarm passiert wär... Aber hier wurd es immer schlimmer für mich, weil ich meine Arbeit verlor und wir nich mal auf Besuch rüber durften, weil die Jungs... Republikflucht hieß das... Und weil denn die Krankheiten kamen, weil mein Gewicht und weil ich seitdem was an der Blase hab und weil mein Atem nich nur beim Treppensteigen... Das war schon schlimm genug. Aber mein Wuttke hat alles immer noch schlimmer gemacht. Na, weil nichts wurde aus ihm, kein

Lehrer nich, beim Kulturbund rein gar nichts und im HdM... Nur Aktenbote ist er geworden...«

Für die Last dieser umfänglichen Schuldzuweisung spricht, daß Fonty, sobald ihn Emmis Klagen aus dem Haus trieben, die Wünsche der historischen Emilie und geborenen Rouanet-Kummer herbeizitiert hat, wobei er auf eine Skizze zurückgriff, die unter der Überschrift »Wie sich meine Frau einen Beamten denkt« die mißliche Lage im Hausstand des Unsterblichen nach Punkten von eins bis zehn aufgezählt hat. Zum Beispiel hieß es: »Ein Beamter lebt lange. Solange er lebt, hat er ein auskömmliches Gehalt. Ist er krank, so wird er vertreten. Badereisen sind garantiert. Und Fehler sind gleichgültig, solange nach außen hin die eigene und des Standes Unfehlbarkeit gewahrt bleibt...«

Ähnlich hätte Emmi Wuttke, wenngleich in anderer Tonlage, die Sicherheiten einer festen Anstellung weit oberhalb der Position eines Aktenboten aufzählen können. Auf ihr Drängen hin ist übrigens für Martha das Klavier angeschafft worden: »Wir hatten och ein Piano in unserer Villa in Oppeln...«

Immer wieder hat sie ihrem Mann die hingeschmissene Pädagogik vorgehalten: »Mußte mein Wuttke denn, als er noch Lehrer war, zu allem, was damals politisch lief, unbedingt seinen Senf dazugeben?« Und nach der aufs Spiel gesetzten Karriere – »Bestimmt wär mein Wuttke Schuldirektor geworden« – kamen alle verpaßten Gelegenheiten auf den Tisch, die sich ab Ende der sechziger und bis Mitte der siebziger Jahre ergeben hatten, als dem verdienten Kulturbundreisenden ein Posten als Kreissekretär angeboten wurde. »Aber mein Wuttke sagte jedesmal: Liegt mir nicht sowas. Immer am Schreibtisch sitzen und Berichte schreiben. Außerdem wollt er nich nach Pasewalk oder noch weiter weg, nach Sachsen runter womöglich. Doch als die Genossen ihm sogar Potsdam und Neuruppin, was ja ganz nah liegt, angeboten und richtig gedrängelt haben, hat er sich wieder alles politisch verdorben. Na, erstens hätt er in die Partei reingemußt, wollt aber nich, und achtundsechzig soll er auf Vortragsreise wegen dem Einmarsch der sozialistischen Bruderländer gestänkert haben. Aber sechsundsiebzig, als ihm der Kulturbundsekretär noch einmal auffem Tablett serviert wurde, hat er in aller Öffentlichkeit gesagt: ›Sänger muß man singen lassen.‹ Und dann noch eins draufgesetzt: ›Biermann hier ist besser als Biermann drüben.‹ Und hat dann alles hingeschmissen, ›den ganzen Kulturkrempel‹, hat er gesagt. So ist mein Wuttke nun mal. Muß immer alles noch schlimmer machen, so schlimm, daß er dann überhaupt nicht mehr reden gedurft hat, denn bei der Selbstkritik vorm Kulturbund, als die Genossen ihm eigentlich haben helfen gewollt, ist er dem Parteikollektiv ziemlich hochnäsig gekommen: ›Kreissekretär‹, hat er gesagt, ›ist nicht meine Sache. Bin nicht befähigt für eine solche Stellung, vielleicht für etwas Dienstliches überhaupt nicht. Nur noch freiberuflich will ich, als freier Mann reden . . .‹ Das reichte den Genossen natürlich. Und nur, weil er wieder mal Fürsprache gefunden hat, fragen Sie nich, von wem, ist mein Wuttke grad noch als Aktenbote untergekommen.«

Wir vom Archiv können Emmis Zitat als Zeugnis bescheiden auftrumpfenden Hochmuts bestätigen, denn gleichlautend hat der Unsterbliche seinen Posten als ständiger Sekretär der Preußischen Akademie der Künste niedergelegt. Drei Monate lang gehäufte Mißlichkeiten, Pannen und zänkisch ausgetragene Intrigen reichten aus, um die Kündigung des gut dotierten Amtes im Sommer 1876 zu begründen. Sogleich nach Ostern hatte er, auf Wunsch seiner Frau und weil Freunde ihn drängten – auch weil der Kaiser diese Berufung gebilligt hatte –, den Dienst angetreten. Später schrieb er: »War so ziemlich meine schlechteste Lebenszeit.

Nichts als Ärger, Kränkungen. Als es damit vorbei war, war ich bescheiden genug, die Schuld in mir selbst zu suchen. Ich denke jetzt aber anders darüber...«

Und Emilie? Sie hat ihren amtsuntauglichen Mann, der sogleich nach dem Rücktritt wie befreit aufatmete und seinen ersten Roman »Vor dem Sturm« zügig zu Ende geschrieben hat und fortan, gänzlich unbeamtet, nur noch freier Schriftsteller sein wollte, weder die Kündigung bei der Kreuzzeitung noch dieses Hinschmeißen von Amt und Würde verziehen; wie Emmi Wuttke nicht aufhören konnte, ihrem Mann vorzuwerfen, er habe sich absichtlich um Kopf und Kragen geredet und sich politisch aufgespielt, nur um an den langweiligen Kulturbundsitzungen und der bloßen Schreibtischhockerei vorbeizukommen. Dabei sei ihm, wie immer schon, die Familie schnuppe und seine spezielle Freiheit heilig gewesen: »Na, dies ewige Rumzigeunern auf Vortragsreise. Aber damit war sowieso Schluß. Grad zum Aktenschleppen war er noch gut. Geschämt haben wir uns. Und Martha hat hinterher geweint, als sie Vater im HdM besucht hat, wo er immer schwerbeladen die Korridore lang von Zimmer zu Zimmer und mit dem ollen Paternoster rauf und runter mußte...«

Soviel stimmt: Nie wieder durfte Fonty mit Standardvorträgen unterwegs sein, die er zum Ruhme des Unsterblichen zwischen Ostsee und Erzgebirge, Elbe und Oder gehalten hat. Doch schon der Vortragsreisende, der immerhin ausreichend für die Familie gesorgt hat, ist Emmi fragwürdig gewesen. Er mache sich vorm Publikum zum Gespött, warf sie ihm vor: »Die reißen Witze über dich, Fontywitze!«

Wir hätten widersprechen können; so schlimm war es nicht. Gewiß, man lächelte, wenn in einem seiner Vorträge alle Romane aus pflanzenkundlicher Sicht durchjätet wurden und, gleich nach dem Heliotrop, den Immortellen signalhafte Bedeutung zuwuchs; man vergnügte sich hinter vorgehaltener Hand, wenn seiner verblüffend genauen Zitierkunst ironische Anspielungen auf die sozialistische Gegenwart gelangen, etwa indem er Parteifunktionäre und Reisekader als typisch preußische Geheimräte und Reserveleutnants auftreten ließ; kopfschüttelnd, weil damals noch verblendet, hörten wir seine Thesen, nach denen die Zukunft des »vierten Standes« im Arbeiter- und Bauern-Staat zwar aufgehoben sei, doch weiterhin ungesichert bleibe; aber ausgelacht oder gar zynisch bewitzelt haben wir Fonty nie. Eher war es so, daß uns seine besessen vorgetragene Heiterkeit verlegen gemacht hat. Nie wußten wir genau, ob wir Zuschauer oder Komparsen einer Komödie waren, deren Autor gedoubelt zu sein schien. Fonty spielte mit uns, und weil dieses Spiel in oft trister Zeit Spaß machte, spielten wir selbst dann mit, wenn sein Vortrag über die reaktionäre Kreuzzeitung mit dem Titel »Wie man zum Wohle Preußens die eigene Meinung vermeidet« mehr als gewagt war, denn jedes Zitat ließ sich auf das Zentralorgan der Einheitspartei ummünzen, ohne daß Fonty Wortwörtliches aus dem staatstragenden Langweiler »Neues Deutschland« vorgetragen hätte. Nein, offene Provokation war nicht seine Sache und gleichfalls nicht Sache seiner dankbaren Zuhörer. Er zog Publikum an, indem er vieldeutig blieb, nur in Nebensätzen die Zeit schwinden und voraneilen ließ oder die »weißen Schimmel des sozialistischen Realismus« wie ein Zirkusdirektor durch die Manege trieb. Er machte sich mit dem Werk des Unsterblichen mehr plaudernd denn dozierend gemein, er bot Anlaß zum Lächeln und wurde uns dennoch nie lächerlich.

Emmi Wuttke aber mußte diese Angleichung mit Sorge sehen. Je älter er wurde, um so detailgetreuer glich er dem Vorbild. Sie wagte das Fremdwort: »Er personifiziert sich schon wieder«; denn nie konnte sie sicher sein, beim Gespräch am Küchentisch ihren Wuttke zu hören, so geflissentlich Fonty seinerseits des Unsterblichen Hang unterdrückte, mit französischen Einschiebseln zu brillieren.

Hinzu kam, daß Emmi immer häufiger Anstoß an seinem Äußeren nahm. Es stimmt schon: Er sah wie abgekupfert aus und hätte in Kino- und Fernsehfilmen, die übrigens in beiden Staaten produziert wurden, literarische Hauptfiguren darstellen können, so täuschend hatte er sich dem alten Briest, dem alten Stechlin und schließlich der weit älteren Originalvorlage genähert. Kein Wunder, daß Emmi klagte: »So redet doch mein Wuttke nich. ›Mit mir ist nich mehr viel los, Buschen‹, hat er neulich zu mir gesagt. Und wie er rumläuft. Immer den ollen Shawl rumgewürgt und mit Krückstock. Dazu die Haarflusen bis innen Nacken rein. Und dieser Hut! Is ja möglich, daß ihm der steht. Aber was heißt das, Bismarckhut? Is er nich. Nich Bismarck noch sonst wer. Is man bloß mein Wuttke, ein popliger Aktenbote, über den sich die Leute schieflachen.«

Wir wissen von Fonty, daß er sogar die alltäglichen Abneigungen seiner Frau, ihren Ärger über Hut und »bismarckbraunen Überzieher« rückgewendet erinnert hat: »Meine Emilie sieht in mir einen vollkommenen Proletarier, der in einer Art Verkleidung herumgeht, und dann erwartet sie wieder eine Haltung von mir, als wäre ich aus einer unnatürlichen Kreuzung von Cato mit Goethe hervorgegangen ...«

Emmis Mängelliste war länger. Schon seine Vorträge waren ihr als »verquatschtes Zeug« zu zweideutig witzig gewesen. Sie könne das schließlich beurteilen, versicherte sie uns, denn ihr habe das schwer leserliche Bleistiftgekritzel jahrelang zur Abschrift vorgelegen: »Schon im Krieg seine ellenlangen Berichte aussem besetzten Frankreich. Die waren sogar lustig manchmal, über Kasinoabende in Schlössern und Luxushotels. Und nachem Krieg seine Vorträge alle. Fein säuberlich auf meiner alten Erika abgetippt alles. Gab ja nichts Neues. Hab mir viel später erst ne moderne von Robotron geleistet. Über Beziehungen. War ja Mangelware. Die hab ich heut noch. Dafür war ich gut. War immer nur seine Tippse. Aber gefallen, richtig gefallen hat mir das nich mehr, sein Gerede. Viel zu unwissenschaftlich, fand auch Martha, die ja jedes Buch von seinem Einundalles gelesen hat. Lauter Übertreibungen. ›Was soll das nu wieder?‹ hab ich oft genug zu meinem Wuttke gesagt. Weiß noch, muß Anfang Siebziger gewesen sein, als mal wieder ne Reinschrift fällig war. Wer soll das kapieren: ›Die Umschreibung sexueller Vorgänge als Feuersbrunst.‹ – ›Laß man, Emilie‹, hat er gesagt, ›das sind Feinheiten, die nicht dein Fall sind. Ich kenne das schon, und es schadet auch nicht viel. Ein Roman wie ‚Unwiederbringlich‘ verlangt ein freies Gemüt...‹ – ›Nein, Wuttke!‹ hab ich gesagt. ›Du spinnst dir wieder was Abartiges zusammen. Das ist dein Feuertick. Richtig Angst kann man kriegen, wenn man das liest: ‚Liebesbrunst gleich Feuersbrunst‘. Aber die Leute lachen darüber nur...‹«

Ähnlich kritisch sah die geborene Emilie Rouanet-Kummer ihres Mannes literarische Produkte. Dem jungen Dramatiker Gerhart Hauptmann, zu dessen Theatererfolg der Unsterbliche mit vehementer Belobigung des Erstlings »Vor Sonnenaufgang« beigetragen hatte, soll sie inmitten Berliner Gesellschaft gestanden haben: »Er hält sich für einen Schriftsteller. Na, da glaub ich nicht dran. Dafür reicht es wohl nicht...« Aber auch sie hat jahrzehntelang alle bleistiftgefüllten Manuskriptblätter leserlich abgeschrieben, und ihr Urteil – »Emilie meint, ich schriebe bei Nicht-Stoff in der Regel besser als bei viel Stoff...« – fand sogar Gehör.

Es muß wohl Liebe gewesen sein, die Emilie und Emmi ein Leben lang anhänglich bleiben ließ. Und beide Frauen haben ihr mangelndes Verständnis durch Fürsorge wettgemacht, wobei sie mit ihrer Besorgnis oft laut klagend Teilnahme suchten.

Emmi Wuttke ist sogar zu uns ins Archiv gekommen, um das eine oder andere Vortragsmanuskript ihres Mannes, wie sie sagte, »streng wissenschaftlich« überprüfen zu lassen. Davon durfte Fonty natürlich nichts wissen. Sie vertraute uns. Wir durften sie nicht enttäuschen.

Wenn Emmi kam, saß sie ein wenig verlegen auf unserem Besuchersessel und blätterte abwartend in einem Bildband, der Photos von märkischen Landschaften und Sehenswürdigkeiten zu bieten hatte. Sie sah traurig aus in ihrer körperlichen Fülle. Doch selbst dann, wenn wir sie beruhigen konnten, weil noch der kühn verstiegenste Vortrag Fontys sich als zitatsicher und stichhaltig bis ins verborgenste Quellenmaterial erwies, war Sorge um Wuttke Ausdruck ihrer Leidensmiene.

Übrigens sind zweifelhafte, auch uns irritierende Details durch spätere Manuskriptfunde bestätigt worden. Aus zufällig entdeckten Briefen, darunter einige an Mathilde von Rohr, hat er vorahnend zitiert. Selbst aus verschollenen Tagebüchern gab er uns triftige Hinweise. Im Zweifelsfall war Fonty das bessere, weil lückenlose Archiv. Und was er nicht wußte oder verdrängt hatte, das konnte Hoftaller ergänzen; dessen Besuche waren allerdings peinlich.

Wenn Emmi Wuttke uns verließ, war trotz günstigen Gutachtens nichts geschehen, das ihre Stimmung hätte aufheitern können. Fonty wußte zu klagen, daß er »oft wochenlang unter ihm angetragener Mißlaune bei bösem Gesicht« hat leiden müssen. Sie konnte unausstehlich sein. Wie Emilie sah sich Emmi als »zurückgesetzte Kreuzträgerin«, und beide glaubten sich zu Besserem, für ein Leben in Glück und Wohlstand geboren.

Nur soviel stimmt: Oft war es knapp, doch Hunger haben die eine, die andere Familie nicht leiden müssen. Sparsam mußte man sein und sogar die Manuskriptblätter doppelseitig benutzen; doch notfalls fand sich immer jemand, der aushalf, Freund Lepel oder die Merckels. Und später, als es ganz schlimm stand, weil die »Nervenpleite« die Wuttkes heimgesucht hatte, war – wie vormals Tallhover – als Hausfreund Hoftaller zur Stelle.

Sogleich ließ er Fonty krankschreiben. Er sorgte dafür, daß im Haus der Ministerien vom »beunruhigenden Zustand« des in allen Stockwerken beliebten Aktenboten die Rede war. Überall, genauer gesagt, im Ostteil der Stadt sprach sich die Nachricht von der Erkrankung herum. So hörten auch wir davon, wenngleich Potsdam weitab liegt. Hoftaller riet zum Besuch in allerdings kleiner Delegation nur.

Zuallererst fiel auf, daß Fonty, den wir fiebrig unruhig erlebten, häufig mit dem Ringfinger seiner linken Hand spielte, nein, nicht eigentlich spielte, er zog bei geschlossenen Augen am Ehering. Dann lag er wieder apathisch in der engen Kammer, die mit Schreibtisch und überbordenden Bücherregalen als »Vaters Studierstube« galt. Sein Bett, in dem er nun am Ehering zerrte, stand seit Jahren hier. Weil ursächlich schuldig gesprochen, hatte Theo Wuttke, gleich nach der Flucht der Söhne in den Westen, das elterliche Schlafzimmer räumen müssen; nur noch für Emmi war das Ehebett breit. Die kleine Martha zog in das Zimmer der Jungs. Und in Georgs altertümlichem Bettgestell, dessen Pfosten mit Messingkugeln bestückt waren und das die Studierstube noch enger machte, lag seitdem Fonty, nun mit Nervenfieber, und versuchte so unablässig seinen Ringfinger zu entlasten, daß man nicht hinsehen mochte.

Später wurden wir von Emmi Wuttke auf eine Tasse Kaffee in die sogenannte »gute Stube« gebeten, in der Marthas seit ihren Mädchenjahren verstummtes Klavier stand, auf dem sie mit Stücken von Chopin und Schumann »gut draufgewesen« sein will. Mit dem Sofa, zwei Medaillonsesseln, einem zierlichen Schreibsekretär, auf dem, ganz unpassend, Emmis elektrische Schreibmaschine stand, und mit einem weißlackierten Pfeilerspiegel samt eingelegter Goldleiste möbliert, hätte das Wohnzimmer den Poggenpuhls – »arme adlige Majorin mit drei Töchtern« – als Salon dienen können; und wir vom Archiv nannten die gute Stube auch »Fontys Poggenpuhlschen Salon«, zumal gerahmte Stahlstiche an den Wänden hingen, die Preußens Geschichte mit militärischen Szenen bebilderten, unter ihnen, direkt überm Sofa, das Gemetzel von Großgörschen, bei dem der Rittmeister von Poggenpuhl zu Ruhm gekommen war. Oft genug hatten wir Fontys abgewandeltes Selbstzitat gehört: »So wohnen wir und geben der Welt den Beweis, daß man auch in ganz kleinen Verhältnissen, wenn man nur die rechte Gesinnung und dann freilich auch die nötige Geschicklichkeit mitbringe, zufrieden und beinahe standesgemäß leben könne...«

Und nun lag er im Fieber und zerrte am Ehering, während wir aus Meißner Porzellan Kaffee tranken. Eigentlich hatten die beiden Frauen den Kranken im Salon betten wollen, doch bestand Fonty mit letzter Kraft auf dem Bett in seiner Studierstube.

Sie pflegten ihn zu zweit, bis Martha gleichfalls krank wurde; wie die uns brieflich überlieferte Mete neigte sie dazu, ihres Vaters häufige Unpäßlichkeiten, seine sommerlichen Depressionen und nun sein Nervenfieber so mitfühlend zu erleiden, daß Emmi bald zwischen der väterlichen Kammer und dem Zimmer der Tochter hin und her eilte: Beide Krankenlager, zwischen denen die Küche lag, hielten die schwergewichtige und immerfort seufzende Frau in Trab. Redete hier aus immer neuen Fieberschüben ihr Wuttke »lauter krauses Zeug«, weinte dort die Tochter vor sich hin und wollte die bevorstehende Hochzeit absagen oder zumindest aufschieben: »Bin noch nicht soweit. Kann das nicht, ganz ohne Perspektive leben...«

Kein Wunder, daß sich Emmi, die mit uns im Poggenpuhlschen Salon am Kaffeetisch saß, als mit »doppeltem Kreuz beladen« verstand. Ihr Leben war ihr ein Opfergang. Entsprechend häufig kam sie, zwischen Kurzbesuchen bei den Kranken, auf ihr oberschlesisches Herkommen zurück. Das Elternhaus geriet ihr zu einer Villa mit sieben Zimmern, Wintergarten und Park, der Stiefvater zu einem vermögenden Getreidehändler und die Mutter zur hochmusikalischen Pastorentochter, die sich leider »als junges Ding« von einem Klavierlehrer habe verführen lassen. Wir hörten, daß Emmi Hering nach Abschluß ihrer Ausbildung als kaufmännische Büroangestellte den väterlichen Getreidehandel hätte übernehmen sollen. »Wenn nich der Krieg dazwischengekommen wär...«

Sie fühlte sich vom Schicksal betrogen. Der Krieg hatte ihr nicht nur den karriereuntauglichen Theo Wuttke beschert, sondern auch gegen Ende die Eltern genommen; und von Verlusten sprach sie besonders gerne: »Können Sie glauben: Richtige Schicksalsschläge waren das. Zuerst ging in Oppeln alles futsch. Dann sind Papa und Mutti nach Breslau, was ja die Hölle war als Festung im Endkampf und so. Sind beide nich rausgekommen. Nichts is geblieben. Alles futsch. Die schöne Villa. Und hinterm Park vier Getreidesilos. Und drei Gespanne hatten wir für die Fuhren. Alles Kaltblüter. Und Mutti spielte jeden Tag Klavier, auffem Flügel natürlich, wie unsere Martha früher, als sie noch geübt hat jeden Tag, bis mein Wuttke gesagt hat: Das reicht. Ich war ja schon in Berlin, als der Krieg losging. Nein, bei uns haben sich die polnischen Arbeiter nich beklagen gemußt, später och nich, als wir zum Reich kamen. Und daß ich, weil ich auffem Lyzeum nich richtig mitkam, in die Bürolehre ging, war Papas Wunsch, weil in Berlin seine Schwester, Tante Pin-

chen, mit ihrem Ernst-August wohnte. Von wegen Schuhma-
chermeister, besoffen war der meistens schon gegen Mittag.
Na, hat ja keiner gedacht, daß es so ausgeht. Immer mehr
Bomben. Doch inner Reichsluftfahrt, wo ich gleich nacher
Lehre Anstellung fand, war es ziemlich sicher im Keller. Da
hab ich och meinen Wuttke getroffen, nee, nich im Keller,
im Paternoster. War komisch. Richtig schüchtern war der,
jedenfalls anfangs. Na klar, war Liebe auf ersten Blick, da
fragt man nich viel. Und als es dann aus war und wir nischt
mehr hatten, grad noch das Dach überm Kopf, da kam er
zurück. Abgerissen und ausgehungert. Hat sich aber trotzdem bißchen gefreut über das Kind. War immer noch Liebe,
och jetzt noch. Denn was wir durchgemacht haben die
schlimmen Jahre lang, das haben wir gemeinsam, sowas verbindet. Aber erst mal, als er aussem Krieg kam, hat er sich
hinlegen gemußt. Tante Pinchen hat ihn gepflegt, weil ich
meist im Tiergarten mit dem Bollerwagen auf Holzsuche ...
War schlimm mit ihm. Nicht nur die Schwäche. Sowas wie
jetzt hat er gehabt: richtiges Nervenfieber. Hat lang gedauert. Ich mußt ja auf Arbeit, zuerst Trümmer wegräumen,
dann als Tippse beim Wohnungsamt. Mit der Reichsluftfahrt, wo ich bis zuletzt war, war es ja nu vorbei, aber die
Wohnung hatten wir bald ganz für uns, weil sechsundvierzig in dem schlimmen Winter Tante Pinchen starb und ich
wieder schwanger ... Nach vorne raus warn da anfangs
keine Fensterscheiben mehr, nur Pappe. Und undicht vom
Dach war es och. Und in dem schlimmen Winter nischt zu
heizen. Aber immerhin war es ne Bleibe, weshalb wir nich
nachem Westen rübergemacht haben, wo erst in Hannover,
dann in Hamburg die einzige Schwester von meinem
Wuttke – ja, die hieß Lise Neiffert, ihr Mann is in Rußland
geblieben – ne kleine Papierwarenhandlung betrieben hat.
War ne kinderlose Ehe. Deshalb hat sie mir och nich die
Jungs zurückgeschickt, als alle drei bei ihr auf Besuch warn

und denn dablieben, weil hier die Mauer kam, und alles war dicht hinterher. Aber eins muß man ihr lassen, Lise hat gesorgt für die Jungs: Teddy is Beamter in Bonn, Ministerial-rat... Friedel hat ne Buchhandelslehre gemacht und nennt sich in Wuppertal nu Verlagsleiter... Und unser Georg wär heute, wenn das mit dem Blinddarm nich passiert wär, bestimmt Major, wo er doch schon Anfang siebzig Starfigh-ters ausgebildet hat und wir deshalb... Gott, was haben wir nich alles versucht: Briefe und Telegramme. Ich wollte rüber und die Jungs zurückholen, durft aber nich. All die schlimmen Jahre lang durft ich nich. Aber als das passierte, wurde mein Wuttke krank, auf der Stelle. Wieder mal Ner-venfieber... Kein Arzt konnt helfen... Wurde schlimmer und schlimmer... Naja, das kennen wir schon...«

Jedesmal wenn sich Fontys Lage zuspitzte, was zumeist vor dem Hintergrund einer politischen Krise der Fall war, wurde er krank oder rettete sich in Krankheit, wie Emmi Wuttke behauptete. So muß es gewesen sein, als er 51, gleich nach dem fünften Plenum des ZK, seine Stellung als Grund-schullehrer verlor: wegen negativ-feindlicher Äußerungen zur damals verordneten Formalismus-Debatte; ähnlich rea-gierte er bald nach dem Arbeiteraufstand, als ihm sein Vor-trag über die achtundvierziger Revolution, samt Titel »Gegen Demokraten helfen nur Soldaten«, zusammengestri-chen wurde.

»Vier Wochen lang war er uns bettlägerig«, sagte Emmi. »Und kaum war die Mauer da und die Jungs drüben im Westen, hat er sich wieder langgelegt. Wieder vier Wochen. Und immer waren die Nerven kaputt.«

Gleichfalls nervenfiebrig legte er sich zu Bett, als er sich mit überspitzten politischen Nebenbemerkungen um die Position eines Kreissekretärs gebracht und dann den »Kul-turkrempel« ganz und gar hingeschmissen hatte. Und wie er

den Wechsel vom Vortragsreisenden zum Aktenboten bettlägerig überbrückt hat, so warf ihn nach jüngster Krise
nicht nur die verpatzte Schottlandreise aufs Krankenlager,
sondern auch der Zerfall des Arbeiter- und Bauern-Staates,
an dem er hing, den er sich altpreußischer gewünscht hatte,
dem er aber dennoch angehörte und dessen Geschichte vierzig Jahre lang seine Geschichte gewesen war, mitsamt ge-
doppeltem Vormärz, wiederholten Karlsbader Beschlüssen
und anhaltenden Abhängigkeiten. Jedenfalls mischte sich
all das in seinen Fieberphantasien. Mal lag er unruhig, dann
wieder apathisch. Schubweise redete er vor sich hin oder ver-
fiel atemlosem Schweigen; wie tot sah er aus.

Emmi Wuttke konnte damit umgehen. Als sie uns nach
dem Kaffeetrinken noch einmal ins Krankenzimmer ließ,
sagte sie: »Na klar! Das war zuviel auf einmal. Erst heißt es,
bald ist Schluß mit Aktenbote, weil nämlich die Einheit
kommt und der Laden dichtgemacht wird sofort, und dann
will er weg, einfach verduften, aber das klappt nich. Und nu
liegt er lang und fummelt immer am Ring rum, aber kriegt
den nich runter vom Finger. So is mein Wuttke nun mal,
muß alles immer noch schlimmer machen...«

Während der Rückfahrt nach Potsdam erinnerte sich meine
Kollegin an ein Briefzitat, nach dessen Wortlaut die historische Emilie im Jahr 1892 die schwere Erkrankung des
Unsterblichen – laut Diagnose Gehirnanämie – beschwört
und dem Sohn Friedrich berichtet: »Es ist nicht zu beschreiben, wie schwer es ist, mit dem armen Kranken zu leben, die
Tage sowohl wie die Nächte. Wir erwarten den Arzt, der
immer dringlicher von einer Nervenheilanstalt spricht.
Papa, der erst damit einverstanden schien, zeigt jetzt ein
rechtes Grauen, so daß ich nur in äußerster Not meine Einwilligung geben würde...«

Die Familie befürchtete geistige Umnachtung; wie Emmi Wuttke zu ihrer gleichfalls depressiv daniederliegenden Tochter gesagt hat: »Ihr endigt beide noch mal inner Klapsmühle, wenn ihr so weitermacht.« Und ähnliche Warnungen sprach Dr. Zöberlein aus, den man nach heftigen, von Schüttelfrost begleiteten Fieberanfällen aus der nahen Poliklinik gerufen hatte.

Als Hausarzt waren Zöberlein die reizbaren Nerven des Kranken seit Jahren vertraut. Anfangs meinte er, die Krise mit stärkeren Medikamenten eindämmen zu können. Doch als Fonty aus nachgelebtem Haß auf alles, was nach Apotheke roch, jegliche Medizin verweigerte, riet er zur Überweisung in eine der Nervenkrankheit entsprechende Abteilung der Charité. Noch lieber wäre ihm das Forschungszentrum Buch gewesen, dessen Anstalt »sogar im Westen hohen wissenschaftlichen Ruf genießt«.

Doch kaum war von »Anstalt« die Rede, rief Emmi: »Da kriegt ihr meinen Wuttke nich hin. Nur über meine Leiche!«

Und wie nach vorgeschriebener Rolle reagierte Fonty auf den ärztlichen Rat: Beim nächsten Besuch sahen wir ihn zwischen Fieberschüben abgrundtief niedergeschlagen. Selbst am Ringfinger wollte er nicht mehr zerren; und was seinem von elendigen Müdigkeiten, gastritischen Störungen und dem Nervenfieber geplagten Vorgänger immerhin gelungen war, lange Abschiedsbriefe zu schreiben, schaffte er nicht. Der Unsterbliche hatte vom Krankenlager aus seinem Brieffreund Friedlaender geklagt: »Man ist eben das gelbe Blatt am Baum um die Zeit, wo der Spätherbst einsetzt. Die Gesamtstimmung ist freudlos und macht einen jede Stunde von der Mißlichkeit der Sache überzeugt. Unbegreiflich, daß wir das Wertlose für so wertvoll halten und uns sträuben gegen das Abschiednehmen von Tand und Flitter...«

Dr. Zöberlein sagte, nun müsse die Selbstheilkraft helfen. Aus der Nachbarschaft kam Hilfe für Emmi. Inge Scherwinski, die als alleinerziehende Mutter dreier Gören zumindest am Vormittag Zeit fand, sprang ein. Als Martha Wuttkes Jugendfreundin aus gemeinsamen FDJ-Jahren kannte sie deren Anfälligkeiten. Ihre Diagnose hieß: »Dat is Migräne, da kann man nischt machen jegen, nur abwarten und bißken jut zureden.«

Also saß sie für ganze und halbe Stunden in Marthas abgedunkeltem Zimmer und plapperte von früher, von Ernteeinsätzen und Sommerlagern. Und da Inge Scherwinski gerne ihr feines Stimmchen zum Vortrag brachte, sang oder summte sie Martha mit Liedern in den Schlaf, die einst wachrütteln und den Aufbau des Sozialismus hatten fördern sollen.

Emmi legte ihrem Mann weiterhin kalte Kompressen auf. Diesmal war sie besorgter als bei verjährten Hinfälligkeiten, selbst wenn sie nicht viel auf Fontys Fieberreden gab, die keine Zeitordnung kannten. War es soeben noch die verpatzte Schottlandreise, die ihn über Hochmoore oder von Schloßruine zu Schloßruine trieb, verärgerte ihn plötzlich und mitten im Satzgefälle eine mißglückte Sommerfrische im Riesengebirge, wo die Familie keinen Schlaf finden konnte: »Mete nicht wegen ihrer nervösen Angstzustände, die meinen nicht unähnlich sind, Emilie nicht wegen der ewigen Stürme ...« Doch am ausgiebigsten sprach sich während der Fieberschübe die große Schreibkrise des Unsterblichen aus: das Innehalten inmitten der Arbeit an »Effi Briest«.

Mit Frau und Tochter hatte er sich nach Zillerthal bei Schmiedeberg zurückgezogen, um dort stadtmüde, bereits angeschlagen, doch folgsam auf Rat des Familienarztes Dr. Delhaes »andere Luft« zu suchen. Vergeblich saß er über den letzten Kapiteln, zweifelte an jedem Wort, zweifelte an sich. Jemand riet, sich in Breslau einer neuen Methode, dem Elektroschock, anzuvertrauen. Auch diese Strapaze brachte nichts außer Kosten. Verzweiflung, die noch beim fiebrigen Fonty nachklang: »So nehme ich Abschied von Effi; es kommt nicht wieder, das letzte Aufflackern, was bleibt, ist ein zu weites Feld . . . «

Man beschloß die Rückkehr nach Berlin, wo der Rat weiterer Ärzte eingeholt werden sollte. Schließlich ist es Dr. Delhaes gewesen, der, bei Verzicht auf jegliches Apothekenprodukt, den Fieberkranken wieder auf die Beine gebracht hat, indem er die an den Leiden der unglücklichen Effi entzündete Nervenkrise einfach wegredete: »Sind ja gar nicht krank! Ihnen fehlt nur die gewohnte Arbeit! Und wenn Sie sagen: ›Ich hab ein Brett vorm Kopf, die Puste ist mir ausgegangen, mit der Romanschreiberei ist es vorbei‹, nun, dann sage ich Ihnen: Wenn Sie wieder gesund werden wollen, dann schreiben Sie eben was anderes, zum Beispiel Ihre Lebenserinnerungen. Fangen Sie gleich morgen mit der Kinderzeit an!«

Das half, wie wir wissen. Während der Niederschrift des Buches »Meine Kinderjahre« genas der Unsterbliche; und bald danach war »Effi Briest« fertig. Fonty jedoch wurde nicht durch ärztlichen Rat aus dem Bett gescheucht, auch Frau und Tochter konnten sein Fieber nicht vertreiben; als schließlich Emmi erschöpft nach Bettruhe verlangte, war es Hoftaller, dem die gesundmachende Idee kam.

11   Mit gespitztem Blei

Ihre Stimmen entflechten, geduldig das überlappte Gerede aufdröseln – oft hörten wir Mutter und Tochter zugleich. In der Küche standen sie, eine gepaarte Front. Beide Frauen verschränkten in Abwehr die Arme vor oder unter der Brust. Nur an günstigen Tagen wurden wir in die gute Stube, den Poggenpuhlschen Salon, gebeten. Doch in der Küche wie im Salon kam für Besuch Kaffee auf den Tisch. Manchmal gab es Streuselkuchen oder Bienenstich dazu.

Die Frauen auf dem Sofa unter der gerahmten Schlacht von Großgörschen, wir in den Medaillonsesseln. Auch hier saßen sie mit verschränkten Armen. Inmitten der Sitzgruppe ein runder, einbeiniger Tisch, auf dessen Zierdecke außer dem Kaffeegeschirr eine Schale aus Karlovy Vary voller schrumpliger Äpfel stand und an eine lange zurückliegende Reise nach Karlsbad erinnern sollte.

Bei jedem Besuch mißtrauten uns Mutter und Tochter ein Weilchen. Beide hielten sich wortkarg, bis sie dann doch, weil wir geduldig blieben, zu reden begannen. Das war kein Plaudern, wie es Fonty liebte, mehr ein sich in Schüben befreiender Stau von Sätzen, Halbsätzen und vergrabenem Wortmüll, der plötzlich zutage trat. Sie redeten vor sich hin, unterbrachen, widersprachen sich: ein auf Dauer abgestimmtes Duett. Wir durften Stichworte geben.

Das Sommerlaub der Kastanie ließ dem Salon, dessen Fenster zum Hinterhof schaute, nur wenig gefiltertes Licht. Dämmerung schonte die Frauen, die, fettleibig die eine, hager die andere, von all den schweren Jahren – »Na, als es hier schlimmer und schlimmer wurde« – geprägt waren: grämlich und verhärtet.

Man mochte nicht zusehen, wenn sie sich aussprachen, und gleichfalls redeten Emmi und Martha an uns vorbei; nur selten hatten das Archiv und die Wuttkes einander im Blick. Mein Kollege suchte zumeist den brüchig gerahmten Großgörschenstich nach entsetzlichen Szenen und heroischen Details ab, mein Augenmerk glitt immer wieder zum Pfeilerspiegel, einem Möbel, das in fast allen Romanen Blickfang ist und »Trumeau« genannt wird. Zu den Vorlieben des Unsterblichen gehörte der von französischen Brokken und Floskeln durchsetzte Salonton, dem heute in allen Werkausgaben erklärende Fußnoten behilflich sein müssen; und wie zwangsläufig war von seinen Marotten die Rede, wenngleich es im Poggenpuhlschen Salon vordergründig um Theo Wuttke ging: »Im Prinzip lebt Vater alles noch mal durch, was längst schon verschütt ist...«

»Man denkt, draußen kutschieren se noch mit ner Pferdebahn. Und nur Petroleumfunzeln gibt's, kein bißchen Elektrisch...«

»Als er noch fiebrig geredet hat, kamen bloß olle Kamellen hoch, na, seine Effi und ihre Briefe, und wie sich der olle Briest rausredet jedesmal, wenn's knifflig wird...«

»So ist mein Wuttke. Wie sein Einundalles, genau, nie festzunageln, flutscht einem glatt weg...«

Da die Tochter rauchte, durften auch wir rauchen. Ähnlich waren die Frauen sich nur in ihren Dauerwellenfrisuren, die ein und denselben Friseur zum Urheber haben mochten. Gleichfalls familiär mutete ihre abwehrende Armhaltung an, die sie erst spät, doch nie ganz aufgaben. Schließlich redeten beide hemmungslos: »Man traut sich ja nich, muß aber endlich mal gesagt werden, daß man sich schämen gemußt hat, wenn unser Friedel uns Päckchen geschickt hat mit Schokoriegeln, Zahnpasta, Eiershampoo und sonst was drin, und wir nich mal danken durften. Überhaupt keine Briefe nich, nur heimlich...«

»Na, weil das Westkontakt und verboten war, weil nämlich die Sicherheit Vater als Geheimnisträger eingestuft hatte, schon immer, nicht nur als Aktenbote...«

Wir blieben eine gute Stunde. Im Hintergrund des Salons dunkelte das seit Jahren stumme Klavier, auf dessen Notenbrettchen unverrückt etwas von Chopin aufgeschlagen stand. Das war zu Beginn der Phase von Fontys Genesung, einige Wochen vor Marthas Hochzeit mit Heinz-Martin Grundmann. Natürlich wurde über die bevorstehende Eheschließung gesprochen, ohne daß wir viel fragen mußten. Martha sagte: »Wir sind beide nicht mehr die Jüngsten und haben uns das nun lang genug überlegt.« Doch dann tippten wir Probleme an, die die Wuttkes mit Fontys Tagundnachtschatten hatten.

»Nee, der kam uns nich inne Wohnung. Jedenfalls anfangs nich. Nur als es schlimmer und schlimmer wurd...«

»Ne Ausnahme gab's erst mal nur für Sie, na, weil Sie vom Archiv sind. Außerdem wär zuviel Krankenbesuch für Vater bestimmt zu anstrengend gewesen.«

»Weil unsre Martha och noch bettlägrig wurd. Das war schon immer so, wenn mein Wuttke schlappmachte, dann sie gleich mit...«

»Hab aber trotzdem gehört, wie er dich weichgekriegt hat...«

»Jeden zweiten Tag geklingelt, richtig unverschämt. Was wollt der überhaupt? Aber nich mal inne Küche hab ich ihn reingelassen...«

»Was der gewollt hat? Na horchen, gucken. Weshalb ich gerufen hab: ›Laß den bloß nicht rein, Mutter!‹«

»Is ne alte Geschichte. Die kennen sich beide nämlich schon lang. Weiß nich, ab wann genau. Mein Wuttke läßt da nix raus, und ich frag nich viel...«

»Jedenfalls waren die schon Kumpels im Krieg, als Vater,

der ja nie richtig an die Front kam, sein Zeug geschrieben hat, aussem Generalgouvernement, aus Dänemark auch, aber meistens aussem besetzten Frankreich. Genau! Sie sagen es. ›Historische Rückblicke‹ hat er das genannt. Muß ziemlich mies gewesen sein, nicht richtig faschistisch, aber Propaganda war das schon, daß man sich immer noch schämen muß. Fragen Sie Mama, die weiß da mehr...«

»Achgottchen, blutjung waren wir und hatten von nichts ne Ahnung, von dem Schlimmen, das hinterher rauskam, daß ich mich heut noch schäm. Doch als ich gleich nach meiner Lehre zur Reichsluftfahrt kam und bei Major Schnöttker im Vorzimmer saß, hab ich andre Sachen im Kopp gehabt, weil ich verliebt war in meinen Wuttke. Den hätten Sie sehn solln: So schmal war der. Jedenfalls haben wir uns heimlich verlobt. Nur Tante Pinchen wußte. In Oppeln hatten die keinen Schimmer. War ja grad neunzehn erst. Und gefeiert haben wir im Café Schilling am Tauentzien.«

»Typisch! Mama will wieder mal nix von dem Kerl sagen, der damals schon seine Finger überall drin und Vater kein bißchen Ruhe gegönnt hat...«

»So schlimm war es nun och wieder nich. Und außerdem hat mein Wuttke immer gewußt, wie man dem aus dem Weg geht, wenn er auf Urlaub kam und wir es schön hatten und ausgingen, ›Haus Vaterland‹ und so. Aber das Schönste waren seine Briefe. Sind leider verbrannt alle, weil ich die, als hier immer mehr Bomben, sicherheitshalber nach Dresden zu meiner Freundin Erika geschickt hab, an die hundert Briefe in zwei Paketen... Alle futsch, weil bei dem Feuersturm... Und alle Straßen voll Flüchtlinge aus Schlesien... Jedenfalls hat mein Wuttke, wenn er schrieb, immer Gedichte reingelegt, eigne und fremde. Wußt aber nie genau, was von ihm is, was nich. Waren gereimt alle... Eins hieß, weiß ich noch: ›Beim Rudern‹... Was aber den Kerl angeht, na, sein Beschatter, der konnt manchmal richtig unheimlich werden...«

»Genau! Schon als Kind hab ich das mitgekriegt, wenn ich mit Vater auf Vortragsreise war, in Potsdam, Cottbus, sogar in Neuruppin. Da tauchte der immer auf. Hab aber nix kapiert im Prinzip und ihm sogar, dußlig, wie ich war, Berichte geschrieben, na, wissen Sie ja, wie Schulaufsätze, über alles, was hinterher bei Kaffee und Kuchen beim Kreissekretär geredet wurde. ›Wachsam sein!‹ hieß das bei den Jungen Pionieren. ›Der Klassenfeind schläft nicht!‹ War alles harmlos, was ich geschrieben hab, schäm mich aber trotzdem. Stoppelkopp hab ich ihn genannt, und Vater hat gelacht dazu...«

»So lief der schon damals bei der Reichsluftfahrt rum: Haare auf Streichholzlänge. Hat sich überhaupt nich verändert seitdem. Hieß aber anders...«

»Und konnt wegen nix lächeln, immer schon...«

»Wir ahnten natürlich, och Major Schnöttker, daß der irgendwie zum Prinz-Albrecht-Palais gehörte...«

»Paß bloß auf, hab ich später zu Vater gesagt. Wenn du nicht aufpaßt, hat der dich bald am Haken. Das roch man doch, daß dem seine Adresse Normannenstraße hieß. War sogar mir klar, selbst wenn ich ab Mitte Siebziger Genossin gewesen bin und mich geschämt hab vorm Parteikollektiv, wo ich hinzitiert wurde, weil Vater wegen dem Schreihals, der hier nicht singen durfte, ne Lippe riskiert hat und dann später keine Vorträge mehr, nur als Aktenbote noch...«

»Ach, wissen Se, unsre Martha war einfach verblendet, wie man heut sagt. Aber mein Wuttke, der hat gewußt und trotzdem mit seinem Geläster immer alles noch schlimmer gemacht. Deshalb wurd er den Kerl nich los, bis heut nich. Is richtig abhängig geworden, wegen Gefälligkeiten von früher. Denn paarmal hat er geholfen, wenn es ganz schlimm wurd. Aber genau weiß man nich: Schützt er ihn, oder legt er ihn rein...«

»...weil Vater darüber kein Wort sagt. Und wenn er was rausläßt, dann um drei Ecken rum, na, Sie kennen das ja:

achtundvierziger Revolution, die Märzgefallenen... Und immer so, als ob er auf Barrikaden mit ner Flinte dabeigewesen ist. Alles reine Phantasie, aber Mama, die ihn gepflegt hat, als er mit Fieber lag, glaubt manchmal selber...«

»Das hätten Se hören und mitschreiben sollen, was mein Wuttke geredet hat, alles durcheinander, nich nur Revolution, wo er Glockenläuten gewollt hat, och sein Gerede mit lauter Figuren von anno dazumal. Immer direkt, als hätt er diesen Friedlaender oder ne andre wildfremde Person bei sich auf der Bettkante gehabt: ›Mein lieber Lepel!‹ Den hat er anpumpen gewollt, und zwar um zweihundert Taler, als wenn Kaiser Wilhelm noch immer das Sagen hätt. Und manchmal tut er so, als ob die Straßen und Schulen nich nach seinem Einundalles, sondern nach ihm benannt sind, daß man denkt, er tickt nich richtig und muß inne Anstalt...«

»Hör damit bloß auf, Mutter! Sonst passiert noch was...«

»Ich sag nur, was is. Denn angefangen hat alles schon früher. Als Soldat noch nich und gleich nachem Krieg och nich, erst beim Kulturbund is er durchgedreht völlig...«

»Mama regt sich auf darüber, ich nicht. Tut ja niemand weh. Geklatscht haben die Leute, wenn er auf Vortrag war. War dabei, oft genug. Und hab als Kind dicke angegeben, weil sie Vater als Kulturaktivist mit ner Ehrennadel dekoriert haben und er mit Bild inner Zeitung stand. Und im Prinzip wär das vielleicht auszuhalten gewesen, wenn nicht dieser Stoppelkopp...«

»›Mein altvertrauter Kumpan!‹, wie mein Wuttke zu dem Stinktier sagt...«

»Der läßt sich nicht abwimmeln, der kommt immer wieder. ›Genossin‹, hat er gesagt und dabei gegrinst. ›Sie wollen mir doch nicht etwa grundsätzlich einen Besuch bei meinem kranken Freund ausschlagen? Das hätte Konsequenzen, Genossin! Ich meine, so kurz vor der Hochzeit. Sie wissen ja, wir können auch anders. Ein Blick in Ihre Kaderakte, Genossin...‹«

»Dabei is unsre Martha rechtzeitig raus, voriges Jahr schon im Frühling, als es die Partei noch gab...«

»Genau! Und in diesen schrägen Nachfolgeverein kriegen mich keine zehn Pferde. Da kann dieser Gysi noch so witzig... Das ist vorbei... Für immer...«

»Und deshalb ließ ich ihn nich inne Küche rein...«

»Als der kam und klingelte, lag ich ja flach...«

»Wärst bloß nich aufgestanden...«

»Nur weil du geschrien hast: ›Martha, komm!‹, bin ich...«

»Na, weil er mit Anstalt und Einliefern gedroht hat...«

»Und wissen Sie, was dieser Stoppelkopp uns mitgebracht hat? Blumen, nen Strauß Sommerastern, genau...«

Als Hoftaller endlich zugelassen wurde, war Martha nur noch halbtags bettlägerig. Sie konnte Emmi, die von der Doppelpflege erschöpft war, für einige Stunden ablösen. Und manchmal kam Inge Scherwinski zur Aushilfe. Sie putzte die Küche, wechselte die Bettwäsche, lüftete und trällerte sich von Zimmer zu Zimmer.

Mittlerweile war der Juli vergangen. Sommerhitze lag auf der Stadt. Hoftaller roch verschwitzt, als er auf Krankenbesuch kam. Und diesen Geruch nahm er mit, als ihm Emmi die Tür zur Studierstube öffnete: »Aber daß Sie mir meinen Wuttke nich aufregen...«

Fonty lag mit geschlossenen Augen. Sein Besucher sagte uns später: »Er hätte tot sein können, so abwesend sah er aus.« Selbst als Hoftaller einen Stuhl heranzog und sich neben das Bett setzte, blieben die tief eingefallenen Augen geschlossen. Der Ausdruck des Kranken war so beständig, daß jemand mit zeichnerischem Können und schneller Kreide – der Maler Max Liebermann – mehrere Skizzen hätte hinwerfen können, zumal die Hände des Scheintoten wie auf immer zur Ruhe gekommen waren: Knochig lagen sie auf der Bettdecke, selbst der Ringfinger wollte nicht zucken.

Dennoch schien Fonty sicher zu sein, daß ihn sein Tagundnachtschatten besuchte. Ohne sich einen Augenblick lang vergewissern zu müssen, sagte er mit matter, leicht zitternder Stimme: »Diese Hitze, Tallhover. Sollten endlich Ferien machen. Gehen wohl nie in die Sommerfrische? Hab ich schon immer gesagt: Den Juli, August über soll man raus aus Berlin. Wir waren ja diesmal im Riesengebirge, hat aber nichts gebracht, die andere Luft. Half sonst gegen deprimierte Stimmung, jedenfalls manchmal. Nun soll ich ab in die Nervenabteilung, hat Delhaes geraten. Dagegen müssen Sie was tun, Hoftaller, Einspruch, sofort, denn dieser Arzt aus der Poliklinik, Zöberlein heißt er, der wollte mich auch partout weghaben: ab nach Buch in die Anstalt. Will aber nicht. Besser hier rumbibbern als da ruhiggespritzt liegen. Außerdem ist zuviel unfertig. Muß nochmal an Effi ran und Kessin, was ja Swinemünde ist: das Bollwerk, das himmelblau angestrichene Haus, mein Versteck unterm Dach im Holzgebälk, wo mich keiner je aufgestöbert hat, auch die Jungs aus der Nachbarschaft nicht. Hör noch, wie Vater am Sonntag, wenn Besuch da ist, mit seinen Gasconnaden brilliert, so daß Mama sich wieder mal schämen muß...«

Hoftaller hörte mit seitlich geneigtem Kopf zu. Sein Lächeln hatte er mitgebracht, dazu ein Päckchen, das er unausgepackt auf den Knien hielt. Eine Weile schwieg Fonty bei geschlossenen Augen, dann kam er wieder ins fiebrige Plaudern. Verkettete Namen, Preußens Adel, immer wieder die Bredows, längst vergessene Tunnelbrüder, Hesekiel, Scherenberg, Kugler, siegreiche Regimenter bei Gravelotte und Mars-la-Tour, oder es mischten sich Nachwahlen zum Reichstag – »Der Feilenhauer Torgelow siegt!« – mit

Volkskammerwahlen – »Diese ledernen neunundneunzig Prozent!« – und achtundvierziger Barrikadenlyrik: »Viel Geschrei und wenig Wolle!« All das ging kommalos in Alexanderplatz-Reden über: »Nur der Feigling ist immer ein Held. Doch selbst die tapfersten aller Genossen machen heut Zugeständnisse: Die Bürger kommen! Die Bürger kommen! Sie werden den Arbeiter- und Bauern-Staat retten ...«

Dann aber verlor er sich in einem Lamento, das ihn zum wiederholten Mal als ständigen Sekretär der Akademie der Künste vorführte. Zwar war nur Hoftaller da, doch meinte Fonty, seine Beichtmutter und Brieffreundin Mathilde von Rohr am Krankenbett zu haben: »Sehe mich in beklagenswertem Zustand. Bin jetzt dreieinhalb Monate im Dienst. Habe in dieser ganzen Zeit auch nicht eine Freude erlebt. Alles verdrießt mich. Alles verstimmt mich. Alles ekelt mich an. Fühle deutlich, daß ich gemütskrank, schwermütig werde. Habe furchtbare Zeiten durchgemacht, namentlich in meinem Hause. Meine Frau ist tiefunglücklich, und von ihrem Standpunkte aus hat sie recht. Andererseits soll mir die Akademie ... Dann besser doch Aktenbote im Haus der Ministerien ... Dieser Lump Hitzig ... Neulich mit ihm im Paternoster ...«

Er brach ab. Die Augäpfel unruhig unter geschlossenen Lidern. Der zuckende, vom Schnauzbart überfusselte Mund. Adern, die an den Schläfen hervortraten. Dann aber begann er, weil Hoftaller sich lächelnd still verhielt, so zu reden, als säße Emilie, die geborene Rouanet-Kummer, am Krankenbett und müsse beschwichtigt werden: »Was soll das heißen: ›So habe ich mir unsere Zukunft gedacht!‹ Nur weil bei deiner Schwester zwei Flaschen Medoc à zwölf Silbergroschen auf den Tisch gekommen sind? Und machst dazu ein böses Gesicht, weil ich zu Preußens Akademie Lebewohl gesagt habe und den Moment ersehne, wo ich aus diesem wichtigtuerischen Nichts, das mit Feierlichkeit bekleidet ist, wieder heraus sein werde? Du sagst, die Welt verlangt nun mal ihre Götzen. Meinetwegen, wenn ich nur nicht mit anbeten brauche. Will nicht nach jeder Geheimratspfeife... Ist mir egal, wie das Parteikollektiv beschließt... Fahre wohl, Sekretariat! Muß auch ohne die Plackerei beim Kulturbund gehn... Requiescat in pace! Der Mensch gewöhnt sich eben nicht an alles... Soll ich etwa vor diesem Kant, der nur zufällig so ehrenhaft heißt, katzbuckeln? Oder dieses Amt, trotz Krach mit Hitzig... Nein! Außerdem ist eine Fülle neuer Arbeit angefangen...«

Jetzt erst, als habe er sich selbst einen Befehl zugerufen, schlug Fonty die Augen auf, die aber nicht wie üblich wäßrig schimmerten, sondern trocken und fiebrig glänzten. Er sah sich um. »Was gibt's, Hoftaller?«

Kaum aufgetaucht, war er gegenwärtig. Er griff sich in den Mund, fingerte seine Prothesen ab, war zufrieden und hatte sogar Scherze parat: »Keine Zigarre mehr im Gesicht? Ohne Nachschub aus Kuba? Oder ist etwa der Paternoster zum Stillstand gekommen? Rumpelt nicht mehr rauf runter. Und wie ist die Aktenlage? Fehlt was? Oder klappt es nicht mit der Einheit, ruckzuck, wie gewünscht?«

Hoftaller nahm sein Lächeln nur vorläufig zurück. Mit dem länglichen Päckchen auf den Knien, berichtete er dem Kranken Alltäglichkeiten: wie rasch sich das neue Geld verbrauche, wie zupackend der Westen um sich greife, wie zügig »der Mann mit den Ohren« die Vierpluszweigespräche vorantreibe; wie rechtzeitig man am Runden Tisch beschlossen habe, eine Treuhandanstalt zu gründen: »Naja, für das Volkseigentum!« Doch wie mit den Akten in der Normannenstraße umgegangen werden solle, wisse man nicht. Das aber sei nicht seine Sorge. Ihm gehe es bestens. An Zigarren vorerst kein Mangel. Und da der Westen an Personen mit zeitlos übergreifender Erfahrung Interesse zeige, falle tagtäglich neue Arbeit an: »Die Kollegen von drüben brauchen Leute mit Durchblick.«

Und dann breitete Hoftaller einige Fälle aus: kleine Fische vom Prenzlauer Berg, Lychener Straße; den sozialdemokratischen Fall Ibrahim Böhme; und den noch bevorstehenden Fall eines musikalischen Rechtsanwalts, der Ministerpräsident wurde und den Fonty einen »verspäteten Calvinisten« genannt habe. »Gibt ne Menge Vermutungen, die man zum gegebenen Zeitpunkt bis zur Tatsächlichkeit erhärten muß. Wird vorläufig noch geschont, weil ihn der Kanzler demnächst für Unterschriften benötigt. Aber dann ist er dran. Wir leben nun mal in ner schnellebigen Zeit. Wer da zu lange das Bett hütet, der wird sich verspäten. Sie wissen ja, Fonty, wer solche Verspätung bestraft. Nun? Immer noch nervlich am Ende? Oder wollen wir langsam wieder gesund werden?«

Als der Kranke mit einem Lächeln, das wie endgültig auf Abschied gestimmt war, antwortete und dabei die Hände ein wenig von der Bettdecke hob, um sie sogleich wieder sinken zu lassen, holte Hoftaller aus vielstöckig tiefem Gedächtnis Trost und guten Rat herbei: »Bin ja kein Unmensch und will nicht drängeln. Ahne, wie Ihnen zumute sein muß. Weiß ja, daß schlecht scherzen ist, wenn einen das Gastritisch-Nervöse gepackt hat: Jeder Vogel krächzt nur noch Mißgeschick, an allem knabbern die Mäuse, in jedes Wässerchen münden Abflußkanäle. Und doch, Fonty, muß es weitergehn. Sind doch sonst fürs Positive! Sind doch immer wieder, ob zu Zeiten des Schwefelgelben oder zur Zeit des sächsischen Spitzbartes, auf die Beine gekommen. Und hat nicht dazumal der Hausarzt dem Unsterblichen, der aufgeben wollte, dem seine Effi entschwunden und alle Romanschreiberei nichtsnutz zu sein schien, nen prima Rat gegeben und ihn, den Dauerkranken, sozusagen am Hemdzipfel gepackt und mit nem anspornenden Auftrag aus dem

Bett getrieben? Wie wär's, wenn ich mal den Onkel Doktor spiele. Kleiner Vorschlag: Sie bringen Ihre Kinderjahre, von mir aus in gedoppelter Ausführung, zu Papier; und ich sorge für Publikum. Könnte ein längerer Vortrag werden. Gibt ja noch immer ne Menge Kulturbundhäuser, die belebt werden wollen, bevor man sie schließen wird. Muß ja nicht hier in Berlin sein. Könnte mir Potsdam, Neuruppin oder sogar Schwerin vorstellen, wo demnächst das Fräulein Tochter als Frau Grundmann Wohnung beziehen will, Seelage, beste Adresse. Also, wie heißt Ihre Devise: Freiweg! Am besten ist, morgen gleich anfangen. Wir wollen doch nicht schlappmachen, oder?«

Fonty sagte uns später, Hoftaller habe gegen Schluß seines Appells stehend gesprochen, dann aber, nach letztem Wort, sein Mitbringsel ausgepackt. Das längliche Päckchen enthielt ein Dutzend grün lackierte Faber-Castell-Bleistifte und einen Anspitzer.

Sogleich begann Fonty auf der Bettdecke mit den Stiften zu spielen. Er legte sie in Reih und Glied wie Soldaten. Aus zwölf Grünlackierten formierte er vier Kompanien. Er bildete Buchstaben aus den Stiften: das große A, das große M, das große Z. Ein ganz großes E sollte wohl Effi bedeuten. Er erlaubte ihnen, in schöner Unordnung zu liegen, und genoß die fein abgestimmten Töne, sobald er alle zwölf hölzern auf dem rechten Handteller hüpfen, tanzen, einander bedrängen ließ. Dann nahm er jeden einzelnen Bleistift, hielt ihn in Schreibhaltung und kritzelte in die Luft: Wort nach Wort, kurze und lange Sätze, Zitate und Eigenes, Blatt auf Blatt, darauf viel geplauderte Rede, in Gänsefüßchen gesetzt. Wir stellen uns Anfänge vor: »Als mir es feststand, mein Leben zu beschreiben...«, dann: »Das erste Kapitel ist immer die Hauptsache, und in dem ersten Kapitel die erste Seite, beinah die erste Zeile...« und danach: »Bei richtigem Aufbau muß in der ersten Seite der Keim des Ganzen stecken...« So sehr gefiel ihm das schier unerschöpfliche Geschenk, die »Russischgrünen«, wie Fonty das Dutzend Bleistifte nannte.

Als Hoftaller das Fenster der Kammer zum Hof geöffnet und etwas lauwarmen Sommer eingelassen hatte, sagte der Kranke auf dem Weg zur Genesung: »Habe ja eigentlich noch genug Stifte vom letzten Ausverkauf mit dem alten Geld vorrätig. Aber die hier machen was her. Sind Weststifte mit Goldschrift drauf. Gold auf Grün. Hübsch, die Waage als Signum. A.W. Faber-Castell 9000. Und die richtige Schreibstärke: 3 B! Nicht zu hart, nicht zu weich für das jüngste Kind meiner Laune. Haben ja keine Ahnung, Hoftaller, was in solch einer Bleimine alles drinsteckt. Entwürfe zuerst, ob Brief oder Novelle. Ganze Romane oder Lebensläufe: das Glück und das Unglück in Fortsetzungen. Immer frisch angespitzt bis runter zum Stummel. Denn sogar mit dem Stummel kann man, wenn es denn kommt und nicht nur drippelt, ein kurzes Zwischenkapitel hinkritzeln. Und dann der nächste Stift... Für die Reinschrift wird meine Emilie sorgen... Zwar liegt mir nur wenig an Unsterblichkeit, diesem, wie bei Schiller, perpetuierlichen Lorbeerzustand, aber haltbar muß es schon werden, was, Tallhover! Spielen mir hier den Doktor Delhaes vor. Weiß schon, gibt keine Ausrede mehr, denn mit Papier haben wir uns rechtzeitig eingedeckt – kann ja wieder mal knapp werden...«

Wir wissen, daß Hoftaller nur noch ein halbes Stündchen geblieben ist. Sie sollen von alten Zeiten geplaudert haben. Doch während ihnen preußische, schottische, wilhelminische, dann großdeutsche und zwischendurch immer wieder realsozialistische Anekdoten eingefallen sein mögen, hörte Fonty nicht auf, mit den westlichen Bleistiften zu spielen: Er legte sie Dreieck auf Dreieck verkantet, dann Viereck auf Viereck. Ein Anschein von Glück lag auf dem Spiel.

Ob bei diesem Geplauder ohne Rücksicht auf geschwundene Zeit abermals die Kinderjahre angetippt worden sind, wissen wir nicht, vermuten eher, daß Hoftaller immer wieder Situationen in Erinnerung gebracht hat, in denen Tallhover aktiv wurde, zum Beispiel jene verquere Lage, in die sich der Luftwaffengefreite Theo Wuttke ab Frühjahr 43 leichtfertig hineingeschrieben haben soll.

Es hieß, er habe nicht nur durch Kurierdienst, wenn auch unwissentlich, zum Widerstand beigetragen, sondern sich zudem durch Briefwechsel mit hochgestellten Offizieren belastet, unter ihnen einige, denen später das mißglückte Attentat zum Verhängnis wurde. Zwar habe der Wortlaut der Briefe an Adlige preußischer Herkunft – solche mit klangvollsten Namen – nichts Konspiratives preisgegeben, denn immer nur hätten Rückbezüge auf gleichnamige Adlige im literarischen Werk des Unsterblichen eine Rolle gespielt, doch soll Tallhover Mühe gehabt haben, den Kriegsberichterstatter vor Freislers Volksgerichtshof zu bewahren; schließlich kam der private Vielschreiber davon, während einige seiner Briefpartner, unter ihnen ein Generalfeldmarschall, ihr Ende durch den Henker in Plötzensee fanden.

Es kann aber auch sein, daß beide nur harmlos geplaudert haben, denn Emmi Wuttke, die in der Küche mit ihrem Blasentee saß, hörte immer häufiger Fontys helles, schon wieder jünglingshaftes Lachen. Sie klopfte an die Zimmertür der bettlägrigen Tochter, klopfte sie aus dem Bett. Emmi und Martha hörten das Gelächter, wie es auflebte, Mal um Mal. Soviel Heiterkeit rief beide in die Krankenkammer, die bald wieder Studierstube sein sollte. Mutter und Tochter fanden einen Genesenden vor, der mit hübsch grünlackierten Bleistiften spielte und dessen heilender Arzt Hoftaller hieß.

Der sagte: »Ganz schön munter, unser Sorgenkind, nicht wahr? Doch nun will ich nicht länger stören.«

Anderntags saß Fonty am Schreibtisch. Er wollte die neuen Stifte ausprobieren, eine knappe Stunde lang nur. Danach füllte er Blatt nach Blatt, Tag um Tag. Ein aus Militärdecken genähter, seit Kriegsende verfilzter Morgenmantel von unbestimmter Farbe kleidete ihn. Er schrieb über des Meisters Stil, über das Dialogische und die anekdotische Kleinmalerei, über raffinierte Aussparungseffekte und dann über die konsequent durchgeführte Erzählhaltung, belegt mit betont englischem, auf Scott oder Thackeray zurückweisendem Zitat: »To begin with the beginning.« Danach kam er auf das Motto des seine Kinderjahre ausbreitenden Unsterblichen: »...in den ersten Lebensjahren steckt alles...« und fand so Gelegenheit, seine frühe Neuruppiner Zeit, als Sohn des Steindruckers Max Wuttke, mit der hundert Jahre zuvor durchlebten Zeitweil seines Vorgängers, dessen Vater Apotheker gewesen war, zu vergleichen und bald so übergangslos zu vermischen, daß wir vom Archiv Mühe gehabt hätten, überall dort das Original vom Abklatsch zu trennen, wo Fonty mit zwei Spiegeln zugleich hantiert hat.

Anfangs ging es noch. Der Apotheker Louis Henri und dessen Frau Emilie, die gerne betont hat, Tochter eines Seidenfabrikanten namens Labry gewesen zu sein, hoben sich, dank ihrer hugenottischen Herkunft, deutlich von der Wuttkeschen Stammlinie ab, die eher in Richtung germanisiertes Westpreußen wies; doch immerhin hieß Fontys Mutter Luise, genannt nach jener Königin, bei der des Apothekers Vater, Pierre Barthélemy, anfangs als Zeichenlehrer und später im Rang eines Kabinettsekretärs tätig gewesen war, wobei er allerdings den Spott des Bildhauers Schadow provoziert hat: »Er malt schlecht, spricht aber gut französisch.«

Zwar war Luise Wuttke eine geborene Fraissenet, was immerhin hugenottisch klang, dennoch blieb im Herkommen der Wuttkes einiges dunkel, denn väterlich großmütterlicherseits verlief sich eine Linie im Sächsischen. Bald aber gelang es, ein gemeinsames, zudem farbgesättigtes Feld abzustecken, auf dem Fonty in jeder Richtung zu Hause war. Da schon den Unsterblichen während früher Kindheit die weit verbreiteten »Neuruppiner Bilderbögen« geprägt hatten und der Steindrucker Max Wuttke in Gustav Kühns Werkstatt immer noch jene Blätter von Solnhofer Steinplatten abzog, die bereits vor hundert Jahren im Handel gewesen waren, lagen weitere Möglichkeiten offen, mit eiligem Blei die Zeit aufzuheben und eine Neuruppiner Spezialität mit Anekdoten anzureichern: Kinderarbeit in Kolorierstuben, Lithographengeheimnisse, Bilderbogengeschichten.

Überhaupt reizte das Städtchen im Ruppiner Land zu Vergleichen. Wie sah es hier zu Beginn des neunzehnten Jahrhunderts nach dem großen Brand aus und wie in den zwanziger Jahren unseres Jahrhunderts, das demnächst ausläuft? Die Garnisonstadt bot mit traditionellen Regimentern und weitläufigen Kasernenanlagen von Krieg zu Krieg fließende Übergänge bis hin zur Reichswehr und dem Panzerregiment Nr. 6. Auch hatten die Schinkelkirche und das zentral gelegene Gymnasium die Zeit überdauert. Nahezu unverändert war der See geblieben, an dessen Ufer sich Neuruppin, schräg gegenüber von Altruppin, hinstreckte und auf dessen Wasser ein Dampfer bereits im Jahr 1904 den Namen des Unsterblichen zu weitentlegenen Ausflugszielen getragen hatte: durch den Lauf des Rhin zum Molchow- und Tornowsee. Wie von einer holsteinischen, mecklenburgischen oder kaschubischen Schweiz konnte man, was die Seenkette betraf, von einer Ruppiner Schweiz schwärmen.

Fonty genoß es, die Gerüche der väterlichen Löwenapotheke in der Friedrich-Wilhelm-Straße, die später auf unbestimmte Zeit Karl-Marx-Straße heißen sollte, mit den Gerüchen des väterlichen Arbeitsplatzes in der Kühnschen Lithographiewerkstatt zu mischen: Salmiak und Gummi arabicum, Lebertran und Druckerschwärze. Mit neuem, immer wieder nachgespitztem Bleistift ließ er den einen wie den anderen Vater aus jeweils großen Kriegen, dem befreienden gegen Napoleon, dem gegen die ganze Welt verlorenen, heimkehren, auf daß sie, kaum abgemustert, heirateten und Söhne zeugten, die am gleichen Tag ans Licht kamen, wenngleich in hundertjähriger Distanz.

Spielte sich das Vorleben des einen Sohnes in einer geräumigen Beletage-Wohnung nahe dem Rheinsberger Tor ab, blieb im engen Arbeiterquartier Ecke Fischbänkenstraße, Siechenstraße für den nachgeborenen Sohn nur wenig Spielraum. Der eine erlebte das zum Haushalt gehörende Schweineschlachten, lief entsetzt davon und ruhte erst außerhalb der Stadt auf einem Hügel, der, zu seinem weiteren Entsetzen, vormals der Galgenberg gewesen war; dem anderen stanken zeitlebens die Fische, selbst wenn sie fangfrisch waren.

Das aber hatten sie gemein: Wie jenem lange blonde Locken auf die Schultern fielen –»weniger zur eignen, als zu meiner Mutter Freude…« –, litt der andere unter blonder, nur seiner Mutter erfreulicher Lockenpracht. So kam es, daß beide in den ersten Schuljahren als »Engelsköpfchen« gehänselt wurden und beim morgendlichen Kämmen regelmäßig zu Tränen kamen. Und in beiden Fällen schmerzte die »rasche Hand« der Mutter. Auch sonst wurde geprügelt, wenngleich »der Lehrer Gerber« in der Neuruppiner Klippschule von seinem Namen keinen Gebrauch machte, während in der Volksschule allmonatlich der Rohrstock erneuert werden mußte. Beide Söhne betonten jedoch vor allem die Strenge der Mütter: Emilie und Luise bewiesen ihre Liebe durch Entzug.

Kleinmalerei und Gedächtniskrümel: indem sich Fonty nie aufdringlich, eher hinter diskreter Verkleidung in Vergleich brachte und wie auf Bilderbögen den Zeitverlauf raffte, hier sprang, dort auf der Stelle trat und dennoch mit den geschenkten Westbleistiften die frühen Neuruppiner Jahre kaum stockend niederschrieb, begann und bestätigte sich der Prozeß seiner Genesung. Frau und Tochter sahen dem staunend zu. Die Nachbarin Scherwinski sprach mit katholischen Wendungen von einem wahren Wunder. Martha Wuttke entschloß sich, ihre Nervenreizung gleichfalls abklingen zu lassen. Emmi ging vom Blasentee zum Milchkaffee über. Und wir vom Archiv erlebten bei Krankenbesuchen nur noch Gesundung und ein wachsendes Manuskript. Selbst Hoftaller, der neuerdings freien Zutritt hatte und jeden zweiten Tag vorbeischaute, war verblüfft von der wirkenden Kraft der Russischgrünen, die von der Nürnberger Firma Faber schon zu Zeiten des Unsterblichen als genormte Stifte auf den Markt gebracht worden waren.

Natürlich saß der Genesende von Büchern umgeben. Links und rechts vom Stoß dicht beschriebener Blätter stapelten sich die Werke des Meisters, verlegt beim Aufbau-Verlag und ergänzt durch die Taschenbücher der Nymphenburger Edition, zudem die Reutersche Biographie, zweibändig und bebildert, mit Merkzetteln gespickt und greifbar für querverweisende Zitate. Und da in dem Band »Kinderjahre« bereits alles angelegt war, konnte Fonty weitere Parallelen ausreizen: Weil zum großen Feuer, bei dem die Scheunen vorm Rheinsberger Tor in Flammen aufgingen, ein Großbrand hinzukam, bei dem, Mitte der zwanziger Jahre, ein Holzlager am Stadtrand samt Sägewerk zunichte wurde, wirkte sich diese Frühprägung nicht nur in etlichen Novellen, Romanen und Gedichten aus; dem Chronisten von Brandkatastrophen und kleineren Bränden wurde ein Vortrag behilflich, der den Kulturbundreisenden Theo Wuttke schon Anfang der sechziger Jahre republikweit bekannt gemacht hatte und dessen Titel »Die Feuersbrünste in des Unsterblichen erzählerischem Werk« alles mögliche, sogar die Enthüllung der sonst sorgsam verdeckten Liebesbrunst versprach.

Bei solch kühner Sprungtechnik ließ sich zwanglos von Grete Minde und der brennenden Stadt Tangermünde auf Ebba von Rosenberg und den Kaminbrand in einem dänischen Schloß kommen. Beleuchtet vom Flammenspiel wurde Frankfurts brennende Oderbrücke in Szene gesetzt. Und Lenes Liebesbriefe, die der schwache Botho verbrannt hat, ließen sich in Beziehung zu den verräterischen Episteln von Crampas' Hand bringen, die das Dummerchen Effi leider nicht in den Ofen gesteckt hatte. Das alles war Zunder seit dem frühen Scheunenbrand und dem abgefackelten Sägewerk; das und noch mehr prasselte, brach funkenstiebend zusammen, wurde zu Asche oder ragte noch lange mit verkohlten Balken in das Vorratslager gemischter Erinnerungen.

Kein Wunder, daß Fonty darüber gesund wurde. Und dennoch waren seine Besucher, zu denen bald einige der jungen Poeten vom Prenzlauer Berg gehörten, verblüfft, ihn so tätig, sprühend, ja, glücklich am überladenen Schreibtisch vorzufinden. Wir waren weniger überrascht, doch jene zwei jungen Männer, die sich trotz gleichbleibend lastender Sommerhitze schwarzgekleidet bedeckt hielten, konnten nicht begreifen, wie es Fonty gelang, bei annähernd finalem Weltzustand so fröhlich zu sein. Während ihre der puren Literatur geweihten Stammlokale in der Lychener Straße von der Vergangenheit eingeholt, schlimmer noch, preisgegeben und rückwirkend entblößt wurden, war in des Genesenden Studierstube alles Vergangene goldeswert. Sie, die gänzlich verhagelt und jedem Verdacht ausgesetzt auf Fontys leerer

Bettstatt hockten, hörten vom Glück der Rückschau, von der sich Pelle um Pelle häutenden Zeit, von lange verschütteten, plötzlich wie neu glänzenden Fundsachen und von der Lust an dauerhaften Gerüchen, sobald im Frühling, wenn die Swine eisfrei war, am Bollwerk alles zu leben begann, die Schiffe an Land gezogen und auf die Seite gelegt wurden und Pech in eisernen Grapen brodelte, auf daß mit Werg die schadhaften Stellen der Schiffsrümpfe kalfatert werden konnten. Kartoffeln und Speckstücke, in die Glut geschoben, reicherten den Pechgestank an, der als Qualm über dem Bollwerk lag.

So erfuhren wir vom Umzug der Apothekerfamilie nach Swinemünde. Wie eine Neuigkeit hörten wir das, sobald Fonty uns seine Fassung vom Blatt las. Wir, das waren meine Kollegin und ich, zudem die beiden, laut Aktenlage, mehr oder weniger enthüllten Prenzlberger und unvermeidlich: Hoftaller.

Kein Wunder, daß uns die ohnehin vollgestellte Studierstube eng wurde. Wir saßen auf Stühlen, hockten dicht bei dicht auf der Bettkante oder standen, wie Fontys Tagundnachtschatten, im Hintergrund. Geboten wurde dem gemischten Publikum ein Stück in Fortsetzungen, das einerseits »Kinderjahre«, doch im Untertitel »Genesung« hieß. Fonty lieferte Querverweise zwischen Swinemünder Alltäglichkeiten, Effis Ehestand in Kessin und den geplauderten Erinnerungen der schauspielernden Pfarrerstochter Franziska in »Graf Petöfy«. Den beiden Poeten in Schwarz, die sich prinzipiell deprimiert gaben, spielte er vor, mit welchem Vergnügen er jenem Leutnant von Witzleben wiederbegegnet sei, der anno 31 mit einem Bataillon vom Regiment Kaiser Franz die Stadt an der Swine gegen die anrückende Choleraseuche abgesperrt und viel später des Unsterblichen Bücher über die drei einheitsstiftenden Kriege in einem Militär-Wochenblatt rezensiert habe. Hoftaller hörte das alles schweigend in sich hinein.

»Selbstverständlich«, rief Fonty aus seinem Armstuhl, »schrieb ich während meiner Soldatenzeit im besetzten Frankreich einem Nachkömmling jenes Leutnants aus Kinderjahren, dem Generalfeldmarschall von Witzleben, was zu ausführlicher Korrespondenz geführt hat. Hätte mich fast Kopf und Kragen gekostet, dieser Briefwechsel. Mein lebender Witzleben gehörte bekanntlich der mißglückten Offiziersrebellion an. Wurde gehängt, nachdem er vorm Volksgerichtshof altpreußische Haltung bewiesen hatte. Fragen Sie meinen altvertrauten Kumpan, der wird diese Zusammenhänge, die für mich glücklich ausgingen, bestätigen; hatte einen Schutzengel sozusagen.«

Hoftaller lächelte wissend und zog an seiner Zigarre, die er mit Fontys Erlaubnis rauchte. Wir vom Archiv schwiegen, meine Kollegin machte sich fleißig Notizen. Die zwei vergrämten Poeten jedoch, denen die laute Welt draußen die Poesie vergällt und ein schnelles Urteil gesprochen hatte, suchten Trost bei solchen und ähnlichen Anekdoten. »Noch ne Geschichte!« rief der eine. Und der andere bettelte: »Wie war das, Fonty, als das feuerherdrote Haus himmelblau angestrichen wurde ...« Beide beteuerten, nachdem diese Wünsche erfüllt waren: »Davon kann man nie genug hören.«

Doch Hoftaller, der die Prenzlberger Szene – und in gewissem Sinn auch uns – unter Kontrolle hatte, ermahnte die jungen Leute, sich für diesmal zufriedenzugeben: »Wir werden unseren Freund nun mit seinen Bleistiften alleine lassen, damit er uns ganz und gar gesund wird. Wir wollen ihn doch nicht ausquetschen, etwa wie beim Verhör.«

Mit seinen Schützlingen ging Hoftaller. Wir blieben noch ein Weilchen. Fonty lüftete seine Studierstube so lange, bis nichts, kein Rüchlein mehr an den Qualm der kubanischen Zigarre erinnerte. Geschäftig räumte er auf und glich in sei-

nem verfilzten Morgenrock einem Eremiten, der Pilger empfing und entließ. Uns, seine »Archivsklaven«, sah er mit
Wohlwollen; und geradezu liebevoll genoß er die stilisierte
Schwermut der beiden Anarchen vom Berg, kaum waren sie
gegangen.

Fonty, der, wie er sagte, »aus Tradition« mit Verdächtigungen und schuldhaften Verstrickungen lebte, hielt zu den
Jungpoeten, deren Produkte er als »bibliophile Raritäten«
schätzte. Sie mochten ihn an Lesungen im Tunnel über der
Spree erinnern. Deshalb hat er auch Hoftallers umfassende
und über ein Jahrzehnt lang anhaltende Fürsorge gutgeheißen. Er sagte, während der Zigarrenrauch abzog: »Furchtbar richtig, daß man das junge Blut und sein noch gärendes
Talent von der verfluchten Politik ferngehalten hat, wenngleich mir die bloße Vergötzung der Form genauso wenig
schmeckt wie der nackte soziale Aufschrei. Doch schädlich
sind solche sich immer wieder avant gebenden Spielereien
gewiß nicht gewesen. Bleibt hübsch anzusehen, was man
mit viel graphischem Geschick in der Lychener Straße produziert hat. Liebhabereien für Sammler! Immerhin wurden
unsere Heißsporne dadurch gehindert, Dummheiten zu
machen, wie wir dazumal. Haben über die Stränge geschlagen, als es im Herwegh-Club und den Vormärz lang darum
ging, die Revolution in Verse zu zwingen und einander in
Freiheitshuberei zu übertrumpfen. Und doch, war eine frische Zeit: ›Heraus nun endlich aus dem alten Gleise, das
Leben steigt mit der Gefahr im Preise...‹«

Als die Tochter Martha bald nach dem Lüften dem Genesenden Tee und Kekse brachte, eilte sein Stift schon wieder
übers Papier. Nun gingen auch wir, nachdem uns das weitere Ausschreiten der gedoppelten Kinderjahre mit nächsten Schritten gesichert schien. Jetzt war ihm in Swinemünde die Bepflanzung des Gartens hinterm himmelblau
angestrichenen Haus wichtig. Er sah dessen Wildnis im Ver-

gleich mit dem Schrebergarten des steindruckenden Vaters in Neuruppin, wo Möhren und Zwiebeln neben Kohlköpfen und zwischen rankenden Feuerbohnen wuchsen und wo in immer mehr Verschlägen Kaninchen gehalten wurden.

Diese hier und dort betriebene Hobbygärtnerei war ihm ein Zwischenkapitel wert, das mit Reseda- und Ritterspornbeeten begann, zu einem baumhohen Berberitzenstrauch führte und schließlich eine »ziemlich baufällige Schaukel« ins Bild setzte, die anfangs von Geschwistern und Nachbarkindern in Schwung gebracht wurde, endlich jedoch und ursächlich auf Effi hinwies, wie sie uns überliefert wurde: »In ihrem blau- und weißgestreiften, halb kittelartigen Leinenkleid, dem erst ein fest zusammengezogener, bronzefarbener Ledergürtel die Taille gab; und über Schulter und Nacken fiel ein breiter Matrosenkragen...«

Es spricht für Fontys verzweigtes und selbst im Literaturbereich der Moderne streunendes Wissen, daß er gleich nach dem im Roman zum Motiv erhobenen Schaukelbild auf Samuel Becketts Einakter »Das letzte Band« kam, in dessen Spielverlauf der Monologist Krapp, bevor er die nächste Tonspule ablaufen läßt, vor sich hin brabbelt: »Sah mir die Augen aus dem Kopf, indem ich wieder einmal Effi las, eine Seite pro Tag, wieder einmal unter Tränen. Effi... – Pause – Hätte mit ihr glücklich sein können, da oben an der Ostsee, und die Kiefern und die Dünen – Pause – Nicht?«

Dem folgte als Kommentar: »Es gibt kein Glück, das länger als fünf Minuten dauert...« Und gleich danach wies Fontys russischgrüner Bleistift auf eine illustrierende Ätzradierung von Max Liebermanns Hand, der mit wenigen Strichen des einsamen Herrn Krapp letzte Verheißung des Glücks festgehalten hatte: wie des märkischen Adels unglücklichste Tochter, das Mädchen mit dem Matrosenkragen, wie Effi stehend wild schaukelt.

Erstaunlich, was alles in der Studierstube Platz hatte: Rechts
von der Tür stand als schlanke Röhre ein gußeiserner Ofen
und links, mit Messingkugeln auf allen Pfosten, das Bett,
das sich entlang der Wand zum Fenster hin streckte, so daß
Fonty vom Kopfende aus einige Äste voller breitgefächerter
Blätter sah, die selten ein Windstoß bewegte. An den Wänden hing in Griffhöhe überm Bett ein Bücherbord, das mit
Historischem und längst vergriffenen Reiseführern, mit
Thackeray, Scott, Dickens, zudem mit amerikanischer Literatur – Mark Twain, Bret Harte, Cooper – beladen war;
wohl nur des Titels wegen durfte sich ein Band Kafka dazwi-
schendrängen.

Mit Türen beiderseits und der Schublade über der offenen
Mitte stand, zu einem Drittel vorm Doppelfenster mit Blick
auf den Hinterhof und die Kastanie zu jeder Jahreszeit, der
Schreibtisch und stieß mit der Längskante gegen die Außen-
wand, die nach rechts hin nur knappen Raum für das
Bücherregal an der Langseite der Kammer bot. In ihm
reihte sich Literarisches aus dem neunzehnten Jahrhundert,
vermischt mit nachfolgender Literatur, so daß die Brüder
Mann und Emile Zola, die Seghers Rücken an Rücken mit
Turgenjew, Raabe und dem Tschechen Hrabal, zwischen
den Bänden »Kindheitsmuster« und »Mutmaßungen über
Jakob« der Wälzer »Soll und Haben«, neben »Berlin Alexanderplatz« Storms Poesie und die Gedichte der Bachmann,
Müllers frühe Stücke gegen Hauptmanns »Weber« gestellt
und Herweghs »Gedichte eines Lebendigen« Seite an Seite
mit Schädlichs »Tallhover« in wie gewollter Unordnung
standen; den zuletzt genannten Band, der Mitte der achtzi-

ger Jahre nur im Westen, bei Rowohlt, verlegt werden durfte, hatte Hoftaller, bald nach Erscheinen, Fonty mit den Worten geschenkt: »Ist schwierig, aber lesenswert. Stimmt im großen ganzen, nur nicht das Ende. Habe nie Todeswünsche geäußert. Hätte mit dem Autor gerne persönlich Kontakt aufgenommen, aber das Objekt Schädlich zog es vor, uns, den Arbeiter- und Bauern-Staat zu verlassen...«

Der Bücherwand gegenüber, auf deren oberstem Bord Zeitschriften und Magazine gestapelt lagen und ein Globus stand, der, wenn man ihn anstieß, eine kolonial aufgeteilte Welt abrollen ließ, fand gerade noch, ans Fußende der Bettstatt gerückt, ein schmaler, vorn und seitlich verglaster Bücherschrank biedermeierlicher Herkunft Platz, der des Unsterblichen östliche und westliche Gesamtausgaben, diverse Biographien, des alten Marwitz Erinnerungen, Jes Thaysens Übersetzung von »Unwiederbringlich« ins Dänische sowie antiquarische Funde, unter ihnen Erstdrucke der »Wanderungen durch die Mark Brandenburg«, und – wie dazugehörend – einige Bände Alexis aufbewahrte.

Über dieser in Kirschholz gefaßten Vitrine, deren schlichte Form nur zuoberst von einer sanft geschwungenen Zierleiste geschönt wurde, hing gerahmt ein Neuruppiner Bilderbogen aus der Werkstatt Kühn, dessen Motiv die versammelte Ruhe der Büchervitrine irritierte, zeigte es doch Berlins im Jahr 1843 lichterloh brennendes Opernhaus in letzter theatralischer Steigerung; nur der im Vordergrund gestaute Menschenauflauf blieb angesichts der handkolorierten Festbeleuchtung gelassen, desgleichen nahmen die berittenen Offiziere vom Regiment Gendarmes keine Notiz von diesem allerletzten Spektakel. Ein schöner und mit Bedacht ausgewählter Druck; Fonty hatte es, wie wir wissen, mit Feuersbrünsten.

Zwischen Vitrine und Fensterwand paßte gerade noch eine gleichfalls biedermeierliche Standuhr, die zwar ging, ohne sich heftig zu räuspern, deren Läutwerk jedoch stumm blieb, weil das Gewicht, aus welchen Gründen auch immer, ausgehängt war: ein schönes Stück aus heller Birke, das der verrinnenden Zeit einen heiteren Rahmen setzte. Vorm Fenster hingen, nie ganz geschlossen, durchsichtige Musselingardinen, die sich aus Tante Pinchens Erbe gehalten hatten, darüber, seitlich zu Falten gerafft, schwere Vorhänge, deren Ränder mit einer in Zöpfen und Trotteln, zur Mitte hin spitz zulaufenden Bordüre abgedeckt waren: Staubfänger von alters her.

Vorm Schreibtisch stand auf leicht geschwungenen Beinen der Armstuhl, dessen Rückenlehne ein offenes Oval bildete. Und vom Stuhl zur Tür lief ein Teppich, den man besser Läufer oder Brücke nennen sollte, weil er den schmalen Durchgang zwischen Bett und Bücherbord auf sechs Schritt überbrückte.

Fonty hatte dieses exotische Stück Mitte der fünfziger Jahre von einer Vortragsreise aus Eisenhüttenstadt mitgebracht: rotchinesischer Export aus neuester Produktion, dessen befremdliches Ornament aber inzwischen, die Gehspur lang, abgelaufen war. Nur an den Rändern der Teppichbrücke kringelte sich in Ranken und pflanzlichen Trieben viel Rosa, Limonadengelb, ausgewaschenes Blau und Grün, in dem Gift lagerte. Man hätte in dem Rankwerk Dämonen und züngelnde Drachen entdecken können.

Über der rechten Hälfte des Schreibtischs hing, zwischen gerahmten Photographien, auf denen die historische Familie, Frau, Tochter, alle drei Söhne Motiv waren, die Reproduktion jener Liebermannschen Lithographie, die den Unsterblichen und gleichwohl Fonty abbildete. Auf dem Tisch war die Schreibfläche durch gestapelte Bücher, einen Stoß Briefe und einen regelmäßig durchlöcherten zementgrauen Baustein eingeengt, in dessen kreisrunden Hohlräumen Schreibutensilien steckten: viele Bleistifte, unter ihnen gesondert die russischgrün lackierten, eine Papierschere und zwei Schwanenfedern, die jüngst im Tiergarten ein Parkwächter Fonty geschenkt hatte; nun warteten sie, zugeschnitten als Federkiele, auf des Schreibers Hand, wurden aber nur selten, eigentlich nur bei Laune oder in besonderer Stimmung und dann auf Briefbögen benutzt.

Links vom durchlöcherten Stein stand neben dem Tintenfaß eine schmale gläserne Vase, in die Martha Wuttke, je nach Jahreszeit, einen aufblühenden Weidensproß, erste Dahlien, späte Rosen, den weihnachtlichen Mistelzweig steckte; und mit der Blumenvase korrespondierte, wie zum Stilleben gestellt, eine Briefwaage aus Messing, die auf marmornem Sockel stand.

Hinterm Stein, wo die Tischplatte mit niedriger Säulenbalustrade an die Mauer stieß, wartete griffbereit Meyers Konversationslexikon in sechzehn Bänden; sie entsprachen jener Ausgabe, die, als Nachlaß des Unsterblichen, in Neuruppins Heimatmuseum aufbewahrt wird. Rechts davor standen ein zumeist von Bücherstapeln verdecktes Kästchen voller Karteikarten und eine Zigarrenkiste kubanischen Ursprungs, die für Büroklammern und Schnipsgummis, Briefmarken und den Radiergummi, für den Bleistiftanspitzer bestimmt war. Fontys Unart, beim Zuspitzen anfallende Holzlocken mitsamt dem Bleistaub in dieses Kästchen fallen zu lassen, brachte seit Jahren Ärger mit Emmi, die die Studierstube nur betrat, um sie sauber zu halten.

Vielleicht haben wir Kleinigkeiten vergessen – manchmal stand eine gipserne Miniaturbüste Friedrichs des Großen zentral auf der Büchervitrine oder wie lästig zur Seite gerückt auf dem Schreibtisch –, doch kann die eine oder andere Rarität bei späterer Gelegenheit nachgetragen oder jetzt schon, weil wichtig, in den Blick gerückt werden: Fontys Lesebrille auf leerem Konzeptpapier, die uns an die runden und unauffällig gefaßten Gläser des Unsterblichen erinnert, der sich nie bebrillt hat malen oder photographieren lassen.

Insgesamt glich die Studierstube, wenn auch in kleinerem Ausmaß und abgesehen vom Bett und der gerahmten Feuersbrunst, dem uns von Photos her gewissen Schreibzimmer in der Potsdamer Straße 134 c, doch wurden alle Zitate – Standuhr, Briefwaage, Vase und Büchervitrine – durch den rotchinesischen Läufer und dessen bonbonfarbiges Ornament in Frage gestellt; es kann aber sein, daß der weit größere türkische Teppich dem Mobiliar des Originalzimmers vergleichbar fremd gewesen ist.

Weil Fonty und der Unsterbliche ein Faible fürs Exotische hatten, haben sie diesen Widerspruch an Ort und Stelle ausgelebt: Der chinesische Läufer und das türkische Stück luden zum Aufundablaufen ein, sie waren Reiseersatz. Der Teppich gestattete Expeditionen, der schmale Läufer nur Stippvisiten.

Nicht nur deshalb war Fonty in seiner Filzkutte immer wieder die fünfeinhalb Schritt hin und her unterwegs. Beim Aufundab kamen ihm die passenden Worte. Er lief so lange, bis er mit nächster und übernächster Periode wieder den Schreibstuhl besetzen und Blatt nach Blatt füllen konnte. Mal um Mal trieb es ihn aus dem Stuhl auf den Läufer. Der erlaubte Wanderungen bei jedem Wetter. Auf dessen Wegstrecke durfte er ohne Tagundnachtschatten unterwegs sein. Der brachte ihn, so kurz er maß, zurück in die Kinderjahre.

Schon nahm die Zeit um 1830 gefangen. Preußen stagnierte in polizeistaatlicher Ereignislosigkeit, während ringsum die Welt mit Sensationen prahlte. Davon bekam der Zehnjährige Kenntnis vor Jahrmarktsschaubuden, in denen Guckkastenbilder, nach Vorlage der Neuruppiner Bilderbögen – »immer wieder Soldaten in gelb und rot, wenn es Russen waren, in grün« –, von Großereignissen Bericht gaben: wie

Frankreichs Flotte vor der algerischen Küste aufkreuzte und unter Befehl des Admirals Duperré die Stadt Algier beschoß; wie nach so heftiger wie kurzer Revolution Louis Philippe als Bürgerkönig aufstieg; wie im Verlauf der Insurrektionskriege endlich doch die aufständischen Polen geschlagen wurden... »Kein anderer Krieg, unsere eigenen nicht ausgeschlossen«, zitierte Fonty mit Bleistift, »hat von meiner Phantasie je wieder so Besitz genommen wie diese Polenkämpfe...«, um dann die Begeisterung des Unsterblichen für Polens Freiheitskampf und die polenfreundlichen Poeme von Holtei bis Platen zu relativieren: »...weil ich – im gewissen Sinne zu meinem Leidwesen und jedenfalls im Widerstreit zu den poetischen Empfindungen – die Bemerkung daran knüpfen muß, daß ich vielfach nur mit geteiltem Herzen auf Seite der Polen stand und jederzeit ein gewisses Engagement zugunsten der geordneten Gewalten, auch die russische nicht ausgeschlossen, in mir verspürt habe.«

Nach längerem Fußmarsch auf kurzer Teppichbrücke hob Fonty ein Zitat hervor, das ihm erlaubte, seine eigene Biographie in Einklang mit den Zweideutigkeiten seines Vorbilds zu begreifen; während der Unsterbliche bis ins hohe Alter in Briefen und zu Hause bei Tisch Freiheitsliebe beteuerte, ertrug er zugleich stummen Frondienst unter jeweils herrschender Ordnung und kam deshalb zu einem nicht nur den Polenkrieg aburteilenden Befund, dem damals Tallhover und gegenwärtig Hoftaller hätte zustimmen können: »Ein Zwergensieg gegen Riesen verwirrt mich und erscheint mir insoweit ungehörig, als er gegen den natürlichen Lauf der Dinge verstößt.«

Und weil Polen immer wieder verloren war oder – den Riesen zum Trotz – bis heutzutage noch nicht verloren ist, erinnerte sich Fonty, seiner Rolle getreu, an visuelle Bestätigungen der auf Neuruppins Bilderbögen abgeklatschten Großereignisse; was der Zehnjährige in Swinemünde auf

Guckkastenformat verkleinert gesehen hat, entsprach jenen beweglichen Bilderfolgen, denen der zehnjährige Theo Wuttke im Neuruppiner Kino von Wochenschau zu Wochenschau ausgesetzt war: Er sah den schwarzen Börsenfreitag mitsamt seinen aufgeregt zappelnden Männlein in New Yorks Wallstreet, er hörte und sah Polens heldischen Marschall Piłsudski und Mussolinis gestenreiche Balkonreden, er war Zeuge der senilen Ehrwürdigkeit des greisen Reichspräsidenten Hindenburg, er ließ sich durch robust jugendliche Wettkämpfe und von stupidem Willen vorangetriebene Aufmärsche hinreißen, denn den schwarz und braun eingekleideten Kolonnen, die von Jahr zu Jahr mehr die Wochenschau in Bewegung hielten, gehörte die Zukunft. Und als die Olympiade in Los Angeles – Fox tönende Wochenschau lang – die Jugend der Welt versammelte, entsprach das jenem Völkerfrieden, den auch die Heilige Allianz von Metternichs Gnaden im Sinn gehabt haben mochte. Dem wiederholten Freiheitskampf der Polen, wie er auf Neuruppiner Bilderbögen koloriert war, gab eine Wochenschau Antwort, die mit indischen Massenszenen Gandhis gewaltlosen Widerstand gegen die britische Kolonialmacht einfing. Dazu fand Fonty ein passendes Zitat: »Bei aller militärischen Überlegenheit des Empire, stellt sich dennoch die Frage: ›Wer ist hier Riese, wer Zwerg?‹«

Danach lief er wieder die rotchinesische Teppichbrücke ab, um nach gut hundert Metern Wegstrecke das Portrait des Swinemünder Hauslehrers Dr. Lau dem Portrait seines Lehrers zu konfrontieren: Lau kam genauso gut weg wie Studienrat Elssner. Und mit der Begutachtung dieser und anderer Pädagogen war eine Innenansicht des einst neuen, dann alten Gymnasiums fällig, das 1791, bald nach dem großen Brand der Stadt Neuruppin, eingeweiht wurde. Natürlich mußte auch diese Feuersbrunst beide Kinderjahre ausleuchten, schließlich verdankte die Stadt dem Flächenbrand sauber umbaute Exerzierplätze, gradlinige Paradestraßen und außer dem Rathaus und der Schinkelkirche jenes durch einen nur kurzfristig dort leidenden Schüler berühmt gewordene Gymnasium von klassizistischer Strenge, dessen Portal gegenüber einst König Friedrich Wilhelm als Denkmal gestanden hatte und viel später, an Königs statt, eine überlebensgroße Karl-Marx-Büste aus schwarz nachdunkelnder Bronze eingeweiht worden war. »Die steht dort gegenwärtig«, schrieb Fonty, »nur noch auf Abruf, wie so viele Denkmäler, denen von Staats wegen Dauer versprochen wurde.«

All diese Zeitsprünge gingen ihm zügig von der Hand. Nur wenn der Bleistift gespitzt werden mußte, unterbrach er den Schreibfluß. Nach drei, vier Teppichläufen und folgenden Niederschriften fielen hölzerne Locken in die offene Zigarrenkiste kubanischer Herkunft, dazu jedesmal eine Prise Bleistaub. Jetzt, Mitte August, stand eine aufblühende Dahlie in der gläsernen Vase.

Wir wollen hier einhalten und einen Vergleich wagen. Fonty schrieb, ob mit Bleistiften, Stahl- oder eigenhändig zugeschnittenen Schwanenfedern, jene Schrift weiter, die nunmehr seit über fünf Jahrzehnten im Archiv gehütet wird und die, ihrem Schriftbild nach, gedeutet werden sollte. Wir sind keine Graphologen und können, bei aller archivalischen Gründlichkeit, nur laienhaft auslegen, was uns kalligraphisch als Brief oder Manuskriptseite vorliegt; dennoch sei ein Versuch gewagt.

Besonders fallen bei der Tintenschrift die schleifigen oder – beim doppelten s nach damaliger Schreibweise – alle von oben nach unten gezogenen Abstriche wegen ihrer Unterlängen ins Auge. Flüchtigem, wie von Eile diktiertem Bleistiftgekritzel gelingen nur selten offene, mit angeblicher Sinnenlust ausschweifende Schleifen; so finden sich auf dem uns vorliegenden Blatt, etwa bei dem Wort »Quatsch«, nicht nur beim h im abschließenden sch, sondern auch beim langen s keine dieser auf Triebhaftigkeit verweisenden Unterlängen. Vielleicht bestätigt sich so die Kritik des ältesten Sohnes, auf die der Vater in einem Brief an Emilie eingeht: »Was George schreibt, ist sehr nett; daß ich keine Liebhaber schildern kann, ist nur allzu wahr. Aber wer kann alles?«

Die Tintenschrift des Unsterblichen fällt, im Vergleich mit der Bleischrift, durchweg ornamentaler aus. So besteht das große M bei den brieflichen Anreden »Meine liebe Frau« und »Liebe Mete« aus zwei nach unten gezogenen Schleifen und einer Schleife, die schräg nach oben weist. Alle normalerweise schüsselförmigen Bögen überm kleinen u sind annähernd zum Kreis geschlossen, indem ihre minimalen Durchlässe mal nach oben, mal nach unten, dann wieder nach dieser oder jener Seite offenbleiben. Insgesamt fällt das kleine u in Bleistiftschrift noch beliebiger und oft kreisrund aus; deute wer will diese Abkapselungen.

Strebt der Tintenzug hier witzig ausholend, dort forsch auf den Punkt oder auf eine Pointe zu, eilt die bleierne Schrift in nervöser Hast, als müsse sie Wortfetzen, aufgeschnappt in der Pferdebahn, im Café Josty oder bei Stehely mitgehörtes Tischgeplauder, auch beim abendlichen Spaziergang – die Linden rauf, die Linden runter – hängengebliebene Wechselrede notieren, bevor sie verklingen; dabei hat der Ohrenzeuge das meiste im Zimmer, beim Hin und Her auf dem türkischen Teppich gehört.

All das gilt gleichermaßen für Fontys Schrift. Wenn der Unsterbliche seinem Freund Lepel einen Brief, der Zweitgeborene seinem altvertrauten Kumpan einen Bericht schreibt, jener über gleichbleibende Geldsorgen klagt oder die letzte Tunnellesung auf- oder abwertet, dieser die literarischen Manifeste und poetischen Skurrilitäten der Dichter vom Prenzlauer Berg mit mildem Spott schont und dabei seinen Adressaten dringlich vor staatssicherndem Zugriff warnt, beweisen sich die Unterlängen beim h oder beim doppelten s als deckungsgleich; so auch die ornamentalen Abschweifungen und die sich willkürlich kringelnden Bögen des kleinen u, gleich, ob sie mit Stahl- oder Schwanenfeder geschrieben sind.

Dennoch bezweifeln wir, daß eine nur nachgemachte Schrift vorliegt. Eher könnte fortgesetzte Schreibe vermutet werden, denn eine mit Blei gekritzelte Manuskriptseite der »Kinderjahre« verhält sich zwillingshaft zu den mit russischgrün lackierten Bleistiften vollgekritzelten Blättern. Die gleiche Eile. Diese drängend nervöse Hast. Diese dem inwendigen Reden abgelauschten Notate. Zwei alte Herren, die sich beschleunigter erinnern, als ein Bleistift nachvollziehen kann. Zwei von längerer Krankheit genesende Greise, die ihr heimlichstes Versteck, sommerliche Gewitter und winterliches Eistreiben, ihre der Weihnachtsbescherung zu nahen Geburtstage, kartenspielenden Sonntagsbesuch und schließlich ihre Lieblingslehrer aus Knabenjahren vor sich haben.

Wenn der erstgeborene Greis dem Swinemünder Hauslehrer Dr. Lau, der ihn zum ersten Geburtstagsgedicht ermunterte – »Lieber Vater, Du bist kein Kater, Du bist ein Mann, der nichts Fettes vertragen kann . . . « –, zum Abschied nachsagt: »Ich liebte Dr. Lau ganz aufrichtig, mehr als irgendeinen anderen Lehrer, den ich später gehabt habe; trotzdem brachte mich meine verdammte Komödianteneitelkeit um jedes richtige Gefühl für den Mann, dem ich soviel verdanke . . . «, ist dem zweiten Greis ein Nachruf mit eiligem Bleistift – und deshalb reduzierten Unterlängen – dringlich: »Von allen Lehrkräften am Neuruppiner Gymnasium ist mir einzig Dr. Elssner deutlich geblieben, weil dieser es verstand, beim Deutschunterricht mit geschichtlichem Zitat und beim Geschichtsunterricht mit literarischen Belegen die unsinnige Trennung dieser Fächer aufzuheben. Elssner, den wir, ob seiner pädagogischen Methode, als ›Zeitraffer‹ ver-

248

spotteten, konnte weit Entlegenes wie die Völkerwanderung durch Felix Dahns Ostgotenschmöker ›Ein Kampf um Rom‹ und die sozialen Zustände im vorindustriellen Deutschland durch Hauptmanns ›Weber‹ so nah zueinanderrücken, daß ich seitdem jenes zeitraffende Verständnis von Literatur und Geschichte habe, das mir Vergangenes in zukunftstrunkene Präsenz, das heißt die Unsterblichkeit gewiß macht; weshalb man, beiläufig gesagt, die selten gewordenen Immortellen, die in ›Irrungen, Wirrungen‹ noch als getrocknete Kränze zu kaufen waren, heutzutage aus gutem Grund unter Naturschutz gestellt hat...«

Wer immer den Bleistift geführt hatte, die Manuskriptseiten lasen sich schwierig. Wir vom Archiv waren geübt, Hoftaller jedoch, der unserer Gründlichkeit nicht nachstand, hatte immer noch Mühe beim Entschlüsseln der wie unter altersbedingtem Zeitdruck vollgeschriebenen Blätter. Wie gut, daß Emilie, trotz bleibender Zweifel an ihres Mannes schriftstellerischen Gaben, die meisten Bleistiftfassungen abgeschrieben und für den Druck tauglich gemacht hat; weshalb auch Emmi Wuttke ihres Mannes Vorträge für den Kulturbund in Maschinenschrift übertrug, damit sie für Hoftaller leserlich wurden: Der suchte ab Anfang der sechziger Jahre, kaum daß er enttäuscht aus dem Westen zurück und wieder an alter Stelle im Dienst war, alle Vortragstexte nach Sicherheitsrisiken ab.

Und nun lag nach langer Pause neuestes Bleistiftgekritzel vor. Anfangs zierte sich Emmi und sagte, sie sei aus der Übung, doch dann tippte sie den zur Genesung führenden Vortrag über die Kinderjahre, dessen zeitraffende Methode die Glückseligkeiten der Neuruppiner Bilderbögen mit den Bildstürzen von Fox tönender Wochenschau und den Sohn des Apothekers mit dem Sohn des Steindruckers in Einklang brachte. Emmi tippte auf ihrer elektrischen Robotron im Poggenpuhlschen Salon. Zwar nörgelte sie, fand alles zu

weitschweifig und – wie sie sagte –»an den Haaren herbeige-
zogen«, doch als Fonty kurz vor Schluß der »Kinderjahre«
ein Zwischenkapitel, »Vierzig Jahre später«, als Intermezzo
einschob, war bereits mehr als die Hälfte abgetippt.

Es ging um die Väter. Beide schwach und liebenswürdig.
Jeder auf konsequente Weise unzuverlässig. Väter, die ihren
Spielschulden oder jeder abhängig machenden Arbeit aus
Prinzip davonliefen und dabei nie um glaubhafte Ohn-
machtsgebärden oder Pläne für todsichere Neuanfänge
verlegen waren. Galt dem einen häufiger Ortswechsel als
jederzeit wirksames Allheilmittel gegen den Stumpfsinn bürgerlicher Ansässigkeit, war dem anderen jede neue Werk-
statt die beste, die ihm zufallen konnte. Trieb es den einen
nach hastigem und, wie er meinte, günstigem Verkauf der
Löwenapotheke von Neuruppin auf sandigen Wegen nach
Swinemünde, sah der andere die Zukunft gleichfalls im
Wechsel: vom Druckhaus Kühn in der Ludwigstraße zur
Druckerei der Firma Oehmigke & Riemschneider an der
Friedrich-Wilhelm-Straße; und nach der Eröffnung einer
eigenen Lithographiewerkstatt und deren schnellem Konkurs wechselte er nur noch Gelegenheitsarbeiten, sei es als
Heizer auf einem Ausflugsdampfer, sei es als Gärtner in den
Knöllerschen Gewächshäusern. Am Ende fühlten sich
beide bei Schweine- und Karnickelzucht wohl und fanden
ihr Stück bemessene Freiheit auf dem Kartoffelacker und
beim Gemüseanbau. Doch da lebten sie schon abgesondert
und ganz für sich.

Beiden Vätern mißlang die Ehe. Beide wurden von ihren
Frauen am Ende vor die Tür gesetzt, weil die strenge Emilie
und die strenge Luise den gesellschaftlichen Abstieg der
Familie oder den Rückfall ins Proletariat nicht als »Befreiung von Zwängen« oder »klassenbewußten Neubeginn« gutheißen konnten; zudem ging es darum, die noch unmündi-
gen Kinder dem väterlichen Lotterleben zu entziehen.

Der Unsterbliche hat die hinausgezögerte Scheidung seiner Eltern als Apothekergehilfe, das heißt erwachsen und aus Distanz erlebt; bei den Wuttkes ging es schneller zu, gefördert gewiß vom Tempo der neuen Zeit: Luise Wuttke bekannte sich schon früh zu »unserem Führer und Reichskanzler, der Deutschland aus Schmach und Elend emporheben wird«. 1935 sah der halbwüchsige Gymnasiast und Hitlerjunge Theo Wuttke seinen Vater mit wenig Gepäck davonziehen. Des häuslichen Streits müde und weil ihm das von SA-Kolonnen besetzte Neuruppiner Pflaster zu heiß geworden war, wollte der unverbesserliche Sozi nach Berlin, um dort unterzutauchen.

Beide Väter hatten jung, jeweils nach Kriegsende geheiratet. Beide waren mit wenig beruflichen, doch mit prägend soldatischen Erfahrungen gerüstet. War der eine, obgleich Bewunderer Napoleons, gegen diesen und unter preußischen Fahnen ins Feld gerückt, hatte es der andere, so pazifistisch er das Militärwesen verachtete, als Freiwilliger beim Infanterieregiment Nr. 24 zu einigen Verwundungen, dem Eisernen Kreuz und vor Verdun zum Unteroffizier gebracht. Lehrte der eine seinen Erstgeborenen die Namen aller Napoleonischen Marschälle von Ney bis Rapp, ließ sich der andere, nun als Reichsbannermann, von seinem elfjährigen Sohn den Kopf verbinden, wenn er nach Saalschlachten mit randalierenden SA-Männern nach Hause kam. Beide Väter hatten Reste revolutionärer Ideen über Niederlagen hinweggerettet. Beide scheiterten zwar beruflich und als Ehemänner, doch ließen sie von ihren weltbeglückenden Entwürfen nicht ab. Sie hatten es mit Prinzipien. Der eine hielt Napoleon die Treue, der andere schwankte zwischen Bebel und Bernstein, blieb aber unbeirrbar dem Genossenschaftswesen verschworen.

Erst als sie von Frau und Kindern getrennt und allein für sich lebten, fanden sie zu Tätigkeiten, die ihren nie recht ausgelebten Neigungen Auslauf boten; der eine züchtete nahe Freienwalde, am überwachsenen alten Flußufer der Oder, mit mäßigem Gewinn Mastschweine und verkaufte zu günstigem Preis die in seinen Sandäckern reichlich vorrätigen Feldsteine an eine Straßenbaufirma, die im Brandenburgischen meilenlange Chausseen mit zerkleinertem Gestein pflasterte; der andere hatte nach unruhigem Hin und Her, das nur von einer halbjährigen Schutzhaft im Konzentrationslager Oranienburg unterbrochen wurde, als Hausmeister und Gärtner in Berlin-Grunewald Unterschlupf gefunden. Dort besorgte er eine schloßähnlich verschnörkelte Villa, die an der Ecke Königsallee, Hasensprung hinter hohen Bäumen versteckt lag und dennoch im Bombenkrieg, mit Ausnahme der Kellerwohnung des Hausmeisters Max Wuttke, schwer beschädigt wurde.

So lebten, überlebten sie. Beide alleinstehenden Väter haben, als sie schon an die Sechzig waren, der eine im Oderbruch, der andere in einst vornehmer Villenlage, Frauen in ihre Kätnerhütte, in ihr wohnliches Kellerloch aufgenommen, die, wenn die Söhne in unregelmäßigen Abständen auf Besuch kamen, nahe der Oder als »Haushälterin«, am Hasensprung 35 als »meine Altersgenossin« den Tisch deckten. Beide Frauen waren in mittlerem Alter, die eine galt als »gute Person, mitunter allerdings schrecklich, aber bei Lichte besehen ist alles mal schrecklich...«, von der anderen hieß es: »Sie redet nicht viel, aber was sie sagt, hat Hand und Fuß, selbst wenn es daneben greift oder fehltritt...«

Beide Frauen kochten gerne. Die eine verwertete alles vom Schwein: von der Schnauze übers Nackenstück bis zu den Spitzbeinen; die andere bereitete Kaninchen zu: gebraten, geschmort oder zerkleinert als Pfeffer. Kaninchen gab es genug. Max Wuttke züchtete, wie einst im Neuruppiner Schrebergarten, Blaue Wiener und andere Stallhasen, doch diesmal in großer, die Lebenskosten deckender Zahl. Das weitläufige Gartengelände, das sanft geneigt bis zum verschilften Dianasee abfiel, lieferte Grünfutter genug.

So waren beide Väter endlich zur Ruhe gekommen. Sogar dem Spiel und dem Alkohol hatten sie abgeschworen. Der eine erwartete seinen Sohn in grauer Leinenhose und in schon lange nicht mehr gewechseltem Hemd unterm Drillichrock, der andere stand mit oft geflickter Gärtnerschürze über blaugrauer Cordhose und in Holzschuhen am Gartentor.

Als Fonty in einem Zwischenkapitel über den Vater des Unsterblichen schrieb, war ihm sein eigener so nahe, daß er, nach üblichem Hin und Her auf der Teppichbrücke, beide Väter miteinander befreundete. Manchmal verwechselte er sie. Und weil er ihnen so viele Gemeinsamkeiten zuschrieb, glichen sie einander wie Zwillinge aus Neigung. Nun täuschten sie ihre Söhne, sobald diese als Besuch am Tisch saßen. Jedenfalls kam es vor, daß Fonty den einen meinte, wenn er vom anderen sprach, indem er beiden nur Gutes nachrief.

Soviel Verständnis für zwei altgewordene Eigenbrötler. Soviel liebevoller Zuspruch für zwei schwadronierende Käuze. Und soviel gehäufter Gewinn auf Kosten der in Distanz geratenen Mütter, für die nur Respekt blieb, denn immer noch fürchtete er deren zwiefach bewiesene Strenge; nur die Väter – verkrachte Existenzen wie er – standen ihm jederzeit nahe.

Als der Erstgeborene im Sommer 1867 seinen Vater in der ehemaligen Schifferkolonie nahe Freienwalde besuchte, war er annähernd fünfzig Jahre alt, wurde aber dennoch vom Einundsiebzigjährigen als »mein Jung« begrüßt und erst ein wenig später als »nun auch schon betagter Knabe« erkannt; der Unsterbliche schrieb damals noch für die Kreuzzeitung und saß überm zweiten Kriegsbuch, das den Krieg gegen Österreich abhandelte. Der ehemalige Apotheker und spätere Schweinezüchter belächelte seines Sohnes journalistische Fron und dessen Anstrengungen zugunsten preußischer Kraftakte.

Als Fonty im Juli 1961 zum letzten Mal seinen Vater in der Kellerwohnung der noch immer kriegswüsten, weil in den oberen Stockwerken ausgebrannten Grunewaldvilla besuchte, ahnte er nicht, daß der Bau der Berliner Mauer bevorstand und welch anhaltende Trennung dieses verschämt zum Schutzwall ernannte Bauwerk für Vater und Sohn zur Folge haben würde. Sie begrüßten sich heiter. Und der Kaninchenzüchter sprach den Kulturbundreisenden als »Junior« an. Doch für die wechselnden Vorträge seines kulturaktivistischen Sohnes hatte der ehemalige Steindrucker nur milden Spott und für den »drüben« praktizierten Sozialismus allenfalls Hohn übrig. »Das nenne ich puren Staatskapitalismus«, sagte der Alte, der in den ersten Jahren nach Kriegsende Erfahrungen mit der Einheitspartei gemacht hatte. Seine versuchte Rückkehr nach Neuruppin wurde ihm übel ausgelegt; »parteischädigender Sozialdemokratismus« hieß sein Verbrechen; nur Flucht konnte ihn vor einem längeren Aufenthalt im ehemaligen und weiterhin drohenden KZ Buchenwald bewahren.

Inzwischen war der alte Wuttke Mitte Sechzig und litt, außer an geschwollener Leber, unter asthmatischen Beschwerden wie des Unsterblichen Vater, der bald nach dem Besuch seines Sohnes im darauffolgenden Oktober gestorben war, während Fontys Vater zwei Jahre nach dem Mauerbau davonging, um sich, nach gärtnerischer Redeweise, »die Radieschen von unten anzusehen«; seiner Fixierung auf Napoleon entsprechend, hatte der Schweinezüchter im Oderbruch den bevorstehenden Tod als »Abberufung in die Große Armee« vorausgesagt.

Damals gab es zur Abwechslung keinen Schweinebraten, sondern Kalbsbrust, die die »Haushälterin«, um den ermüdeten Kreuzzeitungsredakteur zu erfreuen, im Eisentopf geschmort hatte. Dazu kam Rotwein in zwei Pokalgläsern, die noch aus Swinemünder Zeiten geblieben waren, auf den Tisch. Die stumme »Altersgenossin« dagegen holte am Abend einen Kaninchenbraten in Sahnesoße aus dem Ofen. Dazu gab es thüringische Kartoffelklöße; sie stammte aus dieser waldigen Gegend. Getrunken wurde Birnensaft.

Plauderte der Schweinezüchter nach dem Essen von der Pariser Weltausstellung, als hätte er sie kürzlich besucht, und danach, wie bei jedem Besuch des Sohnes, von Napoleons Marschällen – »Weißt du noch? Lannes und Latour d'Auvergne und Michel Ney, wie sie ihn im öden und einsamen Luxembourg-Garten an die Wand stellten...« –, erzählte der Kaninchenzüchter zum Nachtisch, Rhabarberkompott, noch einmal von Neuruppiner Saalschlachten mit der SA und anschließend davon, wie es kurz vor 33 beim berüchtigten BVG-Streik zugegangen sei: »Eine Schande! Klumpfuß und Spitzbart an einem Tisch. Kommune und Nazis gemeinsam gegen uns Sozialdemokraten. Das war zuviel. Unser Widerstand erlahmte. So kam es, daß schließlich Arbeiter gegen Arbeiter standen...«

Beiden Vätern waren nur noch die alten Geschichten wichtig. »Ich lerne nicht mehr dazu«, sagte der eine, und der andere sagte: »Komm da nicht drüber weg.« Beide hörten den beruflichen Plänen ihrer Söhne zerstreut oder mit Ungeduld zu: Was kümmerten sie journalistischer Schweiß, vergossen für eine reaktionäre Zeitung, oder die Vorträge eines Kulturbundreisenden, der zuließ, daß ihm die kritischen Spitzen seiner sonst der Parteilinie folgenden Ausführungen von der Zensur gekappt wurden. Das war ihnen Kleingehacktes: ehrenwert, aber unnütz. Beide Väter hatten schließlich Weltsysteme im Sinn, die jeweils größere Gerechtigkeit, kommende Freiheit und soziales Glück verhießen. Und ihre immer um Zuwachs und Fortschritt bekümmerten Gedanken, die nie zur Ruhe kamen, fanden in der gutmütigen Haushälterin und der stummen Altersgenossin willige Zuhörerinnen, man mußte sie nur aus der Küche rufen; doch zum Gespräch kam es nie. »Und wenn dann die beste Stelle kommt und ich sage: ›Die Verhältnisse machen den Menschen, nicht wahr, Luise?‹, dann fährt sie zusammen oder sitzt da wie ein Holzpfahl ... « – »Aber meine Gundula nickt immer nur stumm und mag dabei an ihre eingelegten Essiggurken denken, wenn ich ihr frei nach Bernstein die evolutionäre Methode der Menschheitsverbesserung erkläre: ›Der Weg ist alles, und das Ziel ist nichts...‹«

So baute Fonty beiden Vätern ein Denkmal. Mit eiligem Bleistift entwarf er sie überlebensgroß und stellte sie gemeinsam auf einen Sockel. Er liebte sie nicht zuletzt wegen ihrer Erfolglosigkeit und ihrer Gewinne von nur bescheidenem Maß. Mit dem einen Vater ging er hinaus in den Hof zu den Mastschweinen und später zum Sandacker, in dem die verkäuflichen Feldsteine vorrätig lagerten; mit dem anderen Vater zählte er die in den Kaninchenställen wimmelnden Würfe der Blauen Wiener und bewunderte dann im Gemüsegarten die gut tragenden Feuerbohnen, den Blumenkohl und den Sellerie. Bis zum Schilf- und Uferstreifen des Villengrundstücks gingen sie und redeten zeitverschoben, wobei Fonty mit nachgespitztem Blei ein weiterer See zum Dianasee einfiel, der zu der Seenkette im Grunewaldviertel gehörte und an dessen Ufer sich Literarisches abgespielt hatte: Die kommerzienrätliche Treibel-Gesellschaft erging sich plaudernd und schwatzte über zwei Schwanenhäuschen bei fehlenden Schwänen. Als im weiteren Verlauf des Spaziergangs des Lebens Wechselfälle besprochen wurden, rief Frau Jenny Treibel, die Seite an Seite mit Professor Schmidt ging: »Es ist ein Elend mit den Äußerlichkeiten. Glück, Glück! Ach, Wilibald, daß ich es in solcher Stunde gerad vor Ihnen bekennen muß, das Glück, es ruht hier allein.« Dabei legte sie die Hand aufs Herz.

Fonty zitierte noch mehr Stellen, die sich auf den Halensee bezogen, zum Beispiel die Passage mit dem biertrinkenden Pferd. Zwischendurch war er die fünfeinhalb Schritt über die rotchinesische Teppichbrücke hin und zurück unterwegs. Keine Mühe machte es ihm, mit eiligen Gedanken ein Jahrhundert auszuschreiten. Gerade noch feierte er den siegreich beendeten Krieg gegen Österreich, mithin Moltke und die Schlacht bei Königgrätz – »Wie bescheiden hat man den großen Schweiger nach vollbrachter Tat erlebt«–, da kam er schon ohne Umstand auf die prekäre Lage Berlins kurz vorm Mauerbau: »Irgendwie mußte der Massenflucht Einhalt geboten werden. Dem Arbeiter- und Bauern-Staat liefen die Bürger davon. Ja, ich war für die Mauer, wenngleich sie mich auf Jahre vom Westen der Stadt, vom Tiergarten und, fast noch schmerzlicher, von meinem liebenswürdigen Vater und, zu meiner Frau Leidwesen, von dessen unentwegt nachwachsenden Kaninchenbraten getrennt hat...«

Und schon eilte er abermals vom verschilften Dianasee zum sandigen Oderufer, vom alten Max Wuttke in seiner Gärtnerschürze zum Vater des Unsterblichen, um auch diesen Einsiedler im Drillichrock aufs Podest zu stellen. Der sagte, als ihn sein Sohn zum letzten Mal besuchte: »Das reine Hohenzollernwetter hast du getroffen. Schreibst ja auch viel über die Hohenzollern. Ich für meine Person halte an Napoleon fest...« Und der ehemalige Steindrucker sagte vom Denkmalsockel herab zu seinem Sohn, als dieser auf Besuch von Ost- nach Westberlin zum Hasensprung gekommen war: »Na, ist das wieder ein Sommer! Kaiserwetter hat man in meiner Jugend dazu gesagt. Und wie sieht's drüben aus? Hältst du noch immer Vorträge über die Unsterblichkeit unserer Neuruppiner Lokalgröße? Kenne das alles, sein Gerede über die Zukunft der Arbeiterklasse.

Sogar preußische Junker hat er angebebelt daherreden lassen. Ja, sag mal, erlaubt dir der Genosse Ulbricht, freiweg den ollen Stechlin zu zitieren? Und darf der Busenfreund der Treibelschen, na, wie heißt er schon, richtig, Wilibald Schmidt, noch immer zu seiner Tochter sagen: ›Corinna, wenn ich nicht Professor wäre, so würd ich am Ende Sozialdemokrat...‹?«

Worauf Fonty nach kurzem Teppichlauf in schwer leserlicher Bleistiftschrift dem Karnickelzüchter Antwort gab: »Gewiß, Vater, aber nur, wenn ich im folgenden Satz auf hochgehaltenem Transparent den Kommunismus siegen lasse.«

Man könnte über soviel Vaterverehrung lächeln oder tiefschürfend reden, zumal Fonty sogar der Kriegsruine am Hasensprung 35 eine gewisse Unsterblichkeit zugesprochen hat. Das fiel ihm leicht, weil dort, kurz nach Max Wuttkes Tod, der Altbau renoviert wurde und eine namhafte österreichische Dichterin in einer ausgebauten Etage Wohnung nahm, wenn auch nur für bemessene Zeit. Dennoch war ihm der alles in allem unglückliche Berlinaufenthalt der Lyrikerin Ingeborg Bachmann Anlaß genug, ins Bild des Vaters und Hausmeisters die spätere Mieterin zu schummeln, beide miteinander zu verquicken, als wären sie sich begegnet, einige Verse aus dem Band »Die gestundete Zeit« zu zitieren, dabei der inzwischen komfortablen Grunewaldvilla Bedeutung anzudichten und mit dem Wunsch »Hätte mit der Bachmann gerne ein Stündchen und länger zwischen Vaters Karnickelställen geplaudert...« eine Klage anzustimmen, die dem Archiv vertraut war: »Habe ja keine Kollegen, keine sechs, mit denen ich auf dem Sprechfuß stehe. Früher, mit Bobrowski und Fühmann, ja, aber seitdem Keller und Storm tot sind – welche Dürftigkeit. Was will man mit Müller groß reden? Außer, daß er seinen Whisky zelebriert und sich via Zigarre über seinen Meister Brecht mokiert, kommt da nicht viel, allenfalls ein paar niedliche Zynismen. Und die Wolf hält sich tapfer ihr Damenkränzchen; da ist man in Hosen und mit Krawatte grad noch geduldeter Gast. Habe ja nichts gegen schreibende Frauen und stelle die Bachmann neben Mörike, aber daß Hunderte solcher Blaustrümpfe wie Ludovica Hesekiel mit Sechser-Moral und Dreier-Patriotismus unsere Literatur besorgen, à Elle drei Mark, das ist ein Fluch...«

Als Fonty das Zwischenkapitel beendet hatte und seinen doppelt gewebten »Kinderjahren« den Schlußfaden einfädeln wollte, war er vom Nervenfieber genesen. Doktor Zöberlein sprach von »starken Selbstheilkräften« und riet zu normalen Gewohnheiten: »Aber übertreiben wollen wir nicht. Kurze Spaziergänge, genehmigt, doch die Aktenschlepperei kann warten; das Haus der Ministerien befindet sich ohnehin in letaler Phase.«

Besonders dem ersten Teil dieser Empfehlung stimmte Emmi zu: »Du mußt an die frische Luft, Wuttke . . .«, und gleichfalls war Hoftaller, als eigentlicher Arzt und Nothelfer, der Meinung, daß ein Bummel zum Kollwitzplatz und ein anschließender Café noir vorm Bistro in der Husemannstraße, wo man bei stabil sommerlichem Wetter gut draußen sitzen könne, an der Zeit sei: »Wolln uns auf ein Stündchen treffen, und zwar demnächst. Müssen unbedingt die Lage sondieren. Warum? Na, weil die sich ändert, täglich, und weil's ne Menge Leute gibt, die sich für nen Vortrag nach Ihrer Mache drängeln würden.«

Fonty zögerte. Ihm war nicht nach Öffentlichkeit. Er scheute die Welt außerhalb seiner Studierstube: »Bin gegen Gesellschaftliches. Man steht nur rum und fängt sich allenfalls eine Grippe ein.« Er müsse sich noch eine Weile bedenken. Bevor Spaziergänge wieder alltäglich und abermals Vorträge, freiweg vom Stehpult, verlockend sein dürften, wolle er die gewohnten fünfeinhalb Schritt auf dem Teppich bleiben und wenn schon mit lauter Rede unterwegs, dann über diese Distanz die »Kinderjahre« zu Ende bringen. Also lief er in seiner Filzkutte Zeile nach Zeile ab. In Swinemünde stand abermals Weihnachten bevor, so auch in Neuruppin. Und hier wie da hing der Haussegen schief. Das lag an den Vätern und deren Unruhe; oder lag es an den Müttern, die ständig aufs Solide pochten und den Familienfrieden brachen, indem sie ihn einklagten?

Fonty stand unter Druck. Er schrieb so schnell, daß sein Bleistift kaum Muße für Unterlängen fand und seine Kritzelschrift selbst für Emmi unleserlich wurde. Sie riß die Tür von der Küche zur Studierstube auf und zeterte: »Mach nen Punkt, Wuttke! Du mußt dich endlich um Martha kümmern und die paar Sachen regeln, die du dem Grundmann versprochen hast. Bist du ihr schuldig als Brautvater. Also mach endlich, sonst sagt sie die Hochzeit ab...«

Wir bestätigen den Anlaß für Emmis Sorge. Weil das Aufgebot schon seit Wochen aushing, war der Eheschließung ein Termin gesetzt. Aus Münster kamen dringliche Briefe, dann Telegramme. Alle Einladungen waren ausgesprochen, sogar die an Professor Freundlich und Frau. Mit Peinlichkeiten, die sich aus der kirchlichen Trauung hätten ergeben können, war nicht mehr zu rechnen, denn bereits im Vorjahr, genauer gesagt, Monate vorm Fall der Mauer, hatte Martha den Entschluß gefaßt, ihre Glaubensleere aufzufüllen und die Religion ihres zukünftigen Mannes anzunehmen.

Das war Heinz-Martin Grundmanns Wunsch, doch nicht Bedingung gewesen. Deshalb war Martha wochenlang zur Hedwigskirche gelaufen, wo ihr ein Priester die Glaubenssätze der ihr neuen Lehre beigebracht hatte. Quelle dieser eher Kindern verordneten Exerzitien war der Katechismus gewesen; doch müssen alle, auch erwachsene Konvertiten, durch diese Waschanlage; niemand wird ungeprüft aufgenommen.

Weil ein rechtgläubiger Trauzeuge fehlte und Grundmann an Marthas nachbarlicher Jugendfreundin Inge Scherwinski keinen Gefallen finden konnte, erinnerte sich einer von uns an seine katholische Herkunft, der er mehr aus Trotz denn aus Glaubensstärke nie abgeschworen hatte.

Nicht etwa Fonty, dessen Tochter bat mich, für sie zeugend vor den Altar zu treten. Wenngleich wir uns sagten: »Vorsicht vor Übereifer« und uns bekannt war, daß vormalige Kommunisten als frischgebackene Katholiken gerne ihr altgedientes Glaubenswerkzeug mit sich führen, willigte ich ein; diese Gefälligkeit war das Archiv den Wuttkes schuldig.

Aber der Brautvater kümmerte sich zu wenig. Er hätte schon längst eine Gaststätte für das Hochzeitsessen bestimmen, den langen Tisch reservieren und das festliche Menü auswählen müssen. Das durfte die Braut von ihm erwarten. Nach der vor Jahren mißlich gelösten Verlobung mit einem Oberleutnant der Volksarmee hatte sie kaum noch zu hoffen gewagt, als Enddreißigerin einen Mann zu bekommen. Nun hatte es doch noch geklappt; nur mit dem Brautvater war nicht zu rechnen. Er hielt sich abseits und spitzte seine Bleistifte immer wieder neu an. Fonty bestand darauf, die ihm angeratenen Spaziergänge auf der rotchinesischen Teppichbrücke abzulaufen, und konnte, was die »Kinderjahre« betraf, kein Ende finden.

Selbst unser Besuch, der eigentlich dem Genesenden gelten sollte, war ihm lästig. Wir mußten in der Küche oder im Poggenpuhlschen Salon warten und wie auf Abruf sitzen. Oft saßen wir eine geschlagene Stunde und länger. Weil er nicht kam oder uns rief, tröstete uns Emmi über die Zeit hinweg. Ohne daß wir viel fragten, sagte sie: »Auf den können wir lange noch warten. Der kann mal wieder nich aufhören mit seinem Gekritzel. Kaum is er bißchen gesund, übernimmt er sich gleich. Als wenn das nich Zeit hätt bis nacher Hochzeit. Aber wenn ich zu meinem Wuttke sag, schon dich, muß ja nich alles gleich und sofort aufs Papier, sagt er, laß man gut sein, Emilie, was raus will, muß raus. Also hab ich getippt und getippt. War ja all die Jahre so, wenn er hat liefern gemußt. Aber diesmal kritzelt er einfach ins Blaue nur, denn wer will sowas noch hören? Gibt es ja nich mehr, Kulturbund und so. Alles futsch und vorbei! Nur nich für meinen Wuttke. Für den ist nur wirklich, was er sich ausdenkt. Da kann links und rechts die Welt untergehn, der macht trotzdem weiter. Kaum isser aussem Bett raus, rennt er hin und her, brabbelt dabei, setzt sich, schreibt was, rennt wieder und schreibt und schreibt. Diesmal nich nur über sein Einundalles, nee, diesmal sogar über sich, weil ja beide aus diesem Nest kommen. Aber das wissen Sie ja besser, daß da der olle Mann sitzt, vor dem er als Knirps schon gestanden und geguckt hat, weil ihm sein Vater vor dem verflixten Denkmal immerzu eingebleut hat: ›Der da, der ist unsterblich, der bleibt bis in alle Ewigkeit.‹ So fing das an, daß er, wenn er von seinem Einundalles redet, sich immer irgendwie reinmogelt, als wenn er alles nachplappern muß. Steht bei dem was über Prügeleien mit Straßenbengels geschrieben, die sich in Swinemünde rumkloppen, will er sich in Neuruppin och mit paar Rowdys rumgekloppt haben. Der eine mit nem Holzschwert, das er auf Weihnacht bekommen hat, der andre mit ner bloßen Dachlatte. Und wie sich die Jungs versteckt haben, wo sie keiner hat finden gekonnt: der eine auffem Dachboden, der andre im Kohlenkeller hinter Packen von Papier, die alle Ausschuß waren oder Makulatur, wie mein Wuttke das nennt. Waren aber überall Bilder drauf, bloß bißchen verdruckt alle. Und immer wieder diese Väter! Ich kann Ihnen sagen: Hatte der eine Spielschulden, bekam der andre, seit er arbeitslos war, nich mehr die Flasche vom Hals. Weil aber der Vater von seinem Einundalles, der sich ja immerhin ein richtiges Denkmal zusammengeschrieben hat, eigentlich nur ein verbummelter Apotheker gewesen is, muß er ihn rausstreichen, und zwar als gütigen Papa, den seine böse Frau, die natürlich Emilie heißt, einfach vor die Tür gesetzt hat. Und genauso steht nun der

Vater von meinem Wuttke ziemlich aufgeplustert da, nämlich als weiser Eremit, der sich von der schlimmen Welt in
ein naßkaltes Kellerloch zurückgezogen hat. Da kann ich
nur lachen drüber. Hab ihn ja oft genug besucht, bevor die
Mauer kam. Der und seine Karnickel! Kann Ihnen sagen:
Vornehme Villengegend war das mal. Aber der Kasten, in
dem der Alte hauste, sah wirklich schlimm aus. Ein Spuk-
schloß ist nix dagegen. Oben vom Krieg noch ausgebrannt
alles, und unten konnt man die Schwindsucht kriegen. Lief
die Wände runter, so feucht. War bestimmt Schwamm inne
Dielen. Und die Betten klamm, selbst im Sommer. Roch
richtig nach Schimmel und war nich sauber zu kriegen.
Konnt einem leid tun die arme Frau, die sich der Alte ange-
lacht hatte. Gundula hieß sie, so ne kleine pummelige, die
nie nen Mucks gesagt oder sich groß beklagt hat. Gott, mit
ihr war der Alte ja freundlich: Gundelchen hier, Gundelchen da. Denn reden konnt der. Immer seine Sozisprüche
gekloppt, Weltverbesserung und so. Ziemlich wirr alles.
Aber der Garten tipptopp. Hat uns Salatgurken und Blumenkohl mitgegeben und jedesmal ein Karnickel, manchmal
auch zwei frisch geschlachtet und abgezogen, weil wir bei
uns sowas nich kriegten. Gab ja rein gar nischt, kaum bißchen Gemüse, weil bei uns – aber das wissen Sie ja – diese
ewige Knapserei, weshalb ich dem Alten hätt dankbar sein
müssen. Richtig wien Kavalier konnt der sein, wie mein
Wuttke och manchmal, besonders mit Fräuleins. Und genauso der Vater von seinem Einundalles, der muß och son
Schönredner gewesen sein. Nur ihre Frauen haben nischt zu
lachen gehabt, alle beide nich. Wenn ich aber zu meinem
Wuttke sag: ›Also das geht nich, daß dem seine Emilie genauso schlecht wegkommt wie die arme Luise von deinem
Papa, die och nu schon lange unter der Erde is. Was haben
die aushalten gemußt und beide ihre Last gehabt, die eine
mit dem ewigen Schuldenmacher und Pumpgenie und die

andere mit dem Großkotz, der eigentlich ein Säufer war, und zwar ein heimlicher, was die Schlimmsten sind. Aber daß dein Vater davon ne kaputte Leber gekriegt hat, davon steht bei dir kein Sterbenswörtchen geschrieben, nur immer wie gütig, wie weise, wie liebenswert alle beide...‹ Dann sagt mein Wuttke: ›Laß man, Emilie, das verstehst du nicht. Was wirklich ist, klebt nicht an der Oberfläche. Das steckt tiefer drin.‹ Und ich sag denn: ›Weiß ich, weiß ich schon lang. Doch was bei mir drinsteckt, da fragt keiner nach. Immer nur deine Emilien. Lauter Emilien. Und wenn deine Emmi, nach der keiner fragt, die immer nur tippen muß, nich auffem Taufschein Emilie eingetragen gehabt hätt, wär ich dir schnuppe gewesen womöglich...‹ Aber Sie wissen ja, daß die andre genau wie ich alles hat abschreiben gemußt, nur viel mehr noch: all die Kriegsschmöker und Romane und obendrein diese Wanderungen, alle. Kenn ja das meiste, gefällt mir aber nich. Zuviel Gerede und jedes Schloß klitzeklein beschrieben, och wenn es ne Bruchbude is. Doch wenn was passiert, Ehebruch oder son richtiges Duell mit Pistolen, und es spannend wird, hört er auf oder macht nen neuen Abschnitt mit Spaziergänge und schon wieder Gerede. Aber mein Wuttke sagt immer: ›Das ist das Besondre. Die Kunst des Weglassens...‹ Na schön! Aber dann hätt er sich selber ein Beispiel nehmen sollen bei seinem Vortrag, den er ja doch nich halten wird können, weil kein Kulturbund mehr da is und zahlt. Deshalb drängel ich immerzu: ›Nu is genug. Man muß aufhören, wenn genug is. Außerdem gibt es uns noch. Kümmer dich endlich um deine Tochter, och wenn du dagegen bist, daß sie katholisch is nu.‹ Mir paßt das ja och nich. Ich sag Ihnen: Das is genau wie damals, als unsere Martha freiwillig inne Partei reingegangen is, erst als Kandidat und dann richtig. ›Aufgeopfert hat sie sich für uns, besonders für dich, Wuttke‹, hab ich gesagt, ›weil du unten durch warst bei den Bonzen da oben. Als unsre Jungs alle im Westen geblieben sind, warst du schuld, haben die gesagt, weil sie in Hamburg bei deiner Schwester... Und unser Georg, was ja das Schlimmste war, inne Wehrmacht drüben, weil er hat unbedingt Flieger werden gewollt... Aber das is nu vorbei alles. Kümmer dich endlich, damit unsre Martha nich rumhängt und sich verkriecht in ihr Zimmer, wo sie vor sich hin heult, weil du kein bißchen an ihre Hochzeit denkst, nur immer an dein Einundalles...«

Martha Wuttke, die für Fonty Mete hieß und bald nach ihrem Ehemann heißen sollte, war zwar von ihrer Spielart der Nervenschwäche genesen, gab aber dennoch zu Hause den Trauerkloß ab, indem sie ihr Leid aus der Küche in ihr ältlich verwohntes Jungmädchenzimmer schleppte, um es von dort, wo neuerdings Photos und Andenken aus FDJ-Zeiten zur Seite geräumt waren und ein zum Hausaltar dekoriertes Tischchen um Andacht warb, wieder in die Küche zu tragen. Außerdem hielten die Sommerferien an. Nichts konnte sie ablenken, kein Ärger mit dem neuen, lupenrein parteilosen Direktor, kein Unterricht in elementarer Mathematik, einem Lehrfach, dessen Glaubensferne nur zweifelsfreie Beurteilungen, richtig oder falsch zuließ. Sie galt als tüchtige und – abgesehen vom häufigen Krankfeiern – zuverlässige Lehrerin, war weder beliebt noch gefürchtet, hatte allerdings Probleme mit Kollegen und mehr noch mit Kolleginnen, die nicht rechtzeitig die Partei verlassen hatten: Gezänk im Lehrerzimmer. Eigentlich hätte sie, der bevorstehenden Hochzeit wegen, kündigen müssen; doch auch in dieser Frage erlebten wir Martha Wuttke unschlüssig, weil immer wieder von grundsätzlichen Zweifeln befallen.

Darüber sprach sie mit uns vom Archiv, besonders mit mir, nachdem ich versprochen hatte, als Trauzeuge einzuspringen: »Im Prinzip wollt ich schon längst mit der Schule aufhören, weil ich nicht mehr dahintersteh. Und ob ich in

Schwerin noch mal irgendwas anfang, da bin ich mir gar nicht sicher, auch wenn Grundmann meint, ich kann mich da unten betätigen. Er sagt, ich soll seine Bauherren betreuen, genau, die Investoren. Bloß, weil ich rechnen kann? Aber nur Hausfrau sein paßt mir noch weniger. In der Villa rumsitzen, die viel zu groß ist, und warten... Nee! Eigentlich ist mir überhaupt nicht nach Heiraten, vielleicht, weil ich so lang allein... Im Prinzip will ich schon und hab paarmal zu Vater gesagt: ›Diesmal wird's ernst. Diesmal spring ich nicht ab wie damals bei Zwoidrak. Diesmal trau ich mich. Du mußt dich um die Hochzeit kümmern. Grundmann hat wieder geschrieben und drängelt, genau wie Mama. Er will, daß du einen Tisch für zwölf Personen bestellst, und zwar im Westen drüben, bei nem Italiener. Am Ku'damm neben der Schaubühne soll es einen geben, der gut ist, hat er extra aufgeschrieben für dich.‹ Genau! Warum nicht im Westen? Ich hab da nix gegen, aber Vater kümmert sich nicht. Dabei würd ihm Grundmann das abnehmen und selber nen Tisch bestellen, wenn es auf Pfingsten, als er kurz hier war, nicht geheißen hätt: ›Das Hochzeitsessen ist meine Sache!‹ Doch wenn ich das antipp, hört Vater weg. Sagt nur jaja und ist in Gedanken schon wieder woanders. Natürlich frag ich mich manchmal, ob ich schuld bin, wenn er wie taub ist, weil ich nicht rechtzeitig Klartext mit ihm geredet hab, na, daß wir in der Hedwigskirche vorm Altar und daß ich keine Zweifel mehr, nur noch manchmal, und jedenfalls ne Perspektive brauch. Geht nicht ohne... Mach mir da nix vor... Weiß noch genau, wie ich bei der FDJ nicht nur gesungen, sondern geglaubt hab: ›Damit du in der Welt dich nicht irrst...‹ Aber das ist bestimmt nicht einfach für Vater, wenn seine einzige Tochter... Genau! Und daß katholisch geheiratet werden soll... Am liebsten wär ihm natürlich ne reformierte Hochzeit im Französischen Dom, auch wenn wir alle auffem Papier nur lutherisch sind oder noch weniger und Vater, als ich zusammen mit meiner Freundin Inge zur Jugendweihe gewollt hab, nix dagegen gehabt hat. Aber katholisch? Das will ihm nicht einleuchten, auch wenn er zu mir voriges Jahr im März, als noch das alte System war und ich raus bin aus der Partei, ›Na endlich!‹ gesagt hat. Falsch war bloß, daß ich ihm nix vom Katechismusunterricht und dem Priester von Sankt Hedwig gesagt hab oder zu spät erst. Jedenfalls hat er das krummgenommen und sowas wie Bäumchenwechseldich gemurmelt. Richtig beleidigt ist er gewesen. Und vielleicht hat Vater deshalb Knall auf Fall weggewollt, Richtung Schottland natürlich, kam aber nur bis Bahnhof Zoo. Doch im Prinzip muß er sich an den Gedanken gewöhnt haben, denn kurz bevor er abgedampft ist, hat er mir hier in der Küche ganz freundlich nen kleinen Vortrag gehalten, klar, mit paar Spitzen drin: ›Sei's drum, Mete!‹ hat er gesagt. ›Ob Kommunismus oder Katholizismus, fängt beides mit K an und hält sich partout für unfehlbar...‹ Dann ist er mir mit dieser Schnulze ›Graf Petöfy‹ gekommen, weil da ja auch konvertiert wird. Aber gepaßt hat ihm mein Übertritt bestimmt nicht. ›Besser gar nix als alles glauben!‹ hat er gerufen und dann noch eins draufgesetzt: ›Nach welchem Wechselkurs tauscht man heutzutage die Überzeugung?‹ Erst als ich ihm lang und breit erklärt hab, daß ich schon bald nachem Eintritt in die Partei, genau, war Anfang der Achtziger – davor war ich drei Jahr lang nur Kandidat –, meinen Glauben zuerst an Lenin und später an Marxengels verloren hab, hat Vater kurz ›Meinen Segen hast du!‹ gesagt und dann noch gemurmelt: ›Jeder nach seiner Fasson...‹ Denn im Prinzip ist er die Toleranz in Person. Gekränkt hat mich nur, daß ausgerechnet dieser Stoppelkopp für mich geredet hat. ›Ist doch ein hübscher Kuppelbau, die Hedwigskirche. Was wollen Sie eigentlich, Fonty? Wir leben nun mal in ner Wendezeit...‹ Das hat der gesagt, als es Vater schon besser ging, weil er auf einmal schreiben, wie früher schreiben gekonnt hat. Nix mehr mit Nervenpleite. Genau, richtig gesund ist er davon geworden. Aber sich kümmern, sich richtig um meine Hochzeit kümmern, das will er noch immer nicht im Prinzip . . . «

Wir haben miterlebt, wie Fonty sich verweigert hat. Selbst mein Angebot, ihm jegliche Lauferei zu ersparen und ganz nach seinem Wunsch einen Hochzeitstisch zu bestellen, schlug er aus: »Wenn überhaupt, dann ist das meine Sache.«

Hinzu kam, daß dem Brautvater der Bräutigam nicht gefiel. Zwar lasse sich mit Grundmann halbwegs amüsant plaudern, aber erstens sei er zu alt und obendrein Witwer, zweitens komme dieser Herr Neunmalklug aus dem Westen: »Die ticken doch ganz anders als wir. Und selbst wenn seine Firma, von der ich jetzt schon und drittens behaupte, daß sie nach Pleite riecht, in Bulgarien Hotelbauten hochgezogen hat und ihm unsere Mete am Schwarzen Meer über den Weg gelaufen ist, hat er von uns keinen Schimmer. Für Grundmann und Konsorten bleiben wir Ostelbier, heidnische Protestanten, Ketzer im Grunde, was ja stimmt. Da hilft kein Konvertieren, so sehr das in Mode ist. Und ob bei unserer Mete diese Weihwasserkur anschlägt, wage ich zu bezweifeln.«

Er wäre wohl so verbockt geblieben, hätte ihn sein Tagundnachtschatten nicht aus der Studierstube getrieben: »Nun machen Sie mal nen Punkt, Fonty! Oder soll etwa mein kleines Geschenk, sollen all die hübschen Bleistifte als destruktives Westprodukt beschlagnahmt werden? Na also! Hab übrigens gute Nachricht. Wie schnell sich doch die Lage ändert. Sie sind gefragt. Beste Aussicht besteht, daß Sie Ihre ›Kinderjahre‹ in der alten Schultheiß-Brauerei, die jetzt ›Kulturbrauerei‹ heißt, vortragen können, selbstverständlich vor Publikum. Sind ganz wild drauf, die jungen Leute.

Wollen unbedingt was von früher, von noch früher zu hören kriegen. Haben die Nase gestrichen voll von dem, was grad läuft. Jedenfalls ist es mir gelungen, jetzt schon ne runde Summe lockerzumachen: Werkhonorar! Wird übrigens von drüben subventioniert der Laden, und ich hatte ein Wörtchen mitzureden, als es um die Bezuschussung ging. Na Fonty, was sagen wir jetzt? Nun sind Sie bei all der Schreiberei nicht nur gesund geworden, sondern dürfen sogar abkassieren. Das Ganze zahlt sich aus, wie beim großen Vorbild. Dem haben, wie wir wissen, die ›Kinderjahre‹ nen ersten wirklichen Verkaufserfolg gebracht. Das Büchlein ging wie warme Semmeln weg. Nicht nur in Swinemünde, wo die Leute immer auf Klatsch aus und neugierig waren. Jedenfalls sollten Sie besser als ich wissen, daß der Unsterbliche an den Erinnerungen fast so viel verdient hat wie an seiner berühmten Effi. Die ist ihm, kaum war er gesund, wie nix von der Hand gegangen. Waren aufregende Zeiten. Fing achtundachtzig mit dem Dreikaiserjahr an. Wurde danach immer toller: Kaum sind die Sozialistengesetze weg, kippt Bismarck. Unruhige Jahre. Wir pausenlos im Dienst. Trotzdem kamen ›Die Weber‹ zur Aufführung: Erst waren sie hier am Schiffbauerdamm, aber nur vereinsintern erlaubt, dann in Paris. Schließlich ganz groß im Deutschen Theater mit Liebknecht und weiteren Sozis im Publikum. Soziale Anklage! Schlesisches Elend! Hab noch im Ohr, wie die Rede von nem Fabrikanten, hieß Dreißiger, ausgelacht wurde. Und der Herr von Platz 23 schrieb im ›Salon-Feuilleton‹ begeistert wie ein Jungrevolutionär. Lief als Renner das Stück, in Breslau, Lobe-Theater, und in Hannover, obgleich wir die Preise auf dem obersten Rang verdoppelt hatten, damit die Arbeiter nicht ... Half nix. Hatten alle Hände voll zu tun. Na, weil die Ordnung wieder mal grundsätzlich ... und die Sozis immer frecher... Selbst der junge Kaiser spielte verrückt. ›Führ Euch herrlichen Zeiten entgegen‹, wie heute, lauter Illusionen und massive Großsprecherei. Mantel der Geschichte! hat neulich der Kanzler von drüben gesagt. Dem schlägt eine historische Stunde nach der anderen. Wird sich noch wundern, der Herr. Von wegen neues Kapitel aufschlagen. Daß ich nicht lache! Bißchen Wendezeit, der übliche Hemdentausch, das ist alles. Kennen wir doch, diesen Kostümwechsel auf offener Bühne. So ist der Mensch! Immer Kleidersorgen! Deshalb sollten Sie Ihrer Tochter den Auftritt im neuesten Glaubensgewand nicht verübeln. Ob Sie sich dazumal vom Revoluzzer zu Manteuffels Agent gemausert haben und als Skribifax von einem Journal zum anderen, von der Dresdner zur Kreuzzeitung und aus deren Spalten zur Vossischen gewechselt sind oder ob Ihr Fräulein Tochter Rot gegen Schwarz tauscht, das nimmt sich nix. Außerdem sind wir sicher, daß Ihre Mete allenfalls ne Katholikin mit Abstrichen sein wird, wie sie als Betschwester des Marxismus-Leninimus nur mäßig gläubig gewesen ist. Kenne ja ihre Kaderakte. Immerzu Zweifel... Doch nun wird nicht mehr gefackelt, Fonty. Ob mit oder ohne Weihwasser: Die Hochzeit steht vor der Tür!«

Keine Ausrede half: Es war soweit. Er hatte noch einmal, um Zeit zu gewinnen, die Verstecke der Kinderjahre im Swinemünder Dachgebälk und in der gespenstisch von einem Talglicht erhellten Schwärze des Neuruppiner Kohlenkellers ausfindig gemacht, um von beiden Zufluchten aus die »existentielle Notwendigkeit des kindlichen Verstecks« zu beschwören, war dann auf die abgebrochene und die linear fortgesetzte Gymnasialzeit gekommen, wobei er den einen und den anderen Schuldirektor im Rahmen eines Doppelportraits vorstellte, und fand dann, nachdem er die Friedrichswerdersche Gewerbeschule als eher lästiges Pensum abgehakt hatte, einen langen Schlußabsatz breit zum in Bronze gegossenen Denkmal, das mehr dem ruhenden und

ins märkische Land schauenden Wanderer als dem Roman-
autor gewidmet wurde, als es am 8. Juni 1907 mit viel Trara,
Lobreden und Deklamationen zur festlichen Einweihung
kam.

Fonty sah sich vor, hinter dem Denkmal stehen und um
das Denkmal herumlaufen. Mal beschattete ihn die Bronze,
mal fiel sein Schatten auf den steinernen Sockel. Sein Bleistift schrieb von allerfrühesten Begegnungen mit der Unsterblichkeit, vom »heiligen Schauer«, den er verspürte, als
er, an der Hand des Vaters, auf die »ewigen Werte der Dicht-
kunst« eingeschworen wurde. Er schloß seine Erinnerungen, denen mittlerweile ein Honorar sicher und ein Vortrags-
pult versprochen war, mit dem Geständnis: »So bin ich seit
frühesten Kinderjahren ganz eins mit ihm, der als metalle-
ner Guß in Neuruppin auf der Steinbank sitzt.«

Danach gönnte er sich nur noch ein kurzes Auf und Ab
über die Teppichbrücke, griff dann nach Hut und Stock.
Draußen wartete auf ihn mit trockener Hitze der August.
Fonty gehörte wieder der Welt an; doch durfte er anfangs
nur in Begleitung ausgehen.

Nach dreimaligem Umrunden des Kollwitzplatzes fand das
Gespräch mit Hoftaller unter einem Sonnenschirm statt. Sie
saßen in der Husemannstraße vor dem seit Mitte der achtzi-
ger Jahre mitsamt der Straßenfront restaurierten »Café
Bistro« und tranken – Hoftaller ein Schultheiß, Fonty ein
Glas Medoc.

Häuserfassaden wie aus dem Bilderbuch. Kulissen, die
errichtet wurden, um sich und andere zu täuschen. Manchmal streunten westliche Touristen vorbei. Man bestaunte
die von der 750-Jahrfeier Berlins gebliebene Vorspiegelung.
Alteingesessene ließen sich hier kaum blicken. Mit seinem
Tagundnachtschatten kam sich Fonty wie ausgestellt vor.

Als ihm das versprochene Werkhonorar, fünfhundert Mark, in der immer noch neu anmutenden Währung bar auf die Hand ausgezahlt wurde, beschloß er, die runde Summe nicht wie sein Restvermögen, das er als Flucht-reserve wertete, zur Dresdner Bank in die Dimitroffstraße zu tragen, sondern den seiner Genesung abgezweigten Ge-winn in das Hochzeitsessen zu stecken.

Im Verlauf der anfangs entspannten Plauderei sagte er zu Hoftaller: »Bleibe dabei: Französischer Dom ist besser als Hedwigskirche. Aber wenn es denn unbedingt katholisch über die Bühne muß, will ich mir was einfallen lassen. Hab ja ein Faible, nicht unbedingt für Schwarzröcke, aber für Weihrauch und Kerzenschimmer schon und für die Gottes-mutter sowieso. Was wäre aus Effi ohne die vom finstersten Glauben geschlagene Magd Roswitha geworden, die treu zu ihr hielt, als alle, selbst Briest samt Frau, von ihr abfielen? Auf das Katholische ist wie auf die Hölle Verlaß. Sollte Ihnen einleuchten, Tallhover. Sind nicht sogar Sie, wenn ich mich recht bedenke, von der päpstlichen Fraktion, wie – na, Sie wissen schon – dieser Polizeirat Reiff aus ›L'Adultera‹?«

Fonty genoß seinen Winkelzug um drei Ecken. Und Hoftaller räumte zuerst verlegen, dann aber mit Bekenner-freude ein, daß er seine frühesten Berufserfahrungen in Beichtstühlen gesammelt habe. Er zündete eine seiner Kuba-nischen an, machte ein Kaplansgesicht, glänzte wie gesalbt und erinnerte sich, nun schon genüßlich: »Wird man nicht los, dieses erst zögerliche, dann hemmungslose Offenlegen des Innersten, dieses Geflüster beiderseits des hölzernen Gitters, das Ohr des Priesters und den reuigen Mund: Ja, ich habe gesündigt... in Gedanken, Worten und Werken... Ach, und dann endlich die Absolution, dieses Gefühl, neuge-boren, sozusagen taufrisch zu sein. Wie ne Dusche ist das, erst ne heiße, dann ne kalte... Verdanke der katholischen Kirche ne Menge. Die Kirche weiß, was im Menschen drinsteckt, und hat tausend Techniken entwickelt, die auf ne subtile Weise die Zunge lösen. Die Kirche ist immer da. In ihrem Arm singen alle. Und mit nem Trick wie dem Beichtgeheimnis kann man sogar ne Sorte redselig machen, die sich für hartgesotten hält. Bedauerlich nur, daß mein Biograph, der ja sonst alles offengelegt hat, ne gewisse Hemmung hatte, meiner in Beichtstühlen erfahrenen Prägung Beachtung zu schenken...«

»Furchtbar richtig!« rief Fonty. »Auch ich hätte beizeiten das katholische Unterfutter Ihrer ansonsten weltlichen Firma erkennen müssen...«

»Späte Einsichten!«

»Aber Hand aufs Herz, Hoftaller, praktizieren Sie immer noch?«

»Irgendwie hört das nie auf.«

»Sie meinen, wir alle sitzen lebenslänglich im Beichtstuhl?«

»Konfession spielt dabei nur ne geringe Rolle. Zwar hat Ihr Fräulein Tochter den Glauben gewechselt, doch die Sünden, unsere Sünden bleiben sich treu...«

Tags drauf war Fonty allein unterwegs. Anfangs besuchte er die Kneipe »Keglerheim« in der Lychener Straße, die ihm von früher, doch nicht als Stammlokal vertraut war. Als er mit kleinem Bier an der Theke stand, empfand er die neuerdings installierten Spielautomaten und die aus jeder Ecke den Schankraum beschallende, dabei ständig rumsende Musik als störend; nur die auf der Speisekarte angebotenen Gerichte, etwa Schweinshaxe und Schlachteplatte oder Kohlroulade, sagten ihm zu, desgleichen die noch nicht verwestlichten Preise; doch für ein Hochzeitsessen waren diese Berliner Spezialitäten kaum geeignet.

Er ließ den Blick wandern, verweilte bei den über der Thekenwand angepappten Lokalgrößen, erkannte Nante den

Eckensteher, den Leierkastenmann, die Harfenjule und Zille in seinem Milljöh. Dann las er die Glaubenssatzung aller Kegelbrüder in Form geschwungener Inschrift – »Gut Holz und alle Neune!« –, vergewisserte sich durch Nachfrage, daß beide Kegelbahnen noch immer in Betrieb und, wie der Wirt sagte, »bis nache Einheit und innen Oktober rein« ausgebucht seien. Er legte sich Zitate zurecht, die seinem Spott auf alles Berlinische zupaß kamen – »Jede Semmel ist pappig, jedes Stück Fleisch schmeckt nach Kellermuff, und kein Buchbinder kann ein Buch hübsch einbinden; und dabei der unerträglichste Dünkel ...« –, trank aber dann doch noch einen Nordhäuser Korn zum letzten Bierschluck und prostete sich dabei zu: Nein, hier soll Mete nicht ihre späte Hochzeit feiern müssen; doch auf dem Prenzlberg schon.

Sein Viertel. In diesem Quartier war er als Fonty bekannt; sogar die Straßenkinder riefen ihm nach. Hier war der Mief besonders dicht und von Heimlichkeiten gesättigt. Hier hatte sich in diversen Lokalen die Szene mehr selbstbezogen als konspirativ versammelt. In einem Stadtteil wie diesem war jeder des anderen Informant und keiner unbeschattet gewesen. Hier waren Gedichte geheckt und wie Kassiber gehandelt worden. Verrat ging ein und aus, und wie Wechselgeld blieb Verdacht im Umlauf. Talente trugen auf beiden Schultern. Und schon jetzt galten Lokale, die gestern noch den ungebundenen Genies als Umschlagplätze gedient hatten, als historischer Ort: Da war doch mal was, da soll ein Spitzel, der als hochbegabt gehandelt wurde, und noch ein Spitzel, dem der Mund überging, denn da trafen sich, da haben sich immer wieder, da soll sogar, da verging Zeit, darüber ist Zeit vergangen; doch für Fonty, der hier zu Hause war, wollte nichts vergangen sein, sondern alles gegenwärtig, auf Abruf. Zum Wirt des Keglerheims sagte er: »Berlin hat sich kolossal verändert. Wir verdanken das weitaus am meisten dem Asphalt und den Pferdebahnen«; dann zahlte er und ging.

Von hier aus war es nah zum verschachtelten und mit Zinnen und Türmchen gekrönten Backsteingemäuer der alten Schultheiß-Brauerei, die neuerdings als Kulturbrauerei in Betrieb war und mit täglich aufgefrischtem Spektakel Publikum fand. Über die Senefelder kam er zur rechts abzweigenden Stubbenkammerstraße, wo er ein Ecklokal, die Gaststätte »Offenbach-Stuben«, kannte, desgleichen den Wirt, dem es zu Zeiten des Arbeiter- und Bauern-Staates gelungen war, der noch ungebrochenen Machtfülle der führenden Genossen die private Einrichtung eines Restaurants abzuhandeln; Bühnenkünstler der Komischen Oper und vom Metropol-Theater sollen behilflich gewesen sein, als es darum ging, die üblichen Schikanen der Behörden ein wenig zu mildern. So hingen denn überall Kostümentwürfe zu Offenbachs Opern an den Wänden, etwa zu Felsensteins »Blaubart«-Inszenierung. Fonty erinnerte sich, daß Ende der fünfziger Jahre »Hoffmanns Erzählungen« und später im Metropol »Die schöne Helena« sowie »Die keusche Susanne« zur Aufführung gekommen waren. Davon zehrten die Offenbach-Stuben.

Der Wirt klagte ein wenig über die neuerdings sprunghaft steigende Miete und über das Ausbleiben vormals zahlungskräftiger Stammgäste. Fonty genehmigte sich an der Theke einen Calvados und gab die Wortspiele eines altgedienten Kellners witzig zurück. Auf die Frage »Was Neues in der Feder?« antwortete er: »Es ließe sich von jedem Tage ein Buch schreiben!« Und erst, als der Wirt ihm auf Wunsch die Speisekarte vorlegte, kam er auf »Metes Hochzeit«, indem er den Satz »Jung gefreit, hat niemand gereut« einfach ins Gegenteil kehrte: »So ist es mindestens genauso richtig. Das ist das gewöhnliche Schicksal solcher Sätze.«

Wie nach plötzlich gefaßtem Entschluß reservierte er im sogenannten Musikzimmer, dessen Wandschmuck aus etlichen alten Instrumenten – Mandolinen, Bratschen, Geigen – bestand, einen Tisch für zwölf Personen, und zwar zum 5. September, mittags; denn gleich nach der kirchlichen Trauung sollten hier die Hochzeitsgäste mit dem Brautpaar als geschlossene Gesellschaft tafeln.

Zugleich bestellte Fonty das Menü: drei Gänge. Er wollte sich nicht lumpen lassen. Wenn er schon den Wunsch seines zukünftigen Schwiegersohns nach einem »guten Italiener« unterlief, durfte in Offenbachs Stuben an nichts gespart werden. Als er ging, summte er vor sich hin: »Als ich noch Prinz war von Arkadien . . . «

Mit dieser gerade noch rechtzeitigen Entscheidung praktischer Natur, die nicht frei von Eigensinn war, soll noch einmal betont werden, daß Fonty durchaus als Wuttke zu handeln verstand. Wenn wir ihn im Archiv ausschließlich als Fonty erlebten, heißt das nicht, er habe andernorts, etwa als Aktenbote im Haus der Ministerien, nur diese eine, ihm vorgeschriebene Rolle gespielt; vielmehr trat er besonders dort als Theo Wuttke auf und legte Wert darauf, so genannt zu werden. Desgleichen hat er zu Zeiten der Arbeiter- und Bauern-Macht seine politische Meinung direkt als »Herr Wuttke« vertreten und die offizielle Parteilinie allenfalls als Fonty relativiert. So war er von Anfang an ein Befürworter der Bodenreform – »Junkerland in Bauernhand« –, hat aber die Zwangskollektivierung als »staatliches Bauernlegen« mißbilligt. Und als nach dem Mauerbau seine drei Söhne im Westen blieben, traf ihn dieser Verlust mehr als Wuttke denn als Fonty. Deshalb hat ihn die Weigerung seines zweitältesten Sohnes Teddy – Georg, der älteste, war 78 infolge eines Blinddarmdurchbruchs gestorben –, er werde auf keinen Fall zur Hochzeit seiner Schwester kommen, zuallererst als Familienvater verletzt; daran konnte die Zusage des jüngsten Sohnes Friedel nichts ändern.

Anfangs schaute Fonty dem katholischen Zeremoniell in der Hedwigskirche noch neugierig als Theo Wuttke zu, dann aber war er, als kein Weihrauchfaß geschwenkt, nichts Lateinisches geboten wurde und alle früher üblichen Mysterien ausgespart blieben, als Fonty enttäuscht. Später hat er bei Tisch gesagt, ihm habe jener »sinnbetörende Hokuspokus« gefehlt, der in des Unsterblichen Roman »Graf Petöfy« bis in die letzte Zeile hinein spuke, wo die Madonna aus der Nische der nunmehr verwitweten Gräfin Franziska himmlischen Schutz verspreche, wenngleich diese beim Konvertieren ohne Eile gewesen sei, ganz anders als seine Tochter, die ohne Zögern zuerst der alleinseligmachenden Partei das Verlöbnis aufgekündigt und alsdann der alleinseligmachenden Kirche das Glaubensbekenntnis nachgesprochen habe: »Aber so ist sie nun mal, meine Mete, immer kolossal überzeugt. Doch gleich, nach welcher Fasson geheiratet wird, Hauptsache, das Ja stimmt.«

Beide gaben ihr Jawort deutlich. Durch mich vertreten, waren wir vom Archiv weit mehr beeindruckt als der Brautvater, der sich wunder was von der Zeremonie in der Hedwigskirche versprochen hatte. Gleich nach der Trauung begann er zu mäkeln, und als er sich später bei Tisch richtig auskollerte, fiel das Wort »Schummelpackung«. Meinen Einwand »Sogar die katholische Kirche muß mit der Zeit gehen« hat er verlacht: »Der Papst hält es mit den Buchhändlern, die wenden sich, wie das Publikum, schnell anderen Göttern zu. Alles lebt nur auf acht Tage hin!«

Noch mehr Spitzen schoß Fonty auf dem Bebelplatz ab, wo sich die Hochzeitsgesellschaft bei bedecktem Himmel versammeln mußte; auf Wunsch des Bräutigams mal so, mal so für Photos gruppiert und vor wechselnde Kulissen gestellt, bis sie von einem Regenschauer vertrieben wurden. Mit Mühe fanden sich vier Taxis, und »ziemlich abgeduscht«, wie Fonty sagte, fand die Gesellschaft endlich zum Prenzlauer Berg in die Offenbach-Stuben.

Dort wartete der für nur zehn Personen gedeckte Tisch, an dem nach einigem Hin und Her alle mit Hilfe handgeschriebener Tischkärtchen ihren Platz fanden. Professor Freundlich und Frau hatten nicht kommen können; sie sahen sich, laut Telegramm und zu Fontys Bedauern, leider verhindert: »Unaufschiebbare Universitätstermine...« Doch war aus Jena rechtzeitig ein üppiges Blumenbukett geliefert worden, das sogar Emmi Wuttke gefiel, der die Freundlichs sonst kaum etwas recht machen konnten.

Die Tischkärtchen waren Emmis eigenhändig umgesetzte Idee; sie hatte sich seit Schulzeiten einen der Sütterlinschrift abgewandelten Schriftzug bewahrt, dessen kindlich korrekt gezogene Schleifen allen Gästen Eindruck machten. Jemand rief: »Wie niedlich!«, und selbst Fonty packte ein Lob – »Dank sei meiner allen Wechselfällen des Lebens trotzenden Emilie gesagt« – in seine Tischrede, die er jedoch nicht sogleich, sondern erst zwischen der Vorspeise – hausgebeizter Lachs mit Sahnemeerrettich – und dem Hauptgericht namens »Schöne Helena« – rosa gebratene Entenbrust mit Orangensoße, dazu Gemüse und Kartoffelpuffer – stehend und freiweg zu halten begann, wenngleich ihm schon in der Kirche und angesichts des »kolossal ausgenüchterten Katholizismus« nach längerer Rede gewesen war. Zu seinem Sohn Friedel, den er als Kind oder nur von Photos her kannte und der sich ohnehin vorgenommen hatte, beleidigt zu sein, sagte er, als beide noch in Sankt Hedwig familiär Seite an Seite saßen: »Dazu kann man nur schweigen oder eine Menge gepfefferten Unsinn reden. Na wartet, bei Tisch fällt mir sicher was Unpassendes ein.«

Wenn es nach Fontys Wunsch gegangen wäre, hätte »Orpheus in der Unterwelt«, nämlich geschmorter Ochsenbraten in Zwetschgensoße mit Speckbohnen, als Hauptgericht serviert werden sollen, doch war es Emmi gelungen, ihm den Orpheus auszureden und – als passend zum festlichen Anlaß – die »Schöne Helena« zu empfehlen; folglich gab ihm die äußerlich kroß gebratene, doch innen saftig gebliebene Entenbrust, kaum saß die Gesellschaft, einige gewagte Anspielungen ein: »Schöne Helena paßt immer. Doch zartrosa muß nicht jüngferlich heißen. Die Braut, unsere schon so lange zuwartende Schönheit, versteht, was gemeint ist.«

Solche Einfälle machten Emmi besorgt. Und weil sie auf ihres Wuttke Reden noch nie mildernden Einfluß gehabt hatte, befürchtete sie weitere Ausrutscher; an denen sollte es nicht fehlen, als er an sein Glas schlug und sich erhob.

Kaum war es dem Brautvater gelungen, mit einer eher koketten Entschuldigung – »Ich kann gut plaudern, aber schlecht sprechen« – genügend Auslauf für Eskapaden zu schaffen, nannte er anfangs seiner geliebten Tochter Parteiaustritt und Kircheneintritt ein »ökumenisches Wechselbad«, gewann dann ihrer neuen Perspektive einige Rückblicke ins finstere Mittelalter »inklusive Hexenverbrennungen« ab, prophezeite: »Der Scheiterhaufen kommt wieder in Mode«, wurde nun ganz und gar Fonty, indem er sein Romanpersonal musterte und nach nur kurzem Suchen der Hochzeitsgesellschaft die Schauspielerin Franziska Franz vorstellte, die er eine »übrigens aus Swinemünde stammende Plaudertasche« nannte. Nun erst wurde der Titelheld des Romans, der alte Graf Petöfy, »ein wenig knickbeinig« der Braut zur Seite gestellt und deren in Wien zelebrierte Hochzeit – »natürlich zu Beginn des dreizehnten Kapitels« – als wiederholt vollzogene Trauung abgefeiert: »Denn zuerst wurde in der Augustinerkirche, danach in der protestantischen, die sich in der Gumpendorfer Straße befindet, das Ja ausgesprochen.« Und nun kam er abermals auf die Braut: »Franziska war zwar nicht blutjung, aber – im Vergleich zu dem verlebten und alsbald abgelebten Grafen ungarischen Geblüts – noch immer ein junges Ding, dem das Leben sperrangelweit offenstand...«

Man mußte nicht Kenner des heute vergessenen Romans sein, um die Anspielung auf den Altersunterschied zwischen den gerade Frischvermählten, der achtunddreißigjährigen Martha und dem sechsundfünfzigjährigen Bauunternehmer Grundmann, als riskant zu begreifen, zumal Fonty mit seinem Hinweis auf des »abgelebten Grafen baldiges Ende« den katastrophalen Schluß des Romans ins Spiel brachte und diesen auch noch als »erzähltechnisch geschickt« lobte: »So gelingt es dem Autor, den nur vom Ergebnis her handlungsfördernden Pistolenschuß auszusparen.

Kein Tröpfchen Blut fließt literarisch. Alles Interesse darf sich der jungen Witwe und ihrem Seelenkummer hingeben...«

Dann aber rettete Fonty das Brautpaar, die Tischgesellschaft und sich selbst aus der leichtfertig herbeigeplauderten und von Emmi befürchteten Schieflage, indem er eine seiner von uns bewunderten Volten schlug: »Aber was rede ich da! Altersunterschied muß nicht scheiden! Altersvorsprung ist immerhin Vorsprung! Oder wie schon der greise Petöfy als Lebemann und deshalb genüßlich spekulierte: Der Jugend Überschuß und schneller Verbrauch könne dem genügsamen Alter Wegzehrung sein. Deshalb nochmals: Hauptsache, das Ja stimmt!«

Und schon war der Brautvater, der das Auftragen des Hauptgerichts ein wenig verzögern wollte, wieder beim Traualtar und allgemein beim Katholischen angelangt, dessen Wesen er als »in Jahrhunderten geübte Disziplin des längeren Atems« lobte und als »farbenprächtig bis in den Sündenfall hinein« pries, während er dem Protestantismus »eine mehr graphische Linienführung« nachsagte, die »auf weiß gekälktem Grund immerfort Schuld suche und anschwärze«. Damit war der Tischredner bei des alten Grafen so betagter wie frommer Schwester Judith und dem allgegenwärtigen Pater Feßler gelandet und sogleich inmitten jener verräterischen Ringgeschichte, bei der es, gegen Ende des Romans, um Petschaftssprüche geht.

Fonty, der einen pointierten Ausklang für seine Rede suchte, nahm, mit Blick auf den als Gast anwesenden Priester, rhetorisch Anlauf: »Hochwürden, ich muß gestehen, daß mir dieser Pater als schwarzer Papist und Anschwärzer jeglicher Irrlehre, ob lutherisch oder calvinistisch, dennoch Eindruck gemacht hat, weil er, wenngleich als ausgewiesener Dunkelmann, freimütig genug gewesen ist, seinen Siegelring mit der Inschrift eines Protestanten, mit der knappen

Devise des berühmten Gelehrten Thomas Carlyle, zu zieren...«

Als der Redner hier eine Kunstpause einlegte, wollte natürlich die Hochzeitsgesellschaft, voran der Bräutigam, den gravierten Wortlaut wissen. Heinz-Martin Grundmann rief: »Schluß mit der Geheimniskrämerei. Wie heißt denn der Spruch?«

»Entsage!« antwortete Fonty mit, wie immer, genauem Zitat und hob das Glas. Woraufhin alle anderen zögernd, dann aber doch ihre vom Medoc dunklen Gläser hoben: zuerst Emmi Wuttke, die keine peinliche Stille aufkommen lassen wollte; ihr folgte Friedrich, Friedel gerufen, der jüngste Bruder der Braut, den vor Jahrzehnten der Mauerbau zum jugendlichen Ostzonenflüchtling gemacht hatte und der mittlerweile in Wuppertal als Verlagsleiter tätig war; gleich nach ihm folgte die so hagere wie zugeknöpfte Schwester der vor fünf Jahren verstorbenen ersten Frau Grundmann der feierlichen Trinksitte: als verwitwete Bettina von Bunsen hatte sie in Freiburg im Breisgau die beiden mutterlosen Kinder des Bauunternehmers großgezogen; mit ihr zugleich hatte eines der Kinder, Martina, die in Köln Germanistik studierte und für hübsch oder niedlich angesehen wurde, ihr Glas gehoben; jetzt zog Inge Scherwinski nach, die als Freundin und Hausnachbarin der Braut eingeladen war, sich aber ihr schweres Los als alleinerziehende Mutter dreier Jungs nicht ansehen ließ, sondern unbeschwert überm Weinglas lächelte und dabei ihre Mäusezähnchen zeigte; nun griff auch ich zu, der vom Archiv ausgeliehene Trauzeuge, dem des Brautvaters Tischrede beruflich nahegegangen war; zu vorletzt legte der in der Hedwigskirche als Pfarrer amtierende Priester Bruno Matull, der Martha beim Konvertieren geholfen und ihr den ehelichen Segen erteilt hatte, die Finger beider Hände dergestalt priesterlich um das Glas, als wollte er einen Kelch heben; und nun erst griffen sie gleichzeitig zu: die Braut und der Bräutigam; dem war es jüngst gelungen, in Schwerin eine Zweigstelle seiner Münsteraner Firma zu eröffnen. Heinz-Martin Grundmann hob sein Glas in Augenhöhe und rief: »Verstehe: Entsage! Ist originell! Aber, mein lieber Schwiegervater, diesen Hochzeitsspruch werden sich Martha und ich bestimmt nicht in die Ringe gravieren lassen. Einfach köstlich, entsage. Darauf laßt uns anstoßen: Entsage!«

Woraufhin Friedel Wuttke seinem Schwager, dem er zuprostete, ins Gesicht lachte. Noch lauter und mitreißender lachte Inge Scherwinski, die mit ihrer Jugendfreundin anstieß. Als sich der Priester ein Schmunzeln über gehobenem Kelch erlaubte, begann die Grundmanntochter Martina zu kichern und steckte damit Frau von Bunsen an. Schließlich lief das Gelächter rundum, denn weder Emmi Wuttke noch ich konnten uns zurückhalten. Was blieb der Braut und dem Bräutigam übrig, als beim Klang der Gläser jenes einzelne Wort lachhaft zu finden, das soviel Heiterkeit ausgelöst hatte. Nur der Brautvater trank dem Brautpaar feierlich ernst zu.

Jetzt erst bemerkte ich, daß Fonty auf dem linken Revers seines schwarzen, im Verlauf der Jahre ein wenig zu weit gewordenen Jacketts ein Ordensband samt baumelnder Medaille trug. Sein Anzug für Vorträge, dekoriert während Kulturbundzeiten. Doch wie er in grauer Weste unter der Jacke und mit zur Schleife geordneter Halsbinde dastand und mit weißhaarigem Haupt und überm geneigten Rotweinglas strähnig hängendem Schnauz aufs Wohl der Brautleute trank, wobei er seinen Blick über das Hochzeitspaar hinweg gleiten ließ, hätte er anstelle der für »Verdienste um das kulturelle Erbe« verliehenen Dekoration, links auf der Brust, ein anderes Markenzeichen spät nachklappernder Ehre tragen können: den Hohenzollernhausorden erster Klasse.

Wir stritten ein wenig, ob dem Archiv das Recht zustünde, den chronologischen Ablauf der Hochzeit zu mißachten und die Tischrede einfach vorzuziehen. Korrekt wäre es gewesen, wenn schon nicht mit allen rituellen Einzelheiten der Trauung in der Hedwigskirche, dann doch mit der Vorspeise, mit Lachs, Meerrettichsahne und trockenem Chablis aus alten Gläsern zu beginnen. Ich wäre dafür gewesen, mit Inge Scherwinskis den Akt der Trauung überschwemmenden Freudentränen den Kirchenraum einzubeziehen, und gleich danach hätte der Wirt der Offenbach-Stuben die Hochzeitsgäste begrüßen und mit allen Gastzimmern bekannt machen können. Das darf nun nachgeholt werden, denn es war ja nicht so, daß wir vom Schankraum direkt durch den Flur und an der Küche vorbei in das Musikzimmer geleitet wurden, wo jedem der vielen Instrumente eine Legende anhing und der gedeckte Tisch wartete.

Zeit für einen Aperitif – »auf Kosten des Hauses« – gehörte zum Festplan. Und mit gefüllten Gläsern führte der Wirt die als »geschlossene Gesellschaft« angemeldeten Gäste vom Schankraum durch alle drei dahinterliegenden Stuben. Waren die Tapeten der ersten in Lindgrün gehalten, ging von den folgenden, die englischrot und blau-violett tapeziert waren, jene aus frivoler Laune und mitreißender Sangeslust gemischte Stimmung aus, die der Name des Restaurants seinen Gästen versprach. Ich erlaubte mir einige Bemerkungen zu Karl Kraus' Bemühungen um Jacques Offenbach und nahm die hier hängende Zimmerdekoration, hinter Glas gerahmte Kostümentwürfe zu Felsensteins »Blaubart«-Inszenierung, zum Anlaß für kulturgeschichtliche Hinweise. »Verstehe«, sagte der Bräutigam, »leichte Muse mit zeitgenössischem Pfiff.«

Den Schankraum schmückten durch Signatur wertvoll gemachte Photos von Künstlern, unter ihnen einige noch immer bekannte. Und als Münzautomat stand dort eine

Vitrine, in der, nach Einwurf, fingerlange Tänzerinnen im Tutu die Beine zu werfen und zu einschlägiger Musik Cancan zu tanzen begannen. Ein Sammlerstück, das der Wirt nur selten in Gang setzte, so – auf Fontys Wunsch – zu Marthas Hochzeit. Man klatschte Beifall, als der Tanz nach letzten Zuckungen endete.

Doch so einladend sich die Offenbach-Stuben mit gedeckten Tischen anboten, fast leer waren sie trotzdem. Der Wirt klagte darüber: Gleich nach der Währungsunion sei ihm die Stammkundschaft weggeblieben. »Erst gegen Abend wird es lebhaft, aber jetzt, über Mittag, ist ziemlich Flaute. Was soll's, kann ja nur besser werden.«

Heinz-Martin Grundmann, der mir bereits auf dem Standesamt in maßgeschneidertem Zustand als straffer Herr mit Halbglatze vorgestellt worden war, gab sich als ein an allem interessierter und selbst den alltäglichen Nöten gegenüber aufgeschlossener Mann: »Wem gehört denn dieses heruntergekommene Eckgrundstück? Verstehe! Aus München haben sich Altbesitzer gemeldet, selbstredend mit Mieterhöhung. Donnerwetter, die langen aber zu. Das setzt Kasse voraus. Wird nicht einfach sein.«

Er schaffe das schon, versicherte der Wirt, ein schmächtiger Mittvierziger, der selbst gerne Bühnenkünstler geworden wäre, es aber immerhin – »und das trotz Sozialismus« – zu einem beliebten und – »bis kurz vorm Umbruch« – immer proppevollen Künstlerlokal gebracht hatte: »War nicht leicht, wenn man privat bleiben wollte.«

Grundmann wünschte Glück und einen tüchtigen Steuerberater. Friedel Wuttke stand fremd und betont abseits seiner Familie. Inge Scherwinski hätte gerne noch einmal die Püppchen tanzen sehen. Der Priester wirkte angestrengt. Ich versuchte, mit Frau von Bunsen ins Gespräch zu kommen. Die Braut blickte mürrisch drein. Des Bräutigams Tochter nannte die Offenbach-Stuben »niedlich«. Der Brautvater schwieg. Endlich leitete der Wirt die Hochzeitsgesellschaft in das Musikzimmer, in dem Emmi Wuttke mit ihren Kärtchen die Tischordnung bestimmt hatte.

Brautpaar und Brauteltern saßen sich gegenüber. Ihnen gehörte die Mitte der Langseite, zwischen ihnen ein Blumengebinde. Emmi hatte den Priester zur Seite. Neben Fonty, den der Wirt übrigens immer wieder respektvoll als »Herr Wuttke« angeredet hatte – »Der Chablis selbstverständlich eisgekühlt, Herr Wuttke«–, saß Martina Grundmann, die in den ersten Semestern steckende Studentin. Dem Bräutigam war als Trauzeugin die Schwester seiner verstorbenen Frau zur Seite gesetzt worden. Ich hatte die Braut am nächsten. Für Inge Scherwinski war am rechten Kopfende des Tisches gedeckt. Das linke Kopfende blieb für Friedel Wuttke.

Die meisten am Tisch waren einander fremd oder, was den verlorenen Sohn Friedel betraf, fremd geworden. Selbst als die Vorspeise, der hauchzart in Scheiben geschnittene Lachs, serviert war, kamen Tischgespräche nur stockend in Gang. Frau von Bunsen beteuerte ihrem einstigen Schwager wiederholt, daß sie »alles Erdenkliche« getan habe, um den Sohn Thomas, von dem zu hören war, wie leicht ihm sein Jurastudium falle, »aus seinem Schmollwinkel« herauszulokken: »Er hängt besonders an der Mutter.«

»Bei uns war och nichts zu machen«, bestätigte Emmi über den Tisch hinweg. »Unser Teddy meint immer noch, er darf nich rüber zu uns, weil er in Bonn nämlich Beamter ist auf der Hardthöhe, wo die Verteidigung sitzt. Dabei wäre die Hochzeit ne prima Gelegenheit für uns gewesen, sich mal richtig auszusprechen nach so langer Zeit . . .«

»Das wird sich schon noch ergeben«, sagte der Priester, »wir sind uns ja alle fremd geworden, leider, bis in die Familien hinein.«

Inge Scherwinski, die nicht nur aus Hemmung laut sprach, wollte über die Länge des Tisches hinweg von Friedel Wuttke wissen, ob er sich noch an seine Kindheit in der Kollwitzstraße erinnere. »Mußte doch ehrlich zugeben, is ne schöne Jugend jewesen in dem ollen Kasten und auffem Hinterhof. Na, im Schuppen drin, weißte noch, Friedel?« Als keine Antwort kam, zeigte sie Verständnis: »War trotzdem richtig, daß ihr drüben jeblieben seid alle drei, als die hier dichtjemacht haben alles. Aber vermißt haben wir dir...«

Endlich gab der oben schon kahle Verlagskaufmann zu, sich »an die Kastanie im Hinterhof« zu erinnern, »aber Heimweh, dafür hatten Teddy und ich keine Zeit. Und Georg schon gar nicht, weil er zum Bund ging und später in Aurich als Pilot bei den Starfightern... Da war Leistung gefragt... Ihr habt ja keine Ahnung... Aber lassen wir das.«

Wie gut, daß der Bräutigam zustimmte: »Was gewesen ist, ist gewesen. Heut wolln wir fröhlich sein!« Denn die so frühzeitig beendete Offizierskarriere des Hauptmanns Georg Wuttke wäre kein Thema für die Hochzeitsgesellschaft gewesen, bestimmt nicht für Emmi und Martha, die ohnehin ängstlich Friedels Anspielungen auf den Dollpunkt der Familie zu überhören versuchten und Halt bei Lachs und Toast fanden.

Leichter hatte es Martina Grundmann, die auf Fonty einredete, indem sie die Probleme westlicher Studenten in überfüllten Hörsälen in so drangvoller Enge ausmalte, daß für interessierte Zwischenfragen kein Platz blieb. Der Brautvater war mit seinen Gedanken auswärts. Das sahen die Braut und deren Mutter mit Sorge. Emmi neigte sich dem Ohr ihres Tischnachbarn zu: »Er sammelt sich, Hochwürden. Gleich wenn die Teller leer sind, fängt mein Wuttke zu reden an. Das kenn ich von früher. War meistens ganz schlimm. Wenn er mal nur nich aus der Rolle fällt.«

Aber Fonty schwieg noch ein Weilchen. Fast sah es so aus, als hörte er auf das Geplapper der nicht nur hübschen, sondern auch mit gefälligem Chic ganz in Türkis eingekleideten Studentin. Ich versuchte, die neben mir schwer atmende

Braut mit einem Scherz zu beruhigen: »Wollen wir wetten, daß er uns die Hochzeitsgesellschaft aus dem ›Stechlin‹ samt Rex und Czako auftischt?«

Aber Marthas Verdacht horchte an anderer Tür: »Wenn er bloß nicht mit dem Architekt anfängt, der seine Mete geheiratet hat, und womöglich diesen Professor Fritsch mit meinem Grundmann verwechselt. Das halt ich nicht aus. Jedenfalls heut nicht.«

Wir irrten beide, denn als die Reste der Vorspeise abgetragen waren und der Wirt persönlich dem Brautvater einen Schluck Medoc zum Vorkosten eingegossen und Fonty die Probe für gut befunden hatte, woraufhin beiderseits des Tisches eingeschenkt wurde – nur Friedel deckte sein Glas mit der Hand ab und verlangte nach Fachinger –, erhob sich Theo Wuttke zu einer Tischrede, die in ganz anderer Richtung daneben war, weil in ihrem mal abschweifenden, dann wieder die heikle Sache auf den Punkt bringenden Verlauf jenes Nebenwerk des Unsterblichen an Bedeutung gewann, in dem mit dem Grafen Petöfy und dessen Schwester der österreichisch-ungarische Katholizismus zum Zuge kam; doch sprach Fonty, wie wir nun wissen, so launig über die Tauschwerte des Konvertierens und so riskant an Klippen vorbei, daß Emmi, die ja immer das Schlimmste befürchtete, nur selten mit Einwürfen – »Nu mach aber nen Punkt, Wuttke!« – den Redefluß einzudämmen versuchte. Zu ihrer und Marthas Beruhigung war es dem Bräutigam gelungen, das zum Schluß gelüftete Geheimnis des katholischen Ringes, die betont protestantische Weisung »Entsage!«, mit Humor zu nehmen. Grundmann sagte, nachdem das Gelächter abgeebbt war und alle einander mit Rotwein, Friedel mit Fachinger im Glas zugeprostet hatten: »Verstehe! Wir sollen sozusagen auf Sparflamme kochen. Aber das ist keine Devise für Bauunternehmer. Wir nehmen, was wir kriegen. Wir kleckern nicht, Schwiegervater, wir klotzen!«

Kaum hatte die Tischrede ihr Ende gefunden, wurde die rosa gebratene Entenbrust namens »Schöne Helena« aufgetragen. Es hätte auch, wie gesagt, der nach Offenbachs »Orpheus in der Unterwelt« benannte Ochsenrücken, gewiß nicht das als »Barkarole« gepriesene Lachsfilet mit Kräuterbutter, bestimmt aber »Popolanis Zauberei«, nämlich Kaninchen in Burgunder, sein können, und sei es, um des Sozis und Karnickelzüchters Max Wuttke freundlich zu gedenken.

Als alle zu Messer und Gabel griffen, sagte der Brautvater: »Eigentlich hatte ich mich für Ochsenrücken entschieden, aber meine Emilie war strikt gegen Orpheus. Und ›Ritter Blaubart‹ als Rinderfilet mißfiel ihr gleichfalls, dabei hätte dessen Wiederholungstätergeschichte eine Menge Anspielungen erlaubt, zum Beispiel auf die verbotenen Zimmer einer jeden Ehe, gleich welcher.«

Die Entenbrust namens Helena gab nicht so viel her, zumal der Braut Gesichtszüge, die einander ständig widersprachen, keine Schönheit im klassischen Sinn zuließen. Solange des Vaters Rede von jähen Abstürzen bedroht war, hatte ihr kleiner ängstlicher Mund dem Blick, der auf den leeren Teller gerichtet blieb, Tränen einreden wollen. Dafür war nun kein Anlaß. Das Tischgeplauder lobte die Ente und mehr noch die Orangensoße. Die Kartoffelpuffer wurden originell genannt. Frau von Bunsen sprach von »sächsischen Einflüssen auf die Berliner Küche«, und Inge Scherwinski rief: »Dat hieß bis vor kurzem bei uns noch Sättigungsbeilage, ehrlich!« Jeder erinnerte sich an vergleichbar köstliche Entengerichte. Martina Grundmann schwärmte von einem Wochenendtrip nach Amsterdam, wo sie kürzlich mit Freunden ihren zwanzigsten Geburtstag bei »ganz lecker knuspriger Pekingente« gefeiert habe.

»Was gab's denn zu deiner Hochzeit damals?« wollte Emmi von ihrem Sohn hören. »Ich bekam ja keine Genehmigung, all die Jahre nich, rüberzureisen.«

Friedel Wuttke wollte auf den Beginn seiner inzwischen geschiedenen Ehe nicht eingehen. »Lassen wir doch die alten Geschichten! Aber vielleicht dürfen wir erfahren, wie der reiche Wessi Grundmann meine Schwester Martha, die arme Ostmaus, aufgegabelt hat. Erzähl mal, Schwager! Aber die Wahrheit. Nichts hören wir lieber als rührende Geschichten, obendrein gesamtdeutsche mit glücklichem Ausgang.«

Der Verlagskaufmann, der in Wuppertal einen evangelischen Missionsverlag leitete, dessen gemischtes Programm nicht nur Besinnungsliteratur bis hin zu religiösen Traktaten anbot, sondern auch die Dritte Welt und deren unerlöstes Elend zum Thema hatte, fragte nicht ohne Hintersinn und von mir vermuteter pietistischer Tücke, denn die Vorgeschichte der Liebesbeziehung zwischen dem westlichen Bauunternehmer und der sozialistischen Lehrerin galt als familiäre Verschlußsache und war deshalb nicht allen am Tisch bekannt; selbst mir, dem Trauzeugen, hat die Braut keine Einzelheiten anvertraut. Nur andeutungsweise ahnte ich etwas von der dazumal gewagten Liaison, die sich über Jahre mitsamt ihren Heimlichkeiten hingeschleppt hatte. Sogar die Brauteltern wußten wenig. Allenfalls war Hochwürden Matull, als Marthas Beichtvater, unterrichtet.

»Warum nicht!« sagte der Bräutigam. »Jetzt kann man ja offen darüber reden. Verstehe, daß da für meinen lieben Schwager, na, sagen wir mal, ein gewisser Nachholbedarf herrscht. Hoffentlich ist er nicht enttäuscht, wenn wir ihm nicht mit Zweideutigkeiten dienen können.«

»Nur die Wahrheit...«

»Die sollst du haben. Das war vor etwa sechs Jahren. Unser, wie du schon sagtest, gesamtdeutsches Treffen fand im Juli, und zwar bei Bullenhitze in einem Strandhotel am Schwarzen Meer statt, wohin ich häufig, unserer Großbauten wegen, auf Geschäftsreise mußte, doch diesmal mit Familie, obgleich meine Frau schon damals...«

»Muß das sein, Heinz-Martin! Bitte dich wirklich. Außer dem geht das Friedel nichts an. Nie hat er mich gefragt. Kein Brief, nix...«

»Und ich bitte dich, liebe Martha, mich nicht zu unterbrechen. Dein Bruder will unbedingt alles bis aufs I-Tüpfelchen hören. Soll er haben. Juli vierundachtzig. Bulgarien. Die Ferienküste bei Varna. Ziemlich überlaufen. War damals nicht nur beliebtes Reiseziel der sonst eingesperrten Leute aus der Sowjetzone, die du, lieber Friedel, schon als Halbwüchsiger verlassen durftest, auch Westdeutsche, simple Bundesbürger wie meine Familie, die Kinder, nicht wahr, Martina, waren dabei, machten dort Ferien, doch in meinem Fall kamen, zugegeben, einige damals noch im Rohbau stehende Projekte hinzu. Jedenfalls suchten wir Entspannung und ich gewiß auch das Gespräch mit den ansonsten vom Westen abgeschnittenen Landsleuten, weil mir die gewaltsame Teilung Deutschlands schon immer ein nicht einfach hinzunehmender Zustand gewesen ist; vielmehr glaubte ich felsenfest an die Wiedervereinigung...«

»Und Martha, wann taucht Martha auf?«

»Geduld, Schwager. Das kommt. Keine Geschichte ohne Fundament. Wer vom Bau ist, versteht, was ich meine. Deshalb dieser dir vielleicht überflüssige Hinweis auf das Unrecht der Teilung. Jedenfalls wurden die westdeutschen Tische – wie damals üblich, saß und aß man getrennt – zuerst bedient, selbstverständlich der Währung wegen. Wir saßen, das heißt meine leider im folgenden Jahr schon verstorbene Frau, die Kinder und ich, ziemlich am Rand der westdeutschen Reservierung und aßen schon – weiß nicht mehr, was genau – wahrscheinlich Fischfilet...«

»Stimmt nicht, Papa! Brathähnchen gab's mit Pommes frites, ziemlich fettig alles...«

»Verstehe. Martina erinnert sich, was das Essen angeht, genauer. Jedenfalls saß innerhalb der Ostreservierung, doch

.nehr zum Rand hin, eine einzelne Dame mit immer noch leerem Teller, als wir schon beim Dessert angelangt waren. Jetzt fällt es mir wieder ein: Die Kinder hatten Hähnchen, wir Schaschlik bestellt. Auf jeden Fall konnt ich das nicht mit ansehen, wie Martha, denn das war sie, vorm leeren Teller saß...«

»Gib zu, Schwager, war Liebe auf ersten Blick!«

»Mein lieber Friedel, als Verleger hundertprozentig frommer Bücher sollte dir eigentlich christliches Mitleid...«

»Aber Papa! Es war doch Mama, die uns auf die skandalöse Bevorzugung der westlichen Touristen aufmerksam gemacht hat.«

»Verstehe! Ihr seht, meine Tochter – wie alt warst du damals, Martina? Keine fünfzehn – weiß noch genau, wie sehr uns diese offensichtliche Schikane empört hat. Und deshalb bin ich kurzentschlossen aufgestanden und zu dem Tisch rüber...«

»Du irrst schon wieder, Heinz-Martin. Von meiner Schwester weiß ich, daß Thomas jene Ritterlichkeit bewiesen hat, die dir sicher erwägenswert gewesen ist, desgleichen hat meine Schwester Cordula...«

»Stimmt, Papa! Thomas hat Martha, weil Mama das wollte, zu uns an den Tisch geholt, nicht wahr, Martha?«

»Ist doch nun gleich, wer kam. Mir war das ziemlich peinlich. Und daß euer Vater, kaum hatt ich mich gesetzt, den Kellner rangewinkt hat – und der spurte auch –, war mir noch peinlicher.«

»Jedenfalls kam das Essen sofort: Suppe, Hauptgericht, Dessert, wie am Schnürchen, gegen Trinkgeld, versteht sich. Und unser Tischgespräch verlief schon bald – ich kann es nicht anders sagen – total unangestrengt, wie Deutsche mit Deutschen sprechen sollten, obgleich Martha ja damals noch äußerst parteilich von ›unserer Republik‹ und ganz vorsichtig nur von ›gewissen Schwierigkeiten beim sozialistischen Aufbau‹ geredet hat. Auch zwischen Martha und Cordula lief es vorzüglich. Das war ja leider ihre letzte Reise ins Ausland. Aber nur sie hat gewußt, wie krank sie wirklich war, und uns nichts gesagt bis zum Schluß. Dennoch ist es Cordula gewesen, die mir, als es zu Ende ging, dringlich geraten hat, den Kontakt mit Martha nicht abbrechen zu lassen. Die paßt zu dir, die denkt praktischer als ich, hat sie gesagt und gelächelt dabei . . . War aber gar nicht so einfach mit unseren Treffen in Ostberlin . . . Immer nur heimlich und viel zu kurz . . . Dabei riskant . . . Wurden bestimmt bespitzelt . . . Aber in Bulgarien haben wir dann jeden Sommer . . . Das zog sich in die Länge . . . Unsere Großprojekte . . . Aber selbst dort haben wir uns erst langsam . . . Nicht wahr, Martha?«

Alle schwiegen. Besonders deutlich schwieg der evangelische Verlagskaufmann Friedel Wuttke. Frau von Bunsens Schweigen richtete sich gegen die Braut und brachte kühl konserviertes Mißtrauen mit. Daß Martha schwieg, verwunderte niemanden. Wir hätten gerne mehr über die an Krebs gestorbene erste Frau Grundmann, geborene von Wangenheim, gewußt: ihr Verständnis, ihre Nachsicht. Wohl deshalb schloß Fontys Schweigen Erinnerungen an Christine von Arne auf Schloß Holkenäs ein, die bei den Herrnhutern zu vergleichbarer Selbstlosigkeit erzogen worden war. Ich hätte als Trauzeuge einiges dazu sagen, aus »Unwiederbringlich« zitieren, womöglich zu einer Tischrede ausholen und mit Holk beginnen können, der allerdings unter Christines Tugenden gelitten hat; aber ich schwieg, wie alle schwiegen, bis endlich Inge Scherwinski passende Worte fand: »Genau so isses gewesen bei uns im Osten. Ohne Westmark warste nich mal de Hälfte wert. Auch in Prag war es so, wo ich mit Wölfchen, was mein jeschiedener Mann is, paarmal erlebt hab, wie unsereins nur schief anjeguckt wurde. War überall so inne sozialistischen Bruderländer. Aber nu wird ja alles besser, wo wir die Einheit kriegen: Deutschland, einig Vaterland! Darauf will ich mit mein Glas anstoßen, ehrlich. Nun trink mal bißken, Martha! Das muntert janz schön auf.«

Solch ein Toast wäre mir nicht gelungen. Alle prosteten einander zu. Sogar Frau von Bunsen hatte für die Braut ein nur noch halbgefrorenes Lächeln übrig. Und mit dem Stichwort »deutsche Einheit« war dem Tischgespräch hinlänglich Futter gegeben. Dazu hatten alle eine Meinung, die auch die neue, auf Vorschuß gelieferte Währung einschloß.

Hochwürden Matull sagte: »Das Geld alleine wird es nicht bringen. Noch fehlt der Wille, einander hinzunehmen, wie wir geworden sind.« Der Bräutigam warnte vor zu großen Hoffnungen: »Hart arbeiten werdet ihr müssen, verdammt hart arbeiten, sonst läuft hier nichts, sonst geht es weiter bergab.« Und Friedel Wuttke verlangte nach schonungsloser Offenlegung der Schuld: »Das gilt für alle, die hier mitgemacht haben. Zum Beispiel wüßte ich gerne – auch wenn das kein Hochzeitsthema ist –, wie meine Familie, ja, Martha, ich meine dich, mit dieser Existenzlüge fertig wird. In Vaters Tischrede jedenfalls vermißte ich offene Worte. Habe nur Zweideutigkeiten gehört. So kommen wir nicht zusammen. Was wir brauchen, ist eine klare Offenlegung der Schuld. Deshalb wird mein Verlag zur Herbstmesse mit einem Buch auf dem Markt sein, das unter dem Titel ›Wie wir schuldig wurden‹ erschütternde bekenntnishafte Zeugnisse versammelt, und zwar aus Ost und West. Ein solches Bekenntnis würde ich gerne, wenn nicht von Martha, dann doch von dir, Vater, hören – und zwar ohne dein übliches Wenn und Aber.«

Niemand wagte auf Fonty zu blicken, der seinem Sohn aufmerksam, doch auch ein wenig belustigt zugehört hatte. »Alles furchtbar richtig!« rief er. »Doch die Schuld ist ein weites Feld und die Einheit ein noch weiteres, von der Wahrheit gar nicht zu reden. Wenn du aber Schriftliches für deinen Verlag haben willst, könnte ich dir mit einer Auswahl meiner Kulturbundvorträge helfen; sind zwar keine Schuldbekenntnisse und Wahrheitsergüsse, handeln aber vom Leben, das mal so und mal so ist. Und was die Einheit betrifft, stehen wir auf dem alten deutschen Standpunkte, daß wenn der Sondershauser eins abkriegt, so freut sich der Rudolstädter...«

Diesmal rettete Martina Grundmann den Tischfrieden in brenzliger Situation, indem sie ihr Mißbehagen an der Einheit auf die Feststellung brachte: »Also Dresden, das sagt mir gar nichts. Von Köln ist es nach Paris viel näher oder nach Amsterdam.« Worauf Fonty abermals »Furchtbar richtig« sagte, um dann in Schweigen zu versinken, so unablässig ihn seine Tischnachbarin ins westdeutsche Universitätswesen und also in ihre germanistischen Seminare einzuführen versuchte. Ganz ungehemmt gab Martina Grundmann zu, so gut wie nichts vom Unsterblichen gelesen, doch immerhin die Fassbinder-Verfilmung von »Effi Briest« gesehen zu haben. »Aber Sekundärliteratur kriegen wir mit, jedenfalls so viel, daß man den Durchblick hat und ihn einordnen kann, wie unser Prof sagt, ungefähr zwischen Raabe und Keller...«

Als Fonty nun doch nach dem »Stechlin« fragte, hörte er, wieviel Selbstbewußtsein fröhlich auf Unwissenheit fußen kann: »Ich weiß ja, daß der Ihr Einundalles ist. Das hat mir Martha gesagt. Aber um ehrlich zu sein: Nur ein paar kürzere Sachen hab ich angefangen, irgendwas mit Verwirrungen und Schach von sowieso. Komm da nicht weiter: diese ewigen Spaziergänge und seine endlosen Dialoge. Sind ja manchmal ganz witzig, bestimmt. Und kann gut sein, daß das seine besondere Erzähltechnik ist, wie unser Prof sagt. Außerdem halt ich nicht viel von Großschriftstellern oder von Unsterblichen, wie Sie die nennen. Ach, ich sag jetzt ein-

fach du und Opa Wuttke, darf ich? Also, ich bin mehr für
das Minimalistische, wenn du verstehst, was ich meine. Na,
Fragmentarisches oder in der Kunst überhaupt, sowas wie
Concept-art. Aber auch Randfiguren können ganz interessant sein. Unser Prof hat ein paar ausgegraben. Waren früher ziemlich berühmt sogar. Paul Heyse zum Beispiel, wenn
dir der ein Begriff ist. Hat später sogar den Nobelpreis
gekriegt. Heut kennt den keiner mehr. Und deshalb finden
wir den interessant, weil... Na, weil man den wiederentdek-
ken kann. Unser Prof will extra ein Seminar über Heyse und
noch ein paar andere machen... Natürlich muß man das
alles nicht lesen, nur Kurzfassungen... Außerdem gibt es ja
Sekundärliteratur...«

Eigentlich hätte ich mich einmischen und Martina einen
Besuch des Archivs vorschlagen wollen, hielt mich aber
dann doch zurück, weil einerseits die Braut Zuspruch verlangte und andererseits Fonty an seiner plapprigen Tischnachbarin Vergnügen fand. Er zitierte einige Tunnelverse
von Heyse, darunter den Begrüßungsvers »Silentium,
Lafontaine hat's Wort...«, und versuchte, den immerhin
möglichen Gewinn beim Lesen von Originaltexten anzupreisen.

Doch Martina und der Prof von Martina wußten es besser: Der Urtext sei bloßer Vorwand für das, was Literatur
eigentlich ausmache, nämlich den endlosen Diskurs über all
das, was nicht geschrieben stehe und über den Urtext hin-
ausführe, ihn nebensächlich, schließlich gegenstandslos werden lasse und so den Diskurs fördere, bis er den Rang des
eigentlich Primären erreicht habe. »Irrsinnig interessant
find ich das!« rief die Studentin im vierten Semester. Und
Fonty wollte nur noch wissen, ob soviel Sekundäres nicht
»kolossal ledern« sei. Dann fügte er nicht etwa resigniert,
eher heiter hinzu: »Wenn man will, mein Kind, kann man
die längste Geschichte kurz fassen. Zum Beispiel ist beim

›Stechlin‹ die Mache: Zum Schluß stirbt ein Alter und zwei Junge heiraten sich; das ist so ziemlich alles auf fünfhundert Seiten.«

Mag sein, daß Hochwürden Matull aus dieser Bemerkung eine Anspielung auf die gegenwärtig tafelnde Hochzeitsgesellschaft herausgehört hatte, jedenfalls glaubte er, die Pause bis zum Dessert – der Wirt hatte, nachdem die Reste der »Schönen Helena« abgetragen worden waren, Eisvariationen unter dem Motto »Pariser Leben« versprochen – für eine Tischrede nutzen zu sollen; schon ließ er mit Hilfe des Dessertlöffels sein Glas klingen, schon kam er, wie gegen Widerstände, vom Stuhl hoch, schon waren alle ganz Ohr.

»Endlich«, flüsterte ich Martha zu, »nun bekommen wir den apostolischen Segen.«

Die Braut mußte sich, weil größer als ich, ein wenig zu mir herabbeugen: »Erwarten Sie bloß nicht zuviel. Der hat es als Priester nicht leicht mit sich.«

»Das gehört zum Berufsrisiko.«

»Aber er leidet besonders.«

»Sieht man . . . «

Sobald ich Bruno Matull, der uns gegenüber saß und nun stand, voll anschaute, mich also weder von den Brauteltern noch von der hinlänglich hübschen Studentin ablenken ließ, erinnerten mich die körperlichen Ausmaße des Priesters, seine groben, rastlos ein Versteck suchenden Hände, sein massiger Schädel auf zu kurzem Hals und das wie eine Delle wirkende Grübchen im Kinn an die Qualen und Freuden meiner im thüringischen Eichsfeld verschütteten Kindheit – eine Gegend, in der es katholischer als sonstwo zuging, übrigens über die Staatsgrenze hinweg, denn das Eichsfeld war, wie Deutschland im Ganzen, geteilt, mehr noch: der Europa in Ost und West scheidende Schnitt verlief, aufwendig als Todesstreifen bewacht, mitten durch meine waldige Heimat.

Und dort gab es einen Vikar, der ähnliche Schwierigkeiten mit seinen Händen und gleichfalls ein gedelltes Kinn hatte. Fast glaube ich, ihn kindlich geliebt zu haben, auch dann noch, als mir das rote Halstuch der Jungen Pioniere bedeutsamer wurde als die in unserer Familie traditionelle Meßdienerei.

Der Vikar hieß Konrad. Den Nachnamen weiß ich nicht mehr. Er hatte schwarzes Kraushaar und roch nach Rasierwasser. Bis zur Firmung hing ich ihm an; doch im Verlauf meiner anfangs steilen FDJ-Karriere, die erst an der Leipziger Universität ins Stocken geriet und bald nach Professor Mayers Fortgang ihren Knick mit Folgen weghatte – ich wurde in die Braunkohlenproduktion gesteckt –, verblaßte der letzte katholische Zauber; nur der Vikar Konrad, der sich inzwischen längst bei den Bergleuten in Bischofferode in Amt und Würden befand, ging mir nie ganz verloren; vielmehr blieb er hintergründig genug, um dem Bibliothekar in Cottbus und später dem Mitarbeiter im Potsdamer Archiv über die Schulter zu gucken, und nun saß er mir als Bruno Matull gegenüber.

Nein, er stand mittlerweile, riesig und ungeschlacht, massierte sein Kinn und dessen Grübchen, hatte ans Glas geschlagen und sammelte sich zur Rede, indem er seinen weich gezeichneten Mund öffnete, schloß, öffnete, dann wieder preßte, als wollte er die Lippen kneten und für längeren Gebrauch gefügig machen. Ein Fisch, der sprechen übte. Jemand, der es, nach Marthas Worten, nicht leicht mit sich hatte.

Dieser Anstrengung konnte ich nicht länger zusehen. Deshalb hielt ich mich an Fonty, dem des Priesters Mühe viel Neugierde wert war. Vielleicht erwartete er eine Teufelsaustreibung oder die Beschwörung wundertätiger Reliquien, denn alles »Altgläubige« galt ihm als exotisch und ähnlich geheimnisvoll anziehend wie etwa die aus Fernost stammenden Mitbringsel im Kopenhagener Haus der Kapitänswitwe Hansen oder das Grab des Chinesen im pommerschen Kessin, der nachhaltig spukend die arme Effi um den Schlaf gebracht hat. Und wie dem Unsterblichen war ihm Romanpersonal mit katholischem Unterfutter – ob die Titelfigur Grete Minde oder Nebenpersonen wie Effis Magd Roswitha – stets ins Zwielichtige gerückt; deshalb war ich sicher, daß Fonty, ähnlich wie ich, doch aus Gründen ganz anders gebetteter Kindheit, aus dem Mund des Priesters, wenn nicht eine kleine Offenbarung, dann doch etwas »kolossal Ketzerisches« erwartete. Ach, wenn er doch endlich zu Wort kommen und aufhören wollte, nur übungshalber die Lippen zu kneten. Beide hofften wir, daß der Fisch anfinge, zu uns zu sprechen.

Bruno Matull war einer jener wenigen Gemeindehirten, der auf mildes Dauerlächeln, diese allen Zweifel wegschminkende Gewißheit der Pfaffen verzichtete, oder besser, dem es nicht gelang, diese Miene aufzusetzen. Wir sahen ihn als eher finster blickenden Mann von fast brutaler Gestalt, der stehend nach Worten suchte, einige fand und sogleich verwarf, neue als untauglich erprobte, ganze Sätze verschluckte, größere Brocken zerkaute, dabei bis über die Bakkenknochen rot anlief, um schließlich mit der Eröffnung »Liebe Brautleute, Trauzeugen und Hochzeitsgäste« überstürzt vom Brett zu springen, mitten hinein in die Wirrnisse des Zeitgeschehens, die draußen, außerhalb der Offenbach-Stuben, ihren Tages- und Tauschwert behaupteten.

Indem Matull die Tischkante klammerte, als wollte er demnächst die Tafel umstürzen, sagte er: »Nichts ist von Dauer. Überall zerfällt, was gestern noch glaubte, von Bestand zu sein. Doch wie kam es zu diesem Mauersturz? O nein! Ein kurzes befreiendes Durchatmen genügte nicht, mehr war vonnöten. Aber nur wenige waren bereit, von innen an der Zwingburg zu rütteln. Und siehe da: Sie wankte, fiel, zerfiel, wurde sich selbst zum Spott. Jetzt erst kamen viele und sagten: Das Beben, das waren wir. Unser der Sieg! So legten sie falsches Zeugnis ab. In Wahrheit aber gab es unter den wenigen Rüttlern, die nicht lockergelassen hatten, etliche Hirten der anderen Glaubensgemeinschaft, während meine Kirche sich still verhielt, wohl meinend, sie sei nicht zuständig für die Zwänge dieser Welt. Auch ich blieb stumm, all die Jahre lang. Auch ich nahm hin, was nicht hinzunehmen war. Kein Mut war auf meiner Seite. So ging dem Hirten die Herde verloren, er aber tröstete sich und suchte Genüge in seinem Glauben. Da kam, verehrte Gäste, eine Frau zu mir, die nicht glaubte, doch Halt suchte. Ihr Glaube, der einst groß und von starker, jeden Zweifel überwindender Hoffnung gewesen sein muß, war ihr vergangen. Sie lästerte ihn, nannte ihn trügerisch und blindlings parteiisch. Von einem Glauben sprach sie, der sich nur nachäffe und so der Lüge Dauer verleihe. O ja, sie rechnete mir vor, um welchen Preis und auf wessen Kosten sie gläubig gewesen war. Beladen kam sie zu mir, bat um Entlastung; doch ich zweifelte, ob ihr mein Glaube, mein Stillhalteglaube, jenen Halt geben könnte, den sie suchte. War mir doch selber der Boden unter den Füßen schwankend geworden. Also geizte ich mit Tröstungen, sagte, auch mir sei die letzte Gewißheit abhanden gekommen, ein wüstes Feld, reich an Disteln, breite sich vor mir aus. Sie aber zwang mich, zu meinen verdorrten Glaubensresten zu stehen, und fragte dringlich: ›Priester, wo ist deine Perspektive?‹ Ja, liebe Hochzeitsgäste, so sprach sie und ließ nicht von mir ab. So verlangend kam sie, daß ich heute der Braut Dank sagen muß, denn der eigentlich Bekehrte bin ich. Ihre Glaubenskraft, die nur umgepolt werden wollte – und allzu leicht fällt es dem Hirten, einem verirrten Schaf das nächstliegende Gatter zu öffnen –, ihre im Grunde unbeirrbare Glaubensstärke hat mich zweifeln gelehrt. Mehr noch: ihr Hunger nach klarer, vom Glauben vorgezeichneter Perspektive hat mir Mut gemacht, des Glaubens Kehrseite, den unansehnlichen Zweifel, als Alltagskleid zu tragen, weshalb mir der Brautvater vorhin noch mit einem literarischen Gleichnis wahrgesprochen und so meine zweifelnde Seele gelabt hat. Wie jenem Pater Feßler in einem mir, wie ich gestehen muß, unbekannten Romanwerk, das ›Graf Petöfy‹ heißt, eine pro-

testantische Lebensmaxime, das kategorische ›Entsage!‹, zu
eigen ist, so hat mich des Brautvaters Tochter Martha mit
ihrem Willen angestoßen, fortan dem Glauben zu entsagen.
Ja, ich will ohne Glauben sein! Mehr noch: dieses ›Entsage!‹ befiehlt mir, wahrhaft nur noch dem Zweifel zu dienen
und allerorts Zweifel zu säen. Denn, liebe Gäste, wurde
nicht hierzulande zu viel und zu lange geglaubt? War
Glaube nicht wohlfeil wie eine Hure? Und ist nicht wiederum neuer Glaube – diesmal der Glaube an die Allmacht des
Geldes – billig zu haben und doch hoch im Kurs? Und sind
uns nicht abermals Perspektiven vorgezeichnet, die jedermann, der ihnen gläubig folgt, in Kürze Gewinn und dort,
wo das Graue obsiegt hat, das Trugbild blühende Landschaft verheißen? Ich aber kann unseren lieben Brautleuten
nur wenig auf den Weg geben, doch soviel immerhin:
Glaubt nicht blindlings. Laßt endlich Gott aus dem Spiel.
Gott existiert nur im Zweifel. Entsagt ihm! Müde aller Anbe-
tung, lebt er vom Nein. Ihn dürstet nach nichts. Längst hätte
der Glaube Gott abgetötet und in ein schwarzes Loch
gestürzt, wenn nicht des Zweiflers Ruf – ›Es ist kein Gott!‹ –
ihm Stachel und Ansporn, Labsal und Manna gewesen
wäre...«

An dieser Stelle seines Bekenntnisses wurde der Priester
ums Wort gebracht. Der münsterländische Bräutigam, der
als Bauunternehmer sein nahes und fernes Umfeld als Baugrund nach Gottes Willen wertete, und der pietistische Bruder der Braut, der als Verleger missionierende Schriften bis
in die Dritte Welt hinein vertrieb und dabei irdischen und
überirdischen Gewinn verbuchte, riefen gleichzeitig: »Das
reicht, Hochwürden! Wir haben verstanden!« Und: »Das ist
jesuitische Spiegelfechterei!«
So viel Widerspruch warf den bekennenden Priester dennoch nicht um. Er blieb stehen und klammerte weiterhin

bedrohlich die Tischplatte, war Fels in der Brandung. Inge Scherwinski, die von Herzen ganz unbeschadet katholisch war und deshalb, auf Wunsch der Braut, am rechten Kopfende der Hochzeitstafel saß, bekreuzigte sich immer wieder und rief: »Wo bin ich denn hier? Ehrlich, Martha, Frau Wuttke, wo sind wir denn hier?« Hingegen war Bettina von Bunsen sicher, »nichts als Geschmacklosigkeiten« und einen »verkappten Kommunisten« gehört zu haben. Grundmanns Tochter lachte bis ins Schrille hinein, wußte aber genau, was sie von den Aufgeregtheiten am Hochzeitstisch zu halten hatte: »Komisch, irrsinnig komisch find ich das.« Mir fiel nur »starker Tobak« ein. Und die Braut flüsterte: »Was ich geahnt habe. Nix läßt er aus. Für den zählt nur, was Fakt ist. O Gott, er hat es nicht leicht mit sich.«

Als Heinz-Martin Grundmann und Friedel Wuttke den immer noch standhaften Priester vergeblich aufforderten: »Nun setzen Sie sich endlich, Hochwürden!« – »Wir haben genug Peinlichkeiten gehört!« –, sagte Emmi Wuttke, weil Bruno Matull wie zu weiterer Rede bereit stand und seinen Doppelgriff nicht lockern wollte, zu ihrem Mann: »Nu sag doch was, Wuttke, nu sag endlich was.«

Doch Fonty versteifte sich auf Schweigen, sooft seine Frau ihn anstieß. Der Priester mußte durch den Bräutigam und dessen Schwager genötigt, nein, handgreiflich gezwungen werden, sich zu setzen; sie lösten seine Hände nicht etwa behutsam, sondern Finger nach Finger von der Tischplatte, daß es knackte: zwei Männer mit Halbglatze, bemüht um einen dritten Mann, dessen Haar, wie meines, gleichfalls von schütterem Wuchs war. Nun saß der Priester, und Martha Grundmann, geborene Wuttke, begann zu weinen.

Wir hörten kein Schluchzen. Ein eher stiller Tränenfluß trat über die Ufer. Da die Braut, ihrem Vorleben entsprechend – zwei Verlöbnisse waren in die Brüche gegangen, das erste mit ihrem Schuldirektor, das letzte mit Zwoidrak, dem Oberleutnant der Volksarmee –, nur barhäuptig und in mausgrauem Kostüm, nicht etwa in Weiß und mit Schleier vor den Altar getreten war, hätte man die Tränen zählen können; und die Hochzeitsgesellschaft verstummte auch angesichts des so deutlich abtropfenden Überflusses, der wie ein Naturereignis bestaunt wurde.

Grundmann, nun ganz besorgter Bräutigam, schob ihr sein Taschentuch zu. Aber sie wollte nichts trocknen, wollte fließen, nur fließen lassen. Also siegte das Bild der weinenden Braut, das wir stumm ansahen; und ich erlebte mich sogar ein wenig ergriffen.

Was aber dem Schweigen der Hochzeitsgesellschaft Dauer verlieh, war Marthas Fähigkeit, unter Tränen zu lächeln. Eigentlich war ihre feuchte und an den Rändern verschwimmende Fröhlichkeit schön anzusehen. Glanz ging von ihr aus. Die Braut strahlte. Sie, die nur selten der Welt ein freundliches Gesicht geboten hatte und eher von alltäglich mürrischem Ernst geschlagen war, lächelte allen, die am Tisch saßen, ungeübt zu und bot uns ihr längst vergangenes Jungmädchenlächeln an: zuerst tränenreich ihrem angetrauten Heinz-Martin, dann Vater und Mutter, den Trauzeugen, dem Bruder, der Jugendfreundin, der vorhin noch amüsierten, nun verstörten Studentin, schließlich dem standhaften Priester, der sichtlich vertrotzt und nur gezwungenermaßen saß; wobei Bruno Matull, im Kontrast zur sich schönweinenden Braut, jenem Augustinermönch nicht unähnlich war, der einst vor versammeltem Reichstag sein »Ich kann nicht anders« zur Redensart gemacht hatte.

Da sprach die Braut. Sitzend sagte sie: »Hört zu, Leute, du auch, Friedel. Und macht euch bloß keine Sorgen. Ich heul ja vor Glück. Das, kein frommes Gesums, genau das wollt ich hören. Ach, wie bin ich froh, daß nur sowas rauskam und keine Sprüche. Ich danke Ihnen, Pfarrer Matull. War mir schon vorher ziemlich klar im Prinzip, daß das nicht einfach glatt ablaufen kann, raus aus der Partei und rein in die Kirche. Dafür bin ich zu lange felsenfest überzeugt gewesen. Heinz-Martin weiß das, na, daß ich geglaubt hab, daß unsere Republik die bessere ist. Sogar an unsere revolutionären Ziele hab ich ziemlich lange... Ideologische Plattform, Disziplin... Parteilichkeit, war klar, daß die sein mußte. Kannst mir glauben, Friedel, da gab's kein Zweifeln. Deshalb hab ich zu Heinz-Martin, als es ernst wurde mit uns, na, als wir uns wiedergesehen haben in Bulgarien und anderswo im Hotel, von Anfang an gesagt: Wenn ich das mach mit dem Konvertieren, dann nicht, weil deine Familie das unbedingt will, sondern nur, weil ich endlich lernen muß, positiv zu zweifeln. Denn das andere, na, diesen verdammten Glauben bis zum Gehtnichtmehr, der uns kaputtgemacht hat, bis unsere Republik nix mehr, nur noch ne Bewahranstalt war, den kenn ich. Diese Sorte Glauben hab ich intus. Da muß ich nix zulernen mehr. Genau! Sitzt wie das kleine und große Einmaleins, das ich den Gören beigebracht hab, jahrelang. Aber beim Zweifeln, da brauch ich Nachhilfe im Prinzip, da hapert es bei mir, immer noch... Und vielleicht bin ich deshalb so glücklich jetzt. Denn so klar, wie zu uns allen der Herr Pfarrer vorhin gesprochen hat, hab ich sowas noch nie gehört, auch nicht, als ich bei ihm noch Unterricht bekam. ›Gott existiert nur im Zweifel!‹ Leute, ich sag euch: Wenn wir hier rechtzeitig unserem Sozialismus sowas erlaubt hätten, na, ne gesunde Portion Zweifel, wär vielleicht doch was draus geworden. Was, Friedel? Du bist doch sonst scharf auf Wahrheit. Was, Vater? Hat er doch schön gesagt, unser Herr Pfarrer. Das hätten all deine Pastoren, Niemeyer, Pastor Petersen und Superintendent Schwarzkoppen, auch Pastor Lorenzen, der ja ein Sozi war angeblich, nicht besser hingekriegt und im Prinzip nicht schöner sagen können. Genau! Nicht mal Schleppegrell, der ja nicht ohne war – oder?«

Friedel saß mit geschlossenem Visier. Aber Fonty wird die genannten Pastoren vor sich gesehen haben. Er löste sie alle, zuletzt den Dänen Schleppegrell, der immerhin die Liebe dreier Prinzessinnen abgewiesen hatte, aus Romanen und Novellen, rief weitere Gemeindehirten herbei, ließ sie als mehr oder weniger protestantische Garde aufmarschieren, nahm sozusagen Parade ab und sagte: »Ob Domprediger oder Landpastor, die waren allesamt müdegepredigt, obwohl sie, gut lutherisch, beide Testamente und die Sprüche Salomonis auf ihrer Seite hatten. Allenfalls hätte Lorenzen so offen heraus wie dein Priester... Nein, der auch nicht... Respekt und nochmals Respekt! Kam alles furchtbar richtig raus und freiweg, wie ich es gern habe. Muß sagen – wenn der Vergleich erlaubt ist –, daß mich Hochwürden, dem Gott sei Dank alles Hochwürdige abgeht, kolossal an jenes verlorene Häuflein illegaler Nonnen erinnert, die den toten Liebsten meiner Grete Minde ordentlich unter die Erde gebracht haben, während der Prediger Roggenstroh hartherzig, wie nur ein Christenmensch hartherzig sein kann, der Leiche den Segen verweigert hat... Na, trinken wir auf Metes tränenreiches Glück und einen übrigen Schluck auf den Zweifel. Der möge bis zum Schluß unsere Schildwacht sein. Zweifel ist immer richtig!«

Er hob das Glas, prostete seiner Tochter, dann dem ungeschlachten Priester zu, trank bis zur Neige und rief: »Herr Wirt! Nun soll aber schleunigst das Dessert auf den Tisch und die beim Glaubensstreit erhitzten Gemüter ein wenig abkühlen, sonst mißrät uns die Hochzeit zum Schlachtfest, bei dem am Ende doch noch ›Ritter Blaubart‹ auftischt.«

Die Eisvariationen namens »Pariser Leben« taten, was Fonty von ihnen erwartet hatte. Der Blutdruck sank. Harte Worte oder gar Abrechnungen wurden verschluckt oder auf später verschoben. Die Tischgespräche fanden andere, weniger abschüssige Bahnen. Sogar Schwager und Bräutigam kühlten sich ab. Endlich kam Grundmann dazu, sein bauwirtschaftliches Fachwissen auszubreiten. Auf »solidem Fundament« wollte er in Schwerin eine Filiale, wie er sagte, »zum Stützpunkt« ausbauen. »Der mecklenburgische Grundstücksmarkt ist total unterentwickelt. Verstehe ja, daß man nach dem großen Kladderadatsch nicht weiß, wie es weitergehen soll, aber da werden wir helfen, da müssen wir helfen. Liegt ja völlig brach alles seit dem Ende der Kommandowirtschaft. Doch ist es uns immerhin gelungen, mit Hilfe einiger ortskundiger Kräfte ersten Durchblick zu gewinnen. Bin allerdings der Meinung, daß bei der vordringlichen Lösung der Eigentumsfrage unkonventionell gehandelt werden muß, sonst läuft gar nichts. Funkstille bei Investoren. Stagnation. Der alte Schlendrian...«

Dem konnte Friedel Wuttke nur zustimmen: »Du ahnst nicht, lieber Schwager, in welchen Schwierigkeiten wir stecken. Mein Verlag, dessen Stammhaus früher in Magdeburg seinen Sitz hatte, kann sich zwar dort auf Eigentumsrechte berufen, aber die will man nicht akzeptieren. Noch verhandeln wir ziemlich geduldig, doch irgendwann muß das Theater mit dem sogenannten Volkseigentum aufhören. Auf jeden Fall müßten wir mit der Ausdünnung im Personalbereich jetzt schon beginnen, ganz einfach, um konkurrenzfähig zu bleiben, der Markt für theologische Schriften ist eng. Deshalb wollen wir unsere Reihe ›Mission heute‹ in Richtung Osteuropa öffnen und bei den verdienstvollen Tätigkeiten der Herrnhuter anknüpfen...«

Nun wollte auch Frau von Bunsen der Eigentumsfrage nachgehen. Sie erwähnte »völlig heruntergewirtschaftete Liegenschaften« der Familie ihres Mannes im östlichen Teil der Altmark, sprach von »seit Generationen rechtmäßigem Besitz« in der Gegend von Rathenow, den man auf keinen Fall den »Kolchosen und sonstigen Seilschaften« überlassen

dürfe. »Das bin ich meinem verstorbenen Mann schuldig!«
Dann wollte sie auf den Altbesitz der Familie von Wangenheim kommen, wurde aber durch eine Frage, die unvermittelt Fonty stellte, von rund tausendzweihundert Hektar ent-
eignetem Junkerland abgelenkt.

Der Brautvater wollte wissen, ob ihr verstorbener Mann
mit Karl Josias von Bunsen, jenem preußischen Botschafts-
rat, verwandt sei, der während der fünfziger Jahre des vorigen Jahrhunderts, »vor Graf Bernstorff«, in London tätig
gewesen wäre: »Wurde erst siebenundfünfzig geadelt. Galt
als Liberaler und war ein erklärter Manteuffel-Fresser.«
Außerdem war Fonty an der Familie von Wangenheim interessiert: »Gaben sich zugespitzt altgläubig. Waren ausgesprochen antipreußisch. Die alte Frau von Wangenheim ging so
weit, mir mit dem allerkatholischsten Gesicht zu versichern:
›Preußen-Deutschland birgt keine Verheißung...‹«

Frau von Bunsen verneinte, was ihren Mann betraf, direkte Verwandtschaft mit irgendwelchen Liberalen und wollte
keinesfalls mit Fonty über die Verästelungen des preußischen Adels plaudern, sondern wie Grundmann und Friedel Wuttke bei »berechtigten Eigentumsforderungen« bleiben; doch nun verhielt sich Inge Scherwinski, die bis dahin
dem Priester ihre Nöte mit ihren »drei Jungs« ausgebreitet
hatte – »Ehrlich, die schaffen einen!« –, ganz und gar unpassend, indem sie die verschieden lokalisierten Kämpfe um
Besitztitel durch eine Frage an die Braut beendete: »Weißte
noch, Marthchen, wir zwei beide auf Ernteeinsatz? All die
riesengroßen LPGs! War doch manchmal ganz schön –
oder? Wir als junge Pioniere mittem Halstuch... Und später mit Blauhemd... Du hast manchmal auffem Klavier...
Und als wir zwei beide in einer Singgruppe... Ehrlich, das
fehlt mir manchmal...«

Und schon sang Marthas Jugendfreundin mit feinem
Stimmchen: »Du hast ja ein Ziel vor Augen...«, und die
Braut sang mit: »Damit du in der Welt dich nicht irrst...«

Beide sangen nun kräftiger, wie von Erinnerungen fortge-spült. Wer hätte Martha diesen dunklen und zugleich war-men Ton zugetraut?

Gleich anschließend sangen sie das Solidaritätslied »Vor-wärts, und nicht vergessen, worin unsere Stärke besteht . . . « und hätten wohl gerne alle Strophen gesungen, wenn Frie-del Wuttke nicht mit lautem Einwurf »Aufhören!« dagegen gewesen wäre.

Doch weder seine Schwester noch ihre Freundin wollten auf Befehl schweigen. Sie stimmten ein Lied an, das zu Her-zen ging, weshalb ich versucht war, mitzusingen: »Spaniens Himmel breitet seine Sterne«, und ich summte wohl auch leise: »Die Heimat ist weit, doch wir sind bereit«, als sich Martha und Inge so wohlklingend entschlossen zeigten, für die Freiheit zu kämpfen und zu siegen. Jadoch, verdammt, ich sang mit. Auch mir war jede Strophe eingehämmert. Ich hörte mich singen und erstaunte darüber, daß mein Ge-dächtnis all das gespeichert hatte, was uns von Jugend an gläubig hat werden lassen.

Als aber die beiden Freundinnen wie zwei in die Jahre ge-kommene FDJlerinnen nun auch noch »Bau auf, bau auf! Bau auf, bau auf!« zu singen begannen, dabei einander fest anblickten und mit wiederholtem Appell die »Freie Deut-sche Jugend« zum Aufbau des mittlerweile auf Abbruch ste-henden Arbeiter- und Bauern-Staates aufriefen, war von der abkühlenden Wirkung der Eisvariationen namens »Pariser Leben« nichts mehr zu spüren.

Friedel Wuttke erlebte sich jenseits aller pietistischen Geduld. Kein Herrnhuter, ein Wüterich sprang auf und schlug auf den Tisch, daß es klirrte. Er rief nicht, er brüllte: »Schluß! Das ist vorbei! ›Für eine bessere Zukunft‹, da kann ich nur lachen. Nichts, absolut nichts will ich davon je wie-der hören. Diese Verbrecher. Versaut haben sie euch. End-gültig vorbei ist das, hört ihr!«

Aber der Gesang der Freundinnen war nicht abzustellen. »Weiß gar nicht, was du willst«, rief Martha zwischen Strophe und Strophe. »Du bist doch früher mal, hab ich gehört, ein ziemlich rabiater Achtundsechziger gewesen... Na, mit Mao-Bibel und so... Hast sogar, bevor du auf fromm gemacht hast, Che-Guevara-Poster verhökert... Was habt ihr denn damals gesungen?«

Dann ging es weiter im aufbaufreudigen Liedtext. Friedels Ausbruch verpuffte. Martina Grundmann fand so viel lautstarken Zorn ohnehin übertrieben: »Ist doch lustig!« Und schon versuchte sie mitzusingen: »Bau auf, bau auf...«

Als Frau von Bunsen als Ziehmutter und Grundmann als Vater die Studentin ermahnten: »Laß das bitte, Martina« – »Nun hat der Spaß aber ein Ende«, bat Emmi Wuttke beide und besonders ihren Schwiegersohn um Nachsicht: »So war das bei uns all die Jahre. Fast jeder hat mitgesungen, auch unser Friedel und seine Brüder beide, als Martha noch klein war und bevor sie alle drei drüben geblieben sind. War ja gut gemeint, damals, das mit dem ewigen ›Bau auf‹, auch wenn es trotzdem nich richtig voranging. Aber die Jungs sangen das und dachten so, jedenfalls anfangs noch. Und du, Friedel, warst ein ganz Scharfer, bevor du... Immer so fanatisch... Richtig aufpassen mußt man bei jedem Wort... Aber das is ja nu alles vorbei, seitdem wir die Einheit kriegen sollen, damit es besser, immer besser wird. Soll ja auch, soll ja! Aber sich erinnern, wie es gewesen is früher, als wir noch unter uns waren, das darf man... Was, Wuttke?«

Kein Gesang mehr. Um den Tisch saßen wir fremd. Friedel suchte die Zimmerdecke weiß nicht wonach ab, vielleicht nach seinen achtundsechziger Thesenanschlägen. Zwischen Braut und Bräutigam war ein Loch. Inge Scherwinski sah plötzlich nicht mehr munter aufgekratzt, nur noch abgearbeitet aus. Ich wünschte mich ins Archiv, die

Studentin vielleicht nach Amsterdam und Frau von Bunsen in die Toskana, von der sie bei Tisch geschwärmt hatte. Nur Pfarrer Matull hatte ein passendes Wort übrig: »Wir kennen uns nicht. Wir erkennen einander nicht.«

Und Fonty? Er saß in korrekter Haltung, aber wie abwesend. Nur einmal, als noch Streit die Hochzeitsgesellschaft belebte, hörte man ihn sagen: »Schade, daß der Professor nicht dabei ist. Freundlich würde das alles kolossal apart finden. Hätte zweifelsohne Anekdoten auf Lager. Zum Beispiel, was die Emigranten gesungen haben, in Mexiko damals ... «

Dann schwieg er wieder, doch war zu vermuten, daß sich Fonty zu längerer Rede sammelte. Emmi sah das mit Unruhe. Aber bevor er seine allzeit rückläufigen Gedanken ausbreiten, die Zeit der Sozialistengesetze beklagen, aus Bebels Reichstagsreden zitieren, das preußische Spitzelwesen verdammen und die Hoffnung des Unsterblichen auf die Arbeiterklasse – »Alle Zukunft liegt beim vierten Stand« – beschwören konnte, trat die Erinnerung in Person auf; und sogleich sahen wir uns in anderem Licht.

Als gerade der Kaffee serviert wurde, stand unberufen Hoftaller im Musikzimmer der Offenbach-Stuben. Nein, in der Tür stand er und lächelte. Zum taubengrauen Anzug mußte eine sehr gelbe Krawatte passen. Er brachte keine Blumen, hielt aber ein mit rotem Seidenband zum Geschenk gebundenes Päckchen, dessen kunstvoll geknüpfte Schleife auf Konfekt schließen ließ. Warum er uneingeladen dennoch gekommen sei, begründete er nur Fonty gegenüber: »Ich gehöre nun mal dazu.«

Also wurde auch ihm Kaffee serviert. Cognac und Liköre gab es, sogar Pralinen. Ein wenig erschöpft von den drei Gängen und dem zu vielen Gerede bei Tisch, nahm man den Fremden mit nur halbem Interesse auf; einzig Friedel sagte zu seinem Vater: »Ließ sich denn diese Peinlichkeit nicht verhindern? Kenne den Typ. Der hat sich ein paarmal bei Teddy und mir blicken lassen, Ende der siebziger Jahre schon. Und von Georg weiß ich... Verstehe dich nicht, Vater, daß du dieses Gesocks...«

Fonty sagte: »Mit seinesgleichen haben wir leben müssen«, mehr nicht.

Hoftaller wechselte zwanglos von Gast zu Gast und stellte sich mit aufgesetztem Lächeln als Freund der Familie vor. Als er sein Päckchen zu den anderen Geschenken und Blumenbuketts auf einen Nebentisch legte, sagte er mit leichter Verbeugung der Braut gegenüber: »Möchte auf keinen Fall versäumen, nen Glückwunsch auszusprechen, und zwar zum neuen Lebensabschnitt, falls es sowas gibt. Ist nur ne kleine Aufmerksamkeit...«

Marthas Glück war verbraucht, ihre momentane Schönheit dahin. Verkniffen wirkte sie, schaute mürrisch drein, zupfte kurz an der seidig schimmernden Schleife, widerstand aber der Versuchung, das rote Band zu lösen, brachte gerade noch ein »Danke« über die Lippen und zerrte dann am Ringfinger ihrer rechten Hand, als wäre ihr der neuglänzende Schmuck schon jetzt lästig.

Hoftaller mischte sich wieder unter die Gäste, nahm deren Geplauder auf und sprach sogar einige Worte mit Friedel Wuttke, der gerade begonnen hatte, den ungeschlachten Priester zu missionieren. Einmal nahm mich Fonty beiseite: »Schreibt, was ihr wollt, aber stutzt mir den Grundmann nicht zur Karikatur. Immerhin ist er bis zum Schwarzen Meer gelaufen, um sich meine Mete zu angeln...« So ermahnt, antwortete ich mit des Bräutigams »Verstehe!«

Später unterhielt mich die Studentin Martina, die an einem Gläschen Amaretto nippte und dabei amüsant von Amsterdams speziellen Freiheiten erzählte.

Wir vom Archiv haben gerätselt. Hoftallers viereckiges Mitbringsel regte Vermutungen an. Einer der Mitarbeiter tippte auf den »Schott«, jenes katholische Meßbuch, das mir zur ersten Kommunion auf den Geschenktisch gelegt worden war. Ein anderer traute Hoftaller die Geschmacklosigkeit zu, der Braut ein Buch mit dem Titel »Troika« zugemutet zu haben, dessen Autor zur Spitze der Staatssicherheit gehört hatte und nun mit »Erinnerungen« auf den Markt ging. Eine der Kolleginnen frotzelte: »Vielleicht hat er ihr ein Paar rote Socken verehrt.« Ich blieb bei meinem Verdacht: »Ach was, das Päckchen war flach. Mit einer harmlosen Pralinenschachtel wird er sich in Unkosten gestürzt haben«, bis Fonty uns, anläßlich eines Archivbesuchs, fast übertrieben gutgelaunt aufklärte.

Gegen Schluß der Hochzeitsfeier habe er einem dringlichen Bedürfnis nachgeben müssen. Sofort sei ihm Hoftaller hinterdrein gewesen, offenbar dem gleichen Drang folgend. Beim Wasserlassen, das bei alten Männern naturgemäß Zeit benötige, habe ein Gespräch begonnen, das von Hoftaller, den man sich vorm benachbarten Toilettenbecken vorstellen möge, gleich zu Beginn der gemeinsamen Erleichterung eröffnet worden sei; wie bekannt, komme sein Tagundnachtschatten ja immer ohne Umstände zur Sache, diesmal sein ominöses Päckchen betreffend: »Habe mir erlaubt, der verehelichten Frau Grundmann das Relikt ihrer Parteizugehörigkeit, nämlich ne abgeschlossene Kaderakte, zu schenken, mit nem kleinen Anhang übrigens, ihre lange Verlobungszeit betreffend. Ne Menge Hotelgeflüster... Zwischendurch Peinlichkeiten... Sowas darf nicht in falsche Hände kommen.«

Daraufhin will Fonty gesagt haben: »Furchtbar rücksichtsvoll. Wird meiner Mete ein zwiespältiges Vergnügen sein, diese gewiß nicht erbauliche Lektüre.«

Hoftaller, von dem wir vermuten dürfen, daß ihm nicht nur die überfüllte Blase befohlen hatte, schnurstracks nach

Fonty die Toilette aufzusuchen, sagte beschwichtigend: »Nur das Übliche. Sie kennen ja Ihre Tochter. Hat nun mal nen Hang zum Prinzipiellen, mal links, mal rechts abweichend. Dennoch, halb so schlimm alles. Einige revisionistische Extratouren. Doch jedesmal hinterher Selbstkritik. Nur auf ihren einstigen Verlobten, den Genossen Zwoidrak, wollte sie nichts kommen lassen. Und sogar im Hotelbett hat sie den Sozialismus ne im Prinzip gute Sache genannt. Habe übrigens, um die Nüchternheit der Akte ein wenig aufzuhellen, einen Buchbinder bemüht. Sieht jetzt ganz hübsch aus, in Halbleder, mit marmoriertem Vorsatzpapier.«

Fonty will gelacht haben: »Kolossal feinfühlend! Mete wird beim Auspacken ein Poesiealbum vermuten und dann erst am Inhalt, der gleichfalls ledern ist, zu beißen haben. Potz Blitz! Es ist der Chablis, der so treibt.«

Nun schon am Waschbecken, soll Hoftaller geseufzt haben: »Noch spotten Sie, Fonty. Dabei sollte Ihnen an nem ähnlich inhaltsreichen Geschenk gelegen sein. Fürchte, der Buchbinder wird mir mehrere Bände in Rechnung stellen müssen. Ist ne Menge zusammengekommen, angefangen beim Herwegh-Club, Dresden nicht zu vergessen, später die Londoner Jahre . . .«

»Sparen Sie sich die Kosten!« will Fonty bei laufendem Wasserhahn gerufen haben. Aber beim Händetrocknen hat er sich dann doch noch die Adresse des Buchbinders erbeten: »Will schon lange meinen Marwitz nachbinden lassen, auch die ›Effi Briest‹-Erstausgabe, die Friedel anno 95 verlegt hat . . . Sehen schlimm aus, die Buchrücken . . . Hätte die Tagebücher gerne, besonders die Londoner Kladde . . . Nun aber los, Tallhover! Trödeln Sie nicht so lange. Die Gäste warten auf uns.«

Zum Schluß der Hochzeitsfeier hätte es beinahe doch noch Streit gegeben. Heinz-Martin Grundmann, der mehrere

Cognac gekippt hatte, wurde laut und wollte unbedingt zahlen: »Sofort und für alles!« Schon wedelte er mit der Kreditkarte und nahm den Wirt in Beschlag: »Und zwar die gesamte Rechnung, mit Datum und Stempel!«

Als der Brautvater Einspruch erhob – »Das hier ist meine Sache!« –, gab sich der Bräutigam beleidigt: »Also, mein lieber Schwiegervater, was soll das? Verstehe ja, daß Sie gerne... Aber für mich ist das ein Klacks sozusagen...«

»Der Brautvater zahlt!«

»Machen wir doch bitte keine Affäre daraus...«

»Abgemacht ist abgemacht.«

»Aber in schweren Zeiten wie diesen sollten die alten Spielregeln nicht...«

»Schwere Zeiten gibt's immer, meine Mete jedoch heiratet nur einmal...«

»Nun bin ich aber beleidigt. Drei Gänge, was ist das schon. Trifft ja keinen Armen...«

Fonty, der nun bestimmt, aber nicht laut wurde, beendete den prinzipiellen Handel: »Das hier ist Ehrensache. Oder will sich mein Schwiegersohn etwa mit mir duellieren?«

Nachdem er dem Wirt, der fein lächelnd zuhörte, einen Wink gegeben hatte, war ihm die Rechnung sicher. Schnell versöhnt legte er den Arm um des rundlichen Bauunternehmers Schulter und erklärte ihm, ein wenig von oben herab, daß er nach längerer Krankheit wieder den Bleistift habe spielen lassen und nun seine wie des Unsterblichen Kinderjahre auf gut dreißig Blatt stünden: »Mit Hilfe meiner Emilie natürlich, die seit jeher alles in Reinschrift bringt. Trug mir ein ordentliches Werkhonorar ein. Bin wieder flüssig. Soll noch mehr werden, wenn es zum Vortrag kommt. Außerdem wird Friedel, obgleich sein Verlagsprogramm mehr zu Traktaten hin tendiert, demnächst ein Bändchen herausbringen, in dem auch dieser Vortrag leicht gekürzt Platz finden könnte. Das Ganze ist zwar mehr hingeplaudert als für den Druck geschrieben, dennoch, sowas findet Leser. Nichts Großes, nur was von uns bleibt: Erinnerungen, einige Narben, Gerüche, bunt kolorierte Bildchen. Dann wieder Fox tönende Wochenschau. Auch Tränen. Der Mutter strafende Hand, des Vaters Reden bei Tisch. Später geht's um Schweine- und Karnickelzucht. Und immer wieder der See, die Schinkelkirche, die brennenden Scheunen vorm Rheinsberger Tor. Das Denkmal, die sitzende Bronze. Fängt übrigens alles in Neuruppin an.«

DRITTES BUCH

Seine Sommerfrischen, Bäderreisen, Zufluchten in mittlerer
Preislage; nicht immer standesgemäß, doch stets mit Manu-
skript im Gepäck: wiederholt liegengebliebene Novellen,
bestellte Aufsätze für Rodenberg, erste Korrekturbögen.
Wir lesen Klagen über muffige Zimmer, spät polternde
Gäste, kläffende Hunde, das Wetter. Von überall her richtet
er Briefe an Verleger, Redakteure und Freunde wie Hertz,
Stephany und Friedlaender; wenn er allein verreist ist, an
Frau und Tochter: »Es geht mir hier gut, wie unberufen
immer, wenn ich Berlin den Rücken kehre...«

Kurz bevor seine Novelle »Schach von Wuthenow«, die er
bald nach der Drucklegung des ersten Romans entworfen
hatte, ab Juli 82 in der Vossischen Zeitung vorabgedruckt
wird, gibt er aus Thale am Harz seinem Sohn Theodor
Bescheid, dessen Prinzipienreiterei ihn schon oft, besonders
aber auf politischem Feld in Position gebracht hatte: »Die
Elsässer gehörten zweihundert Jahre lang zu Frankreich,
und wenn sie nun schließlich sagen: ›Erwin von Steinbach
hin, Erwin von Steinbach her, die Franzosen gefallen uns
besser als die Deutschen‹, so ist nicht viel dagegen zu
sagen...«

Im August 1883 beendete der Dreiundsechzigjährige auf
Norderney nach »L'Adultera« einen weiteren Ehebruch-
roman, »Graf Petöfy«. Von dort aus schreibt er an Emilie:
»Du beklagst Dich über meine Weitschweifigkeit. Die Weitschweifigkeit aber, die ich übe, hängt doch durchaus auch
mit meinen literarischen Vorzügen zusammen. Ich behandle
das Kleine mit derselben Liebe wie das Große...«

Für anderer Leute Leiden wußte er Rat: »Wenn man die Gicht hat, ist Berlin besser als Krummhübel«, doch ihn zog es wiederholt und oft »nervenpleite« ins Riesengebirge.

Von dort aus, wo er die Vorarbeit zu einem Manuskript unter dem Titel »Quitt« nach einem Stoff beginnt, den ihm sein Brieffreund Friedlaender als schlesische Förster- und Wilderergeschichte mitgeteilt hat, schreibt er Anfang Juni 85 an Emilie, die in Berlin geblieben ist: »...habe die neue Novelle entworfen, soweit man etwas entwerfen kann, zu dem noch überall das Material fehlt. Von der ersten Hälfte gilt dies halb, denn sie spielt hier in der Gegend, von der zweiten – die bei den Mennoniten in Amerika spielt – ganz...«

Übrigens wohnte der Amtsrichter Dr. Georg Friedlaender in Schmiedeberg, nah bei Krummhübel; man sah sich häufig. »Mit einem Silberstein kann man Fragen durchsprechen, mit Prinz Reuß nicht. Also hoch Silberstein! Oder Friedlaender...«

Als ihn mit Korrekturbögen beruflicher Ärger in der Sommerfrische einholt – »Sein Eigenes immer wieder zu lesen, strapaziert nicht bloß, sondern verdummt auch« –, teilt sich sein Mißmut in einem Brief mit, den er am 18. Juli 87 an Friedrich Stephany richtet, der »Irrungen, Wirrungen« in Fortsetzungen abdrucken will und nun des Autors Kommentar zu den miserablen Fahnenabzügen der Vossischen Zeitung lesen muß: »Macht das, was ich wünsche, Doppelarbeit, so macht es Doppelarbeit!«

1891, im Jahr vor der Nervenkrankheit, ist er den August über in Wyk auf der Nordseeinsel Föhr: »Noch bin ich keinem Menschen begegnet, mit dem ich fünf Worte hätte sprechen mögen...«, klagt er seiner Tochter Martha. Leider liegen dem Archiv ihre Briefe an den Vater nicht vor; nur aus Zitaten – »...die Wendung ›vielmotivige Mogelpläne‹ ist Dir geglückt...« – wissen wir, daß Metes Briefstil dem seinen angepaßt war. Wenn Fonty über Martha Wuttke sagte: »Schriftlich ist sie besser als mündlich«, vermuteten wir ein verschollenes Zitat.

Aus Bad Kissingen Briefe und immer wieder aus Karlsbad, von wo aus er, zum letzten Mal mit Frau und Tochter in Kur – das war Anfang September 98 –, seinem Sohn Friedel antwortet, der seit »Stine« und »Frau Jenny Treibel« des Vaters Bücher verlegt: »Was Du mir von Kritiken schickst, hab ich durchgelesen oder richtiger überflogen. Stellenweise zum Totlachen war Otto Leixner in der ›Täglichen Rundschau‹. An einer Stelle schreibt er: ›Er (Th. F.) mußte fünf Jahre auf sein Bräutchen warten.‹ Danach muß Leixner ein Sachse sein...«

Wieder zurück in Berlin, verlobt sich endlich Mete mit dem Architekten Dr. Fritsch. Der ihm seit Jahren gewogene Kritiker Paul Schlenther berichtet: »Zur Feier der Verlobung seiner ihm geistesverwandten Tochter war ein kleines, feines Essen bereitet worden. Nur neun Personen. Der Alte in seiner herrlichen, lieben Greisenschönheit Mittelpunkt und Seele der Unterhaltung...« Vier Tage später war der Alte oder, wie wir zu sagen gewohnt sind, der Unsterbliche tot.

Nach Martha Wuttkes Trauung mit dem Bauunternehmer Heinz-Martin Grundmann und dem anschließenden Festessen, zu dem, weil Professor Freundlich und Frau abgesagt hatten, nur zehn, Hoftaller mitgezählt, elf Personen versammelt waren, reiste das frischvermählte Paar sogleich ab und folgte der Devise des Brautvaters: »Wenn auch nur kurz, Hochzeitsreise muß sein.«

Sie fuhren in Grundmanns BMW über Schwerin, wo sie kurz Halt machten, um die zukünftige Wohnung mit Seeblick zu besichtigen, dann weiter nach Lübeck und Puttgarden auf Fehmarn, nahmen von dort die Fähre nach Rødby und waren zwei Stunden später in Kopenhagen, für dessen

Sehenswürdigkeiten drei Tage genug sein mußten. Anschließend stiegen sie, wie vorbestellt, im »Hotel Praestekilde« in Keldby auf der Insel Møn ab.

Doch auch die Brauteltern hielt es nicht in der immer noch heißen Stadt. Dem im Haus der Ministerien halbtags angestellten Aktenboten stand Genesungsurlaub bei voll ausgezahltem Gehalt zu; seine Frau sollte ihn begleiten. Und da der Sohn Friedel die Eltern nur kurz in der Kollwitzstraße besuchte und es überaus eilig hatte, nach Wuppertal zurückzukehren, mußte die Abreise nicht verschoben werden.

Es kam zu keiner klärenden, geschweige denn versöhnlichen Aussprache. Steif saß man sich im Poggenpuhlschen Salon gegenüber. Jeder auf seine Weise verletzlich. Vorsichtig abwägende Worte. Eine Einladung an die Eltern, etwa zum Kuraufenthalt im Sauerland, wurde nicht ausgesprochen. Fragen nach Teddy und dessen Frau sowie nach deren Kindern aus erster Ehe bekamen kaum Antwort. Friedel wich jeder familiären Annäherung aus. Nur als Verleger war er gesprächig: Das Verlagsprogramm müsse sich nun, nach Öffnung der Märkte, global orientieren. Eine Geschichte der Herrnhuter und ihrer weltweiten Missionsarbeit sei in Vorbereitung. Nun, nach dem Debakel der materialistischen Lehre, dürste die Menschheit nach religiöser Sinngebung. »Unsere Stunde!« rief er.

Als der Sohn ging und nur einen Verlagsprospekt zurückließ, sagte Theo Wuttke zu seiner Frau: »Der ist uns, glaube ich, auch verloren. Im Grunde steht man zu seinen Kindern nicht anders als zu anderen Menschen. Da helfen keine Erziehungskunststücke. Na, vielleicht rappelt er sich doch noch und verlegt seines alten Vaters Vorträge, gehalten in schwieriger Zeit. Bin mir aber nicht sicher, wenn ich meinen Herrn Sohn so selbstgerecht daherreden höre. Was heißt hier Unrechtsstaat! Innerhalb dieser Welt der Mängel lebten wir in einer kommoden Diktatur. Glaub mir, Emilie, da drüben, ob nun in Wuppertal oder Bonn, wird auch nur mit Wasser gekocht.«

Emmi weinte eine halbe Stunde lang, dann begann sie zu packen. Wir vermuten, daß sie das nunmehr feststehende Reiseziel allen anderen Kurorten, die Fonty erwogen haben wird, vorgezogen hat. Krummhübel im Riesengebirge, ein Städtchen, das heute, weil seit Kriegsende in polnischem Besitz, Karpacz heißt, und Karlsbad als Karlovy Vary schienen einige Erwägungen wert; jetzt, mit Westgeld, war man dort König. Nicht nur Emmi lehnte Thale am Harz ab. Bad Kissingen, Norderney und Wyk auf Föhr schieden aus Kostengründen aus. Doch darin waren sich Theo und Emmi Wuttke einig: Seeluft sollte Vorrang haben. Soviel sich im Verlauf der Wendezeit verändert haben mochte, die Ostsee hatte man noch immer in greifbarer Nähe; zudem sprachen die längere Krankheit und die anstrengenden Hochzeitsvorbereitungen für einen Aufenthalt an der Küste.

Mit dem ihm verbliebenen Nachdruck war Hoftaller, der unbedingt behilflich sein wollte, der Meinung, daß sich von Fontys langjähriger Tätigkeit als Kulturbundreisender durchaus ein Anspruch auf »exquisite Ferienortlage« ableiten lasse. Er wolle sich über Beziehungen nützlich machen. Noch verfüge er über Kontakte. Und schon legte er als Beweis einen Brief auf den Küchentisch. »Habe mir erlaubt, ohne aufdringlich sein zu wollen, ein wenig vorzusorgen. Nehme an, daß auch Sie, liebe Frau Wuttke, mit diesem baltischen Capri zufrieden sein werden.«

Die Nachricht kam von der Ostseeinsel Hiddensee und besagte, daß hinter der Villa Seedorn, dem Hauptmannhaus benachbart, ein Gästezimmer mit Kochgelegenheit und wohnlichem Nebenraum frei sei, gleich hinter den Buchen. Dort habe der werte Herr Wuttke, wie man sich gut erinnere, schon mehrmals übernachtet, zuletzt, nachdem er ein zahlreiches Publikum mit pikanten Hinweisen auf die Praxis der preußischen Zensur überrascht habe. Man freue sich auf das Wiedersehen. Die Nachsaison habe, wie jeder Liebhaber der Insel wisse, ihre besonderen Reize.

Ohne Hoftallers verdeckte Dienstleistung zu erwähnen, schrieb die Leiterin der vielbesuchten Gedenkstätte: »Das Werk des großen Dichters wird auch diese Wendezeit überleben. So spürbar die veränderte Lage ist und so erstaunt wir feststellen, wer hier neuerdings anlandet und sich als kauffreudig zu erkennen gibt, wir bleiben weiterhin dem gemeinsamen Kulturschaffen verpflichtet. Herzlich willkommen auf unserer Insel!«

Uns war das Hauptmannhaus eine vertraute Adresse. Oft hat man von dort aus Anfragen ans Archiv gerichtet. Nicht selten haben Mitarbeiter kurze und längere Inselferien mit Studienaufenthalten verbunden. Dort kam man auf vogelfreie Gedanken. Von dieser Trauminsel aus öffnete sich uns zumindest der Horizont. Ein Nahziel mit Fernblick. Und wie üblicherweise wir, so reisten Theo und Emmi Wuttke bis Stralsund mit der Bahn und nahmen von dort aus das Schiff.

Von Berlin-Lichtenberg über Pasewalk. Noch hieß die Reichsbahn nicht Bundesbahn. Weil untauglich für ein schnelles Geschäft, sollte sich die Übernahme dieses Relikts aus vorsozialistischen Zeiten noch lange hinauszögern; und da der Kulturbundreisende Fonty jahrelang den Schienenweg genommen hatte, konnte er als ein Stück Reichsbahn gelten, so zurückgeblieben sah er aus, so verlangsamt und schäbig abgenutzt kam er sich vor: »Bin untauglich für schnelle Anschlüsse; das gilt auf Bahnhöfen wie in der Politik.«

Weil aus Gewohnheit sparsam, reisten die Wuttkes zweiter Klasse. Der Zug kam verspätet aus Leipzig. Bis Stralsund hatten sie ein Abteil für sich. Wir hätten uns gerne dazugesetzt, waren aber indirekt dabei, weil Emmi uns später die Bahnfahrt miterleben ließ: »Ziemlich langweilig die Landschaft, immer dasselbe. War aber trotzdem gut, daß man rauskam endlich. Die Hitze in der Stadt, immer mehr Autos, und was man jetzt überall von Ozon redet. Außerdem hat die Hochzeit meinen Wuttke, aber mich och ziemlich mitgenommen. Das ganze Drum und Dran, und daß unser Friedel bei uns dann kein einziges herzliches Wort gefunden hat. Nur immer auf uns runtergeguckt. War auf der Hochzeit schon so. Richtig hochnäsig sind die alle. Zum Schluß hätt es beinah noch Krach beim Bezahlen gegeben. Aber das hat sich, wie Martha sagt, Vater nich nehmen lassen. Wer sind wir denn, daß man uns dauernd wie arme Schlucker behandelt. Na, dieser Grundmann. Mein Gott, wie der redet! Als müßt man uns alles dreimal erklären. Dabei freundlich. Sagt zu mir gnädige Frau und hochverehrte Emmi. Kann einfach über alles reden und weiß sogar Dinge, die er nich wissen kann. Warum manches schlimm und anderes nich so schlimm, und wie das wirklich war beim Kulturbund, nämlich manchmal, wie Martha immer gesagt hat, von Weltniveau, und warum sich mein Wuttke dafür so angestrengt und verdient gemacht hat, daß sie ihn paarmal sogar mit ner Ehrennadel in Silber ausgezeichnet haben. Doch dieser Grundmann sagt immer nur ›Verstehe‹, och wenn er rein nischt kapiert hat und am liebsten hören will, daß wir von früh bis spät gelitten und uns wie im KZ gefühlt haben. Und seine Tochter, die ganz schön keß is, redet och über alles weg. Erklärt meinem Wuttke, der ja nie ins westliche Ausland gedurft hat, wo überall sie gewesen is: Klar doch, Paris, Rom und jede Menge griechische Inseln. Und paarmal London, einmal sogar bis Schottland rauf. Und stellen Sie sich vor: Sogar auf Bali is das junge Ding gewesen, auf Bali! Mein Wuttke hat nur gestaunt, dann aber prompt sein

Gedicht, na, das von den balinesischen Frauen, aufgesagt, alle Strophen. Aber hinterher, als die alle und die Adlige och endlich weg waren, hat er gesagt: ›Ganz nett die Leute aus dem Westen, aber kolossal anstrengend.‹ Und als wir dann fuhren, haben wir erst mal gelacht alle beide, weil mein Wuttke nun och ›gnädige Frau‹ und noch so paar komische Sachen zu mir gesagt hat, die die Bunsensche von sich gegeben hat: ›Recht anständig, der Wein hier...‹ oder: ›Richtig niedlich, diese Frau Scherwinski. So natürlich. Dergleichen gibt es bei uns im Westen schon lange nicht mehr...‹ Jedenfalls haben wir unsern Spaß gehabt. War doch ne schöne Hochzeit! Och wenn mir dieser Grundmann mit seinen zehn Großbaustellen und seinen Witzen über unsere Plattenbaukästen ziemlich auffen Wecker gegangen is, als wenn die drüben nich och Mist gebaut hätten. Konnt ma ja sehn von weitem schon: Britz, Buckow und wo noch überall. Und wie die Potsdamer Straße aussieht! Nee, wissense, nee! Mein Wuttke hat zwar über unsere Martha gesagt, die wird ihren Grundmann schon zurechtstauchen, wo sie nu katholisch is und mitreden kann, aber besorgt war er trotzdem: ›Was die da in Schwerin groß aufziehen wollen, diese Grundstückmakelei, und was er sonst noch vorhat, Industriepark und Erholungspark in ökonomisch-ökologischer Symbiose, gefällt mir gar nicht. Alles Mumpitz! Erinnert mich kolossal an anno einundsiebzig, als mit Frankreichs Golddukaten die preußische Renommiersucht hochgepäppelt wurde. Gründerjahre nannte man das. Alles Fassade und hinten raus Mietskaserne. Skandale und Pleiten. Kann man in der Vossischen nachlesen: der Börsenkrach anno dreiundsiebzig. War eine einzige Baustelle, die Stadt. Und überall Grundmanns, wenn sie auch Treibel hießen, Kommerzienrat waren und in Berliner Blau machten...‹ Sie wissen ja, wie mein Wuttke redet, wenn er auf sein Einundalles kommt. Was der gesagt hat, paßt immer. Und manchmal paßt es sogar. Sie vom Archiv haben ja mitgekriegt, wie ihm sein oller Petöfy in die Tischrede gerutscht ist. ›Entsage!‹ Und das auf ner Hochzeit. Aber auf der Bahnfahrt waren bis Pasewalk nur die Treibels dran. Was hab ich gelacht, als mir mein Wuttke das berlinische und hamburgische Getue vorgespielt hat: ›Was ist denn wohl schöner, die Alster bei der Uhlenhorst oder die Spree bei Treptow?‹ Und die aufgeblasene Frau Treibel hat er flöten lassen: ›Dieser furchtbare Vogelsang hat wie ein Alp auf mir gelegen...‹ Darin ist er groß. Und immer so direkt, als ob er gestern noch mit nem Bleistift das alles persönlich gekritzelt und mir zum Abtippen vorgelegt hat. Aber gelacht hab ich schon. Nur, daß er diese Corinna Schmidt aussem Roman, die ja an sich ne flotte Person is, andauernd mit unserer Martha verglich, fand ich wieder mal ziemlich daneben, weil er damit alles noch schlimmer macht. Immerzu: Corinna hin, Mete her. Dabei soll diese Mete, die ja der Liebling von seinem Einundalles gewesen is, zum Schluß Selbstmord gemacht haben, vom Balkon runter, das arme Ding, weil ihr Mann viel älter als sie war und ihr einfach weggestorben is und weil sie sowieso nervenkrank war, ähnlich wie unsere Martha... Jedenfalls hab ich gesagt: ›Was soll nun werden, Wuttke!‹ Hab aber eigentlich was ganz anderes, nämlich die Einheit gemeint, von der alle geredet haben und die für uns dieser Krause ausgehandelt hat. Aber er hat geglaubt, ich hätt nach der Ehe mit Grundmann gefragt. ›Was soll schon werden‹, hat er gesagt, ›wird sich hinziehen wie jede Ehe und schlecht und recht sein. Hatte vor, meine Tischrede, die ja wohl bißchen daneben war, auf den hinter jeder Ecke lauernden Ehebruch zu bringen. Wollte mit ,L'Adultera' anfangen und den Faden von der couragierten Melanie über die kränkelnde Cécile bis hin zur armen Effi spinnen, habe dann aber auf deine Empfindlichkeit, meine liebe Emilie, Rücksicht genommen und meiner frisch konvertierten

Tochter etwaige Wünsche nach katholischem Glück mit dem protestantischen ‚Entsage!' wegzublasen versucht. Doch zurück zu deiner Frage. Was soll schon werden? Ehekrise, Ehekräche, Ehebruch! Ein immergrünes Thema. Werde schon morgen Einschlägiges an unsere Mete schreiben. Werde ihr raten, das Glaubensbekenntnis ihres gar nicht so üblen Pfaffen zu beherzigen und tapfer zu zweifeln. Bleibe dabei: Zweifel ist immer richtig!‹ Und dann hat mein Wuttke doch noch gemerkt, daß ich nach ganz was anderem gefragt hab. ›Was nun werden soll? Falls du das Einigvaterland gemeint hast, keine Ahnung. Da mußt du, sobald wir zurück sind, meinen altvertrauten Kumpan fragen, der wußte schon immer im voraus, wie es schiefgehen würde, jedesmal. Der hat, wie man heute sagt, den Durchblick und ist kolossal auf dem laufenden. Ich hab schon zu oft danebengetippt, aber Hoftaller, der hat den richtigen Riecher. Schon als Tallhover, als der Eisenbahnzug quer durch Deutschland mit Lenin drin . . .‹ Ich hab ihn nur noch reden lassen und nischt mehr gesagt, nur aussem Fenster geguckt und mich ziemlich gelangweilt. Denn das kannt ich schon alles. Nee, nich nur die Landschaft draußen, auch die Geschichten von früher. Als wir in Pasewalk hielten, hab ich ihn kurz dran erinnert, daß er hier sowas wie Kreissekretär hätt werden können, aber da hätten Sie meinen Wuttke mal hören sollen: ›Pasewalk – nie! Hier hat doch dieser österreichische Gefreite im Lazarett gelegen und beschlossen, Politiker zu werden. Hier hat angefangen, was noch lang nicht zu Ende ist. Selbst mein altvertrauter Kumpan konnte mich nicht überreden. Pasewalk? Niemals, hab ich gesagt. Hat dann auch nicht mehr gedrängelt, hat eingesehen sogar . . .‹ Da hab ich nur lachen gekonnt: ›Nee, Wuttke, der kennt kein Einsehen nich. Der hat doch schon wieder überall seine Finger drin.‹ Und daß er och noch auf Martha ihre Hochzeit gekommen is, war ganz nach Plan. Steht plötzlich in Schlips und Anzug da, hat ein Päckchen mit Schleife drum, sagt: ›Für die Genossin Braut‹ und feixt dabei, als wüßt er mehr, als man von sich selber weiß. Nen richtigen Schauer hab ich gekriegt, als er auf einmal bei Friedel stand und auf den eingequasselt hat, als wär nie was Schlimmes gewesen... Als hätt er nich unsre Jungs und och Martha bespitzelt, als die sich mit ihrem Grundmann im Hotel heimlich... Jedenfalls war, als wir in Stralsund ankamen, immer noch schönes Wetter, doch nich so heiß wie in Berlin, weil ja vom Wasser ein Lüftchen ging. War richtig zum Aufatmen...«

Grob geschätzt sind es über siebentausend Briefe gewesen, die gesammelt wurden und zum Teil wieder verlorengingen; denn an die tausend Handschriften aus seiner Feder gehören zu den Verlusten, die uns der letzte Krieg brachte.

Gelegentlich taucht die eine oder andere Originalschrift wieder auf und erzielt auf Auktionen stolze Preise, doch können wir nur selten mitbieten. Glücklicherweise fanden sich in einem Tresor – natürlich in einem jüdischen – einige Tagebücher, darunter das Londoner, das mehr als nur Arbeitskladde ist. Anderes bleibt weg: so die Korrespondenz mit Wolfsohn und die frühen Briefe an die Verlobte; bald nach Emilies Tod folgte die Familie ihrem Wunsch und hat alle verbrannt.

Hinzu kommt der Geiz der preußischen Kulturbehörden; denn als die Erben anno 35 glaubten, einen Teil des Nachlasses versteigern zu müssen, gingen bereits Kostbarkeiten unübersichtlich in fremde Hände über, zum Beispiel Entwürfe; ein für die Forschung besonders bedauerlicher Verlust, denn viele seiner Briefe, selbst solche, die sich wie spontane Niederschrift lesen und reich an augenblicklichen Einfällen sind, wurden bis ins launige Detail erarbeitet, sogar jene, die von politischem Zorn diktiert zu sein scheinen, etwa sein emotionaler Ausbruch, der am 6. Mai 1895,

dem Geburtstag jenes Kronprinzen zu Papier kam, der gottlob nie Kaiser werden sollte:»Mein Haß gegen alles, was die
neue Zeit aufhält, ist in einem beständigen Wachsen, und
die Möglichkeit, ja die Wahrscheinlichkeit, daß dem Sieg
des Neuen eine furchtbare Schlacht voraufgehen muß, kann
mich nicht abhalten, diesen Sieg des Neuen zu wünschen...« Als Kommentar dazu steht an anderer Stelle:
»Habe oft hart am Rande des Hochverrats geplaudert...«

Einer seiner Biographen, Hans-Heinrich Reuter, der unse-
rem Archiv über Jahrzehnte hinweg auf recht eigenwillige
Weise verbunden gewesen ist, hat diese und andere Briefstel-
len mit Bedacht in den Vordergrund gerückt und aus deren
Radikalität die Existenz des ersten deutschen Arbeiter- und
Bauern-Staates als historisch konsequent abgeleitet, ohne
deutlicher als notwendig zu werden; es ging ihm wohl
darum, das kulturelle Erbe zu festigen. Ähnlich wie der
Kulturbundreisende Wuttke, der seine Vorträge nie ohne
Beschwörung der »kulturellen Errungenschaften« abschloß,
hat sich Reuter, der übrigens freundschaftlich mit Fonty in
Korrespondenz stand, eine Brücke zurück ins neunzehnte
Jahrhundert gezimmert, über die beide – und sei es mit listig
ausgewählten Briefzitaten – den Fortschritt und den Humanismus, mithin den »Sieg des Neuen« paradieren ließen.

Und Reuter war es, der unserem Epistolographen mit
gewagtem Satz nachsagte:»Er würde zur großen deutschen
Literatur gehören, auch wenn von ihm nichts überliefert
wäre als seine Briefe.« Über Storm, Keller und Hebbel stellt
er ihn und spricht von »europäischen Briefen«, die an Voltaire und Diderot, an Lessing oder Swift und Scott zu mes-
sen seien.

Wir vom Archiv stimmen dem gerne zu, indem wir, mit
Reuter, den zur Höchstform entwickelten Plauderstil beto-
nen, zum Beispiel dort, wo er am 12. Mai 1884 aus strenger
Arbeitsklausur in Hankels Ablage an seine Frau schreibt

und beiläufig die Qualität der Tinte, »lauter kleine Klümp-
chen«, beklagt: »...Wovon man doch alles abhängig ist?
Die ganze Schreiblust ist hin. Mein Zimmer ist reizend, und
der Blick über den Vorgarten fort auf den starkbewegten
Strom und die Heide dahinter erquickt mich. Die Luft ist
ozonreicher als nötig und macht mich fiebrig; es weht eine
starke Ostbrise, dennoch fühle ich, daß meine Nerven sich
dabei erholen. Nur die Tinte! Geht das so fort, so können
all the perfumes of Arabia mich nicht wieder gesund
machen. Auch vor der Nacht habe ich ein ahnungsvolles
Grauen – es sieht alles sehr mäusrig aus...«

Und ähnlich spontan wirkend verplauderte er politische
Ärgernisse, etwa, wenn er in einem Brief an Mete den Konflikt des Kaisers mit Bismarck, den er als »Mogelant« sieht,
in eine Anekdote kleidet und zum Schluß befindet: »Er hat
die größte Ähnlichkeit mit dem Schillerschen Wallenstein
(der historische war anders): Genie, Staatsretter und sentimentaler Hochverräter. Immer ich, ich, und wenn die Geschichte nicht mehr weitergeht, Klage über Undank und
norddeutsche Sentimentalitätsträne...«

Dieses Urteil übernahm Fonty in einem Brief, gerichtet an
Martha Grundmann, geborene Wuttke; denn kaum auf
Hiddensee angekommen, verspürte er, während Emmi die
Koffer auspackte, unwiderstehliche Schreiblaune; außer-
dem stieß ihn aus einer liegengebliebenen Zeitung politi-
scher Ärger an: »Sperre ja selten mein Ohr in Richtung
Bonn auf, doch wenn sich der gegenwärtige Kanzler der
Deutschen in Sachen Einheit überhebt und als regierende
Masse in die Nähe Bismarcks rücken läßt, muß diesem Ver-
gleich insoweit zugestimmt werden, als ich in beiden kolos-
sale Mogelanten sehe...«

Weiter steht in dem Brief an seine Tochter, die er als »Meine
Mete« anredet: »Die Buchen vor unserem Quartier stehen
immer noch unbeschadet, und auch sonst ist auf der Insel

von kommender Einheit nichts zu bemerken, es sei denn, daß die Zigarettenreklame am Klosterschen Bollwerk – ›Go West!‹ – allgemein richtungweisend sein will; was nun tatsächlich für meinen aus bester Laune gestifteten Brief zutrifft, den ich, wie verabredet, nach Stege auf Møn schicke, damit Du ihn postlagernd vorfindest.

Inzwischen werdet Ihr Kopenhagen, die Glyptothek, Thorwaldsens kalte Marmorpracht und, im Gegensatz dazu, das äußerst lebendige Tivoli abgehakt haben. Grundmann ist sicher mehr an Baulichkeiten interessiert, Dich jedoch vermute ich auf den Spuren des so liebenswürdigen wie labilen Grafen Holk und der feuerzüngigen Ebba Rosenberg, die ja keine Rosenberg-Gruszczynski, sondern eine Enkelin des schwedisch-königlichen Leibjuden Meyer-Rosenberg gewesen ist und alle Vor- und Nachteile des Jüdischen an sich hatte, weshalb ihr der arme Holk nicht gewachsen war, zumal ihn beiläufig die mit der Geheimpolizei vertrauliche Kapitänstochter Brigitte durch ihr laszives Benehmen verwirrt hat. Jedenfalls bin ich begierig, von Dir zu hören, ob Kopenhagen noch immer ein Sündenpfuhl ist und die Dänen so fidel wie dazumal sind. (Übrigens kam ›Unwiederbringlich‹ auf dänisch unter dem Titel ›Grevinde Holk‹ heraus.)

Mama und ich erreichten Stralsund – oder was von der einst Schönen und selbst von Wallenstein nicht Bezwungenen geblieben ist – im guten alten Reichsbahntempo, so daß wir einerseits Eure Hochzeit und deren Gäste verplaudern und andererseits das Motorschiff ›Insel Hiddensee‹ gerade noch rechtzeitig erreichen konnten; zu meiner Zeit setzte man mit dem schmauchenden Dampfer ›Swanti‹ über. Und weil in Eile, haben wir von der Stadt am Strelasund, die uns, trotz einiger Goldzähne, auffallend lückenhaft anlächelte, nur wenig gesehen, denn pünktlich um 14 Uhr 30 legten wir ab. Einige restliche Speicher blieben zurück. Schnell rückte uns Altefähr näher, das schon auf Rügen liegt.

Bei prächtigem Wetter und minimalem Seegang genoß Mama die Überfahrt vorbei an grünen und roten Bojen und die Sicht auf den Gellen. Mit schwarzen, später schwarz-gelben Wimpeln begrüßten uns erste Reusen, auf denen Kormorane saßen. Nach knapp zweistündiger Fahrt legten wir in Neuendorf, bald in Vitte an und folgten dabei der Fahrrinne zwischen Bojen, die den Weg wiesen. Zwischen Vitte und Kloster machte ich Mama auf die im waldigen Hügelland gelegene Lietzenburg aufmerksam, die weniger durch den Bildhauer Oskar Kruse als durch die Puppenmutter Käthe Kruse bekannt ist. Und immer wieder Kormorane in ständig wechselnden Flugformationen, die uns vor dem Hintergrund der langgestreckten Insel entzückten und bei Mama, die ja eigentlich gegen Seefahrten ist und selbst bei stabilem Wetter Stürme befürchtet, kindliche Freude aufkommen ließen. ›Guck nur, guck nur!‹ rief sie und wollte gar nichts anderes sehen.

In Kloster angelandet, stand dann am Bollwerk zwar nicht ein Enkel des alten Gau, den sie, wenn Du Dich an Deinen Inselbesuch mit Zwoidrak erinnerst, ›Schipperöbing‹ genannt haben, doch ziemlich wortkarg karrte uns ein Fischersohn die Koffer im Bollerwagen zum Hauptmannschen Anwesen, ein, wie ich finde, allzu klotziger großbürgerlicher Bau, in dessen Windschatten wir in der Gästewohnung Quartier nahmen, weit genug weg von aller touristischen Neugierde. Übrigens ist es dasselbe Doppelzimmer, in dem ich Anfang der siebziger Jahre ein verregnetes Wochenende überstanden habe, nachdem mein Vortrag ›Literatur und Zensur in Preußen vor und nach dem Wegfall der Sozialistengesetze‹ nur ängstlichen Beifall gefunden hatte, zumal ich mir als Zugabe einen Vergleich zwischen Hauptmanns ›Die Weber‹ und Müllers ›Die Umsiedlerin‹ erlaubte. Während der nachfolgenden Aussprache mit dem Publikum, zu dem einige Inselprominenz gehörte, gab es zwar deutliche Winke mit dem Zaunpfahl, doch scharf geschossen wurde nicht.

Die beiden Zimmer sind unverändert schlicht möbliert, mit Kochnische für Mamas Blasentee, blauweiß karierten Gardinen und einem Ledersessel, der von vielen Inselgästen erzählen könnte, unter ihnen illustre, die sich gegenwärtig gewiß ungern an ihre Unsterblichkeitszertifikate für den damals schon kränkelnden Sozialismus erinnern werden. Kann man im Gästebuch nachlesen. Etliche drollig gereimte Ergebenheitsadressen. Fand auch mich rückblätternd mit letzter Eintragung vom Mai einundsiebzig: ›Ein Hauptmann brachte dem Kaiser Verdruß, uns ist ein Müller 'ne harte Nuß.‹ Dies Verslein lesend, möchte ich nunmehr nachtragen, daß mir in beiden Fällen jeweils die jungen und radikalen Ausgaben, nämlich der Weber-Hauptmann und der Lohndrücker-Müller, vor Augen standen; in späteren Produktionen gewann oft das Pompöse Oberhand: viel inszeniertes Geschrei und wenig Wolle.

Jedenfalls fühlte ich mich, kaum waren die Koffer ausgepackt, sogleich angekommen. Nur Mama fand die Zimmerchen unangemessen und behauptete, es rieche mäuserig. Du weißt, sie redet sich leicht übers Ziel hinaus und hat einen schwarzseherischen Zug, der mich oft reizt, weil ich nun mal nicht aufs Pessimistische abonniert bin. Gehe nicht, wie sie, dem Traurigen nach, befleißige mich vielmehr, alles in jenen Verhältnissen und Prozentsätzen zu belassen, die das Leben selbst seinen Erscheinungen, so auch dem Ehestand gibt. Deshalb hoffe ich, daß Du Deinem Grundmann in der Hedwigskirche weder ein himmelhochjauchzendes noch ein trübsinniges Ja gegeben hast. Mama und ich haben die alte Devise, sich nach der Decke zu strecken, erst spät gelernt, nachdem uns das Leben deprimierenden Nachhilfeunterricht erteilt hat. Eine schwere Kunst: gelegentlich durch die Finger gucken und doch ehrlich bleiben; was wir natürlich auch von Deinem Grundmann erwarten, sobald es ihn ankommen wird, nach bauherrlicher Lust mit Mecklenburgs Grund und Boden zu spekulieren und sich überall, laut neuester Redensart, saftige Filetstücke rauszuschneiden. Wie ich am Hochzeitstisch beiläufig hörte, hat er zweifelsohne ein Auge auf Schwerins Schelfstadt geworfen, er sprach von einigen ›hochinteressanten Projekten‹.

Nunja! Man verzapft so gut man kann seine väterliche Weisheit, und schließlich ist doch auch diese belämmert. Warne nur vor allzu großer Happigkeit!

Hier gibt man sich übrigens wohltuend freundlich, auch Mama gegenüber. Die Leiterin des Museums erinnert sich meiner Bemühungen um das kulturelle Erbe. Sie scheint mir eine Person zu sein, die sich partout nicht die Butter vom Brot nehmen läßt. Ob allerdings in heutigen Zeiten Haltung bewahrt werden kann, bleibt ungewiß.

Viele Gäste hat die Insel nicht. Einige Westler, die begehrlich über die Zäune gucken. Noch immer begegnet man hier jenen von Jugend an halb ansässigen alten Damen mit Bubikopffrisuren und schräg sitzender Baskenmütze. Und selbstverständlich fehlt es nicht an Sachsen, die nach wie vor bemüht bleiben, aller Welt zu beweisen, wie unverwüstlich sie sind.

Zum Glück hat Professor Freundlich mit Frau, die leider zu Deiner Hochzeit nicht kommen konnten, in Vitte Quartier bezogen. Ich weiß, er liegt Dir nicht besonders, noch weniger Mama. Mir hingegen ist sein weltläufiger Witz immer Gewinn gewesen. Diese Emigranten – der alte Freundlich ging seinerzeit nach Mexiko – haben sich einen weiten Horizont bewahrt. Und als die Freundlichs, anfangs der Vater, später der Sohn, noch beim Kulturbund von Einfluß waren, fand mein Bemühen um das kulturelle Erbe jederzeit ihre Unterstützung. Schließlich bekamen beide Ärger mit der Partei. Doch wie Du weißt, passierte das jedem, der auf sich hielt. Freundlich senior starb darüber. Freundlich junior jedoch, der nun schon auf die Sechzig zugeht, hat den Verlust seiner Parteizugehörigkeit mit noblem Sarkasmus quittiert und meinen im Grund feigen Verbleib beim Kulturbund nicht krummgenommen, sondern gutgeheißen. Sein Rat hieß: ›Weitermachen, Wuttke, schlimmer kann es nicht werden.‹ Und meinen spielerischen Vergleich mit Friedlaender, den ich, von unserem Briefwechsel ausgehend, zum Vortrag – ›Wiederholte Freundschaft mit Juristen‹ – umgemünzt habe, hat er mit Vergnügen gehört, als mich die Pirckheimer-Gesellschaft anläßlich seines fünfzigsten Geburtstages als Festredner nach Jena eingeladen hatte. Daß Friedlaender Ärger mit der Armee bekam, nur weil er Jude war, steht übrigens auf dem gleichen Blatt, auf dem Freundlichs Ärger mit der Partei notiert ist; doch zur Zeit bereiten ihm westliche Professoren, die sich anmaßen, seinen wissenschaftlichen Rang zu evaluieren, einigen Kummer. Man will ihn weghaben; man wollte ihn immer schon weghaben.

Nun werden Mama und ich einen ersten Inselbummel wagen. Natürlich geht's zuerst auf den nahen Friedhof, wo ja nicht nur Schluck und Gau liegen, sondern unterm Findling auch er, auf Wunsch begraben: ›Vor Sonnenaufgang‹ . . . «

Wir müssen dem Biographen Reuter zustimmen, wenn er die Verdienste des Briefschreibers und Theaterkritikers um den jungen Dramatiker Hauptmann aufzählt: Niemand habe wie er den neuen Ton gehört, aber auch die Gefahr des Abgleitens ins weihevoll Mystische oder in die Langweiligkeit klappriger Ritterstücke wie »Florian Geyer« erkannt.

Wenn Fonty also das Hauptmanngrab besuchte, den Findling »zwar kolossal, aber doch angemessen« nannte, sich am
Efeu über dem Grabhügel erfreute, einige vertrocknete
Kränze bemängelte, linker Hand Feuerdorn und kurze
Eiben, rechter Hand einen Weißdorn registrierte und die in
den Stein gehauene Keilschrift, die nur den Namen nennt,
die Lebensdaten jedoch wie überflüssiges Beiwerk ausspart,
als »stolzen Anspruch auf Unsterblichkeit« lobte, ist anzunehmen, daß er – ganz im Sinne Reuters – gerne einen
Kranz getrockneter Immortellen zur Hand gehabt hätte;
doch war dieser Grabschmuck schon lange nicht mehr im
Handel, weil angesichts des Weltzustandes viele Pflanzen,
so die Immortellen, bedroht sind und überdies der Begriff
Unsterblichkeit fragwürdig geworden ist.

Emmi und er folgten den Grabreihen des sanft gewellten
Friedhofs, der dem allmählich beginnenden Hügelland zu
Füßen liegt. Vorbei an Eibenhecken. Nur wenige, vom Wind
geduckte Bäume. Einheimische neben Zugereisten. Emmi
hat ihn auf die vielen Gottschalk, Gau, Schluck, Witt, Schlie-
ker und Striesow aufmerksam gemacht. Er wies auf eine
schmale, spitz zulaufende Stele und wußte, daß jene zuoberst angeführte Sabine Hirschberg, deren Lebensdaten
ihr nur die knappe Spanne von 1921 bis 1943 ließen, zum
Widerstandskreis der »Weißen Rose« gehört hatte und sich
das Leben nahm, als Verhaftung drohte.

Hand in Hand, so sehen wir die Wuttkes vor wechselnden
Grabstellen. Beide gingen gerne auf Friedhöfe. Hier fielen
ihm, von Stein zu Stein, besonders viele Anekdoten ein, sei
es zum alten Inselpfarrer Gustavs, sei es zu Solting, der so
gerufen wurde, weil seine zwei Kühe auf Salzwiesen weide-
ten. Als Emmi das Familiengrab der Felstensteins nahe der
Kirche bewunderte, wirkte auf ihn der »enorme Aufwand«,
besonders aber die gußeiserne Schmuckumrandung wie
eine Bühnendekoration zu einem eher mittelmäßigen Thea-

terstück. Fonty rief: »Respekt vor dem großen Regisseur! Doch zuletzt hat er sich kolossal daneben inszeniert.« Dann blickte er sich um, wie auf Suche nach einer aufgelassenen Grabstelle.

Der Wanderer, wie er im Buche steht. Wir sehen Fonty von Kloster aus über den Plattenweg unterwegs nach Vitte, vorbei an Heckenrosen und reifendem Sanddorn, nun unter den wenigen windschiefen Strandkiefern, die zur Seeseite stehen. Wie viele der von städtischer Unruhe getriebenen Inselgäste, sind auch wir einigermaßen ortskundig und bis in die Heide hinein bewandert, aber er kennt jedes Gewächs und erinnert sich, noch vom letzten Besuch her, an den Weißdorn, die Weiden, den damals üppigen, heute eher kümmerlichen und kaum Fruchtdolden tragenden Holunder.

Er wandert mit Stock unterm bulgarischen Sommerhut und trägt zur hellen Hose ein strohgelbes Leinenjackett, beides ein wenig knittrig. Seine Schnürschuhe, in denen er sonst und das ganze Jahr über durch den Volkspark Friedrichshain oder neuerdings durch den Tiergarten läuft, sind ohnehin Wanderschuhe. Wir wissen, daß er ein zweites und drittes Paar in Reserve hält; noch kürzlich hat er auf einem der rasch den Standort wechselnden Polenmärkte »für ein Spottgeld« ein Paar robuste Schnürstiefel aus sowjetischen Armeebeständen gekauft. »Wer gut zu Fuß sein will, darf nicht auf der Brandsohle laufen«, heißt eine seiner Devisen, die wir anfangs aus Laune nur, dann aber mit Kalkül gesammelt haben.

Er kommt gut voran. Rechter Hand fällt ein Anwesen mit außen geführter Wendeltreppe auf, das der Architekt Adolf Loos entworfen haben soll. Das Dorf Vitte beginnt mit teils ziegel-, teils schofgedeckten Häusern. Hier und dort immer noch namhafte oder inzwischen vergessene Besitzer. Linker

Hand das Haus, in dem einst der Stummfilmstar Asta Nielsen wohnte. Wie vormals Ringelnatz, war später der Sänger Ernst Busch Feriengast. Einstein sonnte sich hier, sogar Freud. Als sich Thomas Mann mit Familie ansiedeln wollte, fand er die Insel zu klein für zwei Große. Überall Namen, an denen Inselgeschichten ranken.

Am Norderende von Vitte erkennt Fonty ein eingeschossig gestrecktes und wohnlich einladendes Haus wieder, in dem bald nach Kriegsende Szenen des mittlerweile klassischen DEFA-Films »Ehe im Schatten« gedreht worden sind: in Schwarzweiß.

Jetzt legt er Pausen ein. Hier hält er länger, dort kürzer, doch nicht, um zu rasten, sondern der weiten Sicht wegen, links über den Bodden nach Rügen, rechts zur offenen See hin.

Wer ihm entgegenkommt, blickt sich nach ihm um. Aber andere Inselgäste, die ihm begegnen, sind gleichfalls von zeitlosem Aussehen: Manche wirken kostümiert, etwa im Stil der zwanziger Jahre, oder wie handgestrickt nach anthroposophischer Kleiderordnung. Jemand nähert sich stürmisch, ist mit wallender Löwenmähne und glutvollem Blick schon vorbei, indem er bühnenreif vor sich hin zitiert: Verse von Däubler womöglich oder Expressives von Becher vielleicht. Doch zumeist begegnet er Tagestouristen im üblichen Freizeitlook. Sächsisch eingefärbte Halbsätze. Ein Jogger keucht, überholt ihn.

In Vitte, dem Dorf ohne Kirche und Mittelpunkt, bleibt Fonty vor einem bürgerlichen Klinkerhaus stehen. Der Inseldoktor, der bald nach dem Mauerbau mit Frau und falschen Papieren seinen drei Töchtern in den Westen folgte, hat ihm hier einst Tabletten verschrieben, die, außer Baldrian, Substanzen des Hopfens und der Mistel enthielten; gut für die Nerven, womöglich halfen sie, wenn er sich wieder einmal »abattu« fühlte; jedenfalls beruhigten sie.

Fonty erinnert sich oder sieht aus wie jemand, den Erinnerungen eingeholt haben: Eine der Doktorstöchter, die in Greifswald Musik studierte, übte während der Ferienzeit in der Fischerkirche von Kloster das Orgelspiel, immer wieder Buxtehude. Auf der Empore war nur ihr schmaler Rücken zu sehen und ihr inselblondes, zum Zopf hochgebundenes und seitlich in Locken fallendes Haar. So viel Hingebung an Präludien und Fugen. Sie hätte Pastor Petersens Enkelin aus »Unwiederbringlich« sein können; doch Elisabeth spielte auf dem Klavier und sang dazu: »Wer haßt, ist zu bedauern, und mehr noch fast, wer liebt...« Orgel vertrug Fonty nicht. Seine Nerven waren strikt gegen Orgel. Überhaupt Musik, weshalb auch das Piano in der Kollwitzstraße verstummen mußte... Aber die Erinnerung an die Tochter des Doktors, der ihm Baldrian verschrieben hatte, stellte die Orgel so leise, daß nur das Bild blieb: der schwere Zopf, ein langer Hals – und eine kleine Sehnsucht, deren Ticken erst nachließ, als er wieder Schritt vor Schritt setzte, nun einer anderen Devise folgend: »Liebesgeschichten läuft man am besten davon...«

Wenn er nicht nach Vitte und weiter nach Neuendorf durch die Heide wanderte, war Fonty im Hügelland, das gleich hinter Kloster anhob, unterwegs. Über sanft gebuckelte Schafsweiden aufwärts, durch Gebüsch, das sich zum Wald verdichtete, bis hin zum Leuchtturm und der jäh abbrechenden Steilküste, von der aus, bei klarer Sicht, die Kreideklinten der dänischen Insel Møn den Horizont aufbrechen. Ein Bild, das wunder was versprach: lange Zeit den Westen, dessen fernsehgerechten Wohlstand und obendrein Freiheit. Einige Söhne der Insel haben versucht, nachts und in Paddelbooten dieses Ziel zu erreichen. Nicht alle kamen an. Plötzlich stimmte der Wetterbericht nicht mehr, Sturm wühlte die See auf und sorgte dafür, daß, nach Weisung der

Küstenwache, niemand davonkommen, sich keiner dem Arbeiter- und Bauern-Staat entziehen und Møns Kreideklinten, das Trugbild der Freiheit, erreichen durfte; später trieben die Leichen der Paddler an Südschwedens Küste an und wurden ordnungsgemäß überführt: Inselgeschichten.

Als Fonty jedoch auf Hiddensees Steilküste stand, ahnte er nur, trotz guter Sicht, den Kreidefels, war aber gewiß, daß dort, ungefähr dort die frischvermählte Tochter auf den Brief des Vaters – postlagernd Stege – wartete und sich dabei aller Freiheiten sicher sein konnte, die der Westen, je nach Preislage, zu bieten hatte.

Aufs Hügelland nie, doch halbwegs nach Vitte und dann zu den Strandbuhnen kam Emmi mit. Desgleichen zum Kaffee im nahen Grieben, wo man im Gasthof »Zum Enddorn« auch draußen unter Sonnenschirmen sitzen konnte, die neuerdings von einer Speiseeisfirma, zwecks Markterweiterung, spendiert worden waren.

Zu zweit kam man nur langsam voran. Ein Paar, das sich schon alles gesagt hatte und doch noch ins Plaudern geriet, sobald Emmi, kaum saßen sie unter einem der bunten Schirme, das Stichwort gab: »Ganz schön happig die Preise hier...« Und: »Guck mal, Wuttke, frische Flundern gibt's...« Oder auch nur: »Wie's unsrer Martha wohl geht? So weit weg.«

Doch meistens sahen wir Fonty allein unterwegs. Oder wir dachten ihn uns zu Fuß und allein; denn niemand war Zeuge, als er vom Hügelland herab die Insel, der man den Umriß eines Seepferdchens nachsagt, bis zum Gellen hin überschaute und dann, mit Blick in Richtung Stralsund, dessen Türme wie eine hingetuschte Erscheinung am Horizont klebten, laut über das flache, vom Bodden und der See ausgesparte Motiv vieler Maler »Komm, Effi! Effi, komm!« rief und dabei mit beiden Händen einen Trichter bildete.

Als er am dritten Inseltag, wiederum auf dem Weg von Kloster nach Vitte, wie verabredet Professor Eckhard Freundlich traf, hatte er fortan auf Wanderungen jemanden zur Seite, mit dem sich altgewohnt, als sei nach ihrer letzten Begegnung – »Das war, als die Mauer noch stand« – keine Zeit vergangen, über dies und das plaudern ließ: über Familiäres – »Meine Töchter liebäugeln neuerdings mit Israel, als könnte man dort besonders abwechslungsreich seine Freizeit genießen« –, dann über die allgemeine Lage – »Daß dieser Mensch, der für uns die Einheit aushandelt, unbedingt Krause heißen muß« –, nun über insularen Klatsch – »Jetzt haben sich die Hiddenseer einen Bürgermeister von Helgoland her, sozusagen auf Pump geholt« –, sodann über das Wetter – »Schöner kann's nicht werden« – und schließlich über ihre gemeinsame Zeit beim Kulturbund – »Erinnere mich noch an Ihren luziden und dank etlicher Fallgruben waghalsigen Vortrag, den Sie bei uns in Jena gehalten haben: ›Weshalb Effi Briest keine deutsche Madame Bovary ist.‹ Das muß kurz vorm Sängerstreit gewesen sein; eine Rechthaberei, bei der keiner gewonnen hat, nur Verluste seitdem...«

Sie sprachen wie gleichgestimmt und ließen kaum Pausen zu. Jeder Satz bot dem nächsten das Stichwort. Doch so vertraut sie waren, siezten Fonty und Freundlich einander dennoch: »Ich bitte Sie, verehrter Herr Professor, auf den Sieg der Stöckerschen Hofpredigerpartei, die ja dereinst den Dreh mit dem christlich-sozialen Gesums erfunden hat, vorbereitet zu sein, zumal Stöckers Antisemitismus, wie wir nun wissen, keine bloße Zeitmode gewesen ist. Hätte bereits gegen Freytags ›Soll und Haben‹ viel schärfer vom Leder ziehen müssen...«

Und der Jurist Freundlich sagte, so sehr ihm Fontys Nachvollzug der Unsterblichkeit bis ins Zitat vertraut war, dennoch nie Fonty zu ihm, sondern: »Mein lieber Wuttke, Ihren

Zeitsprüngen zu folgen hält zwar den Geist gelenkig, bringt aber Muskelkater ein...« Oder: »Ihre These von der Wiederkehr der Gründerjahre ist eine typisch Wuttkesche Rechnung, bei der unterm Strich die Treibels und weitere Neureiche selbst dann Gewinn einstreichen, wenn sie in Konkurs gehen.«

So sagte der eine, als sie einander kurz vor Vitte über den Weg liefen: »Bin im allgemeinen gegen Gesuchtheiten, aber Ihnen hier zu begegnen, überzeugt als Findung.« Und sagte der andere: »Ihnen, bester Freund Wuttke, gelingt es, selbst mir diese penetrant autofreie Insel erträglich zu machen. Nehmen wir einen Kaffee bei uns. Die Damen werden beglückt sein, aber zugleich bedauern, daß Sie Ihre Emmi an irgendeiner Strandbuhne zurückgelassen oder womöglich verbuddelt haben. Und dann, nach einem Korn als Zielwasser, machen wir uns davon, meinetwegen durch die Heide bis nach Neuendorf runter...«

Das gastliche Haus befand sich am Norderende, Puting gegenüber. Freundlichs Vater, der eine Zeitlang Minister gewesen war, hatte sich Anfang der fünfziger Jahre die Baugenehmigung erteilen und das Baumaterial liefern lassen. So entstand eine trotz Privileg eher schlichte, mittlerweile kaum noch der Prominenz anrüchige Behausung, in deren Veranda ihnen Freundlichs Frau Elisabeth, eine resolute Biologin mit kurzgeschnittenem Haar, den versprochenen Kaffee servierte; die Töchter Rosa und Clara waren am Strand.

Wir wissen nicht viel über den Staatsrechtler Freundlich, nur das, was Fonty zu sagen bereit war. Er galt als Kapazität, soll als Jurist zum Reisekader gehört haben und sogar im nichtsozialistischen Ausland gefragt gewesen sein, bis von gewissen Schwierigkeiten gemunkelt wurde, denen, nach mangelnder Selbstkritik, der Parteiausschluß folgte.

Die knappe Stunde Besuch bei den Freundlichs gab nicht viel her. Man teilte die Besorgnisse der Hausfrau über die

Zukunft der Insel bei jetzt schon steigenden Bodenpreisen, bewegte die neuesten Inselgerüchte – wer sich wohl das Gewerkschaftsheim der Stralsunder Volkswerft unter den Nagel reißen werde und wem am Ende die Ferienhäuser der VEB Fahrradproduktion Simson-Suhl zufallen könnten –, tippte nur kurz die universitäre Situation in Jena und anderswo an – ob die Humboldt-Uni demnächst ganz und gar unter Westberliner Aufsicht gerate –, doch dann machten sich Theo Wuttke und Eckhard Freundlich auf den Weg, vorbei an den schofgedeckten Refugien einstiger Theatergrößen: Unter wechselnder Staatsgewalt hatte die Insel selbst denen Zuflucht geboten, die nur zeitweilig im Licht standen. Noch im Dorf sagte Fonty: »Das kleine Hexenhaus dort gehört wohl noch immer der Witwe des ermordeten Sozialdemokraten Adolf Reichwein, mit dem mein Vater, der selber ein Revisionist reinsten Wassers gewesen ist, in den dreißiger Jahren korrespondiert hat. Der eine Reformpädagoge, der andere Genossenschaftler. Zwei Bernsteinianer, die sich mit Lust auf den Erfurter Parteitag beriefen. Liegt zwar lange zurück, und doch, mein lieber Professor: Diese Geschichten enden nie!«

Ab Süderende und dem Wiesenland kamen sie in die Heide. Zwei Wanderer im Gespräch. Selten, daß beide gleichzeitig schwiegen. Freundlich war ein straffer Mittfünfziger, oben schon kahl, wenn nicht blank. Neben Fonty wirkte er wie eine melancholische Zugabe, war aber immer bemüht, selbst der trübsten Aussicht witzige Glanzlichter zu setzen. Er hörte sich gerne sprechen und verstand es, sogar jene kleinteiligen Einzelheiten, die nur für die Insel von Bedeutung waren, etwa das bereits abgeblühte Heidekraut oder ein Birkenwäldchen, in Bezug zur Welt zu bringen und mit weiträumigem Vergleich aufzuwerten; als Kind der Emigration war Freundlich überall und nirgends zu Hause.

Sein Vater hatte zeitweilig hohes Ansehen genossen, nicht nur seiner antifaschistischen Vergangenheit wegen. Nach dem Reichstagsbrand war dem kommunistischen Abgeordneten, der nur knapp der Verhaftung entging, und seiner Sekretärin, die bald seine Frau wurde, die Flucht über Prag nach Moskau geglückt, wo Eckhard Freundlich, wie er sagte, »auf Durchreise« geboren wurde; denn aufgewachsen ist er in Mittelamerika, wohin die Familie bald nach seiner Geburt weiterreisen durfte, rechtzeitig vor Beginn der Prozesse. Es dauerte, bis sie ankamen. Fast ein Jahr wartete man in Shanghai auf ein Einreisevisum in die USA. Schließlich bot Mexiko den Flüchtlingen Asyl. Dort trafen sie Emigranten, die ihnen parteilich nahestanden, wenngleich sich bald zeigen sollte, daß das politische und das mexikanische Klima den Streit der Fraktionen bis hin zu Mord und Totschlag belebte.

Mittlerweile wissen wir, wie feindselig es zwischen den Emigranten und ihren Gruppierungen unterhalb der Vulkane Popocatepetl und Ixtaccihuatl zugegangen ist; doch Freundlich sprach über die Schattenseite seiner Jugendzeit immer nur andeutungsweise hinweg oder leichthin touristisch, als hätte es dort weder Trotzki und den Eispickel noch die Seghers und deren Unfall gegeben. Kein Wort über den Renegaten Regler und den parteilichen Aufpasser Janka. Allenfalls sagte er: »Können Sie sich vorstellen, Wuttke, daß meine Mutter keine Palmen und Kakteen mehr sehen konnte und selbst angesichts aztekischer Pyramiden von Heidekraut und blühenden Heckenrosen schwärmte? In Acapulco, wohin wir sozusagen in die Sommerfrische fuhren, hat sie sich nach einem Birkenwäldchen wie diesem gesehnt.«

Als die Familie nach Deutschland zurückkehrte und nur Ruinen vorfand, brachte Freundlichs Vater seinen Glauben an den Kommunismus in immer noch zweifelsfreiem Zustand mit, doch schon bald setzte er mehr auf einen Ersatzglauben, der »völkerverbindender Humanismus« hieß, weshalb er zu den Gründungsmitgliedern des Kulturbunds gehörte; selbst später, nachdem ihm das Ministeramt genommen war, blieb er in diesem Bereich tätig.

Als die beiden Wanderer kurz vor Neuendorf vom Sandweg auf den Plattenweg wechselten, sagte Fonty: »Ein großer Redner, Ihr Herr Vater. Hat in Berlin, im Mai siebenundvierzig, auf dem ersten Bundeskongreß kolossal mitreißend gesprochen. Habe mich damals als nur vorübergehend bemühter Junglehrer seinen humanistischen Bestrebungen angeschlossen; nur für Parteimitgliedschaft war ich nicht zu gewinnen. In diese Vortrefflichkeitsschablone paßte ich nie. Wankelmütig seit jeher, war politisch auf mich kein Verlaß. Sie wissen ja, daß ich weder ein eingeschworener Kreuzzeitungsmann noch ein freiheitsbesoffener Liberaler gewesen bin; die Vossische konnte, bei allem Respekt, genauso wenig meine Sache sein. Und wenn in Briefen an Friedlaender halbwegs Sympathisierendes über die Sozialdemokratie steht, heißt das noch lange nicht, daß mein Vater, der als gelernter Steindrucker natürlich ein Sozi war, mich auf Bebels Linie gebracht hätte. Humanismus ja, aber Partei nie!«

Darauf sagte Professor Freundlich: »Für diese schwankend bürgerliche Position gab es ja extra den Kulturbund, eine Spielwiese mit wenig Auslauf, aber viel Betrieb. Jeder konnte halbwegs ungegängelt sein Steckenpferd reiten, wie ja auch Sie dort während Jahren Ihr märkisches Gärtchen bestellten und uns die Eintopfsuppe des Sozialismus mit einigen preußischen Zutaten verlängern durften. Andere haben, wie ich als Kind in Mexico City, ›Maikäfer flieg‹ und ähnlich unsterbliche Lieder gesungen. Sogar Briefmarkenfreunden war es erlaubt, beim Kulturbund ihren kleinformatigen Humanismus zu pflegen; sie korrespondierten, da sie nicht reisen durften, mit Briefmarkenfreunden in aller Welt.

Habe übrigens unter Palmen und zwischen Kakteen gleichfalls gesammelt. Unser Posteingang prunkte ja internationalistisch mit Wertzeichen. Ging leider verloren, das Album. Doch was ging nicht verloren? Hand aufs Herz, Wuttke! Was zählt noch? Wie ich Ihnen kürzlich schrieb: Nichts bleibt. Am Ende stehen wir alle mit leeren Händen da.«

Fonty hatte nicht nur Freundlich zum Briefpartner. Wir wissen, daß er bis Mitte der sechziger Jahre mit Bobrowski, eine Zeitlang mit Fühmann und anderen Schriftstellern, wahrscheinlich sogar mit Johnson vor und nach dessen Weggang korrespondiert hat. Briefe an Hermlin und Strittmatter soll es geben. Kant wird sich an Fontys schriftliche Quengeleien, solange der Sängerstreit Folgen hatte, gewiß nicht erinnern wollen. Sogar der Seghers oder dem Dramatiker Müller soll er sich mehrseitig mitgeteilt haben, und zwar mit dem Angebot, der einen oder anderen Feder den historischen Fall Katte aufzubereiten, weil die pädagogisch wirksame Abstrafung des auf der Flucht ertappten Kronprinzen Friedrich, der nicht zum Tode verurteilt, sondern verdammt wurde, seinen Freund unterm Richtschwert knien zu sehen, nach Deutung aus sozialistischer Sicht im Sinn von Brechts »Maßnahme« verlange, damit Preußens Tugenden endlich einen fortschrittlichen Widerhall fänden. Doch dieser und andere Briefwechsel, wie etwa der mit dem »Tallhover«-Autor Schädlich, sind nicht belegt und nur zu vermuten. Wir vom Archiv bedauern solche Blindstellen, dürfen jedoch als gesichert festhalten: Freundlich und Fonty haben einander Briefe geschrieben, in denen sich alltäglicher Kleinkram mit Sorgen um das kulturelle Erbe mischte.

Schon als Student hatte der Professor an dem Kulturbundreisenden Wuttke einen Narren gefressen. Über den Vater, der damals nur noch Ehrenämter bekleidete, hatten sie sich kennengelernt. Während Vater Freundlich als Abweichler

galt und allenfalls unter dem Schutztitel »verdienter Antifa-
schist« geduldet wurde, durfte der Sohn sein Studium fortsetzen. Wie nebenbei machte er Parteikarriere und lehrte
bereits ab Mitte der sechziger Jahre Rechtsphilosophie und
Staatsrecht, zuerst als Dozent, dann als Professor in Jena,
wohin ihm Fonty, der weder gänzlich in Ungnade fiel noch
irgendeine Karriere machte, Brief nach Brief geschrieben
hat: von unterwegs, auf Vortragsreise, doch auch als Aktenbote, sogenannte Paternoster-Episteln.

Wir vermuten, daß Freundlich, dem nichts Exzentrisches
fremd war, diese Belege personifizierter Unsterblichkeit genossen hat, indem er seinen Briefpartner als kurioses und
zudem mobiles Denkmal begriff; Fonty hingegen schätzte
die witzigen Aufschwünge und melancholischen Abschwün-
ge des Professors, ein Auf und Ab, das zunahm, seitdem
Freundlichs Karriere durch ein Parteiverfahren – die übliche Anklage: Subjektivismus und Abweichlertum – einen
Knick bekommen hatte und schließlich mit Parteiausschluß
endete; nur die Professur blieb dem Sohn des Antifaschi-
sten. Zuletzt waren sie sich am 4. November auf dem Alexanderplatz begegnet, als Fonty seine große Rede hielt und
mit Hilfe mehrerer Zeitsprünge vor einer Wiederholung der
achtundvierziger Revolution und dem nachfolgenden Kat-
zenjammer warnte. »Eine sanfte Revolution ist keine!« rief
er. Aber die vieltausendköpfige Menge klatschte nur Beifall;
niemand hörte auf ihn.

Davon war auch in Neuendorf die Rede, wo man die Wanderer in Franz Freeses »Hotel am Meer« einkehren sah; rückblickend stellen wir fest: weder verschwitzt noch ermüdet,
doch durstig, denn Freundlich bestellte sogleich Bier frisch
vom Faß.

Sie saßen im Vorgarten, den drei Linden beschatteten.
Nur Radfahrer kamen zu zweit oder in Rudeln vorbei, dann

eine vom Alter krumme Frau mit Henkelkorb und Kopftuch, die mühsam in Richtung der blendend weiß in Reihe stehenden Fischerkaten wie auf einem Bild unterwegs war, von dem Fonty sagte: »Solch ein Motiv kennt man von den Worpsweder Malern. Aber auch bei Liebermann kommt dergleichen vor, denken Sie an die Frau mit Ziege. Und eine seiner begabtesten Schülerinnen, die Malerin Büchsel, wurde nicht zuletzt durch Neuendorfer Szenen wie diese bekannt. Sehen Sie: Es sieht aus, als komme die Alte nicht vom Fleck.«

Als das Bier auf dem Tisch stand, fragte Freundlich die Serviererin: »Was hat die Küche denn heute Gutes zu bieten?«

»Jibt nur, was uff de Karte steht.«

»Und wo ist die Karte, bitte?«

»Kommt jleich.«

Als sie sich, laut Speisekarte, für Bratheringe zu Petersilienkartoffeln entschieden, sagte die weißgerüschte Person, die noch immer jenen mürrisch-solidarischen Ton pflegte, der den Arbeiter- und Bauern-Staat bestimmt hat: »Jibt's nich!« Also einigte man sich auf das, was es gab: Gekochten Dorsch zu Petersilienkartoffeln.

Nachdem Fonty sich über den »Berliner Sprechanismus« ausgelassen und die hiesige Bedienung als »typische Mischung aus Gräfin, Soubrette und Biermamsell« zitiert hatte, sagte Freundlich, nun schon überm Essen: »Alle Berlinerinnen sind, wie diese Kellnerin, von Natur aus unzufrieden. Meine Frau Mama, zum Beispiel, die waschecht vom Wedding stammte, hätte in Mexiko, das ja für seine gute Küche berühmt ist, angesichts der köstlichsten Gerichte, etwa der Spezialität aus Puebla, ›Pollo con Mole‹, sicher gemäkelt und rumgemault: ›Dorsch in Senfsoße wäre mir lieber!‹, weshalb ihr auch Lindenbäume, wie diese alten Linden vor unserem freundlichen Gasthof, nahezu sprichwörtlich immer dann einfielen, wenn wir unter allerprächtigsten Palmen saßen, wie damals in Guadalajara oder als Gast bei dem Maler Diego Rivera, dem sie ›Am Brunnen vor dem Tore, da steht ein Lindenbaum‹ vorgesungen hat...«

Und sogleich war Fonty mit Effi zur Stelle, die im pommerschen Kessin ständig ihr heimatliches Hohen-Cremmen vor Augen hatte: »Den Park, die Sonnenuhr oder die Libellen, die beinahe regungslos über dem Teich standen... Dazu kam diese unglückliche Paarung mit Innstetten, einem Ehrenmann gewiß, aber auch einem Prinzipienreiter erster Ordnung... Ja, wäre nicht der Ehrengötze, so lebte Crampas noch... Und die arme Effi hätte... Nun, im Grunde neigen wir alle zu Vergleichen, bei denen das Fremde, ob Mexiko oder Kessin, sogar die einsamsten schottischen Seen, gemessen an unseren märkischen, schlecht abschneidet. Und ob unsere Mete in Schwerin zufriedener sein wird als auf dem Prenzlberg, ist noch nicht ausgemacht. Die Heirat allein wird's nicht bringen.«

Damit war das Gesprächsthema weit genug abgesteckt, um Freundlichs Mexiko und Fontys Sehnsucht nach schottischen Hochmooren, Effis unglückliche Ehe und Marthas Hochzeit einzubeziehen und so den frühen Nachmittag im Schatten der Linden zu verplaudern. Zwischendurch bot die Serviererin wiederholt Anlaß, die berüchtigte »Berliner Schnauze« zumindest redensartlich zu stopfen. Nahes und Fernes wurde durchgehechelt. Mal ging es um den wackligen Tabellenplatz des Fußballklubs Carl Zeiss Jena, als dessen bekennender Fan der Professor in Eifer geriet, mal bekam der eine, der andere Kanzler als Mogelant sein Fett ab: »Berühmtheit ist ein Zeitungsresultat!« Doch war die Politik bald wieder vom Tisch. Zwei Herren im wandernden Halbschatten, die ungern bei einer Sache blieben. Wir lassen sie dort sitzen, denn alles, was wir hätten mithören können, steht in einem Brief an Martha Grundmann, geborene Wuttke.

»Der Sandweg nach Neuendorf durch die Heide war der Frieden und die Unschuld selbst; doch habe ich meine gestrige Fußreise nicht solo hinter mich gebracht, vielmehr bei alles verrührendem und mitunter geistreichem Geplauder, denn neben mir war jemand gut zu Fuß, der nicht nur so heißt, sondern bewiesenermaßen so ist: Eckhard Freundlich, mir über langjährigen Briefwechsel vertraut, wie niemand sonst, ausgenommen Friedlaender, auf den gleichfalls die Kurzfassung ›Man versteht sich‹ paßt. Heutzutage spricht man von ›einer Wellenlänge‹; doch im Grunde liegt es wohl daran, daß uns das Geistreiche am leichtesten aus der Feder fließt oder – wie gestern – vom Munde geht.

Jedenfalls waren wir bald per Luftlinie von Hiddensee weg, landeten anfangs in Mexico City, wo Freundlich mit lebhaften Kindheitserinnerungen zu Hause ist, sahen uns dann in Kessin unterwegs, den hinterpommerschen Strand entlang, mithin in einer Gegend, die von Roswitha, der katholischsten aller Mägde, wie folgt beklagt wird: ›Und immer bloß die Dünen und draußen die See. Und das rauscht und rauscht, aber weiter ist es auch nichts‹, um danach Effis schwankende Stimmungen, ihre Ängste im Spukhaus, ihre aus Langeweile geborene Anfälligkeit und ihr offenes wie verborgenes Sehnen – weg aus der pommerschen Fremde, hin ins vertraute Ländchen Friesack – gegen Innstettens an sich vernünftige Beschwichtigungen aufzurechnen. Wir konnten uns nicht genug tun. Mal in dieser, mal in jener, sogar in des alten Briest Tonlage: ›Es ist so schwer, was man tun und lassen soll. Das ist auch ein weites Feld.‹

Du weißt ja, mein Stil kommt immer aus der Sache, die ich gerade behandle. Und da mir nach so viel standesgemäßem Unglück Deine Hochzeit zu denken gegeben hat, mit Mama darüber jedoch nicht zu reden ist, habe ich mich furchtbar grundsätzlich über die Ehe ausgelassen, nicht nur Effi betreffend, sondern auch mit Blick auf Metes späte Bindung an den Architekten Fritsch, der, wie Dein Grundmann, der Bauwirtschaft verbunden war. Die Häuser in Waren mit Seeblick hat er ja ziemlich günstig ergattern können. Und mit dem Immobilienhandel von dazumal hatte uns sogleich die Gegenwart am Wickel, ohne daß wir uns auf den in Berlin schon immer gängigen Grundstücksschacher einlassen mußten.

Freundlich bangt in Jena um seine Professur. Man habe vor, sagt er, alle Universitäten nach westlichem Maß zu evaluieren, was heißen solle, zu bewerten, und was – vergleichbar den Folgen der Währungsunion – zu einer Wertschätzung auf Null führen werde. Ferner sagt er – und ich stimme ihm zu –, nach den Regeln der bevorstehenden Einheit müsse, um diese als Sieg des Kapitalismus zu rechtfertigen, nicht nur jegliches Produkt unserer Machart, sondern auch alles östliche Wissen als nichtsnutz ausgewiesen werden.

Dennoch war Freundlich bei diesen Bekundungen des einseitigen Werteverfalls um keinen Scherz verlegen. Hinreißend, wie er den Tonfall westlicher Professoren parodierte, ihr herablassendes Wohlwollen, ihre kolonisierende Fürsorge, ihr Gerede über Fachkongresse, Zweitwohnungen und Drittehen; und doch hörte ich viel unausgesprochene Bitterkeit mit. Wie Du weißt (und oft mit Kritik bedacht hast), neigt er dazu, seine Trauer im närrischen Kostüm auftreten zu lassen. So hat er sich gestern, auf dem Rückweg nach Vitte, sein Taschentuch mit vier Knoten zum Schutz seiner immer wie hochpoliert glänzenden Glatze geknüpft, übrigens ein knallrotes. Und in diesem komischen Aufzug rettete er sich (und uns) in haarsträubende Inselgeschichten und immer vergnüglichen Inselklatsch. Da er bühnenreif Platt spricht, konnte er den alten Gau und seinen Nachbarn Puting naturgetreu reden lassen, aber auch den alten Inselpastor, der inmitten der Predigt rief: ›Kinnings, de Hiering kümmt!‹, worauf die Fischerkirche bald leer und alle Boote auf Fang waren. Doch dann, nachdem wir das Birkenwäldchen durchquert und von Schipperöbing über Solting bis Wichting jeden Ökelnamen durchbuchstabiert hatten und vor uns bis zu den Dünen nur Heide lag, brach es unvermittelt aus ihm heraus: ›Wegevaluiert! Jede Spur soll gelöscht, alles vergeblich, nur noch Schrott sein, wie nie gelehrt und nicht gelebt. Radierkrümel nur noch!‹

So sehr ich bemüht war, ihm seine Schwarzseherei aufzuhellen, blieb er doch recht untypisch in mauer Haltung. Plötzlich stand er wie angerufen. Er wischte sich mit dem viermal geknoteten Taschentuch den schweißblanken Schädel und sagte mehr an mir vorbei als über mich hinweg einige Sätze, die alle so furchtbar richtig sind, daß sie mir nachhallen: ›War immer mehr Marxist als Kommunist. Hat mir im Ärger noch Spaß gebracht. War aber auch ein Deutscher, wie mein alter Herr, der als Kommunist – ob in Mexiko oder an der Spree – deutsch, allerdings mehr Preuße als Deutscher gewesen ist. Doch jetzt bin ich, was ich fast vergessen hatte zu sein, ein Jude. Zuallererst und zuallerletzt: Jude! Seitdem man mich evaluieren will und meine Wissenschaft null und nichtig sein soll: ein jüdischer Wissenschaftler, dem obendrein ein kleiner Schönheitsfehler anhängt. Er lebt noch. Also bin ich ein übriggebliebener Jude. Und das ungefähr sagt man mir neuerdings ins Gesicht: Als Jude müßten Sie doch begreifen, daß man das, was gewesen ist, nicht einfach verdrängen darf, etwa Ihre langjährige Parteigenossenschaft und daß Sie sich immer noch als Marxist ... Was uns im Westen bei der Bewältigung der Nazivergangenheit fehlerhaft unterlaufen ist, darf sich im Osten nicht wiederholen. Eigentlich müßten Sie mir zustimmen, lieber Kollege, wenn nicht als jüdischer Kommunist, dann als überlebender Jude, denn das sind Sie ...‹

Nach diesem Ausbruch – oder soll ich Erguß sagen? – hat er mich angeschaut und – nun wieder lächelnd – seinen üblichen Ton gesucht: ›Alles furchtbar richtig, nicht wahr, Fonty?‹ Er, der mich sonst als Wuttke oder mein lieber Wuttke anspricht und seine Briefe sogar mit ›Hochverehrter Herr Wuttke‹ beginnt, nannte mich, wie alle Welt mich zu Mamas und Deinem Ärger nennt. Und ich antwortete ihm prompt aus meiner verlängerten Erfahrung: ›Alles schon gehabt, mein lieber und verehrter Friedlaender! Alles, was jetzt bei uns obenauf ist, entweder heute schon oder es von morgen an erwartet, ist mir grenzenlos zuwider: dieser beschränkte, selbstsüchtige, rappschige Adel, diese verlogene und bornierte Kirchlichkeit, dieser ewige Reserveoffizier, dieser greuliche Byzantinismus . . .‹ Und schon lachte er wieder und erinnerte mich, zitatsicher, wie er ist, daran, daß ich bei meiner Generalschelte dazumal Bismarck und die Sozialdemokraten ausgenommen hätte, allerdings mit dem Hinweis, daß auch die nicht viel taugten. Doch Dir – und nur Dir – muß ich gestehen, wie nachhaltig mich gewisse Äußerungen über das Judentum, den Geldjuden, das Jüdische an sich und die allgemeine Verjudung belasten, besonders jene Stellen, die in den Briefen an Fräulein von Rohr – sie hörte dergleichen gern – unverzeihlich sind. Freundlich weiß das, schweigt aber dazu; und ich lebe damit: schamverborgen.

Beim Kaffee in der Heiderose – wir waren die einzigen Gäste – gelang es uns, wieder vergnügt und heillos erinnerungssüchtig die alten Kulturbundzeiten zu beschwören. Vom seligen Johannes R. Becher und vom seligen Bredel war die Rede, natürlich vom Genossen Kurella, diesem Schrecken aller Kongresse. Aber auch davon, daß gleich bei der Gründungsveranstaltung – und zwar auf Vorschlag des Schauspielers Paul Wegener – der greise, fern im polnisch besetzten Schlesien auf seine Abschiebung wartende Dramatiker Gerhart Hauptmann als Ehrenpräsident berufen

357

wurde; und Hauptmann nahm, ein Jahr vor seinem Tod, diese Berufung an. Womit wir gesprächsweise beim Begräbnis, das heißt bei der tragikomischen Überführung der hochberühmten Leiche waren. Die zog sich tagelang vom Riesengebirge über Berlin und Stralsund bis nach Hiddensee hin. An der Seite seines Vaters ist Freundlich als Knabe ›vor Sonnenaufgang‹ dabeigewesen.

Du siehst: ein ergiebiger Spaziergang, der dem Brief an meine Mete eine übergebührliche Länge auferlegt hat. Mir oder speziell meinen Nerven bekommt das insulare Klima. Schlafe traumlos. Auch Mama geht es gut oder wieder besser. Sie hat alte Bekannte getroffen, die ich lieber meiden möchte: lauter furchtbar gemütliche Kaffeesachsen. Bin mit Professor Freundlich gut und reichlich bedient. Er gibt sich tapfer, doch die Familie bangt um seine Professur. Bleibt zu hoffen, daß Dich Dein Grundmann nicht gleichermaßen nach westlicher Werteskala evaluiert. Sah von der Steilküste aus Møns Kreidefelsen in der Morgensonne und war Dir näher, als es einem Vater während der Flitterwochen seiner Tochter erlaubt sein sollte. Hätte ›Mete, komm! Komm, Mete!‹ rufen mögen...«

Wir wollen an die Begebenheiten »vor Sonnenaufgang« erinnern. Hauptmanns Begräbnis und seine frühen Stücke sind Thema eines Vortrags gewesen, den Fonty Mitte der sechziger Jahre halten durfte; der zwanzigste Todestag des Dichters bot dazu Gelegenheit. Nur unser vormaliger Archivleiter Dr. Schobeß hat zwischen den Zuhörern gesessen.

Nach des Unsterblichen Urteil zählten zwar »Die Weber« und »Der Biberpelz« zum allerbesten von Hauptmanns Hand und sonst nur noch wenige Stücke, bestimmt nicht »Hanneles Himmelfahrt«, doch weil der Tod des Dreiundachtzigjährigen und die folgende Mühsal bei der Beschaffung des Zinksargs sowie der zwei Pfund Gips für die

Totenmaske dem Kulturbundreisenden Theo Wuttke nahegingen, waren ihm die Aufbahrung der dichterfürstlichen Leiche in torfbrauner Franziskanerkutte samt weißem Strick, ferner das Säckchen schlesische Erde auf der Brust des Toten und der Streit um den Sonderzug, der am Ende aus acht Güterwagen und zwei Personenwagen der Reichsbahn bestand, insgesamt zum Sinnbild kriegswüster Zeit tauglich; Hauptmann starb, als der Frieden kaum älter als ein Jahr war.

In seinem Vortrag sparte Fonty an keinem Detail. So vergaß er nicht, die Verdienste des sowjetischen Oberst Sokolow zu betonen, indem er ihn immer wieder vor die im Haus Wiesenstein – Hauptmanns schlesischem Domizil – aufgebahrte Leiche stellte, zum Schutz vor polnischen Plünderern, versteht sich. Und weil er den Rotarmisten zum Helden und obendrein Literaturliebhaber machte, wurde seine stets gefährdete Position beim Kulturbund gestärkt; er durfte diesen Vortrag als Gedenkrede zuerst in Forst, am Westufer der Neiße, dann im Foyer der Berliner Volksbühne am Luxemburg-Platz, darauf in Stralsund, schließlich in Kloster auf Hiddensee, und zwar am 28. Juli 1966, halten. Und überall versammelte sich erstaunlich viel Publikum. Auf allen Stationen der letzten Reise des toten Dichters sprach Fonty vor vollem Saal. Allerorts hörte man, welche Möbel, dank Oberst Sokolow, als Museumsgut deklariert wurden, zum Beispiel der riesige Schreibtisch, der leider beim Verladen lange im Regen stehen mußte. Der Streit mit den polnischen Behörden um die Zahl der zu den Umzugsgütern gerechneten Nähmaschinen wurde nur kurz erwähnt, desgleichen die Gefahren drohender Plünderung der Güter- und Personenwagen durch Jugendbanden, die immer wieder von einem Leutnant der Roten Armee, namens Leo, abgewendet werden konnten, und sei es mit gezogener Pistole.

Nachdem der Sonderzug, dessen Personenabteile übrigens kaum oder nur provisorisch verglast waren, von Agnetendorf durch Niederschlesien mühsam vorangekommen war, durfte er endlich die Grenzstation Tuplice, vormals Teuplitz an der Neiße, passieren und die nach Kriegsende von Ost nach West gerückte Republik Polen verlassen. Schon bei der Ankunft im Grenzstädtchen Forst begannen die Totenfeiern im verkleinerten Deutschland. Fonty zählte die dort wartenden Parteifunktionäre und Besatzungsoffiziere auf. Die Wochenschau stand mit aufgebockter Kamera bereit. Schauspieler, Regisseure, Professoren und Journalisten aus aller Welt hatten sich versammelt, und mit großer Delegation trauerte der Kulturbund um Hauptmann, seinen Ehrenvorsitzenden. Deklamationen, Trauermusik gehörten zum Programm. Reden wurden gehalten: auf deutsch, auf russisch.

Eher dürftig war der Empfang des Sonderzugs in Berlin-Schöneweide, was Fonty in seinem Vortrag mit der Bemerkung quittierte: »Hier ist der lokale Heilige noch immer ein Eckensteher namens Nante.« Doch erwählte er die im Krieg zur Ruine ausgebrannte Volksbühne zum ideellen Ort des toten Dramatikers, den er, ganz ohne Einschränkung, unsterblich nannte.

In Stralsund stand man mit Fackeln bereit. Der Zinksarg, der beim Transport leichten, doch reparablen Schaden genommen hatte, wurde im Rathaussaal aufgebahrt. Einige Universitätsprofessoren, mehrere Parteiaktivisten und ein Grüppchen schlesische Neusiedler hielten die Totenwache. Bei der Trauerfeier setzten die Redner jene Tradition der Lobpreisung fort, die dem lebenden Dichter zu jeder Zeit widerfahren war: im Kaiserreich gepriesen, weil offiziell angefeindet, gefeiert, solange die Weimarer Republik hielt, vom Volk und dessen Führer im Dritten Reich zum Idol erhoben, wurde des Toten Ruhm nun unter stalinistischer Herrschaft in Szene gesetzt.

Der vortragende Fonty hat diese ungebrochene Tradition in einem Bild anschaulich gemacht: »Hauptmann zog immer, vor welchen Karren er auch gespannt wurde oder sich spannen ließ.« Doch weil er im nächsten Satz schon die Totenrede des Kulturbundvorsitzenden und expressionistischen Dichters Johannes R. Becher herausstrich und sich dabei listig auf die kürzlich wirksam gewordenen Beschlüsse des elften Plenums berief, hat ihm die seinen Vorträgen übergeordnete Dienststelle das Bild vom immer gleichbleibenden Karren zwar später gestrichen, doch nicht folgenreich verübelt.

Zum Schluß, als es, nach ausreichenden Hinweisen auf die deutsch-sowjetische Freundschaft und den völkerverbindenden Humanismus, nur noch um das Begräbnis auf Hiddensee ging, erlaubte sich Fonty einige Bemerkungen über die Leichenbestattung des anderen Unsterblichen, die in Berlin am 24. September 1898 auf dem Friedhof der französisch-reformierten Gemeinde an der Liesenstraße stattfand: »Der Leichenzug ging bei sonnigem Wetter vom Johanniterhaus in der Potsdamer Straße durch die Invalidenstraße, wo Stine und die Witwe Pittelkow gewohnt haben. Pastor Devaranne gab das Geleit, Freunde, Verwandte. Der Kritiker Karl Frenzel sprach am Grab. Mehr nicht. Preußens Adel glänzte durch Abwesenheit!«

Auch davon war unterwegs und beim Kaffee die Rede. Fonty verweilte noch einige Zeit auf dem Hugenotten-Friedhof und schilderte dessen jetzigen, eher trostlosen Zustand, doch da Eckhard Freundlich, in Begleitung seines Vaters, bei der Beerdigung auf dem Friedhof in Kloster dabeigewesen war, rückten seine Erinnerungen als photographisch genaue Ausschnitte bald in den Vordergrund: das Bild vom Sarg auf dem Vorschiff des Dampfers »Hiddensee«; der zum Bild gewordene Schleier der vereinsamten Witwe Margarete Hauptmann, der in gleicher Windrichtung wehte, wie sich die Rauchfahne des Totenschiffes hinzog; und Bild nach Bild die sechs Hiddenseer Fischer als Sargträger.

Wenn Fonty, der nicht dabeigewesen ist, etwas undeutlich von »beigemischter schlesischer Erde« sprach, wußte Freundlich, daß man »nach jeder Schippe Inselsand eine Schippe schweren Boden aus Agnetendorf«, der zum geretteten Flüchtlingsgut gehörte, »ziemlich polternd« in die Grube geschaufelt habe. Fonty beharrte auf dem vom Dichter gewünschten Begräbnistermin »vor Sonnenaufgang«. Freundlich war sicher, daß mit einiger Verspätung begraben wurde: »Wir alle warfen schon Schatten, mein lieber Wuttke, so hoch stand der Feuerball überm Horizont der Ostsee. Erinnere mich, als Kind in Mexiko solch Naturtheater gesehen zu haben. Sah toll aus!« Sogar den Grund des verpaßten Termins wußte er noch: »Naja, die Fischer kamen zu spät. Immer noch angeduhnt, trugen sie den Sarg so torkelig, daß sie ins Stolpern gerieten, weil man am Vorabend schon den Leichenschmaus vorweggefeiert hatte. Und was es alles zum Schnaps zu essen gab: Wurst, Schinken, hartgekochte Eier, kaltes Huhn, Kartoffelsalat. Und da die Gaus und Striesows, die Schlucks und die Gottschalks allesamt nicht nur durstig, sondern auch ausgehungert waren, haben sie zugelangt und sich die Taschen vollgestopft. Das war ein Fest, mein lieber Wuttke! Kein Wunder, daß die Sargträger es noch in den Beinen hatten.«

Bei diesem Leichenschmaus soll sich besonders ein Schauspieler aus Sachsen, der durch Filme bekannt geworden war, in denen er täuschend Friedrich den Großen dargestellt hatte, für die nächsten Tage versorgt haben; doch diese Lokalfarbe trug nicht Professor Freundlich auf, sondern tags drauf ein weiterer Inselgast.

Wir haben uns während seiner beklemmenden Anwesenheit und danach gefragt: Warum reiste er an? Warum so plötzlich und unangemeldet? Glaubte er, weiteren Gesprächen zwischen Fonty und Freundlich nicht fern sein zu dürfen? Waren Wanderungen zu dritt seine Absicht? Oder suchte er nur Erholung, harmlos und als Tourist?

Jemand tippte auf Eifersucht. Ein anderer vermutete Routine als fortwirkenden Antrieb. Sicher waren wir alle, daß ihn Berlin nicht halten konnte. Die Stadt muß ihm gestunken haben. Das hielt er nicht aus: drückende Hitze, Einsamkeit in der Menge, das ihm fehlende Objekt. Er litt unter Entzug, denn ohne Fonty fühlte er sich verlassen, wenn nicht verloren. Niemand hätte Ersatz bieten können, gewiß nicht die minderen Fälle vom Prenzlauer Berg. Wir begriffen, daß dem Tagundnachtschatten so etwas wie Sehnsucht nicht fremd war.

Wollte er nur dabeisein? Zumindest wünschte er, von fern den Brieffreunden zu folgen, sobald sie ihre Fußreisen zuwege brachten. Schließlich gehörte der Fall Freundlich, nach Akteneinsicht, zu seinem Spezialwissen: Nicht nur die zurückliegenden Parteiverfahren des Professors, auch dessen gegenwärtig prekäre Lage war erfaßt. Sogar von Angesicht kannte man sich, weil in unserem fürsorglich verengten Staatswesen keiner dem anderen ausweichen konnte. Und da – aus Fontys Sicht – in Freundlich der Amtsrichter Friedlaender nachlebte, war mit Hoftaller auch Tallhover zur Stelle.

Überdies mag er ein wenig Entspannung gesucht haben. Dafür spricht, daß er, kaum angekommen, zur Leiterin des

Hauptmannhauses sagte: »Ein paar ruhige Inseltage habe ich bitter nötig. Sie ahnen nicht, wie anstrengend Berlin geworden ist, ne einzige Strapaze, kaum auszuhalten.«

Uns mußte, auf dem Weg nach Grieben, ein Kopfnicken als Begrüßung genug sein. Wir waren nicht von Interesse und wie außerhalb seiner besonderen Anteilnahme. Später kam es zu kurzem Wortwechsel in der zum Haus »Seedorn« gehörenden Bibliothek – »Wie geht's dem Archivwesen?« –, mehr nicht. Doch hartnäckig blieb er Fonty auf den Hacken, auf Sandwegen keuchend das Hochland hinauf, bis zum Leuchtturm und bis dicht vor die Kante der Steilküste. Sein Äußeres hatte sich merklich amerikanisiert: Zur Baseballkappe und einem T-Shirt trug Hoftaller nicht nur Shorts, sondern nun auch inselgerechtes Schuhzeug mit Schaumgummisohle, sogenannte Sneakers, übersetzt »Schleicher«, und zwar mit dem Firmenzeichen New Balance, wie er uns später, auf Befragen, mitteilte.

Und weil er mit solchen Sneakers so unablässig seinem Objekt hinterdrein blieb, damit ihm der Inselgast Wuttke nicht entging, zudem ein Mißgeschick Folgen hatte – Emmi verstauchte sich bei einem Spaziergang zur Lietzenburg den linken Fuß –, glaubte Fonty, Stoff genug für einen dritten Brief an seine Tochter zu haben. Er füllte Blatt nach Blatt, selbst wenn mit Antwort, trotz der Luftliniennähe von Insel zu Insel, nicht zu rechnen war; in jenen Tagen standen zwar überall endlich die Grenzen offen, doch im hinfälligen Arbeiter- und Bauern-Staat zeigte sich das Postwesen dieser neuen Offenheit nicht gewachsen. Er schrieb aus bloßer Neigung und weil es ihn drängte:

»Das Wetter bleibt prächtig! Sommerwolken von Küste zu Küste. Weil es aber mit wolkigen Grüßen – sie mögen noch so wattig verpackt sein – nicht getan ist, will Dir Dein alter Vater einen Brief stiften, der diesmal nicht sogleich die Insel in Breite und Länge ausmißt, sondern zuerst von Mama berichtet, die sich den Fuß, natürlich den linken, verstaucht hat. Mal soll ein heimtückischer Wurzelstrunk im Hügelland, mal ein böser Uferstein ihr Malheur verschuldet haben, das sie nun liegend und laut beklagt, wie immer weit übers Ziel hinausschießend. Erinnert mich fatal an früher, wenn ihre sogenannte ›Sturmkrankheit‹ nach stummem Jammer jeweils ins Lamento umschlug. Dabei wäre es unsere Pflicht, nach so ausgedehntem Krankenlager eine gewisse Hospitalstimmung von uns fernzuhalten und nicht in Heulhuberei zu verfallen, was, wie ich weiß, weder Deine noch meine Sache ist.

Zum Glück sind Frau Freundlich und ihre Töchter ausdauernd um die zwar stöhnende, aber auch mitteilsame Kranke besorgt. Sie legen kühlende Wickel auf und üben sich dabei als geduldige Zuhörerinnen. Alle drei sind – die Mutter mehr als die Töchter – klug genug für jedes Gespräch, selbst heikle Themen wie die prekäre Lage in Nahost eingeschlossen, woran man immer einen Toleranzmesser hat; nur die Dämlichen, an denen sogar diese paradiesischste aller Inseln keinen Mangel leidet, sind ötepotöte.

Dabei scheint mir Madame Freundlich unter der Oberfläche stillhaltender Heiterkeit (dann wieder forcierter Sachlichkeit) überaus besorgt zu sein, nicht nur ihren Mann betreffend. Zur Situation in Jena kommt neuerdings hinzu, daß beide in Leipzig studierenden Töchter auswandern wollen, doch nicht nach Kanada, wie der Vater rät, sondern nach Israel. Häßliche Vorkommnisse sollen diesen plötzlichen Entschluß angestoßen haben. Was lange verdeckt bleiben mußte oder allenfalls parteilich als antizionistische Parole zugelassen war, bricht nun gewalttätig auf, dabei frech auf die Freiheit des Wortes und jenen dummdreisten Stolz auf Deutschland pochend, der schon immer mit der Gewalt einherging: Auf offener Straße hat eine brüllende

Rotte die Mädchen angepöbelt; dabei sind Rosa und Clara, wie Du Dich sicher erinnerst, aufs Nordischste blondgelockt. (Auch Dir würde – bei aller Voreingenommenheit den Freundlichs gegenüber – solch nackt zutage tretende Feindschaft zuwider sein.)

Mich jedenfalls hat diese Geschichte entsetzt; der Professor jedoch ist bester Laune und bleibt dabei – was ich nicht unkritisch sehe – ganz in den Banden seiner Persönlichkeit. Nur was er erlebt hat, soll heißen, was ihm zur Zeit an der Universität angetan wird – und das ist bösartig genug –, trifft und interessiert ihn. Obendrein kommt immer wieder das leidige Parteiverfahren von dazumal auf, in dessen Verlauf ich ihm, wie vormals dem Siebzig-einundsiebziger-Veteranen Friedlaender bei dessen Ehrengerichtsverfahren, geraten habe, allen Parteifunktionären von provinziellem Zuschnitt, wie auch den dünkelhaften und in ihrer Karriere steckengebliebenen Offizieren aus Friedlaenders Regiment, den Krempel vor die Füße zu werfen, wie ich es getan habe, als mir der Kulturbund, wie einst die Akademie, zuwider war; aber nein, es ging ja, was den Amtsrichter betraf, um die gekränkte Ehre eines jüdischen Reserveleutnants, der seine recht manierlichen, wenn auch zu sehr aufs Ego bedachten Kriegserinnerungen hartnäckiger verteidigte als die Franzosen seinerzeit die Festung Metz; und selbstredend ging es um den Klassenstandpunkt, den ein jüdischer Rechtsprofessor unbedingt wissenschaftlich und nicht nur ideologisch begründen wollte. Noch kürzlich schrieb er mir: ›Marx' Fehler war es, die Perlen seiner Erkenntnisse vor die Säue einer Partei zu werfen.‹ Er mag recht haben, auch wenn ich einschränkend sagen muß, daß mich Marx, selbst zur gemeinsamen Londoner Zeit, nicht die Bohne gekümmert hat; Dickens sagte mehr.

Aber so streitbar Freundlich manchmal daherredet, so witzig bleibt er dabei und in Maßen sogar aufgeschlossen,

,obald wir im Verlauf unserer ausgedehnten Fußreisen – gestern über Neuendorf hinaus zum kleinen Leuchtturm, wenn auch nicht bis zur Spitze des Gellen – auf Vater und Mutter Briest oder den so korrekten wie lieblosen Innstetten kommen. Er hört gut zu, weiß in der Sache Bescheid, versteht es, den schwadronierenden Major Crampas köstlich zu imitieren, nutzt aber, wenn ich, um nur ein Beispiel zu geben, das spukende Haus im pommerschen Kessin vom Spukwesen der Swinemünder Kinderjahre ableite, die Gelegenheit zum weithergeholten Vergleich. So kam er mir mit mexikanischen Kindheitserinnerungen und brachte Trotzkis vergeblich zur Festung gerüstetes Haus als Geisterschloß ins Spiel, um dann ausgiebig über die nur notdürftig versiegelten Innereien der Stasi-Zentrale in der Normannenstraße zu spekulieren: ›Eine Giftküche! Mit dem dort lagernden Sud läßt sich ein Jahrzehnt lang und länger die deutsche Suppe würzen.‹

Schließlich hat er sogar unser an sich harmloses Haus der Ministerien zum rumorenden Spukhaus erklärt. Irgendeine Angst steckt in ihm, vermute ich, denn mit besonders schweißtreibender Intensität ist mein sonst auf Ironie abonnierter Professor auf Gefahrensuche, seitdem hier jemand angelandet ist, in dem ich meinen altvertrauten Kumpan erkenne. Er ist ferienhalber hier, versteht sich: Auch Tagundnachtschatten müssen mal ausspannen.

Nun muß ich meiner Mete nicht erklären, wie kolossal anhänglich diese Tallhover und Hoftaller sind. Unter den Buchen, die in glatthäutiger Unschuld als Gruppe vor der Gästewohnung stehen, bekam ich zu hören: Er wolle nur kurz mal vorbeischauen und nicht stören, müsse aber daran erinnern, daß demnächst Großes bevorstehe. Selbst beste Insellage schütze nicht vor solch einem epochalen Ereignis.

Daß ich nicht lache. Er sprach von der deutschen Einheit, bei der sich, ich bin sicher, die bisher begrenzten Schofelinskischaften in nunmehr erweiterten Jagdgründen abspielen werden. Der Termin steht. In zwei Wochen soll es soweit sein. Der 3. Oktober kriegt ein rotbeziffertes Kalenderblatt. Nun kenne ich aber diese sich historisch gebenden Momente zu gut und weiß, daß einem nur Geschubst- und Gedrücktwerden bevorsteht. In der Regel läuft es darauf hinaus: Der Bericht ist besser als die Sache selbst. Wird mehr was fürs Fernsehen sein. Habe aber versprochen, beim Glockenläuten ein Auge drauf zu werfen.

Denn zweifelsohne ist es so, daß, während das Volk gafft – gafft und nichts sieht –, durchaus sehenswerte und manchmal aparte Kleinigkeiten abfallen: Jemand kaut seine mitgebrachte Buttersemmel, ein anderer sucht den im Gedränge abgesprungenen Jackenknopf, dem dritten ist ein Sandkörnchen ins Auge gekommen, nun reibt er und reibt... Oder wie damals im Zehnpfund-Hotel in Thale am Harz, als ich vom Balkon aus eigentlich nur die Roßtrappe hinaufsehen wollte, doch zwei, drei Schritt vor mir ein englisches Geschwisterpaar auf den Balkon hinaustrat und das jüngere Mädchen gekleidet wie später Effi: Hänger, blau- und weißgestreifter Kattun, Ledergürtel und Matrosenkragen...

Ja, die arme Effi! Vielleicht ist sie so gelungen, weil das Ganze träumerisch und fast wie mit einem Psychographen geschrieben wurde. Sonst bleibt ja immer die Mühe, bleiben die Sorgen jeder Etappe in Erinnerung – in diesem Fall nicht. Es ist wie von selbst gekommen. Und so später nie wieder. Hier jedenfalls findet sich weit und breit keine ›Tochter der Lüfte‹, so viele Leute einem sehenden Wanderer wie mir entgegenkommen oder wie von Hunden gehetzt über den Weg laufen. Allenfalls einen Blick wert sind flotte Westler, die grapschig und wendeselig auf Grundstückssuche sind; sonst nur verstörtes Inselvolk, dem das Neue noch nie geheuer gewesen ist – und natürlich mein altvertrauter Kumpan, dem nur schwerlich auszuweichen sein wird.

368

Heute bestand er darauf, an meiner Seite – und ohne den von mir erwünschten Beistand Freundlichs – einige Wanderwege abzulaufen. Du solltest ihn sehen in seinem Freizeitlook: eine Figur aus dem Panoptikum berlinischer Originale, bedeckt mit amerikanischer Baseballmütze und fix zuwege in kunterbunten Turnschuhen. Dazu die kniefreien Hosen und das überall spannende Hemdchen, auf dem mit sattem Aufdruck für ein ohnehin bekanntes Getränk geworben wird. Nur seine allzeit gewichtige Aktentasche hat er diesmal zu Haus gelassen. Man kann ihn eigentlich nicht ernst nehmen, so penetrant er anhänglich ist. (Deshalb rate ich Dir, sein gewiß unpassendes Hochzeitsgeschenk als Lappalie zu bewerten. Ein schlechter Scherz, sonst nichts!)

Aber rundum informiert ist er schon: weiß, wer in bester Insellage ohne Genehmigung gebaut hat, welche Altbesitzer in Bergen auf Rügen im Grundbuch eingetragen sind, welche nicht und warum nicht. Sogar die Ferienhäuser der Staatssicherheit, mithin seiner eigenen Firma, die Mitte der achtziger Jahre gegen jedes Verbot ins beginnende Hügelland gesetzt wurden, gab er mir preis, samt interner Baugeschichte; ein Kapitel für sich.

Und als wir – notabene – vorm Hauptmanngrab standen, wurde in ihm der alte Tallhover redselig: Er sei beim Begräbnis dabeigewesen. Seine Dienststelle habe, vom schlesischen Agnetendorf an, mit dem Genossen Leo, den man sich nicht als simplen Leutnant der Roten Armee vorstellen dürfe, Kontakt gehalten. Ihm sei beim Leichenschmaus jener Schauspieler mit (nach Menzel) historischem Profil, der sich in diversen Filmen als ›Alter Fritz‹ einen Namen gemacht habe, beim Diebstahl von Lebensmitteln aufgefallen: Wurst und hartgekochte Eier. Er erinnere sich an diese Filme lebhaft, weshalb er keine Meldung erstattet habe. Die schauspielerische Leistung, der verkörperte Durchhaltewille und so weiter. Schließlich hat er mir zugezwinkert und mit dikkem Finger auf den kolossalen Findling gedeutet: Vieles von Hauptmann sei immer noch spielbar. Doch die subversive Kraft des jungen Dramatikers habe nur und sogleich der Unsterbliche erkannt. Ihm falle Verdienst zu, weil er, außer der Kunstfertigkeit, den neuen, umstürzlerisch aufreizenden Ton gehört habe. Und gleichfalls hätte der Unsterbliche gewiß – wie es mir meinerzeit möglich gewesen sei – das gefährlich Neue aus den rabiaten ersten Versuchen des damals jungen Dramatikers Müller herausgehört und mit Probenbeginn der ›Umsiedlerin‹ an interessierter Stelle bekanntgemacht.

Das stimmt beinahe, im einen wie im anderen Fall. Sämtliche Skribifaxe, all die Landau und Lindau – der Theaterkritiker Frenzel ausgenommen –, haben an Hauptmann nur ihren Witz und Ulk abgelassen, oberflächlich und böswillig. Lächerlich, diesen jungen Kerl mit der landläufigen Phrase ›Er hat ein bißchen Talent‹ abzuspeisen. Gleich dumm wollte man den jungen Müller runterstufen. Außer mir haben nur die Kollegen Hacks und Bunge ein Wort für das noch unfertige, aber doch gekonnt dem Leben abgezapfte Stück eingelegt. Half nichts! ›Talent ohne Perspektive‹ und ›fehlende Parteilichkeit‹ lautete das Gefasel beim Verband wie in der Akademie. Doch Talent ist gar nichts. Ein bißchen Talent hat jeder. ›Glauben Sie einem alten Knopp‹, schrieb ich an Stephany und später an die Genossin Seghers, ›hinter einem Mann, der sowas schreiben kann, steckt mehr...‹

Übrigens hat mir mein altvertrauter Kumpan, nachdem er vorm Hauptmanngrab in Kniehosen und auf Turnschuhen seine Kappe gezogen hatte, auf dem kurzen Weg zur Kirche versichert, daß sich weder der Inselpastor Gustavs noch der Inseldoktor Ehrhardt an der beim Leichenschmaus um sich greifenden Mundräuberei beteiligt hätten. ›Nur die Fischer und späteren Sargträger und dieser Schauspieler mit Profil haben zugelangt!‹ rief er und hat mir dann lang und breit – nun schon in der Kirche – den schlachtenreichen Ablauf etlicher Ufa-Filme wie ›Der Choral von Leuthen‹ und ›Fridericus Rex‹ erzählt. Geschichtsklitterungen, die ich, weiß Gott, kenne und als junger Kintoppgänger mit sträflicher Begeisterung gesehen habe, denn dieser Mime namens Otto Gebühr brachte die üblichen Stereotypen: der gichtkrumme König, der blaue Königsblick, das furchtbar königliche Zitat: ›Hunde, wollt ihr ewig leben!‹ Doch nichts von Katte, der unterm Richtschwert kniet, während der Kronprinz zusehen muß. Wäre ein Stoff für Müller gewesen, und sei es als Antwort auf die Brechtsche ›Maßnahme‹.

Komischerweise bestätigte mir Professor Freundlich, der ja als Zwölfjähriger, weil Kind eines führenden Genossen, an Hauptmanns offener Grube stehen durfte, diese ins Wurst- und Kartoffelsalatdetail gehenden Schilderungen meines altvertrauten Kumpans. Doch sonst sind die beiden sich nicht grün. Meiner These, nach der die Juden sich immer als die besseren Preußen bewiesen haben, kann er, der schon den Amtsrichter Friedlaender durch die (neuerdings wieder modische) Stöckersche Brille des Antisemitismus sah, nicht zustimmen. Desgleichen Mama, die den Professor nur ungern an ihrem Krankenlager sieht. ›Der ist mir zu ironisch!‹ heißt das bei ihr. Doch da sie meinen Tagundnachtschatten gleich kurzgebunden ablehnt – ›Der war mir schon immer zu zweideutig!‹ –, werte ich ihr Urteil als zwar nicht gerecht, aber ausgewogen. Mir wiederum sind beide so nachhaltig vertraut, daß ich eine gewisse Anhänglichkeit selbst dann nicht leugnen mag, wenn sie in Abhängigkeit umschlägt.

Nun ist aus dem kleinen Brief doch wieder ein länglicher geworden. Sag Deinem Grundmann, daß ich für die hochzeitliche Tischrede insgeheim eine Suada über den Ehebruch auf der Pfanne hatte, aber Mamas Einspruch fürchten mußte: wie denn aus Furcht vor obligaten Zweideutigkeiten Briests Hochzeitsrede im Roman wohlweislich ausgespart wird, nur Frau von Briest gibt zu erkennen, daß der Alte wenig ›Gescheites‹ bei diesem Anlaß ausgeplaudert habe. Deshalb sage Deinem Grundmann lieber, daß die Technik des Aussparens nun mal zum Schreiben wie das Verschweigen zur Ehe gehöre. Oder sag besser nichts. Mama, die Dich grüßt, schläft schon. Nur ein Nachtfalter macht Geräusch. Sonst ist es kolossal still hier...«

Als sie den Friedhof besuchten, sahen andere Besucher beide vor dem Findling. Dieses Paar, wie gemacht für Auftritte vor gewichtigem Hintergrund. Später saßen sie Seite an Seite in der Fischerkirche: Fonty satt an Kenntnissen, Hoftaller ein wenig verlegen und fast kindlich staunend angesichts des himmelblauen Tonnengewölbes, dessen Firmament rosenbekränzt ist. Mit kurzem Finger wies er auf den fleischig rosa schwebenden Engel vorm Altarraum und ein blaues Faltentuch, das in geschicktem Wurf die selbst Engeln eigene Blöße bedeckt. Danach galt seine Neugierde einem links vom Altar hängenden Zeesboot mit rotbraunem Segel; ein Bootstyp, der in früherer Zeit von den Hiddenseer Fischern zur Boddenfischerei bemannt wurde. Das rechts hängende Wikingerschiff interessierte ihn weniger, doch ließ er sich von Fonty in allen Einzelheiten ein Bild erläutern, das unter der Orgelempore hängt und ein bei Sturm in Seenot geratenes Schiff zum Motiv hat. Dabei mußten sich beide in der weißblauen Kirchenbank verdrehen, sich sozusagen über die Schulter gucken. Während er noch seinem Banknachbarn die gemalte Seenot bis ins strandräuberische Detail interpretierte, suchte Fonty die Orgelbank nach der ältesten Tochter des einstigen Inselarztes ab. Aber da war nichts. Nur dürftig ausgestattete Erinnerung. Nur eines alten Mannes restliche Sehnsucht.

Dann gab es nichts mehr zu gucken. Weder das hölzerne Taufbecken noch die wie eine gute Stube in den rechten Altarraum gerückte Sakristei lenkten ab. Sie flüsterten miteinander. Bald flüsterte nur noch Hoftaller in Fontys Ohr, der lange stillhielt. Er saß in sich zusammengesackt, zum Zuhören verurteilt, kein Gegengeflüster.

Wir verließen die Fischerkirche zu früh, erlebten aber noch mit, wie sich Fonty aus der Kirchenbank zwängte und unter den fleischig rosa schwebenden Engel und dessen güldene Flügel stellte, als suche er Schutz. Dann wies er auf ein barockes Schnörkelwerk, das die Sakristei krönt, und zitierte laut hallend den von geschnitzten Engeln gehaltenen Spruch: »Heilig, heilig, heilig ist der Gott Zebaoth!«

Mehrmals rief er die alttestamentliche Instanz an und sagte dann mit weniger Stimme: »Zumindest soviel sollten Sie respektieren. Wir befinden uns hier auf kirchlichem Grund und Boden und nicht in der Normannenstraße. Das hier ist keine Zweigstelle des Prinz-Albrecht-Palais. Sagen Sie das Ihrem Polizeipräsidenten, dem Herrn von Puttkamer. Kapiert, Tallhover? Hier haben Sie nichts zu suchen. Hier singt man nicht nach ledernen Protokollen. Zwar sträflich ungläubig, stehe ich hier dennoch unter besonderem Schutz.«

Als Fonty nach einigem Abwarten, das nichts brachte, gleichwohl die Fischerkirche verließ, folgte ihm Hoftaller nicht sofort, eher betont verzögert. Wir waren sicher, daß sie einander nicht verlorengehen konnten. Zu klein war die Insel, zu reich mit Zetteln gespickt ihr Gedächtnis, zu verknotet ihr Knäuel.

Man hat sie wiederholt nah beieinander gesehen: hinter Ginstersträuchern im Hochland und auf der dem alten Bessin vorgelagerten Landzunge, die als neuer Bessin und bevorzugter Nacktbadestrand gilt. Wir sahen sie aus Distanz.

Zuletzt standen sie in der Ostsee, die zwischen Kloster und Vitte den sandigen und – zur Düne hin – mit Steinen beschwerten Inselstrand leckt. Doch so weit entrückt wir sie sahen, irgendein Wind trug uns Wortfetzen, Ausrufe, Satzanfänge, all das zu, was uns erlaubt, bloße Vermutungen zum Dialog zu festigen; freilich setzte der Wind manchmal aus, wir sahen sie nur reden: leere Sprechblasen, die uns offenstanden.

An sich ein harmloses Bild: beide im erträglich kühlen Flachwasser. Fonty unterm Strohhut und mit hochgekrempelten Hosenbeinen, Hoftaller hatte die Baseballkappe auf und stand kniefrei in Shorts. Entfernt gewannen weitere Inselgäste dem Altweibersommer ein Fußbad ab. Sogar Schwimmer sah man jenseits der letzten Sandbank. Und etwa so wird Hoftaller sein zögerndes Objekt überredet haben: »Sie sind doch für Kneippkuren, Fonty. Ein halbes Stündchen Wassertreten nur. Das belebt den Kreislauf. Dabei läßt sich gut plaudern.«

Den Wanderstock, die Jacke, einen Plastikbeutel, ihre Socken, die Schnürschuhe und Sneakers mit Schaumgummisohle hatten sie abgelegt. Hölzerne Poller waren alle hundert Meter in die See hineingetrieben worden, damit sie dicht bei dicht den Sandstrand festigten. So waren Buhnen entstanden; und eine der Buhnen gehörte den beiden. Anfangs schwiegen sie beim Wassertreten, bis Hoftaller, hilfreich wie immer, ein Stichwort lieferte, von dem wir wissen, daß er es besonders gerne hervorzog und deshalb wiederholt in Anschlag gebracht hat: »Erinnern Sie sich, damals in Dresden?«

Fonty, der diese Falle seit letztem Sofagespräch kannte und fürchtete, wird versucht haben, sich so naheliegend wie möglich zu erinnern: »Sie meinen den Kulturbundkongreß im Februar vierundfünfzig. Steht mir vor Augen. War als Berliner Delegierter dabei. Wir wurden zum ersten Mal auf

Kreiskonferenzen gewählt. Habe mich in Dresden furchtbar ins Zeug gelegt und vor der Gefahr landesweit einreißender Vereinsmeierei gewarnt...«

»Wenn ich Dresden sage, befinden wir uns im Vormärz, mein Lieber. Ein gewisser Jungapotheker eifert einem gewissen Dichter namens Herwegh nach. Ganz Sachsen ist Beute der Demagogen. In Leipzig gibt es sogar nen Club, in dem fleißig gegen die Obrigkeit konspiriert wird. Und zum Club gehört dieser Jungapotheker...«

Wir sind sicher, daß sich Fonty beim Wassertreten weiterhin an den Kulturbund geklammert hat, nicht ohne Erfolg, denn seinem Insistieren: »Und diesem Dresdner Kongreß, übrigens dem vierten, kam ziemliche Bedeutung zu«, konnte Hoftaller nicht ausweichen: »Wen wunderte das. Nach der gescheiterten Konterrevolution vom Vorjahr versprach man sich ne gewisse Stabilisierung durch Neufassung der Grundaufgaben. Doch wenn ich ›damals in Dresden‹ sage, meine ich nicht die endlosen Anträge der Philateliekundigen und Aquarienfreunde und bestimmt nicht die Wünsche der Sektion ›Literatur und kulturelles Erbe‹, die im Prinzip nur auf Ferienplätze im Erholungsheim des Kulturbundes in Bad Saarow erpicht war, Sie übrigens auch, Fonty. Lauter kleinbürgerliche Wünsche bei vorgeblich revolutionärer Zielsetzung, was mich sofort zu den demagogischen Umtrieben verbummelter Studenten in Leipzig zurückführt, mit denen ein gewisser Jungapotheker, der wenig später in der Dresdner Salomonis-Apotheke...«

»Sag ich ja. Die Neigung der versammelten Delegierten ging dahin, jeden sein Steckenpferd reiten zu lassen, wenn auch nach streng parteilicher Dressur. Habe dagegen polemisiert. Steht alles im Protokoll. Sollten Sie eigentlich wissen. Aber rieche schon, wonach dem Tallhover in Ihnen der Sinn steht: unsere metaphernreichen Freiheitsträume, unsere Reime auf Spitzel und Polizei, unsere Spottverse auf liberale Stammtischhelden, unsere unterm Strich lächerliche Verschwörung gegen die staatliche Obrigkeit. Wolfsohn und ich, ich und Wolfsohn. Schrieb ihm von der Brühlschen Terrasse aus ... Schmerzliche Gefühle ... Lassen wir das. Wen kümmert das noch!«

»Um Ihnen zuzustimmen: Auch für uns waren das Kindereien nur. Ne relativ kurze Aktenlage, längst abgeschlossen. Und wenn nicht ne andere, Jahre später wiederholte Kinderei einen wahren Kindersegen zur Folge gehabt hätte, müßte ich nicht so beharrlich an Dresden erinnern. Na, fällt der Groschen?«

Beim Wassertreten ist gut plaudern, hatte Hoftaller versprochen. Fonty wird von Beginn der Kneippkur an geahnt haben, was mit der geforderten Rückbesinnung auf Dresden gemeint war, wußte er doch seit jenem Sofagespräch, als mit zu süßem Rotwein die Neuaufpolsterung des Sitzmöbels gefeiert werden sollte, daß sein Tagundnachtschatten über ein Bündel Liebesbriefe verfügte, die wir gerne im Archiv gesichert hätten. Hilflos wirkte deshalb sein abwehrender Satz: »Wieder einmal soll unser unfreiwilliger Kindsvater gepeinigt werden.« Er konzentrierte sich auf die Gesundheitsübung, trat weiches Ostseewasser, spürte von den Sohlen her belebende Wirkung und ließ dabei eine Suada über sich ergehen, in der Geburtsdaten, der ominöse Brief an Lepel, pünktliche Alimentezahlungen und zitierte Herzensergüsse, gerichtet an eine Gärtnerstochter namens Magdalena Strehlenow, sowie Ruderpartien auf der Elbe und der Tod des zweitgeborenen Kindes, hingerafft von der Diphterie, schließlich die Geburtstage der überlebenden Tochter Mathilde, die alle ohne väterliches Geschenk begangen wurden, mit weiteren Peinlichkeiten zu einem Brei verkocht waren, den Fonty nicht löffeln wollte: nein, verbissen trat er die See.

Als Hoftaller jedoch zusätzliche Kost, die lebenslange Unwissenheit der damaligen Verlobten Emilie, geborene

Rouanet-Kummer, aufzutischen begann, unterbrach sich der Beschuldigte beim Wassertreten: »Halte nichts von platten Geständnissen. Ist alles abgearbeitet und Literatur geworden. Komme nur deshalb noch einmal auf den vierten Kulturbundkongreß zurück, weil ich schon damals bei einem Gespräch am Rande, und zwar mit einem wirklichen Kenner der Materie, dem vorzüglichen Biographen Reuter, die These vertreten habe, daß dieses leidige Thema in Romanen und Erzählungen erschöpft worden ist: in ›Ellernklipp‹ und ›Grete Minde‹ wie im ›Stechlin‹ – denken Sie an die kleine Agnes, die, obzwar unehelich, dem alten Dubslav das Sterben erleichtert –; ferner geht es in ›L'Adultera‹ um das aus ehelicher Untreue geborene Kind und – wenn Sie sich der armen Effi erbarmen wollen – um das, wegen erwiesener Untreue, der Mutter entrissene Kind. Dennoch – ich weiß! – bleibt die Frage nach der Schuld allemal offen, wie ja die Position der Moral eine schwankende ist. Wer will hier richten? Wer maßt sich letztes Urteil an? Nur Philister, die mal so, mal so heißen...«

Hoftaller schwieg eine Weile. Vielleicht hoffte er, daß sich Fontys Erregung mittels Kneippkur abkühlen werde. Wir sahen, wie beide nur noch auf ihre Gesundheit bedacht zu sein schienen, so pedantisch regelmäßig traten sie das Flachwasser. Eine Pause, lang genug für Spekulationen, entstand. Doch als wir uns die Vielzahl möglicher Rückbezüge vor Augen hielten, fehlte ein literarischer Titel; und sogleich waren wir sicher, daß diese Lücke nicht offenbleiben würde.

Leise, für uns in den Dünen zu leise, aber dennoch zitierbar, weil wir, die von Berufs wegen hellhörig sind, davon ein wenig Wind bekamen, sagte Hoftaller: »Bin ja Ihrer Meinung. Nur der Unsterbliche hat für das uneheliche Kind, auch Bankert genannt, solch ne Menge Interesse aufgebracht. Klar doch, weil seine Emilie ihren richtigen Vater, einen Militärarzt namens Bosse, verschwiegen hat und sich lieber nach ihrem Adoptivvater – schlimm genug – Kummer nannte; und Ihre Emmi leidet ja auch unter solch ner Blindstelle. Aber erstaunt bin ich schon, daß Sie in Ihrer Bilanz diesen damals als Hurengeschichte beschimpften Roman ausgelassen haben, als wollten Sie Lene Nimptsch verleugnen, die schon auf Seite eins als Pflegetochter einer alten Frau vorgestellt wird, ohne daß wir im Fortgang der Geschichte – abgesehen von ein paar Andeutungen der schwatzhaften Frau Dörr – irgend nen Tip kriegen über Vater und Mutter jener klaglosen Schönheit, deren liebenswerte Eigenschaften ner gewissen Magdalena Strehlenow abgekupfert worden sind, wie sich ja auch diese Ruderpartien prompt wiederholen; nur ist es diesmal die Spree, nicht die Elbe . . .«

»Irrtum, Hoftaller! Gerudert wird überall, und Modell für Lene ist einzig die Tochter des Kastellans der Akademie der Künste gewesen, die ich während meiner kurzen Sekretärszeit beim Nähen beobachten konnte . . .«

» . . . und die ne dunkelhaarige Schönheit war, während uns ne aschblonde Gärtnerstochter und ne aschblonde Weißnäherin eine weitere aschblonde Person in Erinnerung rufen, die aber auf anderem Wasser – von wem wohl? – gerudert wurde . . .«

»Muß das sein, Tallhover? Ich bitte Sie . . .«

»Ne Person, die, sagen wir mal, geradezu schicksalhaft dem Obergefreiten Wuttke anhing, und zwar während Kriegszeiten in Frankreich. Lyon, Frühjahr vierundvierzig. Aber diesmal hatten wir ne Gastwirtstochter im Kahn . . .«

»Könnt ihr denn absolut nichts vergessen . . .«

» . . . die auf den Namen Madeleine hörte. Und diese nicht mal besonders hübsche Französin . . .«

»Jetzt wird mir aber das Wasser zu kalt!«

» . . . gab ziemlich bald ne traurige Figur ab, weil . . .«

»Außerdem seh ich Emilie kommen, dort über die Düne . . .«

»...na, weil ihr ein gewisser Obergefreiter...«

»Aber sehen Sie doch, wie sich meine Emilie nähert, gestützt auf die Damen Freundlich, die morgen schon, wie ich hörte, abreisen wollen...«

»Na schön, seien wir gnädig. Aber es bleibt dabei: Dresden und die Folgen, Lyon und die Folgen...«

»...und übrigens reisen auch wir morgen schon ab, vorzeitig... Sind beunruhigt, weil von der Tochter keine Nachricht kommt. Sicher hat Mete nach Berlin geschrieben. Meine Frau ist, wie ich, voller Sorge...«

So endete das Fußbad in der Ostsee. Mit der Kneippkur wurde die peinliche Befragung abgebrochen. Im Weggehen sahen wir, wie Fonty sich als erster auf den Strand rettete. Seine blauen, ausgelaugten Füße. Mit letztem Satz – »Wir kommen darauf zurück« – folgte ihm Hoftaller, dessen Füße bis zu den Waden hoch krebsrot glühten. Schweigend gingen beide – Fonty noch immer mit hochgekrempelten Hosen – den Damen Freundlich und Emmi Wuttke entgegen, die sogleich das Gespräch bestimmte, denn ihr verstauchter Fuß bot Stoff genug.

Theo Wuttke sah sich von Frauen gerettet. Sogleich scherzte er mit den Töchtern – übrigens Zwillinge und deshalb von wiederholtem Reiz.

Zum Aufbruch der Inselgäste am nächsten Morgen läßt sich nur sagen, daß er sich heiter anbahnte. Weil uns die Arbeit zurück ins Archiv rief, reisten auch wir ab und wurden so zu beteiligten Zeugen.

Beinahe hätten die Wuttkes das Schiff verpaßt, denn Emmi hatte, trotz ihrer Beschwerden, noch einmal das Hauptmanngrab besuchen wollen – und zwar allein –, um dort eine einzelne Rose vor den Findling zu legen.

Fonty, der mit den Freundlichs zwischen Gepäckstücken am Bollwerk wartete, sagte zu uns und an Hoftaller vorbei:

»So ist das mit den Emilien. Schon die Rouanet-Kummer hat dem Unsterblichen an ihrer Seite einen jungen Dachs vorgezogen. ›Mein Mann‹, hat sie gesagt, ›ist nur Journalist, obgleich er sich für nen richtigen Schriftsteller hält. Doch in dem Weber-Hauptmann, da steckt ein wahrer Dichter drin.‹ So war das. Sie las ja auch lieber Raabes ›Hungerpastor‹ oder die Stormschen Husumereien. Nur Mete hat an mich geglaubt.«

Wir vom Archiv bestätigten diese Anekdote. Fonty lachte. Professor Freundlich lachte. Beide lachten noch immer, als Emmi Wuttke leicht humpelnd die Schiffsanlegestelle erreichte. Jetzt lachte auch Emmi, als ihr Eckhard Freundlich vom Anlaß der heftigen Belustigung berichtete. Mit ihr lachten die Frau des Professors und deren gleichermaßen sonnengebräunte Töchter. Wir lächelten distanziert, als wir sahen, daß nun auch Hoftaller lachte. So viel Heiterkeit. Doch bald sollte allen das Lachen vergehen.

Eigentlich hätte so viel gute Laune den Abschied von der Insel, bis alle an Bord waren, begleiten müssen, denn eigentlich hätten alle Inselgäste das Motorschiff vorbei an Vitte, Neuendorf nach Stralsund nehmen können, wie wir und die Freundlichs es taten; doch als die »Insel Hiddensee« anlegte und mit Signalton alle an Bord rief, teilte Hoftaller die am Bollwerk versammelte Gesellschaft, indem er für die Wuttkes und sich Tickets vorwies, die für das nächste, eine halbe Stunde später ablegende Schiff nach Schaprode auf Rügen bestimmt waren: »Muß unserem Freund unbedingt ne kleine Überraschung bereiten. Wäre schade, wenn das Ihre Pläne stören sollte. Jedenfalls gute Reise. Wir werden vom Ufer aus winken.«

Er sagte das mit aufgesetztem Kinderlächeln und hatte, als Fonty und mehr noch Emmi Wuttke protestierten, weil sie »auf keinen Fall« nach Schaprode wollte, nur einen einzigen Nachsatz übrig, dem er jedoch sein Lächeln entzog: »Glaube nicht, daß man mir diesen Wunsch abschlagen darf.«

Einer von vielen beschließenden Hoftaller-Sätzen, die wir aufgelistet und in besonderer Mappe bewahrt haben. Er hätte auch »Das würde mich traurig machen« sagen können oder: »Hoffe, verstanden worden zu sein.« Bedrohlicher mußte er diesmal nicht werden.

Zwar klagte Emmi, für Rumlauferei auf Rügen sei sie zu schlecht auf den Beinen, und keinesfalls wolle sie auf die Eisenbahnreise mit der Familie Freundlich verzichten: »Überhaupt lasse ich mir von niemand das Schiff vorschreiben. Das is nu endlich vorbei. Jetzt haben wir Freiheit!«

Doch Fonty hatte bereits die Kröte geschluckt: »Bedaure, mich fügen zu müssen. Geht wohl nicht anders.«

Wir schwiegen. Und Eckhard Freundlich, der gleichfalls im Schlucken geübt war, kommentierte die verordnete Trennung: »Aber ich bitte Sie, lieber Wuttke, mit kleinen Schikanen oder, milder, gewissen Reisebestimmungen haben wir zu leben gelernt. Welch höherer Sinn dahintersteckt, weiß niemand. Ihr Briest sagte in ähnlich unwägbarer Situation: ›Ein weites Feld, Luise‹, nicht wahr?«

Als der Professor dann doch noch, schon mit Koffern beladen, gezielt sagte: »Als mein Vater seinerzeit Mexiko in Richtung Deutschland verließ, glaubte er an etwas, das er bei Tisch, aber auch öffentlich ›die gute Sache‹ nannte; er hätte mit Ihresgleichen rechnen müssen . . .«, war Hoftaller schon wieder mit Lachgrübchen gesegnet: »Wäre vernünftig gewesen, zumal wir uns mit Ihrem Herrn Papa bereits unter Palmen befassen mußten und deshalb in Veracruz gleichfalls an Bord gingen. Doch Spaß beiseite. Wie sieht's in Jena aus? Einfach scheußlich, diese Evaluierungsverfahren. Könnte mich, wenn gewünscht, nützlich machen. Unsere Kontakte . . . Sie verstehen . . . Will ungern deutlicher werden . . . Kann aber auch anders . . .«

Die Freundlichs mußten aufs Schiff. Wir mit ihnen. Beide Töchter verängstigt. Die Frau des Professors sagte wiederholt: »Dieses Schwein.« Als die »Insel Hiddensee« ablegte, winkte Hoftaller lange mit einem schwarzweiß gewürfelten Taschentuch. Die Wuttkes standen mit hängenden Armen. Emmi weinte ein bißchen.

Schon während der Überfahrt nach Stralsund rätselten wir, welche zwingende Überraschung in Schaprode aus dem Hut gezaubert werden könnte. Was hatte Hoftaller schon zu bieten, außer der üblichen Fürsorge? Etwa eine befristete Schottlandreise, selbstverständlich mit begleitender Aufsicht? Alles mögliche, sogar die Leitung des Archivs, ehrenhalber, fiel uns ein; doch darauf, auf dieses einst begehrte, nun dem Spott preisgegebene Vehikel aus Zwickau, wären wir nicht gekommen.

Kaum waren die drei an Bord gegangen, wurde Fonty beiseite gerufen. Später sagte er: »Meine Emilie wollte partout nicht an Deck bleiben. Kein Zureden half. Hockte während der Fahrt in der verqualmten Kajüte. Hingegen war mir im Übermaß frische Luft sicher.«

Beide standen im Wind auf dem Achterdeck. Wieder die schwarz-gelben Wimpel, die Reusen, auf ihnen Kormorane, Bojen entlang der Fahrrinne. Wechselnde Flugformationen übender Zugvögel. Langgestreckt lag die autofreie Insel entrückt, vom Hügelland flach bis zum Gellen, der erahnt werden konnte. Sie schwiegen nebeneinander. Erst auf Höhe von Vitte wurde Fonty »die kleine Überraschung« bekanntgemacht.

Hoftaller war nicht per Reichsbahn, sondern mit dem Auto angereist. Und wie andere Inselgäste hatte er seinen Wagen auf dem Parkplatz Schaprode nahe der Schiffsanlegestelle abgestellt. Er sagte: »Mein Privatwagen wartet auf Sie. Hiermit erlaube ich mir, das Ehepaar Wuttke zu ner gemeinsamen Fahrt einzuladen. Über Rügen, den Rügendamm, durch Stralsund werden wir bald auf der Autobahn sein. Bin übrigens passionierter Automobilist, und zwar seit frühesten Dienstjahren. Fuhr nen DKW. Keine Bange. Meinen Fahrkünsten kann vertraut werden. Außerdem kommen wir so viel schneller nach Berlin als mit der bummeligen Reichsbahn.«

Erst jetzt, zu spät, lehnte Fonty ab. Er lasse sich nicht kujonieren und in solch eine Kiste zwängen. Wenn er schon auf das gemeinsame Eisenbahnabteil mit den Freundlichs verzichten müsse, werde er notgedrungen mit seiner Emilie allein reisen, und zwar wie früher, als Bahnfahrten ins Riesengebirge oder nach Waren am Müritzsee noch Abenteuer gewesen seien: »Borsigs Dampflokomotiven ja, aber nicht diese fahrbaren Untersätze...«

Er tauchte in Vergangenheit ab, indem er die Mühsal aller Reisen des Unsterblichen in die Sommerfrische oder in Kurbäder aufleben ließ; doch Hoftaller war selbst auf frühesten Schienenwegen mit dem Kursbuch präsent und hatte ihn sogleich mit allen Eisenbahnverbindungen zur Zeit des Vormärz am Wickel: »Ein richtiger Reisekoffer sind Sie gewesen. Immer wieder nach Leipzig oder Dresden. Dieses Hin und Her – wir sprachen bereits darüber – erinnert mich an die häufigen Dienstreisen eines gewissen Luftwaffengefreiten. Kreuz und quer durch Frankreich bis nach Lyon. Also kein Wort mehr – versprochen! – über Dresden und die aschblonde Gärtnerstochter, doch ein paar klärende Hinweise auf wiederholte Abstecher als Nutznießer des französischen Eisenbahnsystems bis zu ner Stadt, in der ne Menge passiert ist. Liegt an zwei Flüssen. War schon immer Handelsmetropole: stinkreich. Und dort gab's ne Gastwirtstochter, die vorm und hinterm Tresen fleißig war, weshalb ein reiselustiger Soldat in diesem Bistro bald als ne Art Dauergast galt. Blieb nicht folgenlos, weil der Bruder der Schankmamsell zur Résistance gehörte. Aber auch sonst hatte, was im Frühling begann, nach ner gewissen Zeit, ich sag mal, winterliche Folgen. Denn nachdem der Soldat im Sommer schon den Rückzug antreten mußte... Und weil die verlassene, jadoch, aus rein militärischen Gründen verlassene Madeleine, der kein Bruder mehr helfen konnte... Und überall nach der Invasion, besonders aber in Lyon reiner Tisch gemacht wurde... Weshalb man der armen Madeleine die aschblonden Haare ritschratsch... Na, Fonty, dämmert's? Fing alles ganz harmlos mit ner Ruderpartie an, bißchen außerhalb, auf nem See, in dem es, wie überhaupt in dieser fischreichen Gegend, ne Menge Frösche gab. Weiß noch

384

mehr. Könnt Ihnen stundenlang. Hab ja lange, vielleicht zu lange geschwiegen . . . «

Grüne und rote Bojen leiteten das Motorschiff nach Schaprode. Ein Pulk Möwen machte die Reise mit. Fonty überließ sich dem Fahrtwind und sah mit Hut und leichtem Sommershawl vergangen aus. Wie er so an der Reling stand, wäre er als Hauptdarsteller in einem Ufa-Streifen »Der Schritt vom Wege«, Regie Gustaf Gründgens, vorstellbar gewesen. So deutlich dem alten Briest angenähert, hörte er eine ganz andere Legende und schaute dabei einer Formation Kormorane, dem Haßobjekt aller Fischer, nach, die in Richtung Gellen flog und an deren Spitze ständiger Wechsel den Flugkeil bestimmte.

Fonty blieb arm an Worten, aber Hoftaller ging der Stoff nicht aus. Bis das Schiff in der Enge zwischen Rügen und der vorgelagerten Insel Oehe anlegte, zeigte er sich bedrohlich besorgt: Der Umgang und langjährige Briefwechsel mit Professor Freundlich könne sich schädlich auswirken. Eine zur Zeit noch verdeckte Aktenlage werde, wenn nötig, den Wissenschaftler belasten. Fonty möge dem gesicherten Spezialwissen bitte vertrauen: »Unter veränderten Bedingungen sind gewisse Freundschaften unpassend. Wir wollen doch da nicht reingezogen werden. Oder?«

Nichts war von der Rückblende des Ufa-Films geblieben. Als sie von Bord gingen, hatte Fonty für Emmi nur einen Satz übrig: »Wird besser sein, wenn wir per Auto reisen, besser für dein Bein, versteht sich.«

Emmi sagte: »Und ob ich verstehe.«

Als sie auf dem Parkplatz zwischen westlichen Karosserien klein und eingeengt den automobilen Ausweis der einstigen Arbeiter- und Bauern-Macht fanden, sagte Hoftaller: »Den habe ich mir kurz vor der Währungsunion gesichert, fabrikneu. Fährt noch lange. Glauben Sie mir, Fonty, Einheit hin, Einheit her, es wird nochmal schick, in Deutschland nen Trabi zu fahren.«

Die Fahrt im Zweitakter verlief ohne Panne. Auch wir vom Archiv behalfen uns damals noch mit dem verspotteten Pappkoffer auf Rädern. Emmi sagte: »Viel geredet haben die beiden nich. Mein Wuttke mußte neben ihm sitzen. War ja ziemlich eng hinten. Und dann noch mit meinem schlimmen Fuß. Aber sonst konnt ich nich klagen. Nur gleich hinterm Rügendamm, nein, erst als wir schon Autobahn fuhren und dieser Stoppelkopp, wie unsre Martha den nennt, eine von seinen Stinkdingern hat rauchen gewollt, hab ich Zoff gemacht. Da kenn ich nix. ›Im Zug hätten wir Nichtraucher gesessen!‹ hab ich geschrien und ›Raus! Will hier raus!‹ Da hat er den Stinker weggesteckt und sich schnell entschuldigt. ›Mein kleines Laster‹, hat er geflüstert. ›Wie konnt ich nur so gedankenlos sein.‹ Mein Wuttke aber kein einziges Wörtchen. Nur wenn wieder mal links oder rechts ein Autowrack lag, umgekippt oder ausgebrannt völlig, hat er gesagt: ›Das kommt von der Raserei. Müssen unbedingt alles dem Westen nachmachen. Dabei sind wir früh genug zu spät dran.‹ Bekam aber keine Antwort. Der saß wien Affe hinters Steuer geklemmt. War sauer, weil er nun ohne Zigarre... Aber zu schnell is er nich... Wie hätt er auch können mit nem Trabi. Andauernd wurden wir überholt von Mercedesse und andere Flitzer. Nee, nen bedrückten Eindruck hat mein Wuttke kein bißchen gemacht, aber reden, wie er sonst redet, konnt er nich. War irgendwie ne miese Stimmung drinnen, och wenn draußen Schönwetter war. Ich hab mir gesagt: Der hat ihn bestimmt in die Mangel genommen, weiß bloß nich, womit. Doch nich etwa mit unserm Teddy, weil der in Bonn sitzt und sowas wien Geheimnisträger is? Oder noch immer mittem Kulturbund, weil mein Wuttke da wirklich manchmal schlimme Sachen gesagt hat? Nee, nich direkt gegen die führenden Genossen, sondern um drei Ecken rum, wie er immer redet. Bad Saarow fiel mir ein, wo mal das Ferienheim vom Kulturbund, aber och so ne Art Hochschule gewesen is und wo mein Wuttke über diese Lene Nimptsch lauter unmögliche Sachen gesagt hat. Die heißt so wegen Verehrung von dem Dichter Lenau. Jedenfalls gab's damals nen Lenau-Club, in dem sein Einundalles Mitglied gewesen ist, bevor er in diesen Herwegh-Verein reinging, der verboten war. Weshalb alle bespitzelt wurden, nich nur der Herwegh, der rechtzeitig abgehauen is. Davon hat mein Wuttke geredet und von den vielen Apotheken in Leipzig und Dresden. Und daß die Spitzelei nie aufhört, weil sie nich aufhören kann. Und daß die Spitzel unsterblich sind wie die Dichter, die sie bespitzeln. Daß aber manchmal auch Dichter richtige Spitzel sind, die deshalb doppelt unsterblich werden. Und außerdem hat er vor Publikum gesagt, daß dieser Oberspitzel, der vor hundertfuffzig Jahren den Herwegh und seinen Verein bespitzelt hat, immer noch rumläuft und rumspitzelt, natürlich mit nem ausgetauschten Namen, was aber trotzdem ein Beweis für Unsterblichkeit is. Da gab's schon Geflüster im Saal. Ein paar haben gelacht. Aber dann hat mein Wuttke in Bad Saarow, wo wir, als Martha noch klein war, gern Ferien gemacht haben, paar Dinger losgelassen, die nich im Manuskript standen – was ich ihm ja abgetippt hatte vorher –, daß nämlich der Spitzel von anno dazumal hier im Saal irgendwo die Ohren spitzt und sich alles merkt, wie er sich früher alles gemerkt hat. ›Der vergißt nichts, der kann nichts vergessen!‹ hat er gesagt. – Wann das war? Mitte Sechziger, als es mit der Kultur mal wieder eng wurde. Nachem Mauerbau jedenfalls, weil unsere Jungs schon drüben... Und Georg fertig als Pilot... Nur Friedel war noch inner Buchhandelslehre... Jedenfalls hat man das meinem Wuttke krummgenommen. Vorgeladen haben sie ihn paarmal. Hat über-

haupt nich genutzt, daß er sich rausreden gewollt hat mit
›Der Klassenfeind schläft nich!‹ und ›Immer auf der Hut
sein vor Westagenten‹. Hat alles nur schlimmer gemacht.
Für uns keine Ferien mehr in Bad Saarow. Und reden durft
er da och erst mal nich, bis es dann wieder ging. Aber vergessen haben die nix. Nee, die vergessen nie was. Deshalb
glaub ich auch, daß dieser Stoppelkopp, wie unsere Martha
den nennt, meinen Wuttke mal wieder unter Druck gesetzt
hat, denn freiwillig wär er nie in den Trabi rein, wo er sich
doch auf die Eisenbahn mit Freundlichs im Abteil so gefreut
hat ... Ich ja weniger, weil ... Na, weil die mir irgendwie
fremd sind ... Und unsere Martha sagt och immer ... Aber
das paßt hier nich hin. Denn eigentlich sind die ganz nett
gewesen, als mir das mit dem Fuß passiert ist, weil ich beim
Raufklettern, als ich zum Leuchtturm wollt, unter son tücki-
schen Wurzelstrunk ... Also mit Frau Freundlich, das geht.
Und die Mädels sind och ganz nett. Nur mit dem Professor
kann ich nich. Konnt ich noch nie. Wenn der Mechiko und
nich wie unsereins Mexiko sagt, krieg ich das Kribbeln.
Aber mein Wuttke hätt sich mit seinem ›Brieffreund‹, wie er
den nennt, noch stundenlang ausplaudern gewollt. ›Reichsbahn ist besser als Autobahn!‹ hat er gesagt. Jedenfalls sind
wir gut nach Berlin rein, ohne daß irgendwas passiert ist. Bis
vor die Haustür hat er uns mit seinem Trabi – irgendwie
gelblich ist der – und hat dann, als wir schon ›Vielen Dank
fürs Mitnehmen‹ oder sowas gesagt hatten, ganz ernst zu
meinem Wuttke gesagt: ›Der Fall Lene Nimptsch bleibt
aktuell!‹ Und dann hat er noch so paar Zweideutigkeiten
über Frankreich losgelassen – ›Lyon und die Folgen!‹ –, wo
mein Wuttke ja als Soldat gewesen is, aber darüber nich
gern geredet hat. Och als der Stoppelkopp abgezischt war –
kein Sterbenswörtchen. Dabei kann ich mir denken, daß da
in Frankreich irgendwas schiefgegangen is, weil seine Feldpostbriefe damals irgendwie komisch ... Erst als wir oben

waren, drei Treppen hoch, und das mit Koffern und Reisetasche, und inner Post Briefe von unserer Martha drin steckten, einer aus Kopenhagen und einer von dieser dänischen
Insel, genau, Møn heißt die, da war mein Wuttke wie ausgetauscht. Hat gelacht und Witze gerissen über Flitterwochen
und so. Dabei hat Martha nich mal was Besonders geschrieben, nur daß das Wetter schön is und sich ihr Grundmann
zuviel Arbeit, lauter Papierkram, mitgenommen hat und
daß sie manchmal richtig Sehnsucht kriegt nach uns und
unserer Gegend hier. Ach ja, und wie teuer Dänemark is,
besonders Kopenhagen, hat sie geschrieben. Aber mein
Wuttke war wie aussem Häuschen. Er hängt ja an Martha
besonders und sieht wunder was in ihr, während ich...
Aber das paßt hier nich hin, weil ich mir Sorgen mach...
Wär ja schön, wenn sie glücklich... Genau. Nur das is wichtig. Jedenfalls ist mein Wuttke in der Küche rumgesprungen
und hat immerzu gerufen: ›Jetzt hätt ich Lust zu rudern!
Von mir aus im Kreis rudern. Hauptsache rudern! Haste
nich auch Lust, Emilie? Wär doch was. Wir zwei beide in
einem Boot. Im Tiergarten kann man welche mieten. Wie
früher in Stralau. Nein, kein wildes Geschaukel. Mußt keine
Angst haben. Ganz ruhig treiben lassen...‹ Und wie er nich
aufhören wollt mit dem Gerede, da hat es bei mir getickt.
Denn in seine Feldpostbriefe, die er zum Schluß aus Frankreich geschickt hat, da stand och immerzu was von Rudern
drin, und wie schön das is, rudern, ein Gedicht sogar...
Nana, hab ich mir gedacht, da is doch was faul, da steckt
mehr hinter...«

Emmi Wuttke war zu keiner gemeinsamen Ruderpartie zu
bewegen. Und Fonty konnte erst am Nachmittag des folgenden Tages seiner Lust nachgehen. Vorher ließ er sich im
Haus der Ministerien den Genesungsurlaub bestätigen,
eine Menge Papierkram. Im Personalbüro hieß es: »Das

geht klar, Fonty. Warum sind Se nich länger jeblieben? Von uns aus können Se Pause machen, solang Se lustig sind. Hier is sowieso nischt mehr los. Nur Auf- und Abräumen, Hausputz, besenrein, verstehn Se? Wir werden bloß noch bezahlt, damit wir uns überflüssig machen. Aber schaun Se mal vorbei, wenn Se auffem Damm sind wieder. Zu tun jibt's jenug. Na, von wejen Einigvaterland muß alles schnell abjewickelt sein. Wird aber noch dauern, bestimmt. Jehn Se spazieren, Fonty. Keene Bange, wir halten Se auf Jehaltsliste, bis nischt mehr übrig is, und denn kommt wat Neues. Muß ja. Könn se doch nich leer stehen lassen den Kasten . . .«

Soviel Aussicht auf Zukunft beruhigte. Als wollte er in Übung bleiben, fuhr Fonty einige Male mit dem Paternoster rauf und runter. Er wurde gegrüßt, grüßte zurück, hatte von Stockwerk zu Stockwerk den einen, den anderen Plausch: »Ein richtiger Glückspilz sind Se. Ferien auf Hiddensee! Davon hat unsereins immer nur träumen jekonnt. War ja meistens von Bonzen belegt. Was? In Neuendorf waren Se? Im Vorjarten von Franz Freeses Hotel am Meer. Jekochten Dorsch gab's. Und? Jibt's die Linden noch?«

Plötzlich oder weil ihn wieder die Lust aufs Rudern ankam, gab Fonty das Paternosterfahren auf. Oder sind wir es, die ihn voller Ungeduld unterwegs und endlich auf dem Wasser sehen wollen?

Es stimmt, im Freien ist er uns eher zugänglich als im geschlossenen Gebäude. Ganz gegenwärtig sehen wir ihn, wie er mit jugendlichem Schritt das Portal des Kolossalbaus hinter sich läßt, in die Leipziger Straße einbiegt, mit geschultertem Wanderstock das zukünftige Bauland Potsdamer Platz überquert und unbehindert im Westen ist. Wir sehen, wie er verkehrssicher die vielbefahrene Entlastungsstraße für Sekunden zum Stillstand bringt, hören, wie er zackige, bahnbrechende Marschmusik, etwas wie »Preußens Gloria«, vor sich hin pfeift, gutgelaunt, denn nun nähert er sich dem Tiergarten, seinem seit jeher bevorzugten Gelände für Spaziergänge, sei es zur Amazone nahe dem Goldfischteich, sei es zur Rousseau-Insel und seiner alteingesessenen Lieblingsbank oder wie heute: über die Hofjägerallee hinweg, vorbei an den Bronzen Hasenhetze und Fuchsjagd, auf dem Großen Weg, nun mit schwingendem, alle zwei Schritte aufstoßendem Wanderstock, bis zum Neuen See hin, dessen Ausläufer vom Landwehrkanal, an den der Zoologische Garten grenzt, gespeist wird, und zwar durch das Wasserpumpwerk am Lützowufer. Nun biegt er zum Café am See ein, doch nicht, um unter Kastanien auf der Terrasse zu sitzen.

Wo er hinwollte, klotzte noch lange nach Kriegsende, bis er gesprengt wurde, der große Flakbunker, in dessen Betonverliesen Menschen und gestapelte Kunstwerke überlebten. Schon 1840 lag der Neue See im dritten Entwurf der gesamten Naturgartenanlage als künstlicher See vor. Lenné hatte geraten, den sumpfigen Elsbruch nicht kostspielig auszutrocknen, sondern ein Gewässer anzulegen, das später mit dem neuen Kanal verbunden sein und zu Kahnfahrten einladen sollte. Über dreißigtausend Taler kostete die Anlage samt Brücken; viel Geld für einen sparsamen, sogar als geizig verrufenen König.

Und dort, wo ab Mitte des neunzehnten Jahrhunderts ein Herr Alexander Kähne verlieh, lagen, vom linken Terrassenrand zugänglich, an langem Steg gut zwei Dutzend Plastikboote gereiht, deren Ruderbänke sowie der Bodenrost allerdings hölzern waren, gleichfalls die Ruder.

Für ein vormals spottbilliges Vergnügen zahlt man heute zweiundzwanzig Mark die Stunde; als Fonty jedoch beim Bootsverleih nach dem Mietpreis fragte, wurde ihm angesichts seiner knittrigen Aufmachung – leichte Jacke, Leinenhose, Sommerhut und Spazierstock – geantwortet: »Fürn Zehner biste dabei, Opa!«

Er mußte als Pfand seinen Personalausweis hinterlegen. Nach weiteren Fragen, die in Berliner Manier witzig zu sein hatten – »Is denn Oma nich mit vonner Partie? Und wo sind die lieben Enkelchen abjeblieben?« –, sprang er mit kleinem Hüpfer ins Boot, verstaute Jacke und Stock auf der aus Kunststoff gepreßten Heckbank, setzte sich auf die hölzerne Ruderbank und tauchte, vom Bootsvermieter mit dem Ruf »Schiff ahoi!« angestoßen, zuerst den einen, dann den anderen in den Dollen liegenden Riemen ein. So gewann er nach wenigen Schlägen vom Ufer Abstand. Einer der Wasserarme reichte bis zum Terrassencafé und führte zur Seemitte und deren Inseln, die aber, wie ein Schild am Bootssteg lehrte, nicht betreten werden durften: »Vogelschutzgebiet!«

Fonty war ein geübter Ruderer. Gleichmäßig zog er durch und tauchte die Blätter nie zu tief, nie zu flach ein. Als Junge schon war er auf dem Ruppiner See sozusagen zu Hause gewesen. Später hat er auf dem verschilften Dianasee gerudert, wenn er seinen Vater besuchte; das Villengrundstück Ecke Hasensprung, Königsallee neigte sich bis zum Seeufer. Für weite Ruderpartien reichte es dort nicht, doch half er beim Auslegen von Aalreusen und mußte mit anhören, wenn Max Wuttke seiner wortkargen Freundin zum wiederholten Mal das sozialdemokratische Genossenschaftswesen als Weltmodell erklärte.

Fonty genoß es, auf dem Neuen See, wenn auch in einem Kunststoffboot, allein zu rudern; doch waren all seine Ruderpartien, zu denen Kahnfahrten während der Kriegsjahre, sei es auf polnischen Flußläufen und Seen, sei es im Flachwasser dänischer Inselbuchten oder auf Frankreichs stillen Gewässern gehörten, literarisch besetzt, weil ihnen romanhafte Erlebnisse vorgeschrieben standen: etwa jene Bootspartie auf der Spree bei Stralau, zu der sich, als Vorgeschichte zu »Irrungen, Wirrungen«, Lene Nimptsch überreden ließ. »Weil Lina Gansauge gern Kahn fahren wollte«

und der halbwüchsige Rudolf, »der ein Bruder von Lina ist«, sich ans Steuer setzte.

Dem folgte, wie wir wissen, die Geschichte mit dem Dampfschiff, das von Treptow kam und Wellen machte. Wir erinnern daran, daß Rudolf aus Angst und Dusseligkeit die Gewalt übers Steuer verlor, »so daß wir uns beständig im Kreis drehten«. Worauf Lene und Lina schrien, denn das Dampfschiff kam immer näher auf sie zu. Und sicherlich »wären wir überfahren worden, wenn nicht in eben diesem Augenblicke das andere Boot mit den zwei Herren sich unserer Not erbarmt hätte . . . « Mit dem Bootshaken herangezogen und festgemacht, wurden sie aus dem Strudel herausgerudert; und »nur einmal war es noch, als ob die große, vom Dampfschiff her auf uns zukommende Welle uns umwerfen wollte . . . «

So kam es dazu, daß Fonty, als er allein mit sich auf dem Neuen See des Tiergartens ruderte, dennoch bei jedem Ruderschlag anderes Wasser unterm Kiel hatte, weil nämlich die schöntraurige Liebesgeschichte zwischen der aschblonden Plättmamsell und Weißnäherin Lene Nimptsch und dem Baron Botho von Rienäcker, der trotz seiner stattlichen sechs Fuß Länge von schwacher Natur war, beim Bootfahren begann. Und später kam es zu einer weiteren Wasserpartie, als beide ohne Frau Dörr, die bis dahin die Aufpasserin gemacht hatte, einen Ausflug aufs Land wagten.

Mit dem Görlitzer Zug gelangten sie in die Nähe des Gasthofes Hankels Ablage an der Oberspree, die zum Rudern einlud. Erst nach der Kahnfahrt nahmen sie ein gemeinsames Zimmer. Doch was dort über Nacht geschah, steht nicht geschrieben. Kaum daß der Wirt Verlegenheit andeuten darf. Eine der vielen Aussparungen – oder sollen wir Lücken sagen?

In einem Brief an Otto Brahm aus dem Jahr 83 gesteht der Unsterbliche: »Ich kann wohl schildern, was einer Liebesgeschichte vorhergeht und auch das, was folgt, ja, für das Letztere hab ich vielleicht eine gute Begabung, die Liebesszenen selbst werden mir nie glücken...« Und uns gegenüber verteidigte Fonty das Weglassen »berühmter Schilderungen«, die er »Gipfel der Geschmacklosigkeit« nannte, mit Hinweisen auf die verräterischen Zettel von Crampas' Hand, gerichtet an Effi: »Die sagen doch alles!« Obendrein mußten Lenes Briefe herhalten: Zwar habe Botho diese Liebesbeweise mitsamt ihrer mangelhaften Orthographie als »vernünftig und leidenschaftlich zugleich« empfunden, sie schließlich aber verbrannt, ohne Intimes oder gar Leidenschaftliches zu zitieren.

Er ruderte in Ufernähe, gestreift von tiefhängenden Zweigen, dann wieder inmitten des Kunstsees und um die Vogelschutzinsel herum, wobei er anderen Booten geschickt auswich. Die Insel zog viele an, doch niemand betrat sie; alle achteten das Verbot.

Fonty ruderte mit ruhigem Schlag. Auf der spiegelglatt moosgrünen Fläche warfen eine Ente, später ein Schwan mit sanfter Bugwelle keilförmig verlaufende Spuren auf. Manchmal hielt er die Ruder waagerecht überm Wasser, ließ sie abtropfen und das Boot treiben. Den Hut hatte er hinter sich abgelegt. Wir sahen ihn Haltung bewahren: ein wenig steif der gerade Rücken, etwas zuviel Pose; und doch erfreute er uns mit täuschend echtem Profil. Unbewegt saß der Greis, den Blick vom See und dessen Betrieb abgehoben. Die Sonne, wie sie nachmittäglich geneigt stand, schönte sein Haar.

Vielleicht ist den tiefhängenden Zweigen der Uferbäume und dem frühherbstlichen Septemberhimmel jener Vierzeiler zu verdanken, den Fonty während solch einer Ruderpause in Reime gebracht hat; aber erst in einem späteren Brief wurde uns dieser Gelegenheitsvers bekannt, auf daß wir ihn hier überliefern:

> Beim Rudern streifte mich die Trauerweide,
> so nah dem Ufer war ich plötzlich angerührt,
> sah uns zu zweit im Boot und jung, doch beide
> der Liebe frühem Ende zugeführt.

Dann tauchte er wieder die Riemen ein und gab sich mit mattem Schlag neue Richtung. Auf einem der Seitenarme, der nach längerem, von Biege zu Biege verzögertem Umweg wieder zur Mitte des Sees führte, ruderte er, vorbei an dichtem Gestrüpp und knorrig verwachsenen Bäumen, die mit ihrem Wurzelwerk im Wasser standen. Ein wenig unheimlich dunkelte es. Auf Ufersteinen gaben die Reste eines zerrissenen Kleides scharlachrot ein Signal. Plötzlich auf einer Bank, verschattet, ein onanierender Mann. Das stehende Wasser roch. Entengrütze. Kein Boot kam entgegen. Hinterhältige Stille ... Nichts erfreute ... Ohne hilfreiches Zitat ... Erst als Fonty wieder ins Freie ruderte, hatte er Wasserpartien im Kielwasser, die bei günstigem Licht verliefen und auf Papier gedruckt stehen.

Wir nehmen an, daß die Kahnfahrt auf der Oberspree von ihm nachgelebt wurde: Zwei Boote lagen am Steg zur Auswahl, als Lene und Botho in Hankels Ablage Quartier bezogen hatten. »Welches nehmen wir«, sagte Botho, »die Forelle – oder die Hoffnung?« Und Fonty zitierte Lenes Antwort so lauthallend, als wollte er ein Programm verkünden: »Natürlich die Forelle. Was sollen wir mit der Hoffnung?«

Bei abermals eingezogenen Rudern hörte er dem Zitat nach, wischte mit dem Handrücken die Stirn, griff hinter sich, setzte den Strohhut auf, blickte unruhig zum Ufer, suchte Bänke und eine bis ans Wasser reichende Liegewiese ab, sah Paare und Vereinzelte, sah einen Jungen, der auf seinem Tischtennisschläger endlos den weißen Ball hüpfen ließ, sah türkische Großfamilien und Radfahrergruppen; doch erst als er zum Café am See zurückruderte, sah er, was die Gegenwart für ihn bereithielt: Auf dem Steg des Bootsverleihs stand jemand und winkte mit seiner Baseballkappe.

Hoftaller wollte auch rudern, nein: Er wollte gerudert werden. Doch Fonty war müde. Vor Ablauf der Stunde zahlte er und erhielt seinen Ausweis zurück: »Na, Opa? Hat sich schon ausgerudert?«

Hoftaller ließ nicht locker: »Ein halbes Stündchen nur. Auf meine Kosten selbstverständlich...«

»Morgen ist auch ein Tag.«

»Abgemacht.«

Da Fonty keine Wahl zu bleiben schien, hob er die Schultern, ließ sie fallen. Wenn es denn unbedingt sein müsse, dann in der Frühe. Vormittags sei auf dem See wenig Betrieb. Zwar rudere er lieber allein, doch diese Einladung wolle er annehmen, ausnahmsweise. Sie gingen und warfen einen gepaarten Schatten.

Zu vermuten ist, daß sie auf dem Weg zum nahen Bahnhof Zoologischer Garten eher belanglos geplaudert haben. Oder sollen wir sie auf der Lichtenbergbrücke sehen, die den Landwehrkanal überwölbt? Sie nahmen den Weg Richtung Brücke, weil der Trabi am Lützowufer geparkt stand. Schon wieder war es Hoftaller, dem Fonty zu folgen hatte.

Unterwegs zum Auto gebot an der Uferpromenade eine Gedenktafel Halt, auf der zu lesen stand, daß am Abend des 15. Januar 1919 die Sozialistin Rosa Luxemburg von Offizieren und Soldaten der Garde-Kavallerie-Division an dieser Stelle erschlagen und in den Kanal geworfen worden sei; nur hundert Meter weiter, am Einfluß zum Neuen See, habe man Karl Liebknecht ermordet.

Sie standen am Geländer, in das ein denkmalähnlicher Eisenguß eingelassen war, der in Großbuchstaben den Namen der Ermordeten in Erinnerung zu halten versuchte. Als Hoftaller auf einen gleichfalls in Metall verewigten Ver

merk wies, der mit dem Jahr 1987 das VEB-Lauchhammer-
werk als Kunstgießerei angab, und er außerdem wußte, daß
der Arbeiter- und Bauern-Staat diese späte Initiative gefördert habe –»Über unsere Kontakte zu Westberlin lief das«–,
sagte Fonty: »Die Dienste haben schon immer ganze Arbeit
geleistet. Was die Tallhovers beginnen, setzen die Hoftallers
fort, und sei es, indem die Mörder von einst ihren Opfern
heutzutage Denkmäler stiften. Neunzehnneunzehn, übrigens unser Geburtsjahr; jedenfalls ist mir so, als seien wir
dabeigewesen.«

Dazu sagte Hoftaller nichts. Seine alten Augen waren wie
ohne Wimpernschlag, das Lächeln geronnen. Auch später,
als beide im Trabi saßen, fiel kein weiteres Wort. Erst in der
Kollwitzstraße, wohin sie ohne Zwischenhalt fuhren, hatte
Fontys Tagundnachtschatten genug angesammelt: »Haben
mal wieder recht, Wuttke. Nichts ist vergangen. Überall hängen Versäumnisse nach. Kein Wunder, wenn Tallhovers Biograph lauter Pannen aufzählt... Zum Beispiel hätte die
Luxemburg total observiert werden müssen... Kautsky
auch... Neunzehnhundertzehn ist Lenin wieder mal bei
ihm... Und bei der Luxemburg in der Cranachstraße...
Wir hätten operativ werden, hätten zufassen müssen, rechtzeitig, dann wäre bestimmt ne ganz andre Geschichte gelaufen... Ach, Fonty, manchmal frage ich mich wie Ihr
Unsterblicher: ›Wozu das alles?‹ Werde müde... Lasse
nach... Ist wie ne Sinnkrise... Brauche unbedingt Hilfe...
Jadoch, wir werden uns aussprechen müssen, von Mann zu
Mann, am besten schon morgen, beim Rudern... Will aber
nicht vorgreifen. Ruhen Sie sich aus, Wuttke. Wird
bestimmt anstrengend...«

Aber er kam nicht zur Ruhe. Den Abend lang und bis in die Nacht hinein strapazierte Fonty die rotchinesische Teppichbrücke in seiner Studierstube und wollte nicht auf Emmi hören, die immer wieder von der Küche aus anklopfte: »Nu laß doch das Rumgelaufe. Komm lieber was essen, Wuttke. Gibt belegte Schnittchen und Tomatensalat.«

Er blieb beim Auf und Ab. Seit der Genesungsschrift über die Kinderjahre war er so anhaltend nicht unterwegs gewesen. Zwar hatte ihn kürzlich noch wer anders auf Reise geschickt, die arme Effi, deren schnell verbrauchtes Leben erst 94 vorabgedruckt und im Jahr drauf in gewohnt dürftiger Zahl, dann aber Auflage nach Auflage als Buch verbreitet wurde – da saß er schon am »Stechlin« –, doch jetzt erlebte er sich zurückgeworfen und wie auf verjüngtem Teppich. Frühe Erinnerungen gaben ihr Muster preis. Und alles wollte benannt werden: »Chinapomade und Salmiakpastillen. Gustav Struves Salomonis-Apotheke. Briefe an Wolfsohn. Mit Richard Kersting hinterm Ladentisch. Und eines Tages kam das junge Ding, die Gärtnerstochter aus der Neustadt, und wollte Lebertran für ihr Brüderchen... Ach, Lena Strehlenow... Alles im Stillverborgenen... Buchten im Schilf... Küsse, so heiß... Doch jede Heimlichkeit hat dieser Spürhund, dessen Schnüffelnase vom Leipziger Herwegh-Club bis ins liebliche Dresden auf Spur blieb... Alles hat er herausgespitzelt, sogar ihr Muttermal unterm Herzen und daß ihr aschblondes Haar eher dünn gewesen ist. Ach, Lena! Ihre schmalen, dennoch praktischen, vom Umtopfen, Unkrautverziehen immer rissigen Hände. Sie sang gern, wenn auch mit kleiner Stimme nur, sobald uns auf den Elbwiesen oder beim Rudern nach Freiheit oder zum Singen war. Ach, was ist aus den radikalen Freunden geworden? In Leipzig waren wir sechs bis acht Mann schwach. Zwei – Blum und Jellinek – wurden später in Wien füsiliert. Zwei gingen in Amerika vor die Hunde. Zwei weitere wurden sächsische Philister. Nur Wolfsohn blieb. Und Max Müller, der Sohn des Dichters der Müllerlieder, kam in England zu Ruhm. War kundig in Sanskrit, gab der Queen Unterricht, beriet das Empire in allem, was Indien betraf, weshalb noch heute dort Kulturinstitute, die anderswo nach Goethe benannt sind, Max Mueller Bhavan heißen. Jedenfalls wurde er was, als einziger, wenn man vom sprichwörtlichen ›Erschossen wie Robert Blum‹ und vom Unsterblichen absieht, der sich zu drehen, zu wenden wußte und all die freiheitsbesoffenen Freunde überlebt hat, mehr schlecht als recht. Mit ihm überwinterte die arme Effi, natürlich der Alte, der ungern mit Vornamen Dubslav hieß. Immer wieder wuchsen wie Spitzwegerich die Treibels nach. Unverwüstlich Mathilde Möhring. Mit Schach hat die Furcht vorm Lächerlichsein überdauert. Ein paar Balladen, nicht totzukriegen. Aber auch Lene blieb, dieser trotz Aussparung jeglichen Bettgeflüsters volltönende Nachhall eines kurzen, nein, Mal um Mal verlängerten Dresdner Glücks, das über sechs oder sieben Jahre anhielt, jedenfalls wiederholt in Blüte stand, sogar die Verlobung mit Emilie wie nebensächlich hinnahm, sich dabei – und sei es aus Angst vorm Ende – steigerte, so daß dem Elbwiesenglück zwei heimlich gehaltene Kinder zuzurechnen sind, von denen nur die erstgeborene Mathilde alle Krankheiten überlebte, während Ernestine bald, nach nur zwei Jahren Alimente, wegstarb: Diphterie ... Doch hat sich die nachweisliche Mutter, jadoch, hieß Magdalena Strehlenow und war achtzehn, als ich sie nahm, gut vierzig Jahre später und noch zu Lebzeiten – als alte Frau wurde sie von ihrer tüchtigen Tochter Mathilde im westpreußischen Konitz umsorgt – verjüngen und durch literarische Kur als Lene Nimptsch erneuern können; denn das Anekdötchen von des Akademiekastellans Töchterlein, das übrigens schwarzhaarig war, ist barer Unsinn, den die Familie, leider auch Mete – doch die Söhne voran! –, verbreitet hat. Eine Zwecklüge, der mein Leibundmagenspitzel natürlich nicht aufsaß: Hat alles herausklamüsert, die namentliche Anspielung, die bleichsüchtigen Mondscheinverse, denn immer hatten wir Lenau im Boot, der eigentlich Nikolaus Niembsch Edler von Strehlenau hieß, nach Amerika ging, zurückkehrte, an seiner Zeit verzweifelte und verrückt wurde, doch seine Verse unsterblich, so daß wir beim Rudern die Schilf- und später die Waldlieder... Ja, wir ruderten auf stillen, fast stehenden Gewässern. Manchmal ließen wir den Kahn treiben. Mag sein, daß schon damals eine literarische Tochter gezeugt wurde, die unter allzeit gültigem Titel zur Welt kam. Ein eher schmaler Roman, der mir, noch während ›Cécile‹ und ›Stine‹ in Arbeit waren oder in Schubladen ruhten, von der Hand ging, und zwar die ersten acht Kapitel in Hankels Ablage, wo das verflixte Rudern seinen Fortgang nahm, denn wie auf der Elbe so auf der Spree... Doch erst drei Jahre später wurden, bald nach ›Cécile‹, die ›Irrungen, Wirrungen‹ vorabgedruckt, und zwar von Ende Juni bis Ende August in der Vossin, dachte ich doch einerseits, nur das bessere Publikum dieser sich liberal schimpfenden Zeitung könne das Berlinische goutieren; andererseits sagte ich mir: Gott, wer liest Novellen in dieser Hitze? War dann auch glatter Durchfall. Bürger und Adel einmütig in Heuchelei. Als hätte ich die Treibels und ihre Bagage vorweggenommen. Sogar ein Mitinhaber der Vossin entrüstete sich: ›Wird denn die gräßliche Hurengeschichte nicht bald aufhören...‹ Niedergemacht hat das Philisterpack meine Lene. Diese Prinzipienreiter! Diese Nachmittagsprediger! Dabei habe ich, anders als Zola, der mir in jener Zeit Lektüre zwischen Grausen und Bewunderung gewesen ist, alles Häßliche, jeden Auswurf der Leidenschaft, sogar die soziale Misere ausgespart und fast zu ängstlich gemieden, weil... Erst als das Buch vorlag, schrieben Schlenther und Brahm spät, viel zu spät mit Respekt, so daß meine Lene, wenn sie schon keinen Gewinn brachte, doch noch zu einem gewissen Achtungserfolg, mehr nicht... Und nun kommt dieser Spitzel von Anbeginn, packt aus, entleert ein verjährtes Dossier, sagt: ›Nach Aktenlage handelt es sich...‹ Flüstert: ›Nach Informantenbericht sah man beide wiederholt, bis in den September hinein, auf Nebenarmen der Elbe in ruhigem Wasser rudern, wobei Gedichte laut wurden, die aber nicht revolutionär gereimt waren und mit keiner Zeile dem Objekt Herwegh zugeordnet werden konnten. Eher kam eine gewisse bürgerliche Dekadenz zum Ausdruck...‹ Und dieser Spitzel will nun mit mir in einem Boot... Will freiwillig aufs Wasser... Wüßte gern, ob er schwimmen kann...«

So erinnerungs- und womöglich rachsüchtig wird sich Fonty – trotz Emmis Ermahnungen – auf der Teppichbrücke erschöpft und auf die am nächsten Morgen drohende Ruderpartie vorbereitet haben. Doch es kam anders. Seine Fußreise war in verkehrte Richtung anstrengend gewesen. Wieder einmal war ihm sein Tagundnachtschatten voraus.

Im Café am See kaum Gäste zu so früher Stunde, doch er, der Pünktliche, wartete schon am Bootssteg und hatte vorweg bezahlt, weil er keinen Personalausweis hinterlegen wollte. Buntscheckig sah er aus, wie ein Tourist. Fonty half ihm in den schunkelnden Kahn. Und Hoftaller, der sonst zu allem fähig war, sagte: »Bedaure, nicht rudern zu können. Sie sind dran, Wuttke. Müssen sich in die Riemen legen. Aber Vorsicht, bin Nichtschwimmer.«

Der eine am Heck, der andere auf der Ruderbank. Sie saßen einander gegenüber, und dennoch berührten sich nie ihre Knie. Auf schmaler Zufahrt zum See hielt Fonty Kurs. Noch immer Altweibersommer, schräg einfallendes Licht. Im Ufergebüsch, wo sich der Frühtau länger hielt, glänzten weitflächig Spinnennetze, jedes für sich gespannt, auf jeweils das eigene Zentrum zu und doch miteinander verwoben, als könnte der Faden nie ausgehen, als wollte der taunaß demonstrierte Spinnenfleiß dem Ruderer und dessen Fahrgast etwas sagen: Seht, wieviel rastlose Arbeit! Bestaunt unseren kunstvollen Sachverstand, unsere nützliche Schönheit. Und nie geben wir auf. Stets suchen wir das Loch im System. Immer gilt es, eine Lücke zu schließen. Auf uns ist Verlaß. Und doch hängt uns übler Ruf an. Mit Schimpf werden wir entlohnt. Einzig der Beute, die uns ins Netz geht, ist Anteilnahme gewiß. Sogar der sonst geschmähten Schmeißfliege wird in gereimten Versen gedacht...

Wir mutmaßen nicht, wir wissen: Bald nach der Ruderpartie hat Fonty einen Vierzeiler gekritzelt und in einem Brief an Professor Freundlich, dem es in Jena an den Kragen ging, mit Tintenschrift ins reine gebracht:

> So sehen wir in einem Netz verstrickt
> das Opfer und den Täter;
> ob so viel Nähe sie verschwistert, gar beglückt,
> stellt sich als Frage ohne Antwort später.

Vielleicht hat Hoftaller dieser zu nahe glänzenden Metapher wegen den Ruderer gebeten, das Ufer zu meiden und – sobald sich der Wasserarm öffnete – die Mitte des Sees anzusteuern: »Dort können wir uns ein wenig treiben lassen. Toll, Wuttke, wie Sie das machen. Sind geübt. Na, Kunststück! Haben ja schon als Junge auf dem Ruppiner See und dann immer wieder...«

Nach kräftigen Schlägen und raumgreifendem Durchziehen der Riemen holte Fonty die Ruder ein, ließ sie abtropfen und sagte, als sie genug Abstand zwischen der Vogelschutz-insel und dem Seeufer hatten: »Zur Sache! Beginnen wir mit dem Verhör. Wo waren wir letztmalig stehengeblieben? Dresden, Sommer zweiundvierzig? Oder soll der Leipziger Club noch einmal operativ eingekreist, observiert, bespitzelt, abgeschöpft, isoliert, zugeführt, ausgehoben werden? Wolfsohn und Müller gingen euch durch die Lappen, aber Blum an die Wand gestellt und gleichfalls Jellinek, ein armes Studentlein. Ist die Spinne noch immer unzufrieden? Nun denn, Tallhover, saugen Sie, saugen Sie mich aus. Bin glücklich, meinen letzten Saft hergeben zu dürfen.«

Hoftaller ließ aus dem sacht treibenden Boot die linke Hand ins Wasser gleiten, so sichtlich genoß er die Kahn-fahrt: »Aber mein lieber Freund! Wer wird denn alles so persönlich nehmen. Leipzig, Dresden! Ne Bagatelle! Dieser Vorgang ist längst abgeschlossen und allenfalls von literar-historischem Interesse. Man könnte damit ne Archivlücke füllen, mehr nicht. Aber ganz anders verhält es sich mit den Ruderpartien eines Gefreiten, dann Obergefreiten der Luft-waffe namens Theo Wuttke, der sich später, viel später Fonty, von jedermann Fonty nennen ließ, weshalb wir ihn zu Kulturbundzeiten unter diesem Decknamen als Informant geführt haben. Und dieser Soldat ruderte nicht auf Elb-wasser, wo es ruhig floß, sondern anfangs auf der zu stark strömenden Rhône, wobei er die stolz und abweisend aufra-gende Stadt Lyon im Rücken hatte, später aber in ner seen-reichen Gegend nordöstlich der Stadt. Und wie ich bereits andeutete, saß ihm im Frühling des Kriegsjahres vierund-vierzig keine Gärtnerstochter, wohl aber die Tochter des Gastwirts Marcel Blondin gegenüber. Gleich mir ließ sie die Hand im Wasser gleiten, sichtlich beglückt. Man ruderte häufig. Dombes heißt die Gegend, in der diese fischreiche Seenplatte liegt. Manchmal war der Sohn des Gastwirts, ein gewisser Jean-Philippe, mit von der Partie, doch nicht als

Anstandsperson, sondern... Lassen wir das. Plaudern wir lieber über Madeleine, die, nebenbei gesagt, vom Scheitel weg aschblond war. Was ist denn los, Wuttke! Hören Sie auf mit dem Geschaukel! Waren doch schon immer auf Aschblond versessen. Aufhören! Sagte schon, bin Nichtschwimmer. Und wenn dieses Geschaukel... Will nicht als Wasserleiche...«

Zwar gab Fonty seinen wilden Protest auf, doch suchte er mit angstgetriebenen Ruderschlägen das Ufer, die überhängenden Trauerweiden, die Spinnennetze im Ufergebüsch und rief zwischen Schlag und Schlag: »Nichts will ich davon hören... Tausendmal durchgekaut diese Geschichte... Schon auf Hiddensee sagte ich... Jadoch, ein kurzes Techtelmechtel nur... War damals üblich, besonders in der Etappe... Im Grunde so süß wie harmlos... Das bißchen Rudern... Paar Ausflüge nach Chalamont, wo man bei Fischern ein Boot mieten konnte... Außerdem kam uns die Invasion dazwischen... Und im August dann der Aufstand in Lyon... Zu spät für Madeleines Bruder... Und ich mußte mit Marschbefehl... Überall Rückzug... Geriet in Gefangenschaft... Später Lager Bad Kreuznach...«

Als Fonty, wie auf der Suche nach Zuflucht, das Boot unter dem hängenden Gezweig einer Trauerweide, die uns nahe stand, parken wollte, wurde Hoftaller streng, indem er mit bekannter Floskel drohte: »Wir können auch anders!« Dann befahl er, das Ufer zu meiden. Was er zu sagen habe, sei nicht für Lauscher, die es an jedem Ufer gebe, bestimmt, sondern einzig für den ehemaligen Obergefreiten Wuttke: »Wir wollen uns doch nicht ne Affäre einhandeln, oder?«

Wieder in der Mitte des Sees, zog Fonty die Ruder ein, ließ sie abtropfen, setzte den Hut ab, legte ihn neben sich, wischte die Stirn: »Jadoch. Sie hieß Madeleine Blondin. Ihr Bruder, der Elektromechaniker lernte, muß zur Résistance gehört haben. Wurde jedenfalls verhaftet. Nein, nicht von unseren Leuten, die örtliche Gendarmerie führte ihn ab. War wie seine Schwester an Literatur interessiert. Habe den beiden vorgelesen, jadoch, im Boot. Stimmt, aus ›Irrungen, Wirrungen‹. Aber auch Raabe: ›Schwarze Galeere‹. War eine schöne, doch nur kurze Zeit. Ab und zu auf einem anderen See. Zuletzt nahe Bourg-en-Bresse. Nach wenigen Monaten schon mußte Lyon geräumt werden. Außerdem wurde ich nach Berlin beordert, geriet aber, wie gesagt, in Gefangenschaft. Ende der Dienstreise. Alles aus und vorbei. Nun ja, Erinnerungen, Momente des Glücks, doch davon bitte ich schweigen zu dürfen.«

Hoftaller nahm sich Zeit, als er umständlich bis feierlich eine Zigarre aus seinem kubanischen Vorrat anzündete. Im treibenden Boot sah er dem Rauch nach: »Na gut, Wuttke. Oder soll ich Sie lieber Fonty nennen, weil man einen gewissen Theo Wuttke vor bald einem Jahr, am 4. November auf dem Alex – ›Fonty soll reden!‹ –, so gerufen hat? War übrigens ne gute Rede: wirr und passend zum Anlaß. Also, mein lieber Fonty, ich gebe nach. Beenden wir die Ruderpartie. Verschweigen wir vorläufig Ihre illegalen Ausflüge in die Cevennen, erwähnen wir die Kontakte zur Résistance nur andeutungsweise, tippen wir, von mir aus, Ihre Glücksmomente nur kurz an, doch muß, mit der Bitte um Verständnis, darauf hingewiesen werden, daß Ihre kurze Liebelei, rein menschlich gesehen, folgenreich gewesen ist. Weder konnte die Invasion noch der eilige Rückzug, geschweige denn Ihre Gefangenschaft ein Zeugnis aus der Welt schaffen, das auszutragen ne gewisse Zeit brauchte; jedenfalls kam kurz vor Kriegsende ein Töchterchen ans Licht, das von der Mutter den schönen Namen Cécile erhielt. Nein, diesmal keine Mathilde. Aber ich sehe, Sie bedürfen der Schonung. Legen wir ne Pause ein, Wuttke. Lassen wir uns ein wenig treiben. Genießen wir den September. Keine schönere Jahreszeit als der Spätsommer oder Frühherbst, wie man's nimmt. Ne fabelhafte Idee, dieses Rudern und Plaudern beim Rudern über Gott und die Welt. Übrigens ein gesundes Kind, die kleine Cécile, wuchs prächtig heran, wenngleich die Mutter... wurde öffentlich kahlgeschoren... Und durch die Straßen... War ne Schande, Fonty... Aber ich will Sie doch nicht betrüben, mein Freund...«

Danach nur noch die Geräusche des moosgrünen Wassers. Von anderen Booten kam in Salven verzerrtes Gelächter. Sobald ein Lüftchen wehte, roch es nach Schaschlik. Auf der Liegewiese hatte ein Paar oder ein Vereinzelter sein Transistorradio flächendeckend auf laut gestellt. Dazu schwiegen die beiden im Kahn. Bei nun höher stehender Sonne setzte Fonty wieder den Hut auf. Sein verschattetes Gesicht gab nichts her. Und während Zeit verging, sah Hoftaller der wachsenden Asche seiner Kubanischen zu, als wäre der Asche Bedeutsames abzulesen, etwas Chiffriertes oder ein Losungswort.

Doch kaum hielt er die Rechte mit der Zigarre über den Bordrand, fiel als Beweis sorgsam gleichmäßigen Rauchens, sei es durch Überständigkeit, sei es durch leichtes Abklopfen, die Chiffre im Stück über Bord, daß es zischte. Nach kleinem Seufzer sagte Hoftaller: »Ach, Deutschland«, um unvermittelt von Entschluß zu sein: »Tauschen wir mal die Plätze, Wuttke. Jetzt will ich rudern. Sie dürfen sich ausruhen und mir ne Weile zuhören. Herrgott, was sind das für Zeiten! Tag für Tag wird Geschichte gemacht. In gut ner Woche ist es soweit, dann ist das Vaterland vereint. Wird bestimmt schiefgehn!« Und schon stand er, woraufhin Fonty die Ruder einzog und sich gleichfalls erhob.

Wir glauben, das Zischen der Asche gehört zu haben. Danach ging es stumm zu. Von der Liegewiese oder von schattigen Bänken, aber auch von anderen Kähnen aus gesehen, bot sich ein beängstigendes Bild: der Platzwechsel zweier alter Männer in einem schwankenden Boot. Noch warteten sie, als wäre ein Kommando fällig gewesen. Sie standen sich gegenüber, hochgewachsen und hager der eine, gedrungen kurzbeinig der andere, beide mit hängenden Armen wie in abwartender Haltung, ganz statuarisch, bis das Boot ruhig lag. »Nun los«, flüsterte ich.

Vom Ufer aus gesehen, vollzog sich der Platzwechsel ohne Worte; und wir verzichten darauf, dieser Pantomime nachträglich einen Text zu unterlegen, obgleich vieles noch ungesagt war. Zum Beispiel hätte Hoftaller, nachdem er sich abermals – und nun ein wenig ängstlich – als Nichtschwimmer erklärt hatte, sein Geheimkästchen öffnen und in Erinnerung bringen können, daß es bei mehreren Ruderpartien auf den Seen nordöstlich Lyon gleichfalls zum Platzwechsel gekommen sei, und Fonty hätte zugeben müssen, daß er die Ruderbank verlassen habe, um für den Ruderer Jean-Philippe und dessen Schwester Madeleine, die an der Bugspitze saß, vom Heck aus einem Tonbandgerät, erbeutet aus Wehrmachtsbeständen, mit heller Stimme zuzusprechen. Das alles auf stillem Wasser. Kaum Nebengeräusche. Aber dieses Geheimnis wurde erst später ausgeplaudert, als Fonty einen Orden bekam.

Jedenfalls standen beide einander stumm gegenüber. Kein auslösendes Kommando wurde laut; es sei denn, mein Flüstern hätte ihnen geholfen: Nun begannen sie gleichzeitig ihren Standort zu verändern. Mit kleinen Rutschern, die allerdings vom Ufer her nur zu vermuten waren, bewegten sie sich Schuhbreite um Schuhbreite, zuerst freihändig, mit immer noch hängenden Armen, dann im Verbund, indem sie einander ergriffen, weil das Boot zu schaukeln begann und sie mit dem Boot ins Schwanken gerieten. Fontys Hände ruhten zupackend auf Hoftallers Schultern, und der klammerte sich an Fontys Hüften.

Was man jetzt vom Ufer aus hörte, waren Anweisungen, die Hoftaller erhielt und denen er folgte, weil sein Objekt beim Platzwechsel in einem Ruderboot erfahren war. Das verklammerte Paar schob, drehte sich im Uhrzeigersinn. Ein feierlich täppischer Tanz. Oder eine Zeremonie von ritualer Ernsthaftigkeit. Oder eine Umarmung jener Art, die auf der bekannten Versicherung beruht: Wir befinden uns beide in einem Boot.

Das stimmte in jeder Beziehung und hätte Fonty zu einem weiteren Vierzeiler anstiften können; der Reim zu versinken wäre ertrinken gewesen. Aber ihm war nicht danach, Verse zu schmieden.

Endlich hatten sie einander ausgetauscht. Die Umklammerung löste sich. Wir atmeten auf. Ich wünschte mir, daß sie noch ein Weilchen so stehen blieben; und als folgten sie meinem Wunsch, standen beide nach überlebter Mutprobe wieder mit hängenden Armen.

Als sie voneinander Abstand nahmen, hinter sich traten, ihren neuen Platz besetzten, war vom Ufer aus zu bemerken, daß Hoftaller, der nun auf der Ruderbank saß, während der Zeremonie des Platzwechsels seine zum Stummel kurzgerauchte Zigarre im Gesicht gehabt hatte; und die Kubanische zog noch, denn er gab Rauchsignale von sich, die wir vom Archiv nicht deuten konnten, waren wir doch, was Hoftaller betraf, auf Vermutungen angewiesen, es sei denn, der Tagundnachtschatten sprach.

Fonty saß mit Haltung auf der Heckbank und rückte an seinem verrutschten Strohhut. Der Ruderer legte mit frischer Kraft die Riemen in die Dollen und bewies vom ersten Schlag an sein Ungeschick. Viel zu tief, dann wieder zu flach oder verkantet, so daß es Spritzer gab, tauchten die Blätter ein. Jämmerlich sah das aus. Soviel Anstrengung bei wenig Nutzen. Soviel in Sachen Vergeblichkeit geschulte Mühe. Soviel Leerlauf.

Aber er ruderte immerhin. Buntgescheckt, kurzärmlig ruderte er im Kreis und förderte mit jedem Ruderschlag mal dichtgedrängte, mal vereinzelte Wörter, Ausrufe, Lacher, verknappte Sätze, auch längere, oft unvollständige, die alle auf Deutschland zielten, auf dessen Einheit gemünzt waren und über den See hallten, weithin bis zu den Uferbänken und über die Liegewiese und das laute Transistorradio hinweg.

Uns ist sein Reden wie ein Diktat gewesen: »Mantel der Geschichte! Zugreifen! Gab da kein Zögern... Mußte schnell, damit nix dazwischen... War unser Plan lange schon... Wollten aber nix davon hören, diese Greise in Wandlitz, ha... Ab fünfundachtzig Eingabe über Eingabe... Alles umsonst... Und bald auf die Russen kein Verlaß mehr... Nur noch Glasnost und Perestroika... Doch ohne Sowjetmacht im Rücken... Kam nur Blaba noch... Wer zu spät... den bestraft... Ist im Prinzip ja richtig. War aber bald kein Halten mehr. Nur noch Geschrei: Wir sind das Volk! Stimmt, ne Furzidee nur, aber gefährlich... Haben handeln müssen, na, weil das mit dem Dritten Weg noch gefährlicher... Gibt's nirgendwo: Dritter Weg! Bei uns nicht, im Kapitalismus nicht. Die im Westen sahen das auch so. Also haben wir aufgemacht, na, die Mauer... Simsalabim! Und auf war sie. Jadoch! Wir waren das. Wollten ne neue Lage schaffen. Waren nun angeschmiert, die mit dem Dritten Weg. Konnten sie glatt vergessen. Und wir haben schnell noch ne kleine Korrektur angebracht... Mußten ein einziges Wörtchen nur austauschen... Zuerst in Leipzig, dann überall... Da sehn Sie, Wuttke, was ein simples Wort ausmachen kann... Nicht mehr das, aber ein Volk! Winziger Unterschied? Stimmt! Aber der hat's gebracht, na alles. Und der Westen war erst mal baff, hat aber schnell kapiert und zugelangt. Nur bei uns gab's Sperenzchen. Einfach lächerlich, Runder Tisch! Wollten das Volkseigentum unter ne Treuhand stellen, vor kapitalistischem Zugriff retten, ne demokratische Maßnahme nannten die das... Paßte dem Westen natürlich nicht, denn genau besehen waren das lauter Einzelobjekte, ob ne Immobilie oder Fabrikanlage, die nun auf einmal alle zu haben waren... Tausend Schnäppchen und mehr... Aber nicht ohne uns. Wir mischen da mit, hieß unsre Devise. Die von drüben wollten natürlich alles ganz billig haben und begannen zu knausern. Da haben wir schnell ne neue Parole... Nix läuft mit Blechgeld! Wenn die Mark nicht zu uns kommt, gehn wir rüber und holen sie uns. Das half. Zahlen sich dußlig seitdem... Wird teurer und teurer werden... Und alles auf Pump! Nen riesigen Schuldenberg seh ich... Ach was, Wuttke, sind ja nicht unsre Sorgen! Wir kochen die weich, butterweich, bis sie klein und häßlich sind, na, wie wir. Ha, lauter Schrumpfgermanen. Das ist ne Einheit, wie wir sie wollen. Nur ein paar Tage noch, dann gibt's kein Zurück mehr... Denn wenn die nicht zahlen, machen wir noch ein Faß auf... Na, die Normannenstraße! Ist doch genügend im Keller, ne Menge Zeug, kilometerlang Akten... Operative Vorgänge, Informantengesabbel, Bettgeflüster, abgeschöpft alles... Und zwar gesamtdeutsch... Muß sich auszahlen endlich... Und wir? Wir sind weg und machen uns doch nützlich, wissen genau, wo was liegt und leis vor sich hin tickt... Will man jetzt überall: die große Offenheit! Ne neue Ehrlichkeit! Wahrheit nackt sozusagen. Machen wir: na, die Vergangenheit ans Licht bringen... Ha! Sollen sie haben! Können sie kriegen! Auf die Hand gratis und gegen bar... In kleinen und großen Portionen. Nein, nicht alles auf einmal. Wir füttern sie häppchenweise... Sind doch ganz geil drauf. Deutschland soll wieder sauber werden... Wird es, Wuttke! Wird es. Einig und sauber! Ha! Und gleichgemacht West wie Ost. Was wir im Prinzip immer gewollt haben... Endlich wird unser Deutschland sauber...«

Wir hören hier auf, weil Hoftaller an dieser oder an späterer Stelle seiner Rede beim Rudern die Riemen sinken, das Boot treiben ließ. Ob vermutet oder tatsächlich: Schweiß fiel ihm von der Stirn. Er zog sich die Kappe ab: verschwitzte Haarspieße. Seine Zigarre hatte er kalt und als Stummel bald nach Beginn der Rede ausgespuckt. Nun suchte er unter der Ruderbank und zwischen den Ritzen des Lattenrostes auf dem Bootsboden nach dem Rest seiner Kubanischen. Er suchte und suchte. Wir tippten auf momentane Erschöpfung.

Fonty, der bei gleichbleibender Haltung und wie unbewegt Zuhörer gewesen war, stand auf, holte die Ruder ein, weil beide Riemen gefährlich locker in den Dollen lagen, und setzte sich wieder ans Heck. Bei all dem schwieg er, hätte aber Beifall klatschen oder den Kopf schütteln und den Dritten Weg verteidigen können; doch er schwieg.

Vom Ufer aus gesehen, war das Wichtigste vorbei. Als Hoftaller endlich den Zigarrenstummel fand und sich Feuer gab, lag das Boot ruhig und trieb kaum noch. Jetzt erst, nachdem er den Hut abgelegt hatte, sagte Fonty: »So wird es kommen, so oder ähnlich. Niemand siegt ungestraft. War siebzig-einundsiebzig nicht anders. Deutsche Einheit ist immer die Einheit der Raffkes und Schofelinskis. Nur gab es damals den vierten Stand, die Arbeiterklasse. Da war noch Hoffnung drin. Jedenfalls sah es so aus. Und doch müssen wir uns auch heute beglückwünschen, daß es kam, wie es kam, selbst wenn die alte Frau von Wangenheim sagte . . .«

Dann stand er abermals auf und legte Hoftaller, der noch immer in Schweiß war, einen wiederholten Platzwechsel nahe. Der Tagundnachtschatten gehorchte. Wie geübt standen sie einander gegenüber, umarmten sich, tauschten den Ruderer aus, langsam, trittsicher, denn das Boot schwankte kaum.

Da uns dieses Bild als Tanz auf der Stelle vertraut war, hielten wir uns vom Ufer aus an andere Boote. Wir hörten

Lärm und Gelächter, das weithallend über der Wasserfläche lag, sahen das Schwanenpaar fern, nah mehrere Enten. Und dann vergnügten wir uns an einem einzelnen Ruderer, den auch Fonty apart gefunden hätte, denn der junge Mann – er trug Brille, war vielleicht Student – hatte auf der Heckbank seines Kahns eine Kamera mit Selbstauslöser in Anschlag gebracht. Vor wechselndem Hintergrund war er sich, als rudernder Brillenträger, einen und noch einen Schnappschuß wert. Wir glaubten, das Klicken zu hören.

Zwischen Hoftaller und Fonty kam es zu keinen Bekenntnissen mehr. Nichts Vergangenes wollte hochkommen. Die Bootspartie war zu Ende. Mit ruhigen Schlägen steuerte Fonty in Richtung Anlegesteg. Ich hatte gehofft, er werde einen der verschwiegenen Seitenarme des Sees anrudern und dort die verschattete Stelle finden, an der gestern noch ein zerrissenes und obendrein scharlachrotes Kleid von einer Gewalttat, womöglich von einem Mord gezeugt hatte; doch Fonty wollte seinem Tagundnachtschatten um dieses Geheimnis vorausbleiben.

Kaum waren sie ausgestiegen, sagte Hoftaller, der nun wieder unterhalb trockener Stirn lächelte: »Übrigens gibt's ne Überraschung. Besuch ist da. Kommt aus Frankreich. Dreimal dürfen Sie raten. Na? Will der Groschen nicht fallen? Um Sie nicht länger auf die Folter zu spannen, es ist Ihre niedliche Enkeltochter, die studienhalber, aber auch privat... War entzückt, ihr nach längerer Korrespondenz wieder zu begegnen. Heißt eigentlich Nathalie, will aber Madeleine genannt werden, nach der Großmutter natürlich. Hat vor, das Archiv zu besuchen, möchte aber vorher unbedingt ihren Opa treffen. Hat irgendwas mitgebracht, ne Kleinigkeit, ein Geschenk womöglich. Was ist denn los, Wuttke! Geben Sie sich nen Ruck. Die Kleine ist wirklich reizend. Freuen sollten Sie sich, frohlocken, von mir aus Hosianna rufen. Was soll das Gezitter! Wenn Sie wollen, mach ich für morgen ein Treffen aus. Nur nicht so ängstlich. Ihre Emmi hat keinen blassen Schimmer, wie sollte sie auch . . . «

Fonty stand heimgesucht, als hätte ihn ein Erzengel berührt. Nichts, auch kein scherzhafter Hinweis auf literarische Belege für spätes Glück, etwa auf Marlitt-Romane, konnte sein Erstarren auflösen. Plötzlich beschloß er, für die Bootsfahrt zahlen zu wollen, doch Hoftaller hatte schon alle Unkosten gedeckt: »Geht auf Spesen, Wuttke. Also was ist nun? Na, endlich gelingt uns ein Lächeln. Wurde auch Zeit. Sagen wir, morgen vormittag um zehn rum. Gleiche Stelle, gleiche Welle. Rudert sicher gern, die Kleine. Und das Wetter, hab ich gehört, bleibt stabil.«

Sie haben dann noch im Café am See unter Kastanien ein Bier getrunken. Unklar blieb, wer wen zum Bier eingeladen hat. Uns kümmerte das nicht mehr.

Die vielen Mädchen: Magdalena, Lene, Madeleine. Eigentlich sind wir überfragt, denn nur zur Weißnäherin mit Plätteisen, die zu Buche schlug, gibt das Archiv etwas her; was Dresden und die Folgen betrifft, müssen wir auf Lücken verweisen: Die Familie, Mete voran, hat alle Spuren, falls es sie gab, umsichtig getilgt. Man wollte den Unsterblichen schlakkenlos überliefern. Außer dem Brief an Bernhard Lepel, in dem über »zu große Lendenkraft« und Alimente im wiederholten Fall geklagt wird, zudem Dresden als Tatort ausgewiesen ist, liegt nichts vor.

Und im Fall Lyon und die Folgen waren wir ganz und gar ohne Kenntnis. Aber Theo Wuttke schleppte eine Gewissenslast, sonst hätte Hoftaller ihn nicht so andauernd am Wickel haben können; und weil er als Fonty zu uns gehörte, mehr noch, der lebendigste Beweis unserer papierenen Materie war, fiel dem Archiv eine Aufgabe zu, die nicht durch Stubenhockerei bewältigt werden konnte. Wir mußten ins Grüne. Gleich Hoftaller war uns Außendienst vorgeschrieben. Wie Spanner hockten wir im Gebüsch oder hinter glatthäutigen Buchenstämmen versteckt. Man löste sich ab. Man gab das Belauschte weiter: Notate für später. Am nächsten Vormittag sollte ich zuständig sein.

Zusammenfassend läßt sich sagen, daß die angekündigte Begegnung mit der französischen Enkeltochter uns mehr als den Großvater überrascht hat; dessen Gesicht gab, als er von der allerneuesten Madeleine hörte, wenig zu erkennen. Allenfalls durfte, nach erstem Erschrecken, leichte Vorfreude vermutet werden. Schließlich waren seine Söhne ohne Nachkommen, und von Martha und ihrem späten

Grundmann konnten kaum Kinder erwartet werden. Es gab keine kleinen Wuttkes. Nun aber kam Nachricht aus einem fernen, doch nicht fremden Land. Zuerst wird Fonty ein Kribbeln verspürt haben, dann hat es ihn überflutet. Zu uns sagte er: »Anfangs wurde mir eng ums Herz, bald aber sprang, wie im Märchen, der eiserne Ring.«

Also hat er sich Madeleine vor Augen gestellt. Beim Hin und Her auf der chinesischen Teppichbrücke wird sie ihm in wechselnder Gestalt – die halbe Nacht lang – faßlich geworden sein; oder er sah sie am Küchentisch in der Frühe dort sitzend, wo ihm nichtsahnend Emmi gegenübersaß, die aber vielleicht doch merkte, daß ihr Wuttke den besonderen Blick hatte: »Der sieht manchmal Sachen, die gar nich da sind.«

Denkbar, daß er sie aus gemischter Sehnsucht herbeirief und mal inselblond, mal aschblond auf sich zukommen sah, doch immer in Kleidern von altmodischem Schnitt und schlichtem Faltenwurf, keine Rüschen, nichts, was er als »aufgedonnert« hätte bekritteln müssen.

Vielleicht hat er vor seiner imaginierten Enkeltochter die große Abbitte geprobt und inwendig Sätze für eine weitausholende Beichte gereiht, beginnend beim sündigen Elbflorenz und des Unsterblichen frühen Fehltritten, dabei um Nachsicht bittend, weil die Wirrnisse einer auf mangelnde Freiheit gestimmten Zeit zu Irrwegen nicht nur auf politischem Feld verführt hätten. Es wäre ihm möglich gewesen, im Hundertjahressprung vom Leipziger Herwegh-Club und dessen aufrührerischen Deklamationen auf das Rumoren in den Offizierskasinos der französischen Etappe, mithin auf seinen Briefwechsel mit preußischen Adelsspitzen, den von Witzleben, Yorck, Schulenburg, also auf das mißglückte Attentat zu kommen. Dabei wären ihm in Nebensätzen absichtsvoll lyrische Anspielungen auf Ruderpartien unterlaufen: Soeben noch hätten sacht fließende Nebenarme der Elbe, dann aber ein stiller See nahe Ambérieux das Boot der Liebenden tragen dürfen.

Fonty konnte das. Ihm sind die Jahrhunderte durchlässig gewesen. Nach seiner inneren Geographie floß die Spree in die Rhône. Und mit Hilfe der ihm allzeit dienstbaren Zeitschleuse hätte er wiederholt aschblondes Haar durch Frühlingslüfte beleben und einstiges Liebesgeflüster von Ruderblättern abtropfen lassen können. Bestimmt wäre ihm ein Vierzeiler gelungen: Es war die Liebe, die uns schlug, ob Flußlauf oder glatter See das Schifflein trug... Oder es hätten Zitate verdoppelten Sinn gemacht, Herztöne und ihr Echo, Irrungen, Wirrungen abermals.

Nicht etwa leichthin und einschmeichelnd wäre ihm eine Jahrhundertbeichte gelungen, eher stockend, als wollte er um Vertrauen werben; denn, ach, wie genügsam, selbstlos, nie klagend, immer heiteren und nur andeutungsweise wehmütigen Sinns haben sich beide, Magdalena Strehlenow und Madeleine Blondin, die Gärtners-, die Gastwirtstochter dem Apothekergehilfen, dem Obergefreiten hingegeben und sich dem Unsterblichen oder dessen Wiedergänger anvertraut, auf daß sich die eine modellhaft überliefern, die andere dem Modell angleichen konnte; sagte doch Lene Nimptsch lächelnd und ernst zugleich: »Glaube mir, daß ich dich habe, diese Stunde habe, das ist mein Glück. Was daraus wird, das kümmert mich nicht.« Und Madeleine Blondin hat alles wortwörtlich genommen.

Weiterhin der Begegnung mit der Enkeltochter vorauseilend, hätte Fonty alle Folgen der Bootspartie auf seine Kappe nehmen und um Nachsicht bitten können. Weil er aber ohne Kenntnis der bedrückenden Einzelheiten, die dem französischen Etappenglück folgten, die Zeit überwölbt hatte, wäre er im Verlauf seiner Abbitte ins Stottern geraten. Was wußte er schon, außer daß Alimente fällig wurden, vom Dresdner Fall; und das andere Unglück hatte er ganz und gar unwissend überlebt.

Nur Hoftaller, vormals Tallhover, kannte die in Lyon aus-getragenen Folgen, er war und blieb auf Fährte. Ihm galt kein Vorgang als beendet, keine Aktenlage als abgeschlossen. Und wo sich Fonty ahnungslos gab, war sein Tagund-nachtschatten mit Fakten zur Stelle.

Mit seinem Wissen hätte er in unserem Archiv einige Lük-ken schließen können, verstand er sich doch als ergänzende Sammlernatur und als Freund geschriebener Wörter, deren hier übermalte, dort retuschierte Hintergründe selbst unter dickster Firnisschicht Auskunft gaben; auf alles Wortwört-liche – ob gedruckt oder gesprochen – war Hoftaller ver-sessen. Oft reichte ein Halbsatz nur, zum Beispiel des so schönen wie schwachen Baron Botho hingeplauderte Er-kenntnis, daß seine Lene »eigentlich eine kleine Demokra-tin« sei, um den damaligen Tallhover und – im Nachvollzug – Hoftaller auf spurensichernden Trab zu bringen.

Wir können bezeugen, daß dem Objekt Fonty bei passen-der Gelegenheit – sei es im Paternoster, sei es beim Wasser-treten auf Hiddensee – einige Tatsachen verklickert worden sind, die sein Tagundnachtschatten »Fakt« nannte: »Fakt ist, daß das Vorbild der literarischen Lene Nimptsch ne zähere Demokratin als ihr flatterhafter und rasch den Stil wie die Gesinnung wechselnder Liebhaber gewesen ist. Bis ins hohe Alter – Magdalena Strehlenow starb 1904 – blieb sie den achtundvierziger Ideen anhänglich. Fakt ist, daß sie zur Zeit der Sozialistengesetze wegen Umgehung des Verbots geschlossener Versammlungen viermal arretiert werden mußte. Sie ließ aber nicht locker. War als Rednerin nicht nur in Sachsen gefragt. Galt als mit Clara Zetkin bekannt, wenn nicht befreundet. Starb ohne christlichen Beistand. Und Fakt ist, daß ihre Tochter Mathilde auch ne Rote gewesen ist, gemäßigter zwar, tendierte zu Bernstein, widersprach als typische Revisionistin auf dem Erfurter Parteitag dem revo-lutionären Flügel, war deshalb besonders gefährlich. Und

417

selbst noch, als ihre Ehe mit nem verbummelten Studenten ...«

Das alles und mehr Fakten hatte Hoftaller schon auf Hiddensee parat, aber erst nach der Ruderpartie auf dem Tiergartensee kam er vom sächsischen aufs französische Detail. Sie saßen unter den Kastanien des Biergartens. Fonty wies auf den reifen Fruchtsegen, die geborstenen Schalen, sagte: »Bald fallen die ersten«, wollte dann aber mehr über den verbummelten Studenten und die revisionistische Mathilde hören, doch Hoftaller war nicht abzulenken: »Darüber reden wir später, vielleicht. Heute wollen wir uns auf den Besuch aus Frankreich vorbereiten. Wirklich, ne niedliche Person. Habe nicht zuviel versprochen. Ihr Deutsch ist vorzüglich. Redet wie gedruckt. Keine Bange, Fonty, Sie werden Ihr Etappenfranzösisch kaum bemühen müssen. Wird Ihnen Freude machen, Ihre Enkeltochter, von mir aus heimliche Freude. Schon morgen, Wuttke, wird Ihnen das Herz hüpfen ...«

Wir hätten das mit größerem Abstand genießen sollen; doch gleich aus welcher Entfernung gesehen: Nathalie Aubron, die aber auf den Vornamen ihrer Großmutter hörte, war wirklich reizend. Klein bis zierlich, mal lebhaft burschikos, dann wieder still, ganz Ohr, dabei ungekünstelt naiv und dennoch von jener mitteilsamen Klugheit, die zum Gespräch einlud und die Fonty sogleich als einladend für eine Ruderpartie empfand; selbst wir vom Archiv hätten gerne mit Madeleine in einem Kahn gesessen, so gewinnend, nein anziehend überbrückte sie alle Distanz.

Als Fonty ein wenig verfrüht zum Bootsverleih kam, nutzte er die Zeit, um seinen leichten Sommershawl, den er sonst achtlos trug, gefälliger zu drapieren: Das Schottenmuster sollte zur Geltung kommen. Dann ging er auf und ab und sprach im Gehen halblaut vor sich hin, als wollte er Begrüßungssätze erproben, zum Beispiel diesen: »Spät sehen wir uns, doch nicht zu spät.« Oder: »Darf ich unsere überraschende Begegnung als ein Herbstgeschenk werten?« Oder: »Mademoiselle, daß Sie sich wie Ihre liebenswürdige Großmutter Madeleine nennen, ruft in mir schöne, aber auch schmerzliche Erinnerungen wach.«

Doch als dann plötzlich Hoftaller vor ihm stand und neben dem Vermittler des familiären Treffens »La petite« als eine augenblicklich alle Vorängste besiegende Person, die überdies mit hellem »Bonjour Monsieur!« und drei wie selbstverständlichen Wangenküssen keine zurechtgelegten Begrüßungssätze zuließ, fiel Fonty nur ein, wiederholt »Da bist du ja, Kind« zu sagen. Dann suchte er ihr Gesicht ab und sie seines.

Bald war Hoftaller überflüssig. Zwar stand er noch eine Weile herum, und wir genossen seine Verlegenheit, doch ging er wie auf Befehl, nachdem ihn Fontys Enkeltochter höflich, aber bestimmt verabschiedet hatte: »Ich bin Ihnen sehr verbunden, Monsieur Offtaler, daß Sie mir den Weg zu meinem Großvater eröffnet haben. Gleichfalls empfinde ich Ihre Diskretion als lobenswert: In Montpellier ist man ahnungslos. Das ist gut so. Mama, die noch immer ein wenig bekümmert ist, sollte geschont werden. Man muß ja nicht alles – wie sagt man – an die große Glocke hängen, nicht wahr? Doch nun möchte ich Sie um Verständnis bitten, Monsieur. Herr Wuttke und ich haben einander sehr viel zu erzählen.«

Wir glauben, daß Hoftaller gerne ging. Er wußte ohnehin genug. Indem er ging, hinterließ er keine Lücke; und Fonty, den wir uns nur schwer ohne Tagundnachtschatten vorstellen konnten, war glücklich, mit seiner Enkeltochter allein zu sein.

Als hätte es keine andere Wahl gegeben, etwa einen Spaziergang durch den Tiergarten zur Rousseau-Insel, lud er mit stummer Geste zur Ruderpartie ein. Und Madeleine, die als erste ins Boot sprang, bot ihm beim Einsteigen ihre kleine, kindlich anmutende Hand. Mit einer Kavaliersgeste, dabei ein wenig schauspielernd, bedankte er sich.

Madeleine saß schon auf der Ruderbank, als sie schulmädchenhaft um Erlaubnis nachfragte: »Bitte, Monsieur, darf ich rudern? Ich kann das ganz gut.«

Ein schönes Bild, vom Ufer aus gemalt. Bei lockerer Bewölkung wechselte das Licht. Farbtupfer, Schattenspiele, wässerige Übergänge, wie aquarelliert. Ab und zu rillte ein Windstoß die Wasserfläche, dann wieder Spiegelungen. Erste Blätter fielen verfärbt. Libellen über Entengrütze. Schon öffnete sich der See. Zu zweit im traumhaft gleitenden Kahn, dem, wie bestellt, ein Schwanenpaar begegnete. Und immer neue Bildausschnitte erlaubte das Ufergebüsch.

Außer den gemalten Motiven war zu sehen, daß Madeleine nicht aschblond war, sondern wirbelig kastanienbraun; der kurzgehaltene Schopf hob sich vom fusselnden Weißhaar Fontys, der seinen Hut neben sich gelegt hatte, einprägsam ab, besonders wenn das Boot durch Lichtkringel glitt. Ihr kleingeblümtes Kleid, ein geräumiger Hänger, in dem sich die knäbische Figur verbarg, gab ein überwiegend blaues Signal. Nur wenn sie die Ruder durchzog, traten, kaum angedeutet, die Brüste hervor. Sie ruderte ärmellos, die Knie eng beieinander, als sei ihr diese sportliche Haltung antrainiert worden. Die mageren Arme kräftig und muskulös. Ihre im Profil spitze, ich sagte zu meinem Kollegen: ein wenig vorwitzige Nase.

Nun ruderte sie in weitem Bogen das Seeufer ab. Anfangs versuchte Fonty, sein eher schütteres Französisch zu bemühen. Weil Madeleine flüssig, mehr noch, überkorrekt und wie nach einem altmodischen Regelbuch Deutsch sprach, könnte der Großvater seine Enkeltochter zuallererst nach der Herkunft dieser sicheren und sogar den Konjunktiv pflegenden Kenntnisse gefragt haben, denn gleich nach dem Anrudern hatte sie gesagt: »Wüßte ich nicht, daß alles tatsächlich und am hellichten Tag geschieht, müßte ich glauben, mir träume etwas sehr Wunderbares.«

Madeleines Antwort holte weit aus: Der vor wenigen Jahren verstorbenen Großmutter traurige Liebe, die alles Deutsche eingeschlossen habe, sodann das Verbot der Mutter, zu Hause oder gar bei Tisch irgend etwas Deutsches, und sei es nur einen VW oder eine Schwarzwälder Kuckucksuhr, zu erwähnen, ferner der versammelte und nicht enden wollende Widerstand gegen die einstige Besatzungsmacht, aber auch das Geheimnis um den verschollenen Liebhaber der Großmutter, den viele als Lump und niemand als antifaschistischen Helden erinnert hätten, all das und besonders die verkapselte Liebe der Großmutter habe sie dazu gebracht, als Kind schon, zuerst aus Trotz, dann aus Neigung diese schwierige und oft der Logik ferne Sprache zu erlernen, sie schließlich zu studieren und – seit dem Tod der Großmutter – die deutsche Literatur des neunzehnten Jahrhunderts zum Gegenstand ihres Studiums zu machen. »Monsieur können mir glauben, das war gewiß kein Kinderspiel.«

Und dann begann Madeleine, während sie aufs Ufer zuruderte, eine Idylle auszumalen: In einem einsamen, kaum noch bewohnten Dorf in den Cevennen, wo die Großmutter noch vor Kriegsende und der Geburt ihres Kindes gezwungenermaßen habe leben müssen, sei ihr, dem anhänglichen Enkelkind, als Erbe ein Haus, gemauert aus Feldsteinen, zwar klein, doch voller Bücher, zugefallen, unter ihnen einige aus dem Besitz des entschwundenen Großvaters, von dem kein Photo, kein Brief, nicht einmal eine Postkarte gezeugt hätte. Und in dem Cevennenhäuschen mit den dicken Mauern und dem tiefen Fluchtkeller – »Monsieur müssen wissen, daß dort bis weit ins achtzehnte Jahrhundert die Hugenotten Zuflucht suchten« – habe sie während Ferienzeiten – »Und zwar mit grand-mère gemeinsam« – viele Erzählungen von Storm, Keller und Raabe lesen dürfen, aber auch »Irrungen, Wirrungen«, das Lieblingsbuch der Großmutter, zu studieren begonnen. So früh sei sie auf den Unsterblichen gekommen: »Keine sechzehn war ich, als mich grand-mère mit Lene und Botho bekannt gemacht hat.« Jetzt noch könne sie den Anfang der schöntraurigen, aber auch ein bißchen dummen Geschichte hersagen: »An dem Schnittpunkte von Kurfürstendamm und Kurfürstenstraße, schräg gegenüber dem ›Zoologischen‹, befand sich in der Mitte der siebziger Jahre noch eine große, feldeinwärts sich erstreckende Gärtnerei...«

Noch immer ruderte Madeleine ihren Großvater in Ufernähe. Deutlich sah man die Muskeln ihrer Ober- und Unterarme. Sie ruderte mit Ausdauer. Bei eng geschlossenen Knien hielt sie den Rücken gerade. Unter spitzem Nasenwinkel lächelte ihr kleiner Mund beim Sprechen, während ihre Augen, die im schmalen Gesicht groß wirkten, ernst blieben, dunkel von soviel Klugheit und früh gesammeltem Wissen; ein immer aufmerksamer, von Heimlichkeiten am Rande des Sees – auf Uferwegen, hinter Holundergebüsch – nicht abzulenkender Blick, der uns dennoch nicht ausließ, sagte sie doch: »Attention, Monsieur! Hier hat alles Ohren, sogar die Natur. Vielleicht spricht man deshalb in Deutschland gerne von lauschigen Plätzchen.«

Fonty, der seiner Enkeltochter ausgehungert und wie nach langer Fastenzeit zuhörte, stellte nur selten vorsichtige, nach Einzelheiten tastende Fragen: Ob in der Stadtmitte von Lyon noch immer der Bahnhof Perrache in Betrieb sei? Er habe von rasend schnellen Zügen gelesen, mit denen man in zwei Stunden schon Paris erreiche. Ob es im Vorort Limonest noch immer das Café de la Paix gebe, in dem einst Monsieur Blondin hinter der Theke gestanden und ihm, dem gottverlassenen Soldaten, einen und noch einen Pastis eingegossen habe?

Und dann erst, ängstlich verzögert, wollte er wissen, welche Schrecken das Kriegsende, bei aller Siegesfreude, mit sich gebracht habe, ob Madeleine Blondin in jenem einsamen Cevennendorf mit ihrem Kind ganz allein gewesen sei und weshalb das Kind – »Man sagte mir, meine Tochter heißt Cécile« – nicht später die Mutter zu sich nach Montpellier genommen und so deren Verbannung beendet habe.

Die Enkeltochter versicherte, daß Lyons Bahnhof noch immer in günstiger Lage in Betrieb sei. Kummer und Ärger mit den Behörden, schließlich Krankheit gab sie als Grund an für den Verkauf des Café de la Paix in der Vorstadt. Schon Anfang der fünfziger Jahre wurde der verwitwete Gastwirt zu Grabe getragen. Gleich nachdem »La Terreur« als »épuration« inmitten Siegesfreude gewütet habe, sei die schwangere Großmutter kahlgeschoren in die Cevennen geflüchtet, heimlich nachts. Das einsame Haus dort habe leer gestanden und des Vaters Familie gehört. Und dort sei sie niedergekommen; nur eine alte Frau, die auf Kräutersuche war, habe ihr beigestanden.

»Aber nein, Monsieur Wuttke«, rief Madeleine, »nie hat grand-mère sich wieder mit einem Mann eingelassen, so sehr verletzt ist sie gewesen. Und doch hat sie immer ganz liebevoll von einem Soldaten gesprochen, den sie als ein wenig schwärmerisch und absolut unmilitärisch in Erinnerung hatte und dem sie nichts Böses nachsagen wollte, obgleich er ihr, nach nur kurzem Glück, soviel Leid gebracht hatte. Mais non! Sie wollte von dort nicht weg. Da half kein Zureden. Maman, die ja schon mit siebzehn zuerst nach Aix und dann nach Montpellier gegangen ist, und auch mein Vater, Monsieur Aubron, haben sie immer wieder eingeladen: ›Viens, Maman! Wir bauen extra für dich den Dachboden aus!‹ Aber sie wollte nicht, wollte nicht unter Menschen sein. Und so blieb sie in dem Steinhaus, dessen Fenster so schmal wie Schießscharten sind. Ich bin sicher,

Monsieur Wuttke, daß Ihnen grand-mère's Festung gefallen würde. Alles ist voll Geheimnis dort. Steinkäuze gibt es. Auf dem Hügel hinterm Haus stehen dunkle Zypressen gereiht. Man sieht sie aus der Ferne schon. Exactement! Ein alter Hugenottenfriedhof. Und hinter dem Hügel weitere Hügel, die blau und blauer werden. Steineichen, Kastanienwälder. Wir könnten in die Pilze gehen oder Ausflüge machen nach Saint-Ambroix, Alès und noch weiter, bis in die Ardèche. Dafür habe ich sogar grand-mère gewinnen können. Mit meinem ›deux-chevaux‹ sind wir bis nach Barjac und weiter zu den Höhlen gefahren, von denen eine sogar ›Grotte des Huguenotes‹ heißt, weil sich dort die Reformierten vor der katholischen Miliz, den gefürchteten Dragonaden, versteckt haben sollen. Schrecklich waren die. ›Gestiefelte Missionare‹ hat man die Dragoner genannt. O ja! ›La Terreur‹ hat in Frankreich eine lange Geschichte . . . «

Dann hörten wir nichts mehr. Madeleine ruderte das Boot in jenen Seitenarm des Neuen Sees, der gleich einem toten Gewässer modrig roch und in dessen einer Uferbiege das zerrissene scharlachrote Kleid auf Steine gebreitet lag. Aber Fonty hat uns gegenüber später beteuert, irgend jemand müsse den mordverdächtigen Fetzen weggeräumt haben, nichts Schreckliches habe die Stimmung eintrüben können, und gar nicht unheimlich sei seiner Enkeltochter der dunkle Wasserarm gewesen. Ich kann das bestätigen: Kaum war das Boot wieder in Sichtweite, sahen wir La petite gefragt und ungefragt plaudern.

Noch lange hat sie ihrem Großvater die einsamen Cevennen, das festungsähnliche Haus der Madeleine Blondin, den Zypressenhain, aber auch das Elend hugenottischer Galeerensklaven ausgemalt und ihm erzählt, wie eine alternde Frau ihre nur kurz gelebte Liebe als Herzstück in Büchern suchte, die in einer Sprache hinterlassen waren, die fremd blieb, auch wenn sie erlernt wurde, zuerst mühsam allein,

dann später, viel später mit dem heranwachsenden Enkelkind, das während Ferienaufenthalten rasch lernte und ihr,
als die Augen in den letzten Jahren nachließen, sogar beim
Schein der Lampe vorlesen konnte: immer wieder der
armen Effi traurige Geschichte; mit welchen Worten die
blasse Stine ihren Verzicht begründete; aber auch, wie entschlossen Lene Nimptsch ihrem Herzen befahl zu schweigen...

Im Gegensatz zu ihrer Großmutter, die überall – und sei es
zwischen den Zeilen – Trost suchte und fand, war Madeleine Aubron eine kritische Leserin. Als sie ihren Großvater
aus dem düsteren Seitenarm wieder auf die glänzende Fläche des Neuen Sees ruderte und abermals in Ufernähe kam,
bat sie ihn, ihr zu erklären, weshalb der Unsterbliche, den
sie nie beim Namen nannte, aber als »unser Autor« in Besitz
nahm oder als »Monsieur X« mystifizierte, in seinen Romanen zulasse, daß immer wieder Standesbewußtsein die
Liebe abtöten dürfe, und weshalb die Ordnung so traurige
Siege der Vernunft verbuchen dürfe.

»Bien sûr!« rief sie. »Sie werden mir jetzt die Gesetze einer
ständischen Gesellschaft als zwar dünkelhaft, aber rechtens
erklären und sich, wie unser Monsieur X, wenn auch bedau-
ernd und voller mitleidendem Gefühl für die unglücklich
Liebenden, an die standesgemäße Ordnung halten; doch
mich hat diese resignative Tendenz oft sehr ärgerlich gemacht: Incroyable! Schon als Kind war ich, wenn mir grand-
mère aus ihrem Lieblingsbuch vorgelesen hat, wütend, daß
dieser langweilige Baron Botho die plapprige dumme
Käthe, nur weil sie adlig war, zur Frau genommen hat und
nicht seine Lene. Und dann hat er auch noch die Briefe,
sogar alle getrockneten Blümchen, die noch von Hankels
Ablage erzählen konnten und mit Lenes Haar gebunden
waren, im Kamin verbrannt, damit nichts übrigblieb. Grand-
mère hat immer gelacht, wenn ich wütend war auf unseren

Autor. Doch einmal hat sie gesagt: ›Wie gut, daß mir Théodore keine Briefe geschrieben hat. Pas un mot! Man hätte sie gefunden, als man mich holte. Und geschrien haben sie: ,La pute à boches!' Und bestimmt hätten sie seine Briefe verbrannt, wie sie mich am liebsten verbrannt hätten. Aber kahlgeschoren durch Lyon laufen war schlimmer als ein Scheiterhaufen.‹ Wenn grand-mère so etwas sagte, war sie ein wenig bitter. Sonst aber hat sie von Ihnen sehr lieb gesprochen und immer gelächelt dabei. Einmal, als ich den Sommer über die Ferien bei ihr verbrachte, sagte sie, als wir am Abend auf der Steinbank vorm Haus saßen: ›Bien sûr, mein Théodore war ein Verführer und obendrein ein Schwärmer. Er konnte von diesem Schriftsteller französisch-reformierter Herkunft, der sein Gott war, so einfühlsam sprechen, als wollte er ihn in jeder Phase seines Lebens nachleben. Oft wußte ich nicht, wer zu mir sprach, wenn er von sich, zum Beispiel aus seiner Kindheit, erzählte. Immer hat ihm der andere über die Schulter geschaut, so daß er mir, so blühend jung er war, oft wie aus anderer Zeit und uralt vorkam. Vielleicht waren deshalb seine Radiosendungen, die er heimlich mit uns gemacht hat, so erfolgreich. Die Résistance verdankt ihm viel, o ja. Mein Bruder, der die Deutschen wirklich gehaßt hat, war ganz verliebt in Théodore. Jung waren beide und ich noch jünger. Wie Kinder, so albern. Und doch haben wir sehr ernst für dieses Partisanenradio gearbeitet. Das war schön, wir drei in einem Boot. Eines hieß ,La Truite', aber wir nannten jedes Boot ,Bateau-ivre'. Wir mußten ja, der Sicherheit wegen, häufig den See wechseln, was leichtfiel, weil überall stille Teiche zu finden waren. Und wo immer wir im Boot saßen, hat Théodore mit seiner leisen, aber ganz deutlichen Stimme aus Büchern gelesen. Und Jean-Philippe hat alles mit seinem Apparat aufgenommen. Ich durfte rudern. Ach, war das lustig – bis alles verraten wurde und sie unseren Jean-Philippe und die anderen auch, die heimlich das Radio machten, im Gefängnis Mont-

Luc gefoltert und zu Tode geschunden haben. Nur Théodore kam davon, glücklicherweise ... Doch mir hat später keiner glauben wollen, daß ich dazugehört habe, niemand, nicht meine Schwestern, sogar mein Vater nicht. Die Hure von einem boche war ich, die collaboratrice horizontale!‹ Das und noch mehr hat mir grand-mère gesagt. Sowas tut weh, nicht wahr? Doch nicht nur deshalb bin ich gekommen, Monsieur Wuttke! Oder darf ich zu Ihnen grand-père, nein, Großpapa sagen?«

Sie durfte. Und jetzt kam Fonty zu Wort. Doch da seine Enkeltochter die Mitte des Sees anruderte, während er sprach, blieben wir zurück und in wachsender Distanz. Mehrmals ruderte sie den Kahn um die Vogelschutzinsel, war aus dem Blick, wieder da, abermals hinter Bäumen und Gebüsch und brachte sich und ihren Großpapa aufs Neue ins Bild.

Dann sahen wir vom Ufer aus, wie Madeleine Aubron die Riemen einzog. Noch immer sprach Fonty mit sparsamen Gesten. Im sacht treibenden Boot hörte sie ihm zu. Wir ahnten ihren kleinen lächelnden Mund, die ernsten altklugen Augen. Nach langem Zuhören stand sie von der Ruderbank auf, ging, nein schwebte in ihrem blauen Hänger zum Heck, wo Fonty saß, nun ein wenig gebeugt. Sie umarmte ihn. Die Enkeltochter ging auf die Knie und umarmte den sitzenden Großvater. Ich hätte ein Photo machen sollen und noch ein weiteres Photo, doch Schnappschüsse waren nicht unsere Methode; obgleich wir sahen, wie Fonty am Ende seines langen und von behutsamen Gesten begleiteten Berichts umarmt und ihm danach von Madeleine eine winzige Schachtel überreicht wurde, gibt es kein Zeugnis von diesem feierlichen Moment, in dem der ehemalige Obergefreite und Kriegsberichterstatter Theo Wuttke, um Jahrzehnte verspätet, ganz inoffiziell und nach familiärer Zeremonie, einen französischen Orden bekam.

Er wird seiner Enkeltochter erzählt haben, was Hoftaller bestätigt hat: Fonty gehörte zur Résistance, nein, nur zeitweilig war er auf seiten des französischen Widerstands oder genauer: Der Obergefreite Theo Wuttke ließ sich ab Frühjahr 44 von einer kleinen. isoliert aktiven Partisanengruppe benutzen. Nicht, daß er im Untergrund mit Sprengsätzen Munitionszüge oder Brücken in die Luft gejagt hätte, aber einen Partisanensender, der dreieinhalb Monate lang in Betrieb blieb, hat er mit halbstündigen Vorlesungen bedient, die für die Soldaten der Besatzungsmacht bestimmt waren. Er las insbesondere aus den Büchern des Unsterblichen, nicht nur aus den Romanen, auch aus dem schmalen Bändchen »Kriegsgefangen, Erlebtes 1870«, in dessen Kapiteln er seine Liebe zu Frankreich mit seiner Kritik am französischen Chauvinismus ins Gleichgewicht gebracht hat.

Diese vormittäglichen Rundfunksendungen, die auf plumpe Propaganda verzichteten, sollen erfolgreich gewesen sein, besonders ab Beginn der Invasion. Es hieß: Des vorlesenden Soldaten Stimme brilliere in Dialogpassagen, gebe Nebensätzen ironische Bedeutung, pflege den mal knappen, mal ausschweifenden Plauderton, könne wohltönend weich, aber auch von preußischer, alles aufs Kurze bringender Schärfe sein. Und da der Soldat seine Lesungen – etwa aus »Schach von Wuthenow« – mit Kurznachrichten von der Invasionsfront unterbrach oder vom Attentat im Führerhauptquartier Wolfsschanze ohne Tendenz, eher sachlich berichtete, wobei er die Kämpfe um Caen mit dem normannischen Herkommen der erfolgreichen Attentäterin Charlotte Corday und den am mißglückten Attentat beteiligten Adel geschickt mit Preußens ruhmreicher Geschichte verquickte, gelang es ihm, den Kampfgeist der bereits angeschlagenen Wehrmacht durch beiseite gesprochene Nachdenklichkeiten zu schwächen, jedenfalls im Besatzungsbereich Lyon.

Uns hat Hoftaller versichert, daß man dieses Verdienst erst nach langen Recherchen einem anfangs namenlosen deutschen Soldaten zugesprochen habe. Dabei hätte seine Dienststelle behilflich werden und endlich den gesuchten Luftwaffen-Obergefreiten ausfindig machen können. Doch erst ab Mitte der achtziger Jahre wäre man auf französischer Seite bereit gewesen, den Namen Theo Wuttke in Erwägung zu ziehen.

Es war wohl Hoftaller persönlich, der sein Objekt namentlich anerkannt sehen wollte; dank seiner Firma verfügte er über Kontakte zur Kommunistischen Partei Frankreichs. Und seit vier Jahren schon stand er mit Madeleine Aubron in Verbindung, teils über vermittelnde Personen, teils direkt, anläßlich einer Dienstreise, die uns von beiden als Ortstermin mit dem Datum Mai 87 bestätigt wurde. Als der Arbeiter- und Bauern-Staat sein vierzigjähriges Jubiläum begehen wollte und ihm seinen weiteren Bestand abstützende Feierlichkeiten als Planziel sicher waren, sollte Theo Wuttke im Rahmen des Festprogramms offiziell geehrt werden; doch als es soweit war, kamen in Frankreich Bedenken auf, weil sich bereits das Ende des zur Selbstfeier bereiten Staates abzeichnete.

Nur so können wir uns die Übergabe des winzigen Kästchens erklären, die bei einer vormittäglichen Bootsfahrt stattfand, als die kniende Enkeltochter den sitzenden Großvater dekorierte und ihm sogar eine Urkunde übergab, die allerdings nur durch Madeleines Handschrift und von keinem Behördenstempel beglaubigt war.

Jedenfalls trug Fonty seitdem am linken Revers seiner Jacke bei besonderer Gelegenheit ein kleinfingernagelgroßes Ordensband. Wenn wir ihn nach der Bedeutung des signalroten Tupfens fragten, schwieg er vielsagend oder redete sich auf den Maler Corot heraus, in dessen grünen Bildern stets und raffiniert versteckt ein Blutstropfen zu fin-

den sei; allenfalls sagte er: »Die Compagnons de la Résistance glaubten, meine Vortragskunst auszeichnen zu müssen. Doch diese Fähigkeit wurde schon früh im Tunnel über
der Spree gelobt, etwa von Merckel, als ich mit balladeskem
Ton den Tower in Brand steckte und die versammelten Tunnelbrüder von der in Versen angezettelten Feuersbrunst
nicht genug hören konnten. ›Da capo‹, riefen sie; wenngleich das Feuer, wie wir wissen, dem Tower nichts anhaben
konnte . . . «

Was noch alles im Boot erzählt, berichtet oder nur leichthin
zwischen Heck und Ruderbank geplaudert wurde, hörten
wir nicht. Nur einmal, als Madeleine ihren Großvater wieder in Ufernähe ruderte, schnappten wir Wortfetzen auf,
die auf »Irrungen, Wirrungen« schließen ließen. Von einer
Kutschfahrt durch die Hasenheide zum Friedhof und von
Immortellen auf dem Grab der alten Frau Nimptsch war die
Rede. Später parodierte Madeleine die dumme Käthe: »Ach,
das ist zu komisch . . . der Laubfrosch!« Und Fonty rief den
Schlußsatz des Romans: »Gideon ist besser als Botho!«
    Seine Stimme trug auf dem Wasser. La petite wiederholte
diese Behauptung, woraufhin Großvater und Enkeltochter
zweistimmig lachten und sich Madeleines eigentlich kleiner
Mund zu clownesker Größe weitete. Dann riefen sie abwechselnd oder gleichzeitig: »Gideon ist besser als Botho!«
Mal klang das lustig, mal verzweifelt, schließlich sogar höhnisch. Immer wieder, als müsse ein Urteil gefällt oder das
Schicksal als unabwendbar beschworen werden, riefen
beide und bildeten mit den Händen Trichter: »Gideon ist
besser als Botho!« Bald kam von anderen Booten und von
der ans Ufer grenzenden Liegewiese Antwort: »Wer is besser? – Stimmt watt nich, Opa?«
    Wir begriffen sofort den weittragenden Doppelsinn dieser
abschließenden Wertschätzung. Madeleine Blondin hatte
sich zwar geweigert, wie Lene Nimptsch eine zweite Wahl zu

reffen, vielmehr ist sie mit ihrer abgekapselten Liebe in den Cevennen einsam geblieben; doch ihre Tochter Cécile flüchtete, kaum war sie knapp siebzehnjährig der Mutter aus bergiger Einöde entlaufen, nach Montpellier und in die Ehe mit einem Automechaniker namens Gilles Aubron, der, beträchtlich älter als sie, dem Cevennenkind Halt gab und ihm proletarische Prinzipientreue versprach. Später, mit eigener Werkstatt, kam sogar ein wenig Wohlstand zusammen.

Als das einzige Kind dieser offenbar glücklichen Ehe davon seinem Großvater beim Rudern erzählte und ihm ein streng behütetes Familienleben bis hin zu Tischsitten und Sparvorschriften ausgemalt wurde, hörten wir ihn eher halblaut als weithallend sagen: »Jaja. Selbst ein Gilles ist wohl besser als ein Théodore.«

Danach wechselten sie den Platz. Ganz schnell ging das, leichtfüßig. Sobald sich Fonty wie ein gelernter Ruderer in die Riemen legte, rief Madeleine: »Bravo, Großpapa!« Mit hochgezogenen Knien, die sie umklammert hielt, hockte sie auf der Heckbank und zeigte uns ihren spitzen Nasenwinkel. Der rudernde Greis mochte inwendig an einem Vierzeiler arbeiten, der später in einem Brief an seine Tochter Martha in Reinschrift stand:

Wir haben uns in einem Boot gefunden,
    das schon auf frühem Wasser leichte Liebe trug.
Nun zählen wir die nachgelaßnen Wunden,
    das Herzeleid – und was uns sonst noch schlug.

Erst als der Großvater alle Reime beieinander hatte und ihm, wie er sagte, »nach einem Cognac zum Kaffee war«, ruderte er seine Enkeltochter, die, wie sie sagte, »ein richtiges Bier zischen« wollte, in Richtung Anlegesteg und Terrassen-Café, wo ich schon unter Kastanien saß, bei einer Selters und, abgewendet, mit Notizen beschäftigt. La petite trank noch ein zweites Bier.

431

Waren schön anzusehen, die beiden, nun unterwegs: der mit Stock ausschreitende Greis und das schritthaltende Mädchen, seine siebzig, ihre zweiundzwanzig Jahre, er rüstig im knittrigen Leinenanzug, sie zierlich in ihrem Blau in Blau geblümten Hänger versteckt, sein in der Mittagssonne loderndes Weißhaar, ihr dunkler, von keinem Kamm zu glättender Strubbelkopf, Großvater und Enkeltochter auf städtischem Pflaster – wir hinterdrein.

Vom Alexanderplatz, wo sie den Fernsehturm mit Rundblick von oben für später aufsparten, zum Palast der Republik, der von Amts wegen – asbestverseucht! – geschlossen war, über die Französische Straße am Dom vorbei, rechts ab in die Glinka-, links ab in die Behrenstraße, wo die stolze Frau von Carayon mit wenig ansehnlicher Tochter gewohnt hatte und der Schönling Schach von Wuthenow in die Ehefalle getappt war; Fonty hielt im Vorbeigehen einen Vortrag über die Macht des Ridikülen. Und nun übers letzte Stück der Otto-Grotewohl-Straße zum Pariser Platz, wo Max Liebermann sein Atelier gehabt hatte, und dann durchs große Tor der diesmal nicht zitierten Einzugsgedichte, auf dem die Quadriga, weil nach Jahresbeginn in Reparatur, fehlte; die beiden gingen auf den Tiergarten zu.

Gegenüber dem Sowjetischen Ehrenmal, zu dem als mittlerweile verjährtes Siegessymbol naturgetreu ein Panzer gehörte, bogen sie links ab. Er führte sie auf altbekannten Wegen. Sie henkelte sich bei ihm ein, ließ wieder los, hüpfte mit tänzelndem Wechselschritt mädchenhaft voraus, um als junge Frau abermals seinen Arm zu suchen. Er wies erklärend und mit knappen, manchmal wegwerfenden Gesten

auf Denkmäler und Skulpturengruppen. Sie gab vor zuzuhören.

Der beginnende Herbst bestimmte dem Tiergarten die
Farbe, doch die Kastanien wollten noch immer nicht fallen.
Vorbei an Friedrich Wilhelm III., dessen jeden Satz zu Klein-
holz hackende Redeweise wir nachzuahmen gelernt hatten,
aber Fonty war besser: »Wollen hier gnädigst geruhen...
Oder bevorzugen Blick auf Luise...Dort Bänke genug...«

Nein, sie mußten sich nicht verschnaufen. Erst als sie auf
dem Großen Weg und dann auf Nebenwegen die schönste
Aussicht zur Rousseau-Insel fanden, wollte Madeleine neben
ihrem Großvater und auf dessen Lieblingsbank sitzen. Mit
ihm vergnügte sie sich an den Kunststücken des Haubentauchers, der mal weg, mal da war, unverhofft, plötzlich, nach
Lust und Laune; und nach jedem Auftauchen triumphierte
seine elegante Frisur unbeschädigt. Madeleine rief: »Bravo!«

Auch das brachte Spaß: auf einer Bank zu sitzen und allen
Vorbeigehenden, unter ihnen Türkenfamilien, ältere Damen
und dann und wann ein keuchender Jogger, teils witzig, teils
boshaft nachzureden. Zwischendurch plauderte er über
Schottland und das schottische Clanwesen, und sie nahm
ihren reiselustigen Großvater übers Kalkgestein der Cevennen mit, bis hin zum verriegelten Haus der Großmutter, auf
dessen kühler Schwelle Abend für Abend eine Erdkröte wartete. Madeleine hatte den Schlüssel, Madeleine wußte, wo
Pilze standen, Madeleine war, wie ihre Mutter, ein Cevennenkind.

Sie fragten einander ab, wollten alles genau, noch genauer
wissen. Welche technischen Voraussetzungen für die Lesungen im Ruderboot notwendig gewesen seien. »Und die Geräusche des Wassers, die Vögel im Mai, die vielen Frösche?«

Ob man bei den Tonbandaufnahmen immer zu dritt gewesen sei. »Hat denn grand-mère überhaupt etwas von Ton-
technik verstanden?«

Wer den Vorschlag gemacht habe, für den Partisanensender aus den Kapiteln des Buches »Kriegsgefangen« zu lesen. »Waren Sie das, Großpapa, der die deutschen Soldaten an Schillers Jungfrau erinnern wollte?«

»Nein, mein Kind, Jean-Philippe bestand darauf, daß ich von Domrémy bis zur Festungsinsel Oléron keine Station ausließ. Und die Stimmen der Natur störten überhaupt nicht. Habe sogar bei meinem Lesevortrag einem unermüdlichen Kuckuck zwischen den Sätzen Platz eingeräumt.«

Danach die Frage nach dem Verrat: Wer hatte geplappert? Eine der Schwestern? Und wer kam nachts? Gestapo oder Gendarmerie?

Die leisen Antworten: Wie Madeleine Blondins Bruder im Gefängnis Mont-Luc von deutscher Hand zu Tode kam. Wie von der Partisanengruppe, außer Madeleine, niemand übrigblieb. Wie Ende August das Gefängnis gestürmt und die noch Überlebenden befreit wurden. Wie Madeleine Blondin, weil entlastende Zeugen fehlten – alle tot, Théodore weggelaufen –, kahlgeschoren und im Schandhemd durch die Straßen von Lyon getrieben wurde, weil sie von einem deutschen Soldaten schwanger war.

Später, als sie einsam in den Cevennen saß, hat man sie sogar der Verräterei verdächtigt. Und erst der Barbie-Prozeß brachte – »zu spät für grand-mère« – beiläufig an den Tag, wieviel Unrecht sie hat erdulden müssen. »Bien sûr, ich habe nicht lockergelassen, bis alles aufgeklärt war und sie in allen Zeitungen eine Heldin genannt wurde. Ja, auch den Orden für meinen lange verschollenen Großvater habe ich beantragt und alles durchgeboxt, als sich die KPF wieder mal querstellte. Erst nach der Maueröffnung wurde die Übergabe bewilligt. Jedenfalls glaubte ich mich für eine kleine Zeremonie befugt. Nein, ich bin nicht Parteimitglied, obgleich das in meiner Familie Tradition ist. Eher verstehe ich mich als Trotzkistin, aber was das bedeutet, der wahre

Kommunismus, das weiß ich immer noch nicht; vielleicht steht es mit dem wahren Christentum ähnlich...«

Sie saßen lange auf Fontys schattiger Lieblingsbank. In ihrem Rücken stritten Vögel um überreife Holunderbeeren. Wie immer, wenn vom Kommunismus die Rede war, kam Fonty auf das liegengebliebene »Likedeeler«-Projekt des Unsterblichen, das er im Balladenton als Epos gestalten und – wenn möglich – vollenden wollte: »Der Seeräuberei beschuldigt, nannten sie einander Gleichteiler, bis zum Schafott...«

Doch Madeleine deutete auf das rote Ordensbändchen, das sie dem Großvater angesteckt hatte, und sagte: »So etwas kann man nicht teilen. Nicht jeder macht sich verdient. Ich bin sehr stolz auf meinen Großpapa.«

Fonty wehrte sich ein wenig: »Hab nur vorgelesen und wußte nicht mal genau, für wen, war kein Held!« Zu diesem Eingeständnis machte er ein amüsiert verlegenes Gesicht.

Eine Weile sahen sie nur dem Haubentaucher zu. Und weil dieser Wasservogel das Prinzip des Untertauchens so anregend verkörperte, waren sie bald wieder in den Cevennen, bei den Hugenotten und Hugenottenkriegen, mithin bei den flüchtenden Glaubensgenossen der calvinistischen Lehre, die sich mal hier, mal dort versteckt halten mußten. Und schon wartete das verriegelte Haus der Großmutter, hinter dem auf rundem Hügel ernsthaft in Reihe Zypressen standen, abermals auf Besuch: »Ein solches Refugium könnte Ihnen gefallen, grand-père. Dazu die Weite, diese Leere, in der man sich leicht verlieren kann. Übrigens waren alle Blondins, selbst wenn sie sich für gläubige Kommunisten hielten, streng reformiert, und die Aubrons sind es noch immer, sogar ich ein bißchen.«

Dann gingen sie. Großvater und Enkeltochter nahmen den Rückweg in Richtung Königin Luise und weiter zum Kemperplatz. Hier, nahe der gleich einem gestrandeten Schiff hochragenden Philharmonie, doch immer wieder behindert und aufgehalten vom vielspurigen Verkehr, hätten wir sie beinahe verloren, wenn uns nicht sicher gewesen wäre, daß Fonty nur eines im Sinn haben konnte: Er wollte die Stelle finden, an der, nach früherem Verlauf der Potsdamer Straße, das dreistöckige Johanniterhaus 134 c gestanden hatte. Nahe der Rückfront der Staatsbibliothek, etwas mehr als hundert Meter von der Eichhornstraße entfernt, wies er auf einige übriggebliebene Linden. Sonst war da nichts, nur ein umzäuntes Übungsgelände, auf dem ein Züchterverein Hunde dressierte. Gebell, Kommandos, Staub, Ödnis und in ihr einige Großbauten von imposanter Verlorenheit. Hier hatten sie nichts zu suchen.

Wohl deshalb schlug er seiner Enkeltochter einen kleinen Selbstbetrug vor – er sprach von »zwinkernder Wahrheit« – und rief, als er sie die Potsdamer Straße hoch bis in Höhe einer Bolle-Filiale und einer breitflächigen Videothek führte: »Hauptsache, die Hausnummer stimmt!«

Nach neuer Numerierung lag der Gebäudetrakt 134 c zwischen Foto Porst und der Bülow-Apotheke. Unansehnliche Neubauten der Nachkriegszeit, denen einzig mit Hilfe einer historischen Adresse Bedeutung aufgeschwatzt werden konnte. Welch ein Unsinn, nach unserer Meinung; doch Madeleine spielte mit und ließ sich von Fonty leicht überzeugen: »Mögen meine Fußnotensklaven ihr papiernes Lächeln aufsetzen, ich sage: ein erlaubter Trick. Schloß Wuthenow und die Tempelhofer Kirche hat es auch nie gegeben. So verhält es sich mit der Literatur. Die Dichtung darf alles. Selbst Täuschung, wenn sie nur glückt, ist erlaubt. Deshalb ist jeder Hochstapler novellistisch angesehen ein Gott – und nur im übrigen ein Scheusal. Jedenfalls fällt uns zu 134 c mehr ein als bloß ledernes Archivwissen.«

Auf der gegenüberliegenden Straßenseite standen beide so gedankenverloren, als könne der Verkehr und dessen

Gebrüll sie weder stören noch in die Gegenwart zurückrufen. Fonty wies mit ins Leere greifender Geste auf alles, was sich herbeispekulieren ließ, und belebte sogleich den nichtssagenden Neubau: »Und hier, mein Kind, stand nach unserer zwinkernden Übereinkunft das Haus des Brandenburgischen Johanniterordens mit der Mansardenwohnung im dritten Stock, dem Vorgarten und dem Balkon überm Hauseingang, dem Klo auf dem Hof. War damals schon reparaturbedürftig. Wurde gegen Ende der zwanziger Jahre abgerissen. Nichts erinnert daran. Die in Berlin übliche Barbarei. Zugegeben: Wir wohnten beengt. Waren froh, als die Söhne außer Haus waren. Metes Kammer mitgezählt, vier Zimmer nur. Doch hier, soviel sei behauptet, wurde mit schwer verkäuflichen Büchern, dicken wie dünnen, der Unsterblichkeit das Fundament gelegt. Anno zweiundsiebzig, bald nach der Gefangenschaft und der zweiten Frankreichreise, kaum war der Alexis-Essay im Vorabdruck raus, kam es – am 3. Oktober übrigens – zum Einzug. Vorher mußte immer wieder die Wohnung gewechselt werden. Nach der Rückkehr aus London hausten wir in der Potsdamer 33, dann in der Tempelhofer 51. Nach dem ersten Wanderungsbuch hieß die eher miese Adresse Alte Jacobstraße. Umzug nach Umzug. Nur ein halbes Jahr später war in der Hirschelstraße der erste Roman in der Mache. Das schleppte sich hin, denn erst gut fünfzehn Jahre später kam ›Vor dem Sturm‹ hier, da oben etwa, in dem Mansardenloch zum Schlußpunkt. Und dann, Kind, ging es erst richtig los, kaum war der Sekretärsposten bei der Akademie abgeschüttelt. Da drüben – aber auch in der Sommerfrische oder allein in Klausur, zum Beispiel in Hankels Ablage – ist eines alten Mannes späte Ernte eingefahren worden: vom ›Schach‹ bis zum ›Stechlin‹. Mal floß es nur so, dann wieder drippelte es mäßig. Oft quälte mich stundenlanger Nervenhusten. Reizte mich kolossal, wenn die Familie ›unsere traurige Lage‹ bejammerte. Und dann die Kritik. Eine Kette von Kränkungen. Schrieb an meinen Verleger Hertz: ›Immerhin, 510 Exemplare auf 60 Millionen Deutsche verkauft . . .‹ Jedenfalls lagen vor gut hundert Jahren ›Irrungen, Wirrungen‹ vor. Und grad war ›Stine‹, mein bleichsüchtiger Liebling, erschienen, da kam in zwölf Bänden die erste Werkausgabe heraus, obgleich ja das Wichtigste noch im Tintenfaß steckte. Schon nächstes Jahr kann ›Unwiederbringlich‹ ein rundes Jubiläum feiern. Damals war die Treibelsche, deren Bagage übrigens ganz von heute sein könnte, im Manuskript so gut wie fertig. Ach, Kind, das alles kam hier, wo nichts geblieben ist, mit immer kürzer werdendem Blei zu Papier. Die Politik blieb draußen, kroch aber durch alle Ritzen. Nein, ging nicht zur Reichstagswahl, und nie haben wir auf Bismarcks Geburtstag geflaggt. Der Jude Neumann, uns gegenüber, auch nicht. Schrieb an Brahm oder Friedlaender: ›Arm in Arm mit Neumann fordere ich mein Jahrhundert in die Schranken!‹ Dann kam die Krankheit. Begann mit Effi. Gehirnanämie, sagten die Ärzte. Alles Mumpitz, diese Elektroschocks in Breslau. Endlich brachten die ›Kinderjahre‹ Heilung. Verkaufte sich gut, nicht nur auf dem Weihnachtsmarkt in Swinemünde. Aber was heißt schon gut: zweite Auflage. Gleich drauf ›Effi‹ zum Schluß gebracht. Aus einem Guß. Meine Emilie kam mit dem Abschreiben kaum nach. Denn bevor ›Effi‹ als Buch auf die Reise ging und erstaunlich viele Liebhaber fand, klopfte schon der alte Stechlin an, der aber gar nicht so alt war. Jedenfalls zählte er weit weniger als dazumal ich . . . Doch jetzt, Kind, muß ich mich setzen.«

Fonty ließ seine auf ein Phantom weisende Hand sinken. Sogleich erschlug der Lärm des nachmittäglichen Verkehrs allen herbeigeredeten Zauber. Madeleines Fragen, die wissenschaftlich korrekt zurechtgelegt waren, beantwortete er in einem nahen Café, das überdies »Imbißstube« hieß. Am Fenster fanden sie einen Zweiertisch und bestellten Tee, der ihnen vom Wirt, einem mürrisch hinkenden Invaliden, in Papierbeuteln zum Ziehenlassen serviert wurde, dazu einen Weinbrand.

Fonty wirkte ein wenig erschöpft. Madeleine versuchte, kein besorgtes Gesicht zu machen. Doch als die Enkeltochter des Großvaters Hand, natürlich die Schreibhand, zu streicheln begann und mit gleich zärtlicher Stimme »Darf ich fragen?« sagte, nickte er: »Frag nur, Kind, frag . . . Hoffentlich verwechsel ich nichts . . . Denn nicht das Vergessen, sondern das Verwechseln ist das Allerschlimmste, wenn man Moltke sagt, aber Bismarck meint oder umgekehrt . . . «

Aber Madeleine Aubrons Fragen waren nicht auf Politisches oder das preußische Militärwesen erpicht. Zweieinhalb Stunden lang saßen sie in der Imbißstube, schräg gegenüber der besonderen Hausnummer. Sie hätte besser uns befragen sollen, denn als sie nach den »Poggenpuhls« zu forschen begann, genauer, die Funktion der wenigen Möbel in der Wohnung der verarmten Adelsfamilie erklärt haben wollte, wäre das Archiv mit breiterer Antwort dienstbar gewesen; Fonty nannte das dürftige Mobiliar einen »standesgemäßen Armutsspiegel«.

Wir hätten ihr eine kommentierte Inventarliste vorlegen können. Und wäre dieses Gespräch, wenn schon nicht im Archiv, dann in der Kollwitzstraße und also in der guten Stube der Wuttkes, die wir den »Poggenpuhlschen Salon« nannten, geführt worden, hätte Fonty angesichts des »Trumeau« anschaulicher geantwortet; aber nein, es mußte die Imbißstube in der Potsdamer sein und ein wackliger Zweiertisch.

Dann ging es um die späte Ballade von den »Balinesenfrauen auf Lombok«, danach um Quellenmaterial allgemein und insbesondere für »Effi Briest«.

Wir hätten vielleicht zu kühl und distanziert geantwortet; denn Madeleine fragte so unmittelbar beteiligt, als sei ihr persönlich – und gestern noch – der Zeitungsärger wegen des Einspruchs holländischer Kolonialherren widerfahren und als habe ihr erst kürzlich der Unsterbliche vom Fall jener Elisabeth von Ardenne erzählt, die zum Modell getaugt, aber die Veröffentlichung des Effi-Romans bis in die fünfziger Jahre des folgenden Jahrhunderts überlebt hatte.

Nicht ohne Neid müssen wir anerkennen, daß die Enkeltochter vom Holze des Großvaters war. Wie er, so hatte auch sie keine Mühe, aus anderer Zeit und wie vorgestrig zu sein. Sie entsprachen einander eingespielt und hätten unsereins kaum bemerkt; nein, wir vom Archiv wären fehl am Platz und womöglich für kindische Eifersucht anfällig gewesen, wenn wir das Paar so eng beieinander gesehen hätten.

Zudem hat Fonty mit Effis Vorbild, jener steinalten Elisabeth von Ardenne, einen jahrelangen Briefwechsel geführt, dessen Beginn der im Arbeiter- und Bauern-Staat forschende Physiker Manfred von Ardenne vermittelt haben soll. Fonty schwärmte sogar von Begegnungen während einer Zeit, in der man noch mit dem Interzonenpaß reisen durfte. Damit konnte das Archiv nicht konkurrieren. Madeleine war froh, von Elisabeth als einer überlebenden Effi zu hören; das Leben schien gnädiger als die Literatur zu sein.

Als ihr der Großvater von einem Vortrag berichtete, den er zum Thema »Quellenmaterial und Fiktion« für den Kulturbund gehalten hatte – »Das muß im Dezember fünfundsechzig, gleich nach dem elften Plenum gewesen sein, als wieder einmal die Literatur auf Parteilinie gebracht wurde« –, räumte er ein, in »Irrungen, Wirrungen« den Fall der Lene Nimptsch quellengetreu verwendet zu haben: »Beide, das Original und der literarische Abklatsch, durften überleben; doch Effi war nicht zu retten, es sei denn, sie hätte die Crampas-Briefe verbrannt . . . «

»Aber nein, Großpapa, dann hätten wir ja nichts zum Weinen gehabt!« rief Madeleine. »Und hätten Sie nicht originalgetreu gedichtet, wäre Lene womöglich aus Kummer gestorben. Ein ganz unnatürliches Ende! All die vielen Motivverkettungen wären umsonst oder, wie man sagt, für die Katz gewesen, und meine Magisterarbeit wohl auch, denn ich schreibe über kunstvolle Verknüpfungen von Motiven, zum Beispiel über den Immortellenkranz, das offene Ofenfeuer, die wiederholten Ruderpartien. Das gefällt mir sehr, weil es immer Nebensächlichkeiten und keine dicken Leitmotive sind. Verzeihen Sie, Großpapa, wenn ich Sie daran erinnere, wie Lene auf Bothos Wunsch – noch bevor sie in Hankels Ablage in einem Zimmer übernachten – den Wiesenblumenstrauß mit ihrem aschblonden Haar bindet, später jedoch, gegen Schluß, das getrocknete Sträußchen mit Lenes Briefen vom dummen Botho verbrannt, einfach zu Asche verbrannt wird. O ja! Da hab ich geweint, Großpapa. Richtig weinen mußte ich, wenn ich grand-mère in den Cevennen besucht und ihr vorgelesen habe. Könnte ich auch jetzt noch, darüber weinen...«

Als sie gingen, trennten sie sich bei der nächsten S-Bahnstation; aber anderntags war Fonty wieder mit Madeleine unterwegs. Das Wetter hielt sich. Es waren die letzten Septembertage. Immer wieder der Tiergarten, die Lieblingsbank. Häufig liefen sie Unter den Linden rauf runter, und sei es, um die Stelle zu finden, wo die hochnäsigen Offiziere vom Regiment Gendarmes zu Zeiten Schachs eine verschwenderisch große Ladung Salz gestreut hatten, um auf dem Salz – bei sommerlicher Hitze – eine Schlittenpartie vorzutäuschen.

Dann besuchten sie den Französischen Dom und im Turmhaus das Hugenottenmuseum, darin in einem verglasten Schrank die Belagerung von La Rochelle, woanders die gipserne Totenmaske Heinrichs IV., zwei Kacheln aus den Cevennen, die das Hugenottenkreuz abbildeten, viele Stiche und Bilder, unter ihnen Chodowiecki-Radierungen, die schreckliche Bartholomäusnacht und das berühmte Gemälde, auf dem der Große Kurfürst die Réfugiés empfängt, ferner ein Stadtplan der Handelsstadt Lyon, eine kaputte Harfe, eine Blechdose für die Kollekte und Sanduhren für die Prediger der calvinistischen Gnadenwahl zu bewundern waren.

Und auch dorthin führte ein Stadtbummel das Paar: Sie fuhren mit der Straßenbahn bis zur U-Bahnstation »Stadion der Weltjugend«, die später schlicht »Schwartzkopffstraße« heißen sollte, um den nahegelegenen Friedhof der französischen Domgemeinde zu besuchen. Außer dem Grab des Unsterblichen war in Resten die Grenzmauer sehenswert, besonders dort, wo sie immer noch ungebrochen den katholischen Friedhof der St.-Hedwigs-Gemeinde einengte.

Lange standen sie dem restaurierten Grabstein gegenüber, vor den Madeleine einen Kranz getrockneter Immortellen legte, den sie für diesen Zweck mitgebracht hatte. »In Frankreich sind diese Strohblumen noch üblich.« Andere, teils frische, teils welke Gebinde lagen vor dem Stein mit den beiden Namen. Ein windiger Tag. Staub flog vom Ödland auf, das bis vor kurzem todsichere Grenze gewesen war.

Was immer sie zu sagen hatten, soviel stimmt: Großvater und Enkeltochter sprachen – er sarkastisch, sie mitfühlend – über Emilie, geborene Rouanet-Kummer, sowie über die einerseits schwierige, andererseits haltbare Ehe des Unsterblichen, doch vermied Fonty, sein bürgerliches Familienleben in Vergleich zu bringen, wie er im Programm weiterführender Stadtbesichtigungen die Wuttkesche Wohngegend mit Bedacht aussparte.

Zwar besuchte er mit Madeleine das Haus der Ministerien, fuhr mit ihr im Paternoster auf und ab und sogar über die Wendepunkte hinweg, doch nie liefen sie die Schönhauser Allee hoch, nie besuchten sie den Kollwitzplatz, und nie hat er seine Enkeltochter an der ehemaligen Schultheiß-, nun Kulturbrauerei vorbei bis zu den Offenbach-Stuben geführt und sie dort zu einem Glas Wein eingeladen.

In keine der Szenekneipen führte er sie. Wir hätten uns anbieten und ihr aus unserem Halbwissen einige mehr oder weniger poetische Spitzelgeschichten flüstern können, doch wohlweislich hielten wir uns zurück; das Archiv durfte nicht ins Gerede kommen.

So erklärt sich, daß Fonty und seine Enkeltochter nur bis zur Volksbühne am Rosa-Luxemburg-Platz gelangt sind. Dort wurde er sogleich wieder historisch. Und Madeleine beschwichtigte ihre Neugierde. Nur beiläufig hat sie nach dem Prenzlauer Berg und dessen kulturpolitischer Bedeutung gefragt: »Man liest soviel Häßliches darüber. Lauter Dinge, die ich nicht glauben mag. Diese vielen Verdächtigungen, Großpapa, ist da was dran?«

Fonty wußte Antwort: »Niemand war sich auf dem Prenzlberg seiner selbst sicher.«

Sein Eheleben blieb unbefragt. Alles, was Wuttke hieß, kam nicht vor, selbst Martha und Marthas Hochzeit nicht. Andererseits war Madeleines Verhältnis zu einem verheirateten Professor dem Großvater keine Frage wert, wenngleich er ahnte, daß seine Enkeltochter in Paris in etwas verstrickt war, das ihm die Studentin, die nur selten und dann neutral von ihrem Professor sprach, als »schwierige Beziehung« angedeutet hatte.

Wir wußten mehr; doch woanders war der Groschen noch schneller gefallen.

»Mein Gottchen!« rief Emmi. »Wie soll ich nichts merken, wenn mein Wuttke, kaum sind wir von der See zurück, rudern geht jeden Tag. Und immerzu sagt er, daß das gesund ist. Anfangs hab ich noch geglaubt, da is nich viel hinter – aber dann? Wie er nu anfing, über Rudern im großen und ganzen zu reden und was darüber bei seinem Einundalles steht, da hab ich gedacht: Das is wie früher, nein, ganz zu Anfang, als er aus Gefangenschaft kam und ganz runter war, auch wenn er noch so groß geredet hat über die neue Zeit, die nu anbricht. Na, über Aufbau und sozialistische Gesellschaft, weil nu endlich die Arbeiterklasse... Jedenfalls waren wir da schon verlobt, seit einundvierzig schon, aber nich verheiratet, weil ja mein Wuttke nich da war, als unser Georg kam. Wie er aber nu nachem Krieg wieder da war, hab ich gedacht: Da muß was im Busch sein. Schon seine Briefe, die noch bis Sommer vierundvierzig mit Feldpost kamen, waren ziemlich komisch, noch komischer als sonst. Hab die ja leider alle verbrannt, als ich mal richtig Wut hatte, weil er sich vom Kulturbund nich hat anstellen lassen, als Kreissekretär in Oranienburg, Neuruppin sogar, von mir aus in Pasewalk. War aber nich. Auf keinen Fall, hat er gesagt. Da konnt ich zehnmal sagen: Wuttke, so geht das nich weiter. Und da hab ich, als er den Kulturkrempel hingeschmissen hat – tut mir ja leid –, die Briefe alle einfach im Küchenherd... Bestimmt über dreißig oder mehr... Aber ich hab gleich gemerkt: Da stimmt was nich, wenn er von Ruderpartien in Frankreich redet und immer diese Lene aussem Roman im Boot hat. Was wollt er damit sagen, wenn er schreibt: ›Auf Frankreichs Flüssen und Seen kann man auch rudern?‹ Mit wem, hab ich mich gefragt. Und was macht er da unten so lang, in Lyon, wo er doch meistens über die Gegend vom Atlantikwall, über die vielen Bunker und ganz zum Schluß bißchen übern Endsieg geschrieben hat. Kam ja ab Mitte vierundvierzig nix mehr von ihm für die Reichsluftfahrt, so daß ich gedacht hab: Jetzt hat ihn die Invasion erwischt. War aber nich. Saß ganz gemütlich in Lyon und Umgebung. Soll ja schön sein da unten. Und als er dann kam endlich, abgemagert, ziemlich zittrig und ›nervenpleite‹, wie er das nennt, hab ich nich viel gebohrt. Wollt es nich schlimmer machen, als es schon war. Na, mit unserm Georg allein . . . Und all die Bombennächte . . . Und nischt zu heizen . . . War aber man gut, daß wir bei meiner Tante Pinchen zwei Zimmer hatten und geheiratet haben, bevor sie starb, damit wir die Wohnung für uns behielten, und weil nu unser Teddy kam. Da war sein französisches Andenken, na, was vom Rudern übriggeblieben war, schon anderthalb, bißchen jünger als unser Georg. Hätt er mir ruhig sagen können, daß da was passiert is vielleicht. Genau, hat er ja och nich gewußt, was nachkam. Ich hätt ihn trotzdem geheiratet, meinen Wuttke. Aber nein, der muß immer alles unter der Decke halten, bis es schlimmer und schlimmer wird. Sie kennen ihn ja. Forsch doch mal nach, hätt ich gesagt, bestimmt, wenn er mir nur ein Sterbenswörtchen geflüstert hätt. Aber die Mutter hat sich och nich gerührt. Is ja verständlich, wo in Frankreich erst mal alles gegen uns Deutsche war und das arme Luder – die war so jung wie ich damals im Krieg – sicher paar schlimme Jahre durchgemacht hat, weil sie mit nem deutschen Soldaten . . . Hätt ja bestimmt Ansprüche gehabt, denk ich mal, auf Alimente. Vielleicht hat sie gedacht: Der ist tot. Oder sie hat nur im Westen gesucht und nich bei uns, weil wir sozialistisch waren. Oder weil sie nix aufrühren gewollt hat von damals. Oder sie hat jemand gekriegt und hat heiraten gekonnt. Wär ja möglich gewesen paar Jahre später. Oder sie hat ihren Stolz gehabt. Kann ich verstehn sogar. Und das Kind, als es älter wurd, wollt davon sowieso nix wissen, aus Trotz nämlich. Is mir och so gegangen, denn mein Vater, der in Oppeln meine Mutter geheiratet hat, war gar nich mein richtiger Vater, aber herzensgut war der. Nur darauf kommt's an. Nee, bin keine geborene Hering. Und wenn Sie mich fragen, wer nu mein richtiger Vater gewesen is, kann ich nur sagen: Klavierlehrer war der und:

445

Schwamm drüber! Wer weiß, was die Mutter, na, die in Frankreich, dem Kind später erzählt hat: nix oder die Hälfte nur oder was Falsches, wie meine Mutter, die immer drumrumgeredet hat, wenn ich gefragt hab. Und nu kommt auf einmal, kaum is die Mauer weg und kein Kommunismus mehr, sein Enkelkind und sagt: Hoppla, da bin ich! Jedenfalls hat er das so erzählt. Nein, nich am Küchentisch morgens und och nich freiwillig und von sich aus. Da hätt ich noch lange warten gekonnt. Erst als ich ziemlich mißtrauisch wurd, hab ich zu ihm gesagt: ›Na, Wuttke, nu krieg ich richtig Lust, mit dir bißchen zu rudern.‹ Da wollt er nich, och wenn er anfangs, als das mit der Ruderei losging, gewollt hat. Da wollt ich nich, stimmt. Aber nu hab ich nich lockergelassen: ›Los, Wuttke! Wir beide in einem Boot. Das will ich erleben, bevor die Einheit kommt, kommt ja bald.‹ Und paar Tage vorher sind wir denn och, eh das losging mit dem Glockengeläute, mit der S-Bahn bis Bahnhof Zoo und dann zum Lützowufer am Landwehrkanal lang und denn rüber über die Brücke innen Tiergarten rein. Haben och gleich ein Boot gekriegt. Ein Bombenwetter. Und ich hab gerudert, weil er nich gewollt hat. Immer am Ufer lang und im Kreis. War richtig schön. Die vielen Enten und paar Schwäne sogar. Und überall junge Leute, die och gerudert haben. Sah bestimmt komisch aus: wir zwei Alte. Aber mein Wuttke hat kein Wörtchen gesagt, immer nur rumgedruckst. Und als er dann endlich – wir waren grad mitten auffem See, und ich hatt die Ruder reingenommen, um mich zu verpusten ein bißchen – auf einmal den Mund aufgemacht hat – ›Was ich noch sagen wollte, Emilie...‹ –, da wußt ich Bescheid. Denn wenn er Emilie und nich Emmi zu mir sagt, kommt meistens was Schlimmes. Naja, eigentlich hat er mir leid getan, wie er so schluckte und sein Adamsapfel immer rauf runter. ›Mußt gar nich viel sagen, Wuttke‹, hab ich gesagt. ›Da is was nachgekommen von früher, stimmt's?‹

Und schon hat er bißchen gelächelt und dann drauflos geredet, wie er so redet immer, Sie kennen ihn ja. Erst von dem jungen Ding, na, dem Enkelkind, dann gleich vom Krieg und was in Lyon damals los war, einfach schrecklich alles. Und warum er das rote Dingsda an der Jacke hat nu, nein, nich wegen Kommunismus, sondern für echte Verdienste. ›Aber glaub bloß nicht, daß ich ein Held war!‹ hat er gerufen. Und dann hat ihm natürlich sein Einundalles wieder mal in die Suppe gespuckt, weil ihn nämlich diese Marlen – sein Enkelkind nennt sich och so – an ne gewisse Romanfigur, nämlich an diese Lene Nimptsch, erinnert hat. Und daß die Vorgeschichte von dieser Lene bis nach Dresden und in die damalige Revolution zurücklangt, wo sie Freiheitslieder gesungen und auf der Elbe gerudert haben. Doch als mein Wuttke nur noch von anno dazumal und rein gar nix mehr von seiner Kriegsbraut erzählen gewollt hat, da hab ich gesagt: ›Laß man gut sein, Wuttke. Ob inner Revolution oder im Krieg, da passiert vieles so nebenbei, was man nich gewollt hat. Hättste mir ruhig früher flüstern können, ich schluck sowas. Hab schon viel schlucken gemußt. Ob aber unsre Martha . . . oder wenn ich an Friedel denk, der so moralisch is . . . oder Teddy mit seiner Beamtenkarriere . . . Ich werd damit fertig. Und vielleicht is es besser so, wenn es erst jetzt rauskommt. Aber kennenlernen will ich die schon, die Marlen, dein Enkelkind, hab dich nich so . . .‹«

Emmi konnte kein Ende finden; und für uns war das von Interesse. Anfangs haben wir mehr aus Jux oder Gewohnheit, später mit Absicht gesammelt. Zu Zeiten der Arbeiter- und Bauern-Macht hatte uns das Archivwesen einen gewissen Halt gegeben, nun aber, seit Wegfall des Staates, wurden uns dessen Bestände fragwürdig. Mehr und mehr rutschten wir in Fontys Geschichte. Er war uns lebendiger als das in

Karteikästen gezwängte Original. Nicht nur ihm, seiner Familie gaben wir uns gefangen.

Und Emmi war froh, daß sie sich so offen aussprechen konnte. Seitdem ich bei Marthas Hochzeit den Trauzeugen abgegeben hatte, vertraute sie uns und besonders mir. Wer, außer uns, hätte ihr so geduldig zuhören wollen? In einer Zeit schnellen Wechsels waren wir, wenn nicht Teil der Familie Wuttke, dann doch deren Ohr und Ablage; selbst Nichtigkeiten haben wir aufgehoben, zum Beispiel, daß Emmi im Boot, als immer häufiger von Madeleine die Rede war, plötzlich »Wie einst, Lili Marlen!« gesungen hat, bestimmt, um Fonty, der schon wieder alles ganz leicht nahm, ein wenig zu ärgern.

Jedenfalls kam es zwei Tage später, am Nachmittag des 2. Oktober, zu einer familiären Kahnfahrt. Fonty hatte als Theo Wuttke eingeladen. Anfangs ging es ein wenig steif zu. Madeleine ruderte und behielt dabei mit schnellen, prüfenden Augen das Paar auf der Heckbank im Blick. Mal fixierte sie ihren Großvater, mal dessen Frau. Und wenn sie sich, sobald sie die Ruder durchgezogen hatte, leicht zurücklehnte, sah sie beide zugleich: Fonty verlegen gerührt, mit Neigung zu Triefaugen, dabei stocksteif, als hätte er, aller Widerrede zum Trotz, den berüchtigten preußischen Ladestock verschluckt; Emmi unbekümmert um ihre Fettleibigkeit, mit der sie weit mehr als die Hälfte der Bank belegte. Dabei war sie gar nicht verlegen, eher zeigte sie sich als Herrin der Situation. Er an den Rand gedrückt, sie überbordend, er wie ertappt, aber mit Haltung, sie ganz Ausdruck bedrohlicher Gutmütigkeit. Ein Bild, gerahmt als Ikone alles überdauernder Bürgerlichkeit: Herr und Frau Wuttke.

Und Mademoiselle Madeleine? Ihren schnellen Augen müssen wir nun einen leichten Silberblick nachsagen, der sich immer dann zum Schielen steigerte, wenn sie zum nächsten Ruderschlag ansetzte und sich vorbeugen mußte, bis ihr das sitzende Paar zu nah kam und so ihre sonst auf klare Sicht geschulten Augen verwirrte.

Viel sprach man anfangs nicht. So beladen der Kahn war, es fehlte die mittlere Generation; ausgespart blieben Fragen, die Fonty nicht zu stellen wagte, denn hätte er um Auskunft über das Befinden von Cécile Aubron, geborene Blondin, gebeten – »Und wie geht es deiner Mama, mein Kind?« –, wäre sein nachgetragenes Interesse allenfalls höflich nichtssagend bedient worden. Madeleine hätte von der sozialpädagogischen Tätigkeit ihrer Mutter in einem von der reformierten Kirche geführten Waisenhaus und andeutungsweise von Nervenkrisen der Mittvierzigerin – offenbar eine Erbanlage – berichten können, kaum mehr. Die ferne Tochter war nicht ins Boot zu holen, und wäre Madame Aubron mit von der Partie gewesen, hätte sie jede Annäherung ihres Vaters schroff abgewiesen, ihn womöglich beschimpft: Boche! Und Schlimmeres.

Deshalb schwieg Fonty, und Emmi, die gleichfalls schwieg, sagte uns später, weshalb sie so lange stumm geblieben sei: »Wollte meinen Wuttke bißchen zappeln lassen. Der sollte anfangen. Redet doch sonst gern.« Dann räumte sie ein: »Hab dann doch angefangen, aus reiner Gutmütigkeit. Irgendwer mußte ja ein Wörtchen riskieren.«

Plötzlich, als Madeleine die familiäre Fracht wieder in Ufernähe vorbeiführte, fragte Emmi die Ruderin nach der nicht abgeschlossenen Magisterarbeit, als interessiere sie deren Thema brennend: »Um was geht's denn da? Warste schon in Potsdam, Marlen? Sind ganz nett die Leute da im Archiv. Die wissen ne Menge!«

Und die Studentin im achten Semester sagte, daß es bei ihrer Examensarbeit um Motivverknüpfungen, Lokalitäten und die Erzählhaltung insbesondere in »Irrungen, Wirrungen« gehe, daß sie zusätzlich »Stine«, den frühen Berlinroman »L'Adultera« und die späten »Poggenpuhls« in ihre

449

Untersuchungen einbeziehe und überdies vorhabe, den hugenottischen Hintergrund des Autors zu erfragen. Mit dem Potsdamer Archiv korrespondiere sie bereits seit einiger Zeit. »Schon vor dem Fall der Mauer konnte ich, dank Empfehlung meines Professors, Kontakt knüpfen«, und selbstverständlich habe sie ihren Berlinaufenthalt für einen Besuch in der Dortustraße genutzt: »Man ist dort wirklich sehr zuvorkommend und überhaupt nicht pedantisch. Sie können gewiß sein, Madame Wuttke, daß ich, bei aller persönlichen Motivierung meines derzeitigen Aufenthalts, die Studien nicht vernachlässigen werde.«

Jetzt erst mischte Fonty sich ein. Er kam mit Hinweisen auf den einst an Felder grenzenden Stadtteil Wilmersdorf, den damals eher armseligen Zoologischen Garten und mit verkehrstechnischen Bemerkungen zu Botho von Rienäckers Kutschenfahrt durch die Hasen- und Jungfernheide zum Friedhof und Grab der alten Frau Nimptsch. Dabei geriet er ins Plaudern, ironisierte launig das Immortellenmotiv, rief: »In ›L'Adultera‹ geht für Melanie und Rubehn immerhin alles gut aus!« Sagte: »Das war das Jüdische, da gab's nur viel oder wenig Geld, aber keine Standesbarrieren« und begann dann übergangslos die Poggenpuhlsche Wohnung zu möblieren: »Einige Erbstücke, zu denen der auf einer Auktion erstandene, weißlackierte Pfeilerspiegel, Trumeau genannt, mit eingelegter Goldleiste passen mußte . . . « Da wurde er von Emmi unterbrochen: »Na, bei uns in der Kollwitzstraße sieht's nich besser aus als bei denen in der Großgörschen. Das meiste is noch von Tante Pinchen geblieben. Und unser Spiegel hat Flecken sogar.«

Nachdem Emmi weitere Mängel und den Zustand des Mietshauses im Bezirk Prenzlauer Berg beklagt und alles »schlimm und schlimmer als schlimm« genannt hatte, wechselte sie abrupt das Thema, indem sie von Madeleine wissen wollte, was sie, die so konzentriert rudernde Französin, von der ab Mitternacht bevorstehenden deutschen Einheit halte: »Vielleicht gehn wir da heut noch hin, wenn das losgeht mit dem Glockengebimmel.«

Madeleine überhörte den Themenwechsel. Beim Rudern – und gar nicht außer Atem – versicherte sie, daß sie vor einer Woche schon die gegenwärtige Hasenheide und deren Biergärten mit der Romanbeschreibung verglichen, den Zoo besucht, anhand kolorierter Stiche von dazumal Vergleiche mit dem großstädtisch zugewachsenen Bezirk Wilmersdorf angestellt und natürlich in Kreuzberg die Großgörschenstraße gefunden habe. Was die Poggenpuhlsche Wohnung betreffe, werde sie auf den Hängeboden als Behausung für das alte Dienstmädchen Friederike, somit auf die ausgesparte soziale Frage bei anderer Gelegenheit zurückkommen. »Ich weiß, daß Monsieur X das alles gesehen, aber – wie auch sonst alles Häßliche – ungern beim Namen genannt hat.« Und dann erst ging sie mit Blickwechsel auf Emmis Frage ein: »Zur deutschen Einheit kann ich nur sagen: Sie ist aus französischer Sicht als normales Ereignis, wenn nicht gerade wünschenswert, so doch akzeptabel. Im Gegensatz zu Großpapa, der voller Bedenken ist, bin ich froh über die Vereinigung. Ich hoffe, daß auch Sie, Madame Wuttke, sich glücklich schätzen. Ein großer Tag!«

Vom Ufer aus sah das mühelos aus. Man mochte staunen, wie leichthändig die zierliche Person den tiefliegenden Kahn bewegte. Die familiäre Fracht war gut aufgehoben bei ihr. Mit ernstem Vergnügen und Geschick – zwei Ruderschläge links, ein Ruderschlag rechts – steuerte sie das Boot an anderen Booten vorbei. Oft waren riskante Manöver notwendig, denn mittlerweile herrschte auf dem Kunstsee im Tiergarten ziemlicher Betrieb. Vorfreude auf die angesagte Einheit gab den Ton an. In einigen beängstigend überladenen Booten hatten junge Männer jetzt schon, am späten Nachmittag, die Bierflasche am Hals. Einander zuprostend war man sich einig. Kehlige Deutschlandrufe von Boot zu Boot. Laute Eintracht wurde behauptet. Man kam sich näher, immer näher und im Fall zweier Boote, in denen heftig schaukelnd Seegang vorgetäuscht wurde, zu nahe.

Nicht nur Madeleine, auch wir hatten das kommen sehen: Nach heftigem Zusammenprall wäre der eine kiellose Kunststoffkahn beinahe gekentert und fielen vom anderen drei waghalsig auf der Ruderbank stehende junge Frauen, die sich, den Grazien gleich, umarmt hielten, eine die anderen mitziehend über Bord, bei viel Geschrei natürlich.

Wir lachten, denn anfangs sah das lustig aus und hatte in anderen Booten und auf der Liegewiese Gelächter und verstärkte Deutschlandrufe zur Folge. Dann wurde deutlich, daß nur zwei der Frauen schwimmtüchtig waren. Die dritte hatte Mühe, ihre Hilferufe vom Gegröle der geeinten Lustigkeit abzuheben. Schon war sie für Sekunden unter Wasser. Da alle mit sich selbst zu tun hatten, fiel das nicht auf. Ein Unglück schien unbemerkt seinen Verlauf zu nehmen, denn wir waren weg, weit weg. Die Ertrinkende blieb allein mit ihrem nun schon tonlosen Geschrei.

So sah es aus. Und hätte nicht Madeleine Aubron mit einigen Ruderschlägen die Nichtschwimmerin erreicht, ihr den linken Riemen zum Festklammern ausgeschwenkt und die beinahe Ertrunkene nah an den anderen, fast gekenterten Kahn geschleppt, so daß dessen Besatzung, vier nicht mehr ganz nüchterne, doch immerhin zupackende junge Männer, die gänzlich um ihre Frisur gebrachte Blondine an Bord ziehen konnte, wäre der Vorfreude auf das Einigvaterland ein Unglücksfall zur Last geworden; so aber konnten sich die männlichen Bootsinsassen um die gerettete junge Frau wie um ein Geschenk kümmern. Fast sah es so aus, als wollten sie sich die Beute teilen. Die beiden anderen Frauen waren ans Ufer geschwommen. Niemand kümmerte sich um sie.

Auf allen Booten, die sich, vom Unglück angezogen, genähert hatten, wurde die Rettungstat beklatscht. Doch Fonty fand kein Vergnügen: »Müssen immer kolossal übertreiben! Haben keine Ahnung, was Einheit heißt, feiern sie aber. Tun grad so, als stünde der Sedanstag im Kalender!«

Emmi beschwichtigte: »Sind doch junge Leute, Wuttke!«

Er kollerte vor sich hin: »Lauter verhinderte Reserveleutnants! Maßlos, maßlos über alles!«

»Ist ja grad noch mal gutgegangen, weil unsre Marlen aufgepaßt hat.«

»Sag ich ja: Aufpassen muß man!«

Und Madeleine, die sich die Abwandlung ihres Vornamens mit kleinem Lächeln gefallen ließ, sagte: »Ich fand das lustig. Kann doch überall passieren, nicht wahr? Auch in Frankreich, zum Beispiel am Quatorze Juillet, wenn alle übermütig sind und glauben, sie müßten noch einmal die Bastille stürmen. O ja! Nicht nur in Paris, überall auf den Straßen.«

Schon war das knapp verhütete Unglück dem See nicht mehr anzusehen. Überall gab es noch Bierflaschen. Man überschrie sich wieder aus Vorfreude. Von der Seemitte gesehen – denn inzwischen hatten auch wir ein Boot gemietet –, ruderte die zierliche und doch, wie alle miterlebt hatten, zupackende Person das Ehepaar Wuttke in Ufernähe. Nein, Madeleine ruderte ihre Großeltern, denn immer häufiger sagte sie grand-père und grand-mère; das ließ sich Madame Wuttke gefallen.

Wir nannten das »Emmis Gutmütigkeit«. Oder besser: wir verbuchten alles, was sie seit Jahren hinnahm, auf dem Konto ihrer geräumigen Gemütsverfassung. »Na, wenn Marlen unbedingt auf ne neue Oma scharf war, konnt sie die kriegen von mir aus. Mein Wuttke und ich haben die Kleine natürlich geduzt. Aber die blieb dabei: immer per Sie.

Bißchen altmodisch, was? Aber das is so in Frankreich, daß man zu Opa und Oma Sie sagt.«

Zu dritt in einem Boot. Beim Rudern geplaudert: jetzt Unverfängliches über das anhaltend schöne Wetter, über Türken in Berlin und Algerier in Paris, generell über Einwanderer, legale und illegale. So kamen sie auf die Hugenotten, auf jene, die nach Brandenburg-Preußen ausgewandert waren, auf jene, die sich noch lange in den Cevennen verstecken mußten. Und schon war abermals Fontys »Einundalles«, »Monsieur X«, der auf doppelt hugenottische Abstammung zurückweisende Unsterbliche, im Boot und erzählte von der Gascogne und seinem schwadronierenden Vater – »Ein Causeur alter Schule« –, der alle Marschälle Napoleons beim Namen zu nennen wußte. »Meine Mutter hingegen war ein Kind der südlichen Cevennen, eine schlanke, zierliche Frau von schwarzem Haar, mit Augen wie Kohlen, energisch . . .«

Madeleine hatte dieses Zitat parat, doch als sich das Geplauder verfänglich den Flüssen Saône und Rhône, dann der seenreichen Region la Dombes näherte und Gefahr bestand, daß allzu schlüssig von einer Bootspartie zur anderen Ruderpartie hätte gewechselt werden können, weil Fonty schon wieder alle Zusammenhänge kurzzufassen begann, sagte Emmi: »Is ja gut, Wuttke. Marlen und ich wissen nun, was alles beim Rudern und so passieren kann.«

Wie gerufen, kam anderes ins Bild. Als auf dem nahen Uferweg ein stattlicher Herr mit großem Hund an der Leine vorbeischritt, sagte Madeleine: »Schauen Sie nur, grandpère, ein Neufundländer. In einer Seminararbeit habe ich die Rolle besonders dieser Hunde in den Romanen unseres Autors behandelt. Zum Beispiel ging es um Hektor auf Schloß Hohen-Vietz in ›Vor dem Sturm‹. Und um Boncœur in ›Cécile‹. Und natürlich um Rollo und la pauvre Effi bis zum Schluß, wenn Frau von Briest sagt: ›Rollo liegt wieder vor dem Stein. Es ist ihm doch noch tiefer gegangen als uns...‹ Und über Sultan, den Kettenhund, der allerdings kein Neufundländer war, hab ich ausführlich geschrieben: wie er Botho und Lene, wenn sie spazierengingen, immer nachgeschaut hat, als wüßte er über das Leben Bescheid...«

»Son Hund kapiert mehr, als man weiß«, sagte Emmi. »Anfang zweiundsechzig, gleich nachem Mauerbau, als unsre Jungs alle im Westen geblieben sind und wir mit Martha allein waren, haben wir uns och einen angeschafft. War ein Dackel. Son richtiger Stadthund. Aber ein schlaues Kerlchen. Mein Wuttke hat ihn, weiß nich, warum, immer ›Hesekiel‹ gerufen. Und zwar nich, wie der Berliner sagt, sondern ›He-se-ki-el‹, wie's inner Bibel steht. Aber auf ›Fiffi‹ hat er besser gehört. Und wenn er nich grad auf Kulturbundreise war, hat er ihn spät abends noch runtergenommen. Wir wohnen nämlich drei Treppen hoch. Gassegehn, sagt man bei uns dazu. Paarmal um den Kollwitzplatz rum, bis er nich mehr gewollt und dreimal gebellt hat. Martha war überhaupt nich für Hunde. Aber die Jungs hätten bestimmt... Besonders unser Georg – Schorsch haben sie den gerufen überall... Haben Fiffi dann einschläfern lassen, sechsundsiebzig war das... Schlimme Zeit, wenn man zurückdenkt... Überhaupt, was wir durchgemacht haben alles...«

Fonty gab dann noch einiges über den Kreuzzeitungsmann zum besten, auf dessen biblisch betonten Namen der Dackel nicht hören wollte: Anekdoten am laufenden Band. Alle lachten über den gar nicht so üblen Erzreaktionär aus Tunnelzeiten, sogar Emmi. Und so geeinigt und immerfort plaudernd legten sie schließlich am Steg für den Bootsverleih an. Auch das gelang der Enkeltochter mühelos und wie mit angeborenem Geschick.

Wir hätten hier gerne der familiären Ruderpartie ein Ende gesetzt, doch auf dem Steg stand jemand, der nicht zu vermeiden war. Uns war er beizeiten aufgefallen, obgleich ihm Unauffälligkeit als Tugend galt. Er stand wie bestellt und freute sich über das Bild, das die drei im anlandenden Kahn boten. Seine nicht zu erschöpfende Geduld. Daß er immer rechtzeitig da war, gehörte gleichfalls zu seinen Tugenden. Er stand mit Zigarre im Gesicht und zog zur Begrüßung seine amerikanische Baseballkappe. Ach, wäre doch Professor Freundlich am Steg gewesen; der aber mußte sich in Jena evaluieren lassen.

Während Fonty für zwei volle Stunden Bootsfahrt zahlte und das Pfand, seinen auf Theo Wuttke ausgestellten Personalausweis, wieder in Händen hielt, sagte Hoftaller: »Wir haben ne Menge Zeit. Können noch paar warme Sachen holen. Wird womöglich kühl werden vorm Reichstag. Da strömen die Massen schon. Aber wir finden bestimmt ein Plätzchen. Wird ne große Schau abgezogen. Darf ich bitten, mein Trabi wartet am Landwehrkanal.«

23 Freude! Freude!

Bevor sich unser Vierklee, ein aus verschiedenen Karten-
spielen gemischtes Quartett, auf den Weg macht, um mitzu-
feiern, zu jubeln, bloß um dabeizusein oder lustlos in der
Menge zu schwimmen, müssen wir einiges nachtragen,
damit bei dem raschen Ortswechsel – anfangs zu Fuß, später
im Trabi – nichts liegenbleibt. Das Blatt soll neu gemischt
werden – oder simpel gesagt: Es gefällt uns, Deutschlands
Einheit ein wenig zu verzögern.

Noch vor der familiären Ruderpartie hat uns Fonty mit seiner Enkeltochter besucht. Und schon bald nach dem
Anschluß, der Beitritt genannt wurde, kam Madeleine ohne
ihren Großvater ins Archiv, wie sie uns vor dem historischen Datum allein und studienhalber aufgesucht hatte.
Diese Kontakte entsprachen dem seit gut zwei Jahren
geführten Briefwechsel mit der Studentin, die zwar nicht,
wie wir vermutet hatten, aus der Pariser Ecole Normale
Supérieure hervorgegangen war, jener elitären Institution,
an der Paul Celan bis in die sechziger Jahre hinein Professor
gewesen ist, doch studierte sie immerhin an der Sorbonne
und befand sich mitten in ihrer Magisterarbeit.

Man könnte sagen, Madeleine Aubron gehörte zu unserem festen Kundenstamm: Wie in den Briefen, geschrieben
noch während der Endphase der Arbeiter- und Bauern-
Macht, ging es nach dem Fall der Mauer einzig um den
Unsterblichen und dessen literarisches Umfeld, also um
den Platen-, Lenau-, Herwegh-Club, die Dichtergesellschaf-
ten Tunnel und Rütli, ferner um Theodor Storm und dessen
Potsdamer Zeit; auch waren ihr halbwegs oder gänzlich vergessene Literaten wie Alexis, Scherenberg, sogar Wilden-

bruch von Interesse. Über Preußens Adel, Marwitz voran, wollte sie mehr wissen, als bei uns zu finden ist. Sie fragte nach dem Einfluß von Turgenjew und Bürger, weniger nach dem der erklärten Vorbilder Scott und Thackeray. England blieb ausgespart, so der Fall William Glover und die geschmierte Zeitung »Morning Chronicle«; wohl aber waren ihr Freundschaften mit Wolfsohn, Lepel, Heyse wichtig, desgleichen Gottfried Kellers Spott auf die preußischen Manieren der im Tunnel über der Spree versammelten Verseschmiede.

Anfangs fragte sie nach den frühen, wie wir inzwischen wissen, verschollenen Gedichten der Dresdner Zeit, später konzentrierten sich ihre schriftlich, dann mündlich gestellten Fragen auf die Magisterarbeit, der die sogenannten Berlinromane Futter genug gaben. Wir – das sei zugegeben – bewunderten ihren Ernst, ihre in heutiger Zeit ein wenig altmodisch anmutende Wissenschaftlichkeit, aber auch ihr von Logik bestimmtes Urteil, dessen Schärfe manchmal von gefühligen Einsprüchen, nein, eher vom plötzlich mitredenden Gefühl gemildert wurde. Nicht verschwiegen soll werden, daß ihr Charme, vom ersten Besuch an, das Archiv verzaubert hat. Man könnte sagen, Madeleine hat ein wenig Esprit in unsere trotz aller internationalen Korrespondenz noch immer realsozialistisch verengte Bude gebracht. Sobald sie eintrat, kam etwas vom Geist des Unsterblichen über uns; von den Töchtern des Grafen Barby sprach weniger die Komtesse Armgard, wohl aber die Gräfin Melusine aus ihr, und gleichfalls hörte sie sich wie die bürgerlich aufsässige Corinna an. Sie redete wie gedruckt und war fast so zitatsicher wie unser Freund Fonty; deshalb waren wir nicht besonders erstaunt, als sie plötzlich an dessen Arm das Archiv besuchte.

Das war an einem der letzten Septembertage. Sie trug ihr vom Gürtel gerafftes Kleid aus schlicht zugeschnittener

Rohseide wie eine elegante Kutte. Er war, wie immer, mit einem Blumengebinde zur Stelle: knospende und zart aufgehende Dahlien.

Aus Fonty sprach unverkennbarer, wenngleich ironisch überspielter Stolz, als er die uns bekannte Studentin »meine mir spät geschenkte Enkeltochter« nannte und hinzufügte: »Aber Vorsicht, meine Damen und Herren! Madeleine ist nicht nur klug und belesen, sie ist auch von widerborstigem Reiz oder – um Ihnen Geschmack zu machen – wie zartbittre Schokolade. Wette, daß Sie bereits gekostet haben.«

Als sie uns mit diesem haftenden Etikett vorgestellt wurde – heftig verlangte Fonty später, als seine Enkeltochter längst abgereist war, nach der ihm fehlenden »zartbittren Person« –, lächelte Madeleine Aubron bei ernst bleibendem Blick und sagte: »Mein Großpapa neigt dazu, alles auf den Punkt zu bringen, etwa wie Botho von Rienäcker die sein Standesbewußtsein verwirrenden Gefühle auf den Punkt brachte: ›Ordnung ist Ehe!‹ Voilà, wenn Ordnung so kurzgebunden zu bestimmen ist, will ich gerne Ihre zartbittre Person sein.«

Sie lieferte noch weitere Zitate ab und wetteiferte dabei mit ihrem Großvater. Ein eingefuchstes Spiel, bei dem wir vom Archiv nicht zurückstehen wollten. Rief Fonty: »Palme paßt immer!«, hatte Madeleine »Alle Klosteruhren gehen nach« parat. Uns fielen »Je mehr man mitnimmt, je mehr fehlt einem« und der Spruch des englischen Kutschers der Barbys ein: »Widow ist mehr als virgin.« Eine Kollegin wußte: »Moral ist gut, Erbschaft ist besser!« Ich steuerte die bekannte Altersweisheit bei: »Schweigt das Leben, schweigt der Wunsch . . .« Und der Archivleiter hatte mit »Kalbsbrust ist immer Knorpel« die meisten Lacher auf seiner Seite. Schließlich war es Fonty, der mit herausgepflücktem Zitat, dessen Zusammenhang selbst wir nicht sogleich erkannten, das bis dahin eher lustige Spiel auf die Gegenwart brachte:

»Aber die Deutschen – wenn sich irgendwas auftut – zerfallen immer gleich wieder in zwei Teile.«

Und schon waren wir beim Thema. Es ging um das größer werdende Vaterland, also um jenes hübsche Geschenk, das uns gemacht worden war, sich aber bald als unpraktisch und sperrig erweisen sollte: Wohin damit? Was fangen wir mit uns an? Wie lebt man mit soviel Größe?

Nicht, daß allgemein Streit ausbrach, doch wurde der Gegensatz zwischen Großvater und Enkeltochter deutlich. Aus französischer Sicht waren Einheit und Nation feststehende Tatsachen. »Und damit basta!« rief Madeleine.

Fonty war als erklärter Feind des »ledernen Borussentums« dennoch Preuße genug, um jegliche Einheit kleinteilig aufzulösen und dem Begriff Nation, den er als bloße Chimäre abtat, eine ordentliche und möglichst von der Vernunft bestimmte Verfassung vorzuziehen: »Zweifelsohne fehlt uns eine Konstitution, die nicht nur dem Westen paßt.«

Sie warf den Deutschen selbstquälerische Verrücktheit, er den Franzosen selbstgerechten Chauvinismus vor. Rief sie: »Vive la France!«, gab er »Hoch lebe Brandenburg!« zurück. Heiß ging es her, mehr bitter als zart. Und wir, denen der Anschluß bevorstand, wir schwiegen dazu.

Was hätte uns Neues einfallen können? Gewiß wären des Unsterblichen Widersprüche mit Zitaten zu belegen gewesen – »Deutschland ist nicht bloß mehr ein Begriff, sondern eine starke Tatsache« –, aber bald war kein Mitreden mehr. Madeleine Aubron griff im Eifer des nationalen Streits auf ihre Muttersprache zurück; und Fonty überraschte uns mit welschem Zungenschlag. Das hörte sich nicht wie »kümmerliches Etappenfranzösisch« an.

Wir staunten, als so flüssig über uns weggeredet wurde. Allenfalls konnten wir in einer Sprache gegenhalten, die im Arbeiter- und Bauern-Staat für alle Schüler obligat gewesen war: mit unserem verordneten Russisch, dessen Schönheit wir nicht verleugnen wollen. Nach schnell überwundener Hemmung wagten wir den Versuch. Einer verstand es, auswendig Puschkin nach Originaltext zu zitieren. Nun steuerte jeder, der eine Turgenjew, der andere Tschechow, ich Majakowski aus dem Stegreif bei. Eine unserer Damen war des Polnischen mächtig und bot ein Gedicht von Tadeusz Rózewicz, die andere Kollegin hatte aus abgebrochenem Studium sogar ein wenig Chinesisch – sie sagte »Mandarin« – aufbewahrt und deklamierte ein kurzes Poem des großen Vorsitzenden Mao. Der Archivleiter behalf sich mit Latein: Ovid oder Horaz. Schließlich gelang es, den Streit um Einheit und Nation vielsprachig zu begraben. Bald lachten alle, am Ende auch Großvater und Enkeltochter, nun wieder auf deutsch.

Sie blieben und blieben. Selbstverständlich gab es Kaffee und Kekse dazu. Genügend Zeit hatten wir, um uns Fontys Sprachkenntnisse nicht nur aus seiner Soldatenzeit im besetzten Frankreich zu erklären; da er im Lebenslauf des Unsterblichen so ganz und gar aufgegangen war, teilte er dessen Mühe beim Aufsetzen von Petitionen, die während der Gefangenschaft auf der Insel Oléron, wie alle an seine Frau gerichteten Briefe, auf französisch geschrieben werden mußten, so lautete die Anordnung der Zensur. Hinzu kam, daß Fonty als Theo Wuttke seinen kriegsbedingten Aufenthalt in Frankreich privat zu nutzen verstanden hatte; die Liebe zu Madeleine Blondin wird ihm behilflich gewesen sein.

Als es gegen Ende des Besuchs nur noch um die Aufhebung der Internierung ging, brach darüber abermals Streit aus. Großvater und Enkeltochter disputierten wie Advokaten. Uns – dem Publikum – wurde ein Fall aktualisiert, zu dem wir hinlänglich mit Fußnoten beigesteuert hatten. Während Fonty sicher war, der Kardinal-Erzbischof von Besançon habe, dank Vermittlung der katholischen Familie von Wangenheim, hilfreich agiert, behauptete die Studentin

Aubron, daß Bismarcks Brief an den US-Gesandten in Frankreich, Mister Washburne, von entscheidender Bedeutung gewesen sei: Der Gesandte habe sogleich zu dem französischen Außenminister Jules Favre Kontakt aufgenommen. Die Drohung des Kanzlerbriefes habe Wirkung gezeigt. Bei Nichtfreilassung des »harmlosen Gelehrten«, der als »preußischer Untertan und wohlbekannter Geschichtsschreiber« vorgestellt wurde, sei mit der Verhaftung »einer gewissen Anzahl von Personen in ähnlicher Lebensstellung in verschiedenen Städten Frankreichs« zu rechnen gewesen. Madeleine rief: »Unser Monsieur X wurde von Bismarck befreit!«

Fonty wollte das nicht hinnehmen. Seine Enkeltochter wagte den Ausruf: »Absurde!« und spielte mit des Unsterblichen Lieblingswort »ridikül!«. Wir griffen in den Disput ein und gaben zu bedenken, daß der Schriftsteller Moritz Lazarus, der, wie der Unsterbliche, den Dichtervereinigungen Tunnel und Rütli angehörte, mit dem französischen Kriegsminister Crémieux Verbindung aufgenommen und so den günstigen Verlauf der Gefangenschaft befördert habe; Crémieux sei Vorsitzender der »Alliance Israélite Universelle« gewesen, während Lazarus Präsident der Israelitischen Synode war. Ich verstieg mich zu der Behauptung: »In Preußen und Frankreich haben einzig die Juden mit Tatkraft zugunsten des Unsterblichen interveniert.«

Hingegen vertrat der Archivleiter die Meinung: »Erst nachdem die Verpflichtung, nichts ›contre La France‹ zu sagen oder drucken zu lassen, mit Unterschrift vorlag, hat die Entlassung am 24. November 1870 stattfinden dürfen.«

Diese mehr ergänzende als widersprechende Auskunft konnte den Streit zwischen Enkeltochter und Großvater nicht beenden. Scharf ging es hin und her, bis Fonty einlenkte und »Hauptsache, man war wieder frei!« rief. Dann wandte er sich an uns: »Bitte mir unbedingt zustimmen zu wollen: So ist sie nun mal, unsere Madeleine, zart von Gestalt, doch von bitterer Strenge.«

Wir neigten dazu, in dieser Sache der Studentin recht zu geben. Doch als sie kurz nach Vollzug der Einheit das Archiv allein besuchte, vertraten wir, nach Überprüfung aller uns vorliegenden Dokumente, die Meinung, daß es Fonty unmöglich gewesen wäre, ausgerechnet Bismarck, den er bei jeder Gelegenheit einen »schrecklichen Heulhuber« nannte, als Befreier zu bestätigen. Mit Madeleine einigten wir uns dahin: »Monsieur X hat sich in eigener Sache betont lässig geäußert: ›Ist doch gleich, wer mich befreit hat. Entweder war es die Katholische Partei oder die Judenpartei oder die Regierungspartei ...«

Im übrigen ist die kleine Schrift »Kriegsgefangen« ein Beleg dafür, daß der Unsterbliche Wort gehalten und die Erinnerungen an seinen Zwangsaufenthalt ohne nationale Ausfälle gegen »La France« niedergeschrieben hat. Das gefiel in Preußen ganz und gar nicht. Nachdem die Einheit Deutschlands ausgerufen worden war, konnte kaum mehr auf Toleranz gehofft werden. Selbst sein Sohn George, der im Krieg gegen Frankreich mit seinem Regiment bei St. Denis stand, war in einem Feldpostbrief nicht bereit, das inzwischen erschienene Büchlein zu tolerieren: »Ich muß Dir, lieber Vater, und auch im Namen aller unserer Herren einen kleinen Vorwurf machen, weil Du die Franzosen in Deinen Schicksalen so sehr herausstreichst ...«

Die Studentin Aubron bedauerte diesen familiären Zwist, doch als wir sie nicht direkt, eher zurückhaltend nach der Bootspartie mit ihrem Großvater und dessen Frau befragten, sagte sie: »Unsere tour en famille verlief recht harmonisch. Mit Madame habe ich mich blendend verstanden. Wirklich, eine großherzige Frau. Wir waren uns, Großpapa betreffend, auf vergnügliche Weise einig. Als ich zu verstehen gab, daß Monsieur Wuttke zu der ehrenhaften Dekora-

tion eher grundsätzlich – oder wie man hier sagt, im Prinzip –
gekommen sei, denn nicht als Held, wohl aber als nützlich
habe er sich bewiesen, hat sie sehr herzlich gelacht und
gesagt: ›Das hab ich mir gleich gedacht. Aber sieht hübsch
aus, das Bändchen.‹«

War Emmi Wuttke soviel Verständnis zuzutrauen? Lag
alles, was für sie schmerzlich war, unter zentnerschwerer
Gutmütigkeit begraben? War sie wirklich so ahnungslos,
oder übte sie aus lebenslanger Gewohnheit Nachsicht mit
ihrem Wuttke? Kann es sein, daß sie früher als Fonty gewußt hat, was Frankreich an Überraschung zu bieten hatte?
   Auf Befragen sagte sie: »So niedlich hatt ich mir die Kleine
nich vorgestellt. Wenn ich an unsre Martha denk, wie lau-
nisch die sein kann und wie rechthaberisch. Müssen mal
ihre Briefe lesen: als wenn Schwerin am Nordpol liegt.
Immer nur Gejammer. Dabei hat ihr dieser Grundmann ne
richtige Villa geschenkt, mit Putzfrau, Terrasse und Seeblick. Also gegen Martha, die immer nur rummäkelt, is die
Kleine richtig erfrischend. Wie die gerudert hat und uns
angeguckt mit ihren Kulleraugen. Dabei immer gutgelaunt
und spritzig, doch kein bißchen kokett, was man sagt über
Französinnen. Nee, ich denk mal: Marlen hat eher gegrü-
belt, als sie uns zwei Alte so sitzen sah. Aber wenn es drauf
ankam, konnt sie biestig werden. Und zwar auffen Punkt genau, als sie meinem Wuttke Kontra gegeben hat, weil der
nich an die Einheit hat glauben gewollt und immer mit siebzig-einundsiebzig gekommen ist, weil das och schiefging,
hat er gesagt. So is mein Wuttke nun mal. Muß alles vergleichen, die Raffkes von damals und die Raffkes von heute, die
Kommißköppe und Herrn Leutnants mit dem Gesocks, das
jetzt oben is, na, diese Waffenschieber und Spesenritter, wie
er die nennt. Immer kommen bei ihm zuerst die großkotzi-
gen Treibels, doch dann hat er schon diesen Schlauberger

Krause am Wickel, der für uns so fix die Einheit aufgeschrieben hat. Aber die Kleine, Marlen mein ich, die hat ihm mit ihrem Mundwerk klippklar erklärt, daß sowas normal is, paar krumme Dinger, weil das zum Leben gehört, in Frankreich sowieso. Richtig in Rage is sie gekommen, als das dann losging mit dem Theater vorm Reichstag. Gerufen hat sie, und zwar laut, damit mein Wuttke nich hat weghören gekonnt, daß man nich immer nur aufs Kleine, sondern aufs Große gucken soll. Und daß ganz Deutschland endlich lernen muß, ne richtige Nation zu werden. ›Ohne ein starkes Deutschland schläft Frankreich ein!‹ hat sie gerufen. Und wissen Sie, wer ›richtig, hundert Prozent richtig!‹ gesagt hat? Na, mein Wuttke natürlich nich. Genau! Dieser Stoppelkopp, wie Martha den nennt. Der hat uns ja vom Rudern abgeholt und nach Haus gebracht, damit wir uns Mäntel und ne Strickjacke für unsre Marlen haben holen gekonnt. Und denn sind wir alle in seinen Trabi rein und ab Richtung Reichstag. Kamen bis inne Glinkastraße. Weiter ging's dann zu Fuß. Und dieser Stoppelkopp immer mit. War nich abzuschütteln. Und immer weiß er schon alles. Denn längst bevor mein Wuttke krank wurde, hat er mir paar Andeutungen gemacht von wegen Auslandsreise mit Schiff nach Schottland hoch. Na, Sie wissen ja, wie das war im Sommer, als das neue Geld kam… Und denn nochmal, als wir von Hiddensee zurück… Kommt einfach, schmiert sich an und flötet: ›Liebe Frau Wuttke, es ist mir ein wenig peinlich, aber wir haben neuerdings Informationen, daß Ihr Mann…‹ Daß was im Busch is, daß meinem Wuttke aus Frankreich was anhängt, hat er geflüstert und es richtig spannend gemacht, als er mich auffem Einkaufsbummel im KaDeWe unbedingt hat begleiten gewollt. Erst hab ich gesagt, er soll bloß Leine ziehn, aber der blieb und grinste wien Honigkuchenpferd. Laß ihn mal reden, hab ich gedacht. Wird bestimmt was Politisches sein, kennen wir doch. Aber nen

Schreck hab ich schon gekriegt und erst mal auf was Schlimmes getippt, Partisanenerschießung womöglich. War richtig erleichtert dann, als nur das mit dem Kind rauskam. Na und? hab ich zu ihm gesagt, als wir endlich aus der Lebensmittelabteilung raus waren und er mich in die Cafeteria eingeladen hat. Na und? War ja Krieg. Da passiert viel. Und daß wir vierundvierzig schon längst verlobt waren, weiß ich selber. Das müssen gerade Sie mir nich sagen. Und wenn da wer angereist kommt, nich seine Tochter, sein Enkelkind nur, is das och kein Beinbruch, wenn die Kleine schon so lange nach ihrem Großvater sucht, damals schon, als hier noch die Mauer stand und alle dachten, die steht ewig. Na, hab ich zu ihm gesagt, wenn se nur im Westen gesucht hat, is ja kein Wunder, wenn da kein Wuttke aufzutreiben war. Und er hat gesagt: ›Wir durften ein wenig behilflich werden...‹ Angeblich hat dieser Stoppelkopp nen dienstlichen Wink von drüben gekriegt. Und bei Marthas Hochzeit war er och... Und neulich auf Hiddensee, als ich mir meinen Fuß verknackst hab... Wie der aussah! Wien Amerikaner auf Urlaub. Und fing an, aussem Nähkästchen zu plaudern. Na, die ollen Kamellen: was mit meinem Wuttke in Lyon los war. Und was in seinen Artikeln für die Reichsluftfahrt drinstand, über Hugenottenkriege und so. Und daß in dem einen Artikel irgendwas von Ruderpartien zu lesen gestanden hat, mal auf diesem See, mal auf nem anderen. Und daß man in der Gegend da nich nur Froschschenkel produziert, sondern ne richtige Fischwirtschaft...›Na und?‹ hab ich zu ihm gesagt. ›Kenn ich alles.‹ Die meisten Artikel hab ich ja abgetippt. Aber inner Feldpost, da stand noch mehr. Im Krieg is viel passiert. Und außerdem hab ich gesagt: ›Geht Sie nen feuchten Kehricht, rein gar nix an, weil das privat is.‹ Is auch ne Zeitlang still gewesen, bis er dann neulich, als ich bei uns auffem Kiez die Schönhauser runter auf Einkauf war, mich wieder mal angequasselt hat: ›Momentchen nur,

Frau Wuttke. Wird Sie interessieren. Sie ist nämlich da, die bestimmte Person. Ist eindeutig als Enkelkind ausgewiesen. Will unbedingt ihren Großvater sprechen. Hat auch was mitgebracht für ihn. Verrate wohl kein Geheimnis, wenn ich Ihnen anvertraue, daß es sich um eine Auszeichnung, gewissermaßen um einen Orden handelt.‹ Und dann hat er noch gesagt: ›Ist übrigens ne intelligente Person, und Ansprüche, etwa finanzielle, stellt sie keine.‹ Kam mir höflich, superhöflich sogar: ›Liebe, verehrte Frau Wuttke‹ und so, weil er meine Einwilligung gewollt hat, na für das Treffen Großvater–Enkelkind. Mein Gottchen, hab ich gedacht, der wird ja noch richtig menschlich, dieser Schleimer. Und zu ihm hab ich ›Bitte, von mir aus gerne‹ gesagt, ›will da nich stören‹. Bin aber dann doch neugierig auf die Kleine gewesen. Mein Wuttke war natürlich erleichtert, als ich ihm ne Ruderpartie zu dritt vorgeschlagen hab. Wurd gleich wieder übermütig. ›Rudern ist immer gut!‹ hat er gerufen und dann noch: ›Da muß man nicht viel reden dabei.‹ War denn auch richtig schön der Nachmittag auffem Wasser. Hatte paar Schrippen mit, mit Aufschnitt zwischen. Und wie die Kleine zugelangt und gefuttert hat. Einfach goldig, unsre Marlen. Zu mir hat sie Großmama gesagt, mich aber trotzdem gesiezt. Und hat mit ihre schwarzen Kulleraugen geguckt … Is aber, find ich, kein bißchen ähnlich mit meinem Wuttke. Jedenfalls haben wir hinterher, als wir schon von zu Haus was Warmes zum Überziehn geholt hatten, noch nen Bummel mit zwischendurch Kaffeetrinken gemacht, weil mein Wuttke nich gleich in den Massentrubel rein, sondern erst die Linden rauf und runter uns alles erklären gewollt hat, na, was hier früher gewesen is, Café Kranzler und lauter piekfeine Restaurants und Konditoreien. Aber immer hatten wir diesen Stoppelkopp bei, der auch ne Menge von früher gewußt hat. Wurden ihn einfach nich los. Mir hat das gar nich gepaßt und unsrer Marlen überhaupt nich. ›Müßjö

Offtaler‹, hat sie ganz süß zu ihm gesagt, ›verstehen Sie bitte, daß wir diese historische Nacht ganz familiär unter uns verbringen wollen und auf Ihre Hilfe diesmal nicht angewiesen sind . . .‹ Da waren wir schon nah am Reichstag dran, als sie ihn hat abschieben gewollt. Aber der war nich wegzukriegen. ›Ich gehör auch zur Familie!‹ hat er gesagt und gegrinst dabei . . .«

Als wir später Fontys Tagundnachtschatten fragten, kam heraus:»Ist doch klar, daß man mit seinen Schützlingen sein will, wenn Deutschlands Einheit gefeiert wird. Außerdem sind die Dienste behilflich gewesen, als es um den Orden und später nur noch um ne möglichst diskrete Übergabe ging. Lief unter ›Familienzusammenführung‹ und war große Mode damals. Habe deshalb sogar ne Reise ins nichtsozialistische Ausland bewilligt bekommen. Kannte Lyon zwar von früher, hat sich aber seitdem ›kolossal rausgeputzt‹, wie unser Freund sagen würde. Reiche Stadt, gut in Schuß alles, sauber. Lief gerade der Barbie-Prozeß, als ich ankam. Viel Presserummel um nen alten Mann, doch unterschwellig ging es auch um den damaligen Chef der Miliz Paul Touvier und um nen gewissen Bousquet, der unter Pétain die Polizei gemacht hat. Sind da noch immer ziemlich empfindlich, die Franzosen, selbst die Genossen waren ne Spur verlegen, als wir den Fall Jean Moulin auch nur antippten. Haben deshalb nicht tiefer gebohrt. Schließlich wollten wir was von ihnen, ne Kleinigkeit nur. Der unter dem Kennwort ›Fontaine‹ längst abgelegte Vorgang verlangte nach Neubeurteilung. Aber nicht doch! Gibt keinen Grund zu bestreiten, daß mir Fräulein Aubron bereits seit meinem Lyon-Besuch bekannt ist. Schließlich wurde auf ihren Antrag hin Amtshilfe geleistet. War uns völlig unverständlich, daß auf französischer Seite so lange gezögert wurde. Im Grunde ging's um ne Formsache nur, ob der damalige Obergefreite Theo Wuttke wissentlich oder ahnungslos die Résistance unterstützt hat. Die Veteranenvereine sind in dieser Frage ziemlich pingelig gewesen. Hauptsache ist, haben wir gesagt, daß seine vom Tonband gesendeten Lesungen subversiv genug waren und auf einige im Raum Lyon in Bereitschaft stehende deutsche Einheiten destabilisierend gewirkt haben, besonders nach Beginn der Invasion. Was heißt hier Beweisnot! Als Archivare müßten Sie wissen, welche Macht von Wörtern ausgeht. Konnte man eindeutig bejahen: Wehrkraftzersetzung hieß das. Warum? Mich erstaunt Ihre Frage. Wissen Sie wirklich nicht, wie gefährlich Wörter sein können, nein, sind? Überhaupt Literatur... Gewisse Bücher... Manchmal ein halber Satz nur... Hinzu kam die Wirkung suggestiv gesprochener Wörter und die sich einschmeichelnde und so, erwiesenermaßen, die Wehrkraft zersetzende Stimme des Vortragenden. Schlug jedesmal ein wie ne Bombe, wenn er auf Sendung ging. Die Zahl der Fahnenflüchtigen im Bereich Lyon war Beweis genug. Dennoch hatten die französischen Genossen Einwände über Einwände. Mademoiselle Aubron war verärgert und hat sich, was nicht gerade hilfreich war, ziemlich trotzkistisch geäußert. So ist es leider zu spät zur Ehrung gekommen. Wir hätten das gerne als nen öffentlichen Akt gesehen, nämlich bei der Vierzig-Jahrfeier unserer Republik. Ehrentribüne! Großer Bahnhof! Die führenden Genossen! Denn die private Übergabe ist eigentlich ne Formlosigkeit gewesen, und die Urkunde, na ja... Im Ruderboot... Einfach unmöglich... Hat sich aber auch so über den Orden gefreut... Mag er ja nicht, zuviel Öffentlichkeit... Massenaufläufe... War wohl deshalb so brummig, als die Geschichte endlich losging und das Einigvaterland vorm Reichstag abgefeiert wurde. Wollte nach Haus. Wollte das Glockenläuten nicht abwarten. Aber wir haben ihm zugeredet, besonders eifrig Fräulein Aubron. Auf die hört er ja.«

Sie kamen nicht weit, nur knapp bis vors Tor, weil überall die Massen gestaut standen. Der eigentliche Ort des Geschehens, der Reichstag und die Tribüne vor seiner Fassade, auf der die Festredner schon begannen, die historische Mitternachtsstunde mit dick oder subtil auftragenden Sätzen zu vergolden, konnte nur erahnt werden. Dennoch blieben sie bis zum Glockengeläut, denn was vor der breitgelagerten Kulisse ablief, die Auftritte der Redner, der Jubel der Menge, der einzelne Sätze belohnte, die Zwischenmusik, all das kam durch Lautsprecher rüber, zwar verweht und in Fetzen, aber bei einfachem Inhalt verständlich, sogar mitreißend; jedenfalls übertrug sich weihevoll Stimmung, und eine gewisse Feierlichkeit gab so etwas wie ein Wir-Gefühl her.

Und doch ist richtig, was Hoftaller uns gesagt hat: Fonty wollte von Anfang an nicht dorthin, wo sie nun eingekeilt, wenn auch am Rande nur, standen. Und als sie in der Menge aufgingen, wollte er weg, nur noch weg oder, wie er sagte: »Schnell raus aus dem kolossalen Rummel!«

Aber Emmi bestand darauf zu bleiben, weil die Enkeltochter wünschte, auf jeden Fall und bis zum Glockenschlag dabeisein zu dürfen: »Ich bitte Sie, Großpapa, ein wenig Rücksicht auf grand-mère zu nehmen, sogar ein wenig auf mich. Uns jedenfalls kann die Einheit der deutschen Nation nicht gleichgültig sein. Nicht wahr? Wir wollen uns freuen und unserer Freude Ausdruck geben. Sie mögen, aus welchen Gründen auch immer, Deutschland als zur Einheit unfähig ansehen, bei uns in Frankreich jedoch steht die Nation, steht La France über allem. La Grande Nation sagen wir. Die einen mit Pathos, als müßten sie dem Général de Gaulle nachsprechen, die anderen ein wenig spöttisch, doch ernst meinen es alle. Das gilt selbstverständlich auch für mich, eine kleine, gelegentlich spottlustige Trotzkistin, die einerseits ihren internationalistischen Träumen nachhängt und sich noch immer ein bißchen Kommunismus erhofft, doch andererseits ihren grand-père sehr herzlich darum bittet, Großmama und mir nicht die Freude der heutigen Nacht zu verderben.«

Also blieben sie. Fonty stützte sich auf den Stock und litt nur noch gedämpft. Hoftaller, der zur Familie gehören wollte, war bemüht, im Hintergrund zu bleiben. Ohnehin ließ die platzweite Beschallung keine intimen Gespräche zu. Was fragmentarisch von den Festreden anfiel, hatte, weil auf Wiederholung bedacht, den Reiz zauberischer Beschwörung: »... Wollen wir einig in dieser Stunde ... Aus tief empfundener Dankbarkeit ... Jetzt wächst zusammen ... In dieser historischen Stunde ... Mit tiefer Genugtuung ... Was zusammengehört ... Also wollen wir ... Einig und dankbar ... Aus tiefer ... Aus tiefempfundener ... Aber vor allem aus dankbarer Freude ...«

Dazu kam endlich passende Musik. Den großen Tag ankündigend, wurden Töne geboten, die fordernd oder erhebend waren und niemanden unberührt ließen. O ja! Ein Singen hob an. Entfesselt und chorisch gestimmt, begann der Schwellkörper deutscher Sangeslust zu tönen.

So zündend war dieser Gesang, daß er nicht nur gehört sein wollte; denn als vom Reichstag her aus allen Lautsprechern der Schlußchor der Neunten tönte und – gleich einem Naturereignis – die vieltausendköpfige Menge überschwemmte, hat sogar Madeleine Aubron mit feinem und doch tragendem Stimmchen so hell und richtig jedes Wort nachbildend im Chor mitgesungen, daß gleich darauf Emmi mit gar nicht üblem Alt in den Gesang einstimmte. Sodann haben andere, die nahe standen, unter ihnen wir vom Archiv, sich bemüht, die Hymne an die Freude mitzusingen, wenn auch nicht ganz so hell und richtig, wie es der zartbitteren Person gelang, die mit dem erhebenden Gesang – so kleinwüchsig La petite war – über sich hinauszuwachsen schien.

Obgleich inmitten seiner Familie aufgehoben, stand Fonty abseits. Im herbstlichen Übergangsmantel behielt er den leichten Sommerhut auf, während Hoftaller, der sich diskret zurückhielt, seine Baseballkappe zog, sobald die gesungene Freude als Götterfunken übersprang, zündete, zünden sollte. Aber der barhäuptige Tagundnachtschatten sang nicht. Mitsingen war diesmal nicht seine Sache, doch kommentierte er mit kurzen Zwischentexten die immer wieder ausgerufene Freude, die zu umschlingenden Millionen, die zu Brüder werdenden Menschen und den Ort sanft weilenden Friedens auf seine Weise: »Jadoch, freut Euch, ihr Wessis! – Wir packen, wir umklammern euch! – Klammeraffen, ha, richtige Klammeraffen sind wir. Wen wir umschlingen, der wird uns nicht los. – Nie mehr werdet ihr uns los. – Von wegen Millionen! – Milliarden kostet euch das. – Wolltet ihr doch um jeden Preis. – Einheit! Freude! – Freut euch bloß nicht zu früh. – Wird euch schon noch vergehen. Wird keine reine Freude. – Lief zwar alles nach Plan – Mauer auf: Freude! – Blechgeld weg: Freude! – D-Mark da: Freude! Aber die Rechnung kommt. – Ist doch Schrott alles, habt ihr gesagt, billig zu haben. – Denkste! – Na, freut euch. – Unter Brüdern, nun freut euch, verdammt! Ihr sollt euch freuen, nun los! – Ab heute, null Uhr, nur noch Freude!«

Fontys Schnauzbart zitterte. Aber der Stock gab ihm Halt. Vielleicht hörte er nicht auf Hoftallers alles wegspülenden Erguß, sondern neigte das Ohr seiner verspäteten Enkeltochter zu, deren helles Stimmchen mit Emmis warmer, wir sagen, warmherziger Stimme korrespondierte. Soviel familiäre Harmonie, soviel Einklang hörte er gern. Vielleicht hat er sich seine Tochter Martha, die ja früher nicht nur Klavier gespielt, sondern oft gesungen und noch beim Hochzeitsessen »Bau auf! Bau auf!« geschmettert hatte, als dritte Stimme im Freudenchor dazugewünscht; sonst gegen Musik eingenommen, gefiel ihm dieser Gesang.

Erst als Hoftaller den über alle Lautsprecher vermittelten Kuß für die ganze Welt mit Schmatzlauten vermehrte und »Jadoch! Machen wir! Ganze Welt abknutschen!« rief, »nur noch global wird geküßt!« und schließlich mit dem Ruf »Küßchen, Küßchen über alles!« die Hymne an die Freude erweiterte, versuchte er, seinen unsterblichen Nebenmann zu stoppen: »Jetzt reicht's, Tallhover! Haben ja furchtbar recht. Kolossaler Mumpitz alles. Steht mir jetzt schon fest: In dieser Einheit ist der Spaltpilz drin. Nun lassen Sie endlich das Geschmatze! Speiübel wird einem davon. Gehn wir, Hoftaller, los, gehn wir!«

Doch weder Madeleine und Emmi noch sein Tagundnachtschatten waren loszueisen. Die beiden sangen sich hoch bis zum Sternenzelt, der andere rief: »Ach was, Wuttke! Soviel Freude muß man auskosten, hält ja nicht lange. Und wenn wir schon alle Brüder sind, dann richtig. Müssen die wissen drüben, daß wir ansteckend sind. Die sagen Schrott zu uns, wir machen aus denen Schrott. Die zahlen, wir zahlen zurück, mit Ostviren, ha! Jadoch! Ansteckend sind wir – wie die Freude. Mal richtig zugepackt und umschlungen – komm, Bruder! –, und schon sind alle infiziert drüben. Die wollen uns verwesten, wir verosten die einfach. Hier ein Küßchen – schmatz! –, da ein Küßchen – schmatz! –, und schon sind sie schwach auf der Brust – wie wir. Springt über so ein Funke, von mir aus Götterfunke. Bin schon Feuer und Flamme... Kenne keine Parteien mehr, nur noch Deutsche, überall Deutsche...«

Hoftaller konnte kein Ende finden. Immer schlimmere Krankheiten, Seuchen sogar, Pest, Cholera fielen ihm vereinigend und nützlich ansteckend ein, so viele Folgen der brüderlichen Umarmung. Energie ging von ihm aus. »Jetzt geht's los. Jetzt geht's erst richtig los!« rief er.

Als der Schlußchor der Neunten ausklang und bevor Jubel der kurzen und für kurze Ergriffenheit eingeräumten

Pause folgen konnte, nutzte Fonty diese Frist – nur von fern hörte man einige Glocken, denn nicht alle Kirchen machten beim Geläut mit – und sagte, mehr zu sich als zur Familie: »Zuviel Freude schnappt über« und mit mehr Stimme: »Von diesem Einigvaterland erhoff ich mir wenig.«

Er wartete den Jubel nicht ab, löste sich aus der Menge und ging so entschlossen die Linden runter, daß Emmi und Madeleine, die anfangs »Bleib doch noch bißchen, Wuttke!« und »Bitte, Großpapa, nur zwei Minütchen noch!« gerufen hatten, ihm folgen mußten, mit ihnen Hoftaller.

Bald hatten sie Fonty eingeholt. Emmi nahm seinen rechten Arm, die Enkeltochter henkelte sich links ein. Hoftaller blieb hinter ihnen bis Ecke Glinkastraße. Als die Familie ablehnte, in seinem Trabi, der dort geparkt stand, nach Hause zu fahren, und Madeleine »Monsieur Offtaler« mit kurzer Weisung »Sie sollten sich endlich zufriedengeben« verabschiedete, trennte er sich von Fonty und dessen Frauen: »Trotzdem, vielen Dank, daß ich dabeisein durfte. Sowas genießt sich in Gemeinschaft am besten. Heißt es nicht: Geteilte Freude ist doppelte Freude?«

Doch bevor er ging, wies er mit dickem Zeigefinger zum Himmel über der Stadt. Sein Hinweis war so zwingend, daß ihm Folge geleistet werden mußte. Als Emmi und Madeleine mit Fonty himmelwärts guckten, rief Hoftaller: »Unsrem Kanzler gelingt aber auch alles! Hat keine Ahnung, was auf ihn zukommt, aber Vollmond pünktlich zur Einheit, das schafft er.«

Wir waren nicht mehr dabei, als alle gen Himmel schauten. Mit der sich auflösenden Menge verloren wir uns, aber auf spätere Fragen antwortete Emmi Wuttke: »Können Se glauben, das mit dem Mond. Stimmt, daß mein Wuttke, als der Stoppelkopp endlich ging, ihm nachgerufen hat: ›Vollmond ist gut, aber abnehmender ist besser!‹ So is er nun mal. Muß

immer eins draufsetzen. Wenn ich ihm ne Tasse frisch aufge-
brühten Kaffee hinstell, sagt er: ›Heißer Kaffee ist gut, aber
lauwarmer ist besser.‹ Und genauso war es mit dem Mond,
als wir die Einheit bekamen. Muß zu allem seinen Senf...
Kann nich anders ... Wie sein Einundalles is der. Wir haben
dann noch unsre Marlen zur S-Bahn gebracht. Sie wohnte ja
drüben im Studentenheim auffem Eichkamp. War das ein
Gedränge inner Friedrichstraße und auffem Bahnsteig.
Und geschubst haben die sich. Aber bevor die Bahn kam
nach Wannsee rüber, hat mein Wuttke in all seinen Taschen
gesucht. Was? Das raten Sie nich. Da kommt man nich
drauf so schnell. Zwei Kastanien. ›Frische‹, hat er gesagt.
›Sind die ersten.‹ Und die hat er ihr geschenkt. Waren von
unserm Hof, da steht ne Kastanie schon lange. Hat sich riesig gefreut, unsre Marlen, und gerufen, als denn die Bahn
kam und sie rein mußte mit Drängeln und Schubsen: ›Die
gehören jetzt für immer zusammen, Großpapa, weil sie mir
am Tag der deutschen Einheit geschenkt wurden.‹ Dabei
hat mein Wuttke sowieso jedes Jahr Kastanien in allen
Taschen. Richtig ausgebeutelt sind die. Na, wir sind denn
och mit der S-Bahn nach Haus über Ostkreuz bis Schönhauser Allee. Waren ganz leer die Straßen. Wo wir wohnen, da
hat keiner gefeiert. Nur in paar Kneipen, wo Fernsehen lief.
Da war mehr Glockengeläut zu sehen als in Wirklichkeit,
weil ne Menge Pfarrer nich läuten wollten, drüben nich und
bei uns nich. Aber mit dem Vollmond, das stimmt. Sogar bei
uns überm Prenzlauer Berg stand er ganz deutlich. Sah richtig schön aus. Und mein Wuttke hat gesagt: ›Unsre Republik ist nun weg. Aber den da, da oben, den kann uns keiner
nehmen.‹«

VIERTES BUCH

Danach begann der Alltag. In dessen kalenderbestimmtem Verlauf herrschten wieder die Mühen der real existierenden Unsterblichkeit vor. Gefordert von unserer Arbeit im Archiv, zu der, neben dem üblichen Kleinkram, die manchmal anregende Betreuung in- und ausländischer Besucher gehörte, blieb keine Zeit für Außendienst, zum Beispiel für Ruderpartien und klammheimliche Uferpromenaden im Tiergarten, vielmehr mußten wir das sein, was unsereins von Berufs wegen, aber auch aus Neigung ist: ein Stubenhocker mit Rückgratschäden, dem der Geruch alter Papiere für alle jene Düfte Ersatz zu sein hat, die der Natur mündlich wie schriftlich nachgesagt werden; eine Skala, die von preußischen Kiefern und märkischen Dunghaufen über den Flieder nahe der Luisenbrücke reicht, zudem die Abgase der Potsdamer Straße bietet und hier Gerüche, dort Gestank meldet.

Mit dem ihr eigenen Duft – sie roch zartbitter nach einem vermutlich aus Mandelessenz gewonnenen Parfum – kam, bis kurz vor ihrer Abreise, Madeleine Aubron ins Archiv, um Einsicht in den Briefwechsel mit Mete, den Söhnen, der Familie zu nehmen. Textorientiert, wie sie war, schloß ihr betont reserviertes Verhalten private Fragen aus; selbst angesichts der Briefe an Emilie, unehelich geborene Rouanet, adoptierte Kummer, erlaubte sie sich keinen Querverweis auf Emmi und die Wuttkes. Nur beim letzten Besuch wurde sie knapp, dann aber bestimmend familiär: »Gestatten Sie mir, bitte, die Erwartung auszusprechen, daß Sie sich weiterhin Großpapas Wohlergehen verpflichtet fühlen mögen. Er neigt zu plötzlichen Entschlüssen. Gelegentlich steigert er sich in einen Zustand, den er ›abattu‹ oder ›nervenrunter‹ nennt. Bien sûr! Er muß seiner Mission, die sich ganz und gar auf Monsieur X bezieht, in schwierigem und oft unübersichtlichem Gelände folgen, und daß er sich dabei gewissermaßen in sehr schlechter Gesellschaft befindet, ist weder Ihnen noch mir verborgen geblieben.«

Und dann – kaum hatte »La petite« uns, nein, die Wuttkes und uns verlassen – kam, als müsse er ein Gegengewicht auf die Waage packen, Hoftaller zu Besuch. »Mir war heute so nach Archiv. Entschuldigen Sie, wenn ich einfach ins Haus platze.«

Dabei ist er nie angemeldet gekommen. Er kam und war da. Eigentlich konnte sein Auftreten als Einzelperson untypisch genannt werden, untypisch für den Arbeiter- und Bauern-Staat, dessen Wächter in der Regel zu zweit auftraten, einer den andern absichernd. Da aber Tallhovers Biograph seinen Helden betont einzelgängerisch angelegt hat, konnten und können wir Hoftaller nicht verdoppeln; allenfalls gelingt es uns manchmal, ihn vervielfacht, in Reihe gestaffelt oder gehäuft als Ansammlung zu sehen, doch immer mit Objekt. Nur Fonty hob seine Einsamkeit auf.

Ins Archiv jedoch kam er allein. Als Zubehör zählten wir zum Umfeld seines Objekts. Mehr noch: Indem sein Schatten auf uns fiel, standen wir und alle dem Archiv verpflichteten Vorgänger, die sich, gleich uns, im Dienst des Unsterblichen begriffen hatten, unter seiner Obhut, zumal sich seine Recherchen oft mit unseren kreuzten; zum Alltag des Archivs gehörte die Gewißheit, unter Aufsicht zu stehen.

Hinzu kam, daß sich Hoftaller als außerdienstlicher Mitarbeiter sah. Daher rührten seine häufigen Abwandlungen des sprichwörtlich gewordenen Briest-Zitats: »Unser Material liegt auf zu weitem Feld. Deshalb sollten wir uns nicht in Einzelaktionen verlieren . . .«

Gottlob kam er selten. Eigentlich handelte es sich um Routinebesuche. Ihm Hausverbot zu erteilen hätte Folgen gehabt; also nahmen wir hin, was zum Alltag gehörte. An häufige Besuche erinnern sich nur ehemalige Mitarbeiter: Während der Zeit des Aufbaus, als der Sozialismus nicht nur auf Transparenten unser aller Herzenssache war, gegen Ende der vierziger, zu Beginn der fünfziger Jahre verkehrte er regelmäßig mit dem Archiv, indem er sich nützlich machte. Ich erinnere mich: Wiederholt brachte er seit Kriegsende verschollen geglaubte Briefe, die, nach seiner Wortwahl, in »unbefugte Hände« geraten waren. Außerdem hat er doppelseitig beschriebene Manuskriptseiten, Aufzeichnungen zum »Likedeeler«-Projekt, lauter Schätze, die wir verbrannt und längst verloren geglaubt hatten, so auch den einzigen Brief an Wolfsohn im Original gerettet oder, mit seinen Worten, »irgendwo aufgetrieben«; denn nie wurden Fundorte genannt, allenfalls wies er, wenn wir mit Nachfragen hartnäckig blieben, auf den Klassenfeind und die Gefahr des »kapitalistischen Zugriffs« hin; oder er sprach wieder einmal vom »zu weiten Feld«, einer Fläche, die ausgeschritten, vermessen werden müsse, so stetig sie wachse und sich ins Unermeßliche zu verlieren drohe. »Bilden wir doch ein archivierendes Kollektiv«, hieß sein zeitgemäßes Angebot, dem wir uns nur hinhaltend, aus heutiger Sicht allzu bänglich zu entziehen versuchten. Dennoch bitten wir um Verständnis, denn damals trat er kollegial und durchaus kenntnisreich auf; seine Hilfe abzulehnen wäre zwar mutig, doch im Sinn des Unsterblichen »kolossal dumm« gewesen.

Nach dem Abebben der Aufbauphase, als alles nur noch »seinen sozialistischen Gang« ging, kam er lange nicht. Erst sein Biograph hat uns das Ende seiner teils beklemmenden, teils nutzbringenden Anwesenheit zu erklären versucht. Jedenfalls kamen nach den dreiundfünfziger Unruhen dem Archiv keine neuen Funde ins Haus. Schon hofften und bedauerten wir zugleich, außerhalb des von ihm observierten Umfelds zu liegen. Auch schien nach dem Mauerbau eine Zeitlang gewiß zu werden, daß nun, dank der Errichtung des Schutzwalls, die Periode der Observierung vorbei sein dürfte. Wir täuschten uns, wie sich sein Biograph mit Hilfe einer fiktiven Todesanzeige selbst getäuscht hatte. Schon bald lastete wieder sein Schatten, besonders nach dem elften Plenum, als alle Hoffnung zunichte war; und nach dem Mauerfall, als mit uns viele glaubten, daß fortan der Zwang zur kollektiven Zusammenarbeit ein Ende gefunden habe, täuschten wir uns abermals.

Für Hoftaller gab es keine Brüche und Nullpunkte, nur fließende Übergänge. Gerne sprach er im Plural: »Wir sind dabei, uns neu zu orientieren ...« Er sagte: »Die Dienste finden sich wieder.« Und: »Unser Konzept für operative Vorgänge beginnt zu greifen.«

Alles ging weiter, wenn auch nicht mehr seinen sozialistischen Gang; und wie nach der Einheit Hoftallers Tätigkeit im Haus der Ministerien kein Ende fand, vielmehr neuen Aktivitäten folgte, die an dieses Gebäude gebunden waren, so blieb er Fonty und mit Fonty uns auf den Fersen, als nach dem Fest wieder der Alltag begann.

Er besuchte das Archiv am frühen Vormittag. Er brachte keine Blumen für unsere Damen mit. Er rauchte, was wir nicht gerne sahen, eine seiner Kubanischen. Er sagte: »Komme aus übergeordnetem Interesse. Unbedingt müssen ein paar Ungereimtheiten ausgeräumt werden. Betrifft alles unseren gemeinsamen Freund. Über Lyon und die Folgen sprachen wir kürzlich schon, als die Dienste zwecks Familienzusammenführung behilflich werden konnten. Aber betreffs Internierung auf der in der Girondemündung liegenden Insel Oléron und Entlassung des Kriegsberichterstatters und preußischen Untertans gibt es ne Menge Klärungsbedarf. War nicht die katholische oder jüdische Partei, auch nicht, trotz höchster Intervention, die Regierungspartei, die den Betroffenen freigekämpft hat, nein, das waren wir. Geschah natürlich in Zusammenarbeit mit den französischen Organen. Krieg trennt ja nicht nur, Krieg wertet bestehende Verbindungen auf, sofern über sie Spezialwissen zu erwarten ist. Haben wir wiederholt erlebt. Zum Beispiel nach dem letzten Frankreichfeldzug. Selten haben die Dienste reibungsloser zusammengearbeitet, besonders in Lyon. Will damit nicht die vormaligen Bemühungen der katholischen, der jüdischen und der Regierungspartei in Abrede stellen, aber Ihre Archivgewißheiten sollten endlich ergänzt werden: Entscheidend sind in allen Fällen wir gewesen. Wir wurden tätig. Wir werden auch zukünftig... Bitte darum, dieses Fakt zu Protokoll zu nehmen. Ist ne Kleinigkeit nur, dient aber der Wahrheitsfindung.«

Mit einem Lächeln sprach er auf uns ein, das bei härtesten Sätzen bestehenblieb, versteinert, wie sein versteinertes Spezialwissen. »Weiß schon«, sagte er, »die Herren wollen nicht glauben. Das Bild des Unsterblichen verträgt keinen Fliegenschiß. Man schätzt unsere Beiträge nicht. Man wartet ungeduldig das Ende meines Besuches ab. Dabei hänge ich am Archiv. Säße lieber hier als woanders. Habe das ewige Rumstehen satt. Ne Schinderei ist das: Außendienst bei jedem Wetter...«

Noch nie hatten wir Hoftaller so sinnentleert und seines Dienstes überdrüssig erlebt. Plötzlich jammerte er über alles: den Undank, die ständige Mißachtung, den schlechten Ruf, die vergebliche Mühe. Seine eigene, nur bescheidene Rolle und das ihm vorgeschriebene Randdasein waren ihm nichtsnutz geworden. Überhaupt zweifelte er am Sinn der auf Staatssicherheit spezialisierten Dienste: »Ist ne Fiktion, das Ganze!« Und dann beklagte er die Launen seines Objekts, Fontys plötzliche Aufbrüche und planlos weitläufigen Spaziergänge. Er bat uns, ihm zu helfen und – gleich ihm – Fonty

483

nicht aus dem Auge zu lassen: »Denken Sie an Domrémy, als er leichtfertig die preußischen Truppen verließ, um kurz nach der Jungfrau von Orléans Ausschau zu halten. Oder denken Sie an Lyon, als er sich auf Ruderpartien gefährdete. Oder kürzlich noch, sein jüngster Versuch, abzutauchen und sich irgendwo auf schottischer Heide zu verlieren. Glauben Sie mir: Unser Freund ist ne Nummer für sich …«

Vorerst litt Hoftallers Außendienst nicht unter Schlechtwetter: Herbstlich mild blieb es nach dem dritten Oktober; und Fontys Spaziergänge hielten sich in Grenzen, weil er wieder diensttauglich war. Sogleich nach der Verkündung der Einheit sah er sich von banalen Alltäglichkeiten gefordert. Zwar begann man, den Arbeiter- und Bauern-Staat nun offiziell Beitrittsgebiet zu nennen, doch im ehemaligen Haus der Ministerien blieb die Arbeitskraft Theo Wuttkes in allen Räumen und Korridoren des vielgeschossigen Gebäudes gefragt, weil nunmehr das Wort »abwickeln« in Gebrauch kam. Von Zimmer zu Zimmer und rauf und runter im Paternoster mußten die kopflos gewordenen Ministerien abgewickelt werden. Das Wort begann Sinn zu machen. Rastlos tätig sah man den Aktenboten, denn abwickeln bedeutete räumen, und räumen hieß Platz schaffen für eine neue Behörde. Laut Einheitsvertrag trat das Treuhandgesetz in Kraft, und mit ihm wurde ein Wort aufgewertet, das schon einmal von umfassender Bedeutung gewesen war: solange das Dritte Reich dauerte und überall Besitz und Vermögen der Juden in Deutschland unter Treuhand gestellt wurde.

Schon seit Monaten gab es diese Behörde mit beengtem Standort am Alexanderplatz. Auf Verlangen des Runden Tisches sollte sie das Volkseigentum schützen. Doch nun – und seitdem des Volkes Eigentum zur Chimäre erklärt worden war – sah sich die Treuhand vor neue Aufgaben gestellt.

Abwickeln sollte sie und dabei über sich hinauswachsen. Sie forderte Platz für über dreitausend Arbeitskräfte, denen das Ziel gesetzt war, in möglichst kurzer Zeit alles, was unter entwertetem Begriff nunmehr herrenlos war, zu privatisieren; ein Wort, das sich im Sprachgebrauch der Treuhand aus der Tätigkeit des Abwickelns ergab.

Das gesamte Beitrittsgebiet sollte als Anschlußmasse erfaßt werden. Zwischen der Oder und der Elbe, der Ostsee und dem Erzgebirge war Altlast aufzulisten. Eine Aufgabe für Giganten, zumal dieses gesetzliche Muß allerorts und besonders dort, wo Industriebetriebe noch immer als volkseigen firmierten, radikale Schrumpfung vorschrieb und einer Leitstelle bedurfte, von der aus der bis vor kurzem herrschende Zentralismus abzuwickeln war, einer Treuhand, die zugriff.

Wie selbstverständlich bot sich das ehemalige Reichsluftfahrtministerium und vormalige Haus der Ministerien als Standort an. Mit seinen über zweitausend Diensträumen bekam der Koloß den Zuschlag. Doch bevor die Treuhandanstalt, kurz Treuhand genannt, einziehen und sich breitmachen konnte, mußte geräumt, das hieß wiederum abgewickelt werden. Fonty half dabei, und Hoftaller war ihm, wie vorher bei alltäglichen Dienstleistungen, nun beim Abwickeln behilflich.

Da die Treuhand einen Teil der vorgefundenen Arbeitskräfte, das Stammpersonal, übernahm, war es nicht verwunderlich, daß der Aktenbote dazugehörte; trotz oder wegen seines hohen Alters wurde er von den neuen Dienstherren gebeten, fortan beratend tätig zu sein. Es hieß: Da er mit dem Gebäude Ecke Leipziger Straße über jeden geschichtlichen Machtwechsel hinweg vertraut sei, verkörpere er das Bleibende; er gehöre dazu, aus ihm spreche Tradition und Geschichte, ohne ihn laufe man Gefahr, wie ohne Hintergrund zu sein.

Diese besondere Position wurde Fonty von höchster Stelle angeboten, vom Chef der neuen Personalabteilung schriftlich bestätigt und von Hoftaller, der gleichfalls in mittlerer Position und zuständig für den Außendienst übernommen wurde, schmackhaft gemacht. Dessen Talent für gleitende Übergänge hatte sich oft genug bewährt, weshalb seine Devise »Ohne uns kein Systemwechsel« zu den bleibenden Wahrheiten gehörte.

Und als Hoftaller den einstigen Aktenboten zur Annahme des neuen Arbeitsplatzes überredete, sagte er während einer immer wieder die Wendepunkte überwindenden Paternosterfahrt: »Kann man nicht nein sagen, Wuttke. Ist doch ne Sache. Wird selbstverständlich nach westlichem Tarif bezahlt. Demnächst sind wir Bundesbehörde und nur dem Finanzministerium unterstellt. Da guckt dann keiner mehr durch. Nur wir, Wuttke, nur wir. Außerdem bleibt Freizeit genug.«

So kam es, daß Fonty bald nicht mehr als Aktenbote von Stockwerk zu Stockwerk, sondern, bei guter Bezahlung, beratend tätig war. Für später wurde ihm sogar im Nordflügel, der an die Leipziger Straße grenzte, ein eigenes Dienstzimmer zugesagt, das weit genug weg vom nunmehr alltäglichen Betrieb lag: Vom obersten Stock sollte er in den Himmel und in einen der geschlossenen Innenhöfe blicken können. Fonty freute sich auf das Zimmer.

Aber vorerst herrschte noch Baulärm bei gleichzeitig stiller Abwicklung. Vor dem Umzug der Treuhand vom Alexanderplatz in die Otto-Grotewohl-Straße mußte das geräumte Gebäude eine gründliche und allen stehengebliebenen Mief vertreibende Renovierung erdulden. Hausputz fand statt. Reiner Tisch wurde gemacht. Alles sollte westlicher Optik genügen. Doch sorgte Fonty in beratender Funktion dafür, daß einiges beim Großreinemachen überlebte. Ein Teil der in über zweitausend Diensträumen hinterbliebenen Topfpflanzen, unter ihnen Zimmerlinden und Gummibäume, aber auch Efeuaralien, Pfeilwurz und dreifarbiger Steinbrech, sollte in geeigneten Räumen für spätere Liebhaber von pflanzlichem Raumschmuck aufbewahrt und gepflegt werden. In beratender Funktion schrieb er: »Die behördliche Liebe zu Alpenveilchen und Becherprimel ist gesamtdeutsch. Was uns Deutsche verbindet, ist das immerfort blühende Fleißige Lieschen. Was weg muß, muß weg, doch hüten wir uns davor, Topfpflanzen, die immerhin Mauer und Stacheldraht überlebt haben, brutal abzuwickeln.«

Ferner legte man, Fontys beratendem Hinweis folgend, auf allen Korridoren jene Linoleumböden wieder frei, die zu Zeiten der Reichsluftfahrt gelegt worden und unter der abgetretenen sozialistischen Auslegware blank geblieben waren. So kam es, daß die Korridore, als nach drei bis vier Monaten Hausputz überall westlicher Standard erreicht war, wie neu glänzten. Doch bevor es soweit war, fand der Treuhandberater Wuttke Zeit für Extratouren von außerberuflicher Reichweite.

An Nachmittagen und an Wochenenden lud Hoftaller zu Ausflügen mit seinem Trabi ein. Mal sollte es kurz hierhin, mal entfernt dorthin gehen. Schlösser und Pückler-Muskausche Parkanlagen, Denkmäler und sonstige Sehenswürdigkeiten standen auf dem Programm. Selbst bei nun wechselhaftem Wetter war keine Grenze gesetzt. Und Fonty, den seit der Abreise seiner Enkeltochter nach Frankreich ein oft schmerzlich ziehendes Fernweh heimsuchte, nahm die Einladungen an.

Diese einst begehrte, doch dann dem Spott feile Billigkarosse, dieser nun bundesweit verschriene Stinker, im mobilen Emblem des Mangels, dem auslaufenden Modell, in einem der vieltausend zu Schrott erklärten Produkte, mit einem Zweitakter, dem Pappmobil ohnegleichen, das vormals allenfalls nach langjähriger Wartezeit lieferbar gewesen war, fuhren Hoftaller am Steuer und Fonty als Beifahrer raus aus Berlin-Mitte, über die Stadtgrenze hinweg, zum Beispiel nach Oranienburg, dessen von allerlei Prinzessinnen ungeliebtes Schloß während der Mauerjahre von dort kasernierten Grenzsoldaten verwohnt worden war. Oder ihr Ziel hieß Cottbus, ohne daß sich dem Stadtbummel ein Ausflug in den nahen Spreewald angeschlossen hätte. Und nach Neubrandenburg waren sie unterwegs, wo sie die übriggebliebene Stadtmauer abschritten und sich mal dieses, mal jenes wohnlich ausgebaute Wehrtürmchen zum Domizil wünschten; weil ihren Dienstjahren nach Ruheständler, spielten Fonty und Hoftaller gerne ihr Recht auf einen Alterssitz aus; dabei lag ihnen nichts ferner als seßhaftes Dahindämmern.

Von Ort zu Ort kamen Erinnerungen hoch. Zitatsicher fragten sie einander nach Kulturbundvorträgen ab, etwa nach dem harmlosen, in Cottbus gehaltenen Referat über den von hier stammenden Maler Karl Blechen, aber auch nach kitzligen Stellen jenes Vortrags, den Fonty in Neubrandenburg und später in Rathenow unter dem Titel »Was sagt uns Katte heute?« gehalten hatte und dessen aufrührerische Thematik – Kronprinz gegen König, Fluchtversuch, Hinrichtung – dem Sicherheitsbedürfnis des Arbeiter- und Bauern-Staates zuwider war. Beide lachten über ängstliche Striche im Redemanuskript, die der eine verfügt, der andere frei vortragend mißachtet hatte. So lang die Rückfahrt sich hinzog, sie blieben heiter und planten neue Ausflüge.

Diesmal waren sie auf nur kurze Distanz unterwegs. Bei Nieselregen ging es nach Potsdam, aber nicht nach Potsdam hinein. Weder Schloß noch Archiv war ihr Ziel, beides kannte man zur Genüge. Nein, nichts der Unsterblichkeit Dienliches oder gar Friderizianisches stand auf dem Programm;

kurz vor Preußens berühmtester Garnisonstadt machten sie Halt.

Wir sind nicht sicher, wer vorgeschlagen hat, den bedeutsamen Schnittpunkt der vormaligen Grenze, die Glienicker Brücke, zu besuchen. Wahrscheinlich ist es Fonty gewesen, der Hoftaller gefällig sein wollte, wußte er doch, daß seinem Tagundnachtschatten dieses Ausflugsziel nicht wegen der Baugeschichte – zuerst aus Holz, dann aus Backstein, schließlich als Eisenkonstruktion – von Interesse war, sondern aus Gründen sentimentaler Art. Der Ort des Austauschs von Topagenten zog ihn an. Mit Bewunderung, aber auch Neid sah Hoftaller die Glienicker Brücke, auf der noch kurz vorm Mauerfall hochkarätige Spione, langjährig tätige Perspektivagenten und manchmal sogar namhafte Größen des geheimdienstlichen Spezialwissens von Ost nach West, von West nach Ost verschoben worden waren.

Kurz vor der Brücke über die Verengung der beiden Havelseen parkte er den Trabi auf sozusagen noch westlichem Gelände, seitlich der Zufahrt zum Glienicker Schloß. Was Fonty nur andeutete, hat Hoftaller uns später bei einem Archivbesuch bestätigt: Ihn habe die Brücke bis zur Drittklassigkeit abgewertet. Für seinesgleichen sei diese Agentenschleuse nur im Traum zugänglich gewesen. »Glienicke!« rief er. »Das gab's nur für die Elite. Nur Spitzenleute wurden dort ausgetauscht. Unsereins, der sogenannte Mittelbau, kam nicht vor. Wir waren für die Drecksarbeit gut: Außendienst, Objektobservierung, Informantenpflege, Routineberichte, Schreibkram, ab und zu ne Dienstreise. Will nicht klagen. Mußte ja auch geleistet werden. Aber die Brücke blieb Wunschvorstellung, Traumziel, ne letzte Erfüllung. Sowas faszinierte. Das war doch was. Viel Theater, na gut. Aber heimlich sehnte sich jeder von uns danach: Einmal werde auch ich...«

Wenn es nun heißt: Hoftaller schwärmte uns gegenüber von der Glienicker Brücke, übertreiben wir nicht. Und ver-

ständlich ist, daß Fonty seinem leidenden Tagundnachtschatten gefällig werden wollte. Deshalb wird er es gewesen
sein, der das prominente Ausflugsziel vorschlug. Diesmal
kam er vorplanend zum Zug und forderte, kaum hatten sie
den Trabi verlassen, Hoftaller auf, mit ihm auf der Brücke
Agententausch zu spielen.

»Müssen das mal leibhaftig durchmachen.«

»Kommt nicht in Frage. Bin ungeeignet dafür.«

»Nur keine Minderwertigkeitsduselei! Sie sind doch wer!
Ein Tallhover hat schließlich Herwegh observiert. Lenins
Sonderzug war Ihr Fall, später sogar Lenins Gehirn...«

»Trotzdem, bin dafür wirklich ein paar Nummern zu
klein...«

»Ach was! Wer war ich schon siebzig-einundsiebzig! Und
wurde dennoch von der Insel Oléron runtergeholt und
gegen Topleute, wie Sie sagen, ausgetauscht: drei hochran-
gige französische Offiziere, während ich nur ein kleiner Skribifax...«

»...den man für nen Topagenten gehalten hat. Beinahe
hätte man Sie wegen Spionage füsiliert. Nein, ich tauge für
solche Vergleiche nicht. Da muß man schon hugenottischer
Herkunft sein und zum Beispiel Guillaume heißen...«

»Seien Sie kein Spielverderber, Tallhover. Nicht umsonst
haben Sie so frühzeitig einen Biographen gefunden. Wenn
jemand Perspektive bewiesen hat, dann Sie. Nicht ohne
Grund sind Sie zum Sinnbild mir zugeordneter Unsterblichkeit gereift. Also, Kopf hoch! Heute sind Sie dran.«

»Und wie soll ich mich dabei anstellen, Genosse Kommis-
sar?«

Fonty bestimmte die Regeln. Hoftaller nickte: Kapiert. Und
so spielten sie auf der Brücke, dem Schnittpunkt tatsäch-
licher und ausgedachter Spionagegeschichten und Agenten-
thriller, die gefilmt, dokumentiert und immer wieder in

Romanen verpackt worden waren. Szenen im Morgengrauen, bei Frühnebel sind erinnerlich. Kaltes Licht aus Bogenlampen. Spannung und Kitzel bei Sprühregen und gebotener Kameradistanz. Die schrittweise Annäherung zweier Männer mit Hut und hochgeschlagenem Mantelkragen, von denen nur einer aus der Kälte kam, obgleich auch der andere fror. Agententausch zwischen Ost und West. Im Film wie in Wirklichkeit. Und die Welt schaute zu.

Bei passendem Wetter spielten sie unter den schöngeschwungenen Brückenbögen das altbekannte Ritual durch. Anfangs hatte der zum Superspion beförderte Tagundnachtschatten seinen patenten Regenschirm aufspannen wollen, doch Fonty war dagegen: »Der paßt nun wirklich nicht hierher.« Also setzten sie sich bei Windstille dem Nieseln aus.

Nur die Gehstreifen waren ihnen eingeräumt. Sie mißachteten den in jede Richtung fließenden, dann wieder stockenden Autoverkehr. Hoftaller, der auf Fontys Weisung zur Potsdamer Ostseite vorausgelaufen war, kam auf dem fast unbenutzten Weg für Personenverkehr, und zwar auf dem rechten Streifen, Schritt für Schritt in Richtung Glienicke näher; Fonty hatte sich auf ein Handzeichen des entfernten Austauschobjekts von West nach Ost in Bewegung gesetzt. Schritt vor Schritt. Nicht übereilt, nicht verlangsamt. Dort, inmitten der Brücke, unter der sich zwei Havelseen zum schmalen Durchlaß verengten, gingen sie ohne Blickwechsel aneinander vorbei, jeder auf seine weisungsbefugte Schaltstelle zu.

Das verlangte nach Wiederholung. Hin und zurück unter den sanft von Träger zu Träger schwingenden Bögen. Anfangs auf Fontys Befehl, jetzt nach Hoftallers Wunsch. Unter der Brücke verkehrten einfach und doppelt besetzte Paddelboote, dann eine Motorbarkasse; das kümmerte niemanden. Mal war es Fonty, der als östliches Objekt gegen das westliche Faustpfand ausgetauscht wurde, dann wieder kam der Tagundnachtschatten aus dem Osten Schritt vor Schritt näher, während Fonty den Westen hinter sich ließ, bis beide gleichauf waren, nunmehr einen Augenblick lang zum Standphoto erstarrten, blicklos, wortlos, um sich sogleich wieder Schritt vor Schritt dem einen, dem anderen System, den Weltmächten, Todfeinden und Sicherheitsgaranten, dem Klassenfeind und der Roten Gefahr zu nähern und sich dem jeweils eigenen Lager zu überlassen.

Ein Spiel mit wenig Varianten. Fonty gegen Hoftaller, Hoftaller gegen Fonty. Beide waren einander wert. Den einen gab es nicht ohne den anderen. Mit gleichhohem Einsatz wurde gespielt, und beiden war die Glienicker Brücke von Alptraumlänge. Monoton sah das aus. Schon ließ, wie nach allzu schleppender Pflichtübung, die Spannung nach, da fielen ihnen doch noch Variationen ein. Der aus der Kälte kommende Fonty zwinkerte mit dem rechten Auge, sobald sie gleichauf waren, und der vom Klassenfeind übergebene Hoftaller zwinkerte mit dem linken. Zuletzt sagten sich beide Objekte beim Austausch sogar ein Wörtchen. »Mach's gut!« sagte der eine. »Mach's besser!« der andere.

Das mag verwundern. Sie hätten sich, ihrer Systemzugehörigkeit entsprechend, beschimpfen können, mehr gezischt als geschrien: »Du Kapitalistenknecht!« – »Du rote Sau!« Aber nein, sie wünschten einander besseres Gelingen. Zwei Profis mit Berufsethos, zwei Realisten fern aller Ideologie, zwei Spezialisten von Profession und gleichem Rang, die sich aus nie verjährter Erfahrung ihrer Unsterblichkeit sicher waren, wenngleich Hoftaller, als beide wieder im Trabi saßen, abermals seine relative Nutzlosigkeit beteuerte: »Im Vergleich mit Topagenten bin ich nur Durchschnitt...«

»Ach was, Tallhover. Sie waren doch immer kolossal auf dem laufenden, wußten im voraus schon...«

»Aber Sie hatten die eigentliche Macht, Bücher, ne ganze Armee gereihter Wörter im Rücken...«

» . . . die sich an der Zensur, deren Fürsorger Sie sind, gerieben, manchmal aufgerieben haben. Ohne Zensur . . . «

»Mag ja sein, Fonty, daß wir uns irgendwie ergänzen. Doch nur nach Aktenlage sind wir gleich.«

Dann bedankte er sich. Mehr noch, er sah sich zu Dank verpflichtet. Fast hätte er Fonty umarmt, doch es kam nur zum Händedruck und zu Gestammel: »Ahnen ja nicht, wie deprimiert ich . . . Kam mir überflüssig . . . Gab nur noch ne traurige Figur ab . . . Hat mir gutgetan, dieses alberne Spielchen . . . Weiß jetzt wieder, was ich mal gewußt, dann vergessen hatte . . . Na, wie glatt das geht, Systemwechsel . . . Man bleibt, wer man ist . . . Auf beiden Seiten der Brücke . . . Danke, Fonty.«

Er gab den Händedruck auf und lächelte nun wieder altbekannt. So gutgelaunt hätte Hoftaller es gerne gesehen, wenn man gemeinsam über die Glienicker Brücke nach Potsdam hinein und zur Dortustraße gefahren wäre, doch abermals wollte Fonty nicht gefällig werden. So schroff lehnte er einen Besuch im Archiv ab, daß Hoftaller nachgab; allerdings versicherte er auf unsere Kosten: »Macht nichts! Bringt sowieso nicht viel. Die haben doch nur Langeweile in ihren Karteikästen. Kennt man alles. Selbst das Kapitel ›Storms Potsdamer Leidenszeit‹ ist abgehandelt. Wer auf ne wirkliche Hintergrundstory aus ist, dem können nur wir dienen. Sagte ja bereits: Ohne uns läuft nichts . . . «

Die Rückfahrt durch Westberlin dauerte, weil sie in den nachmittäglichen Berufsverkehr gerieten. Immer wieder brachte Stau sie zum Stillstand. Man kam sich klein vor in dem bewitzelten Pappkoffer, eingeklemmt zwischen den mächtig wirkenden Karossen aus westlicher Produktion. Damals waren Trabiwitze beliebt, deren Pointen den zuvor beliebten Ostfriesenwitzen entlehnt zu sein schienen; und doch fanden der Chauffeur und sein Beifahrer Trost in der Tatsache, daß sich die Verkehrsdichte gleichermaßen gerecht auswirkte: Ob Mercedes oder Trabi, alle kamen nur schleppend voran. Fonty sagte dazu: »Kolossaler Schlamassel! Und das ist nun der heißersehnte Kapitalismus.«

Seitdem Madeleine weit weg war, fand er wieder Zeit für lange, alles Tagesgeschehen verplaudernde Briefe, sogar für Vormittage in der Imbißstube Potsdamer Straße, schräg gegenüber der Hausnummer 134 c; dort hatte er ein Tintenfaß deponiert.

Professor Freundlich, dem er die jüngst zugeflogene Enkeltochter allerdings unterschlagen hatte, verdankte seiner Brieflaune einen zugespitzten Rapport vom »filmreifen Agententausch« auf der Glienicker Brücke, die er »das Mekka aller pensionsreifen Geheimdienstler« nannte. Und Martha Grundmann, geborene Wuttke, erhielt wieder Post. Sie las, was uns viel später zur Auswertung überlassen wurde: »...Soviel zu dem uns lange wohlgesonnenen, dann aber regnerischen Wetter; gewiß wird Mecklenburgs Himmel während der Nacht zum dritten gleichfalls so national gestimmt gewesen sein. Jedenfalls haben wir den Einheitsrummel, samt eher schütterem Glockengeläut, tapfer und dank familiärer Auffrischung überstanden. Mama wird Dir sicher aus ihrer mich oft verblüffenden Sicht mitgeteilt haben, daß Mademoiselle Aubron es verstanden hat, unsere Herzen im Handstreich zu erobern; und wahrscheinlich ist es meiner lieben Mete ähnlich ergangen; denn wie ich in einem sonst eher ledernen Brief Friedels lese, hat sich die so zierliche wie resolute Person in Schwerin, Wuppertal und sogar in Bonn-Bad Godesberg vorgestellt, bevor sie nach Paris weiterreiste.

Kann nur lachen, wenn ich an meine Herren Söhne denke – besonders an Teddy – und vermute, daß sich dessen Prinzipienreiterei, angesichts der von mir als zartbitter empfundenen Person, mehrmals vergaloppiert haben wird. Muß nun, was meinen in die Jahre gekommenen Sündenfall betrifft, das abschließende Urteil der Familie überlassen, bin aber sicher, daß mich meine Mete nicht an den Pranger stellen wird; vielleicht hilft Dir Dein neuerworbener Katholizismus, Deinen alten Vater in milderem Licht zu sehn. ›Mensch ist Mensch‹, wie schon der General von Bamme in ›Vor dem Sturm‹ sagte.

Von Mamas Gutherzigkeit in dieser Sache war ich überrascht. Ich befürchtete eine knifflige Situation zu Hause. Anfangs schien sie auch ganz baff zu sein, doch dann siegte ihre Neugierde: Unbedingt wollte sie rudern, und zwar zu dritt. Doch was diese familiäre Ruderpartie betrifft, die Dir sicher bis zu Madeleines rettender Heldentat hin ausgemalt worden ist, kann ich nur hinzufügen, daß mir dabei der beigelegte Vierzeiler eingefallen ist, weil beim Rudern Erinnerungen aufgewühlt wurden, beklemmende und belebende, solche, die der Zeit anheimfallen, und andere, die zu Buche schlugen: Bilanzierend waren unterm Strich die belebenden im Plus.

Und stell Dir vor, durch den französischen Anstoß regelrecht verjüngt, haben Mama und ich am sechzehnten unseren fünfundvierzigsten Hochzeitstag gefeiert, in den Offenbach-Stuben, versteht sich, zumal unser Ehebund damals eher ärmlich mit Pellkartoffeln zu Hasenpfeffer (dank Zutat des Karnickelzüchters Max Wuttke) abgefeiert wurde. Doch diesmal gab es, auf Mamas feinfühligen Wunsch hin, ›Ritter Blaubart‹, was, aus dem Offenbachschen übersetzt, heißen soll: Rinderfilet im Gemüsenest – und hinterdrein Palatschinken mit heißen Schattenmorellen. Nach solch üppiger Kost – und gesprächig vom Wein – gestand mir Mama, was ich nun Dir ganz briefgeheim mitteile: Auch ihr sei das Warten während Kriegszeiten öde geworden. Ihre Verlobungszeit habe hauptsächlich aus Warterei bestanden. Kurzum, sie deutete mir einen bei der Reichsluftfahrt am Schreibtisch sitzenden Oberleutnant an. Nunja, der häufige

Fliegeralarm. Im Luftschutzkeller sei man sich näher und näher gekommen.

Jedenfalls sind wir nun, was das Sündenkonto betrifft, gleichauf, obzwar Mamas kriegsbedingte Irrungen, Wirrungen folgenlos geblieben sind, wie sie – nun schon mit Schwips – geschworen hat. Dennoch bleibt mir (als Strafe?) des Mäusleins Nagezahn, der nie ermüdende Zweifel, was unseren armen Georg betrifft, der ja, so glaubte ich fest bis zum Hochzeitstag, gefeiert in Offenbachs Stuben, seit meinem Fronturlaub im Oktober dreiundvierzig als Zeugnis meiner Lendenkraft gelten konnte. Doch lassen wir das. Was ist schon zweifelsohne?

Zur Zeit geben wir dem verführerisch labyrinthischen Gebäude der mit uns historisch gewordenen Reichsluftfahrt einen neuen, zukunftsträchtigen Sinn: Dort wird in wenigen Monaten die Treuhandanstalt Quartier beziehen. Die Avantgarde ist schon da. Und Dein alter Vater gehört ihr bei gutem Sold beratend an. Zur Zeit ist er dabei, mit Hilfe eines beredsamen Gutachtens den unverwüstlichen Paternoster vor Modernisierung, das hieße vor brutalem Ausbau zu retten. Hier ist das Wort ›abwickeln‹ in Mode; doch solang ich nicht dran bin, läßt sich gut spotten, was auch fleißig besorgt wird.

Im übrigen genieße ich die bessere Hälfte meiner Halbtagstätigkeit. Wir, das heißt mein altvertrauter Kumpan (der meiner Mete verständlicherweise übel aufstößt) und meine Wenigkeit, machen neuerdings Ausflüge im fabrikneuen Trabant. Nach Cottbus und Neubrandenburg, hier, wo ich zu Zeiten des immerfort siegenden Sozialismus über den von mir geschätzten Maler Blechen gesprochen habe, dort, wo ich mit meinem Katte-Vortrag und einigen beiseite gesprochenen Befehlsverweigerungen nach Marwitzscher Lesart gewisse Schwierigkeiten bekam; und kürzlich war die Glienicker Brücke unser Ziel, ein Ort, der zu Rückblenden einlädt. Mein Kumpan wurde nicht müde, die Namen von Topagenten herunterzubeten, deren Wert durch Austausch zu steigern war. Am Ende kam er sich so erbärmlich mittelmäßig vor, daß ich ihm wieder aufhelfen mußte. Wenn es nicht so verdrießlich geregnet hätte, wären wir besser auf die Potsdamer Seite gewechselt. Dort ergibt sich, wenn man gleich hinter der Brücke nach rechts abbiegt, ein herrlich weiter Blick übers Wasser bis hin zur Pfaueninsel.

Um endlich auf Deinen Grundmann zu kommen: Du schreibst, er sei ›sehr nachsichtig‹ mit Dir, was einerseits Beleg von Herzensgüte ist, mir aber kundtut, daß Du ihm offenbar Anlässe für Nachsicht frei Haus lieferst. Zwar kann ich verstehen, daß Dir die Villa mit Seeblick zu groß ist, aber besser als das Mansardenloch in der Potsdamer Straße, wo meiner Mete nur ein Kämmerchen blieb, wird sie allemal sein. Die Kunst besteht wohl darin, sich auch im Großen zu bescheiden.

Nun aber noch einmal zu meinem Arbeitgeber, der Treuhand: Deren Schweriner Filiale wird Deinem Grundmann gewiß filetstückgroße Angebote machen; hoffentlich legt er sich nicht zuviel auf den Teller...«

Fortan wollten Hoftaller und Fonty nicht mehr den unansehnlichen Trabi der Westberliner Verkehrsdichte beimischen. Kein Gespött wünschten sie zu hören oder nur zu vermuten. Ausflüge nach Spandau – Besichtigung der Zitadelle – oder nach Tegel, zum Humboldt-Schlößchen, wurden vom Programm gestrichen. Aber über die Autobahn wagten sie sich aus dem Ostteil der Stadt nach Frankfurt an der Oder, um einerseits Blicke über den Fluß nach Polen zu werfen und andererseits den zentralen Tatort des Erstlings unter den Romanen nach Spuren abzusuchen.

Fonty ließ sich darüber schon während der Hinfahrt aus. Und Hoftaller tat am Steuer so, als sei er darauf erpicht, zu hören, was dazumal einen annähernd Sechzigjährigen bewogen haben könnte – kaum von den Sekretärspflichten und Intrigen der preußischen Akademie befreit –, als nunmehr freier Schriftsteller seine Familie zu verunsichern und – im Rückblick auf die Franzosenzeit – einen Wälzer zu Papier zu bringen, der sich, wie das Oderbruch, allzu weitläufig verzweigte.

»Hatte, während ich ›Vor dem Sturm‹ schrieb, schon anderes im Kopp. Den inneren Niedergang Preußens, kurz bevor Napoleon seine Aufwartung machte: ›Schach von Wuthenow‹, eine knappe Novelle. Während im breit geratenen Erstling die preußische Niederlage schon ausgefochten ist, hat der Korse in Rußland gleichfalls seinen Meister gefunden. Alle Zeichen stehen auf Sturm. Befreiung vom fremden Joch! Reformen, im Dutzend billiger. Dennoch: hätte zum königstreuen Volksstaat führen müssen. Stein, Hardenberg, Gneisenau und Scharnhorst! ›Vom Landsturm zur Volksarmee‹ hieß einer meiner Vorträge, gehalten in Jüterbog. Aber Ihre Leute, was man später ›die führenden Genossen‹ nannte, waren dagegen. Von Anfang an, noch vor dem Sturm. All diese Hofschranzen. Kaum hatte das Volk sich und zugleich den zaudernden König befreit, standen schon die Karlsbader Beschlüsse fest, auf daß Ihresgleichen von den Demagogenverfolgungen bis hin zum jüngsten Spitzelsystem einen Überwachungsstaat errichten, netzförmig erweitern, verdichten, perfektionieren konnte. Und das bis heute. Gestern noch hieß es: Wir, nur wir sind das Volk! Doch gegenwärtig ist der Sturm wieder mal abgeflaut. Das nimmt kein Ende. ›Der neue Polizeistaat . . .‹ Habe darüber bereits, wenn auch unter Chiffre, in der ›Dresdner Zeitung‹ geschrieben, anno neunundvierzig. Sie sind verstummt, Tallhover, aber Ihr Schweigen sagt genug . . .«

Fonty liebte solch zeitraffende Verkürzungen. Und als sie den Trabi zwischen den Resten der historischen Innenstadt geparkt und auf der Uferpromenade des Grenzflusses einen für weitschweifige Betrachtungen günstigen Aussichtspunkt gefunden hatten, sagte er: »Ist bedauerlich, aber Tatsache: Hier hat Deutschland aufzuhören, Einheit hin – Einheit her. Stimmt, war immer schon unterschwellig wendisch versippt, ist aber trotzdem schade, weil einige Romane nun ihr Hinterland verloren haben. ›Quitt‹ spielt zum besseren Teil im Schlesischen. Für das Kessin meiner Effi gibt es kein Swinemünde mehr. Und nach dem verpfuschten Anschlag auf die Frankfurter Oderbrücke saß der junge Graf Vitzewitz in der Festung Küstrin ein. Dort hat man Katte einen Kopf kürzer... Alles weg oder heißt nun polnisch... Von Westpreußen, wo es Mathilde Möhrings verbummelter Student immerhin zum Bürgermeister gebracht hat, ganz zu schweigen. Nichts ist geblieben. Und von der alten Holzbrücke gibt's, wie Sie sehen, nicht mal die Andeutung einer Spiegelung...«

Auch dazu schwieg Hoftaller oder stand neben Fonty wie zum Schweigen kommandiert. Wenn der eine mit langem Zeigefinger nach Norden hoch, auf Küstrin und, weiter weg, Swinemünde, nach Südosten in Richtung Schlesien und Riesengebirge, dann, mit absolut östlichem Fingerzeig, auf das verlorene Weichselland wies, stand der andere mit verschränkten Armen: ein verfinsterter Napoleon, dem der Rückzug aus Rußlands Weite noch immer die Sprache verschlug.

Rechter Hand überbrückte die Eisenbahnbrücke den Grenzfluß. Linker Hand war die Nachkriegsbrücke für Auto- und Fußgängerverkehr freigegeben. Fonty hatte, während er mit den Gesten eines Clausewitz strategische Lagen entwarf, anfangs das nahe dem Ostufer der Oder liegende Schlachtfeld von Kunersdorf – »Friedrichs Debakel« –, dann die prekäre Situation der Großen Armee nach dem Brand Moskaus und der Niederlage an der Beresina im Auge – »Da drüben stauten sich die erbärmlichen Reste französischer Macht, bedrängt von Kosaken« – und sah schließlich den Frontverlauf vom März 45, als sich die Rote Armee auf dem östlichen Ufer sprungbereit und in Sichtweite sammelte. »Wer Frankfurt an der Oder hat, hat Berlin!« rief er, um nochmals die Endgültigkeit der Grenze mit Polen zu besiegeln: »Tatsache! Da rüttelt keiner mehr dran!«

Jetzt erst, nachdem alle Schlachten geschlagen waren, lockerte Hoftaller die verschränkten Arme und sagte, mehr beiläufig als zum Widerspruch aufgelegt: »Ach was, Wuttke. Keine Grenze hält ewig. Vorgestern noch war alles dicht: Mauer, Friedenswall, Eiserner Vorhang, Minen, Stacheldraht, Todesstreifen... Und heute? Alles fließt. Nichts ist mehr sicher. Schon brauchen wir weder Visum noch Paß, um rüberzukommen, friedlich natürlich. Passen Sie auf: Sogar die Dienste werden noch gesamteuropäisch. Muß man locker sehen, das Ganze. Grenzen halten nur auf.«

Dann wies auch er mit allerdings kurzem Finger in Richtung Osten: »Trotzdem, muß überschaubar bleiben. Diese Weite müssen wir abschirmen, das heißt sichern, bevor der große Ansturm kommt. Sehe Polen als ne Art Grenzmark oder, besser, als vorgeschobenes Bollwerk, denn was von da hinten auf uns zukommt, Wuttke, ist ne echte Herausforderung. Der Osten ist weit!«

Fonty stimmte einerseits zu – »Dem Nationalen haftet immer etwas Enges an« –, doch kaum begann er sich mit dem grenzenlos offenen Zustand zu befreunden, kamen die alten Besorgnisse hoch: »In Deetz schlug man 1806 einen Franzosen tot, wie man einen Pfahl in die Erde schlägt oder mit noch viel weniger Grund. Und jetzt sind es Polen und Vietnamesen, die man, je nach Belieben, zu Tode prügelt. Kenne doch meine Deetzer; in Deutschland ändert sich nichts...«

Diese und mehr Worte hörte sich der Fluß Oder an, der nach trockenem Sommer und bei immer noch niedrigem

Pegelstand keine Eile hatte. Hoftaller versuchte, mit flachem Wurf einige platte Ufersteine auf dem Wasser springen zu lassen. Aufgefordert, gleichfalls zu werfen, war Fonty geschickter. Später gestand er uns: »Habe kindliche Freude empfunden, als mir mit hüpfendem Stein ein Dreisprung gelungen ist.«

Uns verwunderte nicht, daß sie das naheliegende Kleistmuseum gemieden haben, hatte doch schon der Unsterbliche diesen anderen Preußen, bei allem Respekt vor bleibender Größe und so sehr ihm der »kolossale Haßgesang, ›Die Hermannsschlacht‹«, imponierte, als zu exzentrisch empfunden. Er sagte: »Geburtsstädte, ob Neuruppin oder dieses Nest, wirken in der Regel elend zurückgeblieben.« Und Hoftaller sagte im Vorbeigehen: »Dieser Kleist wäre ein Fall für uns gewesen. War aber schwer zu observieren, weil zu unruhig und sprunghaft...«

Statt dessen besuchten sie das Stadtarchiv. Dort standen sie lange vor einem naiv gemalten Bild, das die zur Französenzeit brennende Holzbrücke und den Feuerschein auf dem Fluß zum Motiv hatte. Angesichts der gemalten Feuersbrunst konnte Fonty nicht widerstehen, von Bränden in diversen Romanen und Balladen zu sprechen und zugleich an einen diesbezüglichen Vortrag zu erinnern, den er während der sechziger Jahre in Frankfurt an der Oder gehalten hatte. »War kurz vor dem elften Plenum...« Dabei geriet er in Hitze, kam vom brennenden Tangermünde auf den Schloßbrand in »Unwiederbringlich«, vergaß nicht das niedergebrannte Neuruppin und den Scheunenbrand der »Kinderjahre«, war nun beim vergeblichen Versuch, das Großfeuer auf dem Gutshof des Herrn von Vitzewitz zu löschen, und hatte alsdann die brennende Brücke aus »Vor dem Sturm« in längerem Zitat bereit: »...ein Ausruf allgemeinen Erstaunens wurde laut. An der anderen Seite des Flusses standen der Holzhof und das Bohlenlager in Flammen, während nach rechts hin die Brücke brannte. Das Feuer drüben stieg hoch und hell in den Nachthimmel hinein, über der Brücke aber, die, des nassen Holzes halber, mehr schwelte als brannte, lagen Rauch und Qualm in dichten Wolken, aus denen nur dann und wann eine dunkle Glut auflohte . . . «

Ein wenig bekümmert stand Fonty vor dem Bild: »Wie es hier gemalt ist, war es nicht. In Wirklichkeit geht es immer banaler zu. Ging ja überhaupt daneben, die Sache mit dem Volkssturm. Der Franzose hielt dagegen. Die Voltigeurs hatten in knapp einer Viertelstunde die Pontonbrücke fertig. En avant! Außerdem blies der Protzhagener Hornist, wie geschrieben steht, ›in der Angst seines Herzens, statt des Angriffs- das Rückzugssignal‹. Da war bald kein Halten mehr.«

Beim kleinen Grenzverkehr mußten sie nur die Personalausweise vorzeigen. Es kann gut sein, daß Fonty den Besuch der Glienicker Brücke und den abschließenden Spaziergang über die Oderbrücke bis hin zum polnischen Ufer in einem gereimten Vierzeiler festgehalten hat; Reime gingen ihm leicht von der Hand. Wie schon beim Rudern, waren ihm am Einheitstag vier Zeilen eingefallen. Doch hat ihn nicht das historische Ereignis poetisch werden lassen, vielmehr waren es die beiden Kastanien aus seiner Manteltasche, die er der Enkeltochter zum Abschied geschenkt hatte. In einem Brief an Madeleine Aubron, der ausführlich vom Besuch der beiden Brücken Bericht gab und mit Zitaten auf Potsdam und Frankfurt zielte, sind zwar keine Brückenreime aufgehoben, doch hat er der zartbittren Person nachträglich einen herbstlichen Vierzeiler gewidmet:

Für Dich, mein Kind, zwei Handschmeichler nur.
Kastanienbraun färbt des Oktobers Tinktur.

Feucht und bemehlt aus der Schale gesprungen,
sind sie als Schweinefutter und sonst gelungen.

Und weil ihm in seiner Brieflaune noch dieses und jenes
»übrigens« einfiel, hat Fonty sich dazu verstiegen, Madeleine
zu bitten, eine der Kastanien – »selbst wenn sie schrumplig
ist mittlerweile« – ihrer Mutter in Montpellier, seiner immer
noch grollenden Tochter Cécile, zu schenken: »...mit der
Hoffnung auf ein verzeihendes Lächeln.«

Warum diese Umwege? Weshalb nur Ortschaften zweiter Wahl? Welchen Grund gab es, den eigentlichen und obendrein nahe gelegenen Ort auszusparen?

Wir vermuteten richtig: Gerne hätte Fonty in Hoftallers Pläne einen halbtägigen Ausflug nach Neuruppin gedrängt: geradewegs zum ganzfigürlichen Denkmal des Unsterblichen. Schon während der Rückfahrt von Kleists Geburtsort, der Grenzstadt an der Oder, schlug er, gleich hinter der Ausfahrt nach Müllrose, als Ziel für die nächste Tour mit dem Trabi die seenreiche Ruppiner Gegend und jenes Städtchen vor, das in Theo Wuttkes Personalausweis als Ort der Geburt angegeben war: »Das wär doch was. Wir zwei vor die sitzende Bronze gestellt.«

Hoftaller vertröstete – »Später vielleicht, nein, bestimmt« – und begründete den Aufschub mit Hinweisen auf den vier- bis siebenstöckigen Gebäudekomplex an der Ecke Leipziger-, Otto-Grotewohl-Straße: Dort mache die Renovierung Fortschritte. Man müsse sich sehen lassen und kümmern. Die Losung heiße Präsenz zeigen, damit nichts schiefgehe: »Die bauen womöglich ruckzuck den Paternoster aus.«

Und richtig: es gab Überlegungen, sogar Kostenvoranschläge westdeutscher Firmen, die, anstelle der angeblich unfallträchtigen Personenbeförderung in offenen Kabinen, Schnellaufzüge in Vorschlag brachten, wie es hieß: »Im Zuge dringlich erforderlicher Modernisierung.« Prospekte wiesen statistisch nach, daß hoher Personalbestand nach adäquatem Transport verlange. Außerdem wurde behauptet: »Die an und für sich liebenswürdige Gemütlichkeit des Paternosters wird auf die Arbeitsmoral abfärben und zur

Bummelei, zum alten Trott führen; mangelnde Effizienz ist statistisch beweisbar.«

Doch Fonty, der schon vor Hoftaller Gefahr gerochen hatte, war bereits fleißig. In einem Gutachten wies er auf die systemüberlebende, also des Denkmalschutzes würdige Dauerhaftigkeit des Personenaufzugs hin. Er hob den Nutzen kurzer Besinnung bei nicht zu schnellem Transport hervor, nannte sie eine »mobile Denkpause«. Er lobte das kollegiale Zwiegespräch in den Zweierkabinen. Die lächerlich geringe Zahl von Unfällen bei der Benutzung von Paternosteraufzügen faßte er in den Merksatz: »Besser langsam ans Ziel als beschleunigt ins Jenseits befördert.« Er spielte mit dem Namen des altmodischen Personenaufzugs, indem er sich und allen Benutzern die Frage stellte: »Wer will oder kann in Zeiten wie diesen auf ein tägliches Vaterunser verzichten?« Zwar unterschlug er Hinweise auf führende Parteigenossen dieser und jener ideologischen Einfärbung, die vormals und noch bis kürzlich ihren Auf- und Abstieg so sinnfällig erlebt hatten, doch beschwor er den »zeitgesättigten Geruch« der holzgetäfelten Kabinen und nannte ihn, seiner angereicherten Güte halber, »bewahrenswert«; dabei rochen die auf- und niederfahrenden Kisten muffig bis ranzig nach Bohnerwachs.

Fonty schrieb ein forderndes Bittgesuch, und Hoftaller sorgte dafür, daß die appellhafte Eingabe in Umlauf kam. Mit Hilfe von Unterschriften einzelner Personen und Personengruppen erhielt das Papier zusätzliches Gewicht. Als sich sogar der Chef der nunmehr in allen Stockwerken raumgreifenden Behörde zugunsten des Paternosters aussprach und für Werbezwecke ein Photo freigab, das ihn, den stattlichen und mit steiler Karriere für Erfolg bürgenden Mann, als Benutzer des Kabinenaufzugs bestätigte – man sah ihn von Fuß bis Scheitel robust neben eine zierliche Sekretärin gestellt –, war die gebetsmühlenartige Anlage vor barbarischem Zugriff gerettet, jedenfalls bis auf weiteres.

Allseits wurde Fonty Erfolg zugesprochen. Auf den Korridoren, im Aufundabzug, selbst beim Besuch der Toilettenräume hieß es: »Das haben Sie prima hingekriegt.« – »Nur nicht lockerlassen!« – »Unser Paternoster ist schließlich ein Stück unserer Identität.« – »Klar, die lassen wir uns nicht nehmen.« – »Is ne Wucht, Fonty!« – »Weiter so, Fonty!« – »Wie wär's mit nem Küßchen als Dankeschön für Ihre Initiative?«

Das alles geschah über Baulärm hinweg. Der Erfolg der rettenden Aktion hallte bis in den beginnenden November hinein. Bei einem Gespräch zwischen Erdgeschoß und oberstem Stockwerk war Hoftaller sicher, daß die erfolgreiche Eingabe sogar seine Position gefestigt habe. Er zählte ab jetzt zur nicht ganz unwichtigen Personalabteilung, wenngleich nur in mittlerer Funktion. Das sei Fonty zu verdanken. Dessen abschließende Formulierung »Möge uns fortan der Paternoster unter der Obhut der Treuhand dienstbar bleiben!« habe den rechten Ton getroffen. Sowas höre man gern. Soviel Vertrauen und vertrauensvolle Suche nach Schutz sei gefragt. Der Chef – das werde immer wieder betont – wolle doch nur das Beste. »Mensch, Wuttke, das haben Sie richtig erkannt.«

Wenn wir an Fontys Tagundnachtschatten während der letzten Wochen ein zunehmend graustichiges Erblassen beobachtet hatten, gewann er nun Statur zurück. An einem normalen Arbeitstag sagte er: »Können uns mal wieder nen kleinen Ausflug leisten. Stehen hier nur den Handwerkern im Weg. Kann noch Wochen, Monate dauern, bis die ersten Räume bezugsfertig sind und es losgeht mit dem Umzug vom Alex. Versteht sich: mit aufgestocktem Personal. Über dreitausend Planstellen sind genehmigt. Hatte heute sechs Einstellungsgespräche. Vor allem ist Sachkenntnis gefragt. Es fehlt an Leuten, die den Filz von innen her kennen. Habe schon welche bei der Hand. Bin sicher: wird ne gigantische Sache.«

Als sie gingen, rief er aus gehörigem Abstand zum kolossalen Portal: »Allzeit bereit!« Dann wurde Hoftaller leiser: »So ist es, mein lieber Wuttke. Unsere Kampfparole von einst gilt immer noch, selbst wenn sich die großen Aufgaben heute ganz anders stellen. Aus erstarrtem Volkseigentum soll beweglicher Privatbesitz werden. Wird es! Wird es! Aber nicht ohne uns, Fonty! Wir mischen da mit.«

Sie fuhren in die Lausitz. Vormittags fuhren sie vom Kollwitzplatz ab. Beim Volltanken zahlte Fonty, der neuerdings bei Kasse war, die Hälfte. Emmi, der Form halber gefragt, hatte abgewinkt: »Mit nem Trabi, nie wieder!« Und ohne uns fuhren sie, doch waren wir im Prinzip dabei.

Mit dem Trabant in die sandige Lausitz. Am Ende der zweiten Novemberwoche fand dieser Ausflug statt. Emmi hatte ihre Absage bekräftigt: »Und in diese lausige Gegend schon gar nich.« Da die Hintersitze frei blieben, beschränkte sich unser prinzipielles Mitwissen aufs Hörensagen; allenfalls durften wir einigen bei trüber Sicht vorstellbaren Visionen Raum geben.

Nachdem Hoftaller einen Ausflug nach Neuruppin, gelegen am gleichnamigen See, als verfrüht abgesagt und aufs kommende Frühjahr verschoben hatte, wollte er seinem »lieben Wuttke« mit einer Fahrt in die wendische Lausitz gefällig werden. Sie fuhren am 9. November über die Autobahn Richtung Dresden bis zur Abfahrt Ruhland. Wir kennen diese der einstigen Arbeiter- und Bauern-Macht so förderungswürdige Region und sind sogar halbwegs in wendisch-sorbischer Literatur beschlagen.

Von der zu Führers Zeiten bahnbrechenden Reichsautobahn, einer mittlerweile zum Flickwerk verkommenen Plattenbaustrecke, bogen sie ab und fuhren weiter in Richtung

Senftenberg, bis sie in jenen Teil der Niederlausitz kamen, der noch lange vom Tagebau weitläufiger Braunkohlelager gezeichnet sein wird, uns aber schon während verjährter Studentenzeit als ständige Androhung vertraut wurde: »Wer ideologisch nicht spurt, den schicken wir in die Produktion. Da kann man von der Arbeiterklasse lernen, was malochen heißt.« So wurde mir Mitte der sechziger Jahre, als wieder mal schärferer Wind wehte, ein Jahr Braunkohle zur schweißtreibenden Erfahrung.

Sie fuhren über Nebenstraßen bis dicht an die Abbruchkanten heran. Überall fanden sie die Erdkruste aufgebrochen, und an den Bruchrändern der Gruben sahen sie Reste verlassener, schon aufgegebener Dörfer, deren übrige Häuser auf Abbruch standen. An diesem 9. November lag unter verhängtem Himmel die Sicht bis zum Horizont frei.

Sie sahen auf eine in Stufen vertieft gebreitete Landschaft, sahen kegelig aufgeschütteten Abraum, ausgebleichte Hügelketten um Grundwasserseen und von Kohleresten marmorierte Spitzkegel. Plane Flächen sahen sie zuunterst und in die Tiefe versenkte Mittelgebirge, sonst nichts, keinen Baum, keinen Strauch, keinen Vogel darüber, doch hockten auf den Grubenrändern und vor kohleträchtigen Steilhängen monströse Schaufelbagger aus rostanfälligem Material. Deren Geräusch wäre Beweis für Arbeit und Menschenwerk gewesen.

Wir könnten mit Zahlen nachhelfen: Aushub in Kubikmetern, Fördermengen, erfülltes und übererfülltes Soll, mehrfach ausgezeichnete Brigaden, Kollektive, die Sonderschichten für den Frieden, den Fortschritt, die gute Sache einlegten. Wir könnten, doch hätte das nicht Fontys Wünschen entsprochen.

Schon auf der Autobahn hatte er zu quengeln begonnen, um dann, angesichts der in der Ferne gereihten Schornsteine und Kühltürme des Kombinats »Schwarze Pumpe«,

das ihm von Kulturbundvorträgen in Hoyerswerda bekannt war, mit Wortkaskaden Sperren zu errichten. Halt,
Stopp und Umkehr forderte er. »Will da nicht hin. Hasse
diese Gegend, immer schon. Wie Emilie, so ich: Das ist
nicht meine Gegend. Letschin, das Oderbruch, ja, das Ländchen Friesack, was alles um die Ruppiner Seenplatte liegt,
gerne, Rheinsberg immer wieder, von mir aus nach Mitten-
walde, wo Paul Gerhardt Probst war, und wenn schon ins
Sorbisch-Wendische, dann nach Lübbenau, in den Spreewald, und weiter auf Kähnen in diese verwunschen liebliche, mit Gurken und Ammen gesegnete Gegend, aber
nicht hierhin. Will ich nicht sehen, wiedersehn, Spremberg
womöglich und immer weiter bis nach Bitterfeld rüber und
ins Sächsische. Nein! Trotz Kulturbund und allerbester Erinnerungen, nicht dahin. Gebe ja gerne zu: Publikum war
vorzüglich, volle Säle, interessante Aussprachen und nicht
einmal ideologisch vernagelt. Zum Beispiel über Frauengestalten wie Melanie van der Straaten, Ebba von Rosenberg
und Mathilde Möhring, dazu noch Corinna Schmidt und
die Witwe Pittelkow, die ja alle was Emanzipiertes an sich
haben. Fand Anklang mein Vortrag. Lebhafte Debatte danach. Zitierte aus Bebels ›Die Frau und der Sozialismus‹,
natürlich auch irgendwas von Clara Zetkin. Kam gut an,
sogar bei den führenden Genossen. Also nichts gegen den
Kulturbund in Hoyerswerda, aber alles gegen die Gegend
hier. Wie umgekrempelt und ausgelutscht. Aufgehäufelte
Häßlichkeit. Nichts, worauf das Auge ruhen möchte. Nur
Abgrund und Mondgebirge. Wäre etwas für Zola gewesen:
›Germinal‹ über Tage, doch mir war die Arbeitswelt, so notwendig sie unserer Existenz ist, schon immer ein Greuel.
Was soll das, Hoftaller? Wollen Sie mir verschwundene Dörfer samt Kirchen aufzählen, mich mit Produktionszahlen
und henneckehaften Leistungen erschlagen? Soll ich etwa
beten lernen: Herr, vergib ihnen, denn sie wissen genau,

was sie tun? Oder was soll ich hier? Da steckt doch Absicht
hinter. Ein Tallhover fährt nicht einfach ins Blaue und ein
Hoftaller, wie ich ihn kenne, schon gar nicht ...«

Kein Einwand konnte den Trabi stoppen oder in reizvolle,
trotz aller novemberlichen Trübnis einladende Gegend lok-
ken. Auch uns hätte es nicht in die Braunkohle gezogen; das
Archiv war auf Fontys Seite. Aber wen kümmerte das?

Hoftaller klammerte sich ans Lenkrad und hielt an seinem Plan fest. Anzunehmen ist, daß er auf den Feiertag aller
Feiertage, auf dieses tragische, düstere, blutige, so üble wie
verfluchte Datum fixiert war, dem der für Deutschland zu-
ständige Kalendermacher vor Jahresfrist eine weitere, diesmal Freiheit verheißende Bedeutung draufgepackt hatte.
Den Chauffeur schien diese Fülle historischer Ereignisse
anzutreiben. Auf ausgefahrenen Nebenstraßen, denen sein
sandgelber Trabant wie angepaßt war, fand er inmitten
Ödnis immer neue Zugänge zu Grubenrändern, die hier
sauber abgeschrappt, dort als wilde Müllkippe benutzt worden waren.

Sie stiegen aus. Er zwang Fonty, auszusteigen und gleich
ihm in den Abgrund wie in ein offenbartes Verhängnis zu
starren. Er führte ihn vor das schwarze Geschlinge ausran-
gierter Förderbänder, die seitlich einer Grubeneinfahrt
zuhauf lagen und die Fonty später, in einem Brief an Martha
Grundmann, »erbrochenes Drachengekröse« nannte. Und
sogar Hoftaller glaubte mehr als nur ermüdetes Industrie-
material zu sehen: Mit dickem Zeigefinger wies er in die
Ferne und der Reihe nach auf Schaufelbagger und Abraum-
umwälzer, die gleich Insekten auf den Grubenrändern
erstarrt waren oder auf tiefster Abraumsohle knieten. Zwar
leblos anzusehen, waren sie dennoch in Betrieb, förderten
von hier nach dort, beuteten aus, bedienten intakte Förderbänder, waren unersättlich; und mit dem Wind, der klein-
körnigen Sand austrug, kam als Beweis ihr Geräusch.

Welch ein Ausblick! Von Pritzen, dessen letzte Häuser leergeweidet am Grubenrand standen und auf Abbruch warteten, konnten beide über die Grube und deren von unterster Sohle aufgeschüttete Kegel hinweg bis nach Altdöbern sehen, ein Städtchen mit Kirche und Schloß. »Da wollen wir hin«, rief Hoftaller, »jetzt gleich, und von da aus in Richtung Pritzen gucken...«

Einige von uns erinnern sich an den beschaulichen Ort. Alles schien dort stehengeblieben, eingeschlafen zu sein. Das war vor der Absenkung des Grundwasserspiegels. Im Schloßpark standen die alten Bäume, unter ihnen exotische, wie auf ewig; nur die Jahreszeit brachte Wechsel. Ausreichend viel Arbeit: Sägewerke, eine Kornbrennerei in Betrieb. Altdöbern lag zwischen Feldern und Wäldern.

Jetzt gab es keine Holzverarbeitung mehr. Den Schornstein der Schnapsfabrik verstopfte ein leeres Storchennest. Sie parkten den Trabi vor der Einfahrt zum Schloß, dessen Fassade hinter einem vergessenen Baugerüst bröckelte. An Martha schrieb Fonty: »Irgendwann wird sich gewiß ein Erbe aus Preußens versprengtem Adel melden und selbst hier, wo nichts mehr zu holen ist, knöchelhart anklopfen...«

Nur wenige Schritte vom Kirchplatz und dem noch immer gepflegten Friedhof für drei Dutzend zum Schluß gefallene Soldaten der Roten Armee entfernt, gleich hinter der Frauenklinik und ihrem novemberlichen Garten, in dem Kohlköpfe in Reihe lagen, nach letzten Schritten seitlich der übriggebliebenen Chausseebäume, brach die Erdkruste ab. Ihr Blick sprang über Riesenstufen zur Grubensohle, sah schwarzpolierte Spiegelflächen hier ausufernder, dort tümpelgroßer Grundwasserseen, auf die gruppierte Abraumhalden ihr Bild warfen. Sie hätten gestaffelte Bergketten zählen können, doch keine der kegeligen Spitzen des Mittelgebirges überragte den Grubenrand, den Hoftaller und Fonty grad dort besetzt hielten, wo jene schmale, aber asphaltierte Landstraße endete, die vormals zwischen Roggen- und Rübenfeldern auf vier Kilometer Länge das Städtchen Altdöbern mit einem Dorf namens Pritzen verbunden hatte.

Sie hätten auch woanders am Grubenrand stehen können. Abgrund war überall. Hier, hier und dort sehen wir sie als Paar vervielfältigt, dicht bei dicht und hintereinander gestaffelt, in Mänteln und unter Hüten, von verschiedenem Wuchs, hundert und mehr Tagundnachtschatten mit Objekt, gedrängt und gefährlich nah an den Rand geschoben; doch standen sie in solcher Anhäufung nur im Prinzip, in Wirklichkeit aber allein. Auf all das drückte ein tiefer Himmel, dessen Wolken übersättigt zu sein schienen, denn in der Ferne, wo sie als Säcke durchhingen, regnete es in Schleiern ab; sonst geschah nichts.

»Da, sehen Sie, Wuttke! Die paar übrigen Häuser. Das ist Pritzen, wie ich versprochen habe. Von hier aus gesehen, kriegt man ne Ahnung, was das heißt: Tagebau, Braunkohle, malochen. Haben unverschämtes Glück gehabt, daß man Sie vierundfünfzig, gleich nach dem Kulturbundkongreß, nicht in die Produktion gesteckt hat, weil Sie meinten, ne Lippe riskieren zu müssen, und zwar im Rückblick auf die Juniereignisse vom Vorjahr, vermengt mit reaktionären Sprüchen aus Zeiten der achtundvierziger Revolution: ›Gegen Demokraten helfen nur Soldaten!‹ Und mehr Provokationen, die Ihnen wenigstens ein Jahr Braunkohle hätten einbringen können. Ja, gucken Sie nur, Wuttke! Man sieht, wenn man genau hinguckt, nicht nur schwarzes Gold, ne Menge Zukunft sieht man. Man starrt in das Loch und ahnt, was sein wird, na, was kommt. Das, nur das bleibt von uns. Vom Produkt befreit, ganz und gar ausgemergelt und feingesiebt, ausgebeutet werden wir menschlicher Abraum sein, kleine und größere Kegel, die sich ein bißchen spiegeln dürfen, da, sehen Sie, Wuttke, im Grundwasser, das kein Lüftchen kräuselt ganz unten, auch wenn es hier oben bläst. Und das bis zum Horizont: säuberlich aufgeschüttet, in Reihe gebracht. Sortierter Rest und Abraum der Geschichte. Ach, Wuttke, was hat man aus uns gemacht? Was haben wir aus uns machen lassen? Traurige Überreste. Nur noch Rückstände sind wir, allenfalls Schrott wert. Altlasten nennt man uns. Los, Fonty! Hinsehen! Sieht man nicht alle Tage so deutlich. Was heißt hier Schwarzseherei? Ist doch von Ihnen der Spruch: Wenig hoffen ist immer gut...«

Hart an der Abbruchkante der Erdkruste stand Hoftaller. Als wollte er diesen oder jenen Abraumkegel antippen, deutete er mit dickem Zeigefinger an kurzem Arm in die Grube. Das waren seine neuen Töne: Zerknirschung, Selbstbeschau, endzeitliche Beschwörungen, laßt fahren dahin, Schuld- und Freisprüche zugleich. Auf dem restlichen Stummel der Landstraße nach Pritzen stand er breitbeinig, im wehenden Mantel, mit Hut, wie Fonty mit Hut und in fliegendem Mantel stand.

Und schon sehen wir sie wieder in Vielzahl, gedrängt und klumpig als Gruppe. So wunderbar vermehrt, gehorchen ihre Mäntel dem steifen, mitunter böigen Wind. Man könnte meinen, gleich trägt es sie fort, mit gebauchtem Segel über den Abgrund, die Grundwasserseen, die Abraumkegel hinweg, bis zum Horizont und weiter. Doch als sie uns wieder zum vereinzelten Paar wurden, hatte sich etwas in ihrer Stellung hart an der Kante verändert.

Fonty stand abgewendet. Er wollte nicht in den Abgrund schauen, wollte nicht in die Grube glotzen und mehr sehen, als zu sehen war. Das war nichts für Fonty. Diese restliche Landschaft konnte selbst er nicht beleben. Nein, in diese aufgeschüttete Wüste hätte er die arme Effi nicht verbannen mögen. In all ihrer Verlassenheit wäre nicht einmal die blasse Stine hierhin zu denken gewesen. Kein Ort für die ewig kränkelnde Cécile. Auf diesem schwarzen Grundwassersee hätte er Lene Nimptsch niemals eine Ruderpartie mit einem verliebten Leutnant erlaubt. Zu diesem panoramaweiten Auswurf wäre Frau Jenny Treibel keine poetische Überhöhung eingefallen. Und selbst Mathilde Möhrings nüchternem Sinn für Erwerb durch Arbeit hätte er eine solch leblose Produktionsstätte nicht zumuten wollen. An Martha, seine Mete, schrieb er: »Bin kein Zola! War nie auf Misere abonniert. Konnte soviel seelenlose Häßlichkeit keine Minute länger ansehen. Nicht nur von Gott – das ginge ja noch –, von aller Schönheit verlassen, atmete mich die Leere an...«

Aber der Tagebau bei Altdöbern war, wenngleich nicht augenfällig, belebt. Plötzlich triumphierte eine menschliche Stimme, verstärkt über Lautsprecher, die sächsisch eingefärbt mitteilte, daß – wo auch immer – die Förderbänder »zwo, finf, ocht« in Betrieb seien. Die Durchsage wurde wiederholt. Und jetzt hörte man von fern und doch nah herangetragen das Knirschen, Jaulen und Stöhnen der Transportbänder auf Rollen. Nochmals – und nun schon penetrant trotzig – bestand die Stimme auf Wiederholung, als wollte sie sich gegen den Zeitgeist, der allerorts nur Stillegung im Sinn hatte, durchsetzen, als wollte sie sagen: Wir fördern weiter! Wir sind nicht abzuwickeln! Uns macht ihr nicht platt!

Denn immer noch gab die Grube – ohne weiterhin volkseigen sein zu dürfen – in täglichen Schichten Braunkohle her. Dort, wo einst, auf Landkarten markiert, das Dorf Pritzen gestanden hatte, wurde in magerem Aufkommen – neun Prozent nur – Braunkohle in gut fünfzig Meter Tiefe rausgeschrappt, und zwar von zweckmäßig konstruierten Nachbildungen urzeitlicher Monstren, jenen stählernen Dinosauriern, die das Endprodukt aus organischen Rückständen auf Förderbänder spuckten. Hoftaller erzählte von vergangenen Produktionsschlachten, von Sonderschichten und Prämien, vom Kampf der Helden der Arbeit gegen Kohle- und Energiemangel, vom übererfüllten Soll; doch davon wollte Fonty nichts hören.

Abgewendet sehen wir ihn in Richtung Frauenklinik und Kirchturm schauen. Als hätte er von der Grube ablenken wollen, hören wir ihn vom Schloß Altdöbern plaudern. Das sei hübsch, aber baufällig. Erahnen lasse sich allenfalls die spätbarocke Fassade. Im noch nutzbaren Innern habe sich eine der Blockparteien, »die sich liberal schimpfende«, eingenistet. Demnächst müsse man, wie überall, mit westlichen Ansprüchen rechnen. Erben gäbe es immer. Doch mit dem Park, der dem Muskauschen nachempfunden sei, werde man Ärger bekommen. Der alte und seltene Baumbestand habe bereits Schaden genommen: »Durch Absenkung des Grundwasserspiegels. Das macht man bei Tagebau so. Kein Baum überlebt diesen Eingriff. Aber wen kümmert das schon...«

Aus davon abgeleiteter Sorge hat sich Fonty in seinem Brief an Martha ausgeklagt: »...wie ich dicht hinter meinem altvertrauten Kumpan, also gefährlich nah am Grubenrand stand und kaum wagte hinabzublicken, sah ich mich plötzlich versucht, all dem ein Ende zu bereiten und sozusagen jegliche Last, die mich seit Jahren bedrückt, abzuwerfen, einfach in den Orkus zu kippen, wo ohnehin bis tief unten Müll und Unrat lagen, sogar ein toter Gaul oder dessen verwesender Kopf. Dieser Gestank! Dieses Schreckensbild! Gewiß, nur eine Chimäre, und dennoch, Du weißt ja, was alles mir zur Qual geworden ist. Wollte à tout prix – und noch zum höchsten – raus aus der Sache, den Zwängen, dem lähmend eintönigen Spielplan abgestandener Erinnerungen, der allenfalls grinsende Fratzen bietet. Aber die Einsicht, daß dafür kein Abgrund tief genug mißt, erlaubte keine dem mörderischen Gedanken folgende Tat, so sehr die Versuchung juckte. Genauso triftig hätte ich mich selbst in die Grube – oder er mich... Lassen wir das!«

Wir wären, was Hoftaller betraf, weniger zimperlich und allenfalls nur im Prinzip gehemmt gewesen. Oft genug hat uns Fontys Kitzel, den kleinen Schubs zu wagen – hoppla, und weg ist er! –, im Kollegenkreis Vergnügen bereitet. Doch mußten die Folgen bedacht werden: War Fonty ohne seinen Tagundnachtschatten vorstellbar? Hätte dessen Abwesenheit nicht sogleich eine Geschichte beendet, deren Pointen vom Echo lebten und, mehr oder weniger mißtönend, zweistimmig gesungen sein wollten? Was bleibt übrig, fragten wir uns, wenn Hoftaller wegfällt? Theo Wuttke, gewiß. Doch wäre dessen Existenz der weiteren Entwicklung förderlich und genug gewesen? Nein, Hoftaller war nicht sterblich! Wir wußten, daß durch sein Verschwinden allenfalls eine Neugeburt beschleunigt worden wäre; schon Tallhover war es nicht gelungen, ein Ende zu machen.

Im Brief an Martha Grundmann steht weiterhin: »Wer sein Auge immer auf das Nichts richtet, der versteinert. Ich sagte mir deshalb: Man kann nicht ewig am Abgrund stehn. Schließlich begann es zu regnen. Von Nordost her trieben Wolken tief über die Erdkruste und ihre Telegraphenstangen, Chausseebäume und fernen Kirchtürme. Fast sah es aus, als wollten die durchhängenden Wolkensäcke alles Buschwerk, das dicht an der Abrißkante der Grube stand, einsacken und mit sich nehmen. Ein feiner Regen fiel und machte die soeben noch spiegelnden Grundwasserseen blind. Schon befürchteten meine alten Knochen den Anflug einer Erkältung mit anschließend kolossalem Bellhusten, da wurde mir gewiß, daß ich nicht allein war. Mein altvertrauter Kumpan stand mir noch immer zur Seite. Fürsorglich holte er einen Schirm aus der Manteltasche und spannte ihn über uns auf. Wir hätten gehen sollen, sofort...«

Den Schirm, Knirps genannt, hatte Hoftaller durch Druck verlängert und entfaltet, bevor er ihn aufspannte. Nein, sie gingen nicht. Vielmehr standen sie angewurzelt am Grubenrand, enggefügt nebeneinander als kompakter Schattenriß. Mit linker Hand hielt Hoftaller den Schirm hoch genug für Fontys überragende Größe. Nun konnte er sich nicht mehr abwenden. Unausweichlich war die Grube, das Loch. Vier, fünf Abbaustufen hinab flüchtete sein Blick, und doch mußte er hören, was Hoftaller unterm Schirm in freier Rede ausstieß, mal fließend, mal stockend. Das Loch lieferte Stichworte.

»Stimmt! So sah es zum Schluß überall aus. War ne Staatspleite, Endstation! Nur noch Minus unterm Strich. Das stand jedenfalls in unseren Berichten an die führenden Genossen: Nichts mehr da, ausgebeutet bis zum Gehtnichtmehr. Naja, paar Restvorkommen gibt's noch, da, da hinten, unterhalb Pritzen. Und auch mit dem Plattenbau hätten wir weiter und weiter machen können... Bestimmt den Trabi in größerer Stückzahl vom Band... Und jede Menge olympisches Gold... Über KoKo und ITA hätten wir beim Waffengeschäft wie der Westen... Und der Genosse Schalck hätte mit immer mehr Devisen...«

Wir ließen ihn jammern. Das kannte man schon. Viel unterhaltsamer war es, ihn mit Objekt zum Multipel zu verzaubern, ohne und unterm Schirm. Doch selbst als Serienproduktion wollte er nicht vom Jammer ablassen; einen eingeübten Chor hörten wir: »Die drüben haben uns fix und fertig gemacht. Kein Wunder! Die gaben das Tempo an, wir mußten Schritt halten. Mußten wir gar nicht, dachten nur, daß wir unbedingt mußten, na, wettlaufen, wettrüsten, bis wir außer Puste, ausgelaugt, leergeschrappt waren. Nun ist das ganze schöne Volkseigentum für die Katz... Was alles die Treuhand gegrapscht hat, verscherbeln will... Ein Schnäppchen machen nennen die das. Ist aber ne Schan-

de . . . Werden auf Null gebracht . . . Ehrenwort, Wuttke, genau das stand in unserem Bericht, daß der Klassenfeind uns
auf Schrottwert kriegen will . . . Sollen sie haben, den
Schrott. Sitzen nun drauf, halten die Treuhand drüber . . . «

Und dieses Lamento als Passionschoral vom Grubenrand
aus gesungen. Wir reihten das Paar unterm Schirm kilometerlang: ein schwarzer Randbesatz um die hier ausgebuch-
tete, dort gradlinige Abrißkante – als Zugewinn multipliziert,
nach neuester Mehrwerttheorie. Trotz perspektivischer Ver-
kleinerung und in der Ferne in Regenwolken verschwim-
mend, stand jede Einheit genormt mit der nächsten vergat-
tert und jeder Regenschirm entfaltet als Serienprodukt.

»Wetten, daß die damit nicht fertig werden? Wird ihnen
anhängen, Klotz am Bein. Sollen uns ruhig schlucken. Verschlucken werden die sich. Haben ja nie genug gekriegt.
Immer mehr. Nun kriegen sie alles und gratis dazu. Ehrenwort, Wuttke! Deshalb haben wir zu den führenden Genossen ›Aufmachen! Sperrangelweit aufmachen!‹ gesagt. Aber
die Wandlitzer wollten nicht, bis der Druck von Montag zu
Montag . . . weil wir gezielt durch die Finger geguckt . . . bis
kein Halten mehr und die Wandlitzer gekippt waren. Nur
paar Nullen blieben, die vor sich hin grinsten, bis endlich,
heute vor einem Jahr genau: ›Macht auf das Tor!‹ Und auf
war es . . . «

Das also hatte in seiner Absicht gelegen. Hier, über die
Grube, den Abgrund hinweg, wollte er den 9. November
abfeiern, natürlich nur den vom Vorjahr: »Weg war die
Mauer, wie von Geisterhand weg . . . « Was kümmerte Hoftaller und seinesgleichen die Novemberrevolution, der
Marsch auf die Feldherrnhalle, die Reichskristallnacht, die
vielen Novembertoten.

»Nein, Wuttke, bei uns ging es friedlich zu. Kein Blutver-
gießen. Die sollten uns heil und vollzählig bekommen. War
ja unsere Stunde. Hatten nie mehr Erfolg zu verbuchen als

seit dem Mauerfall. Jahrelang hat man uns beschimpft, gehaßt oder noch schlimmer... Die Firma Horch, Guck und Greif nannte man uns. Stasiwitze hat man gerissen, auf unsere Kosten gereimt, besonders dieser Schreihals, den wir, auf Anraten der höchsten Genossin, viel zu lange geduldet haben. Und wer ihm alles nachgesungen hat, primitiv, immer dieselbe Leier, immer das gleiche Klischee: Schlapphut, Ledermantel... Wird ihnen noch vergehen das Lachen, wenn wir den Sack aufmachen. Staunen wird das Pack über unseren Fleiß und darüber, wer alles von uns zum Fleiß erzogen worden ist. Ne Menge Namen, einzelne und im Dutzend. Wir liefern auf Wunsch und frei Haus. Wahrheiten, lauter Wahrheiten! Wir füttern sie ab. Sollen sich gegenseitig fertigmachen, wir helfen gern nach. Wir sind nicht am Ende! Noch lange nicht, weil wir und unser Gedächtnis – na, Sie wissen ja, Fonty, wie weit zurück wir nichts auslassen – ne ganz besondere Methode des Speicherns entwickelt haben. Außerdem sind wir die einzigen, die, wie unsere Kollegen von drüben, immer an ein einziges und einiges Deutschland geglaubt haben. Und das kriegen wir bestimmt. Ehrenwort, Wuttke! Mit unserer Hilfe schafft das die Treuhand: ein armes, aber gleichgemacht armes, ein in Armut geeintes Deutschland, das jetzt schon nach ner neuen Ordnung und nach Sicherheit hungert, denn wenn der Osten überläuft, weil die Grenzen nicht dicht... Oder ein richtiger Ökokollaps... Sowas wie Tschernobyl hoch drei... Und wenn sonst überall in der Welt nur noch Krisen, Gemetzel, Flüchtlingsströme... Dann werden wir wieder gefragt sein. Mit ganz neuen Methoden werden wir fugendicht, umfassend, leise, weltweit... Aber was rede ich. Das macht die Grube hier, dieses Loch, daß man redselig wird. Ist ja auch ne Gelegenheit, dieser Blick auf immer tiefere Schichten. Meine damit, was alles unter der Oberfläche ablagert, nicht nur geologisch das bißchen Kohle, sondern im tieferen Sinn, sozusagen metaphysisch betrachtet... Denn was wir brauchen, Wuttke, ist ne neue Sinngebung. Außerdem stand heut vor nem Jahr plötzlich die Mauer offen. Und wir – Ehrenwort! – haben den Riegel gelockert...«

Fonty wartete ein Weilchen, aber von Hoftaller kam nichts mehr außer Luftholen und Schnauben. Bis zum Horizont näßte der Himmel durch. Alles grau, fein gestrichelt. »Es regnete tapfer«, stand in dem Brief an Martha Grundmann geschrieben; und in der Tat, der Schirm blieb aufgespannt.

Als wollte er dem verstummten Redner helfen, lieferte jetzt Fonty Stichwörter: »Sie wollen mal wieder auf die Unsterblichkeit raus, stimmt's? Lassen wir das. Braunkohle ist unsterblich genug. Wie ihrerzeit Tante Pinchen, heizt meine Emilie damit einen Kachelofen und das Kanonenöfchen in meiner Studierstube; das heißt, sie muß Winter für Winter drei Stockwerke hoch Briketts aus dem Kohlenkeller schleppen, zwei Eimer voll. Stimmt schon, ist eine elend lange Geschichte vom Entstehen in Urzeiten bis heute, zum Endverbraucher. Aber was heißt Ende, wo doch alles mögliche in die Luft abgeht, um sich aus ziemlicher Höhe und in neuer Gestalt an unseren blauen Planeten zu erinnern. Jedenfalls begann sich unser abbauwürdiges Produkt in der jüngeren Kreidezeit oder noch früher zu entwickeln, als hier aus abgestorbenen Pflanzen... Zeiträume sind das... Aber nun wollen wir endlich. Der Trabi wartet auf uns. Der ist zwar auch von vorgestern, aber unsterblich bestimmt nicht...«

Dem Archiv ging das zu schnell. Uns wären weitere Variationen zum Thema Unsterblichkeit eingefallen. Zum Beispiel hätten wir Fontys Auskunft über die mit Braunkohle oder minderwertigem Kohlegrus beheizten Öfen ergänzen können. So heizte man nicht nur in der Kollwitzstraße, sondern überall im Bezirk Prenzlauer Berg. Ganz Ostberlin war diese Befeuerung sicher; und auch das Archiv bezog seine Stubenwärme aus einem Brennmaterial, das mal vorrätig, mal knapp war. Es hätte von einem anhaltend überheizten Zustand im Arbeiter- und Bauern-Staat die Rede sein können, denn ohne Braunkohle, was heißen soll, ohne den Tagebau in der Lausitz und anderswo, wäre er nicht auszudenken gewesen; und doch sollte man ihm, nur weil uns seine Schadstoffe überdauern werden, keine Immortellenkränze flechten.

Deshalb standen die beiden unter einem Schirm am richtigen Ort, als Hoftaller seine Novemberrede hielt. Und im richtigen Moment klatschte Fonty Beifall, und zwar mit beiden Händen, weil er sie frei hatte, während Hoftaller, der mit dem rechten Zeigefinger immer wieder in die Grube und auf die dort abgelagerte Unsterblichkeit wies, linkshändig den Schirm halten mußte.

Im Brief an Martha stand, sein Beifall habe einer »Rede am Abgrund« gegolten. »Keiner meiner Pastoren hätte das besser gekonnt, vielleicht Schleppegrell, aber der war Däne und – was Deutschland betrifft – zu weit weg vom Schuß. Oder Lorenzen, der hätte sich womöglich, als Dubslav von Stechlin zu Grabe getragen wurde, zu einer visionären Beschwörung hinreißen lassen. Bestimmt nicht Pastor Seidentopf, als gegen Ende von ›Vor dem Sturm‹ die alte Hexe, Hoppenmarieken, samt Hakenstock und Wasserstiefeln in die Grube kam. Nein, mein alter Kumpan war nicht zu übertreffen. Er konnte kein Ende finden. Habe ihn mit vorzeitigem Beifall stoppen müssen...«

»Vortrefflich, Tallhover!« rief Fonty. »Das haben Sie gut gemacht. Nicht nur Deutschland kommt so, arm, aber sauber, wieder zu Geltung, sogar die Auferstehung der Staatssicherheit ist Ihnen gelungen. Ruhig können wir alle finalen Katastrophen abwarten. Bis zum Schluß wird man uns absichern. Glückwunsch, Hoftaller. Ist furchtbar richtig alles.

Aber den Schirm müssen Sie auch mir gönnen. Bißchen mehr noch. Bin schon ganz abgeduscht.«

Dann erst gingen sie. Unser prinzipielles Dabeisein erlaubt ein Schlußbild; das ist das Gute am Prinzipiellen: Immer hat man das letzte Wort, immer bleibt, inmitten Untergang, das Prinzip übrig, natürlich das richtige.

Als sie gingen, gaben sie zu zweit abermals jenes Bild ab, das seit Fontys von uns notiertem Besuch auf dem französischen Friedhof feststeht. Damals, als er am Grab des Unsterblichen stand, am Friedhofstor erwartet und, weil es regnete, mit aufgespanntem Schirm abgeholt wurde: zwei alte Männer unter einem Regenschirm.

Diesmal kam es zur Bilderfolge. Das sich von der Braunkohlengrube entfernende Paar zerfiel in Bildabschnitte. Vorbei an der Frauenklinik Altdöbern zog eine Kolonne, die paarweise ging, und jedes Paar beschirmt. Nach vorne hin schrumpften sie zu immer kleinerem Format. Von hinten gesehen, nahmen sie – schmächtig neben breitschultrig – Abstand zueinander, doch zur Kolonnenspitze hin verschmolz Rücken mit Rücken. Die schwarzen, vom seitlichen Wind geblähten Mäntel, die schwarzen Hüte unter schwarzen Schirmen verblaßten, je winziger sie in Richtung Kirchplatz vorankamen: ein Leichenzug, der keinem Sarg folgte.

Wir blieben ihnen hinterdrein, vorbei an der gepflegten Friedhofsanlage und den unterm Sprühregen glänzenden Grabsteinen, in deren Sichtfläche die Namen von drei Dutzend Soldaten der Roten Armee gemeißelt standen. Wir schlossen uns der Prozession an, bis sie sich am Parkplatz vor der Einfahrt zum Schloß auflöste oder besser: verflüchtigte. Nur ein übriges Paar war uns sicher, als Hoftaller seinen Patentschirm abschüttelte, verkleinerte, worauf sich beide in den Trabi setzten.

Im Brief an Martha steht weiterhin: »Während der Rückfahrt kamen die Scheibenwischer nicht zur Ruhe. Wie geborgen saßen wir nebeneinander. Und dann, kaum auf der Autobahn, fing mein Kumpan an zu singen. Den Gassenhauer von anno Tobak, ›Mutter, der Mann mit dem Koks ist da‹, sang er mit Inbrunst bei strömendem Regen. ›Ich hab kein Geld, du hast kein Geld, wer hat den Mann mit dem Koks bestellt...‹ Vorbei an Baustellen und trotz Gegenverkehr, sangen wir bis kurz vor Berlin schließlich zu zweit: ›Mutter, der Mann mit dem Koks ist da...‹«

Sein Brief an Martha schloß mit Klagen über beginnenden Schnupfen und trockenen Bellhusten, eine sich seit dem Besuch der Niederlausitz ankündigende Nervenpleite und war schließlich ganz auf Lamento gestimmt: »... außerdem lärmt neuerdings zu Hause ein kunterbunt laufendes Fernsehprogramm, vor dem Mama in Andacht versinkt. Und noch schlimmer: mit ihren Gören kommt von nebenan die Scherwinski zum Glotzen. Bis in meine Studierstube dringen munteres Gequatsche und aggressiver Lärm. Da ist kein Bleiben. Doch wo soll ich meine Briefschulden, etwa an Professor Freundlich, abtragen? Bei diesem Wetter laufe ich nur ungern die Potsdamer hoch, um mich mit meiner Rotznase in die Imbißstube zu setzen. Was mir fehlt, ist ein ruhiges Zimmer...«

Und wenn er zu uns ins Archiv kam, klagte er mit ähnlichen Worten über das nervige Mattscheibenprogramm, die plapprige Nachbarin, die seiner Brieflaune fehlende Ruhe. Hoftaller, der uns besuchte, um sich gleichfalls »rein menschlich« auszujammern – »Kürzlich standen wir in der Lausitz sozusagen am Abgrund« –, bestätigte Fontys Notlage: »Ach was, das bißchen Schnupfen vergeht. Doch was unser Freund unbedingt braucht, ist ein Dienstraum mit ner festen Schreibunterlage.«

Es blieb beim Wunsch. Zwar wurde Theo Wuttke wegen seiner Denkschrift gelobt, zwar war es ihm gelungen, den Hausherrn der Treuhand für den Erhalt des Paternosters zu gewinnen, auch stand er, obgleich der Umzug dieser Behörde erst für Ende Februar vorgesehen war, bereits auf deren Gehaltsliste, doch das ihm zugesprochene Dienstzimmer war nicht bezugsfertig. Vielleicht hat der Umstand, daß sich der ehemalige Aktenbote allzu offensichtlich jenseits der Pensionsgrenze befand und deshalb nur als »freier Mitarbeiter« angestellt war, diese Verzögerung begründet; ein ähnlich einschränkender Arbeitsvertrag verpflichtete den gleichfalls pensionsreifen Tagundnachtschatten zur Mitarbeit in Diensten der Treuhand.

Doch darüber klagte Fonty nicht. Freie Mitarbeit entsprach seinem Geschmack; nur die vier Wände fehlten ihm. Und mehr als zufrieden gab er sich mit dem monatlich ausgezahlten Fixum von zweitausend Mark. Außerdem war es Hoftaller, dank seiner Tätigkeit in der Personalabteilung, gelungen, für sich und Fonty den, wie er sagte, »im Westen üblichen Sozialklimbim«, Weihnachtszulage, Urlaubsgeld und so weiter, zu sichern. Gründe genug gab es für Fonty, »ein positives Gesicht zu schneiden« und dem Archiv zu bestätigen: »Abgesehen vom fehlenden Zimmer und dem Verschleiß an Tempotaschentüchern, geht es mir geradezu polizeiwidrig gut.«

Und wenn man das Fernsehen für Momente abschaltete, war sogar zu Hause Schönwetter angesagt; für Emmi Wuttke rechnete sich das Fixum als beträchtliches Zubrot und Aufbesserung ihrer Rente. Sie sah sich auf einem Treppchen zu beginnendem Wohlstand und lobte die Treuhand als »hochanständig«. Zu Inge Scherwinski konnte sie sagen: »Mein Wuttke is jetzt bei der Treuhand.« Oder: »Auf meinen Wuttke hat die Treuhand nich verzichten gekonnt.«

Sobald sie auf unsere Frage hin ausführlicher wurde, erfuhren wir über den Wohltäter Treuhand: »... als er noch Aktenbote war, konnten wir uns nen Fernseher nich leisten. War einfach nich drin. Außerdem war mein Wuttke gegen das Glotzen. Aber jetzt hab ich nich viel gefragt, sondern auf Abzahlung... In Farbe natürlich... Nur verkabelt sind wir noch lange nich... Mir reichen aber die paar Programme.

Und unsre Nachbarin, die Scherwinski, das arme Luder mit ihren drei Gören, hat auch was davon. Nee, mein Wuttke guckt immer noch nich.«

Wir hätten antworten sollen: »Schlimmer, viel schlimmer«, denn die Glotze trieb Fonty selbst bei Schlechtwetter aus dem Haus. Weil aber im Tiergarten wie im Volkspark Friedrichshain Novembernässe alle Bänke besetzt hielt, wurde die Treuhand sein eigentliches Zuhause, selbst wenn dort wenig Arbeit anfiel.

Gelegentlich mußte er aus Bonn angereiste Parlamentariergruppen durch den Baudreck und über Korridore lotsen oder einer extra vom Bundesrechnungshof geschickten Prüfungskommission seine zur Denkschrift ausgearbeitete Eingabe »Zum Erhalt des Paternosters« erläutern. Man lächelte, wenn der alte, seines würdigen Aussehens wegen respektierte Mann den unablässig bemühten Personenaufzug ein »Symbol der ewigen Wiederkehr« nannte oder vergleichsweise Sisyphos ins Spiel brachte. Ängstlichen Besuchern half er in die auf- oder abwärts fahrenden Kabinen. Junge Damen, die befürchteten, nach versäumtem Ausstieg im siebten Stock abwärts kopfunten fahren zu müssen, verführte er mit vorgestrigem Charme, an seiner Seite das Wagnis einer ununterbrochenen Auf- und Abfahrt einzugehen. Endlich konnte sein in früheren Jahren gern ausgespielter Hang zum Schwerenöter dienstbar gemacht werden, indem er die Wende im Dach- oder Kellergeschoß als ein harmloses und zugleich unvergeßlich aufregendes Erlebnis vermittelte: »So bin ich – lang ist's her – meiner späteren Frau Emilie begegnet. Wie wär's mit einer Wiederholung, verehrtes Fräulein? Nur einmal ist keinmal.«

Dieser Kundendienst blieb Nebenbeschäftigung. Und da Hoftaller oft für die Personalabteilung aushäusig war und Kontakte knüpfte oder Einstellungsgespräche führte, fehlte Fonty nicht nur das versprochene Dienstzimmer. Also suchte er andere Zuflucht und lief, weil der Tiergarten ausfiel, trotz Schlechtwetter die Potsdamer Straße hoch, lief mit Stock, doch ohne Schirm bis hin zu jenem unansehnlichen Neubau zwischen der Meierei Bolle und Foto Porst, der ihn, allein dank richtiger Hausnummer, zu Ausflügen im Krebsgang stimulierte. Nur dieser Hausnummer galt sein Blick, sobald er sich in der gegenüberliegenden Kaffee- und Imbißstube an den Fenstertisch setzte und dort für die immer noch fehlenden vier Wände Ersatz fand.

Hier hatte er Madeleine Aubron sein Vorleben ausgebreitet. Hier waren dem – wie der Biograph Reuter bestätigt – »Mann der langen Briefe« schon viele Episteln von der Hand gegangen. Auf zerkratzter Resopaltischplatte trug Fonty, bei einem Glas Weinbrand und viel Beuteltee, seine Briefschulden ab. Doch bevor er Professor Freundlich, dann seine Enkeltochter, zum Schluß den Sohn Friedel bedachte und zwischendurch uns mit schriftlichen Richtigstellungen eindeckte – »damit dem Archiv zu jeder gefundenen Wahrheit der Hinkefuß nachgewiesen werde« –, war er abermals mit Worten in Richtung Schwerin, der Villa mit Seeblick unterwegs.

»Erst jetzt komme ich dazu, nach Antwort für Deinen bekümmerten Brief zu suchen, wobei mir Dein Hang (den Du bis ins Ridiküle mit Mama teilst), immer und zuvörderst das Schlimmste zu befürchten, wie eine mit Glasscherben gespickte Mauer quersteht. Zu kühnem Sprung muß ich ansetzen und nun sozusagen aus dem Stand abheben, um das Hindernis, die Dir eigene Sperre, zu überwinden und freiweg zu behaupten: Das ist nun mal so. Wer heiratet, dem fällt oft unansehnliche und in Deinem Fall unerwünschte Mitgift zu. Dein Grundmann, den Du als Bauunternehmer geheiratet hast, entpuppt sich, als müsse er partout seinen Familiennamen bestätigen, als Grundstücksmakler, als ›gerissener‹ sogar, schreibst Du.

Muß er wohl sein. Wer makelt, muß den vorahnenden Riecher haben. Denk nur an Fritsch, wie billig dem seinerzeit drei Grundstücke in Waren an der Müritz zugefallen sind. Alle mit Seeblick! Und weil das schon immer so war, ist nun Dein Grundmann auf Baugrund in Uferlage aus. Er greift zu, bevor andere zugreifen, denn heute, wo nicht mehr gilt, was gestern noch Brief und Siegel der Arbeiter- und BauernMacht hatte, schießen die Makler ins Kraut, weil sie von schnellwüchsiger Bodenhaftung sind. Ist kaum verwunderlich, daß sich Dein zum Spekulanten gewendeter Bauunternehmer liberal schimpft, beste Beziehungen zur Schweriner Treuhand-Filiale unterhält, dort ein und aus geht und – weil wohlinformiert – Filetstücke in der Innenstadt, ganze Straßenzüge in der maroden Schelfstadt aufkauft und obendrein an Mecklenburgs Seeufern fündig wird. Das ist aus Sicht der neuen Freiheit nicht anrüchig, eher Programm. Dein alter Vater steht gleichfalls bei dieser allmächtigen Zentrale in Lohn und Brot, wobei er gegenwärtig deren Umzug aus dem eng gewordenen Berolina-Bau am Alex in den Koloß aus Reichsmarschalls Zeiten abwarten muß.

Du klagst über ›motorisiertes Raubrittertum‹, aber das ist der Lauf der Welt, dem sich meine Mete, fern ihrer sonst eifrigen Prinzipienreiterei, längst hätte anpassen sollen. Bei Licht besehen, nichts Schlimmes: Was sich gestern noch volkseigen schimpfte und deshalb nur nachlässig in Schuß gehalten wurde, soll nun in private Hand und zu aufgeputzten Fassaden kommen. Deine Besorgnis jedoch, es könne Dein Grundmann durch allzu enge Kontakte mit gewissen Seilschaften zum Komplizen werden, muß ich wohl teilen, zumal ich weiß, wie unbedacht schnell solche Verstrickung zum Fangnetz wird.

Auch hier schwimmt, was vor Jahr und Tag abtauchte, um als Bodensatz zu überdauern, nun wieder putzmunter an der Oberfläche und gibt sich geschäftig, wobei zu beobachten ist, wie schnell die westlichen Führungskräfte – die meisten sind zweite Wahl oder gar dritte – mit den hiesigen Schlaumeiern handelseinig werden. Nur unsere sanftmütigen Revolutionäre und Montagsredner gehen bei dieser Praxis leer aus, was sie ehrt, gewiß, ihnen aber zugleich ein hilfloses, wenn nicht ridiküles Ansehen gibt.

Doch auch das, liebe Mete, gehört zur Tagesordnung geschichtsträchtiger Zeiten. War nach siebzig-einundsiebzig nicht anders oder besser. Immer wird es die Treibels und deren Verwandtschaft vom Stamme Nimm geben. Dieses kommerzienrätliche Pack, das vornweg den höheren Werten und dem Gemeinwohl eine Sonntagsmusik bläst, doch wochentags und hinterrücks sein krummes Ding dreht; und die Grundmanns haben – Frau von Bunsen eingeschlossen und so münsterländisch-katholisch sie sein mögen – einen Hang zur Treibelei. Dieses verwandtschaftliche Gehabe stieß mir schon während Deiner Hochzeitsfeier auf. (Hatte nicht Frau von Bunsen bereits den raffenden Blick auf Junkerland in der östlichen Altmark gerichtet?)

Sollte mich übrigens nicht wundern, wenn Dein Grundmann, über alle liberalen Sprüche hinweg, demnächst bei der Nachfolgepartei von Stöckers Christlich-Sozialen, also bei der Block- und Hofpredigerpartei reüssiert, kommunalpolitisch versteht sich, etwa als Dezernent für das Bauwesen. Sei ein braves Kind und lies ihm bitte bei Gelegenheit, etwa zum Schoppen nach dem Abendessen, ein paar einschlägige Stellen vor. Geeignet ist die Partie zum Halensee und den Schwanenhäuschen ohne Schwäne. Oder besser noch, wie Jenny Treibel die Schmidts besucht und Corinna ihr Paroli bietet. Denn das bist Du auch, meine Mete, immer ein Stück Corinna, wobei sich allerdings diese Person eher auf calvinistisches Herkommen als auf Deine Spätlese katholischen Meßweins berufen würde. Was aber Grundmann betrifft, sage ihm: Baudezernent heute ist nicht besser als Kommerzienrat damals; ganz zu schweigen vom Reserveleutnant Vogelsang und der Wiedergeburt seines Typs.

Doch nun zu Mama. Sie sieht sich ganz obenauf, seitdem ich im Sold der Treuhand stehe. Fast glaube ich, daß es, außer dem monatlich anfallenden Stück Geld, das Wort Treuhand ist, welches ihr Wohlgefallen bereitet. Unter der Treuhand, meint sie, kann nichts schiefgehn. Zweifelsohne: Treuhand ist mehr als Kulturbund! Ich bin in ihren Augen (und gleichfalls aus Sicht Deiner gleichbleibend naiven Jugendfreundin Ingemaus) sozusagen aufgewertet, weil zum Treuhänder veredelt. Nun, im Grunde hat sie ja recht. Jahrzehntelang wurde ich unter ideologischer Aufsicht geschurigelt. Mit Menzels Industriebildern (der Eisengießerei) sollte ich die Geburtsstunde des sozialistischen Realismus vordatieren. Penetrant hat mich parteiliche Pfennigfuchserei um die besten Passagen meiner Vorträge gebracht. Diesen roten Pfaffeneifer kennst Du ja aus Deiner vorkatholischen Zeit. Nicht mit dem Klassenstandpunkt vereinbar, hieß es. Oder: Zu versöhnlerisch! Oder punktum: Reaktionär!

Davon ist bei der Treuhand keine Rede. Meine Denkschrift zugunsten des Paternosters, den man à tout prix gegen einen Schnellift austauschen wollte, wurde an höchster Stelle belobigt. Und demnächst soll ich sogar ein eigenes Dienstzimmer bekommen und einen Auftrag dazu. Etwas in Richtung Öffentlichkeitsarbeit, hat mir mein altvertrauter Kumpan, der ja bekanntlich das Gras wachsen hört, vorweg geflüstert. Damit ist, versteht sich, Propaganda gemeint. Übrigens soll ich Dir von ihm Grüße sagen. Lach doch darüber!

Jüngst kam aus Frankreich ein reizendes Briefchen, dem ich nichts schuldig bleiben will. Auch Professor Freundlich soll heute lang aufgeschobene Antwort bekommen. Desgleichen Friedel, dessen jüngste Verlagspläne, nach Maß der

530

Herrnhuter, nunmehr global missionierend sind. Von Teddy kein Wort. Restlich ist zu melden, daß mich der neuerdings als Untermieter einquartierte Fernsehapparat über meine Neigung hinaus – und trotz Schlechtwetter – zum Spaziergänger macht; weil mir aber von allen Religionsformen die Sonnanbetung am fernsten steht, bin ich über das ewige Grau nicht sehr unglücklich.

Übrigens schreibe ich Dir in meinem nun schon alteingesessenen Café-Stübchen mit Blick auf die Potsdamer Straße; nur die Hausnummer schräg gegenüber ist echt...«

An den Rand dieses Metebriefes stand ferner umlaufend gekritzelt: »Friedlaender schrieb immer anschaulich. Selbst wenn er nur gesellschaftlichen Klatsch in der Feder hatte, blieb er geistreich und zutreffend. Weshalb ich in Nordaus Artikeln die Judenschärfe des Ausdrucks schätzte. Und ähnlich geht es mir mit Freundlich, der noch als Kommunist weit mehr Witz verbrauchte, als die Partei zuließ...«

Nur uns gegenüber klagte Fonty, daß des Professors im Verlauf der Herbstmonate geschriebene Briefe »unterhalb forciert lustiger Oberfläche recht miesepetrig« geklungen hätten. »Seine Töchter sind ab nach Israel, was einen so dezidierten Antizionisten natürlich schmerzen muß. Ich habe ihm Geduld angeraten: Den Mädchen wird es dort – verwöhnt, wie sie sind – auf Dauer zu heiß werden...«

Den Dezember über hatten wir ihn oft im Archiv, gottlob ohne seinen Tagundnachtschatten; doch war, im übertragenen Sinn, mit Fonty dessen Enkeltochter anwesend.

Madeleine korrespondierte mit ihm wie mit uns. Nach letzten Anfragen zu Hankels Ablage konzentrierte sich ihr Interesse auf die hugenottische Abstammung des Unsterblichen. Da sie erwog, ihre Magisterarbeit in diese Richtung hin zu erweitern, deckte sie uns mit Fragen ein, die insbesondere auf Emilie Rouanet-Kummer zielten, deren zugleich französische und märkische Herkunft oft genug aus Sicht ihres Mannes kommentiert worden ist: »Mama ist heute mehr aus Beeskow als aus Toulouse...«

Die Studentin Aubron sammelte solche zumeist aus den Briefen herauszulesenden Spuren. Deshalb war, sobald Fonty mit obligatem Blumenstrauß kam, von seiner Enkeltochter und deren Wißbegier die Rede. Nicht ohne Stolz machte er uns mit Briefpassagen in schulmädchenhafter Schrift bekannt, die von unstillbarem Wissensdurst zeugten; und nebenbei lieferte uns Madeleine Belege des französischen Bildungssystems, aus dem vergleichsweise preußische Strenge sprach, etwas, das hierzulande längst außer Kurs ist.

Da mir von meinen männlichen Kollegen der Briefwechsel mit der Studentin aufgetragen worden war, hatte in der Regel ich das Vergnügen, mit unserem Besuch, dem Archivfreund Fonty, zu plaudern, was anstrengend sein konnte, besonders wenn er den Schwerenöter spielte und mit gelegentlich zweideutigen Komplimenten unsachlich wurde. Dagegen gab es nur ein Mittel: Ich brachte unser Gespräch auf die für ihn heikle Londoner Zeit und versuchte, seine Einschätzung der Querverbindungen zwischen der Manteuffel-Regierung und der Kreuzzeitung, zudem die Aufgaben der »Deutsch-Englischen Pressekorrespondenz« und die Rolle des dänischen Agenten Bauer zu erfragen. Doch unser Freund hielt sich zumeist bedeckt, wies ablenkend auf die »nach menschlichem Ermessen« gründlichen Forschungsergebnisse von Frau Professor Jolles hin und machte ein wenig geheimniskrämerisch darauf aufmerksam, daß einige Nebenmotive noch unerforscht seien. »Kann sich nur um Bagatellen handeln. Aber verstehe: Nichts ist von größerem Reiz für Archivare und Geheimdienstler, die sich gleichermaßen genügsam von Nebensächlichkeiten ernähren.«

Dann kamen wir auf die Wißbegier seiner Enkeltochter. Wir saßen bei Tee und Bahlsenkeksen, seinem Mitbringsel nebst Winterastern. Wenngleich er Madeleines Briefwechsel mit dem Archiv ironisch nachsichtig einschätzte und unsere Arbeit, rückblickend auf einen Besuch der Tagebaureviere in der Lausitz, mit knappem Befund – »Viel Abraum und wenig Kohle« – auf einen zitierbaren Nenner brachte, war ihm meine Korrespondenz mit der Studentin Aubron eine Quelle des Vergnügens. Allerdings ließ er sich auf direkte Fragen seiner Enkeltochter, die ja immer alles genau wissen wollte, nur abschweifend ein: »Vieles ist mir nicht mehr erinnerlich. Es fehlt am wichtigen Detail. Geschieht immer häufiger, daß das Ureigenste verlustig geht, manchmal aus Altersschußligkeit, oft mit Vorbedacht.«

Ein an mich gerichteter Brief der Studentin warf die Frage auf, warum, wenn doch den preußischen Hugenotten allgemein Tüchtigkeit und Sinn fürs Pekuniäre nachgesagt werde, im besonderen Fall des Unsterblichen des Vaters Schuldenmacherei, das Bummelantentum und allgemein der Hang zur verkrachten Existenz nachzuweisen sei. Fonty bot mir zuerst einmal von seinen Bahlsenkeksen an, musterte mich dann, als wollte er mir den Hof machen, und sagte: »Apart, wie Sie Ihrer Frisur Sorge tragen; will mir vorkommen, als hätten Sie ganz den Charakter einer einstigen Fürstengeliebten.« Dann erst kam er auf Madeleine: »Nun ja, diese mir zartbittre Person läßt einfach nichts aus. Selbst abgelebtes Leben ist ihr ein druckfrischer Korrekturbogen, der unablässig durchgeackert werden muß. Was zwischen Buchdeckeln steht, reicht nicht. Da helfen nur Briefe. Werde mich im nächsten Skript reinwaschen oder – unter uns gesagt – rausreden. Mein bei der Treuhand zur Zeit noch geringfügiges Arbeitsvolumen erlaubt ausführliche Korrespondenz. Aber sobald ich ein eigenes Dienstzimmer habe...«

Das ließ auf sich warten. Weiterhin mußte die Kaffee- und Imbißstube in der Potsdamer Straße als Ersatz taugen. Also bekamen die Tochter in Schwerin, die in Paris studierende Enkeltochter, der mittlerweile in den vorzeitigen Ruhestand evaluierte Professor und nach seinem in Wuppertal verlegerisch tätigen Sohn Friedel auch der in Bonn beamtete Teddy mehr Post, als sie beantworten konnten oder wollten; Fontys Versuch, seinen Zweitgeborenen durch besorgte Briefe zurückzugewinnen, mißglückte immer wieder, und seine Frage, ob Teddy als Beamter im Verteidigungsministerium während zurückliegender Jahre Kontakte mit einer gewissen Person unterhalten habe, blieb ohne Antwort.

Theo Wuttke mußte sich weiterhin um seinen verstockten, der Familie abtrünnigen und womöglich von Machenschaften bedrohten Sohn sorgen. Nichts davon in den Briefen an dessen Bruder und Schwester. Fonty verstand es, Peinlichkeiten unter der Decke zu halten; aber gänzlich ungebremst teilte er sich bei Weinbrand und Tee in einer Epistel von beträchtlicher Länge mit, die wir nur gekürzt wiedergeben können.

Da sich Anfang Dezember einiges in der Politik tat, schrieb er an seinen Brieffreund in Jena über den Ausgang der Bundestagswahl: »Dieses Ergebnis, zu dem ich partout nicht beitragen wollte, bestätigt nicht nur die Zahlen vorausgegangener Stimmenzählerei, sondern zugleich die gesamtdeutsch übergreifenden Geld-, was heißen soll Machtverhältnisse; im Grunde sollte man die Regierungsgeschäfte der Bundesbank anvertrauen.«

Weit mitteilenswerter war ihm der Zweck seines neuen Auftrags: »Stellen Sie sich vor, lieber Freundlich, hier gibt es eine Abteilung für Öffentlichkeitsarbeit, und diese hat mir eine an sich reizvolle Aufgabe gestellt, nämlich die Darlegung der baugeschichtlichen Hintergründe der Treuhand. Mit dieser Schrift aus meiner Feder soll geworben werden. Seitdem gehen mir Phrasen wie ›Public Relations‹ und ›That's the message‹ wie geschmiert von den Lippen. Ich soll den Gebäudekomplex Ecke Leipziger-, Otto-Grotewohl-Straße geschichtlich erlebbar machen. Vielleicht erlaubt Ihnen Ihr unfreiwilliger Ruhestand, mir den einen oder anderen Tip zu geben. Verstehen Sie bitte diesen eigennützigen Wunsch als Ausdruck unserer langjährigen Freundschaft. Was aber Ihre israelfixierten Töchter betrifft (und ihre zwillingshaften Zwänge), bin ich ganz auf seiten Ihrer Frau, deren Rat ›Abwarten und Tee trinken‹ mir furchtbar richtig zu sein scheint...«

Gleich danach war er wieder bei seiner neuen Aufgabe. Fonty, dem der nun bald bezugsfertige Koloß während mehrerer Phasen deutscher Geschichte offengestanden hatte, wurde Zeitzeugenschaft abverlangt. In der kurzen, vom Chef der Treuhand gegengezeichneten Auftragsbeschreibung, die er dem Brief an Freundlich als Kopie beilegte, hieß es: »Nichts darf verdrängt werden. Indem sich die Treuhandanstalt keinesfalls der Vergangenheit und deren Altlasten entzieht, plädiert sie für Offenheit. Da uns, in Kenntnis Ihrer biographischen Daten, gewiß ist, daß mit Vorrang Sie, sehr geehrter Herr Wuttke, diese Aufgabe bewältigen können, bitten wir Sie um ein Exposé der geplanten Informationsschrift.«

Anfangs zierte sich Fonty ein wenig. In seinem Brief an Madeleine Aubron reihte er Bedenken: »Du weißt, liebes Kind, daß mein Interesse abseits der großen, zumeist mittels Blechmusik dröhnenden Ereignisse liegt. Ich lebe von unansehnlichen Einzelheiten, mithin vom Abfall. Eher als Staatsbesuche und lederne Festtagsreden können mich hintersinnige Anekdoten stimulieren, desgleichen amüsanter Klatsch und – zugegeben – familiärer Zwist. Dazumal war, wie Du weißt, als Brieffreundin das Stiftfräulein aus Dobbertin, Mathilde von Rohr, eine unerschöpfliche Quelle, flossen ihr doch alle Unsäglichkeiten des märkischen Adels unverblümt aus der Feder. Die betagte Dame lieferte eine Fülle exzellenter Roman- und Novellenstoffe. Desgleichen waren Friedlaenders Briefe Fundgruben, in denen zwar keine Juwelen glänzten, sich aber doch nützlicher Kleinkram fand. Sogenannte Nebenhandlungen, die immer die Hauptsache sind. Denn selbst bei tragischen Vorkommnissen wie Mord und Schußwechsel, etwa in ›Unterm Birnbaum‹ und ›Quitt‹ – ein Stoff übrigens, der Friedlaender zu verdanken ist –, haben die jeweiligen Bluttaten nur wenig Raum eingenommen, doch immer hat die allerorts, selbst im fernen Amerika anwesende, oft nur leis tickende Schuld den Verlauf der Erzählung bestimmt. (Was ist Handlung? Oft ist es nur das leichte Verrücken von Stühlen, mehr nicht.)

Und nun soll ich historisch entscheidende, was heißen soll, dicke Daten kommentieren. Lieber möchte ich Fälle aus jüngster Zeit wie den des Pfarrers Brüsewitz, der sich aus Protest selbst verbrannte, oder die Tragödie der Familie Wollenberger oder das literaturträchtig lucide Doppelleben des Ibrahim Böhme in Abschweifungen ausbreiten und hier des Pfarrers Konflikt mit seiner Gemeinde, dort den zwischen dem staatlichen Sicherheitsinteresse und der konspirierenden Ehefrau gespreizten Spagat des liebevollen Gatten und pünktlichen Informanten zu Papier bringen; und im Fall Ibrahim Böhme wäre nachzuweisen, wie jemand, indem er die Literatur von Dostojewskis Tiefen bis zur Mittellage der Brechtschen List wortwörtlich auslebt, als Heiliger gefeiert und zugleich zum Verräter an der ureigensten Sache wird; eine Versuchung, die mir übrigens nicht fremd ist. Überhaupt geschieht viel Durchlebtes abermals, weshalb mich der Fall meines Freundes in Jena – wir sprachen, als Du noch bei uns warst, über Professor Freundlich – stärker als jede politische Großinszenierung berührt, denn falls er seine Töchter, die dezidiert Rosa und Clara heißen, an Israel verlieren sollte, was noch nicht ausgemacht ist, wird es furchtbar einsam um ihn bestellt sein. (Wenn es doch endlich seinem Fußballclub gelänge, ein Auswärtsspiel zu gewinnen und ihn aufzumuntern.)

So viele Seelenkonflikte! Ich aber habe dem drögen Verlauf der Historie zu folgen und das Innenleben eines scheußlichen Gebäudes nach außen zu kehren; Offenlegung nennt man das. Ach, wäre mir doch meine zartbittre Person zur Seite! Wir wüßten bestimmt, auf welche Reise wir uns plaudernd begeben könnten. Doch wie ich lese, schließt Dein ›immer schwieriger werdendes Verhältnis‹ einen mich heilsam treffenden Blitzbesuch über Weihnachten aus ...«

Ähnlich beredt hat er uns im Archiv einen Teil seiner Sorgen und seine Lustlosigkeit unterbreitet. Mir vertraute er sogar an, daß er sich leergeschrieben habe. »Neinnein«, rief er, »selbst wenn es Ihnen gefiele, mich in meinem demnächst bezugsfertigen Dienstzimmer aus bloßer Evalaune und als mustergültig frisierte Muse zu besuchen, müßte ich passen. Mein Wörtersack ist leer. Längeres als die dreieinhalb Seiten zugunsten des Paternosters ist mir derzeit nicht möglich. Kein Funke will springen. Und wie Sie sehen, gelingt es mir nicht einmal, den notorischen Schwerenöter zu spielen. Habe übrigens damit schon immer Mühe gehabt.«

Und doch muß Fonty – eher ohne als mit Muse – einen Anfang gefunden haben, denn seinem Sohn Friedel schrieb er: »Seit gestern wird der Bleistift nicht kalt. Bleibt dennoch eine schwere Geburt. Und gewiß kann mein allerneuestes Gekritzel nicht mit Deinen verlegerischen Produkten konkurrieren, denen die Gnade der Herrnhuter und das Missionswesen als Geschäftsgrundlage sicher sind. Bei mir fällt wenig Erbauliches an, doch kommt viel Missetat aufs Papier. Militär- und Parteikarrieren übers Knie gebrochen, vom Langstreckenbomber zur Kurzarbeit, heldische Verräter und bangbüchsige Helden ... Man könnte mit solch fortgesetzten Geschichten die einst beliebten Neuruppiner Bilderbögen aufleben lassen; aber selbst der kolorierteste

Moritatensegen wäre nichts für Euer Verlagsprogramm; wie Du weißt, mein Sohn, tauge ich nicht zum Traktat...«
Immerhin, er begann zu schreiben. Mag sein, daß Hoftaller, wenn nicht mit Hinweisen auf das versprochene Dienstzimmer, dann mit furchtbarer Bestimmtheit den Knoten gelöst und den letzten Anstoß zur Erledigung der Auftragsarbeit gegeben hat. Als der freie Mitarbeiter Wuttke die Absicht äußerte, er habe vor, eingangs den Fall Wollenberger zu skizzieren und wie beiläufig eine Nebenhandlung in »Unwiederbringlich« zu erneuern, soll es zur Konfrontation gekommen sein.

Leicht vorstellbar ist Fontys Begründung: »Wenn die Kapitänswitwe Hansen nebst Tochter Brigitte, dieser verführerisch lasziven Rubensschönheit, mit dem dänischen Geheimdienst verquickt gewesen ist, was selbst dem armen Holk auffiel, denn er sagt zu Pentz: ›Und das macht mir einigermaßen Herzbeklemmungen. Ist da wirklich was von Beziehungen zwischen einem Sicherheitsassessor und der Tochter oder gar zwischen dem Polizeichef selbst und der Mutter?‹, dann könnte im Fall der Familie Wollenberger, falls die Normannenstraße eine aparte Agentin ins Spiel gebracht hat...«

Darauf soll Hoftaller gesagt haben: »Hören Sie, Wuttke, zwar ist der Roman ›Unwiederbringlich‹, was die dänischen Sicherheitsbehörden betrifft, für ne Menge Spekulationen offen, doch irgendwo hört der Spaß auf, auch für einen gewissen Fonty. Wir wollen hier nicht mit dem Feuer spielen. Den Fall Wollenberger gibt es in beliebig vielen Variationen. Zum Beispiel liegt Material vor, das zum geeigneten Zeitpunkt Ihre Familie belasten könnte, denn wie ein gewisser Leutnant und Starfighterpilot uns noch als Hauptmann mit Informationen bedient hat, so gibt es in Bonn einen Ministerialrat, dessen Wissen wir jahrelang abschöpfen konnten, ohne daß die Eltern dieser Herren Söhne die leiseste

Ahnung hatten. Aber das kann sich ändern, Fonty. Sie wissen: Wir können auch anders!«

So deutlich angestoßen, begann der freie Mitarbeiter Theo Wuttke, kaum daß er wenige Tage vor Weihnachten ein renoviertes Dienstzimmer mit Schreibtisch bezogen hatte, seinen Auftrag ernst zu nehmen.

Wie versprochen: im siebten Stock. Die Nummer des Dienstraums gehörte zu den letzten der zweitausend numerierten Räume und konnte als bedeutsames Geburtsjahr gelesen werden, wenngleich Fonty uns gegenüber gerne das Jahr 1819 mit der Königin von England und Kaiserin von Indien, Queen Victoria, in Verbindung gebracht hat: »Ein königliches Jahr. Mit ihm begann das Viktorianische Zeitalter, von dem allerdings in Neuruppin, wo kurz vor Silvester auch jemand mit Namen zur Welt gekommen ist, wenig bemerkt wurde. Dort ging es, wie in allen Garnisonstädten, ausschließlich preußisch zu.«

Bald war der Dienstraum 1819 mit Hoftallers Hilfe, der für Bücherborde und eine Schreibtischlampe im Stil der dreißiger Jahre sorgte, notdürftig eingerichtet. Das einzige Fenster gab den Blick in den nördlichen Innenhof frei. Rechts vom Tisch, der im Fensterlicht stand, hing an weißgetünchter Mauer eine breitflächige Pinnwand, auf der mit Reißzwecken erstes Material festgehalten wurde, verkleinerte Kopien der Sagebielschen Baupläne und Photos: das Gewehr präsentierende Soldaten im Ehrenhof und – gleich daneben – streikende Arbeiter, die am 17. Juni 53, gleichfalls im Ehrenhof, den Minister Selbmann niedergeschrien haben sollen. Dazu, gleich Steckbriefen, die Abbildungen von Widerstandskämpfern der »Roten Kapelle«, die kurze Zeit lang im Reichsluftfahrtministerium tätig gewesen waren. Und dann noch Photographien benachbarter, zum Regierungsviertel gehörender Gebäude, die alle bei Kriegsende zertrümmert wurden: die neue und alte Reichskanzlei, das Hotel Kaiserhof, das Prinz-Albrecht-Palais, bevor es als Gestapozentrale in Verruf geriet.

Wenig später kam ein Photo dazu, das Hoftaller aus Tallhover-Zeiten aufgetrieben hatte. Es zeigte den etwa zweiundzwanzig Jahre alten Gefreiten der Luftwaffe Theo Wuttke unter schräg sitzendem Käppi mit Kuriertasche. Auf dem kleinformatigen, an den Rändern bestoßenen Bildchen steht er vor jenem schmiedeeisernen Zaun, der einst den Ehrenhof zur Wilhelmstraße abgegrenzt hatte und später zur Otto-Grotewohl-Straße seinen Zweck erfüllte. Dahinter sieht man – flach wie eine Kulisse – den mit Muschelkalk verkleideten Koloß und das kolossale Portal. Genau betrachtet, sah Fonty als junger Wuttke ziemlich unbedeutend aus.

Das Bücherregal blieb vorerst dürftig bestückt: einige statistische Jahrbücher, zwei Bildbände, in denen architektonische Schaustücke aus geschichtlichen Bauphasen versammelt waren, ein Band über Baukunst und Stadtplanung im Dritten Reich, etwas über Zweck und Organisation der Luftwaffe, die von einem englischen Historiker verfaßte Biographie des einstigen Reichsmarschalls und als Taschenbuch eine Ulbricht-Biographie. In einem sonst leeren Regal standen zwei Bände der teuren Hanser-Ausgabe der Werke, Schriften und Briefe des Unsterblichen, die Fonty, dem in der Kollwitzstraße nur die unvollständige Aufbau-Ausgabe und zusätzlich die Nymphenburger Taschenbücher zur Hand waren, kürzlich gekauft hatte, glaubte er doch, daß er sich nun, als freier Mitarbeiter der Treuhandanstalt, nach und nach die Dünndruckbände leisten durfte. Bald sollten zwei weitere dazukommen: versammelte Schriften zur deutschen Geschichte, was alles die Kriege von 1864 und 1866 und der nachfolgende Krieg gegen Frankreich in Buchform hergegeben hatten, zudem ausgewählte Schriften zur Kunst und Kunstgeschichte sowie Buchbesprechungen – verstaubte Zeugnisse lebenslanger Mühe, zu denen das Archiv kommentierend beitragen durfte.

Wenn es eben noch hieß, der Tisch habe Fensterlicht gehabt, muß jetzt nachgetragen werden, daß Fonty diese Neuanschaffung, ein nüchternes Möbel, mit Hoftallers Hilfe lange hin und her gerückt hat. Mal sollte der Schreibtisch unter der Pinnwand stehen, dann wieder wollte Fonty hinter der quergestellten Platte mit Blick zur Tür sitzen. Zwei Möbelrücker bei der Arbeit. Ein Schreibtisch, der seinen Platz suchte. Schließlich kamen Fonty und der Tisch vorm Fenster zur Ruhe.

Wir haben ihn nie dort besucht, wissen aber dennoch: Er saß mit Ausblick; und er hatte die Tür sowie links neben der Tür ein aus den dreißiger Jahren stammendes Waschbecken im Rücken. Auf Wunsch war es Hoftaller gelungen, den modernen Bürodrehstuhl gegen ein den Thonetstühlen ähnliches Möbel mit geschwungenen Armlehnen aus Bugholz auszutauschen. Was den Stuhl betrifft, saß Fonty wie in seiner Studierstube in der Kollwitzstraße.

Kein Bilderschmuck an den Wänden, aber auf der Schreibtischplatte war in Stellrahmen die Familie abgebildet: Emmi, Martha, die drei Söhne und, in Paßbildgröße, die Enkeltochter. Friedel und Teddy betreffend, hatten Photos aus der Jugendzeit aushelfen müssen: beide Jungs kurz vorm Mauerbau, Friedel in Pionierkluft. In Georgs Nachlaß hatte sich eine Aufnahme gefunden, die ihn in Zivil zeigte; diesem Photo war ein Trauerband angesteckt. Madeleines Gesicht wurde von einem biedermeierlichen Oval eingezwängt. Emmi und Martha schauten, die eine leidend, die andere mürrisch drein. Kein Photo des Unsterblichen fand Platz, wohl aber stand ungerahmt eine Ansichtspostkarte, die unter Parkbäumen das Neuruppiner Bronzedenkmal zum Motiv hatte, gegen einen Hohlbaustein gelehnt, der dem Stein auf dem Schreibtisch in der Studierstube glich. Wie zu Hause steckten auch hier Schreibutensilien in den Lüftungslöchern des Bausteins, unter ihnen zwei Schwanenfedern und ein halbes Dutzend Bleistifte der Marke Faber-Castell. Und die Briefwaage aus gelbem Messing hatte umziehen dürfen.

Fonty begann Blatt nach Blatt zu füllen. Erste Notizen zu einer Auftragsarbeit, die er uns gegenüber abfällig »Reklameschrift« nannte. Hoftaller drängte nicht, doch stand er ab und zu nach leisem Anklopfen auf der Türschwelle. Er blieb nur kurz. Da man vergessen hatte, einen Apparat in das Dienstzimmer zu stellen, schrillte kein Telephon. Wenn Fonty seine Notizen zum Exposé unterbrach, dann nur, um die Weihnachtspost zu erledigen. Beim Briefeschreiben ging er vom Bleistift zur Stahlfeder und manchmal zum Schwanenkiel über.

Nach den Festtagen, die trotz Fernsehen einigermaßen verliefen, schrieb er während der stillen Tage vor Silvester, als selbst bei der Treuhand nur gedämpfter Betrieb herrschte, abermals an Freundlich, dem er »bessere Stimmung anzuputzen« versuchte, dann einen Metebrief, in dem er für überreiche Geschenke, »besonders für den orientalischen Morgenrock« dankte, und schließlich aus bester Brieflaune an Madeleine:

»Wie hintersinnig und fürsorglich zugleich, mir eine original Baskenmütze zu verpassen; steht mir nicht schlecht zu Gesicht, bleibe aber auf Hüte abonniert. Ach, könnte ich doch meiner zartbittren Person so klarflüssig auf französisch Paroli bieten, wie diese mir jüngst in lebhaftestem Deutsch Bescheid gestoßen hat: Ich dürfe bei naßkaltem Wetter nicht mit offenem Mantel und baumelndem Shawl durch den Tiergarten und über den windigen Alexanderplatz laufen; ich solle Großmama nicht mit aufschneiderischen Gasconnaden in die Irre leiten; der Großvater möge sich vor dem beflissenen Herrn an seiner Seite hüten; hiermit sei grand-père gebeten, die in der Golfregion drohende Kriegsgefahr nicht ins Apokalyptische zu steigern, wenngleich man das Ultimatum nicht unterschätzen dürfe...

Und weitere Anmahnungen. Versprochen, mein Kind! Wenn nicht nachträglich auf Weihnachten, dann wird zum neuen Jahr Besserung gelobt. Das Mantel und Shawl betreffende Gebot ist bei der scharfen, wenn auch schneearmen Kälte (sogar versuchsweise mit Baskenmütze) leicht zu beherzigen. Daheim herrscht, seitdem ich trotz meiner sieben mal zehn Jahresringe – demnächst plus eins – gutbesoldet in Lohn und Brot stehe, liebreizender Burgfriede, zumal ich meine Grimassen nicht mehr zu Hause schneiden muß; erst kürzlich (und endlich) wurde mir ein Dienstzimmer eingeräumt, in dem ich nun Dir briefverborgen gestehe, mit welch ziehendem, dem Zahnweh nicht unähnlichen Schmerz Du mir fehlst.

Um auf die Kriegsgefahr zu kommen, die man gewiß als Randnote der Geschichte abtun kann, die sich aber, wie einst der Krimkrieg, auswachsen könnte: Leider lief während der Feiertage, knapp neben das Christbäumchen gestellt, ein überwältigendes Fernsehprogramm, in dem Kinderchöre und Berichte aus der arabischen Wüste miteinander wetteiferten, so daß bei mir die Sehnsucht nach Einsamkeit und der Wunsch, irgendwo meinen Kohl zu bauen oder ein paar Pflaumen am Spalier zu züchten, immer größer wurden.

Was aber nun Monsieur Hoftaller betrifft, den Du so charmant wie unerbittlich bei konsequenter Weglassung des höfischen großen H zum Monsieur Offtaler umfrisiert hast, sollten wir bedenken, daß unser spätes Rendezvous seiner Vermittlung zu verdanken ist. Ohne ihn gäbe es für diesen Brief weder Anlaß noch Adresse.

Gewiß, Vorsicht ist immer geboten. Hoftaller wie Tallhover waren und sind schlimme Finger. (Wie in ›L'Adultera‹ der Polizeirat Reiff, so spukt in ›Unwiederbringlich‹ geheimniskrämerisch ein Sicherheitsassessor im Hintergrund.) Doch unterm Strich stimmt auch: Ein bißchen Geheimnis muß bleiben. Nicht alles darf ans Licht.

Übrigens ist Hoftaller besser als Tallhover. Und hinzu kommt, daß mir des einen wie des anderen gleich welchen Staat sichernde Aufsicht seit Menschengedenken vertraut ist. Beiden bin ich auf sozusagen zwiegenähte Weise verhaftet. Ich kenne ihre Winkelzüge. Ihr gespeichertes Wissen, das in der Regel nur Halbwissen ist, drückt mich als gewohnte Last, die sich freilich im Verlauf kultureller Turnübungen zugunsten der Arbeiter- und Bauern-Macht verdoppelt hat. Meine Vortragsreisen kreuzten oft genug seine Reiseroute. So hinderlich er dem freien Redefluß gewesen ist, so regelmäßig hat er bei drohender Gefahr das Sprungtuch gespannt: etwa nach dem Sturz der Manteuffel-Regierung; etwa nach dem mißglückten Stauffenberg-Attentat; etwa nach dem Arbeiteraufstand vom 17. Juni, dem ich leichtfertigerweise Klassenbewußtsein zugesprochen hatte, und so nach der überfallartigen Einvernahme der Tschechoslowakei, als ich mich – Du warst, mein Kind, kaum ein Jahr alt – anläßlich einer Kulturbundtagung in Bad Saarow (hübsch am Scharmützelsee gelegen) beinahe um Kopf und Kragen geredet hatte, indem ich zu Protokoll gab: ›Seit Friedrichs Zeiten ist der blitzschnelle Einmarsch in Böhmen eine preußische Spezialität, die dank Bismarck und Moltke verfeinert, dann von einem einfachen Gefreiten des Ersten Weltkriegs, kurz unser Führer genannt, auf totale Weise nachvollzogen wurde; und neuerdings hat der Genosse Ulbricht dieser altpreußischen Tradition alle Ehre gemacht...‹

Nun ja, wie überall, so fehlte auch in Bad Saarow der Sinn für Ironie. Ich wurde gemaßregelt. Und hätte damals nicht der Dir so anrüchige Monsieur Offtaler ein Wörtchen für Deinen Großvater eingelegt, wäre mir das Zuchthaus Bautzen – hierzulande ›Gelbes Elend‹ genannt – für ein paar Jahre sicher gewesen. All das nur, weil ich zu weiträumigen Zusammenfassungen neige. Vom Krimkrieg bis heute, und so kraus es verfilzt liegt, das Historische breitet sich dennoch übersichtlich, weshalb mir ein Krieg in der Golfregion, sollte er kommen, keine Überraschung bereiten wird.

Doch davon abgesehen entspricht meinem Vorwissen dankenswerterweise eine Aufgabe, der ich mich derzeit stelle. Wie Du weißt (und aus französischer Sicht womöglich bewunderst), haben die Deutschen den Hang und sogar das Talent zum Gesamtkunstwerk. Entsprechend genial (und als Gegenstück zu Bayreuth) ist hier, im Verlauf der Einheit, die Treuhandanstalt kreiert worden, ein den Göttern und Halbgöttern und ihrem Ränkespiel vorbildliches Walhalla. Und für dieses allumfassende Gebilde, das nunmehr Götterdämmerung en suite im Programm hat, soll ich als freier Mitarbeiter eine informierende, sprich werbende Schrift verfassen. Es gilt, dem kolossalen Gebäude, in das Du, während leider nur kurzem Besuch, hineinriechen durftest, in jeder historischen Phase gerecht zu werden. Schon sichte ich Material. Schon hat Dein Großvater, der sich leergemolken wähnte, trocknes Pulver auf der Pfanne. Schon lote ich – und sei es mit Hilfe memorierender Paternosterfahrten – jegliche Tiefe aus.

Das mir im siebten Stock eingeräumte Zimmer mit Schreibtisch liegt allem Renovierungslärm enthoben. Man muß nur die Augen schließen, und sogleich drängen sich Bilder auf. Ich ging hier, wie Du weißt, als Soldat ein und aus. Zum letzten Mal, als mich Deine so gütige grand-mère bereits liebgewonnen hatte und ich in meinem Glück eigentlich nicht mehr zurückwollte. Ach, Frankreich! Wenn nicht ins schottische Hochmoor, dann eilen meine Sehnsüchte immer wieder dorthin. Sie suchen die Ufer der Rhône und das see- und teichreiche Plateau la Dombes nach Erinnerungen ab, sie verflüchtigen sich auf den Höhen der Cevennen, sie finden Zuflucht, wie einst die bedrängten Hugenotten, in der wildzerklüfteten Gorge l'Ardèche, sie klopfen neuerdings an einem Haus vor einem Zypressenhügel an, das Du mir, namentlich als Madeleine, eröffnet hast...

Und schon hat mich leichtfertige Brieflaune einerseits zum jüngsten Gegenstand Deines forschenden Fleißes geführt und andererseits Deinem Professor, mithin jenem Verhältnis angenähert, das Du, wie mir Dein letztes Briefchen verrät, als ›zunehmend schwierig‹ erleidest. Beides, der Einfluß der Hugenotten auf die deutschsprachige Literatur und die Bindung an einen Ehemann und Vater dreier Kinder, liegen auf zu weitem Feld: Du wirst ackern und rackern müssen.

Bei all dem sollte meine zartbittere Person nicht nur auf die Gasconnaden des Unsterblichen fixiert sein, den übrigens Schlenther einen ›Neu-Ruppiner und Alt-Franzos‹ genannt hat, sondern auch den vortrefflichen Chamisso im Auge behalten, desgleichen Fouqué. Und unterdessen solltest Du vielleicht Deinen Professor ein wenig vernachlässigen oder ihn wechseln, wenn das Dein Herz erlaubt. Zudem sei Dir – so total vergessen er ist – ein gewisser Willibald Alexis empfohlen, dessen hugenottisch eingefärbte Familienchronik mir allzeit ein Füllhorn gewesen ist...

Bleibt noch zu hoffen, daß uns das neue Jahr – komme, was wolle – wieder in Nähe bringt. So heftig ich mich der Stille meines Zimmers hingebe, es bleibt dabei: Du fehlst mir sehr...«

Nicht alle Weihnachtspost war von dieser Länge und wurde so der Briefwaage zur Last. Da Fonty keine seiner Episteln ohne Bleistiftentwurf zu Papier gebracht hat, sind wir, was seine schriftlichen Zeugnisse betrifft, reich versorgt; und da uns mittlerweile viele Originalbriefe vorliegen und – dankenswerterweise – alles, was die Familie angeht, auswertbar ist, werden Vergleiche möglich, die zu erkennen geben, wie oft er verbessernd am spontanen Ausdruck gearbeitet und – treu seiner Devise – zum Schluß »den Stil angeputzt« hat, etwa in jener Passage, die den Bayreuther Festspielhügel und die Treuhandanstalt als Gesamtkunstwerk koppelt, wobei der Besuch des Unsterblichen in Bayreuth – »Man gab ›Parsifal‹« – nur im Entwurf herbeizitiert wird.

In den Briefen an Martha ist die altmodische Schreibweise auffällig: »Weine, bitte, Deiner abgeschworenen Parteigenossenschaft keine Thräne nach...« Oder: »Mag sein, daß Grundmanns Thun und Lassen verwerflich ist...« Und selbst der Tiergarten kommt, sobald er schriftlich auflebt, nur mit »th« vor.

In anderen Briefen verzichtet er auf die vorgestrige Rechtschreibung und bringt seine Erwartungen oder gar Forderungen kurzgefaßt auf den Punkt, so, wenn er den als Verleger tätigen Sohn zum wiederholten Mal anstößt, endlich einen prüfenden Blick auf des Vaters Kulturbundvorträge zu werfen: »Sei auf Treu und Glauben versichert, daß meine Beiträge zum kulturellen Erbe noch immer von taunasser Frische sind...«

Das Archiv hätte diesen Lesereiz bestätigen können, aber in der von uns edierten Schriftenreihe fand sich kein Platz, weil wir unser Konzept allzu wissenschaftlich eng schnüren mußten. Dennoch wären wir gerne seinem Wunsch nach Veröffentlichung – und sei es durch Gutachten – behilflich gewesen, aber Fonty wollte keinen Beistand; er setzte auf seinen Sohn. Obgleich er dessen verlegerische Produkte uns gegenüber als »pietistischen Quark« verspottete, schrieb er ihm Brief nach Brief und zum Jahresende diesen Bettelbrief:

»...Es darf durchaus ein schmaler Band werden. Wünsche mir sieben ausgewählte Vorträge in ganzer Länge. Dazugehören sollte das frühe Zeitbild ›Wie ein Apotheker versuchsweise auf die Barrikaden ging‹. Habe diesen Beitrag im Herbst 53 verfaßt und unter dem Eindruck der Juniereignisse geschrieben. Kein Wunder, daß die Zensur kräftige Striche verfügte, die nun, bei Drucklegung, wieder aufgehoben werden sollten. Irgendwas aus dieser Zeit muß bleiben! Nicht der Sohn, der Verleger ist nunmehr gefordert.

Hier ist die Lage der Verlagshäuser mehr als prekär. Man hat sie, zwecks Privatisierung, unter die Fuchtel der Treuhand gestellt, ein dem ihr zugewiesenen Gebäudekomplex entsprechend gigantisches Unternehmen, dem ich nun mit lachendem und weinendem Auge zu Diensten bin. Immerhin hat man mir ein Zimmer eingeräumt, dessen Aussicht einen tristen Innenhof freigibt. Dieser Blick zwingt mich geradezu, in meinem an Dich gerichteten Jahresendbrief nochmals zur Sache zu kommen.

Meine Vorträge, die von Mamas Hand säuberlich abgetippt wurden, sind so gut wie druckfertig. Von mir aus kannst Du Deines Vaters verflossenen Schweiß getrost als Paperback herausgeben. Muß ja nicht alles zwischen festen Deckeln auf den Buchmarkt kommen. Da ich in meinem Beitrag ›Was gehen uns die Eskimos an?‹ beiläufig auf ›Unwiederbringlich‹, also auf das Herrnhuter Missionswesen eingehe, sollte es Dir nicht schwerfallen, mich zwischen Deine weltweit heidenbekehrenden Traktate zu schummeln; auf Holkenäs mußte sogar die herrnhuterisch frömmelnde Gräfin Christine den einen oder anderen Einspruch, ob altlutherisch oder calvinistisch, erdulden. Den Rest allerdings hat sie als Irrglauben verdammt...«

Nach diesem Brief riskierte Fonty einen Blick in den leblosen Innenhof, dann wechselte er von der Stahlfeder zum Bleistift.

Weder Mitte November noch Ende Dezember sind sie bei
McDonald's gewesen. Ihr Einundsiebzigster gab für »Festivitäten« nicht genug her, wie Fonty uns gleich nach Jahresbeginn versicherte: »Bin nicht nur redensartlich gesellschafts-
müde, sondern in Wirklichkeit. Schon den Siebzigsten zu
feiern war ridikül.«

Dennoch haben ihn die nachträglichen Glückwünsche
des Archivs erfreut. Wir schenkten ihm das Heft 42 unserer
Gesamtreihe »Blätter«, in dem ihn eine kürzlich entdeckte
Rezension des Romans »Quitt« amüsieren sollte, auch wenn
sie seinem Gedächtnis nicht neu sein konnte; hatten wir ihn
doch wiederholt über die »Hyperklugheit« der Kritiker spotten hören, in diesem Fall über Julius Hart: »Eigentlich weiß
er immer schon vorher, was er sagen will...« Zudem galt
sein seit »Irrungen, Wirrungen« triftiger Allgemeinbefund:
»Alle Kritiken sind wie von Verbrechern geschrieben.«

Ein wenig Spaß hatte er dennoch an dem Blättchen, wenngleich ihn die kommentierten Briefe, gerichtet an Moritz
Lazarus, der, weil zur Dichtervereinigung Rütli gehörend,
mit »Teuerster Leibniz« angeredet wurde, nachdenklich
gestimmt haben: »Man traf sich von Zeit zu Zeit mit den
Rütlionen privat, so auch bei Lazarus, der am Königsplatz,
dem heutigen Platz der Republik, wohnte. Ein Jammer, daß
diese Freundschaft so häßlich enden mußte...«

Als Fonty seine Lesebrille aufsetzte und einen kurzen Beitrag über den Jugendfreund Friedrich Witte überflog, erfuhren wir wie nebenbei, daß sein Tagundnachtschatten ihn
mit dem sechsten Band der Hanser-Ausgabe – Balladen,
Lieder und Gelegenheitsgedichte – beglückt habe: »Eine

Fundgrube, in der allerdings das eine oder andere Schnell-
gereimte blamabel ist«; hingegen sei ihm, wie schon im Vorjahr, nur dieses Spielzeug für Groß und Klein, ein Puzzle, als
Geburtstagsgeschenk eingefallen: »Nein, keine der uns versprochenen blühenden Landschaften ist abgebildet, vielmehr hat mein Präsent tausendteilig das nach Kriegsende
gesprengte Stadtschloß zum Motiv. Für meinen Kumpan
kein besonderes Problem. Schätze, daß er die frontale Ansicht des Schlüter-Baus in wenigen Stunden hingefummelt
hat. Er macht das aus Passion mit Stoppuhr, mehrmals. Eine
hübsche Illusion, die er immer wieder zum Salat aus Fragmenten verrührt. Muß gelegentlich für Nachschub sorgen.
Sah kolossales Angebot im KaDeWe. Viel Preußisches
dabei, Brandenburger Tor natürlich und Sanssouci. Hätte
ihm gerne unseren Kasten an der ehemaligen Wilhelmstraße geschenkt. Das wär doch was: die Treuhand als Puzzle! Gab's aber nicht.«

Dann plauderten wir über seinen neuen Aufgabenbereich
und ermunterten ihn, mit dem Namen seines Arbeitgebers
spielerisch umzugehen. Aus bester Laune machte uns Fonty
vor, wie Treuhänder im Handumdrehen zu Treuhändlern
werden; wie bei der Treuhand eine Hand die andere
wäscht; weshalb es fortan möglich sein wird, die Praxis der
Veruntreuung von Volkseigentum mit Hilfe der Treuhand
einzusegnen; und andere Wortspiele, nach deren Regeln
man, zum Beispiel, den häßlichen Offenbarungseid durch
Schwur mit erhobener Treuhand vermeiden kann. Schließlich ging es nur noch albern zu. Jemand entwarf Kleinanzei-
gen: »Treuhand sucht Maniküre!« – »Treuhandschuhe preiswert im Angebot!« Und so weiter.

Als Fonty uns verließ, gelang ihm die historische Verklam-
merung seiner Tätigkeiten. Schon im Mantel rief er von der
Tür aus: »Treuhand heute ist nicht besser als Manteuffel
damals, zahlt aber mehr.«

Wir haben nachgerechnet und dabei die Kaufkraft von Talern mit der Härte der Mark verglichen. Es stimmt: Große Sprünge konnte sich der Unsterbliche weder in London noch in Berlin leisten, so knausrig hat Preußen seinen Untertan entlohnt.

Er machte Überstunden. Der freie Mitarbeiter Theo Wuttke wollte das an ihn ausgezahlte Geld wert sein und beschränkte sich nicht auf die historischen Abschnitte jeweils zum Tiefpunkt geführter Herrschaftsperioden von mehr oder weniger kurzer Dauer. Weder die Aufgaben des Reichsluftfahrtministeriums im Dritten Reich noch die Tätigkeit von zehn bis zwölf Ministerien während der vierzig Jahre deutscher Arbeiter- und Bauern-Staat konnten dem Chronisten genug sein.

Er begann mit der Vorgeschichte der den Gebäudekomplex flankierenden Straßen. Nach der Leipziger, die ihren Namen nicht ändern mußte, schritt er die Prinz-Albrecht-Straße ab, die, bis auf Widerruf, nach der Kommunistin Käthe Niederkirchner umbenannt worden war. Weitläufig erging er sich auf der Wilhelmstraße, die zwar noch immer nach einem der Gründungsväter des kurz, aber real existierenden Staates hieß, doch bald wieder unter preußischem Herrschernamen ihren Verlauf nehmen sollte. Also begann er mit Zinn- und Bleisoldaten zu spielen. Er ließ den Wilhelmplatz und dessen bauliche Veränderungen aufleben. Ihm wollte nicht enden, was einmal gewesen war.

Sein Entwurf bewies Gardemaß: Anhand des Plans der Friedrichstadt von 1732 skizzierte Fonty das große Exerzierfeld aller in Berlin kasernierten Regimenter und ließ diese namentlich, vom Regiment Alexander bis zum Regiment Gendarmes, aufmarschieren und paradieren. Er zählte die bis 1800 errichteten Standbilder ruhmreicher Feldherren von Seydlitz bis Zieten auf, entwarf aufs neue die symmetrische Gliederung des Platzes durch den Baumeister Lenné, verwandelte die Paradeanlage durch den ab 1908 beginnenden U-Bahnbau zur Großbaustelle, benannte alle Palais um den Platz und entlang der Wilhelmstraße, prunkte mit den Namen märkisch-preußischer Adelsgeschlechter und kam so zum Palais Schulenburg, das ab 1875 dem Kanzler Bismarck als Privatwohnung und Amtssitz diente. Er erlaubte sich einen besonderen Abschnitt, indem er lange und anekdotisch beim Schwefelgelben verweilte und diesen mit nachgespitztem Blei mal auf-, mal abwertete; sogar als Zielscheibe mißglückter Attentate sah er ihn.

Zudem wollten Auftragsgedichte zitiert werden, etwa das den jünglingshaften Junker feiernde »In Lockenfülle das blonde Haar, allzeit im Sattel und neunzehn Jahr...« oder das spät geschriebene »Wo Bismarck liegen soll«, das der Unsterbliche dem Gründer des Reiches von kurzer Dauer am 31. Juli 1898 halbwegs versöhnt und selbst dem Grubenrand nahe auf Wunsch seines Sohnes Friedel nachgerufen hatte.

Reichsgründung, Gründerzeit: Eine Vielzahl Ministerien forderten Raum und machten, von Fonty aufgezählt, den Wilhelmplatz und die Wilhelmstraße zum beherrschenden Zentrum. Das geriet ihm zu breit, er mußte streichen. Doch auf das Großhotel Kaiserhof als Bezugspunkt für späteres Geschehen wollte er nicht verzichten; denn in den Erweiterungsbau der Reichskanzlei, die während der knappen Zwischenzeit der Weimarer Republik entstand, zog im Jahr 1933 ein weiterer Reichsgründer von kurzer Dauer ein, der zuvor abwartend im Kaiserhof Quartier belegt hatte. Zugleich nahm der Reichsminister für Volksaufklärung und Propaganda vom ehemaligen Palais des Prinzen Friedrich Karl Besitz, das in den folgenden Jahren, weil Propaganda über alles ging, in mehreren Bauabschnitten erweitert wurde.

Er vergaß kein Detail des neuesten Willens zur Macht. Als 1935 der Reichskanzlei, auf Wunsch, ein »Führerbalkon« angeklebt werden mußte, von dem herab – nach italienischem Vorbild – die immer häufiger versammelten Volksmassen mit gestrecktem oder angewinkeltem Arm begrüßt werden sollten, war der Zeitpunkt für weit größere Baumaßnahmen erreicht. Endlich kam Fonty zur Sache.

Auf einem geräumigen, von der Wilhelm-, Leipziger- und Prinz-Albrecht-Straße begrenzten Areal begann die Abräumarbeit für das geplante Reichsluftfahrtministerium, in dessen Nutzfläche das bestehende Gebäude sowie das ehemalige Preußische Herrenhaus und das Preußische Abgeordnetenhaus einbezogen werden sollten. Weitere Großbaupläne wurden durch den Krieg zunichte gemacht. Seinen Schlägen entging nur wenig. Er planierte alle zuvor genannten Bauwerke, nur nicht des Reichsmarschalls steingewordenen Komplex.

Wir sind bemüht, einige unverkennbar in die Geschichte eingegangene Personen nicht beim Namen zu nennen. Dabei folgen wir Fonty, dem Bezeichnungen wie »der Führer« und »der Reichsmarschall«, aber auch Metaphern für einstige oder noch amtierende Kanzler, etwa »schwefelgelber Heulhuber« und »regierende Masse«, genug waren oder mehr sagten. Wenn wir dabei nicht immer konsequent sind, entspricht auch das Fontys Launen.

Jetzt erst ließ er sich auf des Reichsmarschalls Bauherrngeschichte ein. Er nannte das gesamte Vorhaben »eine gigantische Arbeitsbeschaffungsmaßnahme, die dazu führte, daß viele tausend Erwerbslose zu Lohn und Brot kamen, indem sie mit dem Abbruch von zweihundertsechzigtausend Kubikmetern Altbau zugleich mit einem Neubau begannen: in Tag- und Nachtschichten an acht verschiedenen Stellen; woraus man schließen kann, daß sich staatslenkende Verbrecher gerne durch Wohltaten legitimieren«.

Nach den Plänen des Architekten Ernst Sagebiel, der später den Flughafen Tempelhof in vergleichbaren Dimensionen baute, waren solch sinnbildliche Arbeitsvorgänge Ausdruck völkischen Willens: Abriß gleich Aufbau. Alles mußte in Rekordzeit geschehen. Nach einem halben Jahr schon waren – bald nach dem Richtfest – tausend Diensträume bezugsfertig. Und nach einjähriger Bauzeit konnte der gesamte Gebäudekomplex mit einer Nutzfläche von zweiundfünfzigtausend Quadratmetern, nicht mitgezählt die Räume des Herren- und Abgeordnetenhauses, das zum »Haus der Flieger« umgebaut wurde, zur Nutzung übergeben werden.

Fonty verkniff sich eigene Meinung. Nur sparsam kommentierte er die Baugeschichte des Reichsluftfahrtministeriums. Allenfalls erlaubte er sich ein ironisches »Übrigens ...« mit Hinweisen auf mögliche Arbeitsbeschaffungsmaßnahmen der Treuhand in Zwickau oder Eisenhüttenstadt. Nur ein Schlenker wies auf die über Jahrhunderte gedehnte Errichtung des Kölner Doms hin. Doch ausgiebig wurden Bau- und Nutzungsbeschreibungen zitiert: »Die Grundrißordnung der Anlage bildet vier zum Park hin offene Höfe und umschließt vier Innenhöfe. In der Wilhelmstraße ist dem Haupteingang ein großer Ehrenhof vorgelagert. Das Rückgrat des Grundrisses ist der durchlaufende Nordsüdtrakt; parkwärts sind rechtwinklig die erweiterten vier niedrigeren Büroflügel angeschlossen; straßenseitig setzen sich die Flügel mit erhöhter Stockwerkzahl fort, die mittleren umschließen den Ehrenhof ...«

Da er die in Auftrag gegebene Schrift als historisch bedingt verstand und uns gegenüber häufig von »meiner rückblickenden und höllisch am Detail klebenden Denkschrift« sprach, war es ihm selbstverständlich, zeittypische Einzelheiten zu betonen, so die Vielzahl der Hoheitszeichen und die einheitliche Fassadenverkleidung in Platten von acht Größen, die aus etwa fünfzig fränkischen Steinbruchbetrieben kurzfristig geliefert wurden. Er unterstrich die Menge »dreißigtausend Quadratmeter silbergrauer Muschelkalk« und fügte in Klammern hinzu: »Genauso dümmlich eintöniges Gestein wie des Führers Lieblingsmarmor Travertin, doch im Meterpreis kolossal billig.«

Bei den Säulen zum Hauptportal hielt er sich nur kurz auf, vergaß aber nicht die beiden bronzenen Adler, die ihren Sitz auf zwei Pfeilern hatten, jeweils ein Hakenkreuz in den Klauen hielten und den hohen, kunstgeschmiedeten Eisenzaun vor dem Ehrenhof gliederten, indem sie für Symmetrie bürgten. Gleichfalls war ihm ein steingehauenes Relief des Bildhauers Arno Waldschmidt wichtig, das die offene Pfeilerhalle vor dem Eingang für den Geschäftsverkehr schmückte und von der Leipziger Straße aus zur Ansicht kam: eine Kolonne todsicher geradeaus marschierender Stahlhelmträger.

Schon im nächsten Absatz meldete Fonty die zeitbedingte Zerstörung des Soldatenreliefs und zugleich den nachgelieferten Ersatzschmuck: ein Wandfliesenbild des Malers Max Lingner von fünfundzwanzig Meter Länge, auf dem viel Personal frohgestimmt Begeisterung bekundet.

Mit diesem kleinteiligen Monumentalwerk leitete er den Übergang vom Dritten Reich zum Arbeiter- und Bauern-Staat, also zum Haus der Ministerien ein. Weiterhin unterstrich er Mengenangaben, so die »sage und schreibe tausendsiebenhundertfünfzehn in fünfzehn Reihen angeordneten Fliesen aus Meißner Porzellan«. Er nannte das Wandbild, auf dem Werktätige, solche der Stirn und der Faust, aber auch lachende Jugendliche bei Ziehharmonika- und Gitarrenmusik in die Zukunft schreiten und dabei einfarbige Fahnen hochhalten, während im Hintergrund Baugerüste und rauchende Schlote für Fortschritt stehen, »den plattesten Ausdruck des sozialistischen Realismus«.

Dann verglich er die in den Tod ziehenden Soldaten des Waldschmidt-Reliefs mit den auf Fliesen versammelten Proletariern, war übergangslos bei anderen heroisierenden Schinken, so bei dem Großbild des preußischen Hofmalers Anton von Werner und dessen Jubelmotiv – die Ausrufung des deutschen Kaiserreichs im Spiegelsaal zu Versailles –, ließ schließlich alle drei Auftragsarbeiten in historischer Folge Revue passieren und notierte am Rand: »Selbst wenn Werktätige besser als Todgeweihte sind, es kam nur Mumpitz dabei raus. Fing mit Hurrageschrei an und endete jammervoll. Auf siebenundvierzig Jahre Kaiserreich folgten kaum dreizehn Jahre Weimarer Republik. Und wenn die knapp zwölfeinhalb Jahre Drittes Reich mit den vier Jahrzehnten Arbeiter- und Bauern-Staat zu verrechnen sind, steht nur noch deutsche Kurzatmigkeit unterm Strich.«

Mit Hilfe dieser Bilanz war er abermals beim zuletzt genannten Staatswesen. Das aus Porzellanfliesen gekachelte Wandbild entstand 1952. Sodann unterstrich Fonty dick den 7. Oktober 1949. Damals wurde im großen Sitzungssaal des ehemaligen Reichsluftfahrtministeriums, vor dessen geschmückter Stirnseite einst aus erhöhtem Ledersessel der Reichsmarschall Befehle erteilt hatte, der Arbeiter- und Bauern-Staat als Deutsche Demokratische Republik ins Leben gerufen; verständlich als Echo auf die zuvor beschlossene Gründung der westlichen Bundesrepublik Deutschland, der sich jüngst erst der östliche Teilstaat aus freien Stücken mitsamt seinem Volkseigentum verschrieben hatte.

»Ob ein Staat besser ist, als zwei waren, wird sich noch zeigen«, kritzelte Fonty in Klammern an den Rand seiner Denkschrift für Reklamezwecke. Er wollte sich nicht zufriedengeben. Zwar stand das Gebäude, doch kamen ihm die über zweitausend Diensträume wie unbelebt vor. Versuchsweise ließ er frischdekorierte Lufthelden mit Eichenlaub zum Ritterkreuz am Hals auftreten, über Korridore flanieren und im Paternoster auf und ab fahren. Er erlaubte ihnen zackige Auftritte in der Empfangshalle, schob sie wie Zinnsoldaten hin und her, zählte, sofern sie Jagdflieger waren, ihre Abschußerfolge auf, führte sie mal als Dummschwätzer, dann als melancholische Todesengel vor, kam auf gefeierte Fliegerasse wie Galland, Mölders, Rudel, hatte ein Dutzend durchschlagende, bombensichere, blitzschnelle Typen parat, wußte von legendären Stuka- und He-III-Einsätzen, von der Luftschlacht über England und den Fallschirmspringern auf Kreta zu berichten, war mit allen Jagdflugzeugen, von der Me 109 bis zu den allerletzten Nachtjägermodellen, vertraut, vergaß den zuverlässigen Transporter Ju 52 nicht, unterschlug weder den Dauerstreit zwischen den Generälen Milch und Udet noch den Verschleiß von Menschen und Material sowie den frühen Verlust der Lufthoheit über dem Reich. Er streute sogar Flüsterwitze, die den Reichsmarschall zum Ziel hatten, in seinen ausufernden Bericht; und doch brachte erst die Aufbahrung der beiden Heldengestalten Udet und Mölders ein wenig Leben in die Bude: Zwar konnten die pompösen Totenfeiern im Ehrenhof weder den Selbstmord des einen noch den Unglücksfall des anderen Lufthelden bemänteln, aber erhebend schauerlich ging es allemal zu.

Zuviel Material. Fonty strich mehr, als er stehenließ. Aber die Darstellung der nun folgenden Phase litt gleichfalls unter dem Aufmarsch von Zahlenkolonnen. Genitivisch geklitterte Wortungeheuer, die der Arbeiter- und Bauern-Staat am fließenden Band produziert hatte, machten sich breit. Die Leistungen der unter einem Dach versammelten Ministerien waren nur mit drögen oder geschönten Planerfüllungsdaten zu belegen. Spruchbänder von diesem und jenem Parteitag. Papierne Auslassungen des Zentralkomitees. Unsere Hauptaufgabe lautet... Auf dem elften Plenum wurde beschlossen...

Und nun drohte die jüngst begonnene Phase in Zahlen zu ersticken: Für Milliardenbeträge bürgte die Treuhandanstalt. Ihr Schatten fiel auf vieltausend einst volkseigene Betriebe, Liegenschaften, Parteibesitztümer, reformbelastetes Junkerland in unermeßlicher Hektargröße, auf siebentausend geplante Privatisierungen und zweieinhalb Millionen gefährdete Arbeitsplätze. Selbst die knappe Formel des Treuhandchefs, die der in Auftrag gegebenen Denkschrift als Motto dienen sollte – »Schnell privatisieren, entschlossen sanieren, behutsam stillegen« –, wollte, sooft Fonty diese Beschwörung wiederholte, nichts Lebendiges auf die Beine stellen; alles, sogar die Hoffnung ersoff in Zahlen.

»Wirkt ledern oder atmet mich wie ein Totenhaus an.« Das und noch mehr stand in einem Brief an Professor Freundlich, den er Mitte Januar schrieb: »Diesmal wurde eher beklommen als lauthals gefeiert. Die Luft ist raus. Die Lügen der regierenden Masse hinken, ob lang- oder kurzbeinig. Bei mauer Stimmung schlug es zwölf; kein Vergleich zum Vorjahr, als jedermann glaubte, es bestehe Anlaß, in Jubel auszubrechen, ein Faß aufzumachen und mit Feuerwerkskörpern den nachtschwarzen Himmel zu illuminieren. Ersatzweise bietet nun der seit gestern in Szene gesetzte Golfkrieg ein Spektakel, das zumindest auf Fernsehschirmen furchtbar lustig zu sein scheint, doch Ihren Töchtern in Israel schrecklich nahe sein wird. Jeder hat auf seine Weise recht. Überall Sieger. Alle töten in Gottes Namen. Ach, lieber Freundlich, wie soll mir in solcher Gesellschaft eine Denkschrift gelingen?«

Dabei hätte er es sich leichtmachen können. Seinem Plauderton, der alle Abwässer dieser Welt mit stets gleichbleibendem Schwung überbrückte, wären hundert pointensichere Anekdoten geläufig gewesen. Er hätte nur die private Kiste lüften müssen: »Als ich als Gefreiter der Luftwaffe hier ein und aus ging...« Oder: »Während meiner langjährigen Tätigkeit als Aktenbote im Haus der Ministerien...«

Er fand ja überall Zutritt und kannte in den Vorzimmern etliche Sekretärinnen, die, ohne Rücksicht auf geschichtliche Wenden, wechselnden Herren gedient hatten. Er hätte sogar Emmi Wuttkes Erzählungen aus Reichsluftfahrtzeiten und ihre Erinnerungen an Erlebnisse im Luftschutzkeller in seinen Bericht einfließen lassen können. Nicht er, die Schreibmaschinenkraft Emmi Hering durfte aus einem der Dienstzimmer dem Trauerakt für Udet und Mölders im Ehrenhof zuschauen; und ein Jahrzehnt später sah Emmi, wie sich die streikenden Arbeiter von der Stalinallee in Kolonnen dem Portal näherten, denn als Büroangestellte hat Frau Wuttke lange vor Fonty, ab Anfang der fünfziger Jahre, Arbeit im Haus der Ministerien gefunden. Erst Ende 61 wurde ihr gekündigt, weil die Söhne im Westen geblieben waren; »Republikflucht« wurde dieses strafwürdige Vergehen genannt.

Spät hat uns Emmi davon berichtet: »Wir standen ja unter Druck und durften nich reden...« Und jenes postkartengroße Photo des Fliegerhelden Galland, mit Widmung und Unterschrift, hat sie uns erst kürzlich gezeigt: »Der sah gar nich militaristisch aus, eher wien Herzensbrecher, mit seinem Lippenbärtchen. Deshalb hat mein Wuttke das Photo zerreißen gewollt. Na, weil wir verlobt waren und er immer eifersüchtig...«

Richtig, auch damit hätte Fonty seine Denkschrift aufpäppeln können: wie er und Emmi einander zum ersten Mal im Paternoster begegnet sind. Das war nicht im Juni 40, als der Gefreite Wuttke mit seinem ersten stimmungsvollen Bericht aus dem besetzten Frankreich zurückkam: »In Domrémy und Orléans besuchen unsere sieggewohnten Soldaten Jeanne d'Arc...«, sondern schon im April, als Emmi ein Reisefeuilleton aus dem Protektorat Böhmen und Mähren als ersten Beweis ihrer Liebe abtippen mußte.

Wie auch immer: Fonty wollte nicht privat werden. Selbst dem Rat des Brieffreundes aus Jena, der ihm schon vor Jahresende empfohlen hatte, seinen altbewährten Plauderton anzuschlagen, konnte er vorerst nicht folgen. Zu verquer lag das sperrige Material. Zu grau lastete auf allem der Muschelkalk. Der Koloß hielt sich Fonty wie einen Gefangenen. Aber in einer Paternoster-Epistel, die dem evaluierten Professor Antwort gibt, finden wir bereits skizziert, was später die Denkschrift belebt hat:

»Ahne schon, lieber Freundlich, Sie werden mir abermals nahelegen, anekdotisch zu werden, indem ich, zum Beispiel, die eher traurige Geschichte von jenem Widerstandsnest im Reichsluftfahrtministerium erzähle, das von der Gestapo während laufendem Prozeß ›Rote Kapelle‹ genannt wurde. Und sicher will ich den Offizieren Harro Schulze-Boysen und Erwin Gehrts in meiner Denkschrift ein Kapitelchen einräumen, zumal sie ja hier, an Ort und Stelle, von einer Toilette aus Funkkontakt mit anderen Widerstandsgruppen gehalten haben. Ein Leichtsinn, wie sich zeigen sollte, denn bald danach flogen sie auf.

Übrigens wurde mir Oberst Gehrts nach Rückkehr von Dienstreisen persönlich bekannt. Sobald ich meine Berichte bei der für mich zuständigen Abteilung vorgelegt hatte, fand sich Zeit für ein Plauderstündchen mit diesem überaus typischen Schreibtischoffizier, dem niemand soviel entschlossene Haltung, bis hin zur Todeszelle in Plötzensee, zugetraut hätte. Dazu ein wirklich belesener Mann: Wie bei Liebknecht und dem Historiker Mommsen gehörte ›Vor dem Sturm‹ zu seiner Lieblingslektüre. Da ich mich leichtfertigerweise – und eher wie nebenbei – als Kurier benutzen ließ, hatte ich in meiner Tasche oft Briefe, die für Gehrts bestimmt waren. Auch konnte ich annehmen, daß ein Teil jener Kurierpost, die mir zugesteckt wurde, sobald ich, laut

Marschbefehl, wieder nach Frankreich mußte, den Oberst Gehrts und den Oberleutnant Schulze-Boysen als Absender hätte ausweisen können. Zum Glück hat mich keine Kontrolle erwischt. Überhaupt sind mir die Gefahren meiner Soldatenzeit nie recht bewußt gewesen, auch wenn man mich, als es zu den Prozessen kam, mehrmals im Prinz-Albrecht-Palais, das sich ja hier gleich um die Ecke befand, ziemlich gestapomäßig verhört hat. Man konnte mir aber nichts anhängen; oder es ist der mir lebenslang zugeordnete Schutzengel gewesen, dem es – damals noch unter dem Namen Tallhover – gefallen hat, mich abzuschirmen.

War eine Zitterpartie. Verdacht ist immer! Sie kennen ja diese als Zufälle getarnten Spielchen auf Leben und Tod aus Ihren mexikanischen Jugendjahren, als jeder jeden Trotzkist schimpfen durfte. Doch trotz aller Gefahren, in die mich die Rote Kapelle gebracht haben mag, bleibt es dabei: ein tadelloser Mann, dieser Oberst Gehrts. Ganz ohne die übliche Forsche, dabei kolossal weltläufig.

Leider gehört diese Episode genauso wenig in die Denkschrift wie meine Frontberichte, die sich eher in literarisch-historischen Stimmungsbildern gefielen. Andererseits muß wohl ein kurzes Erlebnis bedacht werden, das, wenn auch am Rande nur, unseren Arbeiter- und Bauern-Staat betraf, und zwar während dessen Frühzeit, als wir uns alle noch hoffnungsvoll auf dem richtigen Weg glaubten. Ich spreche von jener Zusammenrottung der Bauarbeiter von der Stalinallee, die bald enormen Zulauf erhielt und die von unseren führenden Genossen – aber auch von Ihnen, lieber Freundlich – wirklichkeitsblind als vom Westen gelenkter Putsch oder – nach damaliger Sprachregelung – als Konterrevolution eingeschätzt wurde.

Und jene aufständischen Arbeiter, die der Westen später unter dem Schummelbegriff ›Volkserhebung‹ zu Tode gefeiert hat, jene zuerst nur streikenden – Sie erinnern sich: Es ging um die Erhöhung der Normen –, dann jedoch revoltierenden Arbeiter, zogen, auf gut zweitausend Mann geschätzt, vor das Haus der Ministerien. Meine Emilie, die damals noch als Bürokraft im HdM angestellt war, hat das alles gesehen: die eher ruhige als zornentbrannte Masse, die wie gekälkten Arbeiterklamotten. Man wollte irrtümlicherweise hier, im Ehrenhof, den Generalsekretär der führenden Partei zur Rede stellen. Sprechchöre riefen nach ihm. Doch der Spitzbart war anderswo. Nur ein einziger Minister, wahrscheinlich Selbmann, traute sich, vor die Menge zu treten, wollte reden, beschwichtigen, kam aber nicht zu Wort, wurde vielmehr ausgebuht und vom Podest gedrängt. Statt dessen sprach ein Steinträger vom Block C-Süd. Der rief, erinnert sich meine Emilie, ›Arbeiterverräter!‹ und ›Normen runter!‹

Das ist alles an historischer Begebenheit. Immerhin, einen Akzent sollte diese Konfrontation – hier streikende Proletarier, dort der sprachlose Minister – meiner Denkschrift setzen, wenngleich mir, sobald ich den 17. Juni 53 auf dem Papier habe, sofort der 18. März anno 48 in die Quere kommt. Sie wissen ja, wie kurzgefaßt das Urteil des Unsterblichen in den späten Erinnerungen lautet: ›Viel Geschrei und wenig Wolle!‹ Und das, obgleich der junge Apotheker beim Barrikadenbau dabeigewesen ist und sogar zum Sturmläuten in die Georgenkirche eindringen wollte. Doch das Portal war geschlossen, was ihn zu der knappen, aber immer noch gültigen Feststellung gebracht hat: ›Protestantische Kirchen sind immer zu!‹

So ist das mit den Erinnerungen. Sobald Sie mir aus Ihren frühen Jahren in Mexiko erzählen und dabei gern der kuriosen Alltäglichkeit Tribut zollen, höre ich mir vertraute Töne. Der späte Blick zurück spießt sich mit Vorliebe Absurditäten. Das Ridiküle gewinnt. Der Held wird zur komischen Figur. Damals jedoch wurde mein, wie Emilie sagt, ›Einundalles‹ in der Jungschen Apotheke entweder als verkappter Revolutionär oder als verkappter Spion angesehen und so oder so gefürchtet. Nun, er war wohl mehr ein Revoluzzer, der neugierig bis fasziniert zuguckte, hier die freiheitstrunkene Barrikadenherrlichkeit, dort die in der Apotheke nach Lebertran anstehenden Hausfrauen im Auge hatte, wobei der Lebertran eigentlich für die skrofulösen Kinder bestimmt war, doch zumeist als Lampenöl benutzt wurde. Das hat den fünfzig Jahre später Berichtenden zu dem Ausruf hingerissen: ›Freiheit konnte sein, Lebertran mußte sein!‹ Natürlich siegte der Lebertran.

Und ist es, mein lieber Freundlich, vor wenig mehr als einem Jahr, als wir den realen Sozialismus gegen den gleichfalls realen Kapitalismus tauschten, nicht genauso banal zugegangen? Nur daß anstelle von Lebertran diesmal die westliche Banane im Angebot war. Vom 17. Juni nicht zu reden. Zwar wurde auch damals Freiheit als höchster Handelswert ausgerufen, doch nach dem Auftritt der sowjetischen Panzer war Stille gleichfalls billig zu haben. In einem Kulturbundvortrag, der mir, wie Ihnen vielleicht noch erinnerlich ist, viel Ärger eingebracht hat, ging ich zwar von den achtundvierziger Märzereignissen aus, indem ich den vormaligen Revoluzzer zitierte: ›. . . lebte meinerseits mehr der Überzeugung von der absolutesten Unbesiegbarkeit einer wohl disziplinierten Truppe jedem Volkshaufen, auch den Tapfersten gegenüber. . .‹, zog aber dann gewagte Parallelen zu den Juniereignissen. Denn allzu schnell war man bereit, die obrigkeitliche Rücknahme der Normen für einen Sieg zu halten. So kürzlich hier und abermals. Ob Lebertran oder Bananen käuflich sind, die Freiheit kommt bei solchem Handel allemal zu kurz.

Stimmt, lieber Freundlich. Höre und akzeptiere Ihren Einwand. 48 und 53, im März und Juni gab es Tote; diesmal ging es unblutig zu. ›Sanfte Revolution‹ war das Wort. Aber nur deshalb floß kein Blut, weil die Arbeiter- und Bauern-Macht nicht mehr Staat sein wollte, vielmehr beschloß, in dem anderen aufzugehen, auf daß wir nun dem vergrößerten Weststaat – dank unserer Mitgift, dem Knacks in der Biographie – zur Last fallen werden, bis der an sich selbst gescheiterte Kommunismus seinen Zwillingsbruder, den jetzt noch vital auftrumpfenden Kapitalismus, gleichfalls in die Grube gezogen haben wird.

Diese mir sonst unübliche Schwarzseherei gehört natürlich nicht in die Denkschrift. Aber andeuten will ich schon, daß der damalige Aufmarsch streikender Arbeiter vorm Haus der Ministerien auch den jetzigen Nutznießern des Gebäudes, also der Treuhandanstalt blühen könnte. Zweifelsohne soll hier eine kolossale Privatisierungsmaschine in Gang gesetzt werden. So etwas wird auf Dauer nicht hingenommen. Und deshalb wurde mir beim Rückblick auf die achtundvierziger Märzgefallenen bis zur Schmerzgrenze deutlich, daß ein aufständisches Volk, und wenn es nichts hat als seine nackten Hände, schließlich doch notwendig stärker ist als die wehrhafteste geordnete Macht; wenn nicht heute, dann morgen.

Damit soll es genug sein. Wie ich Ihrem wie immer unterhaltsamen Brief entnehme, hält der Fußballclub Carl Zeiss Jena (wenn auch zuunterst) seinen Tabellenplatz und beginnen Sie, Ihrem an sich mißlichen Zustand ersten Geschmack abzugewinnen, indem Sie Ihr Vielwissen in Sachen Jurisprudenz auf neuesten Stand bringen und sich als Steuerberater nützlich machen. Recht so! Steuerberatung muß sein! Wir lassen uns nicht aufs tote Gleis schieben. Wie telegen auch immer die Zeiten auf Krieg gestimmt sind, wir dürfen nicht schlappmachen. Selbst Ihren Töchtern wird Israel mittlerweile als fragwürdig erscheinen, so begeistert sie sich auf den Weg ins Gelobte Land gemacht haben. Andererseits weiß man nie. Jeder Krieg schnipselt sich seine Helden zurecht. Uns bliebe dann nur ein gehäufter Löffel Resignation, der aber durchaus belebend sein kann ...

Was Ihre freundliche Nachfrage nach meiner Emilie betrifft: Der geht es mal so und mal so. Gestern noch war ihr sterbenselend, doch heute früh begann sie, mit dem Rehleder alle Fenster zu putzen. Von meiner Tochter bekomme ich nur mecklenburgische Mißlichkeiten zu lesen. Der Ehestand bekommt Mete nicht. Aber das ist, wie Sie wissen, ein zu weites Feld. Am besten, man gewöhnt sich und klagt nur mäßig. Schließlich bleibt, wie man im Westen sagt, viel zu tun: ›Packen wir's an!‹ In diesem Sinne will ich mich wieder über meine Denkschrift hermachen, der insgesamt ein lebendiges, mehr noch, ein zwingendes Bild fehlt ...«

Darüber verging der Januar, ein Monat, der mit Stürmen auftrat, ab dessen Mitte in der Golfregion nur noch die Waffen sprachen, neue Vernichtungssysteme erprobt wurden, Ölfelder in Brand gerieten, die Börsenkurse mit Kriegsbeginn stiegen, dann wieder fielen, ein für clever gehaltener Ministerpräsident zurücktrat und sich nach Thüringen verdingte, sowjetische Panzer in Litauen gegen die protestierende Bevölkerung zum Einsatz kamen, Gorbatschows Stern zu sinken begann und seit plötzlichem Kälteeinbruch Schnee fiel. Aber ab Anfang Februar, als der Golfkrieg alltäglich zu werden drohte und die Renovierungsarbeiten im Treuhandgebäude deutlich voranschritten – die Marmoreinfassungen der über zweitausend Zimmertüren glänzten aufpoliert –, gelang es Fonty, das ihm fehlende Bild zu finden. Wie immer, wenn es am Lebendigen mangelt, half bloße Anschauung.

Er sah, als er im Erdgeschoß in den aufsteigenden Paternoster steigen wollte, aber zwei wartende Elektriker vor sich hatte, in einer absteigenden Paternosterkabine jemanden, dessen Anblick ihm von Photos bekannt war: den Chef der Treuhand.

Allein, doch von kräftiger Statur die Kabine füllend, kam er mit den Hosenbeinen zuerst, dann in ganzfigürlichem Flanell von oben, wo er die zukünftige Chefetage besichtigt haben mochte. Jemand, von dem Willenskraft ausging. Eine Person, der mit Jacke und Hose der Erfolg wie angepaßt saß. Ein ganzer Kerl sozusagen.

Kaum hatte der Chef mit sicherem Schritt die Kabine verlassen, kaum war er an Fonty, der gegrüßt wurde und zurückgrüßte, vorbei, und kaum waren die Elektriker mit ihren Werkzeugkisten nach oben verschwunden, sah Fonty, der nicht einstieg, vielmehr zögerte und dem mit Gefolge davoneilenden Chef nachblickte, sich selbst um ein halbes Jahrhundert rückversetzt. Er sah sich in Luftwaffenuniform und mit schräg sitzendem Käppi gleichfalls im Erdgeschoß auf die nächste freie Paternosterkabine warten, vor ihm zwei Offiziere.

Es war der Reichsmarschall, der von oben kam. Die blankgewichsten Stiefel kamen zuerst, aus denen sodann die mit Marschallbiesen besetzten Hosen beutelten. Nun kam in ganzer Fülle die bekannte Figur, schließlich der feiste Kopf und dessen weicher, um Härte bemühter Ausdruck. Seine Kostümierung entsprach dem geflüsterten Berliner Spott jener Jahre: »Rechts Lametta, links Lametta, in der Mitte ganz ein Fetta.«

Fonty, oder besser, der Gefreite Wuttke sah die Brust voller Orden und den Pour le mérite unterm fleischig gepolsterten Kinn, sah, wie in dem aus Wochenschau und von Photos bekannten Gesicht zwei Schauspieler namens Kleinmut und Größenwahn miteinander kämpften, er sah, wenngleich weggeschminkt, die Spuren unstillbarer Morphiumsucht in des Reichsmarschalls zur Schau gestellter Maske.

Mag sein, daß Fontys Rückblick vergleichsweise ein Photo im Auge hatte, das seit kurzem an der Pinnwand seines Treuhandzimmers hing und den eher schlaff wirkenden

Marschall während des Nürnberger Prozesses auf der Anklagebank abbildete. Nach der Urteilsverkündung hat er eine Giftkapsel zerbissen. Nur in Fontys Rückblick war er leibhaftig.

Beim Ausstieg stand ihm ein Adjutant bei. Die nächsten absinkenden Paternosterkabinen brachten des Reichsmarschalls Gefolge. Die Offiziere vor Fonty verpaßten ihre aufsteigende Kabine und grüßten militärisch, wie es weniger zackig Fonty tat, der seine rechte Hand eher reflexhaft zum schräg sitzenden Käppi führte. Verlangsamt lief nun der Film, Zeitlupe, Schnitt.

Kaum war dieser Streifen vorbei, begann Fonty aus gleichem Blickwinkel, doch mit neuer Filmrolle den historischen Übergang zu drehen. Nach so vielen Uniformen ordnete er nachkriegsbedingte Zivilkleidung an und ließ den späteren Staatsratsvorsitzenden Walter Ulbricht, den das Volk »Spitzbart« nannte, in sinkender Kabine aufkommen: mit Bäuchlein und sächsisch verkniffen.

Fonty stellte sich den Parteisekretär vor, wie er am 7. Oktober 1949, gleich nachdem der erste deutsche Arbeiter- und Bauern-Staat ausgerufen worden war, im Paternoster Stück für Stück ankam und im Erdgeschoß ausstieg. Von ihm gab es an der Pinnwand im Treuhandzimmer gleichfalls ein Photo, doch waren auf diesem Archivbild zwei Personen zugegen: Neben Ulbricht saß Goebbels, der Kommunist neben dem Nazi, der Spitzbart neben dem Klumpfuß. Und beide waren zu Beginn der dreißiger Jahre dabei, in Berlin den Streik der Verkehrsbetriebe zu organisieren; aus ihrer Sicht waren die Sozialdemokraten Feind Nummer 1.

Fonty war sich nicht sicher, ob der spätere Staatsratsvorsitzende – der, seines Vornamens wegen, viel später literarisch als »Sachwalter« umschrieben wurde – von oben herab allein kam oder ob neben ihm, größer als er, sein Begrüßungsgustav Otto Grotewohl stand. Mit Wilhelm Pieck gemeinsam, dem dritten Genossen im Bunde, wäre die Kabine zu eng gewesen. Fonty beschränkte sich auf den Spitzbart.

In seinen viel zu weiten Hosen ließ er den Sachwalter des taufrisch ausgerufenen Staates ins Bild kommen und mit sicherem Hüpfschritt aussteigen. Auch ihm war Gefolge nachgeordnet. Da Fonty bei dieser historischen Paternoster- fahrt nicht Augenzeuge gewesen ist, mußte er nicht grüßen; als aber Ulbrichts Nachfolger, der Mann mit dem Hütchen, den Ost und West »Honni« nannten, kurz vor Schluß und Mauerfall, gerade noch rechtzeitig und aus Anlaß der Feiern zum vierzigjährigen Bestehen des Arbeiter- und Bauern- Staates, das Haus der Ministerien besuchte, sah der Akten- bote Theo Wuttke, Fonty genannt, auch diesem histori- schen Abstieg zu: die Schuhe voran, das Hütchen zuletzt.

Nun war die Reihe komplett. Weitere Auftritte gab die Historie vorerst nicht her, wenngleich er allzu gerne die aus Bonn angereiste regierende Masse in eine Kabine gezwängt und in absinkender Tendenz nachgewiesen hätte. Fonty ließ den Episodenfilm noch einmal und abermals ablaufen. Im Paternoster geeint. Vom Reichsmarschall bis zum Chef der Treuhand. Die Denkschrift hatte ihr zwingend zeitraffendes Bild. Zugleich sah er sich in wechselnden Zeiten immer wie- der auf eine steigende Kabine warten. Er begriff die Mecha- nik der Wende in Gestalt eines rastlos dienstwilligen Perso- nenaufzugs. Soviel Größe. Soviel Abstieg. Soviel Ende und Anfang. Doch nach Schwerin schrieb er an seine Tochter Martha nur knapp: »Sah kürzlich unseren Chef aus dem Paternoster steigen. Was dieser Mann sich zumutet, ist zuviel. Eine kolossale Machtfülle, die eigentlich niemand gutheißen kann. Letzte Entscheidungen über Menschen und Eigentum, auf die – da bin ich mir sicher – Haß antwor- ten wird. Mit erstem Blick gesehen: ein forscher Kerl. Ist Erfolg gewohnt. Versteht es zuzupacken. Hat was Gewin- nendes. Möchte aber nicht in seiner Haut stecken...«

Der Rat ihres Vaters hieß: »Berapple Dich nach Möglichkeit!« Außerdem las Martha Grundmann, geborene Wuttke, in diesem längeren Brief: ». . . Mama, der es seit Wochen unverhofft gut geht, befindet sich neuerdings, das heißt, seitdem ein Fernsehapparat unsere Wohnküche zum Kriegsschauplatz macht, in allerbester Stimmung, sogar in Bombenstimmung, wenngleich sie angesichts der treffsicheren Berichterstattung aus der Golfregion immer wieder ›Ist das nicht schlimm, ist das nicht furchtbar‹ ruft, oft zusammen mit der Scherwinski, die jedesmal ihren Senf dazugibt: ›Ehrlich, wird einem janz schwach von. Immer feste druff!‹ Manchmal gucken sogar ihre Bengels zu, als liefe Sandmännchen oder ein verspätetes Weihnachtsmärchen. Und Mama duldet das alles und füttert die Jungs, kinderlieb, wie sie ist, mit Streuselkuchen ab.

Ihr imponiert das Zielgenaue. Stell Dir vor: Deiner Freundin Ingemaus erklärt sie, was Abfangraketen sind. Sie redet vom System ›Patriot‹ und von Zielkoordinaten, als ginge es darum, die Vorzüge eines neuen Weichspülers anzupreisen. Zwar sitzt sie in Schlorren bei ihrem Blasentee, aber zugleich erlebt sie sich als Augenzeuge in vorderster Frontlinie. Nur einmal hörte ich sie besorgt: ›Ob die da unten in der Wüste auch richtige Luftschutzbunker haben wie wir damals, als bei uns Krieg war und wir im Keller von der Reichsluftfahrt oder, wenn sie nachts kamen, hier unten bibbern mußten?‹

Gegen meinen Willen und Wunsch hat sie den jetzt zentral stehenden Guckkasten – natürlich ein Westprodukt mit allen Schikanen – zuerst ins Wohnzimmer, nach meinem Protest in die Küche geschleust, wo er nun dort, wo einst die alte Küchenwaage Zierde gewesen ist, den Herrgottswinkel zum Altar macht. Auf mich wird kaum Rücksicht genommen. Und als ich Einspruch gegen die dröhnende Schwarzkopferei und das ferngesteuerte Säbelrasseln erhob, bekam ich zu hören: ›Du bist doch sonst immer für Krieg gewesen, Blitzkrieg und so. Weiß noch genau, der zweite September hieß bei Dir Sedanstag!‹

Soviel zur Bilderflut. Du verstehst, meine Mete, daß mich dieser quatschköpfige Untermieter aus dem Haus treibt. Als noch Schnee unter den Sohlen knirschte, lief ich durch den Tiergarten und hoffte, dort Ludwig Pietsch beim Schlittschuhlauf rund um die Rousseau-Insel zu begegnen. Doch nun nieselt es vor sich hin. Will mir keine Erkältung einfangen, kann aber andererseits keine brennenden Ölfelder mehr sehen, keine Expertenrunde mehr hören und hoffe, wenn nicht auf Frieden, dann doch auf Waffenruhe, zumindest in unserer Küche.

Dabei sind wir jahrzehntelang ohne Mattscheibe weltkundig gewesen. Gewiß nicht dank erschöpfend berichtender Zeitungen, denn selbst die mir gewohnte ›Wochenpost‹ hielt strenge Diät. Aber mit Hilfe unseres die Grenze mißachtenden Radioempfängers waren wir auf dem laufenden. Hörte gerne Bundestagsreden. Hab immer noch Erler und Carlo Schmid im Ohr. Oder wenn wir beide, obwohl das Deine FDJ verboten hatte, den SFB oder RIAS hörten, etwa Friedrich Lufts Theatergeplauder – ›Gleiche Welle, gleiche Stelle...‹ Atemlos aktuell war das. Mußte an den Eckplatz Nr. 23 im Königlichen Schauspielhaus am Gendarmenmarkt denken. Begann mit ›Wilhelm Tell‹, hörte auf mit ›Die Weber‹. Keine Premiere versäumt: ob Max Halbes ›Jugend‹ oder Ibsens ›Nora‹... Und wenn es schon damals Radio gegeben hätte, wäre vielleicht auch mir an gleicher Stelle, auf gleicher Welle...

Aber das reicht Mama nicht. Bildchen, bewegliche und obendrein farbige, müssen es sein. Komme mir seitdem fehl am Platz vor, zumal der Kriegslärm bis in meine Studierstube dringt. In dieser Welt zu leben ist für einen alten Knaben wie mich degoutant geworden! Schrieb deshalb neulich an Freundlich: ›Das einzig Nette ist noch: in der Sonne sitzen und blinzeln‹, wenn sie denn schiene...«

Der Brief an Martha verlangte doppeltes Porto, weil er, an mehreren Tagen fortgesetzt, immer dicker wurde. Darüber verging der Februar. Wir kürzen Fontys Klagen über die neuen Medien ein wenig und setzen erst dort wieder ein, wo er mit weiteren Erinnerungen Blätter füllte:

»...Was waren das für Zeiten, als Polenaufstände, der Krimkrieg und das Amerika in Nord und Süd zerreißende Gemetzel verspätet zwar, doch für uns brandneu durch Gustav Kühns kolorierte Bilderbögen bekanntgemacht wurden. Mein Vater, dessen letzte Jahre uns die leidige Politik vorenthalten hat – Du warst knapp zehn, als man Dir mit dem Mauerbau den natürlichen Zugang zum skurrilsten aller Großväter versperrte –, dieser Max Wuttke steckte voller Bilderbogengeschichten, weil er von früher Jugend an, noch vor der Lehre bei Kühn, beim Kolorieren der Steindrucke Geschick bewiesen hat. Höre sofort Deinen Einwand. Aber was heißt hier Kinderarbeit? Immerhin hat er als Knirps schon für die Wuttkefamilie ein Zubrot verdient. Und mir konnte er während der zwanziger Jahre keine größere Freude bereiten als mit alten Drucken, die bei Kühn oder Oehmigke & Riemschneider auf Lager geblieben waren und die er – offenbar am Meister vorbei – als Makulatur gerollt nach Hause brachte.

Was den heranwachsenden Lümmel in Entzücken versetzte, ist mir bis heute vor Augen geblieben. Zum Beispiel ein Blatt, das den Einzug des Prinzen und der Prinzessin

Friedrich Wilhelm durch das Brandenburger Tor bebildert. Das geschah kurz vorm Sturz der Regierung Manteuffel, als dem Unsterblichen endlich die langgeplante Schottlandreise gegönnt wurde. Alles stand unter dem Datum des 8. Februar 1858. Ganz unten war sogar kleingedruckt die Zeit angegeben: ›Fünf Minuten vor 2 Uhr.‹ Ein Hochzeitsbild! Vom Kanonendonner und Glockengeläut für die Neuvermählten und vom Willkommensgruß des Oberbürgermeisters von Berlin, namens Krausnick, war zu lesen. – Naja, dem späteren Kronprinzen waren nur neunundneunzig Tage Kaiserwürde gegönnt, und auch dem Volk hat so viel Aufwand wenig gebracht, nur diesen Steindruck.

Dabei fällt mir das düster schwarzweiß gehaltene Blatt ›Napoleon vor Moskau‹ ein. Und unauslöschlich ist jener farbige Bogen geblieben, der mit dem Datum vom 19. März 1848 vom Berliner Aufruhr, von Barrikaden und schwarzrotgoldenen Fahnen, vom Freiheitsbaum im Vordergrund und vom im Hintergrund aufmarschierenden Militär samt Pulverdampf berichtete.

All das liegt mir in meinen späten Jahren noch immer wie druckfrisch vor. Wie imprägniert sind Barrikadenkämpfe. (Seitdem hab ich es mit der Revolution.) Dagegen heutzutage: rasch löschen die Bilder sich gegenseitig. Nichts bleibt haften. Was sie sekundenschnell zeigt, nimmt die Bilderflut mit sich. Denn wenn ich Mama nach dem Abendessen frage: ›Nun, was hast du Interessantes gesehen?‹, höre ich: ›Zuviel auf einmal. Einfach schlimm, was die da alles zeigen. Am Ende weiß man nie, was am schlimmsten gewesen ist.‹ Glaub mir, Mete, an dieser Bildvergeßlichkeit ist nur das Fernsehen schuld...«

Wenn wir hier abermals unterbrechen, dann um Fontys bei wechselnder Laune immer länger werdenden Brief auf den Punkt zu bringen, und der hieß Neuruppin. Dorthin zielten seine Gedanken nach jeder Abschweifung und trotz aller Fixierung auf häusliche Nebengeräusche:

»...Deshalb bin ich sicher, daß wir nur wenig von der unglücklichen achtundvierziger Revolution und den Märzgefallenen wüßten, wenn es dazumal schon dieses dem Gedächtnis abträgliche Küchenfernsehen gegeben hätte. Doch zum Glück gab's außer Menzels Bild, das nicht fertig wurde, noch Gustav Kühn aus Neuruppin! Und dorthin will ich einen kleinen Ausflug machen. Demnächst schon. Muß endlich raus aus dem gräßlich vermufften Berlin, das nun, obgleich ungeteilt, nichts mit sich anzufangen weiß. Sobald ich meine Pflichtübung für die Treuhand zu Papier gebracht habe und Mama mir das Manuskript abgetippt hat – so viel will sie sich, trotz Guckkasten, abringen –, soll's losgehn. Ein Tagesausflug bei hoffentlich vorfrühlingshaftem Wetter und ohne meinen elementaren Schnupfen. Leider ohne Mama. Auch wenn sie dieser Tage wieder einmal mehr aus Beeskow als aus Toulouse ist, verlockt sie dennoch das Märkische überhaupt nicht. Neuruppin? Igittegitt! Du kennst ja ihren Eigensinn. Zwar nannte Alexander Gentz die Ruppiner allesamt Philister und Schafsköpfe, doch die Hauptsache bleibt, daß dort nicht nur Schinkel, sondern auch...Naja. Sie will partout nicht. Und außerdem weigert sich Madame prinzipiell, im Trabi zu reisen. ›Da kriegt mich keiner mehr rein‹, sagt sie, ›lieber lauf ich zu Fuß!‹

Nein, es geht Dir wie uns: Von Teddy hören wir nichts. Aber vorgestern kam kurzgehaltene Post von Friedel. Noch immer stehen als Sammelbändchen meine Kulturbundvorträge in Frage; ein Vorschlag seinerseits, der bei Eurem Hochzeitsessen ziemlich gönnerhaft über den Tisch kam und mir Hoffnung machen sollte. Zwar bin ich ganz und gar – und werde mich darin schwerlich ändern – gegen Geschäftsbeziehungen zwischen Vater und Sohn, habe aber, um nicht zu verletzen, nachgegeben und einige Vorschläge gemacht. Doch nun schreibt er mir von ›notwendiger Programmverschlankung‹ und von einer ›gesamtdeutschen Absatzkrise‹ auf dem Buchmarkt. Kolossal steifleinern drückt er sich aus. Da lob ich mir Professor Freundlich; der ist noch bei Zahnweh espritvoll. Ja ja, ich weiß: Dir ist das Geistreiche der Juden, daß sie so fix und spritzig im Ausdruck sind, schon immer ›nervig‹ gewesen, aber aus germanischer Schwerblütigkeit läßt sich allenfalls Trübsinn ableiten.

Womit wir wiederum bei Dir sind. Ich wünsche mir meine Mete lichtvoller. Gibt es denn nichts, was Deinen gewiß schwierigen Ehestand ein wenig aufheitern könnte? Und wenn ich Dir nun briefverborgen gestehe, daß auch mir unser Prenzlberger Ehekreuz einige Druckstellen hinterlassen hat, bitte ich Dich zugleich, einen Blick auf die Potsdamer Straße zu werfen: Auch dort kam Heiterkeit allenfalls unverhofft und klopfte vorher nicht an.

So ist mir der plötzlich versprochene Ausflug nach Neuruppin zum Lichtblick geworden. Und so geschah mir kürzlich, als mich wieder mal ein Kind – es war eine spillerige Göre, so ums Einschulalter herum – im Tiergarten, als kaum noch Schnee lag, mehr aufforderte als bat, ihm die offenen Schnürsenkel zur Schleife zu binden. Mußte in die Knie gehn, die alten Knochen beugen. Knackte ordentlich, hat mir aber den ganzen Tag vergoldet und noch den nächsten; weshalb ich Dir sage: Schleifenbinden ist besser als Trübsalblasen. Das gilt auch für Schwerin, wo, wie ich höre, die Treuhand-Filiale mächtig unter Kritik steht; Dein Baulöwe Grundmann, den ich grüße, wird schon wissen, warum ...«

Für uns kein Brief. Auf einer Postkarte nur bekam das Archiv den Tip: »Will übermorgen bei der sitzenden Bronze vorsprechen...« Das reichte als Hinweis.

Bei Vermeidung der westlichen Stadthälfte fuhren sie über den Berliner Ring auf die Autobahn Richtung Rostock, verließen diese vor dem Abzweig nach Hamburg und waren nach gut einer Stunde Fahrt, weil kein Stau den Trabi hemmte, am Ziel ihrer Sonnabendtour.

Sie fuhren an einem der ersten Märztage. Seit einer Woche zog die Treuhandanstalt mit Akten und Personal vom Alexanderplatz in den renovierten Koloß Ecke Leipziger Straße um. Kaum hatte er sich hinters Steuer geklemmt, ließ Hoftaller durchblicken, daß der Besuch in Neuruppin als Belohnung zu verstehen sei. Weil »dank Ihrer lieben Frau Emmi« endlich die Denkschrift »Vom Fortschritt der Geschichte« in Maschinenfassung vorliege, dürfe sich Fonty seiner Reiselust hingeben: »Können jetzt in Ruhe abwarten, welche Striche und Änderungen die Chefetage vorschlagen wird.«

Bei wechselhaftem Wetter fuhren sie, sogar Hagelschauer prasselten auf den Trabi. Gut aufgeräumt blieb der Schreibtisch im Dienstzimmer 1819 hinter ihnen. Immer wieder mußten die Scheibenwischer für ungetrübte Sicht sorgen. Nur die Kopie der Denkschrift lag, knapp vierzig Seiten stark, vor dem Hohlbaustein, in dessen Löchern Fontys Schreibutensilien steckten.

Er war in erwartungsvoller Stimmung: Zum Rhythmus der Scheibenwischer summte er einen parademäßigen Marsch. Die Paternosterpassage hatte er einerseits gestrafft, andererseits mit zusätzlichem Personentransport bereichert: lauter Prominenz im Auf- und Abstieg. Sogar einige von Emmis Strichvorschlägen hatte er beherzigt und zum Beispiel jene Anekdote getilgt, nach der ein hochdekoriertes Fliegeras die Korridore der Reichsluftfahrt als Rollschuhbahn erprobt haben soll.

Als weiß auf blau ein Autobahnschild die Ausfahrt nach Kremmen anzeigte, begann er sich lang und breit über die Familiengeschichte der von Briest auszulassen, besonders was Luise anging: »Eigentlich ist sie die Schuldige. Wenn sie nicht Innstetten, ihre Liebelei aus Mädchentagen, mit ihrer

Tochter, dem so liebreizenden wie dummen Ding, verkuppelt hätte...«

Der Regen ließ nach. In den frühen Morgenstunden benutzten auch Putzfrauen mit Eimern den Paternoster. »Heute sehe ich das anders: Luise von Briest, diese furchtbar fürsorgliche Mutter...« Und wie Italiens Graf Ciano einst das Reichsluftfahrtministerium besucht hatte, war seinerzeit ein sowjetischer Armenier namens Mikojan im Haus der Ministerien ein mit gemischten Gefühlen empfangener Gast gewesen. Und wieder die Scheibenwischer.

Dann zitierte Fonty aus den Wanderungen: das Ländchen Friesack. Während sie von westlichen Flitzern überholt wurden, waren ihm beschauliche Garnisonstädte einige Abschweifungen wert: Er wußte, daß die Zieten-Husaren des 3. Husarenregiments in Rathenow und einige Eskadronen des 2. Ulanenregiments in Perleberg kaserniert waren. Langmütig erduldeten sie, Mal um Mal überholt zu werden. »Nie«, rief Fonty, »hat der Genosse Mielke den Paternoster benutzt!«

Und dann verriet der Beifahrer dem Chauffeur, daß Effi von ihrer Mutter, in Anspielung auf das gleichnamige Schauspiel Wildenbruchs, »Tochter der Luft« genannt worden sei. Effi auf der Schaukel. Die wild schaukelnde Effi, wie sie von Liebermann lithographiert worden ist. »Dabei war an diesem Wildenbruch alles Willkür. Und das nennt die blöde Menge dann Genialität...«

Doch Hoftaller ließ sich weder auf Garnisonstädte noch auf das Leitmotiv der ersten Romanseiten ein. Nur um den Chef der Treuhand war er besorgt: Der mache, so forsch er auftrete, einen zunehmend bekümmerten Eindruck und stehe, nachwachsender Skandalfälle wegen, mächtig unter Druck. Der müsse, während in Bonn der Kanzler fein raus sei, vor Ort den Prügelknaben abgeben. Der rieche jetzt schon, selbst gegen Wind, nach Pleite. »Ist ne Fehlbesetzung!« rief er.

Plötzlich schüttelte inwendiges Lachen den Tagundnachtschatten. Er klammerte das Lenkrad, um ein immer stärker
aufkommendes Beben zu bändigen. Hoftaller mußte sich
aussprechen, schubweise: »Schaffen das nie. Wächst ihnen
übern Kopf. Hab ja gesagt, daß die damit nicht fertig werden. Von wegen abwickeln, verheddert haben die sich. Und
wer wird verdroschen? Natürlich der Chef. Hat keinen
Durchblick mehr, der große Sanierer. Überall werden unter
der Hand Tochtergesellschaften gegründet und – klar doch!
– auf Null gebracht, ha! Besonders raffig macht der Groß-
handel mit. Und die Versicherungen, alle Banken, ha! Was
soll das Gejammer über Konten im Ausland? Oder über
Autobahnraststätten? Wie warme Semmeln gehen die weg.
Interflug einfach plattgemacht. Und ebenso werden sie
Wartburg in Eisenach plattmachen. Oder Zwickau, wo
unser Trabi vom Band ging. Nur keine Konkurrenz aufkommen lassen. Ist so gewollt. Privatisieren auf Teufel komm
raus. Und nun ist er raus, der Teufel, ha! Wird zurücktreten
müssen demnächst, der Chef vons Janze. Und wenn nicht,
ist er trotzdem fertig, sag ich. Na, hoffentlich zeichnet er vorher noch Ihre Denkschrift ab. Hab mal kurz drin geblättert,
Fonty. Liest sich flüssig. Hübsch das Bild mit dem Paternoster, der unter jedem System seinen Dienst leistet. Hat
was Philosophisches, wenn die drei Häuptlinge gleichge-
schaltet von oben runter... Sind fabelhafte Portraitskizzen... Könnten aus der Feder des Unsterblichen nicht besser... Oder von dessen Spezi, diesem Ludwig Pietsch...
War zwar ein unsicherer Kantonist, schrieb aber einfach
großartig über Menzel... Genau so ist Ihnen der Spitzbart,
aber auch Hermann-heeßt-er gelungen, na, die Marschallbiesen... Nur beim Obermacher der Treuhand stimmt was
nicht. Bißchen zu tragisch ausgepinselt. Von wegen Winkel-
ried! Dabei ist er lächerlich, einfach nur lächerlich, ne
Schießbudenfigur!«

Das und noch weitere Auswürfe bei flüssigem Verkehr. Keine Baustelle, kein Stau. Gleichmütig verbrauchte der Zweitakter aus Zwickau sein Treibstoffgemisch. Die zuverlässigen Scheibenwischer rechts links. Bei wechselhaftem Wetter an literarisch vermessener Landschaft vorbei.

Nachdem Hoftaller sich leergeredet hatte, datierte Fonty einen seiner letzten Besuche in Neuruppin: Vor knapp fünfzehn Jahren, zur Beerdigung der Mutter, die erst lange nach dem Vater gestorben sei, habe er umständlich per Bahn anreisen müssen. »Mit Emilie natürlich, die meine Mama maßlos verehrt hat, übrigens ziemlich parteiisch auf Kosten meines unmöglichen, doch liebenswerten Vaters ...«

Als sie, vorbei an Kasernen, in Neuruppin einfuhren, klarte der Himmel auf. Die Scheibenwischer ruhten. In kleinen Portionen kam Sonne durch.

Ein Städtchen, in dessen Mauern wir, als Ergänzung zum Potsdamer Archiv, gern eine Zweigstelle eingerichtet hätten, und zwar im kleinen, aber sehenswerten Heimatmuseum, das Fonty und Hoftaller sogleich besucht haben; denn in Neuruppin wurde nicht nur der große Baumeister Karl Friedrich Schinkel geboren, der Preußen nach schlichtem Maß diszipliniert hat, sondern auch der Dichter der Mark, der Sänger Brandenburg-Preußens, mehr noch, der über die Mark hinaus stilbildende Prosaist und Schöpfer unsterblicher Romanfiguren, ein Meister, aus dessen Schule der Autor der »Buddenbrooks« hervorging und – wie wir einräumen müssen – der Autor der »Jahrestage«, dessen schriftstellerischer Haushalt gleichfalls so reich wie detailkrämerisch bestellt gewesen ist.

Gewiß hätten beide, etwa in einem Brief an Schlenther, von ihm Einsernoten bekommen, mit kleinen Einschränkungen natürlich; so wie er Keller, diesen »furchtbaren

Schweizer«, minus Lyrik hochgeschätzt hat. Er, der verkrachte Apotheker und abtrünnige Revoluzzer, er, der »Mann der langen Briefe« und plaudersüchtige Eremit im Mansardenloch der Potsdamer Straße, er, den auch wir – Fontys Sprachgebrauch folgend – den UNSTERBLICHEN nennen, er, dem unser Archiv dienend nachgeordnet ist, verlebte hier erste und – nach der Rückkehr aus Swinemünde – letzte Kinderjahre; desgleichen kam in Neuruppin, wenn auch verschattet von den großen Namen, ein beachtlicher Maler orientalischer Szenerien zur Welt, Wilhelm Gentz, dessen Sohn Ismael wir übrigens eine im Heimatmuseum aufbewahrte Zeichnung verdanken, die den Unsterblichen abbildet; ein Blatt, dessen Qualität der Portraitierte in einem Brief beurteilte: »...ich finde es sehr gut, die anderen, Frau und Tochter tadeln es...«

Weil aber Fonty uns lebendiger und – als Abklatsch einer Liebermann-Zeichnung – näher war, muß abermals – und sei es mit der Penetranz datenfixierter Archivare – unterstrichen werden, daß hier, auf den Tag hundert Jahre nach dem Unsterblichen, Theo Wuttke geboren wurde, und zwar Ecke Klappgraben, Siechenstraße, wenige Schritte vom Seeufer und der Dampferanlegestelle entfernt. Hier ging er aufs Friedrich-Wilhelm-Gymnasium, wie ja auch Schinkel dieses bald nach der Feuersbrunst von 1787 errichtete Gebäude besucht hat. Desgleichen bot sich dem Unsterblichen, kaum aus Swinemünde zurück, ein gutes Jahr lang die Möglichkeit, als Quartaner, dann Untertertianer die lateinische Inschrift über dem Schulportal zu studieren – übrigens eine Sentenz, die viele politische Systeme überlebt hat; weshalb Fonty, gleich nach dem Museumsbesuch und sobald beide vom zentralen Platz aus das alte Gymnasium im Blick hatten, diesen Widmungsspruch für Hoftaller, der ohne Schullatein aufwachsen mußte, übersetzt hat: »Den Bürgern der kommenden Zeit«.

579

Nun muß gesagt werden, daß den Bürgern der damaligen Wendezeit nicht alles vergangen sein wollte. Die ehemalige, in aller Länge die Stadt vom Fehrbelliner zum Rheinsberger Tor durchquerende Friedrich-Wilhelm-Straße hieß immer noch Karl-Marx-Straße, wie auch der übergroße Bronzekopf des so folgenreichen Denkers unverrückt auf das zweistöckige und überm Portal von einem Türmchen verzierte Schulgebäude blickte. In diese Richtung schauten gleichfalls Fonty und Hoftaller, wobei sie der Bürger vergangener und kommender Zeiten gedachten.

Da standen sie wie zum Phototermin bestellt. Die schwarzpatinierte Bronze gab einen übermächtig dräuenden Hintergrund her. Haupthaar und Bart des Denkers glänzten vom letzten Regenguß. Doch als beide so sinnfällig neben dem Marxkopf in Position standen, wurde nichts aus dem völkermitreißenden Manifest laut, vielmehr bestand Fonty darauf, aus »Meine Kinderjahre« zu zitieren: »Es war beschlossen, mich auf das Ruppiner Gymnasium zu bringen. Der Tag nach unserer Ankunft war ein heller Sonnentag, mehr März als April. Wir gingen im Laufe des Vormittags nach dem großen Gymnasialgebäude, das die Inschrift trägt: Civibus aevi futuri. Ein solcher civis sollte ich nun auch werden ...«

Hoftaller, der weniger den Schulkasten, mehr die Marxbüste fixierte, sagte, als gelte es von dem kolossalen Rauschebart Abschied zu nehmen: »Frage mich, ob die Bürger der kommenden Zeit dieses Altmetall demnächst einschmelzen müssen. Viel Gewinn bringt das nicht. Und die so anhänglich benannte Straße schreit geradezu nach ner Umbenennung. Wahrscheinlich wird wieder irgendein Friedrich-Wilhelm herhalten müssen ...«

Inzwischen war Fonty seinen erweiterten Schulerfahrungen, dem Gymnasiasten Theo Wuttke, auf den Fersen: »Habe hier achtunddreißig mein Abi gebaut. Nannte sich damals Oberschule. Danach gleich Arbeitsdienst und Kommiß. Na, Sie wissen ja, Tallhover, wie ich zur Reichsluftfahrt gekommen bin. War ein Druckposten. Immer Etappe. Mußte als Skribifax kein Pulver riechen. Bin deshalb dankbar, weil mir jegliches Heldentum im Grunde zuwider... Lassen wir das. Und nach der Befreiung hieß diese pädagogische Kaserne eine Zeitlang Schiller-Schule. Dann hat man ein paar Jahre lang den Namen des Unsterblichen ausprobiert. Paßte aber den führenden Genossen nicht. Ernst Thälmann mußte herhalten. Jetzt und für die kommende Zeit gibt man sich provisorisch: ›Kultur- und Bildungszentrum‹ – daß ich nicht lache.«

Nachdem sie das Schinkeldenkmal am gleichnamigen Platz besichtigt und im Portal der Schinkelkirche einen Regenguß abgewartet hatten, bummelten sie durch die zerfallene Altstadt, entlang der Siechenstraße zur Klosterkirche, dann bis zum Seeufer und der Anlegebrücke für Motorschiffe, die, wie ein Zeitplan versprach, ab Mai die Ruppiner Seenplatte befahren würden.

Auf dem Rückweg suchten und fanden sie die Stelle, wo einst die väterliche Löwenapotheke gestanden hatte. Da alles fremd wirkte, hielten sie nur kurz. Aber nahe dem Heimatmuseum gab es ein verrottetes Haus, in dem Gustav Kühns Bilderbögen vom Stein weg gedruckt worden waren. Auch hier nur Kurzkommentare. Sie verzichteten auf Kaffee und Kuchen, liefen vielmehr – nun zielstrebig – zum Trabi zurück.

Der sandgelbe Trabant stand in der Franz-Künstler-Straße, nahe dem Denkmal. Wir vom Archiv müssen eingestehen, daß uns diese gepflegte Parkanlage nicht häufig gesehen hat; diesmal warfen wir einen Schatten.

Wie erwartet fanden sie den Schriftsteller als rastenden Wanderer, in Bronze sitzend, auf einer steingehauenen Bank. Er wollte von allen Seiten besichtigt werden. Dort, wo er sich mit dem linken Arm abstützte, war der Armlehne eine Metallplatte im Schmucksims eingelassen, auf der zu lesen stand, daß dieses Denkmal im Jahr 1907 dem »Dichter der Mark« errichtet worden war.

Seitdem sitzt er im offenen Mantel, schlägt das rechte Bein über, läßt die rechte Hand, die den massiven Bleistift hält, nahe dem hochgestützten Knie ruhen, während die linke Hand vom Steinsims weg lässig abknickt und mit dem Zeigefinger ein Notizbuch aufsperrt. Neben dem Sitzenden, der barhäuptig in die Ferne schaut, ist genügend Platz für den metallenen Faltenwurf des insgesamt geräumigen Mantels und den im Verlauf der Jahrzehnte grauschwarz patinierten Hut, den der rastende Wanderer auf der Bank abgelegt hat und dessen Krempe rundum aufgestülpt einen Graben bildet, in dem sich Wasser von letzten Regengüssen gesammelt hat. Der eigentlich hohe Hut wirkt flach, weil eingedellt. Über die Lehne am anderen Bankende, der gleichfalls eine Metallplatte eingefügt worden ist, auf der Name, Geburtsort und beide Daten des Dichters zu lesen sind, hat der rastende Wanderer durch die Mark seinen berühmten Shawl geworfen, dem allerdings kein schottisches Muster eingewebt worden ist. Außerdem lehnt sich in naturgetreuem Guß sein Wanderstock an die steinerne Lehne. Die Bronze glänzt abgegriffen, die Wanderschuhe sind geputzt. Plötzlich ein Sperling auf dem als Metallguß erstarrten Hut, der zugleich Vogeltränke ist.

Vielleicht sollte noch die vom offenen Mantel freigegebene Weste erwähnt werden – auch daß sie Querfalten wirft – und gleichfalls die zur Schleife gebundene Halsbinde. Man könnte sich in weitere Details vergucken – später vielleicht.

Wie wir bei gelegentlichen Besuchen, so sahen auch Fonty und Hoftaller zum Denkmal auf, denn es steht erhöht auf einem Hügelchen, dem märkische, zum Teil von Efeu überrankte Findlinge vorgelagert liegen. Zudem heben drei

Steinstufen die Bank und den sitzenden Dichter. Um das Denkmal Bäume, zwischen ihnen viele Birken. Als beide zum Abbild des Unsterblichen aufsahen, ihn mal aus dieser, mal aus jener Sicht erlebten, zeigten vor den Feldsteinen aufgeblühte Krokusse und Märzbecher die Jahreszeit an. Immer wieder hatte die Sonne Vortritt.

Wenngleich überlebensgroß abgebildet, stellte sich dennoch die Frage: Ist er das wirklich? Wir wissen, daß der in Neuruppin heimische Bildhauer Max Wiese, der erst Jahre nach dem Tod des Unsterblichen tätig wurde, bei Modellsitzungen auf den Sohn Theo, dazumal Kriegsintendanturrat, zurückgegriffen hat, dessen allerdings nur grober Ähnlichkeit wegen. Wenn wir an dieser Stelle aus einem Brief des Vaters an die Tochter Mete zitieren, soll damit nichts gegen den Sohn gesagt, doch die Ausdruckskraft des Denkmals ein wenig relativiert werden: »Theo ist ganz der alte: brav, gut, bieder, berechenbar, Schlauberger und Philister, aber so eine Moral- und Rechtssäule, daß ich nicht mit ihm leben könnte...«

Fonty, der uns in solchen Momenten näher als der sitzende Unsterbliche stand, weil er samt Hut und Shawl, im Mantel und mit Stock nach Neuruppin angereist war, um sich in Vergleich zu bringen, lächelte ein wenig. Er mochte als Theo Wuttke an seinen Sohn, den Ministerialrat im Bonner Verteidigungsministerium, denken, an diesen Prinzipienreiter, der seinen Eltern seit Jahren weder Brief noch Gruß geschickt hatte und sich als amtlich ausgewiesener Geheimnisträger, wie Fonty befürchten mußte, in Schwierigkeiten gebracht hatte. Weil sein Tagundnachtschatten nichts sagte, sprach das Objekt: »Erinnert mich kolossal an Teddy, von dem wir, dank Friedels freundlicher Vermittlung, ein Photo in sitzender Haltung haben, das meine Emilie wie eine Reliquie hütet.«

Da Hoftaller immer noch stumm blieb, behielt Fonty das Wort: »Natürlich haben meine braven Neuruppiner, als das

Denkmal, bei übrigens prächtigem Wetter, am 8. Juni ent-
hüllt wurde, nicht etwa den wenig gelesenen Romancier,
sondern partout – man könnte auch sagen, ausschließlich –
den Dichter der Wanderungen durch die Mark und obendrein den Verfasser preußisch-blau eingefärbter Gedichte
ehren wollen. Das lief so ab: Als sich der Festzug vom Para-
deplatz her, der, wie wir gesehen haben, noch immer Ernst-
Thälmann-Platz heißt, hier rundum versammelt hatte, wurden auch prompt die drei siegreichen Einzugsgedichte
heruntergeleiert. Versteht sich: unter schwarzweißen Wimpeln und Fahnen. War damals Gymnasiastenlyrik! Mein
Vater, der als Steindruckerlehrling dabeigewesen ist, hat mir
oft genug von diesem Volksauflauf erzählt, daß der verlegerisch tätige Sohn und außerdem ein Riese von Gestalt, der
Schöpfer des Denkmals, anwesend waren. Wer jedoch
durch Abwesenheit glänzte, war die Tochter Martha, die
sich übrigens, wie wir heute zu wissen glauben – jedenfalls
sagt das Reuter als Biograph –, zehn Jahre später vom Balkon gestürzt haben soll...«

Während sich Hoftaller, als habe ihm diese Todesmeldung
ein Stichwort geliefert, vom kubanischen Vorrat eine
Zigarre anzündete, legte Fonty nur kurz eine Pause ein, um
seine Gedanken in gegenläufige Richtung zu bringen:
»Naja. Waren ihre Nerven. Hielt sie nicht länger aus, dieses
Leben. Habe deshalb kürzlich an meine Mete geschrieben,
daß selbst in Schwerin nicht alles von Übel sein könne und
sie deshalb, auch wenn ihr Mann auf immer mehr Grundstücke sein Augenmerk werfe, nicht durchdrehen, keine
Nervenpleite riskieren dürfe. Nehme an, daß Martha deshalb nicht bei der Einweihung dabeigewesen ist. Weshalb
aber Theo nicht kam... Und von Teddy kein Sterbenswörtchen... Aber das war schon immer so...«

Fonty, der eigentlich nur für sich sprach und den Zigarrenraucher an seiner Seite kaum oder nur als naturgegebenen

Schatten wahrnahm, schien seinen Worten plötzlich zu mißtrauen. Er straffte sich wie auf inneres Kommando: »Jedenfalls begann der Rummel mit Glockengeläut und Regi-
mentskapelle, natürlich unter dem dicken Kapellmeister
Heinichen. Seminar- und Gymnasialchor haben ›Lützows
wilde, verwegene Jagd‹ und ›Es braust ein Ruf wie Donner-
hall‹ gesungen. Aber auch, was meinem Wunsch entsprochen hätte, ein Gerhardt-Lied. Wenn ich mich an meines
Vaters Lehrlingsbericht genau erinnere: ›Geh aus, mein
Herz, und suche Freud...‹ War schön... Sowas paßt
immer... Und nach der obligaten Kranzniederlegung gab
es einen regelrechten Vorbeimarsch der ruppinischen Ver-
eine. Selten waren so viele Zylinder beieinander. Die Mädchen reizend in Weiß und unter bändergeschmückten Stroh-
hüten. Auf allem lag Sonne. Natürlich gab's hinterher eine
Denkmalfeier draußen am Rheinsberger Tor. Bis in die
Nacht hinein bei stabilem Wetter... Klar doch, mit Tanz...
Und keine Polizeistunde...«

Hoftaller sah noch immer zum Denkmal hoch. Überm
gehobenen Kinn zielte seine Zigarre auf die überlebensgroße Bronze. Der auf steinerner Bank sitzende Dichter
blickte über beide Besucher hinweg. »Möchte mal wissen,
wo der eigentlich hinguckt?«

»In die Weite, wohin sonst.«

»Glaub ich nicht. Der fixiert irgendwas Bestimmtes.«

»Also gut, Hoftaller, mein Herr Papa hat immer gesagt: Er
guckt in Richtung Bahnhof. Und außerdem hat er vermutet,
daß das aufgesperrte Buch in seiner linken Hand ein Kursbuch ist, in dem der Dichter gerade nachgeschaut hat, wann
er mit nächstbestem Zug von Neuruppin weg...«

»Verstehe. Ab nach Berlin. Wohin sonst?«

Beide lachten. Wir hätten gerne mitgelacht und ihren
Besuch beim Denkmal heiter beendet. Das wäre besser für
Fonty gewesen, um den wir besorgt waren und den wir lieb-

ten, weil er in seiner greisenhaften Schönheit unter uns weilte, während die Bronze auf der Steinbank entrückt saß; er war lebendig, während uns der Unsterbliche nur noch Fußnoten, Querverweise und sekundären Schweiß abforderte.

Aber ihr Besuch durfte nicht heiter mit einer Anekdote enden. Bevor Fonty weitere Erinnerungen seines bei Gustav Kühn in die Lehre gehenden Vaters ausgraben konnte, geschah, was Hoftaller geplant und sich als Krönung der Reise mit dem Trabi nach Neuruppin ausgedacht hatte. Ach, hätte ihm doch ein Platzregen das Konzept versaut. Ach, wäre doch eine Sintflut dazwischengekommen. Aber auf seiten des Tagundnachtschattens stand parteiisch die Sonne.

Die Lücke lud dazu ein. Hoftaller forderte Fonty auf, nein, er befahl ihm, das Denkmal über die märkischen Findlinge hinweg und die Steinstufen hinauf zu ersteigen und, oben angekommen, sich zwischen den sitzenden Dichter und den seitlich abgelegten Bronzehut auf die Steinbank zu setzen, gleich und sofort: »Los, Fonty!«

»Was soll der Unsinn?«

»Wird's bald!«

»Denke nicht mal im Traum daran!«

»Aber ich und schon lange.«

»Soll ich mich zum Gespött machen? In meiner Geburtsstadt? In der ich zu leiden, schlimmer, in deren Mauern er und ich...«

»Ach was! Kein Mensch weit und breit. Nur zum Vergleich ganz kurz rauf, dann wieder runter...«

»Will aber nicht!«

»Muß leider drauf bestehen...«

»Nein!«

»Hören Sie, Fonty: Das ist nun mal der Preis der Unsterblichkeit.«

»Neinnein!«

Schon sah es aus, als hätte Fonty sich verweigern dürfen. Hoftaller schien mit seiner Zigarre beschäftigt zu sein: Sie zog wohl nicht richtig. Ach, wäre ihm doch die Kubanische ausgegangen, aber er leckte das Deckblatt kundig – ein Profi in jeder Beziehung –, und schon paffte er wieder.

»Macht mich traurig«, sagte er und dann: »Na gut, wir können auch anders. Werde wohl demnächst – und ganz gegen meine bisherige Absicht – auf gewisse Akten hinweisen müssen, die bis vor kurzem noch in der Normannenstraße lagerten, doch nun an nem sicheren Ort vor sich hin flüstern, lauter Peinlichkeiten...«

»Ihre Drohungen haben sich abgenutzt. Zielt an mir vorbei. Bin nicht mehr zu treffen.«

»Aber, aber. Wer spricht von Ihnen, Fonty? Handelt sich um nen gewissen Ministerialrat Wuttke, der uns seit gut einem Jahrzehnt von der Hardthöhe herab mit seinem Spezialwissen zu Diensten gewesen ist...«

»Lassen Sie Teddy aus dem Spiel. Einfach lachhaft. Niemals hätte dieser Prinzipienreiter...«

»Und ob er hat! Nichts Weltbewegendes. Er ist zwar in Bonn nur fürs Uniformwesen zuständig, aber immerhin hat er uns... Und zwar gegen Quittung...«

»Diese Tugendsäule! Aber ein Schlauberger, immer schon...«

»Soll man ihn etwa auffliegen lassen? Jetzt noch, nach Ladenschluß? Was würde Ihre arme Emmi dazu sagen?«

»Auf diesen Herrn Sohn pfeifen wir!«

»Nun aber rauf, Fonty! Und keine Widerrede mehr.«

Was blieb ihm übrig, als im Wintermantel, mit Hut, Shawl und Wanderstock, zudem bei leicht stechender Märzsonne klein beizugeben, wußte er doch, daß Hoftallers Drohungen nie mit Leergut handelten; und selbst wir hätten ihm raten müssen, bei diesem Theater vor wenig Publikum den Narren zu spielen.

Was, außer bloßer Laune, war hier im Spiel? Wozu diese
Demütigung? Wir haben lange gerätselt, so offenkundig er
auf Befehl gehandelt hat.

Als Zeugen, und weil Fonty dem Archiv nahestand, litten
wir mit ihm, dem Opfer verschiedenster Machenschaften
und geheimer Dienste. Unser Verdacht fiel nicht nur auf Pullach und Köln; waren wir doch sicher, daß die Normannenstraße, obgleich inzwischen versiegelt, noch immer oder wiederum tätig war. Der in früherer Zeit geläufige Verdacht »Da
steckt bestimmt die CIA hinter« wäre gewiß eine Nummer
zu groß gewesen und hätte kaum literarische Bezüge hergegeben; was wußte man schon in Amerika, außer daß »Quitt«
dort zur schlechteren Hälfte spielt, vom märkischen Adel
und preußischen Ehrenkodex, vom Werk des Unsterblichen oder von dessen Familie, also von jenem gespannten
Vater-Sohn-Verhältnis, das von den Wuttkes fortgelebt
wurde?

Jahrelang hatten sich Möglichkeiten ergeben, den Hebel
erpresserisch anzusetzen. Etwa beim Sohn Georg, von dem
uns Fonty ein Kinderbild skizziert hat – »Er war ein lieber
Junge, jedoch mit Schwermutsstempel. Als Knirps schon lief
er gerne, die Hände napoleonhaft auf dem Rücken, durch
Tante Pinchens Wohnstube ... « –; doch nach durch Todesfall verkürzter Laufbahn schied der Fliegerhauptmann aus.
Bei Friedel, den der Vater uns gegenüber einen »Gesin-
nungstrampel und Wahrheitshuber« nannte, war, außer pietistischen Traktaten, nichts zu holen gewesen. Blieb, wenn
man von Martha – »Diesem Pechmatz!« – und ihrer eher
banalen Kaderakte absah, nur der mittlere Sohn Teddy

übrig, der, weil doppelt belastbar, unter Verdacht stand und – nach Belieben herbeizitiert – vor dem Denkmal anwesend war: einerseits als Ministerialrat auf Informantenliste, andererseits als Intendanturrat, der, anstelle des Vaters, dem Bildhauer Wiese Modell gesessen hatte.

Wir sagten uns schließlich: Keine der üblichen Schikanen, vielmehr das Doppel der Söhne, Theo und Teddy, hat Fonty, über die Findlinge hinweg, treppauf gezwungen; und nur als Vermutung blieb die Frage übrig: Könnte es sein, daß Hoftaller sein Objekt aus verehrender Zuneigung so prominent erhöht sehen wollte?

Also erstieg Fonty das Denkmal. »Ridikül ist das!« rief er und machte sich dennoch lächerlich. Vorsichtig, ohne ein Pflänzchen zu zertreten, setzte er Schritt nach Schritt über die Märzbecher und Krokusse hinweg, dann bemühte er sich auf einen der efeuberankten Findlinge, war schon auf dem nächsthöheren, nahm schließlich beherzt die drei steingehauenen Stufen und stand nun unschlüssig vor der Steinbank, deren Sitzfläche mit einem Doppelprofil abschloß. Zierlich, nein, infam verkleinert sah er neben der überlebensgroß seßhaften Bronze aus. Doch in welcher Proportion auch immer: Fonty hatte, auf Befehl, sein Denkmal erstiegen.

»Setzen! Jetzt hinsetzen!« rief Hoftaller von unten. Er zielte mit der Zigarre.

»Reicht denn das nicht? Diese Klettertour!«

»Genau in die Lücke dazwischen setzen!«

»Komme mir albern vor...«

»Los doch!«

Also stellte Fonty seinen weit kürzeren Wanderstock neben dem in Bronze gegossenen ab.

»Nun den Hut, den Hut runter!«

Also stülpte er seinen Hut, der beim Klettern ein wenig verrutscht war, auf den um mehrere Nummern größeren

Abguß. Mit Mühe erklomm er die ihm zu hohe Steinbank, schaffte es endlich.

»Na also!«

Einige Zeit verging, bis er unbequem auf dem metallenen, zwar flach, aber doch faltig aufliegenden Mantelsaum des Dichters der Mark saß. Komisch sah das aus, wie seine zu kurz wirkenden Beine baumelten.

»Nun das rechte Bein übers linke!«

Also kopierte er den Überschlag und wartete weitere Befehle ab.

»Der Hut hängt schief. Geraderücken! Jetzt den Stock weniger schräg. Genau! Und nun noch den Shawl vom Hals und über die Lehne. Jadoch! Wir schaffen das schon. Sieht prima aus.«

Dann wurde er angewiesen, mit übereinandergeschlagenen Beinen ein bißchen nach links zu rutschen, noch ein bißchen.

»Gut so, Fonty. Das macht sich.«

Aber wohin mit den Händen? Er wagte es nicht, sich auf dem ehernen Knie des Dichters abzustützen oder nach dessen auf steinerner Lehne abgelegten Shawl zu greifen, weil das nicht ins Bild paßte. Schließlich nahm er, ohne weiteren Befehl abzuwarten, die vorgegebene Haltung ein. Ungefähr glich er sich an, wenn auch ohne Bleistift und Notizbuch. Hoftaller schien zufrieden.

Welch eine Anmaßung! Jetzt hätten wir »ridikül« rufen können. Doch auch Fonty spürte das Überlebensgroße, nun, da er Arm an Arm saß. Neben ihm dominierte das Original. Zwar mangelte es nicht an Ähnlichkeit, doch wirkte die verkleinerte Ausgabe wie ein geschrumpftes Modell.

Hoftaller, der unten breitbeinig mit Zigarre stand, wies ihn nun an, die gleiche Blickrichtung einzunehmen. »Nicht einfach in die Ferne, in Richtung Bahnhof gucken!« rief er.

Jetzt schauten beide dorthin, wo einst auf einer Station, die Paulinenauer Bahnhof hieß, die Eisenbahnzüge von Berlin herkamen, nach Berlin abfuhren. Damit hätte die Vorstellung ein Ende finden können, wenn nicht an diesem zuerst verregneten, dann sonnigen Märztag der Zufall mitgespielt hätte.

Aus der Tiefe der Parkanlage kam Publikum. Ein schon älteres Paar, er deutlich betagter als sie, näherte sich dem Denkmal. Sie mager, hochgewachsen und von gotischem Reiz, er bullig gedrungen. Ein wenig vorgestrig sahen sie aus.

So betont er mit Baskenmütze und in gebeugter Haltung den Pfeife rauchenden Künstler auf Motivsuche abgab, war sie es doch, die den Photoapparat in Anschlag brachte. Eine Idee, die uns hätte kommen sollen, wurde von einem Paar realisiert, das, ohne Rücksicht auf die gestellte Szene, nun in unseren Bericht einbricht: Störend und doch wie selbstverständlich kamen sie dem erzählten Verlauf dazwischen, sozusagen ein Intermezzo lang.

Sie knipste, er gab Anweisungen. Sein Interesse an Details war verräterisch. So mürrisch er über die leicht schiefsitzende Brille hinweg dreinblickte, schien er dennoch bei Laune zu sein: »Toller Guß! Siehste, sitzt auf Granit. Beißt sich kolossal, hätte unser Freund da oben gesagt. Jetzt von vorne. Bißchen mehr Abstand. Paß auf die Entfernung auf.«

Da sie zu ihm Vadding, er zu ihr Mudding sagte, schienen beide von der Küste zu kommen, aus Vorpommern etwa. Sie hatte Mühe beim Photographieren, weil ihr die langen und obendrein gekräuselten Haare immer wieder die Optik verhängten. Er brummelte unterm hängenden Schnauz: »Das kommt, weil du keinen Hut tragen willst, nicht mal ne Mütze. Nun im Halbprofil, ja, von hier aus.«

Fonty saß wie in Erz gegossen; auch Hoftaller stand samt Zigarre versteinert. Das Paar jedoch wollte weder den Tagundnachtschatten im Vorfeld des Denkmals noch das als Double erhöht sitzende Objekt wahrnehmen. Beide waren ihnen Luft. Und zum Beweis rief der Pfeifenraucher: »Guck mal, neben unserem Freund ist viel Platz. Möchte wetten, der war heut in Friesack und will gleich weiter in Richtung Rheinsberg laufen. So, nur noch die Inschriften, das reicht dann.«

Einen halben Film wird sie Bildchen nach Bildchen abgeknipst haben. Ihm ging immer wieder die Pfeife aus. »Paß auf mit der Asche«, sagte sie. Dann verschwanden sie endlich in Richtung Stadt: ein ungleiches Paar, das einen ganz anderen Roman lebte.

Wir aber haben noch lange über Fiktion und Wirklichkeit nachdenken müssen, und Fonty, der beispielhaft stillgehalten hatte, wird sich seinen Teil gedacht haben; auch er neigte dazu, was ihm nicht paßte, zu übersehen und tatsächliche Lücken mit den Kindern seiner Laune aufzufüllen.

Als beide wieder für sich waren, taten sie so, als sei nichts geschehen. Aus Hoftallers Sicht zeigten die Bronze und Fonty unverrückt ihr jeweiliges Halbprofil. Sosehr der Größenunterschied irritierte, wurde dennoch offensichtlich, daß es dem Bildhauer und Professor Max Wiese gelungen war, eine gewisse Ähnlichkeit, sei es mit dem Unsterblichen, sei es mit Fonty, zuerst in Modellierton anzulegen, dann im Gipsguß zu stilisieren und schließlich durch Ziselierarbeit am Bronzeguß zu steigern; womit bewiesen war, daß der modellsitzende Sohn und Kriegsintendanturrat als familiärer Nothelfer gute Dienste geleistet hatte.

Überzeugend die scharfkantige Nase, das unterm Schnauzbart zurückweichende Kinn, die durch fehlenden Haarwuchs besonders hoch wirkende Stirn und der den Augen von vielen Zeitgenossen nachgesagte, mal kühn, mal forschend genannte Blick. Wenn auch die Frisur der Bronze, im Vergleich mit Fontys über die Ohren fusselnden und auf den Mantelkragen kriechenden Strähnen, als zwei zu ordentlich gekämmte Wellen in den Nacken des Dichters fiel, war zumindest, was die flauschigen Koteletten betraf, dieses haarige Detail getroffen. Weil aber der Guß den noch nicht sechzigjährigen Wanderer wiedergab, der bis dahin keine Romane geschrieben und »Vor dem Sturm«, kaum begonnen, wieder beiseite gelegt hatte, wirkte Fonty neben der Bronze greisenhaft vergeistigt, sozusagen mit »Effi Briest« im Kopf und nach längerer Nervenschwäche. Nichts Robustes, keine Forsche ging von ihm aus, eher seine nun deutlich von nervösen Zuckungen begleitete Zerbrechlichkeit. Auch schwamm sein Blick, so daß wir das häßliche Wort »Triefaugen« nicht vermeiden können.

»Das reicht, Fonty!« rief Hoftaller. »Fabelhaft, wie Sie diese Touristen ignoriert haben. Sind wie ne Landplage. Müssen alles photographieren, doch genau hingucken, das schaffen die nie.«

Dann winkte er ihn mit der Zigarre herab. Aber der alte Mann blieb sitzen. Wie angewachsen saß er und rührte sich nicht. Mehrmals dazu aufgefordert, nun endlich vom Denkmal zu lassen und treppab zu steigen, klebte er dennoch an der Bronze. Wir hielten den Atem an. Er verweigerte sich. Kein noch so scharfer Befehl holte ihn vom Sockel. Fonty ließ sich nicht kommandieren, war seßhaft. Und dann sprach er vom Denkmal herab.

Anfangs enttäuschend. Wir hätten mehr oder anderes erwartet, etwa einen Erguß über die Unsterblichkeit, gewürzt durch Schillers ewigen Lorbeerzustand und gespickt mit Sottisen den Götzen von Weimar betreffend. Und wenn nichts Boshaftes über andere, so wäre doch vom Denkmal herab als Übersicht ein Panorama des Gesamtwerks zu erwarten gewesen. Wir hätten uns mit einer leidenschaftlichen Deklaration des Menschenrechts auf Zweideutigkeit zufriedengegeben. Oder mit etwas aus dem »Stechlin«, wenn der Alte, anstatt einer Tischrede anläßlich der Hochzeit von Woldemar und Armgard, so vor sich hin plaudert: »Jetzt hat man statt des wirklichen Menschen den sogenannten Übermenschen etabliert; eigentlich gibt es aber bloß noch Untermenschen, und mitunter sind es gerade die, die man durchaus zu einem ›Über‹ machen will...«

Jadoch! Hätte er nicht aufstehen und stehend den preußischen Adel endgültig verfluchen, den vierten Stand hochleben, sich selbst und den Unsterblichen einschmelzen und durch wortwörtlichen Guß aufs neue in Positur bringen können?

Wir hofften daneben. Selbst seinen Tagundnachtschatten mag er enttäuscht haben. Nichts Theatralisches geschah, und wäre ihm auch nur so etwas wie eine Pantomime gelungen. Denn immerhin war, was Fonty betraf, mit Clownerien zu rechnen. Er hätte sich chaplinesk auf den Schoß der sitzenden Bronze lüpfen, den Wanderer umarmen, abküssen können, dabei mit den Beinen strampelnd. Ihm wäre eine Zirkusnummer zuzutrauen gewesen; und als in Angst und Verzücken versetztes Publikum hätten wir ihn gerne akrobatisch und rittlings auf den ehernen Schultern des Wanderers gesehen.

Nichts wurde in Szene gesetzt. Ohne mimische Überhöhung, mit eher beleidigtem Unterton ließ sich Fonty zuerst einmal über die neben ihm sitzende Bronze aus. Nörgelnd nahm er Anstoß an der ohnehin bekannten Tatsache, daß nicht der Unsterbliche, sondern dessen Sohn, nein, keineswegs der Buchhändler und Verleger Friedel, vielmehr der Intendantur-Assessor, dann Intendanturrat, später Vortragender Rat, Korpsintendant, schließlich Wirklicher Geheimer Kriegsrat dem Bildhauer Modell gesessen habe und das gleichfalls und mit Eselsgeduld für das marmorne Denkmal im Tiergarten. Das sehe man doch. Ganz ungeistig witzlos sei die Ausstrahlung der Bronze. Alles wirke bieder und ledern. Der ganze Kerl stecke im Leihkostüm.

»Ein kostümierter Krautjunker!« rief Fonty, nun sichtlich erregt. Doch so empört er war, blieb er dennoch sitzen: »Dazu ein ewiger Prinzipienreiter. Frömmelte obendrein, mein Herr Sohn, dem selbst ein schnellgereimter Prolog für das Fest der französischen Kolonie zuviel Mühe war. Alles blieb bei mir hängen. Aber er jammerte, es habe ihm an wahrer Vaterliebe gefehlt. Als ob unsereins auf Rosen gebettet gewesen wäre. Im Gegenteil! Mein alter Herr hat sich den Teufel um seinen Filius gekümmert. Wie hätte er auch sollen oder können. War selber eine sprichwörtlich verkrachte Existenz. Der eine wie der andere. Doch beide am Ende bei ihrer Schweinemast oder Karnickelzucht zufrieden mit sich, wenn auch voller Verachtung für Neuruppin, dieses Garnisonsnest, diese Philisterzuchtanstalt und deutschnationale Brutstätte der braunen Pest. Der alte Wuttke hat nie verwunden, daß sie ihm hier, gleich gegenüber, wo noch der Schornstein von Oehmigke & Riemschneider steht, nur weil er Sozi war, gekündigt haben. Immer wieder arbeitslos danach! Und die Ehe im Eimer. Und als er nach dem Krieg hier wieder, samt Ortsverein, Sozi sein wollte, haben ihn die Kommunisten wie einen räudigen Hund behandelt, so daß ihm nichts als Flucht in den Westen blieb. Neuruppin! Ein verschinkelter Exerzierplatz! Und doch fing hier alles an. Die ersten Quartanergedichte. Und als dann feststand: Dichter bin ich, Schriftsteller will ich werden, hat der Alte nur gelacht: ›Mach mal!‹ Hat ja recht gehabt mit seinem Spott: ›Ein Tintensklave mehr!‹«

Das alles im Sitzen herausgepreßt. Doch dann rutschte Fonty von der Steinbank und wollte nicht mehr auf dem kalten, feucht beschlagenen Faltenwurf der Bronze kleben. Er stellte sich vor den bekrittelten Abguß. Nun, da er sich ausgekollert hatte, stand er zu freier Rede bereit. Vor ihm die märzliche Parkanlage und unten, sozusagen zu seinen Füßen, lauerte Hoftaller, sein auf kleinsten Nenner geschrumpftes Publikum.

Doch auch wir waren gespannt und erwarteten den großen Entwurf, wurden aber, kaum hatte er mit ersten Worten das Thema benannt, abermals enttäuscht. Er zapfte einen Aufsatz an, der 1891 mit dem Titel »Die gesellschaftliche Stellung der Schriftsteller« unter dem Decknamen »Torquato« im »Magazin für Litteratur« veröffentlicht worden war und auf wenigen Seiten die ganze Misere der schreibenden Zunft, besonders der deutschen preisgegeben hatte; vor hundert Jahren ein Skandal, doch heute?

Fonty war der Meinung, es habe sich hierzulande – er sagte: »im Prinzip« – nichts geändert. Deshalb sprach er vom Denkmal herab wie aus aktuellem Anlaß über die »catilinarischen Existenzen«, wobei er, zum besseren Verständnis und offensichtlich ein größeres Publikum imaginierend, den römischen Verschwörer Catilina als Vorläufer der Literatur zu sich aufs Podest holte und dann streng nach unten wies, wo er den Gegenspieler, »die observierende Antimacht, das Prinzip Tallhover« ausmachte. »Jadoch!« rief er. »Was wären wir ohne Zensur, ohne Aufsicht? Sie, mein auffällig unauffälliger Herr, sind schlechterdings unser gutes Gewissen!«

Nachdem er diese besondere Form der Arbeitsteilung als zünftig akzeptiert hatte, kam er auf den miesen Ruf der gesamten Zunft zu sprechen. Noch immer einführend in sein Thema, zitierte er aus einem Brief an Friedrich Stephany: »Furcht ist da, aber nicht Respekt. Und der letzte Steueroffiziant gilt im offiziellen Preußen mehr als wir, die wir einfach ›catilinarische Existenzen‹ sind.«

Jetzt stand er nicht mehr, sondern ging vor der sitzenden Bronze auf und ab, als hätte er die rotchinesische Teppichbrücke seiner Studierstube unter den Füßen. Und aus diesem Auf und Ab begann Fonty, die miserable Stellung der Schriftsteller zu entwickeln: »Die mit Literatur handeln, werden reich, die sie machen, hungern entweder oder schlagen sich durch. Aus diesem Geldelend resultiert dann das

Schlimmere: der Tintensklave wird geboren. Die für ›Freiheit‹ arbeiten, stehen in Unfreiheit und sind oft trauriger dran als mittelalterliche Hörige.«

Dann kam er auf die großen Namen der »Schriftsteller-Aristokratie«, war aber, nachdem er sie kunterbunt von Gustav Freytag bis Erwin Strittmatter, vom jungen Hauptmann bis zum späten Brecht aufgezählt hatte, der festen Meinung, »daß auch Glück und Erfolge die Sache nicht erheblich bessern«. Nach längerem Lamento – »Respekt ist etwas, das kaum vorkommt, immer Blâme. Das ganze Metier hat einen Knacks weg« – ließ er eine Einschränkung zu: »Am besten gestellt ist der Schriftsteller, wenn er gefürchtet wird…«

Und nun führte er mit festem Blick auf Hoftaller, der mit inzwischen kalter Zigarre zu ihm aufschaute, diese Furcht vor der Literatur auf den »gewissen Detektiv-Charakter des Metiers« zurück. Einerseits feierte er die staatssichernde Angst vorm »klärenden, aufklärenden, den Kaiser nackt nennenden Wort«, und andererseits war ihm das »Elend der Aufklärung« beklagenswert. Er stürzte den unten lauernden Hoftaller in ein Wechselbad extremer Befindlichkeiten, indem er der Zensur als einer »nichtswürdigen und zugleich belebenden Institution« Dauer und, mehr noch, »die mindere Form der Unsterblichkeit« versprach.

Dann aber machte er plötzlich und offenbar gutgelaunt – er rieb sich die Hände – einen Vorschlag zur Verbesserung der Zustände, den er jedoch bald relativierte: »Vor ungefähr hundert Jahren konnte noch naiv und treuherzig gesagt werden: ›Der Staat allein kann hier Wandel schaffen, wenn er das Ungeheure tut und eines schönen Tages ausspricht: Diese meine ungeratenen Söhne sind nicht so ungeraten, als wofür ihr sie anseht. Auch sie stehen meinem Herzen nahe, sie bedeuten etwas, sie sind etwas…‹ Doch heutzutage, nachdem der Arbeiter- und Bauern-Staat so väterlich zu sei-

nen Schriftstellern gesprochen, sie an die breite Brust
genommen, schier erdrückt und doch fürsorglich gepflegt,
mit Wohltaten gepäppelt, gleich einem hegenden Förster in
Schonungen geschützt und sie allesamt unter die immer
wache Aufsicht seiner den Staat sichernden Organe gestellt
hat, so daß den vorher mißachteten Schriftstellern solche
Aufmerksamkeit als Respekt zuteil wurde, sehen wir jetzt
mit Entsetzen, daß es dennoch bei der Misere geblieben ist.
Selbst der aufsässigsten Feder darf unterstellt werden, sie
habe sich der Hofschreiberei verdingt. Dem mutigsten
Appell liest man bestellten Protest ab. Und trat gelegentlich
die Wahrheit auf, gilt ihr Auftritt heutzutage als ›zuvor
genehmigt‹. Es gab ja schon früh warnende Vorzeichen. Wer
hat dem armen Herwegh die Audienz vor König Friedrich
Wilhelm eingefädelt? ›Ich liebe eine gesinnungsvolle Oppo-
sition!‹ hat seine Majestät geflötet und alsbald den gelack-
meierten Dichter aus Preußen ausweisen lassen . . . «

Fonty hatte seinen Ton gefunden. Jetzt wieder standhaft,
rief er mit anklagender Geste, deren Fingerzeig abwärts
wies: »Das war doch Ihr Werk, Tallhover! Sie haben das
gedeichselt. Sie und Ihresgleichen haben allzeit für Transport gesorgt. Wer hat den armen Loest in Bautzen hinter Gitter gebracht? Wer hat die Besten, den bis zuletzt störrischen
Johnson voran, aus dem Land gegrault? Wem verdankt Ihr
Biograph die Folgen solch intensiver Pflegschaft? Wer hat
unser sozialistisches Vaterland wie eine geschlossene
Anstalt gesichert und den Schriftstellern obendrein, sobald
sie aufmuckten, den Kantschen Zynismus als kategorischen
Imperativ getrichtert? Sie waren das, vielgestalt Sie! In
immer größerer Erfolgsauflage: Sie, Sie und Sie. Dabei allzeit lesefreudig, denn eure von mir unbestrittene Liebe zur
Literatur erschöpfte sich in der von euch wortklaubend
besorgten Zensur. So nah standen wir eurem Herzen, daß
dessen Pochen uns den Schlaf nahm. Eure Fürsorge hieß

Beschattung. Rund um die Uhr habt ihr Schatten geworfen. Tagundnachtschatten seid ihr. In Armeestärke fiel Schatten auf uns. Dem ganzen Land als Schattenspender verordnet. Doch insbesondere uns wart und seid ihr danebengestellt. Deshalb sollte der Aufsatz von dazumal nunmehr ›Die gesellschaftliche Stellung beschatteter Schriftsteller‹ heißen, denn seitdem hat sich einiges verändert, doch nichts im Prinzip.«

Nur einen Augenblick lang hörte Fonty seinen letzten Worten nach, dann stieg er über die steingehauenen Stufen und die märkischen Findlinge vom Denkmal herab, schonte Krokusse und Märzbecher und vergaß vor seinem Abstieg nicht, Hut, Shawl und Stock mitzunehmen, die er, wie befohlen, auf dem Bronzehut und seitlich des ehernen Wanderstabs abgelegt oder beiseite gestellt hatte. Langsam, mit Bedacht griff er nach seinen Utensilien und stieg dann ab.

Unten empfing Hoftaller einen zitternden Greis. So heftig auf des Staates unsterbliche Fürsorge angesprochen, umarmte er den Wankenden. Eine kurze Ewigkeit hielt er ihn in Umarmung. Und weil die Sonne noch immer auf ihrer Seite war, warfen sie einen kompakten Schatten. Dann half Hoftaller dem erschöpften Redner zu einer Bank, die nicht steingehauen, sondern als normale Parkbank vor kahlem Gebüsch stand. Sitzend verging Fonty nach einer Weile das Zittern.

War damit alles gesagt? Blieben nachträglich Reste? Wir vom Archiv wollen der eigenwilligen Auslegung des unter Pseudonym veröffentlichten Artikels über »Die gesellschaftliche Stellung der Schriftsteller« nicht prinzipiell widersprechen, doch müssen wir, da uns Fußnoten versagt sind, die allzu gerafft wiedergegebene Rede nun doch im Detail ergänzen.

Vom Denkmal herab hat der Redner seinen Vorschlag, dem »Aschenbrödeltum« der Literatur durch »Verstaatlichung« abzuhelfen, sogleich eine Warnung nachgeliefert: »Vielleicht ist das Mittel schlimmer als der gegenwärtige Zustand.« Und hätte ihn nicht ein Schwächezustand vom Denkmalpodest geholt, wäre Fonty gewiß zum Abschluß der letzte Satz des Artikels vom 26. Dezember 1891 eingefallen. Nach dessen Wortlaut wird geraten, zum Wohle der Schriftsteller von jeglicher Staatsfürsorge abzusehen. Und danach steht geschrieben: »Das bessere Mittel heißt: größere Achtung vor uns selber.«

Ein wohlmeinender Rat; doch kann es sein, daß Fonty in jenen Tagen der Wendezeit wenig Anlaß für Selbstachtung sah. In West wie Ost stellten Schriftsteller andere Schriftsteller an den Pranger. Um nicht beschuldigt zu werden, beschuldigten sie. Wer gestern noch hochgefeiert war, sah sich heute in den Staub geworfen. Gesagtes ließ sich mit Nichtgesagtem verrechnen. Eine Heilige wurde zur Staatshure erklärt, und jenem einst vor Schmerz schluchzenden Sänger glückte nur noch des Selbstgerechten Geschrei. Kleingeister spielten sich richterlich auf. Ein jeglicher stand unter Verdacht. Und da Himmelsrichtungen weiterhin die politische Richtung vorgaben, sollte östliche Literatur nur noch nach westlichem Schrottwert gehandelt werden. Nein, das war keine Zeit für »größere Achtung vor uns selber«. Fonty muß das gespürt haben, als er zitternd an Hoftaller hing, angewiesen auf dessen Umarmung.

Nachdem er die Schwäche auf der Parkbank überwunden hatte, entfernten sie sich in gewohnter Eintracht. Dieses Bild kannten wir schon: ein Gespann besonderer Art, das im Weggehen kleiner und kleiner wurde, bis es verschwunden war.

Dann wollte es der Zufall oder die Laune höherer Regie, daß noch einmal jenes touristische Paar, er mit Pfeife, sie mit Photoapparat, vor dem Denkmal aufkreuzte, als sei noch nicht alles geknipst. »Irgendwas fehlt!« rief er. Doch sie sagte: »Seh ich nicht. Du bildest dir wieder was ein.«

Danach hat sie doch noch abphotographiert, was da war, wobei ihr abermals das Lockenhaar vor die Optik fiel und er ziemlich mürrisch das Denkmal von allen Seiten nach dem absuchte, was fehlte. Dann gingen sie.

Bevor nun auch wir uns davonmachten, blieb Zeit, einen Blick auf das gegenüberliegende Fabrikgelände mit Schornstein zu werfen. Tot und leer verriet das Backsteingemäuer nicht, daß dort bald nach dem Ersten Weltkrieg Theo Wuttkes Vater als Lithograph Arbeit gefunden hatte. Wie die berühmte Firma Gustav Kühn druckte Oehmigke & Riemschneider über hundert Jahre lang die beliebten Neuruppiner Bilderbögen direkt vom Stein; heutzutage sind diese Drucke Sammlerobjekte.

Doch nicht deshalb sagte Fonty, als beide wieder im Trabi saßen und in Richtung Berlin rollten, mehr zu sich selbst als zu Hoftaller: »Solche Produktion müßte man wiederbeleben. Könnte mit Hilfe der Treuhand geschehen. An Stoff mangelt es wahrlich nicht. Ob Glühlampenwerke oder Textilverarbeitung, überall wird dichtgemacht. Überall gehen Existenzen den Bach runter. Typische Bilderbogengeschichten...«

Und dann soll er noch gesagt haben: »Aber sonst war in Neuruppin nicht viel los.«

Der bronzezeitliche Kultwagen, die eiserne Götz-Hand und weitere Fundstücke, als hätte der Lehrer Krippenstapel sie ausgebuddelt und Dubslav Stechlin in sein Spinnwebmuseum gestellt. Dazu der Abessinier, gemalt von Gentz, die Büste Voltaires, ein Pokal der Tuchmacherinnung und buntkolorierte Bilderbögen aus der Werkstatt Kühn. Und dann erst die blitzblank staubfreien Räume, wie der vor roter Tapete möblierte Schinkelsche Salon und des Unsterblichen blaues Gedenkzimmer, darin Vitrinenschränke voller Krimskrams, der Klapptisch, ein Pfeilerspiegel und unbenutzte Stühle an eine Zeit erinnern, die in der Potsdamer Straße eine weit engere Wohnung und abgewetzte Sitzmöbel auf knapperem Teppich geboten hatte.

Zurück aus Neuruppin durchlebte Fonty noch einmal den Kurzbesuch des Heimatmuseums, das er in einem Brief an seine Tochter Martha »ein belehrendes Sammelsurium« nannte. »Vermißte allerdings Dachreiter und Wetterfahnen . . . « Dann kam er auf die Begegnung mit dem Denkmal, das bei ihm durchweg »sitzende Bronze« hieß.

»Keine frische Erkenntnis fiel ab, nur zu viel Gequatsche über Ähnlichkeit, weil ich diesmal nicht allein (und wie auf Stippvisite) vorbeischaun und mich bei einem nur uns beredten Zwiegespräch vergnügen konnte. Du weißt ja, daß es mir selten gelingt, meinen Tagundnachtschatten abzuschütteln, um als ein anderer Peter Schlemihl das Weite suchen zu dürfen.

Früher half mir manchmal das Glück, auf Vortragsreise auszubüchsen und auf ein Stündchen mit der sitzenden Bronze allein zu sein. Oder es kam zu Treffen nach meiner

Wahl, so geschehen vor siebeneinhalb Jahren, als ich Rheinsberg, die Ruppiner Umgebung und zwischendurch die mir fremd gewordene Garnisonstadt besuchte, um dort eine immer wieder aufgeschobene Verabredung einzuhalten, die aus gewissen Gründen schwierig aufs Datum zu bringen war. Das Ganze lief als Geheimsache, sozusagen ›top secret‹. Jedenfalls hoffte ich, bei übrigens trockner Augusthitze, unbeschattet zu sein, als diese merkwürdige und mir bis heutzutage Rätsel aufgebende Begegnung stattfand. (Du warst wohl damals ferienhalber, wie später häufig, an der Schwarzmeerküste.)

Vorerst lasse ich Dich noch raten, wer mich, einen eher vorsichtigen Zeitgenossen, zu solch einem konspirativen Treff hat verlocken können, zudem an so prominenter Stelle. Das war ausgemacht, gleich ob der Vorschlag von ihm oder mir gekommen ist. Als vorteilhaft erwies sich, daß wir – kaum hatten wir uns getroffen – den Anblick der sitzenden Bronze mit einzelnen Touristen, Gruppenreisenden und später sogar mit einer Schulklasse aus Perleberg teilen mußten; auf einer der Parkbänke konnten wir als unauffällig gelten.

Trotz der Hitze hatte mich Neugierde überpünktlich sein lassen. Er kam auf den Glockenschlag zu unserer Verabredung, die übrigens, durch Zettelbotschaften vermittelt, über ein Akademiemitglied lief, das uns beiden günstig gesonnen war.

Du wirst Dich fragen: Warum gerade dort? Nun, weil nicht nur ich, sondern auch er immer wieder die Nähe des Unsterblichen gesucht hat, er freilich auf gesucht umständliche Weise, etwa, indem er orakelte, er wolle nur »Grüße von Ossian« übermitteln.

So kannte ich ihn von früheren Treffen, als er mir in Gestalt eines lang aufgeschossenen Jünglings begegnete, der noch hellbeflaumt und bei Gesundheit war; doch schon damals – Mitte der fünfziger Jahre – verwirrte (und amüsierte) mich seine furchtbar verzwickte Gradlinigkeit. Nun, meine Mete, kommt Dir ein ahnungsvolles ›Aha!‹ über die Lippen?

Wie gesagt, ich war da, als er kam. Mag sein, daß die Hitze ihm zusetzte. Jedenfalls näherte er sich mit hochgerötetem Schädel und in erbärmlichem Zustand, wie ich bald merken mußte. Stelle Dir bitte einen ungeschlachten Menschen vor, der vornüber gebeugt und heftig schwitzend auf Dich zukommt, dabei ganz und gar in Schwarz gekleidet ist, nicht nur die Jacke schwarzledern, auch der Schlips, und das in praller Sonne.

Nicht zu übersehen war, daß sich in seiner überanstrengten Gestalt ein, wie man mir vorwarnend signalisiert hatte, fortgeschrittener Alkoholiker verbarg, von dessen äußerer, wie aufgeschwemmt wirkender Erscheinung etwas Bedrohliches ausging; dabei war alles, was er sagte, zierlich gedrechselt und manchmal von närrisch verkorkster Manier. Entfernt erinnerte er mich an Storm und dessen verbohrte Husumereien, denen seine Güstrowiaden bis ins Schrullenhafte entsprachen.

Kaum hatten wir die sitzende Bronze den Touristen überlassen und uns auf eine nahe Bank gesetzt, da bat er mich schon um Auskünfte, die meine allerfrüheste Tätigkeit beim Kulturbund betrafen. (Für den Aktenboten Wuttke brachte er keinerlei Interesse auf.) Der in ihm steckende Detailkrämer wollte wissen, wann und wo ich meinen Vortrag ›Melanie und Rubehn, ein Ehebruch mit glücklichem Ausgang‹ gehalten hätte. Nachdem ihm mit mehr oder weniger präziser Erinnerung gedient werden konnte – Mitte Mai 52 habe ich im Güstrower Schloß meine Berliner Milieustudie vorgesungen –, sagte er mit erzengelhafter Strenge: Ihm sei es unmöglich, ein so nachsichtiges Ende wie in ›L'Adultera‹ zu akzeptieren. Für ihn stehe geschrieben wie ungeschrieben das Treuegebot fest. ›Versprochen ist versprochen‹ hieß seine bekümmert vorgetragene Maxime. Gleichzeitig schien er zu bedauern, in Moralfragen nicht (wie ich) ein wenig lax sein zu dürfen.

Dann kam er auf Güstrower Einzelheiten, um mit dem Urteil ›Die Mißachtung des Bildhauers Ernst Barlach hat den Güstrowern bleibende Schande bereitet‹ einen Schluß-strich zu ziehen und die ihm seit Schülerjahren, wie er sagte, anhängliche Stadt zu verlassen. Das hieß, versteht sich, er war noch immer auf diesen Ort und dessen Umgebung, überhaupt aufs Mecklenburgische fixiert. Deshalb erlebte ich ihn in Grenzen glücklich, weil er, trotz Republikflucht – er sprach beharrlich von einem notgedrungenen Wohnsitz-wechsel –, besuchsweise von Zeit zu Zeit einreisen durfte, wahrscheinlich dank vermittelnder Hilfe; als hochangesehe-nes Akademiemitglied glaubte der Kollege Hermlin damals, dem Ohr des höchsten Genossen nahezustehen. (Natürlich versagte ich mir, von Friedel oder gar Teddy zu erzählen, denen solche Gunst nie zuteil wurde, ganz zu schweigen von unserem Georg.)

Dann mußte ich meinen Banknachbarn über den dritten Kongreß des Kulturbunds in Leipzig informieren – er wußte das Datum, den 19. Mai 51, genauer als ich – und ihm die Höhepunkte der dazumal angestrengten Formalismus-debatte schildern. Als er mich allzu spitzfindig – und wie nach Verhörmethode – in ein ›Lukács und die Folgen‹ betref-fendes Für und Wider einspannen wollte, bekannte ich meine schwankende Parteilichkeit in dieser Sache, räumte aber ein, damals eher gegen die Richtung Brecht-Seghers tendiert zu haben. Dann nannte ich ihm alle Gesetze zur Förderung der Schriftsteller, aufgelistet unter dem Titel: ›Unsere Regierung fördert die Intelligenz‹.

Herzlich lachten wir über diesen ledernen Unsinn. Er war ja nicht ohne Humor, belustigte sich aber auf verflixt hinter-gründige Weise, so daß man der eigentlichen Pointe nie sicher sein konnte. Doch weil ich für ihn, der sich gerne angelsächsisch gab, ein gewisses liking hatte, lachte ich mit, oft ohne zu wissen, warum. Nur in Sachen Moral war mit ihm nicht zu spaßen. Als Saubermann hohen Grades kam er immer wieder auf die damals zwar als Skandalfall empfundene, auf längere Sicht jedoch befreiende Wirkung von ›L'Adultera‹, mithin auf den Ehebruch zurück, den er prinzipiell bestraft sehen wollte. Ich ließ ihn reden, bestand aber darauf, daß Melanies dem Leben entnommenes Vorbild, eine Dame der Berliner Gesellschaft, bis in ihre späten Tage glücklich oben in Ostpreußen gesessen habe, und zwar unter einer Menge von Bälgern, geliebt und geachtet von ihrem Rubehn, dessen außerliterarischer Name Simon gewesen sei. ›Ich weiß‹, sagte er bitter und haderte mit der aus seiner Sicht unverdienten Idylle.

Inzwischen mußte sich die sitzende Bronze eine Schulklasse gefallen lassen, deren Lehrer so lautstark das ›kulturelle Erbe‹ rühmte, daß man meinen mochte, der Arbeiter- und Bauern-Staat habe den Unsterblichen, der als ›bürgerlich-fortschrittlich‹ klassifiziert wurde, aus freien Stücken hervorgebracht. Und dann überraschte mich mein so unglücklicher wie liebenswürdiger Kollege – na, Mete, dämmert es Dir? – mit einem Geschenk. Aus seiner – natürlich! – schwarzen Ledertasche holte er eine Handschrift, die, dem vierten Band seiner zwar strapaziösen, doch insgesamt überragenden ›Jahrestage‹ entnommen, meinen ›Schach‹ zum Mittelpunkt hat; eine Episode von wenigen Seiten nur, aber ein Kabinettstückchen! Gelungen der Lehrer. Furchtbar richtig getroffen die ideologische Enge damaliger Zeit.

Um Dir auf die Lektüre Appetit zu machen: Es handelt sich um eine mecklenburgische Schulklasse, die im Herbst 50 den ›Drückeberger‹ Schach liest. Man erfährt, in welch besonders tückisch brennende Nesseln sich dabei der Lehrer Weserich setzt. Ferner geht es um die Bedeutung von

Straßennamen, aber auch darum, welche Mühe die armen Schüler mit den vielen Fremdwörtern haben; wobei ich Dir gegenüber zugebe, daß es mir, als ich noch Junglehrer war, nicht leichtgefallen ist, auf Nonchalance und Embonpoint zu verzichten, zumal mir die Arbeiter- und Bauern-Macht das Abgewöhnen des welschen Salontons wie eine Wurm- kur verschrieben hatte.

Um meinen über Gebühr langen Brief noch gewichtiger zu machen, lege ich Dir die Handschrift meines Dr. Mut- maßlich bei und hoffe, Dir mehr als nur ein Lesevergnügen zu bereiten; denn einerseits wird der pädagogische Zwang zur sozialkritischen Sicht mit Ironie bedacht, andererseits aber die Schlittenfahrt der Offiziere vom Regiment Gen- darmes mit Blick auf den Klassenfeind gespiegelt: der teure Salzschnee mitten im August, die hochmütigen Herrn Leut- nants.

Übrigens sind in dieser Episode etliche den ›Schach‹ betreffende Briefe zitiert, so die von mir geteilte Klage, ewig als ›märkischer Wanderer‹ stigmatisiert zu sein. Desglei- chen findet sich das allzu vordergründige Lob meines Ta- lents für das Gegenständliche erwähnt; dabei wurde doch alles, bis auf den letzten Strohhalm, erfunden: In der Tempel- hofer Kirche bin ich nie gewesen, Schloß Wuthenow exi- stierte nirgendwo, und in einem Brief an Mama habe ich mich über einen märkischen Geschichtsverein amüsiert, der, bald nach Erscheinen der Novelle, eine Schiffsfahrt über den See bis hin zum Schloß angekündigt hatte. Im Fall ›Schach‹ siehst Du, wie genau man lügen muß und wie brüh- warm der geneigte Leser jegliche Suppe löffelt, wenn sie zuvor literarisch gewürzt und fein abgeschmeckt wurde.

Der Zufall – so es ihn gibt – wollte es, daß die um die sit- zende Bronze gescharte Schulklasse gleich uns auf das Muster und Opfer des Lächerlichseins fixiert war; wir hör- ten den Lehrer tönen. Natürlich habe ich mich artig für die überaus leserliche Abschrift bedankt, bei einem Autor übrigens, den man gleichfalls abgestempelt und in ein Kästchen namens ›Dichter der deutschen Teilung‹ gezwängt hat. Das ist ridikül wie alle Schablonen. Nein, er war in Sachen Literatur eine Eins und zweifelsohne ein Solitär, dessen erschreckender, wenig später gemeldeter Tod mich einsam gemacht hat.

Ach, meine Mete, wie ausgestoßen er dasaß, wie sehr um Haltung bemüht. Schwitzend der massige Schädel, dem kein Haar mehr erlaubt war. Ach, hätte ich doch einen Lorbeer zur Hand gehabt!

Gewiß: Vieles an ihm befremdete, das furchtbar Teutonische in seinem Gehabe stieß sogar ab; und doch würde ich, sollte mir jemals eine Reise nach England möglich werden, in Sheerness-on-Sea, wo er elend zu Tode kam, ein Immortellenkränzchen hinterlegen... Aber wie er, in seiner Strenge gefangen, neben mir saß, war er nur zu bedauern. Zudem galt um jene Zeit, als wir in Neuruppin unseren ›konspirativen Treff‹ abhielten, seine Ehe als zerbrochen.

Woran? Ich vermute normale Eifersucht, die allerdings in seinem Fall so kräftig fiktionale Sumpfblüten getrieben hatte, daß alle Welt, sogar sein Verleger der haarsträubenden Legende glaubte. Mich hingegen haben selbst die finstersten Andeutungen nicht überzeugen können, wenngleich ich wußte und weiß, welcher Ränke die uns verordnete Staatssicherheit fähig war und wohl immer noch ist. Allzu begierig saß er der Bestätigung seiner Sucht, der immer griffigen These vom Verrat auf, dabei wird es, wie meistens im Leben, nur ein Schritt vom Wege gewesen sein; die Legende jedoch war literarisch gefälliger.

Aus naheliegenden Gründen konnte unser Geheimtreffen nicht verborgen bleiben. (Kaum in Berlin zurück, wußte dieser und insbesondere jener davon.) Gnädigerweise hat mein Tagundnachtschatten diese ›ungenehmigte Kontaktnahme‹

mit Nachsicht bewertet und den in seinen Papieren unter dem Decknamen ›Ossian‹ geführten ›Fall Johnson‹ mit der Zensur ›behördliches Fehlverhalten aus ideologischem Übereifer‹ bedacht. Noch kürzlich, als wir zu zweit vor der sitzenden Bronze standen, sagte er: ›Dieses schwierige Talent hätte sich bei uns abklären und entwickeln müssen, nicht drüben, allein auf sich gestellt und dem Markt überlassen. Wir haben uns mangelnde Fürsorge vorzuwerfen.‹

Das hat er tatsächlich gesagt, ›mangelnde Fürsorge‹! Nichts über den Tod im extrem abseits gesuchten Exil. Nichts über die verbandsinterne Ignoranz und den Kantschen Imperativ kategorischer Feigheit. Und natürlich kein Wort über die zerbrochene Ehe.

Womit wir bei Dir und Deinen Schweriner Garstigkeiten sind. Du klagst und klagst, doch glaube mir, woanders wohnen auch Leute, die Grund zur Klage haben. (Seit Wochen beunruhigen mich die Notschreie meines Brieffreundes aus Jena, so ironisch verspielt der Professor sein SOS funkt.) Wenn Du also darüber jammerst, daß Dein Grundmann neuerdings keine Anstrengung scheut, mecklenburgische Weideflächen von genossenschaftlichem Ausmaß bei einem bayrischen Fleischgroßhändler in Sicherheit zu bringen, und daß diese weitflächige Landnahme den Segen Eurer Treuhand-Filiale hat, dann überrascht mich das nicht. Mit dem Umzug vom Alexanderplatz haben sich weit größere Skandale, die aus Halle und Dresden herrühren, an zentraler Stelle, das heißt im ehemaligen Haus der Ministerien einquartiert. Es stinkt kolossal nach legalem Betrug. Doch weil mir dieser Geruch seit schwefelgelber Vorzeit vertraut ist, rümpfe ich kaum die Nase und merke zum Glück wenig davon in meiner Klause im siebten Stock, wo Windstille herrscht.

Ab und zu wage ich mich in den Tiergarten, der in diesem milden Frühjahr mit ersten Knospen überpünktlich zur

Stelle ist, mich allerdings kürzlich gelehrt hat, daß Deutschland nicht bloß mehr ein Begriff, sondern eine starke Tatsache ist; denn als ich mich auf meiner Lieblingsbank ein wenig mit Pietsch ausplaudern wollte – aber er fand sich nicht ein –, kamen drei oder vier Rabauken auf mich zu, die meinen Anblick nicht ertragen konnten. Man hielt mich offenbar für einen Türken, den man absolut weghaben wollte. Nun, ich habe diese Rüpel mit märkischer Rede in preußische Zucht genommen und als armseliges Häuflein – wie Seydlitz bei Roßbach – in die Flucht geschlagen.

Danach war der Tiergarten wieder freundlich und einladend. Doch heute bleibt Brieftag angesagt. Will oder muß unbedingt an Teddy schreiben, so wenig Hoffnung auf Antwort besteht. Gerüchte, mehr noch, Verdächtigungen sind mir zu Ohren gekommen, die ihn (und also uns) betreffen. Das will und will kein Ende nehmen.

In Frankreich ist man, da Post nur sparsam kommt, auf anderem Papier fleißig. Mama laboriert an ihren chronischen Blasenbeschwerden, ist aber tagsüber unternehmungslustig: Kinobesuche mit Deiner plapprigen Freundin oder Einkaufsbummel. Das KaDeWe allerdings lockt nicht mehr. Und selbst das Guckkastenprogramm hat sie sich, mit ihren Worten, ›übersehen‹. Neue Arbeit wurde mir, gottlob, nicht aufgehalst, auch hat der Chef des Hauses bislang keine Zeit gefunden, meine Denkschrift zu begutachten. Er hetzt von Sitzung zu Sitzung und steckt, glaube ich, ganz schön in der Tinte...«

So war es. Das stand in allen Zeitungen. Die Treuhand lag unter Beschuß. Moloch oder Monstrum wurde sie genannt. Es hieß, sie privatisiere rücksichtslos, sei eine Kolonialbehörde, unterliege keiner parlamentarischen Kontrolle und lasse überall, besonders in den Außenstellen die Handschrift alter und neuer Seilschaften erkennen. Weil sich hier

und dort westliche Immobilienhaie und östliche Wende-
hälse zusammengetan hatten, wurde höhnisch von »gesamtdeutscher Kungelei« gesprochen. Was Halle betraf, fiel das
Wort »schwäbische Mafia«. Selbst in behutsamen Kommen-
taren lispelten Fragesätze: Soll denn jegliche Konkurrenz
abgewürgt werden? Wird etwa die Devise »Bereichert
Euch!« des Liberalismus neuester Modeschrei sein? Wann
endlich erwägt der Chef der Treuhand seinen längst fälligen
Rücktritt?

Der aber blieb und ließ sagen: Jetzt erst recht. Zügig und
ohne falsche Rücksichtnahme muß die Altlast abgewickelt
werden. Das ist nun mal unsere undankbare Aufgabe: abwickeln.

Und dieses Tätigkeitswort sollte zum Wort des Jahres werden. Ein häßliches Wort, wie geschaffen, den hier geduldig,
dort fordernd auftretenden Kolonialherren glatt vom
Munde zu gehen. Ein den Menschen aussparendes Wort;
doch weil beim Abwickeln die Zahl der Arbeitslosen von
Monat zu Monat stieg, ließ sich der Mensch nicht weg-
schummeln, so beflissen von notwendigem Personalabbau
oder vom Gesundschrumpfen die Rede war. Und weitere
Wortungeheuer wurden nach dem Regelwerk der Marktwirtschaft freigesetzt: Investitionshemmnisse sollten besei-
tigt, das Restrisiko akzeptiert, jegliche Überkapazitäten gekappt, Betriebe entkernt, Standortvorteile wahrgenommen
werden.

Überhaupt begann sich das Wort Standort zu mausern.
Später kam, wie wir wissen, mangels Nation der Begriff
»Standort Deutschland« in Umlauf; und all diese Wörter
bewiesen sich bald, nun auch den Westen einholend, als
gesamtdeutscher Kitt im Sinne von Einheit.

Vorerst waren nur wir, war der Osten dran. Die Treuhandanstalt und ihre namhafte Spitze machten sich Feinde. Und
da diese allem übergeordnete Behörde und ihr zentral ste-

hender Chef als überaus fleißig galten – sie betrieben das Abwickeln von Industrieanlagen, Immobilien, Verlagshäusern samt Inhalt, Schlachthöfen und Ferienheimen, landwirtschaftlichen Genossenschaften und volkseigenen Schlössern wie unter Produktionszwang, wobei sie ihren durch Prämien belohnten Fleiß in Erfolgsmeldungen kleideten –, machten sie sich viele Feinde, sogar einige Feinde zuviel.

Das und noch mehr sagte Fonty zum Chef des Hauses, als beide sich zufällig in einer Paternosterkabine fanden. Sofort und unvermittelt begann ein Gespräch. Sie fuhren aufwärts, als sich Fonty mit freilich abgemilderten Worten um den Chef besorgt zeigte.

Zwei mitteilsame Herren standen einander zugewendet. Obwohl über die Denkschrift kein Wort fiel, wußten sie viel zu sagen. Etwas Unwägbares, das mehr war als wechselseitige Sympathie, fuhr mit ihnen. Und da ihr Gespräch nicht abriß, blieben sie eine gute Viertelstunde im Paternoster und waren sich näher, als Vater und Sohn einander vertraut sein können.

Sie machten die Kehre im Dachboden, im Kellergeschoß mit und fanden, nachdem Fonty seine Besorgnisse abgeladen hatte, sogleich jenen zeitvergessenden Plauderton, der alles nur antippt und nichts ausläßt. Sie hätten sicher noch mehr Gesprächsstoff für diese ununterbrochene Auf- und Abfahrt gehabt, wenn nicht plötzlich Sicherheitsbeamte die Geduld verloren hätten und das taten, was ihnen eingeübt war: Sie zogen nach Fonty den Chef aus der Kabine. Der bedauerte den Zugriff und entschuldigte sich: »Schade, wir waren gut drauf. Überzeugt mich, Ihre Romantheorie. Müssen wir unbedingt fortsetzen, unser Gespräch, irgendwann . . . «

Übrigens bekam Fonty einen Rüffel verpaßt, gleich nachdem man ihn aus der Kabine gezogen und abgetastet hatte. Doch diese sicherheitsdienstliche Ermahnung kümmerte ihn wenig, denn das Paternostergeplauder mit dem Chef wurde für ihn zum Beginn einer Freundschaft, die sich, trotz kurzer Dauer, bis zur liebevollen Zuneigung steigerte.

»Eigentlich ist er ein durch übertriebenen Aktivismus behinderter Bücherwurm.« Das sagte Fonty zu uns, als er dem Archiv in aller Breite von seiner »rein zufälligen und doch wie vorbestimmten Begegnung« erzählte. Anfangs habe er versucht, einige Bedenken wegen der gottserbärmlichen und nur Haß stiftenden Abwickelei loszuwerden, dann aber sei man, weil er von »Treibelschen Umtrieben« und »Treibelscher Happigkeit« gesprochen habe, auf die Romane des Unsterblichen gekommen. »Wohl deshalb hat der Chef seine unverbildete Neugierde auf Lesestoff bekundet. Schon wieder abgesichert und mit seinem Troß unterwegs, rief er mir, der ich mit nächster Kabine nach oben wollte, fast jungenhaft begeistert zu: ›Dieser Roman interessiert mich brennend, zum Beispiel die Frage, warum der Wilddieb den Förster erschießen muß...‹ Doch meine Antwort hat er kaum verstehen können, weil ich schon halbwegs nach oben entschwunden war.«

Den Ausgang dieser Freundschaft nicht ahnend, amüsierte uns Fontys literarisches Abenteuer. Weil aber sein Archivbesuch diesmal kein Ende fand, wollten wir ihn, bevor er lästig wurde, mit Hinweisen auf unsere Alltagsarbeit abwimmeln. Jemand gab den Rat, die Begegnung mit dem Chef niedriger zu hängen. Was war schon Großes geschehen? Eigentlich hatte das Geplauder im Paternoster nur zur Folge gehabt, daß dank bloßer Neugierde des Chefs, erweckt durch die Erzählung »Quitt«, ein freier Mitarbeiter der Treuhandanstalt, den alle Welt Fonty nannte, mit einem seiner »Sorgenkinder« konfrontiert worden war.

Wer kennt schon »Quitt«? Selbst wir behandeln diesen Zwitter wie nebenbei. Allenfalls müssen Anfragen aus dem

Ausland – Frankreich, Amerika – beantwortet werden, die eher an der Entstehungsgeschichte als an der Frage »Warum muß der Wilderer den Förster erschießen?« interessiert sind. Meistens geht es um den Einfluß des heute völlig vergessenen Abenteuerschriftstellers Möllhausen und dessen einst erfolgreichen Roman »Das Mormonenmädchen«, also um die Verknüpfung zweier weit voneinander liegender Schauplätze. Und weil der Unsterbliche mehrmals Balduin Möllhausen im Jagdschloß Dreilinden begegnet ist, wo Prinz Friedrich Karl zu Beginn der achtziger Jahre Gelehrte und Dichter, vor allem aber militärischen Adel zu Tafelrunden geladen hat, erweist sich dieses Umfeld als einigermaßen ergiebig. Dreilinden gehört zu »Fünf Schlösser«, die etwa gleichzeitig mit »Quitt« entstanden sind.

Achtmal zählte der Autor dieser Erzählung zu den geladenen Gästen, unter denen sich klingende Namen befanden: von Schlieffen, von Caprivi, von der Goltz, von Bonin, von Wangenheim, von Witzleben ... Doch das und weitere Hinweise auf Einflüsse, die sich von Bodenstedt oder gar Karl May ableiten ließen, würden zu weit führen.

Zwar nannte auch Fonty »Quitt« mißlungen, hielt jedoch diese Erzählung für immerhin so interessant, wie er die Kriminalnovelle »Unterm Birnbaum«, die gleichfalls von Mord handelt, als gelungen, aber uninteressant wertete. Zum besseren Verständnis des an sich einfachen Vorfalls fassen wir kurz zusammen: Ein sympathischer, doch dem Zwang der Obrigkeit trotzender Täter; ein unleidlich rechthaberisches Opfer, das zu obrigkeitlichen Schikanen neigt. Von Anbeginn ist der Leser auf seiten des Wildschützen, der, wie zwangsläufig, zum Mörder wird. Da es dem Wilderer gleich nach der Ermordung des Försters gelingt, nach Amerika zu entkommen, bleibt die Tat lange ungesühnt. Er beginnt ein neues Leben zwischen Mennoniten und Indianern, wohnt in Hausgemeinschaft mit Angehörigen vieler Religionen, macht dort die Bekanntschaft eines anderen Mörders, erlebt die beginnende Liebe zu einem Mennonitenmädchen und findet schließlich den sühnenden Tod, woraufhin der Leser noch einmal zum Tatort, nach Schlesien und in die Gesellschaft Berliner Sommerfrischler zurückgerufen wird. So endet die Erzählung vom hartherzigen Förster Opitz und dem gegen Recht und Ordnung revoltierenden Wilderer Lehnert Menz. Man hätte dem Chef der Treuhand antworten können: Wo Haß gegen Härte steht, liegt das Motiv auf der Hand.

Der Stoff zu »Quitt« wurde im März 85 vom Brieffreund Georg Friedlaender geliefert. Als Amtsrichter, der im Riesengebirge seinen Wohn- und Dienstsitz hatte, war er mit Mordfällen vertraut. 1890 kam die Erzählung in der »Gartenlaube« zum Vorabdruck, fand jedoch als spätere Buchausgabe, verlegt bei Hertz, nur wenige Leser. Weil aber der Unsterbliche anfangs noch hoffnungsvoll an Friedlaender zugunsten der »Gartenlaube« geschrieben hatte – »...aus der Schüssel, aus der 300 000 Deutsche essen, eß ich ruhig mit« –, sah sich Fonty angeregt, bald nach dem Paternostergeplauder einen Brief an Professor Freundlich zu schreiben. Nachdem er von seiner anhaltenden Untätigkeit im siebten Stockwerk berichtet hatte, kam er über allerlei Familiäres auf das Sorgenkind »Quitt« und also auf sein Gespräch mit dem Chef:

»...und immer wieder, mehrere Vaterunser lang. Mein lieber Freundlich, Sie hätten sich schiefgelacht, wenn Ihnen unser ganz außerdienstliches Paternostergeflüster zu Ohren gekommen wäre. Sieben-, wenn nicht neunmal sind wir vom Boden zum Keller, von zuunterst nach hochhinauf geruckelt, ohne Scheu vor den – zugegeben – immer ein wenig unheimlichen Kehren. Anfangs war nur von hausinternen, das heißt von ziemlich prekären Fällen die Rede;

dann ging es um Mord. Sie werden sich sagen: wie naheliegend. Und in der Tat: dieser Wechsel von Thema zu Thema bedurfte keiner Eselsbrücke.

Sobald wir die Mordfälle ›Unterm Birnbaum‹ und ›Ellernklipp‹ mehr gestreift als erledigt hatten, kamen wir auf das zwanghafte Verhältnis zwischen Förster und Wilderer. ›Einer muß dran glauben‹, sagte ich meinem Chef, der einigermaßen belesen und ein erklärter Liebhaber Effis ist. Er sagte: ›Allerdings haben immer wieder dringliche Sanierungsfälle meine Leselust behindert. Und was hier zur Zeit läuft, läßt den Bücherfreund in mir total verkümmern.‹

›Das nenne ich geistigen Selbstmord!‹ rief ich und war sogleich bei der Vielzahl gegenwärtiger Selbstmorde, denen zumeist soziale Not als Motiv unterstellt werden kann. Kam dann aber prompt auf den literarischen Selbstmord, sei es in ›Schach von Wuthenow‹, sei es in ›Graf Petöfy‹ und ›Stine‹. Danach Duelle! Ihm fiel sogleich der Schußwechsel Innstetten–Crampas ein. Weil er den Ehrenkodex zwar als lächerlich, doch ›für damalige Zeit als normal‹ ansah, mußte ich immer wieder versichern, daß Pistolero-Fälle wie in ›Cécile‹ oder ›Effi Briest‹, wenn nicht im Prinzip, dann aus Vernunftgründen vermeidbar gewesen wären; wie ja der Dröhnbeutel und Lachsack van der Straaten in ›L'Adultera‹ die, sagte ich, ›bürgerliche Größe‹ aufbrachte, den ehebrecherischen Rubehn nicht zu erschießen, vielmehr seiner Melanie jene Liebe, die ihm nicht gegönnt war, nach einigem Kollern zu gewähren. Gewiß, hinzu kam das Judentum, ein Umstand, der übrigens auch den Brieffreund Friedlaender gehindert hat, sich in seinem Ehrenhandel mit einem adligen Widersacher zu schießen. Gott sei Dank, rufen wir heute. Das ging gut aus. Doch zu meinem Chef sagte ich: ›Der Fall Förster–Wilderer ist unausweichlich. Beide haben recht. Beide wollen aus plausiblen Gründen Rache nehmen. Gleich, wer fällt, einer muß fallen. Auch das ist Gesetz.‹

Dann war allerdings einzuräumen, daß ich mich in dieser Sache oft schwankend sehe. Ich sagte: ›Mal gebe ich der ordnungsstaatlichen Rechtsprechung, dann wieder dem anarchischen Freiheitswillen den Vorzug. Obgleich ich im Grunde für Ordnung bin, mußte in ›Quitt‹ der Förster zu Fall kommen, weil nur dem Wilderer Schuld aufzubürden war, auf daß er dieses Gepäck im Verlauf der Erzählung nach Amerika schleppen konnte. Wäre der Wilderer Lehnert Menz tot umgefallen, weil der Förster Opitz als erster zum Schuß kam, hätte die Geschichte rasch ihr Ende gefunden, denn der Staatsbeamte sieht sich immer im Recht, empfindet nie Schuld, weshalb er wieder und wieder – sei es in dieser, sei es in jener Funktion – Grund bietet, ihn zu töten; zwar ist das Gesetz, doch nicht das Leben auf seiner Seite.‹

Als ich das sagte, lachte mein Chef in jener jungenhaften Manier, die als Ausflucht all diesen tüchtig zupackenden Endvierzigern, die partout nicht erwachsen werden wollen, geläufig ist. (Im Westen nennt man sie ›Achtundsechziger‹, in Anspielung auf eine Scheinrevolution, die uns erspart wurde.) Nach einigen Scherzen über meine, wie er sagte, ›mordlustige Logik‹ flog ihn dann doch so etwas wie Nachdenklichkeit an.

Er fragte sich ernsthaft, ob das von mir an die Wand gemalte Förster-Wilderer-Verhältnis auf seine Position zu übertragen sei. Ich versuchte, unser Gespräch wieder in literarisch-fiktionale Bahnen zu lenken, erwähnte den gleichfalls nach Amerika geflüchteten Kommunarden L'Hermite, der einen Bischof ermordet, genauer, hingerichtet hatte und nun, in Wohngemeinschaft mit dem Wilderer Lehnert, an seiner Schuld kaute. Doch diese Ablenkung trug nur zu weiterer Vieldeutigkeit bei und machte alles, ganz nach den Worten meiner Emilie, ›immer noch schlimmer‹.

›Hab schon verstanden‹, sagte mein Chef. ›Muß nicht unbedingt ein Förster sein, der zu Fall kommt. Denken Sie nur an den Tod des Bankiers Herrhausen oder den Saarländer literarischen Namens, der nur mit Glück überlebte. Aber auch mich könnte man im Visier haben. Auch ich stehe für Recht und Ordnung, verkörpere sozusagen die Staatsmacht. Ihr Fall ›Quitt‹ bleibt modellhaft selbst dann, wenn Sie diesen Roman als verunglückt ansehen. Klar doch: Ich gebe in diesem Rollenspiel die Schießbudenfigur ab, muß aber dennoch stur nach Gesetz handeln...‹

Sie können mir glauben, lieber Freundlich, so sind diese Herren: im Umgang charmant, doch unerbittlich in der Sache. Übrigens kam ich vom siebten Stock, als er im vierten zustieg und sogleich mit gewinnendem ›Darf ich Fonty zu Ihnen sagen?‹ das Gespräch eröffnete. (Wie mögen wohl Sie, als geeichter Jurist, über diese Rechtsfragen denken?)

Ja, lieber Freund, ich sehe mich oft an Ihren unfreiwilligen a.D.-Zustand erinnert. Denn was Ihnen in Jena widerfuhr, als man Sie, eine wissenschaftliche Kapazität hohen Grades, noch einmal in die Schulbank zwängte und einem Examen nach westlicher Prüfungsordnung unterwarf, ist nicht weit von der hier praktizierten Abwickelei entfernt. Ein Betrieb nach dem anderen wird für Nullkommanichts verscherbelt, woraufhin der Käufer ihn zumacht, damit ihm ja keine Konkurrenz erwächst. So geschah es mit der ›Interflug‹. Das Aus für den Trabi in Zwickau wird als Echo ein Aus für den Wartburg in Eisenach haben. Unsere hausinterne These lautet: Bei Lichte besehen ist alles Schrott! Aber genauso richtig ist: Im reinen Licht verbrennt alles.

Dabei geht es um Menschen, nicht wahr? (Doch wie verächtlich dem Leben gegenüber verweigert man Ihnen das bißchen Sauerstoff, nach dem wir alle – ob kleiner, ob großer Fisch – schnappen?) Aber nein, solch simpler Einsicht steht das Treuhandgesetz im Wege; vor ihm besteht nur Besitz. Würde mich deshalb nicht wundern, wenn es irgend jemanden jucken sollte, einem anderen Gesetz zur Wirkung zu verhelfen. Ohne Wilderer keine Förster und umgekehrt. Doch darüber demnächst mehr...«

In Fontys Brief an Professor Freundlich steht ein auf den Bogenrand gezwängter Nachsatz: »Sie dürfen den Zwillingsschritt Ihrer Töchter nach Israel – mag er nun richtig oder falsch sein – keinesfalls als eine Entscheidung werten, die Ihre ohnehin schwierige Position erschwert; als Väter sollten wir wissen, daß uns die Kinder so oder so verlorengehen.«

Diese Tugend wurde in allen Stockwerken positiv gewertet: Der Chef der Treuhand traf preußisch pünktlich am frühen Montagmorgen in Berlin ein, blieb die Woche über bis zum Freitagabend, nahm die letzte Maschine und landete spät in Düsseldorf, wo er auf der linken Rheinseite das Wochenende über mit der Familie lebte, geruhsam, wenn er nicht allzu viele Abwicklungsvorgänge in seinen Aktenkoffer gepackt hatte.

So stellten wir uns diesen dynamischen Mann vor, und Fonty bestätigte seinen mobilen Arbeitsrhythmus. Woanders riß eine Unsitte ein, nach der die aus Westdeutschland anreisenden Führungskräfte erst am Dienstag, so gegen Mittag, in Berlin, Erfurt oder Schwerin, in Halle, Dresden oder Potsdam eintrudelten und sich bereits am Donnerstagabend westwärts auf die Socken machten, weshalb man sie »Dimidos« nannte.

Nicht so der Chef der Treuhand. Dessen Arbeitswut paßte in keine Wessi-Schablone. Oft flog er erst am späten Sonnabendnachmittag zurück, und häufig saß er bis in die Nacht hinein am Schreibtisch oder lief alle Räume ab, die zum Sicherheitstrakt des Gebäudes gehörten, weshalb deren zentraler Zugang im vierten Stockwerk durch eine Panzerglasscheibe geschützt wurde.

Und doch konnte es geschehen, daß der Chef um Mitternacht den Sicherheitstrakt verließ, den ihm verordneten Personenschutz abhängte, allein durch das verlassene Gebäude eilte, ruhelos von Stockwerk zu Stockwerk wechselte und die Linoleumböden der Korridore ausmaß, als wären sie Rennpisten; denn nicht als Wanderer, sondern auf Rollschuhen war er unterwegs.

»Zuviel sitzende Tätigkeit und fehlende Bewegung« hieß die Begründung seiner vom Arzt verordneten Sportübung. Da der Paternoster – gleich ihm – nachts nicht ruhte, konnte der Chef der Treuhand, ohne die Rollschuhe abschnallen zu müssen, mühelos die Etage wechseln, neuen Anlauf nehmen und sein Rollfeld erweitern.

Und so geschah es, daß ihm in einer Nacht vom Freitag zum Sonnabend – es muß Mitte März gewesen sein – der freie Mitarbeiter Theo Wuttke in der siebten Etage begegnete, zufällig, kurz nach Mitternacht. Der Chef rollte auf dem besonders langen Korridor des Nordflügels wie ein Profi beim Training. Er beschleunigte, hielt gleichmäßiges Tempo, setzte gleitend auf, hob raumgreifend ab, lief in der Haltung eines Langstreckenläufers, war selbst dort, wo er, auf ärztlichen Rat hin, Entspannung suchte, von Ehrgeiz getrieben, überbot seine vornächtliche Leistung um den Bruchteil einer Sekunde und mochte schon ein halbes Dutzend Kilometer hinter sich haben, als ihm jemand in Schnürschuhen entgegenkam, der sich auf dem Rückweg von der Toilette befand.

Auch wenn wir wissen, daß der Chef seinen freien Mitarbeiter beim Paternostergespräch vertraulich mit »Fonty« angesprochen hatte, vermuten wir, daß er ihn bei der Begegnung zu nachtschlafender Zeit mit der Floskel »Na, Herr Wuttke, immer noch fleißig?« begrüßt haben wird, und zwar nicht im Vorbeilauf; vielmehr unterbrach er sogleich sein Training.

Und Fonty könnte seinen späten Fleiß mit Hinweisen auf die familiäre Situation in der Kollwitzstraße erklärt haben:

»Meine Frau sieht das gar nicht gerne, wenn ich bis in die Nacht hinein aushäusig bin. Aber Ruhe, um einen Gedanken zu fassen, der nicht am Aktuellen klebt, finde ich zweifelsohne nur hier...«

Wir sind sicher: Kein Wort fiel über die Rollschuhe. Kein erstaunter Seitenblick, kein »übrigens...« Selbst wenn der Chef mit Flügeln über die Korridore geeilt wäre, hätte ihn Fonty nicht zum Engel verklärt. Nur knapp stellte er fest: »Wie ich sehe, kennen auch Sie, Herr Doktor, kein Ende.«

Diskret wurden die Hartgummirollen übersehen, und gleichfalls sah der Chef keinen Anlaß, seinen sportlichen Auftritt zu erläutern, zumal er nicht in einem Trainingsanzug, sondern zivil gekleidet, allerdings ohne Schlips und Jacke, sein Laufpensum hinter sich brachte.

Er empfand seine mitternächtliche Ruhelosigkeit als normal und hatte dabei sein jungenhaftes Lachen zu Gebot. Dann aber liefen ihm die Bekenntnisse davon: »Können Sie mir glauben, Herr Wuttke – oder darf ich, wie kürzlich, Fonty sagen? –, daß die mir aufgehalste Arbeit... Dazu kommt die Verantwortung... Schließlich haben wir es hier mit Menschen und nicht nur mit Zahlen... Will damit sagen, daß durch jede Unterschrift ein paar tausend Existenzen... Ist verdammt hart jedesmal, was einem da abgefordert wird... Hätte mich verweigern sollen, als mir dieser Job... Bin eigentlich – oder wie man hier sagt, im Prinzip – ein mehr oder weniger überzeugter Sozialdemokrat... Habe noch als Staatssekretär in sozialliberalen Zeiten... Und nur, weil mich große Herausforderungen schon immer... Mal steckte Stahl, dann wieder Kohle in der Krise... Doch diesmal will die leider notwendige Hauruckmethode... Außerdem schmeckt mir gar nicht, wie unser Kanzler die Drecksarbeit an andere... Während er... Naja, ist verständlich... Will als Historiker fein raus sein... Will sozusagen von keiner Schuld beleckt... Nur so wünscht er

sich in die Schulbücher... Als Kanzler der Einheit, der alle
überragt... Während ich... Aber da hilft kein Jammern...
Sind nun mal so, die Gesetze des Marktes... Muß man wissen, wenn man... Wer sich verbraucht, wird ausgewech-
selt...«

Hier könnte Fonty, dem der Zustand seines Chefs nahe-
ging und der den amtierenden Bundeskanzler ohnehin als
»Bismarck-Verschnitt« ansah, sein Dienstzimmer – »meine
bescheidene Klause« – als Ort für ein nächtliches Geplauder
angeboten haben. Oder er hat den enttäuschten Mann, der
des heillosen Sanierens überdrüssig zu sein schien, mit einer
seiner Redensarten getröstet: »Geht einem oft so: Man will
ein Rebhuhn schießen und schießt einen Hasen – Hauptsache, man trifft!«

Jedenfalls nahm der Chef die Einladung an. Ohne die
Rollschuhe abschnallen zu müssen, saß er bald auf jenem
einst weinroten Sofa, das vormals, wenn nicht im Heizungskeller, dann auf dem Dachboden seinen Standort gehabt
hatte. Erst vor kurzem war es Hoftaller gelungen, mit diesem verschollen geglaubten Möbel Fonty zu beglücken.
Und wo vor Jahresfrist sein Tagundnachtschatten gesessen
hatte, saß nun der Chef der Treuhand.

Der streckte die Beine samt untergeschnallten Rollen,
räkelte sich in der Sofaecke und rief: »Ist ja richtig gemütlich
bei Ihnen! Uns haben sie mit lauter gestyltem Zeug vollge-
stellt. Alles zweckbezogen. Angeblich sollen diese Stahl-
sessel und Fiberglasstühle das nüchterne Kalkül fördern.
Mag ja sein. Jedenfalls fühle ich mich auf Ihrem Sofa...«

Weil dessen knisterndes Innenleben anfangs ein wenig irritierte, beruhigte Fonty seinen Chef mit einer der vielen
Anekdoten, die er für jeden Anlaß parat hatte: »Mit der Polsterung dieses Möbels verhält es sich so wie mit des Dichters Scherenberg raschelndem Kopfkissen, in dem die unbe-
zahlten Rechnungen seiner Frau versteckt waren...«

Und dann plauderten sie. Des Chefabwicklers Sorgen fanden Verständnis. Sobald er in Resignation zu versinken drohte, munterte ihn Fonty mit weiteren Anekdoten auf, etwa mit jener, die von einem Verbrecher berichtet, der, bevor der Henker das Beil in die Hand nahm, nach letztem Wunsch noch einmal seine Frau im Hochzeitsstaat sehen durfte. Und als der große Sanierer, trotz aller anekdotischen Aufmunterung, plötzlich an der deutschen Einheit zu zweifeln begann, sprach Fonty einen Trost aus, den er Hoftaller gegenüber schon oft erprobt hatte: »Dennoch haben wir uns zu beglückwünschen, daß es kam, wie's kam...«

Schließlich bot der Gastgeber seinem Gast ein Gläschen Wilthener Weinbrand an, nicht ohne Hinweis auf das aus VEB-Zeiten stammende Etikett. Nun ging es nicht mehr um den Wildschützen Lehnert und den Förster Opitz, sondern um die Brandstifterin Grete Minde. Während sie Stunde nach Stunde verplauderten, begann sich die Nacht zu neigen. Nicht etwa aus eigenem Antrieb, eher von Fonty, der besorgt war, gedrängt, kam der Chef endlich wieder auf seine Rollschuhe. Kaum auf dem Korridor, rollte er schwungvoll an, maß mit kräftigen Schwüngen die Breite seiner Rennpiste aus und war als Rollschuhläufer dergestalt neumotiviert, daß auch der Treuhand, bis in alle Diensträume hinein, etwas von jener Dynamik zuteil wurde, die schließlich zum Ergebnis geführt hat.

Doch darüber steht mehr in einem Brief an Fontys Enkeltochter, der allerdings erst drei Wochen später, kurz nach dem Mord, zu Papier kam.

Wir müssen das Gefälle des Geschehens mit einem Einschub bremsen, denn bevor hinlänglich zitiert wird, soll im Detail nachgetragen werden. Zum Beispiel stand das besagte Sofa links von der Tür des Dienstzimmers mit Blick auf den Schreibtisch und das Fenster, von dem aus der

Innenhof eingesehen werden konnte. Dazwischen lag ein Teppich aus Kokosfaser, den kürzlich Hoftaller spendiert hatte.

Das und noch mehr berichten wir nach Hörensagen, denn nie haben wir Fonty im Treuhandgebäude besuchen dürfen; und gewiß hätten wir uns gefürchtet, dort vorzusprechen. »Nur nicht auffallen!« war schon immer unsere Devise gewesen. Was hätte das Archiv auch zu bieten gehabt, außer laufenden Kosten?

Doch soviel ist sicher: Zwei weitere Male hat ihn sein Chef besucht. Der einsame Rollschuhläufer. Die mitternächtlichen Plauderstunden. Das knisternde Sofa. In kleinen Gläsern der restliche volkseigene Weinbrand. Gedanken und Mutmaßungen über »Quitt« und die Folgen. Rückblicke auf die brennende Stadt Tangermünde. Vielleicht sogar einige kleine Geheimnisse, die zu spätfrüher Stunde nach Luft schnappen durften. So jedenfalls nahm eine Freundschaft ihren Anfang, die beschleunigt ausgelebt werden mußte. Auch danach hat Fonty über den Chef der Treuhandanstalt immer nur mit Wärme gesprochen. »Nichts schlimmer, als zum Erfolg verurteilt zu sein«, sagte er zu uns, um sein Urteil sogleich zu relativieren: »Sicher, er war fürs Schnelle veranlagt. Das konnte er: Härte beweisen. Und doch sollte er als Mensch unter Menschen und nur aus sich heraus beurteilt werden . . .«

»Mein liebes Kind, nun ist sie geschehen, die nicht mehr rückrufbare Tat. Beim Vollzug eines Gedankens, der allzu rechtgläubig sein Ziel suchte, fiel der Schuß; und dennoch geht das Leben weiter, als habe man diesen Verlust einkalkuliert, als fordere der freie Markt diesen Preis; entsprechend unbekümmert gibt sich die Börse.

Natürlich ist nach außen hin Halbmast angesagt. Mit offiziellen Tränen wäre ein Schwimmbassin zu füllen. Aber so süchtig ich alles mir greifbare Zeitungslöschpapier nach einem guten Wort durchraschle, nichts spricht zu Herzen, spaltenlang werden lederne Hülsen geboten, der Mord hat feige oder hinterrücks zu sein, dem Opfer wird Mut zur Härte und Pflichterfüllung bis zum Letzten bestätigt, und in Leitartikeln ist man bestürzt oder betroffen. Der Kanzler hingegen scheint mir eher verärgert, weil er nun, nachdem sein Pappkamerad, der allen Haß auf sich zog, nicht mehr stillhält, unübersehbar verantwortlich ist; er mag sich (wie der Kaiser im Märchen) entblößt vorkommen, ein kolossaler Nackedei.

Dennoch bin ich mir sicher, daß ihm nichts geschehen wird; er ist verächtlich, nicht aber hassenswert. Diese Größe fehlt ihm, so sehr er sich aufpumpt. Schon deshalb taugen alle Vergleiche mit Bismarck nicht. Über das schwefelgelb kostümierte Genie – der Kragen der Halberstädter Kürassiere war von dieser Farbe – konnten wir seinerzeit lästern: Unser Riese hat was Kleines im Gemüt. Doch der heute regierenden Masse, deren Genie vor allem auf Lügen fußt, will ich Gemütsgröße nicht absprechen, vielmehr ist diese so reich an Menge, daß sie sich landesweit oder – wie es im

Lied heißt – von der Etsch bis an den Belt gleich Mehltau abgelagert. Alles, was sich deutsch nennt, wird vom Mittelmaß beherrscht, dessen sattesten Ausdruck ›er‹ zur Schau trägt.

Das schützt ihn. Glaub mir, Kind, ihm wird keiner was antun. Seinesgleichen war nie zu treffen, was schrecklich genug ist. Ach, wenn man bedenkt, wer alles dem Haß zum Ziel wurde. Attentate waren schon immer die Regel. Auf den Kaiser wurde geschossen, mehrmals sogar. Zuerst zielte der Klempner Hödel, dann ein gewisser Dr. Nobiling, zwei dürftige Figuren nur; sobald ich aber unsere preußischen Sensationen beiseite lasse und einen Blick in Deine Richtung, nach Frankreich werfe, fasziniert mich sogleich ein Racheengel von bildnishaftem Format. Ich sehe Charlotte Corday. Ich sehe den Dolch und Marat in der Badewanne. Jetzt stößt sie zu. Welche Leidenschaft, welche Größe, welch ebenbürtiger Haß!

Vielleicht, nein, sicher lehnst Du meinen Vergleich ab und sagst, man könne die deutschen Kümmernisse, all das, was wir unserer Einheitssuppe eingebrockt haben, nicht mit La Terreur, der Guillotine und der Tugendherrschaft des Wohlfahrtsausschusses auf ein Maß bringen; ich finde, man kann doch. Millionen Arbeiter und Angestellte sind einem Enthauptungsprozeß unterworfen, dem zufolge zwar nicht der einzelne um einen Kopf kürzer gemacht wird, doch kappt das Fallbeil seinen Erwerb, seinen bis gestern noch sicheren Arbeitsplatz, ohne den er, jedenfalls hierzulande, wie kopflos ist.

Um bei den Suffragetten unserer Tage nicht in Verruf zu geraten: Wenn ich Arbeiter sage, meine ich die Arbeiterinnen auch. Kenne mittlerweile den Zwang, wortungeheuerlich beide Geschlechter zugleich auf der Zunge balancieren zu müssen. Und weil es die berufstätigen Frauen oft am härtesten trifft, ja, zuallererst an ihnen übel gehandelt wird, bin ich mir ziemlich sicher, daß eine alleinerziehende Mutter oder ein junges Weib, das gestern noch am Fließband, vor einer Fischentgrätungsmaschine oder in einem Glühlampenwerk ihren Platz hatte, nunmehr als neuerliche Charlotte Corday zwar nicht zum Dolch gegriffen, doch Kimme und Korn in Richtung gebracht hat; nur Frauen sind so zielgerecht konsequent.

Du wirst nun prompt Dein zartbittres Gesicht machen oder altklug das Köpfchen schütteln, weil ich oller Griesgram so toll vom Leder ziehe, mir eine historische Mörderin ausleihe, diese nach heutiger Mode ausstaffiere und überdies den schwarzseherischen Blick habe; dabei bin ich das Gegenteil von einem Schwarzseher, ich sehe nur.

Außerdem kann, was die Evastöchter angeht, getrost behauptet werden: Uns sind ein Dutzend Weibsbilder von starkem Willen gelungen. Dafür mögen Melanie van der Straaten, Corinna Schmidt und ihr Widerpart Jenny Treibel, im gewissen Sinn sogar Lene Nimptsch und ganz gewiß Mathilde Möhring bürgen, deren Tatkraft nicht von Pappe war. Auch sind die schwachen und vom Verstand her wenig gerüsteten Weiber, sei es die arme Effi oder die kränkelnde Cécile, von aufrechter Statur, sogar dann noch, wenn ihnen arg mitgespielt wird. Selbst in Stine, so blaß sie mißlungen sein mag – oder eher in ihrer Blässe gelungen ist –, steckt viel leise behaupteter Stolz. Und deshalb bin ich sicher, daß eine Frau tätig geworden ist. Nein, nicht die Witwe Pittelkow, die redet nur so radikal, weil sie den Berliner Sprechanismus hat, aber Frau von Carayon hätte zweifelsohne, weil tief verletzt, zur Waffe greifen können, desgleichen Grete Minde, aus schmerzgeborenem Wahn. Und gewiß wäre dieser Ausbund von Nüchternheit, das Gemmengesicht Mathilde Möhring, fähig, eine Hinrichtung zu vollziehen, gut geplant, dann aber ohne lange zu fackeln.

Womit wir wieder bei Deiner Landsmännin, beim Dolch und bei Marat angelangt wären. Habe übrigens vor vielen

Jahren zwar nicht die Berliner Uraufführung, doch in Rostock die Pertensche Inszenierung gesehen. War ideologisch verrutscht, was das Verhältnis zwischen de Sade und Marat betrifft, aber glänzend in der Badewannenszene: Sehe noch immer, wie die Rächerin langsam das Küchenmesser senkt...

Und ich Dummkopf habe den Treuhandchef, als er mich wiederholt in meiner Klause im siebten Stock beehrt und auf meinem Sofa gesessen hat, vor männlichen Tätern zu warnen versucht. Indem ich anarchisches Recht mit ordnungsstaatlichem Recht konfrontierte, setzte ich den ewigen Wilderer aus der verunglückten Erzählung ›Quitt‹ auf den ewigen Förster an. Immer wieder habe ich ihm die Begegnung auf dem Weg zur Hampelbaude vorgespielt: ›Dem einen versagte das Zündhütchen, doch nun schlug Lehnert an und zwei Schüsse krachten...‹

Ein Mord reinsten Wassers, gewiß! Aber diesmal ist es kein Wilddieb gewesen, der Rache am Förster nahm, auch war es nicht der Normandie entschlossene Tochter, die, wie immer sie heißen mag, gewiß nicht aus Wahn handelte, vielmehr hat die unscheinbarste aller zur Tat drängenden Frauen, eine Person, die bei Mathilde Möhring in die Schule gegangen ist, ihr Ziel gesucht und gefunden. Ach, Kind, nichts Neues geschieht!

Dabei hätte unser Gespräch weiterführen, uns viele Nächte verkürzen können. Als mich der Chef zum letzten Mal in meiner Klause besuchte, das war in der Nacht zum Gründonnerstag, der dem 1. April vorausging, plauderten wir über Bismarcks bevorstehenden Geburtstag und machten uns über den zu meiner Zeit üblichen Rummel im Sachsenwald lustig. Dann ging es um Preußens Gloria und Niedergang, den Kulturkampf, die Sozialistenhatz, den Antisemitismus, aber auch um das Bedenkliche am Kommunismus wie am Christentum, die beständig Dinge fordern, die keiner leisten kann. Schließlich kamen wir, wobei die Geschichte des Treuhandgebäudes nicht ausgespart werden konnte, auf die bösen zwölf Jahre und damit auf die der sogenannten ›Roten Kapelle‹ zugezählte Widerstandsgruppe im Reichsluftfahrtministerium und also auf meinen kleinen, eher unwissentlich geleisteten Anteil, der mir als Kurier zufiel. Zwar hörte ich kein Wort über meine ihm seit Wochen vorliegende Denkschrift, doch rief er begeistert: ›Einfach fabelhaft, daß Sie hier immer schon ein und aus gegangen sind. Sie gehören zu diesem Haus. Ich – ich sitze hier nur auf Abruf.‹

Und als ich ihm von früher und noch früher erzählte und auf anno 70 kam, als mir, kaum aus französischer Kriegsgefangenschaft zurück, alle preußischen Offiziere versicherten: ›Bei uns wären Sie als Spion glatt erschossen worden‹, da hat er gelacht wie ein Junge, der keine Gefahr kennt.

Fast möchte ich glauben, er war naiv. Er konnte staunen, wo es nichts mehr zu staunen gab. Ich vermisse ihn sehr. Großmama Emmi (die Dich übrigens grüßen läßt) war, als ich sie vorm Fernseher fand, wie erschlagen, blieb aber stumm angesichts der schrecklich nichtssagenden Bilder. Nur später, als im Guckkasten anderes lief, bestand sie darauf, eine Minute lang weinen zu dürfen. (Sie nennt ihre Tränen ›Hoffmannstropfen‹.)

Mir wird er noch lange fehlen. Ein Mann ganz ohne Allüren. Es muß ihn immer wieder gereizt haben, den Karren – gleich welchen – aus dem Dreck zu ziehen. Und stell Dir vor, Kind, um Mitternacht fuhr er nicht selten – und kolossal einsam – auf Rollschuhen über die leeren Korridore, angeblich, um gesund zu bleiben. Ich glaube eher: Er lief sich davon.

Und nun hat es ihn eingeholt. Was wird kommen? Man sagt, eine Frau sei als Nachfolgerin im Gespräch. Das will mir – falls eine Charlotte Corday geschossen hat – einleuchten. Nur eine Frau konnte ihren Haß so auf den Punkt bringen. Nur eine Frau kann bei der hier geforderten Abwickelei genug Härte beweisen. Er wäre dafür auf Dauer zu schwach gewesen, so robust er äußerlich wirkte. Doch eine Frau steht das durch...«

Danach ging Fonty in seinem Brief auf Madeleines Studium ein. Nur kurz spielte er auf das Verhältnis seiner Enkeltochter zu ihrem verheirateten Professor an – »Lese mit Erleichterung, daß Du ihn selten und wenn, dann aus wachsender Distanz siehst« –; auf den Mord und die als Mörderin mal in dieser, mal in jener Gestalt fixierte Person kam er in seinem Brief nicht mehr zurück.

Wahrscheinlich hat Fonty den Gedanken an eine Täterin zeitweilig fallenlassen, denn als sich bei der Trauerfeier im Treuhandgebäude, die im historischen Festsaal stattfand, Hoftaller neben ihn setzte, zielte sein Verdacht in andere Richtung. Sie saßen auf den hintersten Stühlen. Der freie Mitarbeiter Theo Wuttke sagte so leise wie fordernd: »Muß Sie unbedingt sprechen.«

Doch erst nach der Feier kam es im Paternoster dazu: »Seid ihr das gewesen?«

Hoftaller antwortete kurz vorm Aussteigen: »Warum sollten wir? Dieses System erledigt sich selbst.«

So kam es, daß er Fonty in dessen Dienstzimmer folgte. Der wies auf das Sofa und sagte: »Vor wenigen Tagen noch saß er in dieser Ecke und hatte Vorahnungen.«

»Verständlich, wenn man ganz oben steht.«

»Und euch im Haus und zum Feind hat, nicht wahr?«

»Wir haben uns bisher jedem System gegenüber loyal verhalten, und nur, wenn die Ordnung gefährdet war...«

»...dann habt ihr...«

»Und ein Schwachpunkt erkennbar wurde...«

»...zum Beispiel der Chef...«

»Für den waren die Dienste in Pullach und Köln zuständig, während wir auf reibungslosen Übergang spezialisiert sind, weshalb für uns gewisse Personen ...«

» ... reif zum Abschuß sind. Oder?«

»Kann man so sehen, Fonty. Wer sich erkennbar exponiert und doch meint, auf unseren Schutz verzichten zu können, der muß sich nicht wundern ...«

»Habe ich mir gleich gedacht: operativer Vorgang, Sicherheitslücke mußte geschlossen werden, eure Handschrift!«

»Sie liegen völlig daneben ...«

»Ja oder nein?«

»Unter uns gesagt: Wir tippen auf die RAF. Gibt ja inzwischen ne Menge Hinweise und ein Bekennerschreiben sogar ...«

»Das sagt gar nichts!«

»Außerdem spricht die sorgfältige Vorbereitung dafür ...«

»Jetzt bitte keinen Vortrag über Logistik. Ihr seid schließlich keine Anfänger und habt ...«

»Na schön: Heißsporne gibt's überall. Und ne ganz gefährliche Sorte sind Idealisten, denen der Systemverfall nicht schnell genug ...«

»Da haben wir es: Er war euch zu weich, stimmt's?«

»Nun, für Härte ist eine Frau bekannt, die beste Aussichten hat, demnächst die Chefetage zu beziehen. Hier im Haus hieß es schon lange: muß zügiger abgewickelt werden, weil sonst bei dem Schneckentempo ein gewisser Sozialdemokratismus ...«

»Und da habt ihr nachgeholfen und euch ein paar Leute ausgeguckt, die gut genug waren für diese Drecksarbeit ...«

»Sie denken sich nen Roman aus, mein Lieber. Eine Ihrer Räuberpistolen! Kommen Sie, Fonty, setzen wir uns. Ich bin müde, verdammt müde. Gefällt mir ja auch nicht, wie die Sache gelaufen ist. War bestimmt die RAF, die als ein typisches Produkt des kapitalistischen Systems so funktioniert.

War doch ne eingespielte Sache. Anfangs dacht ich noch, das wird wie im letzten Frühjahr ne Verrückte mit nem Dolch unterm Blumenstrauß gewesen sein, aber dafür lief die Sache zu profimäßig...«

Schnell fanden sie ihre gewohnte Position und saßen, wie vor Jahr und Tag, wieder in ihren Sofaecken. Wir vom Archiv waren nur konjunktivisch dabei, behaupten aber dennoch, ihr Sofagespräch könne eine Stunde und länger gedauert haben. Man möge das Knistern der Polsterung memorieren. Man stelle sich Hoftaller mit einer Kubanischen vor. Und der Zigarrenrauch dürfte den einen, den anderen Verdacht belebt und wieder vernebelt haben.

Historische Mordfälle könnten vergleichsweise herangezogen worden sein. Hinweise auf dingfest gemachte Täter, unter ihnen Dr. Nobiling, dieses Nervenbündel, das 1878 zur Schrotflinte griff und mit gezieltem Schuß die Sozialistengesetze auslöste. Und für Fonty fielen uns Zitate ein, mit denen er Tischgespräche hätte beleben können, in deren Verlauf man – sei es im Hause Treibel, sei es an der Tafel des alten Stechlin – plaudernd auf Attentate gekommen wäre, am liebsten auf gelungene.

Der jüngste Mordfall blieb ungelöst. Als Hoftaller ging, lüftete Fonty.

Nicht, daß er verstummt wäre, doch zog er sich ganz und gar auf letzte Gewißheiten zurück. In einem Brief an Professor Freundlich steht: »Man vegetiert. Das Leben wird immer langweiliger...« Und nach Schwerin schrieb er: »Ich habe nichts mehr auf der Pfanne.«

Uns fiel auf, daß ihm in seitenlangen Episteln immer häufiger die historische Mete und der Amtsrichter Friedlaender vor Augen standen. Der Wendung »Jeder ist alles und jeder ist nichts!« folgten Einsichten wie: »Auf seine Verdienste hin angesehen, verdient jeder, gehenkt zu werden; doch müssen wir den Verbrecher so gestalten, daß wir uns mit seiner Gestalt versöhnen können...«

Seit dem Mord sah er seinen resignativen Zustand um ein Jahrhundert rückgespiegelt: »Es ist meine Flucht eine ganz natürliche Reaktion bei einem Menschen, der sich in allen möglichen Lebenslagen das Unangenehme immer weg-demonstriert und dabei bis an die äußerste Grenze geht...«

Immerhin blieb ihm das Briefeschreiben. Nur selten hörte Fonty die Nebengeräusche der alltäglich abgewickelten Fälle: dieses zum Dauerton anschwellende Gejammer. Sein Zimmer im siebten Stock schirmte ab. Dort war bald nur – Hoftallers Sofabeiträge eingeschlossen – die Vergangenheit gesprächig, als hätte der jüngste Mord verjährte Mordge-schichten aufwärmen können. Und weil in jenem zu Buche geschlagenen Fall der Wilderer Lehnert Menz als Täter ent-kommen und sich im fernen Amerika verflüchtigen konnte, sah es so aus, als wollte die Ermordung des Treuhandchefs dem Doppelschuß auf den Förster Opitz entsprechen und sich nach romanhaftem Muster weiterentwickeln: Zwar hat man den Täter oder – wie Fonty bald wieder behauptete – die Täterin gesucht, doch blieben er oder sie unkenntlich; nicht einmal ein Phantombild wollte den Sicherheitsdien-sten gelingen. Und da nie deutlich wurde, wer für die Aufklä-rung des Mordes zuständig war, sah sich nicht nur das Bun-deskriminalamt bloßgestellt, Pullach und Köln machten sich gleichfalls lächerlich, denn alle Fonty verfügbaren Zei-tungen, von der »Wochenpost« bis zum »Tagesspiegel«, gefie-len sich in zeilenschindendem Hohn. Selbst Hoftaller sprach auf Kurzvisite von einem »erschreckenden Sicher-heitsvakuum«.

Überall wurde gerätselt und spekuliert, allein Fonty sah klar. Das heißt, er sah eine Frau, Anfang Dreißig, deren ziel-bestimmte Willensstärke von unscheinbarem Äußeren ver-deckt wurde: »Sehe aschblondes Haar, griesen Teint. Die

Figur hager, doch immer proper gekleidet. Wie diese Frau sehen viele aus. Deshalb ist ihr das Untertauchen so leicht gefallen.«

Und dann sagte er aus seiner Sofaecke heraus: »Womöglich bietet das Profil etwas Gewisses, eine Linie, mit der den Erkennungsdiensten, falls sie den Blick dafür haben, gedient sein könnte: Sie hat ein Gemmengesicht.«

Hoftaller winkte ab: »Selbst wenn ner Neuauflage Ihrer Mathilde Möhring einiges zuzutrauen wäre, der gezielte Schuß war nicht ihre Sache. Mathilde geht andere, langsame Wege, Gewalt ist bei ihr nicht drin.«

Wir hören Fontys hohes, Heiterkeit vortäuschendes Lachen. Nichts amüsierte ihn mehr als Hoftallers Literaturkenntnisse: »Sie hätten Professor werden sollen, denn scharfsinnig im kriminalistischen Sinn sind Sie nicht. Zu mehr als zum Puzzle, diesem ridikülsten aller Geduldsbeweise, hat es bei Ihnen noch nie gelangt. Begriffsstutzig sind Sie. Schon Tallhover mußte, seinem Biographen zufolge, monatelang auf falscher Fährte herumtappen. Hören zwar überall die Flöhe husten, doch selbst mich, der ich aller Welt wie ein offenes Buch vorliege, durchschauen Sie nicht, geschweige denn eine gewisse Person. Aufgepaßt, Hoftaller: Sie hat den prosaischen Blick, wasserblau natürlich. Aber kein diffuser Silber-, ihr Blechblick auf die Realitäten von heute hat sie handeln lassen: Peng! Und schon ist sie abgetaucht. Einfach weg und woanders da. Kennt man doch: das altbewährte Haubentaucherprinzip. Schon geht sie, tüchtig und proper wie zuvor, einer nützlichen Beschäftigung nach, sitzt entweder angestellt im Katasteramt oder sortiert Tulpenzwiebeln in einer Großgärtnerei. Lehrerin wäre zu naheliegend oder nicht naheliegend genug. Zweifelsohne, hier im Haus, gleich in welcher Abteilung, besorgt sie, gerüstet mit Sachkenntnis, das gegenwärtig prosperierende Geschäft des Abwickelns, kolossal fleißig!«

Nicht nur uns, auch Hoftaller hat diese Beweisführung überzeugt, er sagte: »Das leuchtet ein. Der Täter – von mir aus die Täterin – könnte sich im Umfeld der Treuhand befinden. Sie oder er werden hier auf Gehaltsliste geführt. Womöglich sitzt sie – wenn es denn unbedingt ne Mathilde Möhring sein soll – in der Abteilung Verlagswesen, denn wenn ich an all die abzuwickelnden Staatsverlage, den überfälligen Personalabbau, die vielen, demnächst untätigen Lektorinnen denke…«

Plötzlich wurde Fonty abweisend schroff. Er sprang aus dem Sofa, lüftete, nicht wie gewohnt stillschweigend, sondern schrie: »Ich dulde nicht mehr, daß Sie in meinem Zimmer Ihre Zigarren paffen, auch wenn Sie behaupten, es seien die allerletzten.«

»Geh ja schon. Nur noch soviel: der Täter…«

»Sagte bereits, eine Frau ist untergetaucht.«

»Also die Täterin…«

»Ausmachen! Sofort ausmachen den Stummel!«

»Wenn es denn sein muß…«

Fonty setzte sich wieder. Und Hoftaller, der mit seinen letzten Kubanischen sparsam umging, steckte den kalten Stummel weg und durfte in der Täterin eine Sekretärin oder Sachbearbeiterin vermuten: »Vielleicht handelt es sich um ne Person, die vom Alex übernommen wurde. Bestimmt keine ehemalige Genossin, eher eine von diesen protestantischen Kirchenmäusen, die Montag für Montag und immer mit Kerzen und Leidensblick…«

»Mithin tippen Sie auf eine Frau, die imstande ist, die Folgen der Abwickelei wie am eigenen Leib zu spüren, und deshalb glaubt, stellvertretend für ihre leidenden Mitmenschen, also radikal christlich handeln zu müssen…«

»Auf den Punkt, Fonty! Untertauchen muß nicht ›Ab in den Libanon‹ bedeuten, sondern kann durchaus heißen, sich nicht zu bewegen, an Ort und Stelle zu bleiben, ohne

Mucks seine Pflicht zu tun und vor wie nach der Tat die leitenden Herren der Abteilung mit frischem Kaffee zu bedienen. Ein Büropflänzchen, nett, unauffällig gefällig...«

»Hat was für sich, Ihre These. Ein wenig Sorge bereitet mir einzig ihr Freund. Denn sie hat einen Freund, den ich vollbärtig sehe, dabei ahnungslos und nicht unähnlich einem der vielen in Politik machenden Pastoren mit Bart. Träumerisch unentschlossen ist er ein ›Schlappier‹, wie Mathilde Möhring wußte, als sie den in der Georgenstraße vorsprechenden Hugo Großmann als zukünftigen Untermieter begutachtete. Einer, der keinen Muck hat, aber durchaus liebenswert ist, auch wenn sie zu ihrer Mutter sagte: ›...schwarzer Vollbart und ordentlich ein bißchen kraus. Mit solchen ist nie was los.‹ Jedenfalls könnte ihr solch ein Freund als Typ gefährlich werden, bestimmt auf Dauer, denn die Fahndung wird sich über Jahre hinziehen. Aber wir wissen ja, Hugo Großmann wurde nicht alt.«

Nachdem sie die Steckbriefe der unauffälligen Täterin und ihres bärtigen Verlobten mit weiteren Details bereichert hatten, ging Hoftaller, und Fonty lüftete wie gewohnt. Er blickte aus offenem Fenster in den Innenhof, dessen vierkantiger Schacht ohne Ausweg war. Dann hob er den Blick bis zu den Flachdächern. Immerhin gab es den Himmel über der Treuhand.

Nach dem Lüften lief der freie Mitarbeiter Theo Wuttke eine gute Wegstrecke auf seinem Teppich ab. Wir nehmen an, daß er beim Blick in den Hof und in den Aprilhimmel, dann auf dem Teppich und später am Schreibtisch versucht hat, ohne Stift und Papier die Linie eines Gemmengesichts nachzuzeichnen, das ihm reizvoll zu sein schien.

Mit der Nachfolgerin des ermordeten Chefs kam ein neuer Ton ins Haus. Das Volkseigentum wurde zügiger und in schärferer Gangart abgewickelt: Was mal Osten gewesen war, ging Stück für Stück in westlichen Besitz über – der nannte sich privat –, und nur die Schulden, für die niemand zu haben war, blieben bei der Treuhand liegen.

Die Chefin sorgte für gute Stimmung durch Anreiz, denn für rasch vollzogenes Abwickeln wurden satte Prämien ausgezahlt. Viele Umstände machte man nicht mehr, jeder beeilte sich, und auch was den inneren Betrieb betraf, mußte, was anlag, vom Tisch. So kam es, daß Fontys historisch abgestufte Denkschrift, die dem wiederholt genutzten Gebäude galt und deren Begutachtung durch den vormaligen Chef so lange hinausgezögert worden war, endlich zur Vorlage kam und sogleich abgelehnt wurde.

Nicht die Chefin persönlich hatte den Entscheid gegengezeichnet; das war Sache eines ihrer Herren gewesen. In kurzer Begründung hieß es: Die insgesamt gründliche Studie sei zu sehr vergangenheitsbezogen. Ihr fehle die positive Ausrichtung auf zukünftige Entwicklung. So verdienstvoll die historischen Perioden herausgearbeitet worden seien, gehe es dennoch nicht an, daß diese gleichrangig mit der dritten Nutzungsstufe des Gebäudes in Beziehung gesetzt stünden. Von Kontinuität zu sprechen, sei fahrlässig, wenn man nicht berücksichtige, daß nunmehr die Marktwirtschaft Priorität beweise. Im übrigen sei die Einbeziehung des Paternosters in die vorliegende Schrift zwar originell, doch werde hier, besonders bei der Darstellung des Transports von hochrangigen Personen, ein Gleichheitsprinzip angewendet, das angesichts der nun herrschenden freiheitlichen Grundordnung nicht gelten dürfe; zudem gebiete der tragische, durch feigen Mord verursachte Tod des letzten Vorsitzenden der Treuhandanstalt in hohem Maße Respekt; der insgesamt ironische Stil verzerre nur und lasse erwünschte Achtung vor höheren Werten vermissen.

Nach Aufzählung aller Verdienste des ermordeten Chefs und dem Hinweis, daß zukünftig das Gebäude an der ehemaligen Wilhelmstraße den Namen dieses außerordent-

lichen Mannes tragen werde, stand zu lesen: »Zu gegebener
Zeit werden wir auf Ihre insgesamt interessante Studie,
zwecks Verwendung in anderer Form, zurückkommen . . . «

Fonty war ohne Arbeit, doch blieb ihm das Zimmer. Nach
Jena schrieb er: »Weiß nun, wie die Zensur nach westlicher
Maßgabe arbeitet. Sitze seitdem meine Stunden ab. Es ist
wie in Hesekiels Kreuzzeitung oder in Merckels Centralstelle. Und dem ständigen Sekretär der Preußischen Akademie blieb gleichfalls nur abwartendes Däumchendrehen . . . «

Ähnlich bitter klagte er seinem Sohn, dem Verleger: »Mein
lieber Friedel! Könnte Dir neuerdings meine hier auf subtil-
ste Weise zensierte Denkschrift anbieten. Fände als englische Broschur bestimmt ihre Leser. Doch sehe ich ein, daß
es fürchterlich wäre, wenn die gesunde Basis eines Verlags-
betriebs ein bücherschreibender Vater sein müßte. Verlege
Du weiterhin Deine Herrnhuter, wie ich für die Schublade
fleißig bleiben werde . . . «

Und weitere Briefe, weil anderes nicht zu tun war, doch
fiel seine Untätigkeit nicht auf. Und fast schien es so, als
hätte man den freien Mitarbeiter Theo Wuttke vergessen,
da fand er eines Tages in seinem Dienstzimmer einen Blumentopf auf dem wie leergefegten Schreibtisch: Geranien in
voller Blüte. Tags drauf kam eine besondere Art Immergrün
dazu. Nach quälend langem Wochenende stand am Montag
als neues Möbel ein Blumenständer neben dem Schreibtisch, darauf, zu den anderen Topfpflanzen gestellt, ein dritter Blumentopf: Begonien.

Bald waren wir mit seinem blühenden oder nur rankenden
Zimmerschmuck vertraut. Fonty hat uns den Blumenstän-
der als »Etagere« beschrieben. Bei einem Besuch im Archiv
sagte er: »Eine kolossal praktische Erfindung! In Form einer
Wendeltreppe sind immer kürzer werdende Stufen in
Rechtsdrehung um einen meterhohen Ständer geführt, alle

ordentlich verdübelt und durch Winkeleisen gestützt. Sechs Stufen und jede beiderseits belastbar. Macht sich hübsch in meiner nüchternen Klause. Und seit gestern sehe ich mich mit einem Alpenveilchen beschenkt.« Dann riet er uns, fürs Archiv gleichfalls eine Etagere anzuschaffen: »Fangen Sie mit Zierefeu an. Keine Bange: Pflanzen finden sich schon.«

Nachdem am Mittwoch als nächste Topfblume eine Zimmerkalla dazugekommen war, begann der Donnerstag mit einer weißrosa aufblühenden Pelargonie, und am Freitag wurde vormittags bei ihm angeklopft, für Fonty nicht überraschend; ahnte er doch, daß zu der immer üppiger werdenden Blumenpracht ein Spender gehören müsse.

Es war nicht Hoftaller, der das Dienstzimmer betrat, sondern eine Putzfrau, offiziell Raumpflegerin genannt. Der Hausordnung gemäß machte sie auf ihrem Arbeitskittel ein kleines Schild als »Helma Frühauf« bekannt. Solch ein Namensschild hinter Klarsichtfolie trug auch Fonty als Theo Wuttke am Jackenrevers; und selbst sein Tagundnachtschatten mußte sich lesbar ausweisen.

Frau Frühauf kam nicht mit leeren Händen. Sie hielt eine eingetopfte Zimmerpflanze von ziemlichem Wuchs umarmt und sagte, ohne den Topf abzustellen: »Na, Herr Wuttke? Wie jefällt Ihnen det Jrünzeug? Hab mir jedacht, sieht so kahl aus hier. Vleicht mag er das, bißchen jrün und bunt. Ist noch massenhaft übrig von vorher. Det haben die einfach stehenjelassen, als die rausmußten alle, weil hier jeräumt wurde. War ja viel Gummibaum und Zimmerlinde dabei. Mag ich nich, Sie etwa? Aber die hier, die macht was her, oder?«

Fonty bedankte sich, sagte allerdings einschränkend: »So viele Blumen bin ich gar nicht gewohnt«, doch Frau Frühaufs Bescheid »Palme paßt immer!« konnte er nicht widerlegen, zumal dieses Zitat nicht nur im Archiv, sondern auch als Titel eines seiner Kulturbundvorträge redensartlich geworden war.

Die Putzfrau mit der immer passenden Palme im Arm stand mitten im Zimmer: »Jott, Herr Wuttke, man nich so bescheiden. Sie waren doch schon früher hier und sind übernommen worden, na, wie wir vom Putzkollektiv alle. Jedenfalls hab ich mir jesagt: Wenn sich jemand Blumen verdient hat, dann Sie! Aber vleicht sind Sie allergisch jegen sowat, dann müssen die wieder raus alle.«

Fonty versicherte, daß sich seine Allergie nur gegen einen gewissen Typ Mensch richte, dann ging er einige Schritte auf die Palmenträgerin zu. Nach seiner Beschreibung mochte Frau Frühauf Mitte Dreißig sein, schon auf die Vierzig hin. Mit ihr gemeinsam suchte er einen Platz für die exotische Zimmerpflanze. Die Putzfrau trug ein über der Stirn zur kurzen Schleife gebundenes Kopftuch. Für die Etagere wären Topf und Inhalt zu schwer gewesen. Noch immer stand sie mit der Palme beladen.

»Hier, an die Wand«, sagte Fonty, »da kommt ab mittags manchmal Sonne hin, sehen Sie, sogar reichlich.«

Es dauerte eine Weile, bis der Topf seinen Platz gefunden hatte. »Den kriegen wir schon plaziert«, sagte sie, »vleicht bißken näher zum Fenster.«

Darauf hätte sich das Gespräch beschränken können, doch Fonty wollte, als Frau Frühauf mit nun leeren Händen neben der Palme stand, mehr wissen: Wie es ihr gehe, nicht nur bei der Arbeit, auch allgemein privat, wenn er fragen dürfe.

»Jott, man beißt sich so durch«, sagte sie. »Zahlen ja janz ordentlich hier, mehr noch im vierten Stock, na, wo det Allerheiligste is und nu die Neue det Sagen hat. Aber da putzen andere. Unsre Kolonne darf da nich rein. Die andern hat die Sicherheit mitjebracht, vleicht wejen Bomben und so. Wir machen nur den Nordflügel klar. So ab fünfe, bevors richtig losjeht hier. Jott, privat isses, wie es immer war, nur daß

Erich, mein Mann, nu ohne jeregelte Arbeit is und meistens rumhängt zu Haus.«

Fonty wollte wissen, ob ihr Mann einen Bart trage und ob Helma Frühauf, wenngleich sie nicht im Sicherheitstrakt putze, dem Chef irgendwann begegnet sei: »Meine natürlich, bevor das passiert ist.«

Ihrer schlechten Zähne wegen lachte sie mit geschlossenem Mund: »Woher wissen Sie denn, daß Erich, seitdem ihn die VEB Narva freijestellt hat, mittem Bart rumläuft? Steht ihm aber janz jut. Nee, vom Chef hat unsre Kolonne nie was mitjekriegt, nur die Spuren von seine Rollschuhe, die haben wir wegschruppen jemußt. War nich schön, überall auf dem Linoleum, besonders inne Kurven, sogar hier oben im siebten Stock. Überall Schlieren. Und bei Ihnen drinnen ist er ja och paarmal mit seine Rollschuh jewesen. Vleicht bißchen komisch – oder? Muß sich aufs Sofa jesetzt haben. Wußten Sie det, Herr Wuttke?«

Fonty deutete einen »gelegentlichen Meinungsaustausch« mit dem Chef an – »Er war, sofern es seine Zeit erlaubte, an Literatur interessiert« – und bedankte sich noch einmal für die Zimmerpalme: »Kenne solche Prachtstücke nur aus verglasten Gewächshäusern, in deren schwüler Treibhausluft ... Aber nun muß ich mich wieder an die Arbeit ... Hat mich gefreut, liebe Frau Frühauf ... Ein überaus sprechender Name, da Sie ja schon im Morgengrauen auf den Beinen sein müssen ... «

Sie sagte: »Jeh ja schon« und aus der halboffenen Zimmertür: »Na, vleicht bring ich Ihnen morgen wat Feines: Heliotrop, kurz vorm Aufblühn.«

Jetzt erst, indem sie ging, sah Fonty ihr Profil. Gewiß, eine unscheinbare, vor der Zeit gealterte Frau, abgearbeitet oder, wie man zu sagen pflegt, verblüht – und doch eine Frau mit Gemmengesicht.

Der Heliotrop blieb vages Versprechen, aber Helma Frühaufs Profil hat er uns mit Quellennachweis verdeutlicht, indem er Mathilde Möhrings Jungmädchenerlebnis zitierte: »Das war in Halensee gewesen an ihrem siebzehnten Geburtstag, den man mit einer unverheirateten Tante gefeiert hatte. Sie hatte sich in einiger Entfernung von der Kegelbahn aufgestellt und sah immer das Bahnbrett hinunter...« Und dann rief Fonty einen der Kegelbrüder als Kronzeugen auf, der dem häßlichen Entlein mit letztem Beweis ein wenig Schönheit bestätigte: »Sie hat ein Gemmengesicht.« Er wiederholte feierlich diesen Satz und fügte, im Zitat bleibend, hinzu: »Von diesem Worte lebte sie seitdem...«

Als die Putzfrau gegangen war, saß Fonty noch lange am leeren Schreibtisch und versuchte, sich an die Zimmerpalme zu gewöhnen, wie er in den vergangenen Tagen bemüht gewesen war, die vom Haus der Ministerien übriggebliebenen Pflanzen als Erblast zu akzeptieren. Ein wenig Nachmittagssonne half ihm dabei. Das Schattenspiel der Palmwedel an weißer Wand. Und gleichfalls warf die blühend und rankend bestückte Etagere einen Schatten.

Mag sein, daß er Helma Frühaufs Profil gleichfalls als Schattenriß imaginiert hat – die unter der Kopftuchschleife gewölbte Stirn, die kaum vorspringende Nase, der geschlossene, die Unterlippe betonende Mund, das ausgeprägt starke Kinn, dessen Bogen ohne Verdoppelung sanft in den säulenhaft steilen Hals glitt –, denn als er bald danach an seine Tochter schrieb, setzte er ein Zitat aus »Mathilde Möhring« an den Briefanfang: »In der Kunst entscheidet die Reinheit der Linie...«

Dieser Kurzroman wurde lange nicht fertig. Mit zweiundsiebzig brachte der Unsterbliche – gerade war »Frau Jenny Treibel« erschienen – die erste Niederschrift zu Papier. Gleichzeitig lag »Effi Briest« als Entwurf vor. Depressionen und die große Nervenkrise kamen dazwischen. Schließlich erlaubte »Der Stechlin« keine Vollendung der an sich bündigen Geschichte. Nach dem Tod lagen dem nachgelassenen und kaum leserlichen Manuskript zwar Kommentare und Korrekturen auf Zetteln bei, doch kamen mit dem acht Jahre später veröffentlichten Erstdruck viele Fehler und Entstellungen, sogar Verfälschungen auf den Buchmarkt, denen erst unser Kollege Gotthard Erler mit seiner gründlich edierten Weimarer Ausgabe abgeholfen hat; seitdem findet dieses kleine Werk, dessen Titelheldin lange dem Leser abstoßend gewesen ist, immer mehr Zuspruch, nun auch bei Feministinnen, denen Mathilde Möhring als beispielhaft gilt. Auch davon handelte Fontys Brief nach Schwerin. Er riet seiner Tochter, endlich Willensstärke zu beweisen: »Dem Leben immer wieder Alltagssiege abzutrotzen sollte fortan Dein Ziel sein...«

Der nächste Tag bescherte dem freien Mitarbeiter der Treuhandanstalt Theo Wuttke eine Topfpflanze namens »Fleißiges Lieschen«, und ab Mittag lag ihm – per Hauszustellung – endlich Arbeit auf dem Tisch. Mit wenigen Worten wurde er von der Abteilung »Öffentlichkeit und Kommunikation« aufgefordert, sich auf Wortsuche zu begeben, Wortfelder anzulegen, um für »abwickeln« ein besseres Wort zu finden.

Fonty stellte das heftig blühende Fleißige Lieschen auf die Etagere, goß alle Pflanzen und summte, weil gutgelaunt, etwas Preußisches, dann aber sagte er vor sich hin: »Wer möchte in die Achtziger kommen, nur noch den Kopf schütteln, und niemand weiß, ob vor Alter oder über den Lauf der Welt?«

Manchmal waren seine Zitate auf aktuelle Anlässe gemünzt. Ende April hatte »Palme paßt immer!« Konjunktur, später begrüßte er uns mit dem Echo einer Suchanzeige des Unsterblichen: »Mir fehlt ein Wort. Doch hab ich's im Kasten, ist der Rest eine Kleinigkeit«, und als er nach gut einer Stunde ging, legte er dem Archiv nahe, ihm einen Romantitel, als sei er brandneu, wie einen glücklichen Fund zu bestätigen: »Effi Briest ist sehr hübsch, weil viele e und i darin sind; das sind die beiden feinsten Vokale.«

Sonst aber brachte er nach dem Mord nichts als Schweigen mit, hatte sogar sein je nach Saison abgestimmtes Blumengebinde vergessen und saß verloren oder, besser, wie aus dem Text gefallen in unserem Besuchersessel. Erst als ihm der Archivleiter Mitgefühl versicherte, sagte er: »Man konnte in ihm einen Freund sehen« und rief sogleich, als suchte er Halt, sein schottisches Idol auf: »Während Walter Scott an ›Woodstock‹ schrieb, starb Lady Scott; er ging eine Stunde im Garten auf und ab und schrieb dann ein Kapitel. So muß es sein.«

Fonty lag kein unfertiges Manuskript vor. Seine Denkschrift war abgelehnt worden. Zwar wollte er immer noch ein Fragment des Unsterblichen, das »Likedeeler«-Projekt, als balladeskes Epos vollenden, aber es blieb bei der Absicht. Nur eine einzige Arbeit war ihm aufgetragen, die Fahndung nach etwas, das sich verschämt oder tückisch verborgen hielt: Ab Ende April, den Mai über und bis in den Juni hinein suchte der freie Mitarbeiter der Treuhandanstalt Theo Wuttke ein passendes und zugleich mildtätiges, ein nicht schroffes oder gar abstoßendes, vielmehr ein schmeichelnd vom Wohllaut getragenes, ein neues Wort für die durch Gesetz angeordnete Tätigkeit des Abwickelns. Mit dieser Findung sollte die Öffentlichkeit bedient werden. Kein Schmusewort war gewünscht, aber doch ein Ersatz, der dem so häßlich benannten Vorgang zu freundlichem Klang verhelfen sollte.

»Hübsch muß es klingen«, sagte er zu uns. »Wenn irgend möglich, dürfen die im Titel ›Effi Briest‹ belobigten ›beiden feinsten Vokale‹ nicht fehlen.«

Wir hätten Fonty gerne zugearbeitet, zumal auch wir zeitweilig in Gefahr standen, als unrentables Relikt einfach »abgewickelt« zu werden, doch im Archiv fanden sich keine tauglichen Ersatzwörter, und die aus den Kriegsbüchern heraussortierten Fundstücke »dezimieren« und »niederkartätschen« hätten die Abwickelei nur verschlimmbessert. Erwägenswert wären allenfalls Zitate aus dem Bereich gärtnerischer Arbeit gewesen. Nicht nur in der Dörrschen Gärtnerei, im Prosawerk insgesamt hätten sich Tätigkeiten finden lassen wie »beschneiden, zurechtstutzen« oder – aufs Unkraut bezogen – »jäten«.

Nachdem er, zitatsicherer als wir, bei sich zu Rate gegangen war und einsehen mußte, wie wenig das Archiv zu bieten hatte, rief er uns nicht mehr um Hilfe an. Fonty saß in seinem Zimmer die Dienststunden ab oder lief zwischen Sofa und Schreibtisch hin und her, den Kopf gesenkt, als wäre dem kackbraunen Kokosläufer das fehlende Wort abzulesen. Nebenbei und um nicht ganz und gar auf das anstößige Verb fixiert zu sein, entwarf er aus freien Stücken ein Kontrastprogramm, denn beim Besuch der sitzenden Bronze hatte er einen Gedanken gefaßt, der ihn nun zum Entwurf buntkolorierter Bilderbögen inspirierte.

Er schlug der Treuhand vor, ihre schwer faßliche Praxis aufklärend unters Volk zu bringen. Tüchtige Lithographen sollten einfache Bildgeschichten vom Stein weg drucken, damit diese in Massenauflage verbreitet werden könnten. Ohne Auftrag schrieb er mit fliegendem Blei: »Rückbesinnung auf Neuruppin! Nur so kann die verflixte Abwickelei, bis sich ein besseres Wort findet, zu Ansehen kommen. Selbst die Brennessel läßt sich genießbar zubereiten. Einzig die Mache entscheidet, und außerdem wäre das Medium Botschaft genug. Schließlich sind mit Hilfe der Neuruppiner Bilderbögen weit schlimmere Geschichten geschönt worden. Zum Beispiel ließe sich ein Zwickauer Bogen entwerfen, auf dem die tragikomische Passion des Trabi von einer Leidensstation zur nächsten abläuft, doch endlich, mit Hilfe eines Prinzen namens VW, einen märchenhaft glücklichen Ausgang findet . . . «

Dann war er wieder auf Wortsuche. Vom Fenster aus tastete er den Himmel über der Treuhand ab, fand aber nur Wolkiges. Dann und wann überraschte ihn Helma Frühauf mit besonders prächtigen Topfpflanzen, einer Azalee oder mit einem dreifarbigen Steinbrech; doch nie erfreute sie ihn mit dem versprochenen Heliotrop.

Gegen Mitte Mai kam sie nach Dienstschluß nicht etwa als Putzfrau, sondern ohne Kopftuch, in lindgrünem Faltenrock, beiger Bluse und torfbrauner Jacke, deren Schulterweite von männlichem Zuschnitt war. Sie brachte ein Töpfchen Primeln mit und blieb auf einen Wilthener Weinbrand, von dem sie, aufs Sofa gebeten, ab und zu nippte.

»Jott, sehn Se, Herr Wuttke, is ja man jut so, daß wir det Jrünzeuch jerettet haben, sonst wär det och noch auffen Müll jewandert. Stimmt doch. War doch Ihre Idee jewesen, na, mit dem Zwischenlager für Büropflanzen? Erst ham wir jeschimpft, aber denn fleißig jegossen, die janze Zeit über, wo früher mal de Kantine war. Sah wien Treibhaus aus.«

Fonty berichtete der Besucherin von seiner neuen, bisher vergeblichen Tätigkeit: »Nun schreien sie um Hilfe, wissen nicht ein noch aus, die Herren Abteilungsleiter und ihre übergeordnete Dame. Setzen einfach ein Wort in die Welt und wickeln einen Betrieb nach dem andern ab, bis sie den Faden auf ihrer Rolle haben. Und jetzt soll ›abwickeln‹ nicht mehr gut sein, ist anrüchig geworden, klingt zu negativ. Das heißt, abwickeln will man weiterhin, doch unter anderem Namen. So ist das mit dem Umtaufen. Wenn man, zum Beispiel, von ›freigestellten Kräften‹ redet und dabei Arbeitslose meint, klingt das zwar positiv, ändert aber unterm Strich nichts. Reine Weinpanscherei und ausgemachter Etikettenschwindel. Und nun soll mir, dem schon oft ein passendes Wort gefehlt hat, was Rettendes einfallen. Hab bisher nichts im Kasten und bin im allgemeinen gegen Gesuchtheiten, aber vielleicht gelingt es Ihnen, liebe Frau Frühauf, mit einer Findung zu überzeugen.«

Sie hielt das Gläschen mit den Fingerspitzen beider Hände und hatte die Knie unterm Rock eng beieinander. Auch beim Sprechen gab sie ihre schadhaften Zähne nicht preis: »Na, Sie wissen ja, Herr Wuttke, daß man meinen Mann och freijestellt hat. War bei VEB Narva inne Glühbirnenproduktion. Brauchen se jetzt nich mehr, haben im Westen jenug davon, Osram und so. Bei meinem Erich ham die da oben von sowat wie ›verschlanktem Personalbestand‹ jeredet und denn noch von ›ausdünnen‹. Und nu hängt er rum zu Haus. Aber ich hab ihn schon anjemeldet auf Lehrgang: Kompjuter und so.«

Fonty griff zum Bleistift: »Verschlanken ist besser als ausdünnen. Verschlanken ist immer richtig.« Danach schrieb er die Geschichte der VEB Glühlampenwerke als mögliche Bilderbogengeschichte auf ein anderes Blatt: »Man könnte im Neuruppiner Stil mit Edison, dem Erfinder der Glühbirne, beginnen und dann die ewig vom Kurzschluß bedrohte Erleuchtung der Welt von Station zu Station steigern, bis es bei der volkseigenen Narva und auch sonst zappenduster wird – nun ja . . .«

Helma Frühauf nippte unterdessen vom Weinbrand. Später plauderten sie, ohne ernsthaft weitere Wortsuche zu betreiben. Fonty erzählte von seiner Tochter und dem in Schwerin geläufigen Grundstücksschacher. Er sagte, daß ihm die »gräßlichen Glotzaugen« der Mecklenburger schon immer ärgerlich gewesen seien: »Doch immerhin ist ein Inspektor Bräsig und ein Tischlermeister namens Cresspahl auf ihrem Mist gewachsen.« Dann kam er wieder auf die Treuhandanstalt und fragte sich und Frau Frühauf: »Muß es denn partout so ruppig und menschenverachtend zugehn?«

Sie sagte: »Muß wohl. Hört man doch immer: Muß leider so sein. Und wenn man fragt: Aber jeht's nich och anders? Dann kriegt man jesagt: Na klar jeht's och anders, wie unterm Sozialismus, nämlich bergab. Stimmt ja. Aber bergauf, Herr Wuttke, jeht's so janz bestimmt nich.«

Helma Frühauf saß nun im handbreit zu kurzen Rock mit übereinandergeschlagenen Beinen auf dem Sofa, doch hat uns Fonty versichert, daß er sich nicht ihrer Waden wegen, die er, »dank harter Arbeit«, muskulös nannte, vom Schreibtisch weg in seitliche Sicht gebracht habe. Wir durften seine Begründung, wie mittlerweile üblich, zu Protokoll nehmen: »Wollte sie unbedingt im Profil sehn. War nicht besonders schwer, denn eigentlich zeigte sie ihre bessere Seite selbst dann noch, wenn sie sich schier den Hals verrenken mußte.«

Helma Frühauf hatte Gewohnheiten, sie rauchte. Und eine ihrer Redensarten, wenn sie auf Kurzbesuch kam, hieß: »Komm auf ein Stäbchen nur.«

So sehen wir sie: das Gemmengesicht mit Stäbchen. Nie saß sie in einer der Sofaecken, immer hielt sie die Sofamitte besetzt. Ob mit gepreßten Knien oder übereinandergeschlagenen Beinen, den Rauch entließ sie bei seitlich gewendetem Kopf. Dabei hob sie ihr rundes, ein wenig vorspringendes Kinn.

Fonty sah diese Steigerung ihres Profils als Entdeckung und zugleich wie eine bestätigte Vermutung. Von der mittlerweile vollbesetzten Etagere aus – kürzlich waren ein Osterkaktus und eine Aloe dazugekommen – sagte er: »So jedenfalls kann es nicht weitergehn. Machen alles platt. Irgend jemand muß Schluß! rufen, Aufhören! Sonst fällt wieder ein Schuß wie vor wenigen Wochen. Danach war das Erschrecken groß...«

»Aber nich lange, Herr Wuttke. Was denn kam, die neue Chefin vons Janze, die hat noch nen Zahn draufjelegt. Sieht man doch: Die zuckt mit de Wimper nich. Hat die nich, kennt die nich: Angst. Aber was ich noch sagen wollt: Nach dem Wochenend, als das passiert war, hab ich dienstags janz früh, als ich hier durchjewischt hab, dem Chef seine Rollschuh bei Ihnen unterm Sofa jefunden. Hab die einfach mitjehn lassen. Die sind weg nu. Hab mir jedacht: Sicher ist sicher.«

Uns hat er von dieser Vorsichtsmaßnahme eher belustigt erzählt: »Mit Rollschuhen läßt sich nichts beweisen«, doch belastende Schlüsse zog er aus dem Gerede der Putzfrau, sie habe an jenem tragischen Osterwochenende ihre Schwester in Duisburg besucht, sei also in Tatortnähe gewesen, was sie mit der zusätzlichen Information »Kam dienstags janz früh zurück und bin vom Bahnhof weg jleich auf Arbeit« bestätigt habe.

Dann bat er uns um Stillschweigen und fügte hinzu: »Hier breche ich besser ab, sonst setzen mich weitere Worte dem Verdacht der Mordbuben- und Mithelferschaft aus. Doch wäre immerhin zu erwägen, ob das Ende des Treuhandchefs nicht Anstoß für eine populär wirksame Bildergeschichte sein könnte. Man müßte mit Kindheit und Jugend beginnen, sodann die steile Karriere bebildern, ihn um achtundsechzig leicht radikalisiert, schon bald darauf als sozialliberalen Staatssekretär, sodann als entschlossenen Sanierer zeigen, danach die Anfänge der Treuhand am Alexanderplatz, in Folge den Umzug und mit ihm den Chef im Paternoster ins Bild bringen, schließlich seinen Zweifeln Ausdruck geben und mit dem Mord in jede Richtung ein warnendes Zeichen setzen. Ich erinnere an den Kühnschen Bilderbogen, der die Geschichte des großen Friedrich von den Jünglingsjahren, das heißt von der Enthauptung Kattes an, über alle Schlachten hinweg bis ins gichtkrumme Greisenalter erzählt. Besser noch der von Oehmigke & Riemschneider massenhaft verbreitete Bogen, auf dem sich des Attentäters Dr. Nobiling schiefe Existenz bis zum Schuß auf den Kaiser mit dem prompten Selbstmord abbildet. Jadoch! Das muß gezeigt werden. Die Ermordung des Treuhandchefs ist eine typische Bilderbogengeschichte: tragisch und lehrreich zugleich. Was soll ich noch weiter nach einem Wort stochern und Leuten aus der Klemme helfen, denen außer ›abwickeln‹ partout nichts einfallen will.«

Aber Fonty hörte nicht auf zu suchen. Hinter Helma Frühaufs »verschlanken« setzte er »abspecken«. Den Einfall »liquidieren« strich er sogleich, wenn auch in diesem Ersatzwort, wie er uns versicherte, »wie bei ›Effi Briest‹ viele hübsche e und i, mithin die feinsten Vokale« zu finden seien. Er suchte und suchte, doch was immer auf seinen Zettel kam, »abwickeln« blieb das treffende Wort.

Nun war er um Rat verlegen und schrieb Briefe nicht nur an seine Tochter, sondern auch an Professor Freundlich, schließlich an seine Enkeltochter, die als erste antwortete, doch nur nichtsnutze Wörter aus dem Küchenbereich wie »entgräten« und »filetieren« reihte. Außerdem schrieb sie: »Ich fürchte, Großpapa, daß Sie sich zu etwas herablassen, das weit unterhalb Ihrer Fähigkeiten liegt. Ach, könnte ich Ihnen doch den Blick für eine Landschaft öffnen, in der vom satten Grün bis zum lichten Blau Berg hinter Berg liegt...«

Bei Freundlich fiel die Antwort bitter aus: »Bin dafür, daß es beim Abwickeln bleibt. Das sagt Ihnen jemand, dessen Garn bereits von der Spule ist. Übrigens greife ich neuerdings, wie Sie es seit Jahren tun, auf Zitate zurück: Stehe auf dem Punkte, mich demnächst dünnezumachen...«

Martha Grundmann ging auf ihres Vaters Bitte um Formulierungshilfe nur indirekt ein; ihre Ehe mit dem spekulierenden Bauunternehmer war ihr das Wort Scheidung wert. Sie schrieb: »Zwar verbietet mir mein Glaubenswechsel solch eine radikale Trennung, doch was nicht zusammenhält, muß geschieden werden...«

Als aber Fonty aus einem solchen in der Regel vor Gericht verschleppten Prozeß einschlägige Wörter ableitete, bemerkte er rechtzeitig, daß durch den Nebensinn aller auf Teilung zielenden Verben die jüngst vollzogene Einheit der Nation fraglich werden könnte.

Keiner der Briefe half. Es blieb beim Abwickeln. Er gab den Schreibtisch auf und goß seine Blumen und Ranken, zuletzt die Zimmerpalme; doch selbst den Topfpflanzen war kein dienliches Wort abzugewinnen.

Also suchte er im Freien, das Wetter war danach: überall Mai. Weil nur halbtags an sein Dienstzimmer gebunden, blieb ihm Zeit genug für ausgedehnte Spaziergänge durch den Tiergarten und den längst fälligen Besuch des Friedhofs an der Pflugstraße, aber auch für ziellose S-Bahn- und U-Bahnfahrten kreuz und quer durch Berlin. Ärgerlich war ihm, daß die Linie U 2 noch immer nicht beide Stadthälften miteinander verband; so blieb ihm für seine Irrfahrten durch die Stadt nur die S-Bahn mit ihrem alles benennenden Tageslicht; doch eigentlich war er zutiefst auf Untergrund und Abtauchen gestimmt, die Welt, so schien es, hatte ihm nichts mehr zu sagen.

Uns blieb nicht verborgen, daß sich Fonty seit dem Tod des Treuhandchefs in einem Zustand befand, der zwischen lähmender Verzweiflung und verzweifelter Unrast schwankte. Ob angesichts von Geranien und Fleißigen Lieschen oder als S-Bahnreisender zwischen Erkner und Wannsee, überall begleitete ihn die vergebliche Suche nach dem besseren Wort und führte ihn in die Enge seiner eigenen unverbesserlichen Lage. So gewohnt ihm Hoftaller war, neuerdings stanken ihm dessen Zigarren, selbst wenn sich der Raucher enthielt. Emmis zwar gemilderte, aber immer noch unmäßig vom Farbfernseher gefütterte Bildersucht vertrieb ihn aus der Wohnung in der Kollwitzstraße. Alles, sogar seine Studierstube stieß ihn ab. Zudem sorgte er sich um Martha, deren Briefe nur noch ehelichen Verdruß meldeten; und Freundlichs sarkastisch verkleidete Bitterkeit ängstigte ihn in dergestalt gesteigertem Ausmaß, daß er sogar uns gegenüber das Schlimmste befürchtete: »Er hat einen Knacks weg. Kenne das. Er wird uns noch durchdrehen am Ende.«

Manchmal kam von der Enkeltochter heiterer Zuspruch, doch Madeleine war weit weg. So blieb ihm nur noch das Gemmengesicht, dem aber – außer feinlinig umrandeter Blässe – nichts abzulesen war. Zwar antwortete Helma Frühauf ungehemmt flüssig, doch erfuhr Fonty nichts, was seinen literarisch schlüssigen Verdacht hätte bestätigen können. Daß der arbeitslose Ehemann, angetrieben von seiner Frau, Fortschritte beim Computerlehrgang machte und auch sonst lernwillig zu sein schien, konnte ihn nicht überraschen; und nach dem Verbleib der Rollschuhe oder dem Wochenende in Duisburg wagte er nicht zu fragen.

Für ihn war der Fall abgeschlossen, das Gemmengesicht nunmehr ein blindes Motiv. Sogar die Blumentöpfe auf der sechsstufigen Etagere rochen ihm zu intensiv. Und als Frau Frühauf nach kurzem Anklopfen – »Nur auf ein Stäbchen« – mit einem Topf blühender Myrte kam, gab er der Raumpflegerin zu verstehen, daß zuviel zuviel sei: »Verehrteste, Sie sind mir auch ohne weitere Zimmerpflanzen willkommen.«

Eigentlich muß er sich gefreut haben, als er das Doppelgrab auf dem Friedhof der französischen Domgemeinde gepflegt und den Rosenstock voller Knospen fand. Der Immortellen-kranz, den Madeleine im Frühherbst des letzten Jahres vor den Grabstein gelegt hatte, war gut über den Winter gekom-men. Und kaum sah er diese besonderen Strohblumen, da wurde ihm schon der Wunsch der alten Frau Nimptsch, die gerne ins offene Feuer starrte, nahegerückt, denn immerhin war es auf literarischem Weg gelungen, Botho von Rien-äcker, der ja sonst nicht viel taugte, durch leise Anmahnung zu bewegen, der Alten nach langer Kutschfahrt einen Kranz Immortellen ans Grab zu bringen. Aber sobald wir diesen früher beliebten Brauch als Leitmotiv in »Irrungen, Wirrun-gen« erwähnten oder als Anspielung auf seine Existenz ver-standen wissen wollten, wurden unsere Versuche, ihn aufzu-muntern, als zweifelhaft abgetan: »Alles Operieren mit Unendlichkeit und Unsterblichkeit ist mir zuwider.«

Da stand er nun vorm Doppelgrab, sah den überlebenden Immortellenkranz und suchte nach dem Wort. Nichts schien greifbar. Selbst der Ort der Vergänglichkeit geizte mit Vorschlägen. Weil einige Grabreihen entfernt Friedhofs-arbeiter mit Schaufeln zugange waren, bot sich der Fachaus-druck »Umbettung« an. Aber sogleich bezweifelte er, ob man besser umbetten als abwickeln sagen könne, wenn es demnächst darum ginge, weitere einst volkseigene Betriebe in Eisenhüttenstadt oder Bitterfeld zu verschlanken, abzu-specken, gesundzuschrumpfen, plattzumachen oder zu ver-scherbeln.

Als sich schwatzend eine Gruppe von Schülern mit Lehrer näherte, die von Fonty als Deutsch-Leistungskurs von drü-ben eingeschätzt wurde, verdrückte er sich zwischen benachbarten Gräbern, um nicht erkannt zu werden, bekam aber mit, wie der Lehrer den Ribbeckschen Birnbaum zu beschwören begann, indem er historisch ausholte, bei Henricus de Ribeke ansetzte, danach den letzten Gutsbesitzer ein »Opfer des Faschismus« nannte, sodann die Bodenreform und Umwandlung von rund tausend Hektar Junkerland in eine LPG namens »Junges Leben« lobte und schließlich doch noch auf die Birnen kam: »Lütt Dirn, kumm man röwer, ick gew' di 'ne Birn . . . « Aber selbst die munteren Ausrufe der Schülerinnen und Schüler, die dieses unverwüstliche Gedicht als »irre witzig« und »echt niedlich« wie einen Hit feierten, konnten Fontys Stimmung nicht heben. Er ging, ohne sich umzublicken.

Wohin er auch flüchtete, verzweifelte Unrast und lähmende Verzweiflung, sein allgemein begründetes Leid und die Sorge um das fehlende Wort hingen ihm an. Sogar im aufblühenden Tiergarten litt er am Vogelsang und Knospensprung. Auf seinen Lieblingsbänken, sei es nahe der Luisenbrücke, sei es der Rousseau-Insel gegenüber, saß Frau Sorge und strickte ihm einen endlosen, von keinem Muster belebten Shawl. Man hätte seine Seufzer hier oder dort hören können, und selbst wenn er sich zur Ablenkung Gesellschaft herbeizitierte, gelang kein Plauderton.

Kaum kam er, was immerhin leichtfiel, mit dem Amtsrichter Friedlaender ins Gespräch, sah er sich schon gezwungen, »mit der Bissigkeit meiner alten Tage über diesen beschränkten rappschigen Adel, diese verlogene oder borniert Kirchlichkeit, diesen ewigen Reserveoffizier« zu klagen, um dann, als säße gleichfalls sein Brieffreund aus Jena neben ihm, in den Gesellschaftsstützen von dazumal die gegenwärtigen Raffkes, Phrasendrescher und Prinzipienreiter zu erkennen: »Selbst wenn sie nichts wissen, wissen sie alles besser. Dennoch sollten Sie sich, mein lieber Freundlich, von diesen

Wessis nicht aus dem Leben graulen lassen. Stehe zwar selbst nicht mehr voll unter Dampf, bin aber nicht unterzukriegen. Nur Mut! Habe übrigens im ›Tagesspiegel‹ gelesen, daß Ihr Sorgenkind dem alten Carl Zeiss Ehre gemacht und ein Auswärtsspiel gewonnen hat. Na also!«

Sobald Fonty glaubte, seinen englischen Brieffreund James Morris neben sich zu haben – doch saß am anderen Ende der Tiergartenbank nur ein schnauzbärtiger Türke seines Alters –, beteuerte er diesem und jenem, daß er »nirgends einen Weltfortschritt« wahrnehmen könne. Er höhnte so laut und umfassend global, daß sein anatolischer Banknachbar vom Spiel mit der Gebetskette abließ: »Die Kanonen und Gewehre werden immer besser und scheinen die Fortdauer europäischer Zivilisation im Pizarrostil vorläufig noch verbürgen zu können . . . « Und mit dem nächsten Satz schon war er mit dem »Golfkrieg und dessen verbessertem Vernichtungsangebot« zur Stelle: »Diese allerchristlichste Totschlägerei lief gleichzeitig und kostensparend als Fernsehprogramm. Sogar meiner Emilie war das zuviel.«

Der Türke schien zuzustimmen. Hingegen verteidigte Morris weiterhin Englands damalige Beiträge zum Weltfrieden, sei es in Indien, sei es im Sudan oder auf der Insel Sansibar; die Golfregion wollte er gleichfalls so und nicht anders befriedet sehen.

Fonty war nun bei Ansprachen, die jüngst »Kaiser Wilhelm und nun gar erst dessen Bruder Heinrich in Kiel« gehalten hatten: »Himmelangst wird mir dabei, Hurrageschrei und Flottenparaden; nicht zu reden von den ›blühenden Landschaften‹, die uns pünktlich zum Wahltermin die regierende Masse versprochen hat . . . « Aber mit Bernhard von Lepel, den er herbeirief, kaum hatten sich seine gegenwärtigen und vergangenen Banknachbarn verflüchtigt, war nicht über Waffenhandel und Wahlversprechungen oder gar zukünftige Bedrohungen des Menschengeschlechts zu sprechen, so verknöchert und engstirnig fand er seinen Jugendfreund vor; und seine alte Brieffreundin Mathilde von Rohr wußte nur vom neuesten Tratsch märkischer Adelsfamilien zu berichten.

Als sich Fonty seinen antipreußischen Widersacher Theodor Storm mit forschem Ton auf die Bank holte – »Nun kommen Sie schon!« –, fanden sich beide im Literarischen schnell einig, sobald es aber um Berlin als Deutschlands zukünftige Hauptstadt ging, war Storm strikt gegen diese »neuerliche borussische Anmaßung«, während sich Fonty zwar nicht für Berlin, aber vehement gegen Bonn aussprach: »Dann lieber Husum, wenn's recht ist!«

Sofort brach der alte Streit aus den schlimmen fünfziger Jahren auf. Wir vom Archiv müssen zugeben, daß es der Unsterbliche gewesen ist, der mit Brief vom 11. April 1853 Storms mit »letztem Donnerschlag« zur Revolution aufrufendes Gedicht »Epilog« ziemlich beckmesserisch zensuriert und nicht in die Zeitschrift »Argo« aufgenommen hat, weil dieses Poem »für Geheime Regierungsräte, Schulräte und ähnliche Leute allzu klar ist...« Und weiter hieß es: »...Was nach der einigen, unteilbaren Republik schmeckt, könnte uns doch sehr verübelt werden.«

Jedenfalls war den beiden nicht zu helfen. Sah Storm von Berlin aus einen neuen Beamten-, das hieß für ihn Obrigkeitsstaat wachsen, fürchtete sich Fonty vor muffigem Provinzialismus: »Nichts schrecklicher als eine gesamtdeutsche Husumerei! Außerdem fallen die Deutschen, wenn sich irgendwas auftut, ohnehin wieder in zwei Teile...«

Sie gifteten wechselseitig, waren gleichgestimmt überempfindlich und kramten alte Geschichten aus Tunnelzeiten hervor. Mal war der eine, dann der andere beleidigt. Zwar hat das Alter die beiden angenähert – Storm starb leider schon 88 –, doch auf der Tiergartenbank hätten selbst wir vom Archiv keinen Frieden stiften können: Immer wieder kamen verjährte Ärgernisse hoch; und als Storm mit hoher, ein wenig fistelnder Stimme dem armen Fonty die Kreuzzeitung, alle drei Kriegsbücher und die Zensorentätigkeit unter Merckelscher Fuchtel um die Ohren schlug und ihn einen »zwar schlecht bezahlten, aber treu ergebenen Staatsschreiber« schimpfte, schwieg er und kroch in sich hinein, umgeben vom auftrumpfenden Frühling.

Fonty war jämmerlich anzusehen, wie vor oder nach einer Nervenpleite und in einem Zustand, den er »abattu« nannte. Niemand konnte ihm die Last seiner angesammelten Sorgen wegplaudern, weder Stephany noch der immer freundliche Schlenther, die er sich zuallerletzt auf die Tiergartenbank zitierte. Auf beide war Verlaß. Und wie dazumal in der Vossischen Zeitung lobten sie auch jetzt den Briest-Roman. Fonty nahm das wie druckfrische Rezensionen hin, doch wollte er von seinem Kummer nicht lassen. Er dankte den Freunden, sagte, »natürlich hätten die Crampas-Briefe verbrannt gehört«, entschuldigte sich für das dürftig motivierte Versteck, »doch so banal geht es im Leben zu«, und redete sich in wehmütige Stimmung: »So nehme ich denn Abschied von Effi; es kommt nicht wieder, das letzte Aufflackern...« Nun abermals allein, beschloß er, mit Blick auf die Rousseau-Insel, auf Dauer zu verstummen. Um so lauter die Vögel.

Prahlende Natur. Grün, daß einem das Sehen verging. Nur fern der verkehrsdichte Lärm der Stadt. Wäre Freundlich mit seinen Sorgen zur Stelle gewesen, hätte er dessen Mutter zitiert, die selbst in Mexiko nicht aufhören wollte, »Alles neu macht der Mai...« zu trällern.

Erst dem Haubentaucher, der zwischen Enten seine Kunststücke wiederholte und wie immer für Überraschungen gut war, gelang es, Fonty von sich abzulenken. Nicht, daß ihm dieser einfallsreichste aller Wasservögel beim Auftauchen das fehlende Wort geliefert hätte, aber für Ideen –

und sei es für eine einzige – bürgte der Haubentaucher mit immer gültigem Patent.

An einem der ersten Junitage stieg im Paternoster Hoftaller zu und erzählte geheimniskrämerisch von Abstechern in den Westen. Er deutete »neue Perspektiven« und »wiederbelebte Kontakte« an, bewertete die Dienste als »nunmehr gesamtdeutsch«, bestellte Grüße vom Sohn und Ministerialrat Teddy, der sich »beim Herrn Papa für hilfreiches Entgegenkommen« bedankt habe, hatte aber noch mehr auf der Pfanne und glaubte, er könne Fonty, der zum siebten Stock hochwollte, mit der Nachricht von der Kündigung der Raumpflegerin Helma Frühauf verblüffen: »Aber was heißt gekündigt! Einen Zettel hat sie hinterlassen: ›Komm nicht mehr!‹ Ist einfach weg und verschwunden, Ihre Putz- und Blumenfrau. Jetzt müssen Sie Ihre Pflänzchen selber gießen. Schenk Ihnen demnächst ne Gärtnerschürze.«

Fonty versicherte, ihn überrasche das nicht. Und Hoftaller, der mit ihm ausstieg, bot an, den »herben Verlust« durch häufige Besuche wettzumachen: »Auf mich ist Verlaß. Und sollte mir jemals nach Klimawechsel sein, Sie wissen ja: Unsereins kommt wieder und wieder.«

»Wenn's geht, ohne Zigarre. Weder die Zimmerpalme noch ich vertragen diesen wichtigtuerischen Dunst. Überhaupt sind meine Pflanzen und ich gern allein. Bei uns ist, wenn Sie mir diesen Kalauer erlauben, kein Blumentopp mehr zu gewinnen. Und was Frau Frühauf betrifft, die, nebenbei gesagt, eine überaus helle Person ist, wird es Gründe für ihre Kündigung geben. Paßte ihr nicht mehr, die Treuhand. Vielleicht lag ein günstiges Angebot vor. Hatte überhaupt andere Pläne: wollte sich umschulen lassen, Abendkurse belegen, fleißig büffeln und schließlich Berufsschullehrerin werden...«

»Ach was! Abgetaucht ist sie. Nicht ne Spur ist geblieben. Kennen wir doch diese Methode. Aber Sie können sich beglückwünschen, Fonty. Ihr Verdacht, der mir, zugegeben, zu hergeholt war – die graue Maus mit zielstrebigem Willen –, ist wohl doch von dieser Welt. Da sieht man wieder mal, wie gefährlich Literatur sein kann. Zwar nur ne kurze Erzählung, wirkt aber wie ne Zeitbombe mit Spätzündung...«

»Jetzt spekuliert sich der erklärte Freund des geschriebenen Wortes neue und zugleich rückwirkende Zensurbestimmungen zusammen. Wollen Sie etwa Mathilde Möhring in Vorbeugehaft nehmen...«

»Aber nein doch! Freue mich schon auf den nächsten Knall. Uns geht das ja eigentlich nichts mehr an. Wir schauen zu, wie andere scharf daneben ermitteln. Einfach lachhaft, dieser Generalbundesanwalt!«

»Nicht jeder kennt sich so gut in Literatur aus wie Sie...«

»Er stochert im Nebel rum. Und das öffentlich! Na, soll uns recht sein. Sie kennen ja meine These: Erst langsam, dann schneller kommt alles ins Rutschen...«

Hoftaller saß noch ein Weilchen auf dem mit Spezialwissen gepolsterten Sofa und malte sein Schreckensbild von der Verostung des Westens aus, dieses schon oft übermalte und in immer mehr Düsternis ersaufende Gemälde. Mit kalter Zigarre saß er und entwarf ein tiefgestaffeltes, hier Grenzmarken, dort Bollwerke einbeziehendes Sicherheitssystem, das allseits festungsartig abschirmte, besonders nach Osten hin.

Als alles dicht war, sagte er: »Nur so schützen wir unser Deutschland vor Überfremdung. Dabei läßt sich das westeuropäische Hinterland einbeziehen, doch nur – wie ich kürzlich meinen neuen Partnern geraten habe –, wenn Deutschland ne Sonderstellung hat. Denken Sie mal zurück, Fonty, nicht mal besonders weit, nur an den Kriegsberichterstatter Wuttke. Kein Artikel, den Sie verzapft haben, der nicht zwischen ner kunstgeschichtlichen Betrachtung und ner Landschaftsbeschreibung die ›Festung Europa‹ gefeiert hätte. War damals der Atlantikwall, den Sie besungen haben, doch Ihre Visionen könnten noch heute überzeugen, falls sich der Wall gen Osten richtet. Mußte den Herren drüben bis ins Detail verklickert werden, wie und warum. Sonst verosten wir, hab ich gesagt. Sieht man doch jetzt schon, was sich da alles zusammenbraut, nicht nur auf dem Balkan, auch in der Ukraine, nein, überall da unten und weiter hinten im Kaukasus ... Ist an der Zeit, meine Herren, sich Gedanken zu machen, na, wie sich seinerzeit der Obergefreite Wuttke am Atlantik Gedanken gemacht hat ...«

Fonty war nicht bereit, zum neuen Sicherheitssystem beizutragen. Er saß an seinem Schreibtisch, hatte den Entwurf für eine Belebung der Kühnschen Bilderbögen und die dürftige Liste zusammengeklaubter Ersatzwörter vor sich, blickte durchs Fenster über das Innenhofkarree hinweg in den nichtssagend blauen Himmel, zog den Blick ab und suchte an der seitlich stehenden Etagere voller Topfblumen Halt. Von Stufe zu Stufe zählte er auf: die Begonie, das Alpenveilchen, den abwechslungsreich gefärbten Pfeilwurz, das immerfort blühende Fleißige Lieschen, die längst abgeblühte Azalee, den Zierefeu, die altmodische Becherprimel, das Frauenhaargras, die Myrte, die Aloe ...

Gut möglich, daß ihn die vollbesetzte Etagere oder die Zimmerpalme vor manchmal sonnenbeschienener Wand auf ein gärtnerisch pflegliches, auf ein Frühaufsches Wort gebracht hat. »Umtopfen!« rief er. »Sie hat ›unbedingt umtopfen‹ gesagt. Hören Sie, Hoftaller, ich habe das Wort: umtopfen!«

Bei ihrem letzten Besuch war ihm das Gemmengesicht mit dem Vorschlag gekommen, der schnell wachsenden Efeuaralie und dem wuchernden Papyros bald, spätestens im Herbst, mit größeren Behältern behilflich zu werden. Sie stand vor der Etagere, zeigte Profil und hatte, fand Fonty, etwas Gotisches an sich. Zu uns sagte er später: »Frühgotisch, oberrheinische Schule. Aber auch die italienischen Meister, denken Sie bitte an Fra Angelico oder die Frauen bei Giotto, diese besondere Linie...«

Als Helma Frühauf ihm ihr Profil bot, sagte sie wie zum Abschied: »Und verjessen Sie ja nich, Herr Wuttke, daß sone Pflanze wächst und jenügend Platz braucht, wenn nich heut, dann vleicht morjen. Irgendwann muß och die Palme umjetopft werden. Nich verjessen: Umtopfen is wichtig!«

Da die Putzfrau nie Fonty zu ihm gesagt hat, mußte sie sich keine Hinweise auf die Dörrsche Gärtnerei aus »Irrungen, Wirrungen« anhören, wo das Umtopfen von Zeit zu Zeit Praxis war. Diesen Tip hätten eigentlich wir vom Archiv geben müssen, denn dem vorstädtischen Gartengrundstück mit Blick über die Felder auf Wilmersdorf fehlte zwar, »...die Spargelanlage abgerechnet, alles Feine. Dörr hielt das Gewöhnliche zugleich für das Vorteilhafte, zog deshalb Majoran und andere Wurstkräuter, besonders aber Porree...«, doch irgendwas, zum Beispiel Goldlack und Geranium, mußte bestimmt für den Wochenmarkt ein- oder umgetopft werden.

Als Hoftaller gegangen war, brachte der freie Mitarbeiter Theo Wuttke die Liste der Ersatzwörter in Reinschrift und schloß diese mit der unterstrichenen Eintragung: »Schlage anstelle von abwickeln das Wort umtopfen vor. Raus aus dem volkseigenen, rein in den privaten Topf.« Dann, nach einer Pause, in der er die Hand mit der Feder leicht übers Papier hob, setzte er in Klammern hinzu: »Bin übrigens der festen Meinung, daß es bei ›abwickeln‹ bleiben muß; hat sich eingebürgert, ist sprichwörtlich geworden.«

Unter die Liste setzte er seinen amtlich anerkannten Namenszug. Mit dem gefalteten Bogen steckte er die Vorschläge zur Wiederbelebung der Neuruppiner Bilderbögen durch kolorierte Treuhandgeschichten in ein Kuvert und gab dieses bei der Abteilung »Öffentlichkeit und Kommunikation« ab.

Fonty fühlte sich erleichtert. Er konnte glauben, eine Krise überwunden zu haben, und im Wortlaut einer seiner Lieblingssentenzen behaupten: »Innerhalb dieser Welt der Mängel lebt es sich gar nicht so schlecht.«

In der Kollwitzstraße fand er weder Emmi noch die Nachbarin Scherwinski, doch lag auf dem Küchentisch ein geöffnetes Telegramm. Er las: »Muß Sie zum Abschluß zitieren: Schweigt das Leben, so schweigt der Wunsch. Ihr Eckhard Freundlich.«

Erst zwei Tage später bestätigte die Frau des Professors dessen Tod aus freiem Willen. Sie schrieb: »Er wollte nicht mehr. Mich hat er gebeten, den Töchtern nach Israel zu folgen. Und weil ich seiner in letzter Zeit wiederholten Feststellung ›Für Juden ist hier kein Platz‹ leider zustimmen muß, werde ich wohl seiner Bitte folgen...«

Als der freie Mitarbeiter der Treuhandanstalt Theo Wuttke, mehr um die Topfpflanzen zu gießen als um arbeitslos einige Stunden abzusitzen, tags drauf sein Dienstzimmer aufsuchte, fand er auf dem Schreibtisch eine weitere Nachricht. Über die Nützlichkeit der Ersatzwörter stand kein Wort geschrieben und gleichfalls nichts über die Bilderbögen aus aktuellem Anlaß, aber kurz und bündig wurde ihm mitgeteilt, daß der Dienstraum 1819 in spätestens einer Woche besenrein geräumt sein müsse. Der Vertrag laufe weiter. Der freie Mitarbeiter Wuttke sei für den Außendienst vorgesehen. Genauere Anweisung folge demnächst.

Fonty ging auf und ab. Er hätte sich sagen können: »Nicht nur für Juden ist hier kein Platz«, aber er sagte: »Na gut, woanders ist auch Welt!« Dann goß er die Topfpflanzen, als wäre nichts geschehen.

662

FÜNFTES BUCH

Nach so viel Verlust nahm er sich Zeit für Abschied. Bestimmte Stadtteile, wie Friedrichshain, Pankow und Kreuzberg, den Bezirk Mitte, Bahnhöfe, seinen angestammten Zeitungskiosk am Alex, den Gendarmenmarkt und das einstige Scheunenviertel, aber auch die U-Bahnline 6 und die S-Bahn in Richtung Wannsee und Erkner, dann wieder alteingesessene Tiergartenbänke, zum letzten Mal die Grunewaldvilla am Hasensprung, all diese Quartiere, Treffpunkte und Strecken lief er ab, suchte er auf, fuhr er hin und zurück; und natürlich ging's die Potsdamer hoch, weiter über die Hauptstraße, Rheinstraße bis nach Friedenau, mit Abstecher in die Niedstraße; und immer wieder stand er auf dem zugigen Alexanderplatz oder vorm Sockel der Siegessäule, aber keines der vielen Theater, nicht einmal die Volksbühne war einen Blick wert, kein Museumsbesuch, nicht, daß er von Personen, etwa von einigen Vorzimmerdamen im Treuhandgebäude, Abschied genommen hätte, geschweige von seinem Tagundnachtschatten; nur die ums Archiv bemühten Fußnotensklaven waren ihm wichtig.

Als er mit Pfingstrosen eintrat, sahen wir, daß Fonty uns reisefertig aufsuchte. Sommerlich gekleidet, dabei heiter und wie von Lasten befreit, spielte er die Plaudertasche und wußte das Neueste von dazumal: Ironisches über Wallots feierlich eingeweihten Reichstagsbau, die Ersatzwahl im Kreis Rheinsberg-Wutz, aus der bekanntlich jemand mit Ballonmütze, der Feilenhauer Torgelow, als Sieger hervorgegangen war; doch kein Wort über den Tod seines Brieffreundes und dessen Beerdigung in Jena, an der er – offenbar ohne Begleitung – teilgenommen hatte.

Allenfalls sprach er sich indirekt aus: »Ist was los in der Stadt. Bringen sich gegenseitig auf Null. Habe deshalb an Morris geschrieben: ›Wir haben jetzt lauter Duellgeschichten...‹«

Wir nahmen das nicht als Wink in Richtung Reiseziel, auch wenn er wiederholt Berlin mit London verglich, aber auffallend war, wie leicht er den Treuhandmitarbeiter, überhaupt die Person Theo Wuttke ablegte und das Gespräch mit Zitaten fütterte, mehr noch, wie mühelos es Fonty gelang, ganz ohne Zwinkern der Unsterbliche zu sein.

Während der letzten Wochen war ihm ein Alterssprung gelungen. Er hatte etliche Jahre zugelegt und trat als jener fragile Greis auf, den uns der Zeichner Liebermann überliefert hat: ganz wachen Auges, aber – bei wäßrigem Blick – ein wenig jenseitig schon. Es war, als wollte er den klischeehaften Begriff vom »heiteren Darüberstehn« zumindest versuchsweise erproben.

Diesmal stellte sich nicht, wie beim letzten Abtauchen, die Frage: Wohin geht die Reise? Frankreich oder England war kein Thema mehr. Nur spaßeshalber spekulierten wir auf eine Ansichtspostkarte vom Empire State Building, denn er zitierte immer wieder aus »Quitt« und belebte dabei den Wilden Westen im Breitwandformat: »Dort die Mennonitensiedlung, benachbart den Indian territories, ach, das Land der unbegrenzten Möglichkeiten...«

Dann brachte eine unserer Kolleginnen das Gespräch auf die Gründungsveranstaltung der dem Archiv zugedachten Fördergesellschaft, die bereits im Dezember stattgefunden hatte. Leider haben wir damals versäumt, Fonty einzuladen; oder wurde er – mit Rücksicht auf westliche Gäste – von der Liste gestrichen?

Zu unserer Verwunderung war er dennoch auf dem laufenden, sprach wie ein Augenzeuge und bediente uns mit Zitaten aus dem originellen Festvortrag der bei Petersen promovierten, aber später nach England emigrierten Germanistin Charlotte Jolles, die – inzwischen hochbetagt – versucht hatte, uns Stubengelehrten angelsächsischen Geschäftssinn beizubringen: »Überall benötigt die nun gegründete Fördergesellschaft ihre trading posts, ihre Handelsgesellschaften, wie früher das Britische Empire mit Hilfe solcher trading posts...« Fonty persiflierte den engagierten Aufruf der alten Dame: »So ist meine Losung: Investieren wir in den Unsterblichen!«

Leider mußten wir einräumen, daß dieser Appell bisher so gut wie folgenlos geblieben war. »Aber sowas kennen Sie ja. Bei der Treuhand läuft es nicht anders. Niemand will investieren, und in Kultur schon gar nicht. Alles soll umsonst über den Tisch kommen oder schäbig für eine symbolische Mark. Dabei hat sich Frau Professor Jolles solche Mühe gegeben.«

Fonty blieb wie in eigener Sache beteiligt und wiederholte weitere Passagen des Festvortrags: »Die zukünftige Gesellschaft, meine Damen und Herren, braucht Geld, Geld, Geld!«

Sie, die zum Vergnügen der Zuhörer im Romanpersonal des Unsterblichen nach einem ökonomisch beschlagenen Schutzpatron gesucht hatte, fand Fontys Unterstützung, während wir uns darauf beschränkt hatten, ihre Vorschläge distanziert lächelnd oder mit jener Arroganz hinzunehmen, die damals den Ossis allgemein nachgesagt wurde. Wie Charlotte Jolles begann er mit dem Fabrikanten von Blaulaugensalz und Berliner Blau: »Wie wäre es mit Kommerzienrat Treibel!«

Dann wurde als guter Administrator Innstetten vorgeschlagen und mit kaum widerlegbarem Argument verworfen: »Die weiblichen Mitglieder würden ihn völlig ablehnen, denn wir wissen es von Effi – ›Er war ohne rechte Liebe‹...«

Nach dem alten Briest schieden, außer Effi, die Titelpersonen Cécile und Stine aus, desgleichen die vom alten Stechlin

hochgeschätzte Melusine, die beiden jüngeren Poggenpuhltöchter und die zwar selbständige, aber zu junge Lene
Nimptsch. Doch mit Frau Jolles war Fonty der Meinung:
»Mathilde Möhring ist nicht zu verachten, sie hat zwar nicht
den Charme der anderen weiblichen Gestalten, aber sie hat
den praktischen Sinn, den wir brauchen, und sie meistert
das Leben...«

Weil aber Mathilde das Attraktive fehlte, waren sich beide
einig, daß in Deutschlands neuen Gründerjahren nur eine
der vielen literarischen Personen das Zeug zur Schutzpatro-
nin haben könne: »Frau Jenny Treibel ist diejenige, die uns
den Weg zeigt, denn sie hat es geschafft, Geld und Poesie zu
verbinden!«

Wollte uns Fonty diesen Rat, mit Zustimmung des Unsterblichen, als Abschiedsgeschenk hinterlassen? Plötzlich
wechselte unser Gast das Thema. Ein wenig kokett gab er zu
bedenken, daß der Major a. D. Dubslav von Stechlin, den
man immer den alten Stechlin nenne, schon mit siebenundsechzig abgenippelt sei; da komme er sich vergleichsweise
unternehmungslustig vor: »Dubslav hat, weil er an Preußen
hing, seinem Engelke verboten, an die schwarzweiße Flagge
auf dem Aussichtsturm einen roten Streifen zu nähen; doch
ich möchte überall die Europafahne hissen: Weg mit den
Grenzpfosten! Runter mit den nationalen Lappen! Europa
kommt – und sei es als Mißgeburt!«

Dann verriet er uns Neuestes vom Stechlinsee: »Sie wissen ja, wenn es draußen in der Welt, sei's auf Island, sei's auf
Java, zu rollen und zu grollen beginnt, dann regt er sich, und
ein Wasserstrahl springt auf und sinkt wieder in die Tiefe.
So kürzlich noch, als auf der Philippineninsel Luzon der
Pinatubo ausbrach. Zufällig befand ich mich in der Hauptstadt der Grafschaft Ruppin, um nach der Besichtigung einiger Denkmäler – Schinkel, Marx und so weiter – dem nun
wieder zugänglichen Stechlinsee einen Besuch abzustatten.

Da fing er zu sprudeln an. Mein Begleiter – nicht gerade ein Held – erschrak ordentlich, als nicht nur der Wasserstrahl stieg, wie er es häufig tut, sondern nun auch ein roter Hahn über den aufgewühlten Wassern mit den Flügeln schlug und in die Lande hinein krähte.«

Fonty wartete die Wirkung seiner Anekdote ab. Dann nahm er uns einzeln in den Blick und sagte: »Das ist ein Fingerzeig, meine Herren! Sehe zwar das zur Zeit verrückt spielende Klima für bloßen Zufall an – aber dennoch: Unser alter Erdball beginnt zu rumoren, als möchte er uns abschütteln, als seien wir Menschen ihm lästig geworden. Na, wenn nicht die Herren, dann haben Sie, mein verehrtes Fräulein, mich gewiß richtig verstanden. Kassensturz! Es ist hohe Zeit, Abschied zu nehmen.«

Und zugegeben, ich teilte seine Befürchtungen und sagte: »Aber was sollen wir machen, Fonty? Den Krempel hinschmeißen? Einfach abhauen? Und wohin, bitte?«

Er ging. Doch bevor er uns mit der neuesten Nachricht vom Stechlinsee allein ließ, sagte er im gewohnten Bummelton: »Übrigens hat die Treuhand einen Wettbewerb ausgeschrieben. Gesucht wird noch immer das bessere Wort für das leidige ›Abwickeln‹. Jeder kann sich beteiligen. Warum nicht das Archiv, zumal es in Geldnöten steckt und dem Gewinner ein ziemlicher Batzen sicher ist. Hängt doch alles am Geld, nicht wahr?«

Wo hat er die Stahlfeder ins Tintenfaß getaucht? Im kleinen Café in der Potsdamer Straße, der Hausnummer 134 c gegenüber? Oder in den Offenbach-Stuben, bei Salzmandeln und einem Glas Rotwein?

Ohne geschrieben zu haben, wollte Fonty nicht abgehen. Sich wortlos davonzumachen wäre nicht seine Sache gewesen, zudem hatte er ein Dutzend und mehr Briefe im Kopf. Hätte er etwa auf einer Tiergartenbank, das Tintenfaß neben sich, gleich nach dem gekritzelten Bleistiftentwurf zur Reinschrift, zu ausschweifenden Schleifen, schmückenden Girlanden und den fast geschlossenen Bögen überm u kommen sollen?

Weil seine Abschiedsworte zwischen furchtbar richtigen Sentenzen und viel gärtnerischem Rankenwerk versteckt stehen, hat er wohl doch sein gekündigtes Dienstzimmer benutzt; während der letzten Tage, bevor es ihm besenrein verlorenging, schrieb Fonty dort Brief nach Brief.

Auf vier Blatt, beidseitig mit Bleistift gefüllt, lag bereits angefangen eine Epistel an Professor Freundlich vor, die nun ohne Adressaten war. Ein Vergleich macht deutlich, daß er Passagen aus diesem Entwurf, zum Beispiel die Anspielung auf die Zimmerpalme und deren Bezug zu »L'Adultera«, in einen Brief aufgenommen hat, den er seiner Enkeltochter schrieb: »Mir steht an der nur mäßig beschienenen Sonnenwand meiner bislang windstillen Klause eine Dattelpalme gegenüber, genau gesagt, eine Phoenix canariensis, die sich als Zimmerpalme eignet. Und wenn mir, mein liebes Kind, Dein ach so schwieriges Verhältnis (zwischen den Stühlen und wohl auch Betten) in den Sinn kommt, erinnert mich mein exotisches Einzelstück in seinem eher schütteren Zustand sogleich an das van der Straatensche Palmenhaus, in dem sich, kaum hat der Gärtner Kagelmann ›Jott, Frau Rätin, Palme paßt immer‹ gesagt, die schöne Melanie und der entflammte Bankierssohn Rubehn in ehebrecherischer Absicht treffen. Dort bedrängten sich hochragende Palmen, Drakäen und Riesenfarne, durchrankt von stark duftenden Orchideen. Ein kolossaler Tropenwald unter eine Glasglocke gestellt. Kein Wunder, daß das Paar in schlaffer Luft schwer atmete, während beide Worte flüsterten, so heiß, so süß...

Du weißt, mein Kind, daß ich nirgendwo, weder in ›Irrungen, Wirrungen‹, wo Hankels Ablage mit einem Doppelzimmer Gelegenheit bietet, noch in ›Unwiederbringlich‹, bevor der Schloßbrand ausbricht, deutlich werde. Die berühmten Stellen, zumeist Gipfel der Geschmacklosigkeit, vermeide ich. Effis Brief an Crampas und die Zettel von Crampas an Effi sagen, ohne wortwörtlich zu werden, genug und verraten alles. Deshalb will ich Dir nicht, was Deinen Professor betrifft, mit Fragen kommen, die prompt ins schwüle Treibhaus führen müßten, doch wäre mir wohler, wenn ich mich mit der Gewißheit auf die Reise machen könnte: Meine Madeleine ist frei und atmet in frischer Luft.

Übrigens werde ich bald ohne Zimmerpalme sein. Man hat mir den Dienstraum gekündigt. Schon übermorgen müssen die Palme und ich räumen; es schreibt Dir also gewissermaßen ein Obdachloser, dem man zwar ›weitere Verwendung im Außendienst‹ zugesagt hat, aber halten kann mich das nicht.

Ich muß raus, weg, weit weg! Mir geht es wie weiland dem Brieffreund Friedlaender, dem ein ehrengerichtliches Verfahren – dämliche Offiziersgeschichte, doch nicht mit der Affäre Dreyfus zu vergleichen – den Atem eng gemacht hat; natürlich spielte, daß er Jude war (ein seit dem Feldzug in Frankreich mit dem Eisernen Kreuz dekorierter), eine gewisse Rolle. Womit ich bei Professor Freundlich bin: Er ist tot.

Ach, Kind, um mich ist es leer geworden. Ihn hat hier nichts mehr halten können; und auch meine Wenigkeit befindet sich auf dem Sprung. Alles sagt mir: Nichts wie raus aus dem Land, in dem für alle Zeit Buchenwald nahe Weimar liegt, das nicht mehr meines ist oder sein darf, in dem mich zu wenig hält. Schon die alte Frau von Wangenheim hat das furchtbar richtig gesehen, als sie mit ihrem allerkatholischsten Gesicht sagte: ›Preußen-Deutschland birgt keine Verheißung!‹

Und deshalb wollte ich, kurz bevor mir (per Telegramm übrigens) die schreckliche Nachricht kam, an Freundlich schreiben: ›Nichts wie dünnemachen! Hier will Sie niemand. Höchstens als Watschenmann sind Sie Ihren westlich getrimmten Kollegen noch tauglich. Wegevaluiert hat man Sie. Ohne den hierzulande – sei's geklagt – allwetterbeständigen Antisemitismus überstrapazieren zu wollen, ahne ich doch, aus welcher Hofpredigerecke der Wind bläst. Selbst mir, der ich märkischer aussehe, als mir lieb ist, widerfuhr jüngst – und zum wiederholten Male – im Tiergarten eine Attacke, als hätten Treitschke und Stöcker das Kommando geführt. Sogenannte Skins, vier an der Zahl, beehrten mich in Nähe meiner Lieblingsbank. Standen plötzlich da, hatten den stieren Blick und wahre Totschläger in den Händen. ›Juden raus!‹ Mehr fiel ihnen nicht ein. Nur Gebrüll und Bierdunst. Da hob ich meinen Wanderstock, kramte ein wenig Mut und mein Etappenfranzösisch zusammen – ‚Allez, mes enfants!‘, dann deutlicher: ‚Imbéciles!‘ –, und weg waren sie.

Sie mögen lächeln, mein lieber Freund, doch bitte ich zu bedenken, daß es durchaus hätte brenzlig werden können, denn mittlerweile setzt hier alles auf Gewalt, die Treuhand voran. Also Klimawechsel, bevor es zu spät ist!‹

Das wollte ich meinem langjährigen Brieffreund raten, da hat er endgültig Abschied genommen. (Habe dann aber an seinem Grab in diesem Sinn gesprochen und Deutschland ein in des Wortes weitreichendster Bedeutung ›Auswandererland‹ genannt.) Schätze, daß er aus Volksarmeezeiten – Freundlich war Leutnant der Reserve – eine Dienstpistole parat hatte.

Nun wirst Du verstehen, mein Kind, daß sich Dein Großvater nur noch wegwünschen kann, denn hier hat alles schon wieder den märkischen Mischgeruch von Kiefer und Kaserne. Kurzum: ich will, wie der Berliner sagt, einfach verduften, Dir aber, sobald mir anderswo, und möglichst dem deutsch-deutschen Schußwechsel entlegen, ein fröhliches

Auftauchen gelingt, mehrere und vielsagende Blinkzeichen geben; ohne meine Madeleine und ihre Briefchen, ohne Dich, meine zartbittre Person, könnte ich nirgendwo froh werden . . . «

Selbst nach Schwerin schrieb Fonty nicht ohne Anspielung auf die wendeltreppig aufstrebende Etagere. Zwei Topfpflanzen, die ihm Frau Frühauf kurz vor dem Abtauchen dazugestellt hatte, Goldlack und Petunie, erlaubten ihm Zugang in die Dörrsche Gärtnerei: » . . . schräg gegenüber dem Zoologischen.« Er versicherte Martha gleich zu Beginn des Briefes: »Nur darfst Du nicht glauben, daß diese Zimmerpflanzen bloße Setzlinge sind wie die Schummelware des schrumpeligen Marktlieferanten Dörr, in dessen Nachbarschaft die alte Frau Nimptsch und ihre Pflegetochter Lene hausten; vielmehr sind sie im Topf gezogen und blühen prächtig, besonders die Petunie. Also sollte ich bei Laune sein. Doch wie Du weißt, fehlt immer das Wichtigste. Zum Beispiel ein Heliotrop, der nicht nur bei den Briests an zentraler Stelle stand, nein, selbst im Kleinleutemilieu der Möhrings fand sich in der guten Stube ein allerdings für den lernfaulen Hugo Großmann, der an den Masern erkrankt war, zu stark riechender Heliotrop.

Hier ist zwar alles da, Zimmerpalme und Fleißiges Lieschen, doch sie, meine eigentliche Blume, fehlt schmerzlich. Dabei wird die Klapprigkeit immer größer. Wenn ich mich umsehe, hält sich nur Menzel, versteinert zwar, aber deshalb ficht ihn nichts an. Mich hingegen kränkt vieles zugleich. (Vom schmerzlichsten Verlust, der mich stumm macht, wird Dir gewiß Mama geschrieben haben.) Bleibt noch vom Rest zu berichten: der Ausverkauf! Wie aus Sicht des märkischen Adels – die Quitzows voran – die Mark an die Hohenzollern verschachert worden ist, so gilt sie gegenwärtig den einfallenden Siegern als bloßes Schnäppchen. Diesem Handel kann ich nicht zusehen.

Mit anderen Worten: Dein alter Vater ist auf dem Weg, wenn nicht die Blaue Blume, dann doch den hier vermißten Heliotrop zu suchen. Und da ich weiß, daß allein Du mich verstehst – mehr als geglückt ist meiner Mete im letzten Klagebrief die Wendung von den ›vielmotivigen Mogelplänen‹ ihres Grundmann –, schreibe ich Dir so frei heraus.

Mit Mama habe ich, während nebenbei ›Lindenstraße‹ oder ›Golden Girls‹ lief, in Grenzen vernünftig gesprochen. Zwar fehlt es ihr am eigentlichen Einsehen, aber immerhin hat sie begriffen, daß ich nicht anders kann. Ich weiß, Vergleiche hinken; dennoch habe ich ihr in Erinnerung rufen müssen, daß wir uns auf einem Punkte wie anno 76 befinden, als ich – wie Jahre zuvor die Kreuzzeitung – den Akademiekram hinschmeißen und mich, auf jedes Risiko hin, freimachen mußte. Niemand hat mich damals verstehen wollen, selbst meine Mete nicht, als ich, aus ähnlichem Ärger, dem Kulturbund Lebewohl zu sagen gezwungen war. Nun ja, heute stehen die Dinge nicht weniger schwierig. Die Lage allgemein, dieser Kladderadatsch, der sich Gegenwart nennt ...

Doch vor allem sorge ich mich um Dich, hast Du doch letzthin von Trennung, gar Scheidung geschrieben. Dabei werde ich kaum helfen können. Zwar weiß ich mich von allen kleinstriezigen Gedanken über ›Eheglück‹ frei, was aber Deinen Mann betrifft, den Du Dir als wohlwollenden und, wie es aussah, soliden Bauunternehmer geleistet hast und der nun seinen Namen als Grundstücksspekulant Tribut zollt, kann ich nur sagen: Auch er ist ein Kind seiner Zeit; denn wenn er nun im Dutzend Schlösser und Herrensitze aufkauft – was alles mal von klangvollem Namen gewesen ist –, entspricht das dem Geist dieser Tage. Es ist wohl so, daß der Sieg über den Kommunismus den Kapitalismus tollwütig gemacht hat. Deshalb habe ich Eckhard Freundlich, kurz bevor er sich ein Ende befahl, dringlich raten wol-

len, gleich mir die Kurve zu kratzen: ›In Deutschland ist
keine Bleibe mehr.‹

Du wirst Dich fragen, wohin? Warum hätte er nicht dort
Zelte bauen können, wo das Großkapital mit gottgewisser
Selbstverständlichkeit seine Tempel türmt? Nehme an, daß
des Weimarers Stoßseufzer angesichts hiesiger Zustände,
›Amerika, du hast es besser‹, immer noch gilt. (Außerdem
wäre er dort Mexiko, dem Ort seiner Kindheit, näher gewesen.)

Ich hingegen liebäugle schon wieder mal mit jener Insel,
die mir, außer halbwegs unterhaltsamen Londoner Tagen,
immerhin einige Romanhelden, zum Beispiel den Weltrei-
senden und Kabelleger Leslie-Gordon, ausgepumpt hat,
damit er, der so schönen wie überspannten Cécile wegen,
dem geübten Oberst a. D. St. Arnaud vor die Pistole geraten
durfte.

Du hast mich oft gefragt, warum meine Frauengestalten
alle einen Knacks weghaben? Nun, gerade dadurch sind sie
mir lieb. Soviel, um Cécile und Effi – aber auch meine Mete –
ein wenig zu erklären. Erinnere Dich bitte: Wann immer Du
ins Theater gingst, fiel Dir regelmäßig ein Operngucker auf
den Kopf oder Ähnliches ...«

Dann, nachdem er die Briefwaage befragt und den letzten
Metebrief frankiert hatte, schrieb Fonty sachlich und kurz
an seine Söhne Teddy und Friedel. Dem einen teilte er mit,
daß man sich ohnehin nichts mehr zu sagen habe – »Schon
bald könnte sich zeigen, daß selbst Du, der Tugendritter, in
keine Vortrefflichkeitsschablone mehr passen wirst ...« –,
den anderen bat er, vom ohnehin zerredeten Buchprojekt
abzusehen: »Wahrscheinlich sind meine Kulturbundvorträge für den heutigen Leser, der nach Enthüllungen giert,
unerlaubt unbedeutend. Zudem erspare ich mir Rezensionen ...«

Übrigens hat er alle Abschiedsbriefe schwungvoll und nunmehr beim großen T wie beim F mit Schnörkeln prunkend zu Papier gebracht, indem er von der Stahlfeder abließ und zum Schwanenkiel griff. So bei den kurzen Schreiben an literarisch bedeutsame Personen wie das Ehepaar Wolf und den Dramatiker Müller, aus denen wir nur zurückhaltend zitieren. Während er den Dramatiker, der jüngst Vater geworden war, vor unartigen Kindern warnte, die Phosphorhölzer in den Kaffee schaben und Stecknadeln in Brotstücke stecken, hinterließ er der in ihrer Berühmtheit einst gefeierten, dann niedergemachten Schriftstellerin die Summe seiner Erfahrungen: »Oft ist es die gleiche Firma, die Denkmäler und Scheiterhaufen errichtet...«

Nur Frau Professor Jolles gegenüber, der er seinen Besuch ankündigte und die er, nun schon überschwenglich reiselustig, als eine »Miss Marple auf den Spuren meiner Londoner Jahre« feierte, hat er sich, was Reiseziel und Ankunft betraf, deutlich gemacht: »Habe, um mir die Strapazen von Bahn und Fährschiff zu ersparen, einen Direktflug gebucht...«

An Emmi Wuttke schrieb er nicht. Sie wußte ohnehin Bescheid. Später hat sie uns gesagt: »Gott, Sie hätten mal meinen Wuttke zu Haus sehn solln. Den konnt man nich halten mehr. Hab gar nich versucht erst. Daß ihm die Treuhand das Zimmer genommen hat, wo er doch in dem Kasten immer schon, vonner Reichsluftfahrt an, rein und raus gegangen is, das hat ihn nich nur gewurmt, das hat er persönlich genommen. Und dann noch das Telegramm. Er hat gleich gewußt, was los war, noch vorm Brief, in dem alles drinstand. Schlimm, wirklich schlimm für ihn. Aber das sag ich nur Ihnen: Hat richtig geweint, mein Wuttke. Doch weg wollt er schon vorher, sich freimachen, hat er gesagt, auch von mir, was, muß ich sagen, richtig schlimm weh getan hat, immer noch. Aber ich hab mir gesagt: Wenn er Tapetenwechsel braucht, na bittschön. Soll er doch abhaun, von mir aus. Der kommt schon wieder ... «

Er schnallte sich sogleich an. Wenn wir vom Archiv zu dieser lapidaren Aussage kommen, entspricht das nicht nur unseren Vorstellungen von Fonty, sondern auch den Folgen unserer Dienstleistungen: Wir haben den Flug gebucht, wir haben den Fensterplatz, Nichtraucher, bestellt, wir haben für ihn das Ticket bezahlt und abgeholt. Sogar für die Fahrt nach Tegel haben wir, ab Bahnhof Zoo, mit einem Taxi gesorgt. Einer von uns half beim Einchecken. Und eine unserer Damen hat ihn bis zur Paßkontrolle begleitet. Das war sein Wunsch gewesen, den er zum Schluß seines Abschiedsbesuchs wie eine Nebensächlichkeit ausgesprochen hat: »Übrigens bin ich ein wenig berlinmüde und wäre Ihnen dankbar, wenn Sie mir möglichst unauffällig ... «

Er vertraute uns. Und selbstverständlich hat er die Kosten des einfachen Fluges in bar zurückerstattet, als er, wie verabredet, am Bahnhof unter der Uhr stand: reisefertig, mit leichtem Bambusstock, Strohhut und neuem Paletot, den er, lässig gefaltet, überm Arm trug. Neben ihm Koffer und Reisetasche, als ginge es in die Sommerfrische.

Zu jener Zeit waren wir schon, laut Übernahmevertrag, in die Stiftung Preußischer Kulturbesitz eingegliedert. Die neue Aufsicht hätte ihn mißtrauisch machen können, denn einige kauffrische Anschaffungen, der Tischcomputer, das Faxgerät, hatten ihn verblüfft, dennoch glaubte er, unserer Diskretion sicher sein zu können; zu lange war er dem Archiv verbunden gewesen.

Er scherzte sogar angesichts der »kolossalen Modernisierung« und zitierte beim letzten Besuch den alten Stechlin: »Ich kann Telegramms nicht leiden!« Doch dann bat er uns, ihm einige Aufsätze der Jolles, die sich mit den Londonaufenthalten und den Tagebüchern des Unsterblichen befaßten, mit unserem neuen Gerät zu kopieren: »Als Reiselektüre. Kann nicht schaden, meine Dame, meine Herren, wenn man sich selbst auf die Sprünge kommt. Steht sicher furchtbar richtiges Zeug drin, nicht nur, was die Kladden betrifft. Doch bedenken Sie bitte: Niemand geht unschuldig durch dieses Leben. Wie sagt doch Mister Robinson, der englische Kutscher, als er bei einem anderen Kutscher auf Besuch ist: ›Aber widow ist mehr als virgin...‹«

Als wir, auf seine Bitte hin, ein Photo von Frau Professor Jolles herausrückten, auf dem sie anläßlich der Gründungsveranstaltung unserer Fördergesellschaft mit beredter Geste am Rednerpult steht, glaubte Fonty, eine gewisse Ähnlichkeit mit Mathilde von Rohr, »meiner alten Brieffreundin«, erkennen zu können: »Schrieb ihr, als ich über den ›Wanderungen‹ saß und mit ganz anders abwegigen Flausen im Kopf unterwegs war, glaube im Juli vierundsiebzig: ›Reise nämlich binnen jetzt und zwei Stunden in einem Segelboot nach Teupitz, zehn Meilen von hier, an Köpenick und Wusterhausen vorbei, immer flußaufwärts. Der Fluß ist die Dahme oder wendische Spree...‹«

Er sagte das wie ein märkisches Gedicht auf, hatte dabei aber ein weit entlegenes Ziel vor Augen.

Von Tegel aus direkt nach Heathrow. Alles klappte wie vorbestellt: Sein Fensterplatz war ihm sicher, er konnte den linken Flügel des Düsenjets sehen. Nach so vielen Reisen per Bahn sein erster Flug. Zwar war der Luftwaffengefreite Theo Wuttke einige Male als eiliger Kurier mit einer Ju 52 nach Paris geflogen oder auf Feldflugplätzen in der Bretagne und Normandie gelandet, aber das zählte nicht. Kein Wuttke mehr, Fonty genannt, saß angeschnallt, vielmehr erwartete der Unsterbliche den Start, diese Beschleunigung, dieses Abheben... Leicht zitterten die Flusen des Schnauzbarts.

Es dauerte, bis alle Passagiere ihren Platz gefunden, das Handgepäck verstaut hatten. Die BA-Maschine war ausgebucht. In den Reihen vor und hinter ihm und auf der anderen Seite des Ganges saßen sie dicht bei dicht. Soweit er sehen konnte, hätte niemand in letzter Minute einen noch freien Platz erwischen können. In der Reihe vor ihm saß ein Sikh, am hochgebundenen Turban zu erkennen, neben Fonty ein Mädchen mit Puppe auf dem Schoß, das offenbar allein reiste, denn die Frau neben dem Kind blätterte in einem Reisejournal und hatte keinen Blick und kein Wort für die pummelige Schönheit an ihrer Seite.

Nach Anweisung der Stewardeß saßen nun alle angeschnallt. Das übrigens rosthaarige Mädchen hatte sogar seine Puppe, die langbeinig schlank war, hinter den Sicherheitsgurt gezwängt. Jetzt hätte sich die Maschine lösen und in Richtung Startbahn rollen können. Was im Notfall zu tun sei, erklärte – unter zweisprachiger Ansage über den Bordlautsprecher – die Stewardeß, indem sie jeden Rettungsgriff pantomimisch andeutete. Jetzt schwebte sie mit kontrollierendem Lächeln durch den Mittelgang, warf dem alleinreisenden Kind ein aufmunterndes »Hallo« zu, ging mit federndem Schritt bis zum Vorhang, der die erste Klasse von der Touristenklasse trennte, setzte sich und schnallte sich gleichfalls an. Fonty hatte beide Hände auf den Knien. Da sagte das Kind: »Du zitterst ja, Opa. Hast du Angst?«

»Nun ja, ich fliege zum ersten Mal.«

»Mir macht das nichts, weil ich ziemlich oft übers Wochenende nach London muß.«

»Dann willst du vielleicht später Stewardeß werden...«

»Ach was. Wäre mir viel zu langweilig. Leider muß ich so oft hin und her fliegen, weil Mami und Papi getrennt leben, weißt du. Ist auch besser so. Sie haben sich wirklich nicht mehr verstanden, immer nur Streit.«

»Und dein Papi lebt und arbeitet nun in London? Auch ich hatte dort zeitweilig – lang ist's her – meinen Arbeitsplatz und bin später sogar nach Schottland . . .«

»Nicht Papi, Mami ist abgehauen und hat jetzt mit ihrer Freundin, die heißt Mary-Lou, eine wirklich schicke Boutique aufgemacht, ziemlich nah bei der Portobello Road. Läuft ganz gut für den Anfang, sagt Mami. Aber richtig leben tu ich bei meinem Papi, ist besser so.«

»Das ist aber klug von dir, daß du alles so vernünftig siehst . . .«

»Na ja. Manchmal muß ich weinen. Ich bin ja erst neun. Aber dann sag ich mir immer: Lieber keine Familie als eine zerstrittene, wo immer nur Zoff ist. Du zitterst ja immer noch.«

»Ja, Kind.«

»Mußt du aber nicht, wirklich.«

»Ich weiß.«

»Zuerst habe ich auch bißchen gezittert.«

»Wie heißt du denn? Warum fliegen wir nicht?«

»Also, ich heiße Agnes. Und fliegen tun wir nicht, weil wir noch keine Starterlaubnis haben. Das ist manchmal so und kann noch dauern. Wie findest du Agnes?«

»Kannte ein Kind, das hieß auch so. Und diese Agnes saß oft am Fenster zur Terrasse und blätterte langsam in einem Bilderbuch, in dem Schlösser und Seen mit Schwänen drauf, aber auch Husaren zu sehen waren. Und die Mutter dieser kleinen Agnes, die keinen Vater hatte . . . Ich wünschte, wir wären schon oben . . .«

Das Kind legte seine Patschhand auf Fontys rechte, besonders zittrige Hand, die sich am Knie zu festigen suchte. Das half ein wenig, die Kinderhand auf seinem verzweigt geäderten Handrücken. Er schloß die Augen und erzählte sich weit zurück, erzählte vom See und dem aufsteigenden Wasserstrahl, von Wetterfahnen im Spinnwebmuseum und dann vom alten Stechlin, der komischerweise mit Vornamen Dubslav hieß; und von dessen Diener Engelke und der Kräuterhexe Buschen erzählte er, aber dann nur noch von dem Kind Agnes, das, dem alten Mann zur Gesellschaft, in roten Strümpfen ganz still vorm Terrassenfenster saß und in einem Bilderbuch blätterte, das eigentlich ein Band zusammengebundener Landwirtschaftszeitungen gewesen ist: »Und als es mit Dubslav ans Sterben ging, sagte das Kind: ›Is he dod?‹ Aber der Diener Engelke sagte: ›Nei, Agnes. He slöppt en beten…‹«

Die andere Agnes rief: »Kannst du aber schön erzählen! Erzähl noch mehr…«

Da wurde Fontys Bericht über die Sterbestunde des alten Stechlin von einer Durchsage unterbrochen: »Hier spricht Kapitän Morris…«

Zuerst wurde in englischer, dann in deutscher Sprache auf ein Gepäckstück hingewiesen, das sich an Bord der Maschine befinde und noch einmal, aus Sicherheitsgründen, der Kontrolle zugeführt werden müsse. Leider sehe man sich gezwungen, zwischenzeitlich alle Passagiere zum Verlassen des Flugzeugs aufzufordern. British Airways bedaure sehr.

Während Agnes sich und ihre Puppe abschnallte, dann Fonty beim Abschnallen behilflich war, sagte sie: »Das kenn ich. Ist bestimmt wieder so ein Bombenalarm. Dauert nie lange. Und draußen gibt's Erfrischungen gegen Gutschein. Da kannst du mir dann weiter von der Kräuterhexe erzählen, die eigentlich die Großmutter von der kleinen Agnes war, und von dem Lehrer, der Krippenstapel hieß, und von Engelke und dem Alten im Stuhl und noch mehr von der Agnes mit den roten Strümpfen. Aber auch, warum sich die Schwester von dem Alten, die aus dem Kloster, so sehr über die roten Socken geärgert hat…«

Wir waren nicht besonders überrascht. Dieser Zugriff war, obgleich wir dichtgehalten hatten, zu erwarten gewesen. Oder hat einer von uns – damals stand ja so ziemlich jeder unter Verdacht – einen kleinen Verrat für nützlich gehalten?

Im Flughafenbistro, wohin die Stewardeß die Passagiere führte und wo gegen Gutscheine Erfrischungsgetränke in Pappbechern ausgeteilt wurden, saß, obgleich alle nach London gebuchten Passagiere die Paßkontrolle hinter sich hatten und sich im Duty-Free-Bereich befanden, bereits Hoftaller, dank einer, wie er später sagte, »freundlich bewilligten Sondererlaubnis«.

Er ging, in grauem Flanell neu eingekleidet, auf Fonty und das pummelige Kind mit der Puppe zu, breitete die Arme wie zum Willkommen und nötigte sein Objekt wortlos, aber mit Fingerzeig an einen der freien Tische. Als sich Agnes zu ihnen setzen wollte, sagte Fonty: »Das geht leider nicht, Kind. Wir haben eine Kleinigkeit zu besprechen . . . «

»Weiß schon«, sagte das Mädchen, »das ist nur für Erwachsene bestimmt. Mami sagt immer: So etwas taugt nicht für deine kleinen Ohren, und Papi, wenn er Besuch hat, sagt auch . . . «

»Vielleicht später . . . «

»Ich weiß.«

»Dann erzähl ich dir . . . «

»Ist schon gut.«

Als beide für sich saßen, sagte Hoftaller: »Da wären wir wieder. Wenn das kein Zufall ist?«

Agnes hatte sich mit der Puppe und ihrem Rucksack einige Tische entfernt gesetzt. Den Orangensaft rührte sie nicht an. Ihr Blick und der Blick der Puppe, die sie vor ihrem Bäuchlein hielt, waren von gleichem Blau und ließen weder von Fonty noch von dem anderen Erwachsenen ab.

Hoftaller wollte rauchen, durfte aber nicht. Fonty bot ihm seinen Saftbecher an. Nach drei Schlucken war die Erfrischung weg. Nun verging nur noch Zeit.

Gleichgültig, wer das Gespräch eröffnete, sie sprachen eine gute Stunde lang miteinander. Schließlich sprach nur noch Hoftaller. Andere Maschinen wurden aufgerufen und abgefertigt: nach Rom über Milano, nach Paris. Fonty saß stockgerade, um Haltung bemüht. Manchmal hob er die Hände, ließ sie wieder sinken. Mehrmals schüttelte er langsam den Kopf. Einmal sah man ihn nicken. Und nur einmal wurde er laut: »Ist mir bekannt, diese Phrase!«

Für einen Moment wendete er sein barhäuptiges Greisengesicht und lächelte der entfernt sitzenden Agnes zu, die nicht zurücklächelte. Dann war er wieder nur für Hoftaller da. Sein Strohhut lag auf einem freien Stuhl, an den der Bambusstock gelehnt stand. Seinem äußeren Anblick nach hätte man ihn so noch kürzlich in der Potsdamer Straße, im Tiergarten, am Gendarmenmarkt oder vorm Bahnhof Zoo sehen können: Alles in allem wirkte er gestrig. Die Leute guckten ihm nach und grinsten; und im Flughafenbistro drehte man auf den Barhockern die Köpfe in seine Richtung. Er fiel mehr auf als der Sikh mit Turban und das pummelige Kind mit der Puppe.

Als der Flug nach London endlich aufgerufen wurde und sich die Passagiere vor dem Schalter versammelten, kam Agnes auf die beiden Erwachsenen, die sitzen geblieben waren, mit strammen, ein wenig x-igen Beinen zu. Jetzt erst bemerkte Fonty, daß sie zu roten Strümpfen schwarze Lackschuhe trug.

Das Kind sagte, an Hoftaller vorbei: »Hab ich mir schon gedacht. War wieder mal falscher Alarm. Ist jedenfalls besser, als wenn was passiert. Und nun fliegen wir ja.«

Fonty, der aufstehen wollte, aber dann sitzen blieb, sagte: »Ich kann nicht, Agnes. Oder ich darf nicht, noch nicht. Vielleicht später einmal...«

»Aber du bist doch erwachsen. Und Erwachsene dürfen doch immer, weißt du...«

»Ich nicht. Oder nur manchmal, ausnahmsweise.«

Agnes sagte nichts mehr. Als sie in Richtung Schalter ging, ließ sie links am steifen Arm die Puppe baumeln, so daß deren lange Beine und des Kindes Lackschuhe über den Boden der Abflughalle schleiften.

Die Frage, auf welchen Druck hin oder unter welchem besonderen Druck und warum insgesamt, falls er aus vielen Gründen unter Zwang stand, der Passagier Fonty den von uns gebuchten Flug nach London hatte stornieren müssen, ist dem Archiv noch lange für Antworten offengeblieben. Selbst wenn einer von uns nicht dichtgehalten hätte, wären wir durch diesen Verrat zwar anrüchig, aber nicht klüger geworden. Was uns zugetragen wurde, erlaubte keine schlüssige Antwort, weshalb wir mittlerweile der Meinung sind, daß verschiedene Gründe zur Rückgabe seines Gepäcks geführt haben. Der extra für diese Reise gekaufte Leichtmetallkoffer wurde ihm allerdings erst zwei Tage später, nachdem er von London zurückgefunden hatte, in die Kollwitzstraße geliefert. Nach Abzug der üblichen Gebühren hat man ihm – über uns – sogar den Flugpreis erstattet. Groß waren die Unkosten der verpatzten Reise kaum, doch soviel ist sicher: Danach ist Fonty, wenn auch nicht äußerlich, ein anderer gewesen.

Hoftaller hat ihn in mehreren Anläufen beschwatzt. Zuerst wird er jene absurde, aber in sich schlüssige Geschichte aufgetischt haben, nach der sich Theo Wuttke als des Unsterblichen Ururenkel begreifen durfte. Die alte Dresdner Geschichte kam wieder einmal hoch, jene Ruderpartien mit der Gärtnerstochter Magdalena Strehlenow, die Lenau-Gedichte, der Freiheitsdurst, Mondscheingeschichten und deren Folgen: ein dem jungen Apotheker seit dem Sommer 1843 Alimente abforderndes Kind namens Mathilde.

Und diese Mathilde Strehlenow soll 1864, zur Zeit des Krieges gegen Dänemark, aus dem das erste der Kriegsbücher resultierte, einen, wie Hoftaller auf Befragen sagte, ziemlich verbummelten, aus Konitz in Westpreußen stammenden Referendar namens August Wuttke geheiratet haben, der bald nach der Geburt eines Sohns – Fontys Großvater und des Unsterblichen Enkelsohn Friedrich – infolge einer Lungenentzündung gestorben ist.

Das war gegen Ende des Krieges gegen Österreich und nachdem es August Wuttke in Rheinsberg gerade noch zum Assessor gebracht hatte. Die tüchtige Mathilde verhalf dem Sohn zu guter Ausbildung. Und schon im Dreikaiserjahr heiratete Friedrich Wuttke, nachdem er in Gransee bei der Firma Hirschfeld, Vater und Sohn, zum Hauptverkäufer aufgestiegen war, eine Lehrerstochter namens Marie Duval, offenbar hugenottischer Herkunft; Hoftaller konnte uns die Kopie eines Trauscheins vorlegen.

Und aus dieser Ehe ist, zwischen anderen Kindern und kurz vor des Kaisers Depesche an Ohm Krüger, Max Wuttke hervorgegangen, der zugleich als des Unsterblichen Urenkel und Fontys Vater anzusehen ist. Das geschah bald nach dem Umzug der Familie nach Neuruppin, wo sich Friedrich Wuttke als Holzhändler selbständig gemacht hatte, aber bald pleite ging.

Sein Sohn Max erlernte den Beruf des Steindruckers, wurde ab 1915 Soldat, überlebte als Unteroffizier sogar den Gaskrieg, kehrte mit den Resten des Infanterieregiments Nr. 24 nach Neuruppin zurück, wo er sogleich die Tochter eines vor Verdun gefallenen Oberleutnants heiratete. Noch vor der Tochter Liselotte schenkte ihm Luise Wuttke, geborene Fraissenet, einen Sohn, Theo gerufen, des Unsterblichen Ururenkel, unseren Fonty, dessen einzige Schwester, Tante Liselotte, bereits seit Mitte der achtziger Jahre auf dem Hamburger Friedhof Ohlsdorf liegt.

Und diese haarsträubend geradlinige Geschichte soll den entfernten Verwandten – ob sie nun stimmt oder nicht – bewogen haben, nach dem falschen Bombenalarm auf seinen gebuchten Flug zu verzichten?

Wir können das nicht glauben. Wahrscheinlicher ist: Hoftaller hat die Linie fortgesetzt und den Ur-ur-urenkel aus Dresdner Linie, den Ministerialrat im Verteidigungsministerium Teddy Wuttke, ins Spiel gebracht, wobei er nicht lange drohen mußte. Bestimmt hat mehr als der Hinweis »Wir können auch anders!« eine erweiterte Auskunft zum Verzicht auf die Flugreise geführt: Einzig um Vater und Mutter vor Strafe zu schützen, sei Teddy zum Informanten geworden. Nur aus Sorge um die Eltern habe er sein mehr oder weniger geheimes Fachwissen in kleinen Portionen preisgegeben. Einen besseren Sohn finde man nicht. »Stellen Sie sich vor«, hätte Hoftaller sagen können, »Teddy wäre, anders als sein gutwilliger Bruder, der Pilot Georg, bockbeinig gewesen, ein Egoist, der sich gesagt hätte: Was kümmert mich die Lage meiner Familie? Von mir aus können die meinen Vater, diesen Spinner, in die Produktion stecken, meinetwegen kann man meine Schwester aus der Partei kegeln, sogar in Bautzen einbuchten und meine Mutter...«

So könnte es gewesen sein. Und wenn nicht, dann hat die im Flughafenbistro von Hoftaller aufgetischte Meldung von Emmi Wuttkes Selbstmordversuch Wirkung gezeigt. Sie habe, kaum sei Fonty mit Hut, Stock und Koffer gegangen, Tabletten genommen, eine ganze Handvoll. Zum Glück habe die Tochter Martha, gleich nach Erhalt des väterlichen Abschiedsbriefes, Schwerin verlassen. Gerade noch rechtzeitig habe sie, unterstützt von der Nachbarin Scherwinski, Erste Hilfe leisten können. »Natürlich mußte man Ihrer Emmi in der Charité den Magen auspumpen. Doch hat man mir grad vorhin noch am Telefon versichert, daß es ihr, den Umständen entsprechend, leidlich gutgeht. Mensch,

Fonty! Sie waren wohl nicht bei Trost. Gut, daß ich nen Tip bekommen habe. Ihre Emmi wird jedenfalls froh sein, wenn sie ihren Wuttke möglichst bald zurückhat.«

Das reichte. Und wenn es nicht gereicht hätte, wäre Hoftallers Versprechen, er werde versuchen, die angeordnete Räumung des Dienstzimmers, wenn nicht rückgängig zu machen, dann aufzuschieben, von Gewicht gewesen. Er sagte: »Außerdem zeichnet sich ne neue Perspektive ab. Im Auftrag der Treuhandanstalt sollen Sie mit interessierten Investoren ehemalige Schlösser und Herrensitze besichtigen. Hierhin ne Rundreise, dahin. Man baut auf Ihre sachkundige Führung. Die Leute von der Treuhand wissen, daß Ihnen dort alles bis in den letzten Winkel hinein vertraut ist. Soll ne Art Wiederbelebung der Wanderungen durch die Mark werden. Wir sind sicher, daß die zu animierenden Käufer Ihre historischen und oft in Anekdoten versteckten Kenntnisse schätzen werden. Das ist doch was, Fonty! Da ist Zukunft drin. Ab in die Mark! Nicht London, Schloß Kossenblatt steht auf dem Programm. Spreewaldfahrten, die Ruppiner Schweiz, Havelschwäne, märkische Wälder und Forsten. Und überall ne Menge Spuk- und Gespenstergeschichten. Reisen dürfen Sie, Fonty, von Schloß zu Schloß!«

So gelang es Hoftaller, Fonty abzuschleppen. Man muß das wörtlich nehmen. Kaum hatten sie die Paßkontrolle hinter sich, machte Fonty schlapp. Mehrmals knickte er weg, japste nach Luft. Mit Hoftallers Unterstützung ging es bis vor das Flughafengebäude, aber die hundert Meter zum Taxistand schaffte er nicht. Im neuen Paletot stand Fonty mit zitternden Knien. Sein Atem pfiff. Die Hände flogen, kaum daß er den Bambusstock halten konnte. Alles an ihm schlotterte.

Wer will, mag zweifeln: Hoftaller hat ihn huckepack genommen. Wortlos bot er sich als Packesel an. Dank stämmiger Figur fiel es ihm leicht, Fonty, der in seiner greisenhaften Klapprigkeit nur wenig wog, einfach huckepack zu nehmen. Der Arme hing auf rundem Rücken wie draufgeschnallt. Er saß auf des Trägers rückwärts zum Sitz verschränkten Händen und hielt dessen Brust umklammert. Sein Kopf hing mit verrutschtem Sommerhut über seines Tagundnachtschattens Baseballkappe, die gar nicht zum neuen Flanell passen wollte. Sogar Fontys Wanderstock konnte geborgen werden, irgendwo dazwischengeklemmt. So kamen sie Schritt nach Schritt voran. Der zur Einheit gekoppelte Gegensatz. Lastenträger und Bürde. Ein wandelndes Denkmal ihrer selbst, das einen kompakten Schatten warf. Und zwischen anderen Zuschauern sahen wir, wie sie in Richtung Taxistand voran kamen; was gar nicht lange dauerte, zog sich dennoch eine kleine Ewigkeit hin.

Er hat ihn abgeschleppt. »Nein«, sagte Hoftaller, »in Sicherheit bringen mußte ich unseren Freund ... «

Was mit Schüttelfrost begann und während der Taxifahrt
quer durch die Stadt sogar den Chauffeur beunruhigte –
»Mann, den hat's aber erwischt« –, dann, nach Stau und
Umleitungen, in der Kollwitzstraße von Etage zu Etage für
Hoftaller zur Qual wurde, weil Fonty keine zwei Stufen
schaffte und ab erstem Treppenabsatz wieder huckepack
genommen werden mußte, steigerte sich in der Dreieinhalbzimmerwohnung bei zügellosem Zähneklappern zum Fie-
berdelirium; nachdem Martha Grundmann und die Nachbarin Scherwinski den Kranken ins Bett gepackt hatten,
zeigte das Thermometer 39,9 an.

Er fror unterm Federbett, das er immer wieder abwarf.
Wie er, so waren auch seine Prothesen nicht zu bändigen:
Schnatternd schlugen die künstlichen Zähne aufeinander
und mußten ins Glas; dennoch kamen zerstückelte Wortfetzen, Namen durch. Fonty rief nach dem Freund seiner jungen Jahre. Mit Bernhard von Lepel war er auf windge-
peitschter Heide in Schottland unterwegs. Dann schien es,
als hätten sie sich verirrt, seien in sumpfigen Morast geraten. Hilfe war vonnöten. Er verlangte nach Mathilde von
Rohr, seiner für Kümmernisse stets offenen Beichttante, der
er nun ruhiger und ohne Zähnegeklapper zuallererst häusliche Mißstimmung, den jüngsten Ehekrach klagte, um dann
mümmelnd über Kollegen herzuziehen: wie verknöchert
der alt gewordene Lepel sei, daß Heyse in München unter
Stoffmangel leide und: »Wildenbruch hat wieder einen
furchtbaren Vers gesündigt . . . Vielen Dank für den auf dem
Postweg frischgebliebenen Spargel . . . Auf Zeitungslöschpapier wird weiter und weiter geschandmault . . . «

Fontys Klappern und Zittern ebbte ab. Schließlich – und nun wieder mit seinen Drittzähnen – begrüßte er, wie nach geglückter Landung auf dem Londoner Flughafen, den Brieffreund James Morris, mit dem er sogleich die krisenhafte Weltlage sondierte: »Und was sagen Sie zur Situation auf dem Balkan? Sieht aus, als wollten Kroaten und Serben sich wiederum bis aufs Blut… Der Kaukasus zerfällt, schlimmer, das russische Großreich bricht auseinander, so daß wir uns der zwar schrecklichen, aber gefestigten Zustände werden erinnern müssen, als noch die Sowjetmacht mit starker Hand… Weil nichts hält… Weil die Welt aus den Fugen… Wie nach Tauroggen, als die Zeichen auf Sturm standen… Und aus dem Stechlinsee stieg, kurz vor meinem Abflug, ein Wasserstrahl höher und höher…«

Nach zweitem Fiebermessen – nun waren es 40,3 – forderte Martha den Tagundnachtschatten des so erbärmlich daniederliegenden Englandreisenden auf, von der nächsten Telefonzelle aus eine Nummer zu wählen, die sie auf ein eilig abgerissenes Kalenderblatt, mit Datum vom 12. Juni, gekritzelt hatte: »Nun laufen Sie schon. Vom Rumstehen wird's nicht besser.«

Doktor Zöberlein, dessen Poliklinik demnächst abgewikkelt werden sollte, der aber den Wuttkes noch immer als Familienarzt galt, kam sofort, wenn man bereit ist, zwei Stunden Wartens bei steigendem Fieber als sofort zu akzeptieren. Ein Blick des gehetzten, aber nie gehetzt wirkenden Arztes genügte: »Kennen wir schon, diese nicht ungefährliche Neigung zur Anämie. Scheint diesmal aber besonders dicke kommen zu wollen. Vernünftig wäre eine sofortige Überweisung nach Buch in die Anstalt. Ich weiß, ich weiß: Unser Patient wird sich weigern. Würde zu weiteren nervlichen Belastungen führen. Also verlassen wir uns auf häusliche Pflege und die bewährten Selbstheilkräfte unseres Kranken. Wird aber dauern diesmal. An Medikamenten das Übliche. Vor allem muß das Fieber runter…«

Fonty lag ruhig, erschöpft. Doktor Zöberlein ging mitten im Satz von einem Patienten zum nächsten über: »Nehme an, daß es Mama Wuttke auf den Magen geschlagen ist. Kein Wunder, wenn sich der alte Herr solche Dinge leistet. Einfach abhauen. Kommt übrigens jetzt häufiger vor. Muß an der Zeit liegen...«

Also schaute der Arzt nach Emmi, an deren Bett Inge Scherwinski saß und mit zweiter Stimme zum Gejammer der alten Frau beitrug. Natürlich hatte sie keine Unmenge Tabletten geschluckt – Magenauspumpen war Hoftallers Erfindung gewesen –, aber bettlägerig blieb sie doch, obgleich man ihren Wuttke zurückgebracht hatte. Hoftaller stand in der Küche rum, als werde er noch gebraucht.

»Das wird schon wieder«, sagte Doktor Zöberlein und schrieb weitere Rezepte auf. Als ihm die Nachbarin Scherwinski mit Klagen über Rückenschmerzen kam – »Ich krieg mich nich grade mehr« –, riet er zu Gymnastik und Schuhen mit flachen Absätzen. Dann war Hoftaller dran. Der reagierte auf die Frage nach etwaigen Beschwerden ein wenig erschrocken, fing sich aber sogleich: »Tut mir leid, Doktor. Ein paar Gesunde gibt's noch.«

Dann ging der Arzt, nicht ohne Martha Grundmann zu versprechen, tags drauf nach den beiden Kranken zu schauen: »Verlaß mich auf Sie. Dürfen uns diesmal nicht schlappmachen. Versprochen?«

Zwar fand Martha noch genügend Kraft, zur nächsten Apotheke zu laufen, aber nachdem sie Vater und Mutter mit fieberdrückenden, nervenberuhigenden und magenfreundlichen Medikamenten versorgt, Inge Scherwinski ein Päckchen Zigaretten zugesteckt und Hoftaller eine Flasche Bier auf den Küchentisch gestellt hatte, fühlte auch sie sich »etwas mulmig und angegriffen«. Mit Schweiß auf der Stirn und erstem fiebrigen Schuddern war sie wieder einmal ganz

Vaters Tochter, das hieß bei ihr: »Bin mit den Nerven fix und fertig und eigentlich reif fürs Bett.«

Als Hoftaller wissen wollte: »Wie lebt es sich denn so in Schwerin?«, gab sie zuerst nur pampige Antwort, »Möcht mal wissen, was Sie das angeht?«, dann aber nahm sie ihr schroffes Wesen ein wenig zurück: »Wie soll es sich da schon leben? Im Prinzip nicht schlechter als hier. Bin aber froh, daß ich ein paar Tage weg bin. Kann das Mecklenburgische schlecht ab, na, die kriegen entweder das Maul nicht auf, oder sie dröhnen. Aber hier herrscht ja auch nicht grade Jubel, Trubel, Heiterkeit. Genau. Erst liegt Mama flach und nun Vater. Und jetzt hat es womöglich mich erwischt. Muß mich unbedingt hinlegen. Würd es Ihnen was ausmachen, wenn Sie... Jedenfalls wär Vater Ihnen bestimmt dankbar... Nur ab und zu nach ihm gucken... Vielleicht morgen noch, bis ich wieder auffem Damm bin... Zu nix taugt man mehr... Die Wohnungsschlüssel? Na, inner zweiten Schublade links... Genau... Im Kühlschrank steht mehr Bier.«

Der Kranke schlief. Emmi Wuttke war gleichfalls eingeschlafen. Und als bald darauf Martha Grundmann unter geschlossenen, doch immer wieder verschreckt zuckenden Augenlidern ein wenig Schlaf fand, sagte Inge Scherwinski: »Was für ne Familie! Wenn einer liegt, liegen jleich alle. Is ja man gut, daß Sie da sind und ein Auge drauf haben. Ich muß nämlich jetzt rüber, ehrlich, weil meine Jungs sonst alles auffen Kopp stelln...«

Hoftaller saß in der Küche und holte sich, als die Flasche leer war, eine zweite, dabei sah er, daß Martha Grundmann ein halbes Dutzend Schultheiß kühlgestellt hatte. Man rechnete mit ihm. Er gehörte zur Familie. So still es hinter den Zimmertüren der Wohnung blieb, er war nicht einsam. Außer ihm gab es die Küchenuhr und den Fernsehapparat, der aber stumm zu sein hatte; das Ticken der Uhr, deren Zifferblatt aus Emaille war, sagte genug. Wie ruhig Emmi und Fonty schliefen, sogar Martha schien Schlaf gefunden zu haben, jedenfalls litt sie, falls sie nicht schlief, stumm vor sich hin und hörte auf ihre hellwachen Nerven.

»Will nur paar Stunden abschalten, damit ich wieder auf Trab komm und Sie endlich abzischen können.« Das hatte sie gesagt, bevor sie sich in ihr Mädchenzimmer zurückzog. Und Hoftaller war mit der Antwort »Ich hab Zeit« auf längere Anwesenheit vorbereitet. Nun tickte die Uhr, und ab und zu rappelte der Kühlschrank.

Zu uns hat Martha Grundmann später gesagt: »Na, der hat ziemlich verdattert geguckt, als ich ihn in der Küche sitzen ließ. War er nicht gewohnt, Krankenpflege und sowas. Hat bestimmt gedacht, ich rappel mich wieder in ein paar Stunden oder bißchen länger vielleicht. Hat sich aber dann hingezogen die Sache mit uns. Konnt er natürlich nicht wissen, als er ›Ich hab Zeit‹ gesagt hat. Und war bestimmt nicht einfach für ihn, drei Kranke und alle schwierig, auch wenn meine Freundin Inge eingekauft und ab und zu Hühnerbrühe auf Vorrat gekocht hat. Genau, konnt ihn eigentlich nicht ausstehen, na, weil er... Aber das wissen Sie ja. Und wenn er wegen nix vor sich hin gegrinst hat, hätt ich ihm sonstwas... Aber das muß man ihm lassen, war ganz rührend besorgt um uns, tage-, was sag ich, wochenlang...«

Wir vom Archiv hörten nicht ohne Schadenfreude, was er uns später von einer Telefonzelle als seine neueste Tätigkeit durchgesagt hat: »Hätte nie gedacht, daß sowas rund um die Uhr läuft. Mit Fonty, das geht ja, aber Mutter und Tochter lassen kein bißchen Pause zu. Immer ne Menge Wünsche. Und immer muß es schnell gehn. Nein, brauch keine Hilfe, komm schon zurecht und schlaf in der Küche, so gut es geht. Aber nun muß ich Schluß machen, weil die Nachbarin gleich wieder wegwill, dringend, sagt sie, auf Ämter wegen Kindergeld oder sowas...«

Nicht, daß er klagte, aber man ahnte die Anstrengung. Dennoch muß Hoftaller eine Neigung zur Krankenpflege verspürt, vielleicht sogar eine gewisse Verantwortung für die Wuttkes entdeckt haben, sprach er doch von »meinen Kranken« und von »meiner nicht immer einfachen Aufgabe«. Jedenfalls war Doktor Zöberlein mit seiner Fürsorge zufrieden. Uns gegenüber hat er von einem »Glücksfall« gesprochen. »Solch einen Hausfreund wünscht man sich.« Und als er sich Anfang Juli auf eine ihm endlich mögliche Bildungsreise ins westliche Ausland begab – später, als die Poliklinik zumachen mußte, wechselte er ganz in den Westen –, konnte der Arzt sicher sein, daß die drei nicht pflegeleichten Patienten in guten Händen waren.

Insgesamt mußte Hoftaller knapp vier Wochen lang helfen. Ein Klappbett, zurückgeblieben aus Notzeiten, das sich im Kohlenkeller fand, hatte er in die Küche gestellt, offenbar gewohnt, spartanisch zu leben. Jedenfalls stellten wir uns vor, daß Hoftallers Zuhause – denn irgendwo mußte er wohnhaft sein – nur karg möbliert war. In Tallhovers Biographie wird ein Haus und dessen Küche erwähnt, desgleichen ein Keller, in dem er sich, wenn auch vergeblich, zum Tode verurteilt hat, außerdem ist von einer alten Frau die Rede, die wöchentlich einmal putzte; mehr nicht, kein Bezirk, keine Straße. Aber wir vermuteten Hoftallers Adresse in den leicht zu verwechselnden Plattenbauten im Bezirk Marzahn oder in Berlin-Mitte, wo, als Hinterlassenschaft der Arbeiter- und Bauern-Macht, dicht bei dicht die Parteikader wohnten.

Niemand von uns hat ihn jemals besucht. Selbst Fonty sprach sich nur vage aus: »Vermutlich haust mein Tagundnachtschatten in wechselnden Quartieren und mehr schlecht als recht. Keine Ahnung, wer für ihn sorgt. Von

Frauen war bei ihm nie die Rede. Und kochen kann er bestimmt nicht. Kenne ihn nur mit Thermoskanne und Mettwurststullen in einer Blechdose, sein Proviant, wenn er Außendienst hatte . . . «

Um so erstaunlicher war es, daß der Krankenpfleger Hoftaller schon bald, wenn auch nach Inge Scherwinskis Anweisungen, fähig war, für Schonkost zu sorgen, zum Beispiel für Haferschleim oder Hühnerbrühe, die er »jüdisches Penicillin« nannte. Später hat er sich sogar an leicht gewürztes Hackfleisch zu Salzkartoffeln und grünen Erbsen gewagt, offenbar mit Erfolg, denn Emmi Wuttke sagte: »Aber gekocht hat er prima. Hätt ich ihm nich zugetraut. Sogar Kalbsfrikassee zu Reis hat er hingekriegt, und einmal, als es mir schon bißchen besser ging, hat er nen Schweinebraten in die Röhre geschoben, war richtig knusprig die Schwarte. Und immer gleich abgewaschen hinterher. Sah tipptopp aus die Küche, wenn ich mal reinguckte, als ich wieder Appetit auf Fernsehen bekam, Lindenstraße und sowas . . . «

Doch bis es soweit war, zogen sich betriebsame Tage und unruhige Nächte in die Länge. Fonty blieb fiebrig. Marthas Depressionen nahmen eher zu. Nur mit Emmi ging es, wenn auch langsam und unter Gejammer, bergauf. Doch im Unterschied zu den beiden Frauen, die verdüstert stumm oder apathisch in ihren Betten lagen, war Fonty ein mitteilsamer Kranker, das heißt, er sprach im Fieber, und Hoftaller rückte, sooft es ging, einen Stuhl neben den Fiebrigen; sogar als Krankenpfleger war er ein guter Zuhörer.

Viel gab das nicht her, bloße Phantasien ohne Anfang und Ende. Dennoch war dem hektischen Redefluß und mehr noch seinem im Bummelton vorgetragenen Geplauder eine Ordnung abzuhören, die freilich weder Raum noch Zeit achtete.

Anfangs fütterte der versäumte Englandflug des Kranken lamentolange Klage. All die verpaßten Sehenswürdigkeiten, ob Tate Gallery oder Westminster Abbey, wurden vorgeführt. Die Präraffaeliten und die Gemälde von Gainsborough und Turner, den er ein Genie ohne Nachfolge nannte. Dann brabbelte das Londoner Tagebuch vor sich hin: »Im Café Divan Brief an Glover geschrieben . . . Rüffel von Metzel . . . Im Covent Garden Konzert gehört, Hauptstück: The Fall of Sebastopol . . . Auf der Gesandtschaft Max Müller getroffen . . . Handel mit Glover vorläufig abgeschlossen . . . Brief für Merckel an Metzel geschickt . . . Sah Othello, die Desdemona vorzüglich . . . Nun jährlich zweitausend Reichstaler für ›Morning Chronicle‹ sicher . . . « Dann stand wieder Sightseeing auf dem Programm: mit und ohne Emilie, die nachgereist war und nun ihr Heimweh pflegte – »Für George ein scotch plaid gekauft . . . « Danach über die Themsebrücken zur Fleet Street oder in den Hyde Park und natürlich zum Trafalgar Square und weiter zum düsteren Tower. Und mit diesem Umschlagplatz englischer Geschichte kam sogleich wieder der Freund schwieriger Jahre, Bernhard von Lepel, ins fiebrige Spiel. Auf nach Schottland! Beide bereisten die Grafschaft Kinross, standen Seite an Seite am Ufer des Leven-Sees, sahen von dort aus, auf einer Insel gelegen, das Douglas-Schloß Lochleven, und Fonty rief: »Schau, Lepel, so schön das Bild ist, das sich vor uns entrollt, aber ich frage mich, war denn der Tag minder schön, an dem ich auf dem Rheinsberger See ruderte und gleichfalls das Schloß sah . . . «

Und schon befand er sich, wie in Schottland geplant, auf Wanderung durch die Mark Brandenburg, doch nunmehr gemischt mit der Aussicht, demnächst – und im Dienst der Treuhand – potente Käufer von Schloß zu Schloß führen zu müssen: »Aber das will ich nicht! Bin kein Ausverkäufer! Niemals werde ich diesen Raffkes die Grafschaft Ruppin, das Ländchen Friesack, den Oderbruch feilbieten . . . «

Dann wieder war England vordergründig, wo man ihm, gleich bei Ankunft in London, seine drei Bände »Vanity Fair«, samt Randglossen, beschlagnahmte. Ärger über Ärger. Kaum daß ihm der Cabkutscher durch seine Lieblingsstraße, Moorgate Street, zum Finsbury Square gebracht hatte, folgte er wieder den tagtäglichen Eintragungen: »Im Café Divan geplaudert... Bruch mit ›Morning Chronicle‹ endgültig... Habe Ingvessen angeworben... Briefe von Immermann beantwortet... Jetzt haben die Dänen auf mich, den preußischen Agenten, ihrerseits jemand angesetzt... Ein gewisser Edgar Bauer bespitzelt mich...« Und nach dem Sturz der Regierung schlug weiterer Verdruß durch, den sich wie immer Lepel anhören mußte: »...bin weder ein Kreuzzeitungs-Mensch noch ein Manteuffelianer, bin ganz einfach der, der ich bin, und dieser Mensch hat bloß keine Lust, Manteuffel unmittelbar nach dem Sturz anzugreifen, weil mir besagter Manteuffel, dessen Pech am Hintern und dessen Polizeiregime mir ein Greuel gewesen ist, persönlich nur Gutes getan hat, weshalb ich auch nicht anstehe, nun, da er weg ist, den Helden zu spielen und mein Mütchen am Arbeiter- und Bauern-Staat zu kühlen, in dem es mir gleichfalls, zumindest in Kulturbundzeiten, passabel ergangen ist, auch wenn mich diese ledernen Zensurbestimmungen... und mir die Söhne abhanden gekommen... und uns der Sinn verlustig... die Perspektive futsch... Die Hauptaufgabe nie gelöst... und alle Freude am Sozialismus bald verlorengegangen... So daß wir jetzt, nachdem die Geschichte rückläufig... Jadoch! Paraden sind geplant. Öffentliche Hinrichtungen werden simuliert. Überall kolossale Happigkeit! Und schon wieder ist es ein Ismus, an den geglaubt werden soll. Hofprediger von allen Kanzeln herab. Was aber meinen Glauben betrifft, war ich schon immer reif für Lex Heintze, weshalb ich zu Hauptmann und dessen ›Hanneles Himmelfahrt‹ gesagt habe: Über diese Engel-

macherei könnte ich zwei Tage lang ulken. Ein Genie? Das
war der Schwefelgelbe auch. Sogar ein genial mogelndes
Genie. Nein! In der Potsdamer haben wir und der Jude Neumann, der uns gegenüber wohnte, nie auf Bismarcks
Geburtstag geflaggt, weshalb ich noch immer, Arm in Arm
mit Neumann, mein Jahrhundert in die Schranken fordere,
auch wenn ich, kaum waren wir glücklich gelandet – und
das Kind Agnes bei seiner Mutter – zu James Morris, der mit
Frau Professor Jolles gleich hinterm Zoll stand, gesagt habe:
Die letzte Rolle, die zu spielen ich geneigt sein könnte, ist die
des Kriegsberserkers. Aber die Schicksale nehmen ihren
Lauf, und etwa am nächsten Säkulartag von Trafalgar oder
nicht sehr viel später werden wir einen großen Krach haben,
wogegen der Golfkrieg ein Klacks... Denn der Stechlinsee
hat kürzlich mit einem Wasserstrahl... Und weil meine
Mete mit einem furchtbar rappschigen Schloßaufkäufer...
Und in Jena Professor Freundlich, obgleich ich ihm schrieb:
Weg mit der Pistole! Ridikül ist das! Da hätte sich eher der
Chef der Treuhand... Aber dem kam eine andere Person
zuvor...«

Das alles hörte sich Hoftaller als Krankenpfleger an. Uns
sagte er später: »Ein einziges Kuddelmuddel. Sogar um eine
Staatspension hat er gebettelt, gleich ob vom preußischen
oder vom Arbeiter- und Bauern-Staat ausgezahlt. Ich hab
nicht viel dazu gesagt, nur seine rechte Hand gehalten und
ab und zu bißchen getätschelt. Aber ganz zum Schluß – doch
da gab's keinen Schluß, nur Pausen – hab ich es mit Gutzure-
den versucht: Geht in Ordnung, Fonty. Das kriegen wir hin
mit der Staatspension. Weiß man doch, daß Sie immer loyal
gewesen sind. Das bißchen Aufmucken gehörte dazu...«
    Soviel Geduld hatte Hoftaller. Und als dem Kranken wei-
tere Lebensphasen aufleuchteten, um von anderen gelöscht
zu werden, die wiederum nur kurz flackerten, blieb er ganz

Ohr und vergaß dabei nicht, des Fiebrigen Hand – immer wieder die rechte – zu streicheln; so zärtlich ging er mit seinem Pflegefall um, daß wir uns schämen mußten, weit weg, aus der Distanz des Archivs.

Deshalb soll hier nichts ausgelassen werden, so wirr uns Fontys Fieberreden vorliegen. Wenn er soeben noch unter der Zwölfjahreslast seiner Kriegsbücher stöhnte und sich mit dem Verleger Decker anlegte, den er als »knickrigen Ruppsack« beschimpfte, flehte er ihn mit nächstem Satz an: »Wenn Sie mir jetzt schon weitere dreihundertfünfzig Taler zahlen wollten...« Und gleich darauf steckte er ganz übergangslos inmitten Familienangelegenheiten, indem er seinem Sohn Theo, der jüngst das Abitur geschafft hatte, gratulierte –»Du bist der erste Primus omnium der Familie«–, um ihn gleichzeitig als Sohn Teddy und Beamten auf Bonns Hardthöhe vor der drohenden Aufklärung langjähriger Informantentätigkeit zu warnen: »Auf Dauer kann ich dich nicht mehr schützen... Mein Leib- und Magenspitzel könnte... Irgendwann fliegt dein nicht gerade sauberer Handel auf... Nie hättest du dich für uns so heldenmütig aufopfern dürfen... Verrat bleibt Verrat... Schlimm genug, sagt Mama, daß schon Georg als Fliegerhauptmann sein militärisches Geheimwissen...«

Dann war sein verlegerisch tätiger Sohn Friedel dran. Kaum hatte er ihm die »Poggenpuhls« zum Druck freigegeben, verspottete er den Wuppertaler Verleger und dessen fromme Traktate: »Was heißt hier, Heiden zu Gott führen? Fand es kolossal anmaßend, als ein Schusterssohn aus Herrnhut 400 Millionen Chinesen bekehren wollte, und nun willst du es in deinem Missionseifer mit weit über einer Milliarde aufnehmen und so die gelbe Gefahr aufs christliche Gleis bringen...«

Dann haderte er mit Mete: »Warum klagst du dir lauter Fehlposten ein? Eigentlich ist es ein Glück, ein Leben lang

an einer Sehnsucht zu lutschen...« Und erst, nachdem er
»wegen der lästigen Akademiesache« mit Emilie zu streiten
begonnen hatte – »Heute endlich hat der Kaiser meine Entlassung genehmigt. Im ersten Augenblicke war es mir deinet-
wegen leid. Aber enfin, es muß auch so gehn...« –, fiel er,
erschöpft von Rede und Widerrede, in tonlosen Schlaf.

Wir sehen keinen Grund zu verschweigen, wie er seinen
Krankenpfleger beschimpft hat und in Hoftaller den Polizeirat Reiff oder jenen dänischen Sicherheitsassessor zu erkennen glaubte, auf den der arme Holk in »Unwiederbringlich«
so eifersüchtig war: »Nun geben Sie schon zu, daß Sie die
schöne Brigitte Hansen auf Ihrer Informantenliste führen.
Was heißt hier, das ist echt Kopenhagensch, das war schon
immer so. Jedenfalls haben Sie, trotz aller scheinheiligen
Tricks, Melanie nicht aushorchen können, denn als Rubehn
nach Hause kam, roch er sogleich Ihren Pestgestank und
warnte vor näherem Umgang...«

Hoftaller nahm das hin. Lächelnd, als wollte er von einem
kranken Kind berichten, sagte er uns: »Und stellen Sie sich
vor: Schließlich sind ihm auf seinen Fieberreisen das alte
Fräulein Mathilde von Rohr und Frau Professor Jolles zu
einer einzigen Person und Beichtmutter verschmolzen.
Wenn er bei der einen seinen ganzen Jammer abgelassen hat
– ›Meine Frau wäre eine vorzügliche Prediger- oder Beamten-
frau in einer gut und sicher dotierten Stelle geworden...‹ –,
gestand er der anderen: ›Meine Emilie ist, wie ich einräumen muß, nicht darauf eingerichtet, mit mir ein Leben am
Abgrund hin zu führen, weshalb wir uns trennen sollten.
Doch als ich mir kürzlich, des ewigen Jammers müde, von
unseren gemeinsamen Archivfreunden einen Flug nach
London buchen ließ und ihr beim Frühstück sagte: Meine
liebe Frau, ich habe nicht nur der Akademie Lebewohl
gesagt, vielmehr gehe ich auf immer, rief sie und lachte
dabei: Fahr nur, fahr und bring mir was Hübsches mit...‹«

Immer auf Trab vergingen Hoftaller die Tage und Wochen. So gern er dem Fiebernden zuhörte, mußte er doch mit dem anderen Ohr auf dem Sprung sein. Durch die halboffene Tür zur Küche hin erreichte ihn Emmis Gejammer oder Marthas herrischer Ruf: »Ist denn niemand mehr da?!«

Er sorgte mit Eisbeuteln und Wadenwickeln. Die Nachttöpfe zu leeren gehörte zum Morgenprogramm. Er maß Fieber, wechselte die Laken, schüttelte die Betten auf, brachte die Kopfkissen, nach Wunsch, in richtige Lage. Da jeder Lichtstrahl Martha schmerzte, verdunkelte er ihre Mädchenkammer so fugendicht, daß sie wie in ewiger Nacht lag, und wenn er sie aufsuchte, um das kühlende Stirntuch zu wechseln, huschte er auf Strümpfen.

Ganz anders kümmerte sich Hoftaller um Emmi. Er hatte ihr aus dem Poggenpuhlschen Salon einen der Medaillonsessel in die Küche geschleppt, damit sie beim abendlichen Fernsehgenuß in eine Decke gehüllt und bequem saß. Und für die Nachbarin, die den Einkauf besorgte und ihn manchmal – »Auf ein Stündchen nur« – vertrat, wenn er dringender Besorgungen wegen außer Haus war – »brauche ein zwei Sachbücher« –, fielen ihm freundliche Worte ein: »Wollen Sie, bitte, so gut sein, an die Zeitungen, den ›Tagesspiegel‹, die ›Wochenpost‹, zu denken. Und wenn es nicht zuviel verlangt ist, bitte ich um nen Sechserpack Schultheiß. Ach, liebe Frau Scherwinski, Sie ahnen gar nicht, wie dankbar wir Ihnen sind. Nen Orden müßten Sie kriegen.«

Wir vom Archiv hätten nicht besser für unseren Freund sorgen können, der die Nervenleiden des Unsterblichen so mustergültig ertrug, als wollte er uns mit jedem Fieberschub dessen lebenslange Schwäche anschaulich machen. Einige Male waren wir, nicht alle, nur als Zweierdelegation, auf Besuch. Die blitzblanke Küche fiel auf. Und einer von uns bemerkte auf dem Tisch ein Fremdsprachenlehrbuch, zudem ein Diarium und ein Vokabelheft, wie griffbereit eine

Brille. Auf unsere Frage sagte Hoftaller: »Nun ja, man hat Lücken. Man muß sich weiterbilden. Und da meine Nachtwachen sich hinziehen, bleibt sogar einiges hängen: se habla español...«

Mit Fonty war natürlich, im Sinn von Gespräch, nicht zu reden, doch durften wir Zeuge seiner Fieberphantasien sein. Dabei ergaben sich unerhörte, die Grenzen unseres Fachwissens sprengende Einsichten. Wir waren sicher, das Entstehen einiger Werke in bisher nicht überlieferten Textvarianten zu erleben. Mal glaubte er, auf der Bettdecke das Manuskript von »L'Adultera« vor sich zu haben, auf dessen Rückseite bereits beendete Novellen wie »Grete Minde« und »Ellernklipp« handschriftlich überliefert sind, dann war es der Aufsatz über Friedrich des Zweiten Jugendfreund Katte, in dessen Reinschrift von Emilies Hand er Korrekturen eintragen wollte; mehr noch, Fonty beschloß mit fliegender Schreibhand bis Mitte des nächsten Monats eine Neufassung zu Papier zu bringen, stand doch für den 17. August die Heimkehr der königlichen Gebeine auf offiziellem Programm: Vater und Sohn, der erste Friedrich Wilhelm, auch Soldatenkönig genannt, sowie die sterblichen Reste des Alten Fritz sollten umgebettet werden. Und diesem Tag und Ereignis fieberte Fonty entgegen: »Muß in Potsdam dabeisein! Werde bis dahin meinen Katte-Aufsatz auf neuesten Stand bringen, denn Preußen, das ist Kattes Hinrichtung als pädagogischer Akt. Will ich sehen, diesen inszenierten Witz, womöglich mit Zapfenstreich und ähnlichem Mumpitz...«

Aber nicht nur »Katte aus heutiger Sicht«, auch andere Neufassungen gewannen in seinen fiebrigen Delirien teils absurde, teils verblüffend überzeugende Konturen. So schimpfte er den Schluß des Romans »Graf Petöfy« als »entsagungsvoll fade und religiös verschwiemelt«, weshalb er der Romanheldin Franziska, wenn sie denn schon aus einer

Hafenstadt stamme, vorschlagen wollte, nach dem Selbstmord des alten Grafen als reiche Witwe die Rückkehr aus Ungarn vorzubereiten und nach Ablauf des Trauerjahrs entweder in Berlin einen Schauspieldirektor oder, besser, in Stralsund einen Schiffskapitän zu heiraten. »Schluß mit dem österreichisch-ungarischen Operettenmilieu!« rief er. »Raus aus dem katholischen Beichtstuhl und rein in die lutherische Ordnungsanstalt, Ehe genannt!«

Gleichfalls fielen ihm zu »Irrungen, Wirrungen« fiebrige Varianten ein. Auf Adel und Kreuzzeitung sollte keine Rücksicht genommen werden: »Weg mit den Standesbarrieren!« Nach neuester Handlung mußte Lene Nimptsch nicht den biederen Konventikler und Stehkragenproleten Gideon Franke heiraten, sondern kriegte ihren Botho von Rienäcker, der auf die adlige, aber strohdumm kichrige Käthe pfiff. Fonty geriet in Feuer: »Nicht verzichten, Lene! Zupakken! Der vierte Stand nimmt sich, wonach ihm das Herz ist...«

Noch radikaler ging er mit Effi um: »Zweifelsohne! Es ist die Mutter, die kupplerisch diese üble Geschichte eingefädelt hat. Sie soll am Ende büßen, von mir aus nach Dobbertin in das Stift gehen, während der alte Briest mit Tochter und Enkelkind eine weite Reise macht, nein, nicht nach Italien, nach China, damit der Spuk ein Ende findet. Und auf dem Dampfschiff mit zwei Schornsteinen und langer Rauchfahne, zu dessen Passagieren ein holländischer Gewürzhändler gehört, begegnen sich beim Dinner so zufällig wie folgerichtig die Hochzeitsreisenden Botho und Lene von Rienäcker mit den Briests, wobei der Alte, ermuntert durch Effi, endlich zu seiner Tischrede kommt, in deren Verlauf die Verlobung seiner Tochter mit Mynheer Koeneman als bürgerliches Ereignis bekanntgemacht wird. Und später plaudern alle, wie ihnen zumute ist...«

Fonty hat sich für diesen Romanschluß bei steigendem, wieder auf 40 Grad kletterndem Fieber begeistert: »Gut,

daß Lene dabei ist und Arm in Arm mit Effi auf dem Schiffs-
deck flaniert. Übrigens sieht man später die beiden in Hong-
kong beim Einkaufsbummel... Räucherstäbe, Lackkäst-
chen, Seide...«

Er freute sich auf den Vorabdruck in der Vossischen, die
schon mit dem Original von »Irrungen, Wirrungen« Ärger
bekommen hatte. Die Empörung des Hauptaktionärs Lessing, »Wird denn die gräßliche Hurengeschichte nicht bald
aufhören«, hat er zitiert und seinen Spott draufgesetzt:
»Nein, Herr Geheimrat, sie geht sogar glücklich weiter.
Meine Lene hat das verdient. Das bin ich ihr schuldig seit
Dresdner Apothekertagen. Und meine Madeleine, deren
Kritik oft von zartbittrem Geschmack ist, wird sich an diesem blitzneuen, alle Prinzipienreiter vom Roß stoßenden
Schluß erfreuen, zumal nun auch Effi, das arme Luder...«

Wir vom Archiv geben zu, daß Fontys Fiebervariationen
einiges für sich hatten. »Effis Glück« schien ausreichend
motiviert zu sein, denn Crampas und Innstetten hatten sich
– nach des Kranken Willen – gegenseitig erschossen; der wie-
derverheirateten Witwe »bis ins hohe Alter heiteres Wesen«
erfreute uns.

Sogar Hoftaller war beeindruckt von dem, wie er sagte,
»etwas verspäteten Perspektivwechsel des Unsterblichen«.
Überhaupt genoß er seine Rolle als Krankenpfleger und
genierte sich nicht, uns mit vor den Bauch gebundener
Küchenschürze in sozusagen klinischem Weiß zu empfangen. Ein wenig übertrieben begeistert sprach er vom »für-
sorglichen Dienst rund um die Uhr«, und selbst wenn er ein-
räumte, daß ihm die beiden Frauen mehr Mühe als Fonty
bereitet hätten, war er voller Verständnis: »Man muß Frau
Wuttke begreifen lernen, gleichfalls die Tochter. Leicht
haben es beide bestimmt nicht gehabt. Der Alte kann ziemlich unerträglich werden. Oft hat nur mein leiser Hinweis
auf ne geschlossene Anstalt helfen können. Besonders

schlimm wurde es für Emmi und Martha, als die drei Söhne im Westen blieben. Man hat die Wuttkes immer neuen Schikanen ausgesetzt. Na, wegen massiver Republikflucht... Muß mir heute Vorwürfe machen, weil ich nicht fürsorglich genug... Glaubte, ein kleiner Denkzettel muß sein... So war die Zeit damals... Doch im Rückblick verlieren meine dienstlichen Tätigkeiten zunehmend ihren Sinn, falls sie jemals sinnvoll gewesen sind... Eigentlich hatte ich schon Mitte der fünfziger Jahre Schluß machen wollen... All diese unerledigten Fälle... Bewohnte damals ein Haus ganz für mich und saß oft im Keller... Rechnete mit mir ab... War am Ende... Schrie: Warum hilft mir keiner! An einem Sonntag war das... Die Heizung kalt... Aber ich habe dann doch weitergemacht, weil es mir um die Sache, nur um die Sache ging... Doch heute...«

Gewiß, man hatte ihn oft klagen hören, aber so zerknirscht, so entblößt kannten wir ihn nicht. Er verwarf sämtliche Ordnungs- und Sicherheitssysteme. Hoftaller zweifelte und widerrief sogleich seine Zweifel. Ein wenig erschrocken hörten wir ihn über den erschöpft schlafenden Fonty hinweg stammeln: »Schon zu Herweghs Zeiten... Nicht ausweisen, hinter Gitter bringen wollte ich ihn... Sehen Sie, wurde geboren, als dieser Student den Herrn Staatsrat August von Kotzebue... Und zwar nachmittags fünf Uhr, wie mir meine Mutter gesagt hat... So etwas prägt... Nie hätten wir dulden dürfen, daß ein gewisser Lenin im verplombten Sonderzug durch das Reich... Aber mit dem Prinz-Albrecht-Palais und den Gestapomethoden dort habe ich niemals... War im Amt Fünf beim Reichskriminalamt, und mein Chef hieß Nebe... Weshalb ich auch nichts mit sowjetischen Kriegsgefangenen, nur mit Dschugaschwili, wie Stalins Sohn richtig hieß... Und als ich dann in der Prenzlauer Allee und schließlich in der Normannenstraße... Nur weil der Genosse Zaisser die Lage nicht richtig erkannt hat und das Wort Putsch vermeiden wollte... Dabei haben wir fest geglaubt, Schild und Schwert unserer Arbeiter- und Bauern-Macht zu sein... Wie ja ihrerseits die Kollegen in Köln und Pullach überzeugt sind... Es ging um die Sache, wie ich schon sagte... Und wenn sich mir ne neue Aufgabe stellen sollte, meine, was Sinnvolles, etwas, das ausfüllt, wie derzeit die Krankenpflege, denn bei der Treuhand hält mich nichts mehr...«

Wir hörten zu und begriffen, daß sich Hoftaller in einer Sinnkrise befand, deren Gefälle aus unserem Archivwissen erahnt werden konnte; ihm wird, wie gelegentlich uns, die Motivation gefehlt haben. Weitermachen wollte er schon, doch wußte er nicht, für oder gegen wen er tätig werden sollte.

In diesem Zustand verließen wir Fontys weißgeschürzten Tagundnachtschatten und dessen Pflegefälle. Seine Einladung »In der Kollwitzstraße sind Sie jederzeit gern gesehen« klang flehentlich. Beim nächsten Besuch jedoch trat ein Ereignis ein, das zumindest die beiden Frauen gesunden ließ – und zwar schlagartig.

An einem Freitag. Das Wetter schwül und gewittrig. Draußen hatte man Blei in den Sohlen. Die Nachricht kam, als wir am Krankenbett saßen. Er sah lieb aus: mitgenommen und durchsichtig, ganz der Unsterbliche. Als an der Wohnungstür die Klingel ging, drehte er den Kopf und sah Hoftaller nach, wie er die eng gewordene Studierstube verließ und von der Küche aus nach abermaligem, jetzt ungeduldigem Klingeln die Tür zur Wohnung öffnete. Auf die Rückkehr des Pflegers, der mit einem gelblichen Kuvert im Hintergrund blieb, reagierte er mit des alten Stechlin Punktumsatz: »Ich kann Telegramms nicht leiden.«

Als Hoftaller, unsicher, ob er die eilige Post öffnen solle, von einer telegraphischen Nachricht für Martha Grundmann sprach, hörten wir vom Bett aus sein hohes, leicht meckriges Lachen: »Wird die Meldung vom Kauf der Villa Zwick am Müritzsee sein, die sich ihr Göttergatte gegrabscht hat. Beste Uferlage natürlich...«

Doch als das Kuvert erbrochen und dessen Inhalt halblaut vorgelesen wurde, lag Fonty wieder mit geschlossenen Augen und unruhigen Händen. Nur einmal, als schon beschlossen war, Martha zu benachrichtigen, tauchte er auf, diesmal mit visionärem Blick: »Will einen Roman im Telegrammstil schreiben... Wie eine Meldung die andere hetzt... Depeschenkürzel, Wortknapserei... Handlung nur als Gestotter noch...« Aber mehr oder gar Inhaltliches wollte er nicht verraten. Auf unsere Fragen nach dem neuen Projekt kam keine Antwort. Ganz vom Fieber bestimmt, war er weg.

Und gleichfalls reagierte Fonty nicht, als aus der Küche Lärm in seine Studierstube drang: Türenschlagen, Rufe, ein Stuhl fiel um. Etwas war zu Ende, Neues begann. Inmitten der aufgestörten Familie waren wir fehl am Platze. Bevor uns Hoftaller dazu aufforderte, verließen wir das Krankenzimmer nach letztem Blick auf Fonty, der, wenngleich stumm, schon wieder auf Reise war.

Marthas Ehemann war verunglückt. Einer der alltäglichen Autounfälle im Beitrittsgebiet. Es war zum Frontalzusammenstoß mit tödlichen Folgen, auch für den Fahrer des anderen Wagens, eines Trabant, gekommen. Auf der Chaussee von Schwerin nach Gadebusch, die weiter, über die ehemalige Grenze, nach Ratzeburg führt, ist es passiert. Heinz-Martin Grundmann starb auf dem Transport zum Krankenhaus. Er soll nicht angeschnallt gewesen sein; doch das stand nicht im Telegramm.

Bevor wir die Wohnung in der Kollwitzstraße verließen und während meine Kollegin unsere mitgebrachten Schnittblumen, die immer noch unausgewickelt auf dem Küchentisch neben dem fremdsprachigen Lehrbuch lagen, in einen Milchtopf stellte, fiel uns auf, daß nicht nur Martha, sondern auch Emmi sofort aus den Betten gefunden und sich angekleidet hatten. In Rock und Bluse setzte Martha bereits Kaffeewasser auf. Kein Entsetzen, keine Tränen, selbst Emmi Wuttke, die leicht ins Weinen geriet, verabschiedete uns trockenen Auges und in einem Zustand, den man, wenn nicht munter, dann doch geschäftig nennen konnte.

»Knapper ging's nich!« rief sie. »Sein Kompagnon hat das Telegramm aufgegeben, steht jedenfalls drunter: Udo Löffelholz. Dem muß man jetzt auf die Finger gucken. Und zwar ab sofort!«

Das gab sie uns mit, als wir in der Wohnungstür standen. Vor Eifer hatte sie richtig Farbe bekommen. Und als wir die ersten Stufen treppab nahmen, rief sie uns nach: »Hab sone Ahnung gehabt, daß da was kommt. Was Schlimmes! Das konnt ja nich gutgehn, immer Tempo. Aber mein Wuttke hat nur gesagt: ›Das ist deine Katastrophensucht. Die kommt von zuviel Fernsehn.‹ Und wer hat nu recht gehabt?«

Indem wir der Versuchung widerstehen, des längeren auf die Rolle der Telegraphie in »Effi Briest« und den unheilvollen Gegensatz zwischen dem Absender geheimnisloser Telegramme – von Innstetten – und dem Meister verführerisch intimer Briefe – von Crampas – einzugehen und darauf verzichten, weitere Telegramme, etwa aus dem »Stechlin«, zu zitieren, ferner die damaligen Ursachen hoher Politik – Emser Depesche – außer acht lassen, konzentrieren wir uns auf die in der Dreieinhalbzimmerwohnung wie auf einen Schlag veränderte Situation: Hoftaller hatte fortan nicht mehr drei, nur noch einen Kranken in Pflege.

Im Grunde wäre er gleich nach Eintreffen des einen Todesfall meldenden und zwei soeben noch Kranke gesund machenden Telegramms überflüssig gewesen, wenn Emmi Wuttke sich bereit erklärt hätte, an seiner Stelle unseren

Fonty zu umsorgen; doch Martha Grundmann, die als überraschend schnell reisefertige Witwe auftrat, wünschte sich
ihre Mutter als Begleitperson: »Also, das schaff ich nicht,
allein nach Schwerin, die Beerdigung mit allem Drum und
Dran und dann noch das Testament, was bestimmt Ärger
macht. Nicht nur von wegen Familie – da geb ich nix drauf –,
aber dieser Löffelholz kann ganz schön biestig werden. Genau! Der grabscht womöglich nach allem, was da ist. Im
Prinzip würd ich ja lieber bei Vater bleiben, solang er noch
fiebrig ist, aber die Umstände sind nun mal, wie sie sind. Da
muß man aufpassen. Das bin ich meinem Grundmann
schuldig. Sie können sich denken, was da auf uns zukommt,
bestimmt...«

Hoftaller sah alles ein. »Aus Rücksicht auf die besondere
Situation, aber auch aus freundlicher Verbundenheit mit der
Familie Wuttke« war er bereit, die Wohnung und in ihr den
verbliebenen Kranken zu hüten. »Das ist doch selbstverständlich. Ihr Herr Vater steht mir näher, als Sie vermuten
können. Die vielen, vielen Jahre... Darunter schwierige...
Da möchte man ne Menge nachholen, Schaden begren-
zen... Wunden, die die Zeit schlug... Versäumtes, das traurig macht... Sie können sich auf mich, als den Freund Ihres
Vaters, verlassen, und zwar voll und ganz.«

Nun soll etwas geschehen sein, das uns nur vom Hörensagen bekannt wurde: Plötzlich sei aus der Studierstube,
deren Tür einen Spaltbreit offenstand, ein Schrei gekommen. Fonty habe kerzengrade im Bett gesessen und sich sein
Gebiß, die obere, die untere Prothese, aus dem Mund
gezerrt und angewidert auf beide Stücke gestarrt, nun offenen leeren Mundes.

Als Hoftaller, vom Schrei herbeigerufen, ans Krankenbett
eilte, habe Fonty von ihm Gleiches verlangt, worauf sein
Pfleger sich folgsam in den Mund gegriffen und seinen
Zahnersatz vorgezeigt haben soll: in vollzähliger Reihe die

oberen, die unteren Zähne. Man stelle sich zwei alte Männer, man stelle sich den Tagundnachtschatten mit ausgeräumtem Mund vor.

Auf Befragen sagte uns Emmi Wuttke: »Na, das hat er geträumt nur, daß die Gebisse von den beiden vertauscht waren. Haben sogar gepaßt im Traum. Son Quatsch! Aber im Traum passiert ja viel. Natürlich wollt mein Wuttke seine Klappermänner wieder zurückhaben. Und geschrien hat er. War kaum zu verstehn: ›Was heißt hier Freundschaft! Auf solche Beweise pfeif ich! Meine Zähne gehören nur mir, auch wenn sie falsch sind. Los, her damit!‹ Na, wir haben ihn wieder beruhigen gekonnt. Und ich hab so getan, als würd ich die Dinger, dem seine und die von meinem Wuttke, wieder austauschen. Und gesagt hab ich: ›Is ja gut, Wuttke. Nu haste deine Beißer zurück. Hat alles seine Richtigkeit.‹ Er war dann auch zufrieden und ist gleich eingeschlafen, was ja gut war, weil wir es eilig hatten und packen mußten...«

Nachdem Martha ihre Sachen, das Allernotwendigste nur, in eine Reisetasche gestopft hatte, half sie ihrer Mutter. Einigen Aufschub brachte die Suche nach Kleiderstücken, passend zum Trauerfall. Sie war sommerlich hell aus Schwerin gekommen, sogar in bunt gepunkteter Bluse. Mutter und Tochter wühlten in den Schränken. Emmi jammerte: »An sowas hat natürlich keiner gedacht, als wir – is mal grad ein Jahr her – im KaDeWe für die Hochzeit eingekauft haben. Und als unser Georg starb – das is nu schon über zehn Jahre her –, durften wir ja nich rüber...« Und die Witwe schrie: »Nix paßt! Alles zu bunt! Gleich dreh ich durch...«

Schließlich fanden sie doch noch halbwegs brauchbare Garderobe aus Zeiten des Arbeiter- und Bauern-Staates: ein asphaltgraues Kostüm für Martha, ein schwarzblaues Komplet für Emmi. Hoftaller wagte vorzuschlagen, gleich nach der Ankunft in Schwerin für eventuell notwendige Neuanschaffungen keine Unkosten zu scheuen: »Sie werden bei den Trauerfeierlichkeiten gewiß im Mittelpunkt stehen, liebe Frau Grundmann. Nicht nur beim Beileid. Schließlich hat Ihr Mann ein beachtliches, ja, was den Aufbau Ost betrifft, vorbildliches Unternehmen geführt.«

Martha, die ganz ungeniert im Unterrock stand und den Pfleger ihres Vaters wie ein Neutrum ansah, sagte: »Genau. Löffelholz, nein, die ganze Familie von drüben wird denken: Die Witwe, die finden wir einfach ab, Grundstück am Müritzsee und bißchen was aufs Konto. Aber das läuft nicht. Mit mir schon gar nicht.«

Emmi, die inzwischen passende Schuhe gefunden hatte, stimmte zu: »Arm sind wir nun lange genug gewesen. Ging ja trotzdem meistens. Und mein Wuttke hat immer gesagt: Arm, aber ehrlich. Is ja richtig, aber was uns zusteht, das steht uns zu.«

Wir hätten, wenn Fonty bei Stimme gewesen wäre, durch ihn den Unsterblichen sprechen lassen, kurzgefaßt, wie bei solchem Anlaß üblich: »Moral ist gut, Erbschaft ist besser!« Leider hatte das Archiv nicht mitzureden, wenngleich wir uns bei allem, was die Wuttkes betraf, als stille Teilhaber verstanden.

Nun sahen sich beide Frauen reisefertig: Emmi unter einem im Farbton dem Komplet angepaßten Topfhut; die Witwe hatte sich für eine laut innerem Firmenzeichen original Baskenmütze entschieden, die eigentlich Fonty gehörte: ein Weihnachtsgeschenk aus Frankreich. Es roch nach Mottenkugeln und Kölnisch Wasser. Mutter und Tochter waren zu entschlossenem Trauergesicht fähig. Letzte Anweisungen für Hoftaller: Post könne er nachschicken. Durch die nun wieder halboffene Tür zur Studierstube warfen beide einen letzten Blick auf den ruhig schlafenden Mann und Vater. Da klingelte es.

Diesmal hatte es kein Telegrammbote eilig. Die zartbittre Person stand vor der Tür, hielt den Kopf ein wenig schräg und sagte: »Alloh, da bin ich wieder.«

Hoftaller, der geöffnet hatte, gab uns auch hierzu Auskunft: »Wie das Leben stand sie da, einfach umwerfend.«

Und Emmi Wuttke sagte uns: »Wir waren erst mal verdattert. Aber richtig niedlich, die Kleine.«

So muß es gewesen sein. Madeleines leichtes, großblumig gemustertes Trägerkleid, das die Schultern freigab, verkündete den beiden Frauen in Trauerdunkel, daß draußen auf allen Straßen und Plätzen der Sommer mit unbeweglicher Hitze lastete; und umgekehrt konnte der düsteren Garderobe auf ersten Blick eine schlimme Nachricht abgelesen werden.

Hoftaller übernahm es, Madeleines Ruf »Großpapa?!« den Schrecken zu nehmen. Während Martha und Emmi als Beileid erwartende Einheit inmitten der Küche standen, bekam der familiäre Todesfall Namen und Anlaß zugesprochen. Mit längerer Erklärung wurde Fontys Nervenfieber als zwar langwierige, aber nicht lebensgefährliche Krankheit dem tödlichen Unglück und der plötzlich notwendig gewordenen Abreise nachgeordnet. Wiederholt beteuerte der Krankenpfleger, der in weißer Küchenschürze stand, daß Herr Wuttke, selbst wenn Frau Wuttke ihre verwitwete Tochter nach Schwerin begleiten müsse, keinesfalls ohne Pflege bleiben werde: »Wie schon während der letzten Wochen stehe ich Ihrem Herrn Großvater rund um die Uhr zur Verfügung. Habe mich dafür freistellen lassen. Ist doch selbstverständlich, Mademoiselle Aubron.«

Madeleine war rasch von Entschluß: »Err Offtaller, ich danke Ihnen sehr für Ihre Bemühungen. Aber von nun an werde ich mich um Großpapa bekümmern. Ich bitte Sie, Ihrerseits die Selbstverständlichkeit meines Wunsches zu akzeptieren.«

712

Und mit gleicher Bestimmtheit sprach sie der verwitweten Martha Grundmann und »Großmama Emmi« ihr Beileid aus, höfliche, korrekt gelernte Wörter aus einem seit langem außer Gebrauch gekommenen Lehrbuch: »Seien Sie, bitte, gewiß, daß ich Ihren tiefempfundenen Schmerz aufrichtig teile...«

Nachdem sie Madeleine mit knappem Nicken für ihre Anteilnahme gedankt hatte, fand Martha doch noch Worte: »Na, dann ist ja im Prinzip alles geregelt. Auf die Kleine ist Verlaß. Worauf warten wir noch, Mama?«

Als Madeleine mit nicht nachlassender Bestimmtheit nah an Hoftaller herantrat und ihn mit zwingendem Silberblick bat, Emmi Wuttkes Koffer treppab zu tragen und die zwei Trauernden zum nächsten Taxistand zu begleiten, gehorchte dieser wie nach dienstlicher Anweisung, legte sofort – mit seinem Pflegeramt – die Küchenschürze ab, räumte seine Utensilien, darunter das Fremdsprachenlexikon und die Lesebrille, vom Wachstuch des Küchentischs, stand nun zivil in grauem Flanell und griff nicht nur nach Emmis Koffer, sondern auch nach Marthas Reisetasche.

Madeleine verabschiedete sich mit Wangenkuß. Nur Emmi Wuttke fand herzliche Worte: »Du bist doch ein gutes Kind. Ach, wie is das alles furchtbar. Mitten aussem Leben gerissen... Wenn bloß mein Wuttke nich wieder so stark zu fiebern anfängt... Ach, Kind, is doch ein Segen, daß wir dich haben...«

Gleich nach dem Abschied fiel die Tür ins Schloß. Wir stellen uns Fontys Enkeltochter in neuer Situation vor. Um nicht ins Schwärmen zu geraten, begnügen wir uns mit dem Geständnis, heilfroh über ihr rechtzeitiges Eintreffen, ihren resoluten Auftritt gewesen zu sein.

Die plötzliche Stille in der Dreieinhalbzimmerwohnung. Hoftallers störendes Klappbett. Die Küche war ihr sicher fremd: die noch halbvollen Kaffeetassen, der rappelnde Kühlschrank, die zu laut tickende Küchenuhr. Hinzu kamen der hinterbliebene Geruch lange eingemotteter Kleidung, die offenen Zimmertüren, der Blick auf die zerwühlten Betten zweier soeben noch kranker Frauen.

Wir vermuten, daß sich Madeleine einen Augenblick lang an den Küchentisch gesetzt hat, doch dann war sie mit wenigen Schritten an der Tür zur Studierstube, öffnete sie einen Spalt weit, sah den Großvater in unruhigem Schlaf, erweiterte den Türspalt, kam auf Zehenspitzen dem Bett mit den vier Messingkugeln auf den Eckpfosten näher, ganz nah und setzte sich, leicht, wie sie war, auf die Bettkante.

Wir wissen nicht, wie lange ihr Blick auf seinem Gesicht lag, das sie als beängstigend schön, wenn auch vom Fieber abgezehrt erlebt haben mag. Einige stille Minuten. Seine schreibmüden Hände. Der Kopf ließ den Schädel erkennen. Das Haar schweißverklebt. Kaum, daß er atmete.

Als Fonty die Augen aufschlug, verging Zeit, bis er Madeleine erkannte. Dann aber war mit wenigen Worten – »Ach, Kind, da bist du ja« – alles gesagt.

Bald danach fiel das Fieber.

Wie eine Auferstehung erlebten wir Fontys Genesung, als
hätte La petite »Nimm dein Bett und wandle« gesagt; jedenfalls gelang es Madeleine Aubron durch bloße Anwesenheit,
ihres Großvaters Fieber zu senken, sein Nervenzucken abzustellen, ihn sachte auf die Beine zu bringen und so gesund zu
machen, daß der soeben noch Kranke uns gegenüber von
einer besonderen Medizin zu schwärmen begann: »Sie hat
was von einer Kräuterhexe. Muß bei der Buschen in die
Lehre gegangen sein, auch wenn sie mir nicht mit Bärlapp
und Katzenpoot gekommen ist, denn den alten Stechlin
haben weder heiße Aufgüsse samt Hexenspruch ›Dat Woater nimmt dat Woater‹ noch Krippenstapels Honigwabe
vom Sterben abhalten können, obgleich meinem Dubslav,
der weit jünger als ich war, ein paar Jährchen in gutgelaunter
Gesellschaft zu gönnen gewesen wären. Mir jedenfalls muß
meine Enkeltochter ein Elixier gebraut haben, von dem nur
zu sagen ist, daß es mir zartbitter runterging, wirksam bis
unter die Fußnägel. Wenn ich gestern noch hätte sagen
mögen: ›Mit mir ist nichts mehr los, Buschen‹, so könnt ich
heut zwar nicht Bäume ausreißen, aber doch durch den Tiergarten rauf und runter joggen. Bin aber gegen Jogging. Ist
ungesund!«

Nein, große Sprünge waren ihm nicht erlaubt. Einmal täg-
lich gegen Abend, wenn die Hitze nachließ, durfte er an
Madeleines Arm treppab, mit ihr im Bummelschritt den
Kollwitzplatz umrunden und im Bistro in der Husemann-
straße zu Salzmandeln, die er gerne knabberte, ein Glas
Medoc trinken.

Die Nachbarin Scherwinski bestaunte das Wunder und
sah in der angereisten Französin eine Heilige wirken; jeden-

falls hat sie zu uns gesagt: »Konnt man zusehn, so schnell hat die Kleene den Alten jesund jemacht. Ehrlich: Kaum war Frau Wuttke mit unsre Martha wejen Trauerfall weg auf Beerdjung, da hat se den Kumpel vom Alten, sagen wir mal, fristlos jekündigt. Und denn hat die Kleene nen richtigen Wirbel jemacht: erst mal jelüftet, denn überall Blumen hinjestellt und dabei von morgens an auf französisch jeträllert, na, solche Schanzongs vonne Piaf, kenn ick von früher noch, hätt ick glatt mitsingen jekonnt. Hat jedenfalls Wunder jewirkt. Und nu wohnt se hier und bekocht den Alten, auf französisch, versteht sich... «

Mit nur wenig Gepäck war Madeleine Aubron in die Kollwitzstraße eingezogen. Auf Hoftallers Feldbett, das zusammengeklappt in der Küche stand, wollte sie nicht liegen, doch gefiel ihr Marthas Jungmädchenkammer, in der noch immer Photos aus FDJ-Zeiten, gekreuzte Papierfähnchen, ein Schwarzweißbild der Seghers und farbige Ansichten der Schwarzmeerküste an den Wänden hingen. Die Photos erzählten von Gruppensingen und vom Pädagogischen Kollektiv, dem Ersten Mai und von Weltjugendfestspielen. Die Seghers blickte streng und somnambul zugleich. Das Schwarze Meer war von grünstichigem Blau. Und samt Emblem weinten schwarzrotgoldene Fähnchen dem Arbeiter- und Bauern-Staat nach.

In einem Bücherbord, auf dessen oberstem Brett etliche sozialistische Devotionalien – darunter ein kleiner Gips-Lenin – als zusätzlicher Zimmerschmuck Staub fingen, standen die Klassiker der materialistischen Lehre, zudem russische neben deutschen Autoren. Madeleine blätterte in »Die Abenteuer des Werner Holt« und schlug einen zerlesenen Band auf: »Nachdenken über Christa T.«

Bevor sie sich festlas, entdeckte sie in einem Sperrholzregal, auf dem ein Plattenspieler stand, gestapelte und in Fächer gestellte Schallplatten: bulgarische Folklore, der Sänger Ernst Busch mit Songs aus der »Dreigroschenoper«, aber auch mit wehmütig kämpferischem Gesang: »Spaniens Himmel...« Schließlich fand sie einen Stoß klassische Musik: Bachkantaten, barocke Trompetenkonzerte und viel für Klavier – mit Orchester oder Solo – von Brahms, Schumann, Chopin, darunter Stücke, an denen sich Martha versucht haben mag, als noch vom Piano im Poggenpuhlschen Salon Gebrauch gemacht wurde.

Ähnlich klassenbewußt, wenngleich mehr auf Trotzki abgestimmt, könnte Madeleines Jungmädchenzimmer in Montpellier dekoriert und von Kulturgütern bestimmt gewesen sein. Sie wird sich ein wenig heimisch gefühlt haben. Irritierend war nur, daß neben einem gerahmten Rosa-Luxemburg-Photo die Abbildung des reiselustigsten aller Polen im Stellrahmen stand; jedenfalls hat Madeleine den Papst sofort, als hätte er sie in Schrecken versetzt, aufs Gesicht gekippt. Und erst als sie den Stellvertreter Gottes hinter einem gebündelten Stoß pädagogischer Schriften verkramt hatte, ließ sie Schallplatten ablaufen: zuerst »Und der Haifisch, der hat Zähne...«, dann eine Bachkantate.

Großvater und Enkeltochter lebten sich aufeinander ein, das heißt, Fonty mußte Musik ertragen. Er, der zugab, von Symphonien nichts zu verstehen – »Ich gehöre zu den Musikbotokuden!« –, und dessen Nerven weder Orgel noch Geige aushielten, lernte, Musik als erträglich zu erleiden, und hörte sich sogar – bei freilich auf Wunsch leise gestelltem Plattenspieler – das Violinkonzert von Brahms an, das Madeleine in Marthas hinterlassener Plattensammlung gefunden hatte. Er, der uns allenfalls mit sarkastischer Bemerkung – »Baron Senfft sang eine Loewesche Ballade, natürlich den unvermeidlichen A.D.!« – seinen Abscheu vor Vertonungen unsterblicher Lieder und generell vor Kammersängern oder gar Wagnertenören demonstriert hatte, saß nun in der Küche am Wachstuchtisch und erduldete die Thomanerknaben sowie die himmelhoch jauchzende Stimme einer gewissen Adele Stolte, für die seine Enkeltochter, der nicht wenige Bachkantaten geläufig waren, besonders schwärmte: »Jauchzet Gott in allen Landen...«

Wir staunten, und er mag über sich selbst erstaunt gewesen sein. Harmonie dieser Art war neu für Fonty. Chorstärke kam bei ihm nicht vor. Eine Einzelstimme mit kleiner Begleitung oder ein lutherisch schlichter Choral, das mochte angehen. Für sich pfiff oder brummte er manchmal gutgelaunt preußische Märsche oder Altberliner Gassenhauer; jetzt aber kam es ihn gewaltig an, ob andante oder fortissimo. Er hörte mit schräg geneigtem Kopf und atmete tief ein und aus, als müßte er Fugen oder den Cantus firmus inhalieren.

Uns gegenüber behauptete Madeleine, die Musik habe zu seiner Genesung beigetragen: »Mais non, messieurs dames, nicht ich, Brahms hat ihn gesund gemacht.« Und er erinnerte sich: »Bei Stehely oder Josty, muß im März neunundachtzig gewesen sein, als wir nach der Aufführung von ›Frau vom Meere‹ beim Souper saßen. Ibsen war dabei. Plauderte kurz mit ihm von Apotheker zu Apotheker. Aber auch Schlenther, von Bülow und Schmidt am Tisch. Außerdem ein Zigarrenraucher, der nichts sagte. Hätte diesem Johannes Brahms solch kolossal wohlklingende Melancholie nicht zugetraut. Könnte ihn wieder und wieder hören...«

Jedenfalls ging es in der Dreieinhalbzimmerwohnung vielstimmig und abwechslungsreich zu. Ob Dresdner Kreuzchor oder ein sächsischer Trompeter, das Gewandhausorchester oder die Thomaner, was der Arbeiter- und Bauern-Staat an Musik zu bieten gehabt hatte, fand sich in Marthas Plattensammlung, dazu reichlich Chopin aus polnischer Produktion. Und Fonty gab uns, als wir ihn auf seine Gesundung mittels Musik ansprachen, nach einigem Rückbesinnen zu bedenken: »Vielleicht hätte man im ›Stechlin‹ diesen unaussprechlichen Doktor Wrschowitz, der bei den Barbys häufig zu Gast war und partout nichts Skandinavisches hören wollte, weniger karikiert ausstatten sollen, mit mehr Geist als Witz. Kein Wort fällt bei ihm über die drei großen B, aber viel treffend Ridiküles über Berlin: ›Eine sehrr gutte Stadt, weil es hat Musikk und weil es hat Kritikk!‹ Sie erinnern sich gewiß an die Szene, in der es um die ›Berliner Madame‹ geht und schließlich um das Telegramm, das der junge Stechlin aus London an seinen Regimentskameraden Czako geschickt hatte und dessen nichtssagende Kürze...«

Also gut: Fonty genas an Musik; doch als La petite auf dem Piano im Poggenpuhlschen Salon ein Impromptu vom Blatt zu spielen begann, protestierte ihr Großvater: »Bin nur auf stumme Möbel abonniert!«

Wenn Woldemars Telegramm der preußischen Wortknapserei und der Wolffschen Telegraphensprache folgte – »Fünfzehn Buchstaben auf ein Taxwort« –, läßt sich gleiches von jenen Telegrammen sagen, die in rascher Folge aus Schwerin kamen und auf die Madeleine zu antworten hatte: Fonty war seit seiner Gesundung zu allem möglichen aufgelegt, nur nicht zum Briefeschreiben.

Von der Beerdigung stand nichts in den telegraphischen Kürzeln, wohl aber schlug sich die Testamentseröffnung in zählenden Einheiten nieder. Die Absenderin Martha Grundmann, geborene Wuttke, konnte sich als nunmehr reiche Witwe Unkosten leisten. Es hieß: Unterm Strich sei die Erbmasse groß genug, um den Kompagnon Löffelholz abfinden zu können. Den erbberechtigten Kindern stehe selbstverständlich ein Pflichtteil zu. Weitere Ansprüche seien ausgeschlossen. Fortan werde sie, Martha, als Haupterbin die Geschäfte führen. Rechnen könne sie ja. Alles laufe bestens. Mama gehe es gut.

Dazu sagte Theo Wuttke als Fonty: »Wer hat ahnen können, daß in Mete, diesem Pechmatz, ein Finanzgenie steckt?«

In den nächsten Telegrammen stimmten sich knappgefaßte Entschlüsse – »Mama bleibt. Gegend gefällt. Seeblickvilla geräumig« – auf erste Lockrufe ein: »Vater erwünscht. Sofort kommen. Wohl fühlen sicher. Turmzimmer fix und fertig. Brief folgt.«

Aber es kam kein Brief. Martha war derart vom Geschäftlichen gefordert, daß es nur für weitere Telegramme reichte, in denen ihr Vater gebeten, bedrängt, mit Frischluft geködert und in aller Kürze aufgefordert wurde, die Mühsal des Treppenhauses, seine Studierstube, die Dreieinhalbzimmerwohnung, den Kastanienbaum im Hinterhof, also die Kollwitzstraße, den Prenzlauer Berg, Berlin insgesamt, mithin das Hugenottenmuseum, den Friedhof an der Pflugstraße, alles, was der Tiergarten in wechselnder Jahreszeit zu bieten hatte, gleichfalls die fiktive Hausnummer in der Potsdamer, aber auch uns, das Archiv, hinter sich zu lassen und in der Villa der reich gewordenen Witwe mitsamt seinem Mobiliar, den Büchern und dem Schreibkram, der Briefwaage und der rotchinesischen Teppichbrücke Quartier zu beziehen. Laut gesondertem Telegramm wünschte sich Emmi ihren Wuttke herzlich herbei: »Komm endlich. Ist herrlich hier. Alles viel größer. Bin glücklich. Nur du fehlst. Mach schon. Holen dich sonst.«

Anfangs hatte Fonty darauf spöttisch reagiert – »Wußte, daß Mete nicht mit beständiger Witwenträne rumlaufen würde« –, dann brachte er alles auf den Nenner des Unsterblichen: »Moral ist gut, Erbschaft ist besser!« und erklärte schließlich seiner Enkeltochter den bei den Wuttkes bis dahin unbekannten Größenwahn mit einem Rückblick auf die Enge vergangener Jahre: »Kleine Verhältnisse machen klein.«

An eine Übersiedlung in die am Schweriner See gelegene Villa, die er nur noch »Schloß Großkotz« nannte, dachte er nicht, auch nicht versuchsweise, so aussichtsreich ihm das Turmzimmer versprochen blieb. Nach seinem Diktat mußte Madeleine zurücktelegraphieren: »Bin umpflanzuntauglich. Habe Seßhaftigkeitsphlegma. Zu wenig berlinverdrossen, um mecklenburgfreundlich zu sein. Stimmungswechsel bleibt fraglich.«

Bald lernte La petite, Wörter zum Bandwurm zu drehen. Sie telegraphierte hinhaltefreudig und silbenzählend. Das Wort »Turmzimmerschwindel« ist ihr zu verdanken. Da im Sekundärbereich bereits eine Dissertation über den zeitbezüglichen Stellenwert der Telegraphie in den Romanen und Novellen vorlag und wir oft genug mit Fonty und seiner Enkeltochter den Kürzelstil der Wolffschen Depeschenagentur parodiert hatten, wobei wir alle die Meinung vertraten, daß der preußische Kasinoton, aber auch die abgehackte Redeweise des Monarchen in »Schach von Wuthenow« den Telegrammstil vorweggenommen haben, muß es der Studentin Aubron ein Vergnügen gewesen sein, knauserig mit Wörtern umzugehen: »Entschlußsperre klemmt. Fürchte Luftwechselfieber.«

Entschlußfreudiger reagierte die Nachbarin Scherwinski, die gleichfalls ein telegraphisches Angebot von hochherzigem Ausmaß bekommen hatte. Martha, die mit Inge schönste Erinnerungen an Jugendweihe und Kartoffelernten teilte, stellte ihrer Freundin und den drei Jungs die Gärtnerwohnung, den sogenannten Annex der Villa am See, zur Verfügung: »Kannst kommen. Steht im Prinzip leer...«

Sofort war Inge Scherwinski bereit, in den Norden zu ziehen: »Hier hält uns nischt mehr. Ehrlich, ohne die Wuttkes wolln wir hier nich mehr sein. Und außerdem krieg ich ne Stellung da. Steht alles im Telegramm drin. Soll Hauswirtschaft führen, überhaupt und wenn Jeschäftsfreunde kommen. Sowat kann ick: alles nettmachen und bißken jefällig. Für unser Marthchen sowieso. Und für die Jungs isset da oben och besser als hier inne Stadt, wo se rumhängen nur oder Zoff machen.«

Fonty riet der Nachbarin zum Klimawechsel: Sogar ihm sei ein Leben in freier Natur verlockend. Immer häufiger spüre er ein Sehnen nach weiten Horizonten und wünsche sich menschenferne Stille herbei. Aber vorläufig wolle er noch die Stadt genießen. »Immerhin«, rief er, »steht einiges auf dem Programm!«

An einem grauen Tag, passend zum Anlaß, fand das Ereignis statt: Zwei Sarkophage, jeder zehn Zentner schwer, wurden in Güterwagen verladen, auf daß sie, begleitet von Familie und Bundeswehroffizieren aller Waffengattungen, aus den Gewölben der Hohenzollernburg, die im fernen Württemberg ragte, nach Potsdam überführt wurden. Hoftaller wußte Einzelheiten. Er behauptete, einst an der Observierung der beiden Särge beteiligt gewesen zu sein. Daß er nun in Gesellschaft Augenzeuge sein durfte, als die Preußenkönige, Vater und Sohn, ankamen oder, wie es hieß, nach langer Irrfahrt heimkehrten, verdankte er allerdings Fonty, der bei Madeleine für den abgehängten Tagundnachtschatten ein Wort eingelegt hatte.

Schon seit Tagen wurde er per Distanz lästig. Wo immer Großvater und Enkeltochter unterwegs waren, ob auf dem staubigen Alexanderplatz, dem nur der Fernsehturm einen Schatten warf, oder auf Nebenwegen im Tiergarten, den gleichfalls Augusthitze drückte, überall folgte ihnen ein kurz geratener Mann von rundlich straffer Statur. Ohne Objekt neben sich, war er von trauriger Gestalt, trat an Straßenecken auf der Stelle, wartete ab, blieb aber auf Spur, verschwand hinter Gebüsch, konnte hinter Marmorstatuen – Lortzing – vermutet werden, war abermals als Spaziergänger kenntlich oder vereinsamte auf einer Bank, von der aus gesehen andere Bänke in Sichtweite standen und leer oder besetzt waren, wie jene besondere. Er blieb und blätterte in einem Buch, das neuerdings, zwischen Thermosflasche, Blechdose und Kleinschirm, zum Inhalt seiner Aktentasche zählte.

Von beiden Bänken aus hatte man die Rousseau-Insel im Blick. Aufklärung, das doppelsinnige Wort, der dehnbare Begriff. Sogar einer der Könige, die heimkehren durften, galt als aufgeklärt: Er hat sich Voltaire zeitweise als Hofnarren gehalten und die Prügelstrafe abgeschafft, er hat Religionsfreiheit erlassen und soll die Kartoffel in Preußen heimisch gemacht haben. Aber auch Hoftaller, der nun mit Lesebrille Vokabeln büffelte, sah sich allzeit, und gleich einem Trüffelschwein, in Diensten der Aufklärung: Er prüfte den Sinn hinterhältiger Wörter, er deckte das Subversive auf, er brachte ans Licht, ihm blieb nichts verborgen.

Auf der anderen Tiergartenbank sagte Madeleine: »Monsieur Offtaler macht wohl nie Feierabend?«

Fonty erinnerte sich: »Solange ich ihn kenne – und da kommen etliche Jährchen zusammen –, war er immer im Dienst.«

Die Enkeltochter hätte ihn lieber als Tourist gesehen und weit weg gewünscht: »Im August machen doch alle Urlaub, warum er nicht?«

Der Großvater lächelte: »Mein Kumpan wüßte mit sich nichts anzufangen, ob an der See oder im Gebirge. Schon jetzt leidet er unter Entzug. Wie sollte er, ganz auf sich gestellt, so etwas wie Sommerfrische überleben?«

Nach einer Pause, in der zwischen den Bänken nur der Teich und dessen namhafte Insel die Stille mit Vogelstreit und Entengeschnatter unterbrachen, sagte Fonty: »Seien wir menschlich, mein Kind, nehmen wir ihn nach Potsdam mit, und sei es par piété.«

Wir vermuten, daß Hoftaller auf diese Einladung gewartet hat. Madeleine überbrachte die frohe Botschaft von

Bank zu Bank:»...doch muß ich Sie sehr bitten, Großpapa nicht mit unnützen Fragen zu quälen. Er bedarf noch immer der Schonung. Also nichts Dienstliches, Monsieur. Nur privat sind Sie uns willkommen!«

So kam es tags drauf zur Fahrt mit dem Trabi. Dem Anlaß entsprechend fuhren sie auf historischer Strecke: Vom Potsdamer Platz, wo man sich vormittags traf, ging es über die Potsdamer-, Haupt- und Rheinstraße bis nach Steglitz, dann Unter den Eichen weiter bis nach Wannsee, von wo aus die Fahrt bis hin zur Glienicker Brücke und dann in den festlichen Trubel hineinführen sollte. Hoftaller wußte im voraus: »Ne ziemliche Menge, hunderttausend und mehr werden erwartet. Man rechnet mit Störversuchen der Autonomen. Aber die eigentliche Grablegung findet ja erst um Mitternacht statt, streng abgeschirmt natürlich. Friedrich Wilhelm kommt in die Friedenskirche, Friedrich unter die Schloßterrasse. War schon immer sein Wunsch, weit weg vom Vater... Kein Großer Zapfenstreich, nur ne kleine Zeremonie, dafür mit Fernsehen, Kanzler, Hohenzollernprinzen... Ist ne ziemlich lange Geschichte... Eigentlich sollte das vor ein paar Jahren schon über die Bühne, als wir noch am Drücker waren... Klappte aber nicht... Wurden im März fünfundvierzig ausgelagert... Salzbergwerk, über fünfhundert Meter tief... Dann aber... Gleich nach dem Krieg ging das los... Von Bernterode nach Marburg... Ewiges Hinundher... Aufladen, umladen... Von einer Gruft in die nächste... Muß schlimm aussehen in den Särgen... Aber nun, im geeinten Deutschland, dürfen endlich die sterblichen Reste...«

Als wäre er jeweils dabeigewesen, gab Hoftaller Bericht. Mit Orts- und Zeitangabe wußte er, wohin man die beiden Sarkophage aus der Potsdamer Garnisonkirche, wo Vater und Sohn viel zu lange hatten nebeneinander aushalten müssen, kurz vor Kriegsende geschleppt hatte und wohin sie bei zunehmenden Transportschäden späterhin überführt wurden; doch wollen wir diese umständliche Quartiersuche, in deren oft überstürztem Verlauf die königlichen Gebeine durcheinander gerieten, nicht begleiten, auch sind uns die vergeblichen Bemühungen der Arbeiter- und Bauern-Macht um Preußens mumifizierten Nachlaß kein Wort wert; all das, was Fonty wiederholt »Testamentsschwindel und Mumpitz« nannte, soll unkommentiert bleiben, aber die Fahrt nach Potsdam müssen wir, kaum daß der Trabi die Eisenbahnbrücke Wannsee erreicht hatte, mehr auf Befehl als auf Wunsch unterbrechen.

Die Studentin Aubron wollte unbedingt und sofort ein anderes Grab, das sozusagen am Wege lag, besuchen: »Hier liegt doch irgendwo einer meiner Lieblingsautoren begraben, nicht wahr, Großpapa? Könige sind mir nicht wichtig, selbst die französischen nicht, aber dem Autor der ›Penthesilea‹ will ich, wenn Sie erlauben, die Ehre erweisen.«

Folgsam parkte Hoftaller den Trabi. Und Fonty fügte sich, wenn auch ein wenig verstimmt, dem Wunsch seiner Enkeltochter. Kleist kam ihm genialisch hoch verstiegen vor. Kleist war ihm nicht geheuer. Heinrich von Kleist, das war der andere Preuße. Wie häufig bei Unsterblichen: bei allem Respekt, man blieb sich fremd.

Dieser Abstand ist schon dem Aufsatz »Kleists Grab« aus dem Wanderungenband »Fünf Schlösser« abzulesen; so langatmig er über Scherenberg und weitere vergessene Größen geschrieben hat, in diesem Fall hielt er sich knapp.

Der eine Unsterbliche besuchte den anderen im Mai 1882 und fand »eine vielbesuchte Pilgerstätte« vor. Anfangs beschäftigte ihn eine Gruppe kleiner Leute, »vier Personen und ein Pinscher, die, den Pinscher nicht ausgeschlossen, mit jener Heiterkeit, die, von alten Zeiten her, allen Gräber-

besuch auszeichnet, ihre Pilgerfahrt bewerkstelligten ...«
Dann erst – und nachdem er den »Bourgeois-Charakter«
der Gruppe ausgemalt hatte – wurde das Doppelgrab,
umschlossen von einem Eisengitter zwischen vier Steinpfei-
lern, in den Blick gerückt: »Ein abgestumpfter Obelisk aus
älterer und ein pultartig zugeschrägter Marmor aus neuerer
Zeit ...«

Henriette Vogel, von Kleist erschossen, bevor er sich er-
schoß, kam namentlich nicht vor, aber zitiert wurden, wenn
auch ungenau, die Lebensdaten des Dichters und der von
einem Schriftsteller und Arzt namens Max Ring stammende
Grabspruch, den später, weil Ring Jude war, die Reichs-
schrifttumskammer tilgen ließ: »Er lebte, sang und litt in trüber, schwerer Zeit, er suchte hier den Tod und fand Unsterblichkeit.«

Als Fonty am Arm seiner Enkeltochter und mit begleitender Person über einen angezeigten Weg die Gedenkstätte
oberhalb des Kleinen Wannsees gefunden hatte, stand in
den allerneuesten Stein »Nun, o Unsterblichkeit, bist du
ganz mein« gemeißelt, und Madeleine, die laut las, wußte,
daß sie aus dem »Prinz von Homburg« zitierte. »Was haben
Sie nur, Großpapa? Schöner und kürzer kann man ihn nicht
beim Wort nehmen. Sie sind doch sonst für Unsterblichkeit,
so fraglich uns dieser Begriff heutzutage anmuten mag.«

Fonty nahm sogleich den Eckplatz 23 des Königlichen
Schauspielhauses ein. Im Verlauf der Jahre hatte der Premie-
rentiger der Vossischen Zeitung von dort aus drei Stücke,
zuerst »Die Hermannsschlacht«, dann den »Prinz von Homburg«, schließlich das Lustspiel »Der zerbrochene Krug«,
mit schwankendem Wohlwollen ansehen müssen. Wir wissen, wie sehr ihm das germanisch-römische Gemetzel imponiert hat; solch dramatisch gesteigerter Haß konnte zur Zeit
der Entstehung des Stücks, in der Preußen daniederlag, als
Franzosenhaß verstanden werden. Trotz Nachtwandlerei in

den Anfangsszenen und unbeschadet aller »romantischen Caprice« feierte er den Prinzen, aber ärgerlich ist ihm »dies Greuel von Dorfrichter« gewesen, allenfalls »ein Lesestück«. Zwar lobte er im Detail, hier die »Charakteristik und Ökonomie«, dort die »Klarheit und Konsequenz des Gewollten« und anfangs die »fehlende Phrase«, doch weil die erkannte Größe des Genies in allen Stücken mit erschreckender Leidenschaft zu Wort kam, sah Fonty nicht nur Kleist, sondern nun auch den immerfort Unsterblichkeit herbeirufenden Grabstein mit abgewendetem Blick.

»Sie sind eifersüchtig, grand-père!« rief Madeleine.

Hoftaller versuchte, seinem Objekt beizustehen: »Das Maßlose ärgert ihn. Weil alles so übertrieben ist, richtig krankhaft. Dieser Kleist hätte in ne Klapsmühle gehört...«

Fonty schwieg. Der graue Tag verhängte die Aussicht: kein Weitblick über den See, kaum Segelboote. Endlich sagte er: »Sehe das heute anders. Was krank war, war die Zeit, in der er lebte. Er war ein Preuße der besseren Sorte, ein Marwitz-Preuße, also ein ungehorsamer, einer, den man nach kurzem Prozeß, wie Witzleben, in Plötzensee gehenkt hätte. Von ihm wäre zu lernen gewesen, den Befehl zu verweigern, das strikte Nein, den Aufschrei zu wagen, sogar den Tyrannenmord – aber den geglückten. Muß zugeben: Ist nicht leicht, Haß auf ästhetisch hohem Niveau. Er konnte das. Hingegen zählt zu meinen kleinen Tugenden die, den Menschen nicht ändern zu wollen.«

Schon auf dem Hinweg zum Grab hatte Madeleine im Vorbeigehen ein paar Blümchen, besser, blühendes Unkraut gepflückt. Das legte sie zu verwelkten Sträußen. Wer nicht aufs grau verschleierte Wasser blickte, überschaute den weitverzweigten Villenvorort im Grünen, in dem versteckt eine besondere Villa, einst Ort der Wannseekonferenz, jetzt Museum des Schreckens, auf Schulklassen wartete.

Hoftaller war in Unruhe, weil ihn Madeleines Wunsch zur falschen Grabstätte geführt hatte. Andere Besucher kamen, unter ihnen zwei noch junge Frauen, die aber nur an Henriette Vogel interessiert waren. Ein einzelner Japaner hatte das Kleistgrab in seinem Besuchsprogramm. Und dann klärte ein Familienvater Frau und Kinder auf: »Also, zuerst mal haben die beiden hier janz jemütlich jepicknickt, und dann erst wurde jeschossen ...«

Noch immer abgewendet und mit Blick in Richtung Dreilinden, sagte Fonty: »Unsterblicher kann man nicht sein.« Dazu hätten wir gerne mehr gehört, aber Hoftaller drängte: »Auf der Schloßterrasse beginnt bald das Defilee vorm Sarg. Höchste Zeit, daß wir gehn. Ist für Publikum zugelassen ...«

Auf dem Rückweg zum Trabi klagte Madeleine, die sich bei ihrem Großvater eingehenkelt hatte: »Wie schade, daß er uns Franzosen so sehr hat hassen müssen.«

Inzwischen war der Sonderzug, vornweg eine historische Dampflokomotive, nicht direkt in den alten, vergammelten Kaiserbahnhof, sondern im Güterbahnhof Wildpark eingerollt und sogleich entladen worden. Pioniere der Bundeswehr sorgten für den glatten Verlauf der Aktion. Preußens Schwarzweiß deckte beide Sarkophage. Sparsamer Trommelwirbel. Kommandos. Jede Phase des Ab- und Umladens folgte schlichtem Zeremoniell.

Nachdem das Heeresmusikcorps »Was Gott tut, das ist wohlgetan« gespielt hatte, nahm der feierliche Zug, angeführt von zwei Pferdegespannen vor schwerer Fracht, den Weg am Neuen Palais vorbei über die Maulbeerallee und hielt, gesäumt von Schaulustigen, den Zeitplan ein, während ein Trabant mit drei Insassen Mühe hatte, seinen Weg über die Glienicker Brücke, durchs Nadelöhr zu finden.

Als gegen Mittag endlich der Sohn vom ungeliebten Vater getrennt, der erste Friedrich Wilhelm in der Friedenskirche aufgebahrt lag und des zweiten Friedrich eingesargte Reste im Ehrenhof vor Schloß Sanssouci unter schwarzem Baldachin, an dem weiße Troddeln hingen, zur Schau gestellt wurde, suchte Hoftaller auf Umwegen eine Zufahrt zum Schloß. Es gelang ihm, den Trabi in der Vorstadt zu parken. Über den Voltaireweg kamen sie ungehindert in Schloßnähe.

Dort hatte bereits das Defilee vor dem Sarkophag des königlichen Menschenverächters und Hundeliebhabers, den acht Offiziere flankierten, begonnen: der Kanzler voran; nun war gewöhnliches Volk zugelassen. In langer Reihe schoben sich, durch einen Zaun in Distanz gehalten, Tausende vorbei, unter ihnen ältere Personen, die das Schlangestehen seit Mangelzeiten gewohnt waren, als es noch um Kartoffeln oder Nylonstrümpfe ging.

Fonty wollte sich nicht einreihen. Teilnahmslos stand er beiseite. Auch das Huldigungsgedicht zu Adolph von Menzels siebzigstem Geburtstag, »Auf der Treppe von Sanssouci«, in dessen Verlauf sich der König mit Hut, Stern und Windspiel – »Biche, wenn nicht alles täuschte« – über den stotternden Schriftsteller belustigt: »Poète allemand! Ja, ja, Berlin wird Weltstadt...«, mochte er nicht aufsagen, obgleich genug Publikum nahe stand. »War völlig daneben geraten. Menzel dankte spät und äußerst förmlich, weil ich ihm, aus des Königs Mund, nur zehn weitere Jährchen in Aussicht gestellt hatte. So ist das mit Geburtstagen...«

Plötzlich war ihm alles zuwider. Er verweigerte Anteilnahme und wünschte sich weit weg von der Schlange stehenden Masse. Doch im Neuen Palais, wo ab frühen Nachmittag die offizielle Feierstunde beginnen sollte und wo sich, der Kanzler voran, Preußens verbliebener Adel mit geladenen Gästen versammelte, war er, der dieses Adels früher Blüte in Prosa und mit Versen gehuldigt hatte, ausgeschlossen. Fonty gehörte nicht dazu. Alle Gedichte zu Ehren preußischer Haudegen, ob Seydlitz oder Derffling, selbst die gedruckte Tatsache, daß der alte Stechlin immer nur schwarzweiß geflaggt hatte, verhalfen ihm nicht zum Eintritt; und hätte er seine Bülows, Poggenpuhls, Rex und Czako, Botho von Rienäcker, Vitzewitz und Briest, sogar des Kaisers Günstling, von Innstetten, zur Seite gehabt, wäre all diese Liebesmüh um Preußen – drei Kriegsbücher schwer – vergeblich gewesen; nichts hätte ihn zum Ehrengast in vorderster Reihe gemacht.

»Was soll das Ganze!« rief er. Und: »Was hat die Demokratie und deren regierende Masse hier zu suchen?«

Nicht ohne Anflug von Bitterkeit verzichtete Fonty aufs Schlangestehen; und gleichfalls war Madeleine enttäuscht: »In Frankreich hätte man aus dem spektakulären funèbre einen Staatsakt mit großer Parade gemacht, wie bei Napoleon, als er von Saint Helena heimgeführt wurde.«

Hoftaller schwieg. Erst als Nieselregen einsetzte, sagte er: »Ne kleine Panne. Hab leider, weil wir verspätet waren, den Schirm im Auto gelassen. Sollten uns, bevor wir völlig durch sind, unter Bäume stellen.«

An denen fehlte es nicht im Schloßpark. Schließlich fanden sie sogar einen säulengestützten Pavillon und in ihm eine steinerne Bank. Im menschenleeren Park wusch der Regen Staub von Blätterdächern. Sie saßen wie aus der Geschichte gefallen. Und als Hoftaller seine Aktentasche öffnete und mit Milchkaffee aus der Thermosflasche und Mettwurstbroten aus der Blechdose zum Imbiß einlud, gaben sie zu dritt ein ziviles Bild ab, so höfisch und nahe dem Rokoko der Pavillon ihnen Schutz bot.

Fern dem königlichen Gebein bestimmte Fonty den Ton, das heißt, er plauderte rückgewendet und führte Madeleine und seinen Tagundnachtschatten außer Dienst durch andere Schloßgärten, wobei er sich von Hoftaller nicht irritieren ließ, der den Auftrag der Treuhand, kauflustige Herren durch Brandenburgs Schlösser zu führen, in Erinnerung brachte. Nein, nicht Investoren wollte er animieren, vielmehr war Fonty ausschweifend im Jagdschloß Dreilinden zu Besuch, hatte das Marwitzschloß Fredersdorf, natürlich Schloß Kossenblatt, die Schlösser Oranienburg und Köpenick im Programm, kam schließlich in Rheinsberg an, war hiermit beim jungen Kronprinzen und – rasch zurückgeblättert – zuerst im düstern Küstriner Schloß, in dessen Hof Friedrich des Freundes Haupt fallen sah, und besuchte gleich darauf den Flecken Wust, wo sich immer noch Kattes Gruft befindet und zwischen gestapelten Särgen der Sarg des Enthaupteten steht.

Und wie sie zu dritt bei Milchkaffee und Mettwurststullen auf einer Steinbank vor mal sachtem, dann pladderndem Regen geschützt saßen und um den Pavillon mit allen Bäumen des Königs Park stand, begann Fonty, die Geschichte vom harten Vater und weichlichen Sohn als Tragödie auszubreiten: »Doch ist deren eigentlicher Mittelpunkt nicht Friedrich, sondern Katte. Er ist der Held, und er bezahlt die Schuld ...«

Das Archiv hatte sich geweigert, der königlichen Knochen wegen zu schließen. Diese leichenfleddernde Fernsehproduktion konnte nicht unsere Feier sein. Nichts ist so überflüssig und zugleich verwerflich wie ein abermaliger »Tag von Potsdam«, hieß unsere Devise. Wir gingen alltäglichem Kleinkram nach. Still, so einladend still war es bei uns, daß wir uns gefragt haben: Wo, wenn nicht im Archiv, hätten sie bessere Zuflucht vor Dauerregen und dem Auftrieb der Massen finden können? Madeleine wäre froh gewesen, die Manuskripte zu Wust und Küstrin einsehen zu können. Selbst Hoftaller hätte sich für diesen Fall von Landesverrat und Fluchtversuch interessieren müssen, besonders für die Abänderung des militärgerichtlichen Urteils von »ewigem Vestungs-Arrest« in des Königs Spruch, »er solle mit dem

Schwert vom Leben zum Tode gebracht werden«. Schließlich hat der erste Friedrich Wilhelm im Fall Katte befunden: »Es wäre besser, daß er stürbe, als daß die Justiz aus der Welt käme.« So rechtlich dachte Majestät. Sogar sein Schullatein hat der König bemüht. »... habe das Sprichwort gelernet: Fiat Justitia et pereat mundus!«, was laut Büchmanns Sammlung von Sprichwörtern bedeutet: »Das Recht muß seinen Gang haben, und sollte die Welt darüber zugrunde gehen.«

Wäre das nicht einleuchtend für Hoftaller gewesen? Er hätte, aus Gründen der Staatsräson, zustimmen können; denn daß der Kronprinz vom Schloßfenster aus sehen mußte, wie Katte zum Richtplatz geführt und enthauptet wurde, hatte als pädagogische Maßnahme beispielhaften Charakter: Durch solch hartes Urteil wurde der Grundstein zu Preußens Größe gelegt. Mag der eigentlich Schuldige noch so gerührt gewesen sein und – laut Bericht – »Mon cher Katte!« gerufen und ihm, dem Opfer seiner mißglückten Flucht vor väterlicher Strenge, ein Kußhändchen zugeworfen haben – »Je vous demande mille pardons« –, in Wahrheit konnte nur so, nicht wahr, Hoftaller!, aus ihm ein König, ein Fridericus Rex, Friedrich der Große werden, dessen arg beschädigte Knochen endlich heimkehren durften; fürs Fernsehen und den Kanzler ein gefundenes Fressen.

Aber sie kamen nicht ins Archiv. Ein wenig gekränkt hörten wir später, daß Fonty es vorgezogen hatte, in einem zierlichen, für Schäferspiele geeigneten Pavillon seine Schauergeschichte abzuspulen. Bis nach Wust, in Kattes Gruft führte er seine Zuhörer. Schon damals ist es zur Überführung sterblicher Reste gekommen. Von Küstrin aus, wo Kopf und Rumpf in der Grube lagen, hat man, auf Gesuch der Familie, den ausgegrabenen Sarg auf einem schmalen Leiterwagen meilenweit über Sandwege – zwei magere Pferde voran – bis zum väterlichen Rittergut gekarrt.

Wahrscheinlich hat Fonty wieder einmal behauptet, daß der Fall Katte Stoff für ein Stück, geschult an Brechts »Maßnahme«, abgeben könnte; aber hat er in seinem Bericht auch erwähnt, daß Wust in der Nähe von Jerichow liegt? Und ist er plaudernd darauf gekommen, daß Johnsons Jerichow keine bloße Erfindung ist, sondern sich, ins Mecklenburgische verpflanzt, von dort herleitet, zumal der Autor der »Mutmaßungen« in einem späten Buch, das von ihm selbst, dem Verunglückten, handelt, eine Figur namens Joachim de Catt literarisch aufleben läßt? Auch für Fonty hätte das zu weit weg geführt.

Vielleicht hat er, weil Madeleine mehr, immer mehr hören wollte und Hoftaller ganz außerdienstliches Interesse zeigte, von jenem hellen Augusttag berichtet, an dem der Unsterbliche auf Besuch kam, aus gleißendem Licht in die Gruft abtauchte und einen Blick in den offenen Sarg warf, auch davon, daß gruftträubernde Andenkenjäger, so ein reisender Engländer, jenen Halswirbel, den das Richtschwert durchschnitten hatte, entführt, andere sich Zähne des Enthaupteten herausgebrochen hätten. Oder es gelang Fonty, übergangslos von seinem Besuch der Gruft im Frühsommer 67 zu erzählen, für den er nach Kulturbundvorträgen in Tangermünde und Rathenow Zeit gefunden hatte. Seine Tochter Martha, damals schon im Blauhemd, durfte ihn begleiten; gruslig sei ihr dabei gewesen. Die Dorfkirche befand sich in schlechtem Zustand, was nicht besonders auffiel, weil der Verfall von Altbauten überall im Arbeiter- und Bauern-Staat Fortschritt machte. Insgesamt vierzehn Särge, darunter zwei Kindersärge, standen gestapelt. Stoff genug, um von allen Kattes, dem Generalfeldmarschall, dem Rittmeister, der zweiten Frau des Marschalls, einer geborenen von Bredow, und von »Stiefel-Katte« zu plaudern, dem Narren der Familie, dessen lange Reitstiefel sich besser als die sterblichen Reste erhalten hatten.

Jedenfalls ging es nur noch um die preußischste aller Geschichten. Und als der Regen nachließ, dann ganz aufhörte, so daß sie, auf Madeleines Vorschlag, einen Stadtbummel beschließen konnten, mit dem der 17. August als neuerlicher Tag von Potsdam ein Ende finden sollte, begegnete ihnen abermals der Enthauptete, als sei nicht der eine oder andere König, vielmehr er die verkörperte Hauptperson.

Auf den Straßen war kaum ein Durchkommen. Überall Stau, weil einzelne Gruppen jeweils ihren Beitrag zur Feier in Szene setzten und Publikum anzogen, das mit Beifall und Pfiffen parteiisch war. Hier traten korporierte Studenten in vollem Wichs als Hurrapreußen auf, dort wurde in einem Pappsarg der Militarismus zu Grabe getragen. Abgesehen von Buden, in denen es Bockwürste und Brathähnchen gab, die immer noch Broiler hießen, fand eine höfisch aufgeputzte Gruppe von Schwulen besonderen Zulauf: Sie waren dem zweiten Friedrich kostümgetreu zugetan. In bauschigen Reifröcken, unter getürmten Allongeperücken, nicht geizig mit Schönheitspflästerchen und bei ständigem Fächerwedeln, umkreiste der Hofstaat die tuntige Majestät. Das alles hätte bei besserem Wetter zu einem Volksfest beitragen können, zumal für Sicherheit gesorgt war und Skins wie Autonome vorbeugend ausgesperrt wurden.

Hoftaller und Madeleine hatten Fonty in die Mitte genommen. Mag sein, daß sein Auftritt mit Hut, Stock und leichtem Paletot Respekt abnötigte. Jedenfalls öffnete sich im größten Gedränge der Weg. Ältere Personen grüßten. Einige zogen die Schirmmütze. Man glaubte, in ehrwürdiger Gestalt Preußens Tugenden zu begegnen. Das Wort Aura schien angebracht. Sogar Fontyrufe waren zu hören. Und Hoftaller, der an all dem Glanz ein wenig teilhatte, sagte: »Sehen Sie, Mademoiselle, hier ist Ihr Herr Großvater jemand. Hier schätzen die Leute ihn richtig ein. Er, nur er hätte vor den Hohenzollernprinzen und all den geladenen Gästen ne Rede über Preußens Größe und Niedergang halten dürfen. Aber das läßt sich nachholen. Vor viel Publikum. Weiß schon, wo . . . «

Als sich die Fontyrufe mehrten – jemand rief: »Fonty ist unser König!« –, war es dem Gefeierten zuviel. Er bat seine Enkeltochter, ihn über Nebenstraßen in ein stilleres Viertel zu führen; so kamen sie ins holländische Quartier, eine schlichte Bebauung aus Zeiten des ersten Friedrich Wilhelm, der Holländer als gesuchte Handwerker ins Land gerufen hatte. Das geschah aus naheliegenden Gründen, denn der königlichen Familie war, aus kurfürstlichen Zeiten herrührend, ein holländisch-calvinistischer Zweig nachzuweisen; fremd lebte sie inmitten märkisch-lutherischer Enge und wurde ohne religiösen Vorbehalt allein von den Hugenotten hofiert, während der borussische Adel die irrgläubigen Eindringlinge ablehnte; nur auf Befehl wurde pariert.

Fonty kramte im historischen Fundus. Und Madeleine war bei ihrem Thema. Die kürzlich abgelieferte Magisterarbeit hatte ihr als Note eine »mention très bien« eingebracht. Wenn wir hinzufügen, daß mit dem Abschluß ihrer Anmerkungen zu des Unsterblichen hugenottischem Unterfutter auch die Affäre mit ihrem verheirateten Professor ein Ende fand, sagen wir das mit Erleichterung und ganz in Fontys Sinn, der, als sich das Trio endlich im Holländerviertel allein fand, plötzlich die Hand seiner Enkeltochter suchte: »Ach, Kind, du weißt, von glühenden Küssen, so daß die ganze Stube davon warm wird, findet sich bei mir keine Spur, aber deine Liebe wärmt meine alten Knochen.«

Er ließ selbst dann nicht von ihrer Hand, als er mit dem Stock auf einige der einförmig schlichten Bauten wies, die sich seit Zeiten des Arbeiter- und Bauern-Staates in Renovierung befanden und nun zu Schmuckstücken veredelt werden sollten: »Schau nur! Überall Baugerüste! Man sollte meinen, hier geht's voran.«

Und vor einem dieser Gerüste tat sich etwas. Schauspieler, offenbar Pantomimen, waren dabei, ein Stück aufzuführen; noch blieb unsicher, ob Komödie oder Trauerspiel. Nur wenige Zuschauer, zu denen nun das Trio gehörte, standen in lockerem Halbkreis um ein Podest, das aus Blechtonnen und abdeckenden Gerüstbrettern erstellt worden war. Der Aufschrift eines seitlich stehenden VW-Kombi konnte abgelesen werden, daß es sich um Studenten handelte, die von Küstrin, das seit Kriegsende Kostrzyn hieß, angereist waren, um in schwarzen Trikots und mit weißgeschminktem Gesicht auf ihre Weise die Heimkehr der königlichen Knochen zu feiern. Noch geschah nichts, nur eine Trommel gab mal auftrumpfend, mal schleppend Laut. Sie sollte dem Lauf des Spiels folgen. Später kamen Wirbel und den Szenenverlauf markierende Einzelschläge dazu. Alles andere hatte stumm zu bleiben.

Es wurde, als hätte Fonty die polnische Schauspielergruppe unter Vertrag genommen, die Tragödie des Leutnants vom Regiment Gendarmes Hans Hermann von Katte gegeben. Das stand in roten Buchstaben auf einem weißen Transparent, das nun zwischen den Stützen des Baugerüstes gespannt wurde. Da alle Pantomimen uniform geschminkt und gekleidet waren – die Augen im kalkigen Weiß der Gesichter schwarz umrandet, die Münder erdbeerrot in die Breite gezogen –, mußte man anfangs raten, um dann zu begreifen: Das ist der dicke Soldatenkönig, der die Flöten seines immerfort Flöte spielenden Sohnes zerbricht, dessen Bücher zerreißt und ins Feuer wirft; denn jener oder jene – offensichtlich spielte ein weiblicher Mime diese Rolle – ist der Kronprinz, den nun der königliche Vater dergestalt wutentbrannt verprügelt, daß Friedrichs überlieferter Satz »Sie haben mich nicht wie Ihren Sohn, sondern wie einen gemeinen Sklaven behandelt« den gespielten Fluchtversuch des Kronprinzen hätte zusätzlich motivieren können. Doch Gestik und Mimik sagten genug und mehr. Weder Flöte und Buch noch Stock mußten als Requisit herhalten.

Jetzt erst trat Katte auf, den ein irregeleiteter Brief verraten hatte und der, angesichts der kronprinzlichen Stümperei, die Hände rang, weil er als Fluchthelfer kenntlich gemacht worden war; aber allein fliehen und den Kronprinzen im Stich lassen wollte er nicht.

Zuerst ließ der Vater den Sohn arretieren, dann sah man Katte verhaftet, wobei der vom Unsterblichen in seinem Tragödienbericht überlieferte Satz »Katte übergab, ohne die Farbe zu wechseln, seinen Degen« im Pantomimenspiel besonderen Ausdruck verlangte.

Nach dumpfem Trommelschlag hatte nun Prinzessin Wilhelmine, die liebevoll am kronprinzlichen Bruder hing, ihren Auftritt. Sie sah Kattes Verhaftung mit Anteilnahme, denn als dieser dem König vorgeführt wurde, machte er als Mime deutlich, was die Prinzessin gesagt haben soll: »Er war bleich und entstellt.« Abermals erlebte man einen wütigen Friedrich Wilhelm. Er riß dem Verhafteten etwas – es war ein Orden, das Johanniterkreuz – von der Brust und prügelte den Unglücklichen, der am Boden lag. Zusätzlich trat er ihn, bis sein Opfer unter den nur gespielten Schlägen und Tritten erbebte.

Wirbel und Schlag: in größerer Pantomimengruppe fand sich – die beratenden Köpfe eng beieinander – das Kriegsgericht ein, dessen Urteil, Katte betreffend, jedoch vom König zerrissen wurde. Nicht ewige Festungshaft, Tod durch das Schwert sollte die Folge sein. Und wie der Unsterbliche, in Vorarbeit zu seinem Küstrin-Aufsatz, eine späte Verwandte des Leutnants, Marie von Katte, brieflich befragt hat: »Vor allem, wie steht's mit dem Richtschwert?«, so stellte sich jetzt den Pantomimen die Frage: Reicht die scharf kappende Geste, oder muß ein Requisit das Haupt vom Rumpf trennen? Als das Trio mit inzwischen mehr Zuschauern die Hinrichtung Kattes erlebte, hatte das Baugerüst in Potsdams Holländerviertel das Küstriner Schloß darzustellen und wurde der Mime Katte, während er kniete, durch gezielten Hieb mit der Hand so eindrucksvoll auf dem Podest enthauptet, daß man glaubte, inmitten Stille, denn die Trommel enthielt sich, den Kopf poltern zu hören.

Zuvor war der Kronprinz hinauf ins Gerüst gezwungen worden, auf daß er sah, was geschah. Gerade noch fand er Zeit, seinem armen Freund die berühmte Kußhand zuzuwerfen, die Katte mit letztem Blick auffing. Dann brach Friedrich, dem Wilhelmine zur Seite stand, zusammen: ein bibberndes Häufchen Unglück.

Die Trommel wurde in schleppendem Takt gerührt. Madeleine weinte. Fonty sagte: »So ähnlich ist es geschehen, kolossal herzergreifend und so rechtens wie ungerecht.« Hoftaller vermißte im Tragödienverlauf die pädagogische Wirkung der Strafaktion. Doch dann ging nach kurzem, kriegerisch anschwellendem Trommelwirbel das Spiel weiter.

Während über den gerichteten Katte ein weißes Tuch gebreitet wurde, erhob sich der soeben noch mit gebrochenem Herzen am Boden liegende Kronprinz und wuchs über sich hinaus. Das Mädchen in ihm gefiel sich als junger Mann, der akrobatisch im Baugerüst turnte. Er machte clowneske Faxen, sprang, einen Adlerflug andeutend, aufs Podest, überhüpfte die abgedeckte Leiche des Freundes, lief auf den Händen, brillierte mit Salto und Flickflack, brach zwischendurch sinnbildlich Kriege vom Zaun, zerfetzte Verträge, raubte Provinzen, schlug Schlachten im Dutzend, schritt, nun geübt, über gehäufte Leichen hinweg, scheuchte den Pantomimenchor – Preußens zahlreiche Feinde – mal hier-, mal dorthin, wurde gescheucht und gab sich dennoch nicht geschlagen, war vielmehr ganz und gar König nach seines Vaters Willen, hatte die ihm erteilte Lektion begriffen, herrschte mit strenger Hand, gab aber am Ende, so zynisch lautlos er grinste, einen einsamen todtraurigen Helden ab, der seiner Raubzüge nicht froh wurde, sich und die Menschen verachtete und nur noch zittrig und gichtgekrümmt mit seinen Hunden spielte.

Makaber punktierte die Trommel den verzögerten Herzschlag, verstummte. Als sich die Pantomimen verbeugten, waren schon etliche der wenigen Zuschauer gegangen. Fonty, der, von Madeleine mitgerissen, Beifall geklatscht hatte, sagte über Hoftaller, der keinen Finger rührte, hinweg: »Bleibe dabei. Mein Held heißt Katte.« Als das Trio den Schauplatz der Tragödie und zugleich Potsdams Holländerviertel verließ, suchte er wieder und fand die Hand seiner Enkeltochter.

Die Rückfahrt im Trabi verlief, wenn man vom Stau vor der Brücke und von Umleitungen absieht, ohne Ereignis. Die ehemalige Garnisonstadt, nun Hauptstadt des Bundeslandes Brandenburg, entleerte sich, denn bei der feierlichen Grablegung des Königs auf der Schloßterrasse, die um Mitternacht stattfinden sollte, blieb das Publikum ausgesperrt: Nur die restlichen Hohenzollernprinzen, der Kanzler und das Fernsehen durften zum wiederholten Mal den testamentarischen Willen des zweiten Friedrich brechen.

Für uns ging ein normaler Archivtag zu Ende. Und Hoftaller, der uns berichtet hat, konnte unsere Zurückhaltung nur bestätigen: »Viel gab das nicht her, nichts von bleibendem Wert; vom ›Geist von Potsdam‹ keine Spur. Jedenfalls haben sich meine Mitfahrer ziemlich stumm verhalten, als es nach Hause ging. Versuchte, sie aufzumuntern. Zitierte sogar euren Brötchengeber, den Unsterblichen: ›Viel Geschrei und wenig Wolle.‹ Half aber nichts. Mademoiselle maulte: ›Wenn schon Rummel, dann richtigen mit Achterbahn und Riesenrad‹, tat aber so, als wäre ich für sie Luft oder nur Chauffeur gewesen. Richtig miese Stimmung. Erst als wir die Schönhauser runterfuhren und ich Ecke Knaack-, Dimitroffstraße hielt, gelang mir ne kleine Überraschung, denn am Eingang zur Kulturbrauerei hing schon frischgedruckt das Plakat. Naja, wollte Fonty ne Freude machen. Was er so lang nicht gedurft hat, endlich darf er vor Publikum wieder nen Vortrag halten: ›Kinderjahre‹, seine Genesungsschrift vom letzten Jahr, und zwar im Kesselhaus, da paßt ne Menge Leute rein. Hat sich riesig gefreut, als er das sah: seinen Namen fettgedruckt und daneben ›Fonty‹ – in Klammern kursiv. Natürlich hat er gleich einen seiner Sprüche losgelassen: ›Bin zwar kein Redner, aber wenn es denn sein muß...!‹ Nur Mademoiselle gab sich besorgt, angeblich wegen zu großer Anstrengung. Dann aber war sie plötzlich wie umgekrempelt: ›Und gleich danach machen wir unsere Erholungsreise, nicht wahr, Großpapa?‹ Zu mir sagte sie ziemlich spitz: ›Sie werden wohl nichts dagegen haben.‹ Ich darauf: ›Warum sollte ich? Von mir aus gerne. Reisende soll man nicht aufhalten...‹«

Nicht Fonty, Madeleine hat Hoftaller zu Kaffee und Kuchen in die Kollwitzstraße eingeladen. Man wollte den in der Kulturbrauerei angekündigten Vortrag in allen Einzelheiten besprechen, etwa die Frage: Tisch oder Stehpult? Als sie aber zu dritt im Poggenpuhlschen Salon saßen und Hoftaller nach dem ersten Stück Streuselkuchen gegriffen hatte, fragte die Enkeltochter, weil der Großvater schwieg, in andere Richtung, wobei sie wie immer sorgfältig ihre Worte wählte: »Dürfen wir, Monsieur Offtaler, bitte erfahren, wie Ihre weiteren Pläne lauten?«

Kurz vorm Zubeißen bot er sein steinaltes rückbezügliches Lächeln an, hielt aber das mürbe Gebäck in der Schwebe, wollte nicht mit vollem Mund sprechen und bewies, so heißhungrig er zu sein schien, beste Manieren; bevor Hoftaller »Eine gute Frage« sagte, nahm er jedoch einen Schluck Kaffee.

Dann erst erfuhren Großvater und Enkeltochter, daß ihr Gast jüngst unter die Studenten gegangen sei, um einen trotz der Semesterferien laufenden Sprachintensivkurs zu belegen: »Stellen Sie sich vor, ich auf der Humboldt-Uni. Drücke ne Schulbank, und das in meinem Alter. Dachte anfangs: Die werden dich auslachen, sind aber freundlich, die jungen Leute dort. Alle Anfänger wie ich. Man sagt immer, Spanisch ist überhaupt nicht schwierig, finde ich doch, vor allem die Aussprache...«

Wie zum Beweis lispelte er. Er rollte das r, übte Rachenlaute. Kurze Sätze wie »Hasta la vista« gelangen ihm, die Aussprache des Wortes »información« bereitete Schwierigkeiten. Kein Wunder, daß Fonty die Sprechübungen seines

Tagundnachtschattens »ridikül« nannte. Er wollte das Thema wechseln und auf den nahegerückten Vortrag kommen, aber Madeleine ließ nicht locker: »Und darf ich, ohne indiskret sein zu wollen, fragen, wofür und wo Sie Ihre Sprachkenntnisse benötigen werden?«

Nun kaute Hoftaller. Er kaute mit geschlossenem Mund. Am runden Tisch sahen beide, wie ihr Gast kaute. Fonty saß auf dem Sofa unterm Großgörschenstich, Madeleine in einem der Medaillonsessel, als er mit nicht ganz leerem Mund sagte: »Nichts geht über Streuselkuchen. Doch wenn ich zuerst das Gebäck lobe, will ich Ihrer Frage, Mademoiselle, keinesfalls ausweichen...«

Nun griff auch Fonty ein Stück. Er genierte sich nicht, mit Kuchen im Mund zu sprechen: »Raus mit der Sprache! Wolln doch nicht etwa Urlaub machen, auf Mallorca womöglich. Soll immer rappelvoll sein...«

»Aber Sie wissen doch, daß ich kein Ferienreisender bin und nichts mehr hasse als süßes Nichtstun...«

»Dann dürfen wir wohl annehmen, daß sich Monsieur Offtaler in eine andalusische Señorita verguckt hat. Sie lächeln. Ist das so abwegig?«

»Vielleicht reicht es, wenn ich nach diesem kleinen Verhör einfach gestehe: Mein Interesse hat sich, auf Grund der veränderten weltpolitischen Lage, ne Spur verschoben, sagen wir mal, in Richtung Lateinamerika. Die Ost-West-Perspektive ist zwar nicht hinfällig, aber...«

»Und wann, wenn ich fragen darf, reisen Sie ab? Etwa nach Nicaragua?«

Diese und weitere Fragen ließ Hoftaller offen, lächelnd, versteht sich. Als er seinerseits zugab, daß er, gleichfalls ein wenig neugierig, zu wissen wünsche, mit welchem Ziel Fonty, fürsorglich begleitet, auf Erholungsreise gehen wolle oder ob er ernsthaft erwäge, bei Frau und Tochter in Schwerin ein, wie zu hören sei, Turmzimmer mit Seeblick zu beziehen, blieb Fonty gleichfalls ungenau und sagte nur: »Um Mete muß man sich nicht kümmern. Aber Emilie? Sie ist eingefuchst auf mich. Will unbedingt, daß ich antanze. Fehle ihr kolossal, meint sie. Nun ja, verlockend ist der Gedanke schon. Zur Küste hin schmeckt alles nach England, Skandinavien und Handel; hingegen schmeckt in Brandenburg alles nach Kiefer und Kaserne. Doch von Berlin weg, so sehr es hier mufft, zieht mich der Norden nicht. Wüßte bessere Gegend ... Bin nicht auf Ferienorte abonniert ... Was ich suche, ist in keiner Sommerfrische zu haben ... Stille, nichts als Stille ... Aber vorher werde ich hier singen, was heißt, mit meinem Vortrag alle von den Stühlen reißen. Bin nun doch für Stehpult. Wenn schon reden, dann freiweg!«

Danach plauderte man, ohne einander weitere oder gar nachbohrende Fragen zu stellen. Hoftaller gab sich mit dem Streuselkuchen zufrieden. Madeleine erzählte, wie sehr sich ihre Familie in Montpellier über ihr so bravourös bestandenes Examen gefreut habe: »Sogar Mama, obgleich meine These auf deutsch abgefaßt ist!«

Alle Nachrichten aus Schwerin hörten sich, was das Geschäftliche betraf, selbst im Telegrammstil günstig an. Von Emmi hieß es, sie fahre zum Einkaufen neuerdings mit Chauffeur. Und Hoftaller, der sich ins familiäre Gespräch einbezogen und sichtlich wohl fühlte, wußte, daß der Grundstein für den Gebäudekomplex der Kulturbrauerei vor rund hundert Jahren gelegt worden sei, und zwar im Auftrag der Firma Schultheiß: »Sie erinnern sich, Fonty. Das ging kurz vor Ihrem Siebzigsten mit viel Trara über die Bühne ...«

»Und ob! Aber auch richtiges Theater, ›Vor Sonnenaufgang‹, kam zur Aufführung, und kleine Buchsensationen gab es zu melden: ›Jenny Treibel‹ war im Brouillon abgeschlossen. Friedel legte ›Stine‹ vor. Und dann kam in zwölf Bänden die erste Gesamtausgabe ... Überhaupt herrschte großer Betrieb, überall Baustellen . . . Lärm, Staub, Geschrei auf der Börse . . . Gründerjahre nannte man das . . . Und mit dem Direktor von Schultheiß, einem gewissen Patzenhofer, traf man sich allabendlich im Hopfenstock . . . Zeiten waren das . . . «

»Und kaum stand die Schultheiß-Brauerei, starb das Damenstiftsfräulein Mathilde von Rohr. Ein herber Verlust, ich weiß. Kurz darauf erreichte die Nervenpleite ihren Höhepunkt. Sogar die Familie erwog Überweisung in ne geschlossene Anstalt. Anämie. Damit war nicht zu spaßen. Haben nochmal Schwein gehabt, Fonty . . . «

»O ja!« rief Madeleine. »Und so sind die ›Kinderjahre‹ entstanden, aus denen Großpapa, wie nun feststeht, vom Stehpult aus vortragen wird. Phantastisch, wenn man bedenkt, wie aus ordinärem Bier eine Kulturbrauerei wurde. A la bonne heure! Das haben Sie wirklich sehr gut gemacht, Monsieur Offtaler. Alles sorgfältig vorbereitet. Großpapa und ich sind Ihnen zu Dank verpflichtet . . . «

Nicht nur der Prenzlauer Berg, ganz Berlin kam; und selbstverständlich zählten wir zum Publikum. Welch ein labyrinthisches Gemäuer! Nach den Plänen des Architekten Franz Schwechten, der wenig später die Kaiser-Wilhelm-Gedächtniskirche entwarf, war viel Backstein vermauert worden, um diesen Gebäudekomplex zu türmen. Auslauf und Räume im Übermaß. Mit Türmchen und Zinnen, als habe man eine Stauferburg bauen wollen, umstanden das Kesselhaus, die Wasch- und Umkleideräume, der ehemalige Pferdestall, das Lagerhaus und was noch zur Brauerei gehört hatte, so der alles überragende Schornstein, den weitläufigen Hof, in dem sich das Publikum für diese und jene Kulturveranstaltung versammelte. Auf Nebenhöfen las man den Inschriften alter Gemäuer ab, daß es hier einen Heuboden für die Brauereipferde, dort, sozial fürsorglich, eine

Invalidenwerkstatt gegeben hatte. Nun machten Galerien und Theater ihr Angebot. Doch alle, die an diesem Abend gekommen waren, wollten ins Kesselhaus, wo das Stehpult wartete. Man trank noch draußen ein Bierchen. Dann aber nichts wie rein! Jeder wollte günstig sitzen.

Vor wenigen Monaten erst, Mitte Mai, war die Kulturbrauerei als Betreibergesellschaft mit beschränkter Haftung gegründet worden; aber schon während der letzten Existenzjahre der allgegenwärtigen Arbeiter- und Bauern-Macht wurden die in den Kriegsjahren wenig beschädigten und im Verlauf des Endkampfs um die Stadtmitte kaum betroffenen Gebäude von Künstlern genutzt und in weiteren leerstehenden Räumen zum Möbellager bestimmt. Seit dem Mauerfall lief volles Programm: Live-Musik-Tage, Kabarett, Dichterlesungen, Ausstellungen und Straßentheater, sogenannte Workshops und Podiumsgespräche, was gerade – und besonders in Wendezeiten – aktuell war, gelegentlich schräg Alternatives. Aber auch Feste wurden gefeiert: ein türkisches Kinderfest, das jüdische Neujahrsfest und ein Fest zum Ende des islamischen Ramadan.

Somit war Fontys Vortrag, der übrigens wenige Tage nach dem Moskauer Putsch sein Datum hatte, nur einer von vielen Terminen im laufenden Programm. Und dennoch fand etwas Besonderes statt, weil der Vortragende, Theo Wuttke, für die Älteren im Publikum die graue Zeit als Fonty überlebt hatte; und selbst die Jüngeren wußten, und sei es vom Hörensagen: Mit dem war doch mal was, ist lange her, irgendwann früher, als hier noch alles auf Zack lief. Soll was gesagt haben, was er nicht durfte, doppelsinnige Anspielungen, die den Bonzen nicht paßten. Bekam deshalb Ärger. Jedenfalls muß man, wenn dieser Fonty redet, dabeisein.

Deshalb kamen sie alle. Sogar einige jener jungen Talente vom Prenzlauer Berg, die mittlerweile als Kneipenwirte oder fleißige Selbstbezichtiger ihr Auskommen oder ihr

Thema gefunden hatten, saßen verstreut, weil miteinander verfeindet, im Publikum. Viele Ehemalige aus dem Haus der Ministerien hatten Eintritt bezahlt. Altersgraue Kulturbundfunktionäre bewiesen Anhänglichkeit. Man sah Akademiemitglieder, namhafte und weniger bekannte. Pastoren umliegender Kirchen, der von der Corpus-Christi-Gemeinde und ein Priester von Sankt Hedwig, waren gekommen. Sogar Presse saß auf reservierten Stühlen. Nur aus dem Westen der Stadt hatte sich niemand hergewagt. Und offensichtlich zeigte die Treuhandanstalt keine Präsenz, wenngleich ihr auch diese Immobilie samt Kesselhaus unterstand. Ausverkauft war die Veranstaltung trotzdem. Fonty zog.

Dringlich hatte man uns gebeten, der vielen thematischen Bezüge wegen, einleitend zu sprechen und den Vortragenden als Beweis lebendiger, überlebender, unsterblicher Literatur zu preisen, doch hatte der Archivleiter uns Zurückhaltung empfohlen; die Anwesenheit einiger Mitarbeiter müsse genügen. Deshalb sprach eine Dame, die zur Geschäftsleitung der Kulturbrauerei gehörte. Sie wollte es kurz machen, und sie machte es kurz: »Fonty muß man nicht vorstellen. Fonty, das wissen wir, spricht für sich. Sowas wie Fonty möchte doch jeder ein bißchen sein, Hand aufs Herz! Für alle, die noch von früher und noch früher her Bescheid wissen, aber auch für die Jungen, die heute ins Kesselhaus gekommen sind, weil sie irgendwas läuten gehört haben, ist unser Fonty ein Begriff. Herzlich willkommen, Herr Wuttke!«

Welch ein Beifall. Als wollte man den Backsteintempel, die Quelle längst versiegter Bierströme, das Kesselhaus sprengen. Wir saßen in der ersten Reihe und konnten nur ahnen, wer hinter und über uns die Hand rührte. Später hieß es, das Ehepaar Wolf, der alte Hermlin, sogar Müller seien dabeigewesen; doch was später gesagt wurde, zählt nicht, später gab es nur noch Meinungen und Gerüchte.

Madeleine saß neben uns, still, die Knie beieinander, die Nasenspitze gesenkt und alle Finger im Schoß um ein Taschentuch versammelt. Hoftaller hatte sich abseits unter das Schild »Notausgang« gesetzt. Den hohen Raum erhellten zuoberst an Eisenträgern montierte Lampen. Kahl und fleckig der Verputz ragender Wände. Wie in einer Arena saß das Publikum in drei aufsteigenden Blöcken. Geballte Erwartung.

Und dann stand Fonty, der auf einem vorgezogenen Stuhl seinen Ehrenplatz gehabt hatte, langsam auf, straffte sich und ging, ein ehrwürdiger Greis – und ganz seinem gestrigen Aussehen vertrauend –, mit dem Manuskript in der Rechten auf das Stehpult zu. Dort stand er ins Licht gerückt, verbeugte sich knapp, woraufhin abermals Beifall das Kesselhaus weitete. Nun wurde das Deckenlicht zurückgenommen, nur um das Pult blieb es hell.

Mit dem ersten Wort »Übrigens« und der folgenden Floskel »Bin eigentlich kein Redner« hatte er einige Lacher auf seiner Seite, doch als Fonty sich grundsätzlich erklärte: »Reden müssen hat für mich immer etwas hervorragend Schreckliches gehabt, deshalb meine Aversion gegen den Parlamentarismus«, ebbte die Heiterkeit ab. Dann schlug er eine Volte »Bin aber von Geburt her ein Causeur, was heißen soll, ein Plauderer« und befand sich sogleich im Manuskript, beim Beginn der »Kinderjahre«.

Das Mikrophon half seiner nicht besonders weit tragenden Stimme. Ablesend trug er vor. Nun, mit Lesebrille, mutete er ein wenig fremd an, entrückt. Er warf einen Blick auf Neuruppin aus zweifacher Sicht, verglich das bürgerliche Elternhaus, die stets von Pleite und Spielschulden bedrohte Löwenapotheke, mit den Erfahrungen aus proletarischer Enge, in der es nach Kohlsuppe oder streng nach Fisch roch, war hiermit beim Steindrucker und Sozi Max

Wuttke, also bei den Neuruppiner Bilderbögen und ihrem jeweils aktuellen Bildungswert, der noch in Swinemünde, wo abermals eine Apotheke mehr schlecht als recht ging, allem Privatunterricht übergeordnet war, selbst beim geliebten Hauslehrer Lau. Gleiches galt für die Neuruppiner Volksschule, aus der einzig der Mutter Ehrgeiz und Spareifer den Knaben Wuttke ins Gymnasium zu versetzen vermochte.

Fonty benutzte geschickt die lithographierte Massenware aus den Werkstätten Gustav Kühn und Oehmigke & Riemschneider als zeitgeschichtliches Muster. Sobald es um die Wuttkes ging, blendete er Fox tönende Wochenschau ein, kam vom Potsdamer Ereignis – Reichspräsident Hindenburg schüttelt einem ehemaligen Gefreiten, der nun Frack und Zylinder trägt, die Hand – auf die Cholera, wie sie gerade noch vor Swinemünde und den am Apothekertisch versammelten Honoratioren Halt machte, um wiederum im Zeitsprung auf die braune Pest zu kommen. Dabei hatte er jeweils die dreißiger Jahre des einen, des anderen Jahrhunderts im Blick. Er vermischte Apothekengerüche mit denen der Kühnschen Druckerei. Die Mütter ließ er in Strenge wetteifern. Er setzte Farbtupfer: hier das himmelblau angestrichene Haus an der Ostsee, dort die Kolorierpinsel märkischer Kinder bei Stücklohnarbeit. Mal war der Ruppiner See, dann wieder das Baltische Meer von Segel- und Dampfschiffen belebt. Er hielt sich knapp, was große Ereignisse betraf, ging aber im Kleinleutemilieu ins Detail. Fonty war hier und dort zu Hause; und seine Verdoppelung ging so glatt auf, daß ihr das Publikum mühelos folgen konnte.

Und nun baute er den beiden Vätern ein Denkmal, von dem herab sich der Zeitenwechsel wie eine Revue wechselnder Moden betrachten und, sobald er beide Väter ins Gespräch brachte, verplaudern ließ: Da ging es um Napoleon und dessen Marschälle und zugleich um die Vision weltweiter Genossenschaft; Erfahrungen beim Schweinemästen und Karnickelzüchten wurden getauscht; eher nebenbei und leichthin gestand der Spieler dem Trinker seine von Ort zu Ort verschleppten Schulden und deutete der Trinker dem Spieler die Größe seiner geschwollenen Leber an. Sie lachten über Spießer jeder Schattierung und schimpften auf Reaktionäre und Verräter, auf Adel und Beamte, auf Bourbonen und Hohenzollern, auf schwarzes, rotes, blaublütiges und braunes Gesocks.

Aber auch Anekdoten tauschten die beiden Väter aus. Sie überboten einander. Und es mag sein, daß der Tonfall pointensicherer Gasconnaden, den beide aufschneiderisch beherrschten, Fonty verführt hat, plötzlich vom Manuskript zu lassen und freiweg zu reden.

Er schob den Papierstoß zur Seite, nahm die Lesebrille ab, steckte sie weg. Straff, weil nicht mehr über linearen Text gebeugt, trat er seitlich hinterm Pult hervor und mißachtete, nun seiner Stimme sicher, das Mikrophon. Er blickte ins Publikum, als suchte er über Stuhlreihen hinweg das Gespräch, und fand im Halbdunkel ansprechbare Einzelpersonen. Er war mit beiden Händen redselig, zitierte aus »Von Zwanzig bis Dreißig«, holte die achtundvierziger Revolution nach – das mißglückte Sturmläuten –, stand nach leichtfüßigem Zeitsprung auf dem Alexanderplatz und sprach zur fünfhunderttausendköpfigen Menge, übersprang dabei manches, zum Beispiel die Reichsluftfahrt, hatte aber alles, was nach ihr kam, fest im Auge: nicht, daß er den Arbeiter- und Bauern-Staat, dessen Aufbau, Niedergang, Abriß gespiegelt hätte, vielmehr blieb er weiterhin sprunghaft, war beim Vormärz und 17. Juni zugleich, sagte: »Was ich nach dem elften Plenum weder in Hoyerswerda noch sonstwo im Manuskript haben durfte, gilt dennoch bis heute: Auf Dauer kann man kein Volk an der Leine führen . . . « Ihm war nichts vergangen. Er vermengte des Schwefelgelben »aus Blut und

Eisen gepanschte Reichsgründung« mit dem, wie er aus herbeigeredetem Zorn rief,»überzuckerten Einheitsbrei der gegenwärtig regierenden Masse«, bewitzelte einen Minister namens Krause, den man »nach siebzig-einundsiebzig prompt geadelt hätte«, schimpfte plötzlich über Schriftsteller, wobei ihm, wenn er auf Wildenbruch oder Brachvogel zielte, zeitgenössische Größen ins Visier gerieten: Er nannte den letzten Verbandspräsidenten der schreibenden Zunft einen »Skribifax, den Gott in seinem Zorn erschaffen hat«.

Danach kam Fonty wieder in ruhiges Fahrwasser, ermüdete aber das Publikum ein wenig und immer mehr, als er, seinen Wanderungen auf der Spur, langatmig abschweifend ein Dutzend märkische Schlösser aufsuchte, dabei borussische Stammbäume entblätterte und sich zwischen obskuren Adelsquerelen und mittlerweile baufälligen Herrensitzen verlor.

Schon kam im Saal Unruhe auf. Zwischenrufe wurden laut. Jemand rief: »Mach mal nen Punkt, Fonty!« Da sagte er: »Und all das und noch mehr steht nun unter Treuhand. All das soll, Schloß nach Schloß, auf Geheiß der Treuhand verscherbelt werden und darf nicht mehr des Volkes Eigentum sein; die Treuhand macht's möglich!«

Wir waren besorgt und befürchteten mit Madeleine, deren Finger im Schoß das Taschentuch knüllten, daß sich Fonty verlieren könnte. Sollte man ihm ein Stichwort zurufen? Madeleine flüsterte in Richtung Stehpult: »Jetzt auf die Hauptsache kommen, Großpapa ...«

»Richtig«, stimmten wir bei, denn bis dahin hatte er das Eigentliche, das Spätwerk des Unsterblichen, die Romane und Novellen, wie aufgespart zurückgehalten. »Ich bin schlecht literaturbewandert«, hörte man ihn kokettieren. Ein einziges Mal nur hieß es: »Die Honorarabrechnung für ›Irrungen, Wirrungen‹ machte dreitausendundfünfzig

Mark.« Und gleich darauf, eher beiseite gesprochen: »Schrieb damals an Schlenther: ›Eben war eine Dame hier von etwa sechsundvierzig, die mir sagte, sie sei Lene, ich hätte ihre Geschichte geschrieben...‹« Mehr, außer »Sie muß mal sehr hübsch gewesen sein«, kam nicht über Lene Nimptsch. Doch nun, kaum hatte sich Fonty mit der alles möglich machenden Treuhand das Stichwort gegeben, entwarf er ein literarisches Fest sondergleichen.

Mit Blick übers Publikum weg stand er frei redend in seinem abgetragenen Vortragsanzug, dem Bratenrock. Tropfengroß hatte er das Ordensbändchen der »Compagnons de la Résistance« am Revers. Er war ganz von des Urhebers Gestalt und mit Unsterblichkeit gewappnet, als er rief: »Wußten Sie das schon? Ist Ihnen bekannt, meine Damen und Herren, daß heute, zu eben dieser Stunde, im ehemaligen Haus der Ministerien, vormals Reichsluftfahrtministerium, die uns so gegenwärtige Treuhandanstalt illustre Gäste geladen hat? Aus besonderem Anlaß. Es soll nämlich die tausendste Abwicklung gefeiert werden. Wenn das kein Grund ist! Und zu diesem Fest hat man sich kostümiert. Unter dem Motto ›Frau Jenny Treibel läßt bitten‹ eingeladen, versammelt man sich in allen Stockwerken, auf Korridoren und in lampiongeschmückten Sitzungssälen. Aus Romanen und Novellen, sogar aus Nebenwerken sind Gäste erwünscht. Kaum vermag ich alle zu nennen, so viele haben Frau Jenny Treibel die Ehre gegeben; doch knappe Auswahl ist möglich. So sehe ich denn in bunter Reihe, was Rang und Titel hat, ob im Gehrock oder in Uniform, etwa den Leutnant Vogelsang mit dem Kommerzienrat und Gatten der Gastgeberin im Gespräch über Wahltaktik und Stimmenfang. Rex und Czako haben den jungen Stechlin mitgeschleppt. Nun halten sie Ausschau nach Armgard und Melusine. Natürlich darf nicht Gundermann fehlen, dem immer noch alles ›Wasser auf die Mühlen der Sozialdemokratie‹

bedeutet. Siehe da: Effi und Lene, die eine unterm Schleier-
hut, die andere mit Häubchen, plaudern gemeinsam, als
gäbe es keinen Standesunterschied, über jüngste Berliner
Affären. Sogar Stine hat sich von der Witwe Pittelkow überreden lassen, unter Leute zu gehen: Sie trägt ihr getüpfeltes
Perlhuhnkleid und hofft, den jungen Grafen Waldemar
davon abbringen zu können, den Schlußpunkt ihrer ohnehin schwindsüchtigen Geschichte unbedingt mit einer
Pistole setzen zu wollen. Und da kommt er auch schon, leider mit Loch im Kopf. Und glauben Sie mir, verehrte Zuhörer, keiner der Pastoren fehlt: Lorenzen, Niemeyer, Schwarzkoppen, sogar der Däne Schleppegrell ist im Predigerrock
gekommen. An Pädagogen herrscht kein Mangel: kaum
verwunderlich, daß Professor Schmidt dem Ruf seiner
Jugendfreundin gefolgt ist, aber daß sich Krippenstapel hat
überwinden können... Ach, aus den ›Kinderjahren‹ der
Hauslehrer Lau... Und wer noch alles hat sich so stilvoll,
von den Schnürschuhen und Stiefeletten bis zur schlicht
gescheitelten oder hochgetürmten Frisur, dem Romanpersonal angepaßt? Wer traut sich zu, als Briest Figur zu machen?
Wer, in einer Nebenrolle, als Dienstmädchen Friederike auf-
zutreten, die seit Jahrzehnten auf dem Poggenpuhlschen
Hängeboden haust? Wer trägt die Paradeuniform vom Regiment Gendarmes? Wer gefällt sich als Pastorentochter oder
Spreewälder Amme? Wer will Kutscher oder nur Hausmeister sein? Es sind die Abteilungsleiter und Sekretärinnen
der Treuhandanstalt, die Sachbearbeiter und Vorzimmerdamen, aber auch, was nach Geld riecht oder den Riecher fürs
Geld hat, potente Investoren und Großaufkäufer, die sich
nach literarischen Vorlagen verkleidet haben. Nun ja, als
von Vitzewitz, das mag angehen; aber man fragt: Wer war
so mutig, sich als Schach von Wuthenow, gleich einer Karikatur, der Lächerlichkeit preiszugeben? Wer war so kühn,
sich als Melanies bankrotter Liebhaber aufzuspielen? Wer

steckt hinter der so oft berufenen Luise, wer hinterm Grafen Petöfy, welche drei Grazien sind die Poggenpuhltöchter? Und dort, aus welcher Chefetage kommen die beiden adrett gekleideten Herren, die sich als von Crampas und von Innstetten begrüßen? Wieviel Finanzkraft steckt hinter jenem immerfort Kurreisen verschreibenden Hausarzt? Doch unverkennbar: Frau Jenny Treibel, das ist die Chefin der Treuhand. Nur sie versteht es, Geschäft und Poesie miteinander zu verknüpfen. Nur sie konnte zur tausendsten Abwicklung diese gesellschaftsfähige Idee beisteuern. Und – passen Sie auf! – gleich wird Corinna antanzen und eine kesse Lippe riskieren . . . «

Das riß die Zuhörer mit. In nicht abreißender Reihe wurde dem Publikum ein Figurenreigen geboten. Rufe mehrten sich: »Und wo bleibt Alonzo Gieshübler vom Apothekeradel?« – »Wie schade, Hoppenmarieken fehlt!« – »Und wenn schon Czako, dann muß auch die Schmargendorf her!« – »Ja, ist denn Frau Kruse, die mit dem schwarzen Huhn, nicht eingeladen worden?« – Und jemand stellte eine typische Archivfrage: »Hat etwa die schöne Brigitte ihren dänischen Sicherheitsassessor mitgebracht?«

Fonty nahm alle Fragen auf und verfügte, nahezu unbegrenzt, über sein Personal. Auf Abruf: Wo Schach war, mußte Bülow sein, zur Tochter gehörte die Kapitänswitwe Hansen, und Frau Dörr stritt mit dem schrumpligen Gärtner Dörr. Die Trippelli sang den Heideknaben. Alle redeten Text, und bei all dem Gerede kam der General von Bamme nicht dazu, das Signal zum Sturm auf die Oderbrücke blasen zu lassen. Sogar den toten Chinesen ließ Fonty auftreten, um Effi, die sogleich mitspielte, ein wenig zu erschrecken. Nur als jemand aus dem Publikum nach Cécile rief, antwortete er: »Hat absagen müssen. Leidet unter Migräne. Doch ihre Herren sind quicklebendig, wenngleich mit geladenen

Pistolen dabei. Und weitere Projektemacher und berufs-
mäßige Bankrotteure haben dem Ruf der Treuhandchefin
Folge geleistet. Wo Witterung schnelles Geld verspricht, finden sich flugs die Herren vom monetären Adel ein. Aber
auch arme Schlucker gieren nach Glück. Sehen Sie nur, da
kommt Hugo Großmann mit Vollbart als Bürgermeister,
der Investoren sucht. Und bestimmt, nein, sicher mischt
irgendwo Mathilde Möhring mit. Da ist sie und nähert sich
Frau Jenny Treibel, um ihr mit unschuldigstem Gemmengesicht die tausendeinste Abwicklung vorzuschlagen: ein ganz
besonderes Schnäppchen. Welch ein Gedränge! Ordensbrüste, Schleppsäbel, Stehkragen. Geheim- und Kommerzienräte, hinter denen die Vorstände der Großbanken stecken,
glänzen durch Anwesenheit, gleichfalls der Schwefelgelbe,
erkennbar am Kragen der Halberstädter Kürassiere, der seinen Bleichröder mitgebracht hat, einen Krösus, den heutzutage die Dresdner Bank stützt. Kredithaie und Bankrotteure,
Pumpgenies! Sie können sicher sein: Rubehn, gestern noch
pleite, ist heute in Festlaune und obenauf...«

Immer neue Auftritte, und doch vermißten wir vom
Archiv die eine und andere Figur, wagten aber nicht, mit
einem weiteren Zuruf etwa nach dem homöopathischen
Veterinärarzt namens Lissauer aus »Unwiederbringlich« zu
fragen. Madeleine beunruhigte uns. Sie saß wie auf dem
Sprung und bereit, dem Spuk ein Ende zu machen. Als ich
mich, weil neben ihr sitzend, besorgt zeigte, flüsterte sie:
»Bien sûr. Großpapa hat gewiß noch etwas in der Hinterhand. Er spaßt nicht. Er meint es sehr ernst und wird das
Fest, à outrance, auf die Spitze treiben. Ich fürchte, er wird
bis zum Äußersten gehen...« Ihr Taschentuch war mittlerweile zerfetzt.

Vielleicht hätten wir eingreifen sollen. Oder wer anders –
aber dort, wo das Schild »Notausgang« leuchtete, saß kein

Hoftaller mehr. Und wir griffen nicht ein, weil es, aus Fontys Sicht, im Treuhandgebäude vorerst noch fröhlich zuging.

Jetzt brachte er den Paternoster ins Spiel. Das Publikum erlebte den Personenaufzug in amüsanter Besetzung. Er sperrte den alten Stechlin und dessen so strenge wie fromme Schwester Adelheid in eine Kabine. Dubslav brummelte stereotyp: »Alle Klosteruhren gehen nach«, und die Domina wiederholte: »Sage nichts Französisches, das verdrießt mich immer« oder schimpfte über ein zeitloses Problem: rote Socken. In der nächsten Kabine knöpfte sich die Witwe Pittelkow den alten Graf, diesen Lustmolch, vor: »Mein Stinchen ist kein Mädchen, das sich an einen hängt oder mit Gewalt einen rankratzt...« Dann sah man die Magd Roswitha vereint mit Frau Kruse, die das schwarze Huhn auf dem Arm trug. Gleich danach mußte sich Botho von Rienäcker immer wieder die schwatzhafte Käthe anhören: »Ist das nicht komisch, nein, ist das nicht komisch...« Hierauf redete eine der Poggenpuhltöchter auf Leo, den leichtsinnigen Bruder, ein, den es auf Abenteuersuche nach Afrika in die Kolonien zog. Und in enger Kabine rief Corinna der verkleideten Treuhandchefin zu: »Ridikül finde ich das! Denn wer sind die Treibels? Berlinerblaufabrikanten mit einem Ratstitel, und ich, ich bin eine Schmidt!«

Miteinander verkuppelt, was zusammenpaßte oder sich biß: Rex hatte besser als Czako zu sein. So gepaart, verdammte Fonty sein Personal zu ewiger Aufundabfahrt. Und alle sagten ihr Sprüchlein her. Von Stockwerk zu Stockwerk rumpelte seufzend und quietschend – »Doch zuverlässig!« hieß es freiweg am Stehpult – der altgediente Paternoster durch Romane und Novellen und führte sogar, ein wenig makaber, den Wilderer Lehnert Menz und den Förster Opitz über die Wendepunkte. Zum wiederholten Mal kamen die als Vater und Sohn immerfort streitenden Geschäftsleute Baruch und Isidor Hirschfeld, nun endlich auch die Buschen und Hoppenmarieken ins Bild.

Und wen noch alles setzte er, von unten aufkommend, nach oben schwindend oder in absinkender Tendenz zur Ansicht frei? Zwei mannstolle Pfarrerstöchter, Kutscher als Doppelgespann, die Barbytöchter in schöner Gegensätzlichkeit, Hausärzte, ob ihrer Diagnosen zerstritten, endlich Briest und Luise, er mit bekannter Sentenz. Van der Straaten sagte leichthin und geschäftsmäßig: »Du willst fort, Melanie?« Und sie sagte: »Ja, Etzel.« Auf das große Wort »Entsage« folgte, ein wenig kleinlaut, des Grafen Petöfy an Franziska gerichtete Frage: »Kannst du's?« Als dann Holk, extra von Holkenäs angereist, von oben kam, um neben der Baronin Christine von Arne nach unten zu schwinden, jammerte er: »Je mehr man mitnimmt, je mehr fehlt einem«; und sogleich gab sich ihr frommes Gemüt empört: »Wenn es nach dir ginge, müßten die Tröge für die Kühe so sauber wie Taufbecken sein.«

Doch mit dem Auftritt dieser beiden Personen aus »Unwiederbringlich«, denen prompt in nächster Kabine Brigitte Hansen und Ebba von Rosenberg folgten, geriet Fontys Vortrag vollends ins Spekulative. Nachdem auffällig unauffällig der Polizeirat Reiff und ein namenlos mysteriöser dänischer Sicherheitsassessor auf Papier gereihte Erkenntnisse ausgetauscht hatten, ließ er, kaum war, ganz mutterseelenallein, Grete Minde zu Tal gefahren, das Treuhandfest ein Weilchen auf sich beruhen, kehrte zum Manuskript zurück, war wieder – und das Publikum im Kesselhaus folgte ihm – bei den Kinderjahren und schilderte den Brand der Scheunen vorm Rheinsberger Tor als lichterlohes Spektakel. Dann ging er, bevor noch die letzten Funken stoben, zum großen Scheunenbrand in »Vor dem Sturm« und zur brennenden Oderbrücke über, nahm den hellen Feuerschein des entflammten Holzhofes dazu, rief die soeben noch beim Kostümfest in Erscheinung getretene Brandstifterin Grete Minde herbei, auf daß sie die Stadt Tangermünde in Flammen aufgehen ließ – »und im nächsten Augenblick lief es in roten Funken über den First hin . . .« –, erlaubte nach dieser Feuersbrunst – nun wieder im Treuhandgebäude – dem schwachen Botho, alle Briefchen seiner Lene, samt orthographischen Fehlern, zu verbrennen, bis nur noch Asche blieb, rezitierte schnell einige Zeilen aus seiner Ballade vom »Brennenden Tower« – »Seht, wie durstig auch die Flamme sich von Turm zu Turme wirft . . .« – und bat jetzt Ebba und Holk, Holk und Ebba, dieses unmögliche Paar, den Kamin- und Zimmerbrand auf Schloß Frederiksborg nachzuspielen; das geschah vor den Augen vieler illustrer Gäste in einer der holzverkleideten Kabinen des unablässigen Paternosters.

So eng schürte Fonty die diversen Brände, so hoch schlugen die Flammen, so beißend war der Rauch, so trocken der Zunder, und so viel Leidenschaft züngelte und erhitzte sich wechselseitig, brach brünstig feurig durch, leckte und wurde geleckt, kam lodernd nieder, ergoß Glut, verglühte und steigerte sich zu solch umfassender Hitze, daß sich das Publikum – und wir mit Madeleine in der ersten Reihe – als Augenzeugen vorm Rheinsberger Tor, in Tangermünde, nahe der Oderbrücke und im Schloßhof erlebte; kein Wunder, daß wir die von draußen kommenden Sirenentöne als zum Vortrag gehörend verstanden. Man glaubte, die Berliner Feuerwehr sei auf Geheiß des Unsterblichen im Großeinsatz und mache mit bei Fontys Flammenspiel; da riß jemand von außen die Tür zum Notausgang auf und rief: »Das mußte ja so kommen. Die Treuhand brennt!«

Der da rief, das war Hoftaller. Er wird sich, noch während der Vortrag seinen Höhepunkt suchte, davongemacht haben. »Großfeuer!« rief er und war sogleich wieder weg. Mit heißer Botschaft war er gekommen, und da das Publikum die brennende Treuhand als Ende des Vortrags verstand, war prasselnder Beifall die Folge. Immer noch klatschend, drängten alle nach draußen, wo man den Himmel nach einem Feuerschein absuchen wollte. Heiter und erhitzt zugleich brach das Publikum auf. Gerne war man in Wunschkostümen beim Fest dabeigewesen – jeder in seiner ersehnten Rolle –, und mit freudig zustimmenden Rufen hatte man schließlich gehört, daß der lichterlohe Ausklang des Festes von der Wirklichkeit beglaubigt worden war.

Im Kesselhaus der Kulturbrauerei wurde, während alle zu den Ausgängen drängten, lauthals gerufen: »Endlich brennt der Kasten!« – »Wurde auch Zeit!« – »Jetzt sollen sie gleich noch die Normannenstraße abfackeln!« – »Da lagert Zunder genug!« Jemand reimte aus dem Stegreif: »Von Stasi und von Treuhand erlöst uns heut ein Großbrand.« Und ein anderer fragte sich und das drängelnde Publikum: »Möchte mal wissen, wer da gezündelt hat?«

Unberührt vom Beifall und Aufbruchslärm stand Fonty immer noch hinterm Stehpult. Jemand hatte ihm einen Strauß Blumen – ahnungsvoll Feuerlilien – und ein Kuvert mit dem Vortragshonorar in die Hand gedrückt. Er legte den Strauß und den diskret verborgenen Fünfhunderter auf dem Pult ab, trank einen Schluck Wasser, sortierte das Manuskript der »Kinderjahre«, fingerte nach der Brille, wollte eigentlich weiter-, immer weiterreden, begriff die Aufregung nicht, sah, nun wieder unbebrillt, erstaunt aus und sagte, mehr zu sich als zum Publikum, das sich ohnehin verflüchtigte: »Sind wohl alle übergeschnappt. Ist doch Fiktion alles und nur in einem höheren Sinn wirklich. Klatschen immer zu früh. Hätten den Schluß des Treuhandfestes abwarten sollen, bei dem der Unsterbliche persönlich auftritt. Plötzlich bringt ihn der Paternoster hoch. Seinen Rock schmückt der Hohenzollernhausorden. Und die Chefin des Hauses, Frau Jenny Treibel, begrüßt ihn im vierten Stock überschwenglich und herzlich, wie es ihre Art ist. Woraufhin beide für alle Gäste und über alle Korridore hinweg den Tanz eröffnen...«

Nur wir und Madeleine hörten ihm zu. Nur wir und La petite sahen, wie heißgeredet das schöne Greisenhaupt glühte und die weißen Fusselhaare loderten. Ja, sein Blick war von innerem Feuer erhellt; kein Wunder nach so flammender Rede.

Als die Enkeltochter zum Stehpult ging und ihren Großvater bei der Hand nahm, hielten wir uns zurück, doch hörte ich, wie sie mit kleiner Stimme sagte: »Excellent, grand-père, vraiment excellent. Doch nun müssen wir leider gehen. Man wird Sie verdächtigen. Ich weiß, es ist alles Erfindung nur, wie die Kirche in Tempelhof oder Schloß Wuthenow. Dennoch sollten wir eilig weg, bevor man uns sucht...«

Ich sah, wie Madeleine das Manuskript und den Briefumschlag samt Honorar in ihren Umhängebeutel stopfte, Fonty vom Pult wegzog, sich und ihn geschickt zwischen die restliche Menge mischte und mit ihrem Großvater durch den seitlichen Notausgang verschwand.

Der Strauß Feuerlilien, deren Friedhofsgeruch Fonty ohnehin nicht ausstehen konnte, blieb auf dem Stehpult liegen. Wir nahmen ihn an uns, stellvertretend. Als alle gegangen waren, war nur noch ich übrig. Ich suchte und suchte...

Endlich, er irrte draußen bei schwacher Beleuchtung herum. Zwischen Kesselhaus und ehemaligem Pferdestall fand ich ihn, in eine Nische gedrückt. Als er mich sah, griff er zu, ließ nicht los: »Habt ihr ihn?«

Ich redete etwas von »kleinem Umtrunk mit der Geschäftsleitung« und wiegelte ab: »Unser Freund wirkte erschöpft, braucht Ruhe. Auch Sie sollten schonungsvoller...«

Der verwaiste Tagundnachtschatten war nicht zu beschwichtigen: »Bestimmt hat die Kleine ihn abgeschleppt.

st ja nicht falsch im Prinzip, denn unbedingt muß er in Sicherheit gebracht... Und zwar sofort. Bestimmt läuft die Fahndung schon...«

Ich warnte vor Übertreibungen: »Also ein besseres Alibi kann man wirklich nicht haben...«

»Ach was! Das Archiv spielt mal wieder den Ahnungslosen. Aber ich hab gerochen, was kommt, als er das Manuskript wegschob und nur noch freiweg... Das war schon immer so, wenn er... Kaum hat er sich mit nem Trick – ›Übrigens, was ich noch sagen wollte...‹ – vom Text weggeredet, kommt er zur Sache. Roß und Reiter nennen heißt das bei ihm. Und nun tickt die Uhr. Alibi! Nie was von Fernzündung gehört? Muß ihn finden... Unbedingt...«

Er ließ von mir ab. Also ging ich, ging zögernd, drehte mich um, immer wieder. Er stand verloren, nun ganz mit sich allein auf dem weitläufigen Innenhof der ehemaligen Schultheiß-Brauerei.

Im Schatten des burgtorgroßen Ausgangs blieb ich stehen und sah ihn auf und ab laufen. Mal näher, mal entfernt. Die spärliche Bogenlampenbeleuchtung zog ihn an, spuckte ihn aus, bloßgestellt war er da, wieder weg, aber seine Stimme blieb. Er redete vor sich hin. Einiges schnappte ich auf: »Sah sie im Publikum... Rechter Block, dritte Reihe von hinten... Ne Ausgekochte... Dieses Aas... Klar doch, die Blumentopffrau... War ihr Profil, bin sicher... Die Genossin Frühauf... Kein Verlaß... War immer schon krankhaft labil... Werden untertauchen bei ihr... Denn das müssen sie: irgendwo untertauchen...«

Hoftaller schien aus dem Lot. Plötzlich schrie er, daß es im Innenhof hallte: »Aber ich will nicht mehr, will nicht mehr... Immer nur Außendienst, Außendienst... Bin schon abgemeldet, abgemeldet... Werde ganz woanders, woanders...«

Dann sah ich ihn nicht mehr, hörte nur noch im Weggehen, daß jemand, wahrscheinlich ein Betrunkener, irgendwo verdeckt von den Nachtschatten der Zinnen und Türmchen des Backsteingemäuers, etwa dort, wo der Brauereischornstein aufragte, revolutionär zu singen begann: »Ça ira, ça ira – Ça ira, ça ira...«

37 Mit ein wenig Glück

Am Morgen besehen, sah alles anders aus. Die Treuhand war nicht abgebrannt, doch immerhin hatte Feueralarm am Abend des Vortags, gegen 21 Uhr 30, mehrere Löschzüge zum Einsatz gerufen. In dem Gebäude Ecke Wilhelm-, Leipziger Straße mußte ein alle Stockwerke verqualmender, aber leicht zu lokalisierender Brand eingedämmt, schließlich erstickt werden. Kurz vor 23 Uhr war alles vorbei; dennoch blieb eine Wache im Haus.

Der Paternoster hatte Feuer gefangen. Weil auch nachts in Betrieb, war es dem um- und umlaufenden Brand gelungen, die meisten Kabinen zu erfassen und auszuglühen, der Rest galt als mehr oder weniger stark angekokelt. Man konnte von einem Totalschaden sprechen, was den offenen Kabinenaufzug betraf; die Treuhand selbst kam mit dem Schrecken davon.

Sogleich wurde von Brandstiftung gemunkelt; Gründe genug hatte die Abwicklungszentrale geboten. Trotz offizieller Dementis ließen die Zeitungen nicht locker. Sie überboten einander mit Spekulationen und nannten mutmaßliche Täter und Tätergruppen. In einem der Konferenzräume des sonst leeren Gebäudes – und zwar im vierten Stockwerk – hatte zur Tatzeit ein Umtrunk unter leitenden Angestellten stattgefunden. Man glaubte, eine runde Zahl glücklich abgewickelter Altlastfälle feiern zu dürfen. Doch konnten die Teilnehmer der Fete, bei der übrigens tüchtig gebechert wurde, kaum unter Verdacht gestellt werden; als hausinterne Ressortleiter und Chefsekretärinnen waren sie Teil eines Systems, das es schon immer verstanden hatte, sich selbst zu beglaubigen.

Kurzschluß wurde als Ursache genannt. Die wachs- und ölgetränkte Holzverkleidung der Kabinen hätte wie Zunder gebrannt. Später war von fahrlässiger Wartung die Rede. Dennoch blieben Zweifel: Der im Brandbericht der Feuerwehr erwähnte leere Kanister – abgestellt im Kellergeschoß – sowie einige verschmorte Lappen in vier einander folgenden Kabinen ließen sich nicht einfach wegschwatzen. Da aber keine Bekennerschreiben gefunden wurden, ging die Presse davon aus, daß diesmal nicht die RAF, sondern ein Einzeltäter aktiv geworden sei; auch kamen abgetauchte Stasiseilschaften in Betracht. Dennoch begann weder das Bundeskriminalamt noch eine andere übergeordnete Dienststelle zu ermitteln. Staatlicherseits hieß die Devise: Niedriger hängen. Man wollte, was auch gelang, möglichst schnell zur Tagesordnung übergehen.

Der Paternoster ist nicht erneuert worden. Er galt ohnehin als auslaufendes Modell. Noch jüngst hatte ihn eine Prüfungskommission mit der Note »hochgradig personengefährdend« bewertet. Umgehend sollte ein moderner Schnellaufzug eingebaut werden, was inzwischen wohl geschehen sein mag.

Zusammenfassend läßt sich sagen: Der Brand hat die Arbeit der Treuhandanstalt kaum behindert und sie nur kurze Zeit lang in die Schlagzeilen gebracht. Fontys Vortrag, der in den Feuilletons etlicher Zeitungen – bis in die Provinz hinein – ein wohlwollendes bis spöttisches Echo fand, wurde in keinen ernst zu nehmenden Zusammenhang mit dem brennenden Paternoster gerückt. Hier und da glossierte man das »symbolhafte Parallelereignis«. In einem Massenblatt hieß es: »Vortragskünstler versucht sich als Hellseher.« Mehr als eine Spalte kam dabei nicht heraus, denn gegen Ende August herrschte kein Mangel an wirklich sensationellen Nachrichten: Gorbatschows Stern war gesunken. Die Sowjetunion fiel auseinander. Auf dem Balkan begann das Morden. Und die Börse spielte verrückt.

Wer mochte in solch aufregender Zeit nach einem alten Mann fahnden, der zwar noch immer unter dem Namen Theo Wuttke auf der Gehaltsliste der Treuhand stand, doch nur – wenn überhaupt – als Fonty bekannt war. Er hätte nicht abtauchen müssen. Kriminalistisch krähte kein Hahn nach ihm. Zudem hieß sein Alibi Kesselhaus und Kultur-brauerei. So viele Augenzeugen auf seiner Seite. Nur die Macht der Fiktion ließ ihn verdächtig erscheinen. Aber er blieb weg und galt als verschollen.

Nicht, daß wir das Archiv geschlossen hätten, aber gesucht haben wir ihn überall. Einige waren ständig unterwegs, und auch ich schob wiederholt Außendienst, denn Gründe für unsere Suche gab es genug: Schon nach wenigen Tagen fehlte uns Fonty sehr. Es war, als gilbten unter unseren Fingern ganze Stöße kostbarer Papiere, als mangelte uns sein belebender, staubaufwirbelnder Atem, als müßten wir ihn beschwören, damit er uns wieder leibhaftig werde, es war, als mahne uns, kaum war er weg, die Pflicht an, sogleich und als Kollektiv die Geschichte des Verschollenen niederzu-schreiben.

Ach, wie trostlos war es ohne ihn. Wir riefen uns Redens-arten des Unsterblichen zu, die von mißratener Sommerfri-sche knappen Stimmungsbericht gaben: »Was kann einen nicht alles vertreiben: Köter, Hähne, Menschen...« Oder: »Durch das Fenster strömt ein Mischgeruch von Jauche und Levkojen...« Auch die berühmte Sentenz: »Die Frage ›wozu noch?‹ wächst...« Und als jemand seufzte: »Ich wünschte, es käme der kleine Brahm zu einer Plauder-stunde«, blickten wir alle zur Tür, aber Fonty kam und kam nicht.

Den Tiergarten haben wir abgesucht. Nicht einmal Spree-waldammen, die »alle milchsauer rochen«, fanden wir dort, nur Türken seines Alters, die keine Auskunft wußten. Dem

Haubentaucher fiel nichts außer Wiederholungen ein. Die Rousseau-Insel ohne höhere Bedeutung. Doch die Versuchung, unser Bemühen aufzugeben, kam uns dennoch nicht an.

Auf dem Friedhof der französischen Domgemeinde hinterlegten wir unterm Immortellenkranz einen Zettel: »Bitten um vertrauliches Gespräch.« Wir pilgerten die Potsdamer bis zur imaginären Hausnummer hoch und deponierten in der Imbißstube gleichfalls einen verdeckten Lockruf: »Haben neues Material für ›Likedeeler‹-Projekt gefunden...« Und auf dem Alexanderplatz suchten wir seinen Zeitungskiosk auf, um dort eine weitere Suchanzeige auszuhängen. Ob im Scheunenviertel oder auf Spreebrücken, keiner seiner Lieblingsplätze blieb außer Betracht. Zwischendurch stiegen wir immer wieder in der Kollwitzstraße die drei Treppen hoch, klingelten, schoben Zettelchen durch die Schwellenritze, legten sogar das Ohr an die Tür: Nichts rührte sich. Der neue Nachbar war ahnungslos, der Hausmeister nur geschwätzig. Schon wollten wir im »Tagesspiegel« eine Anzeige »Suchen Person, die über das Große kurz, über das Kleine weitschweifig schreibt« einrücken lassen, da wurde uns, beim letzten Versuch, die Tür zur Dreieinhalbzimmerwohnung geöffnet.

Wir fanden Emmi und die Witwe Grundmann vor. Sie konnten nur mit Erstaunen wiedererkannt werden: beide frisch vom Friseur. Die Kleidung vom Feinsten, doch nicht neureich aufgetakelt, eher von hanseatischem Chic, als hätten Mutter und Tochter in Hamburg maßnehmen lassen. Aus der fülligen, immer ein wenig schlampig wirkenden Frau Wuttke war eine stramme Madame, aus Martha eine karrierebewußte Geschäftsfrau geworden; selbst ihr Parfum roch profitorientiert.

Beide Frauen beherrschten die Küche und alle anderen Räume, die eine, indem sie die hinterlassenen Möbel taxierte, die andere, indem sie sich lässig und bereits distanziert gab. Nur als sie den Mund aufmachten, sprach immer noch und unverblümt die Kollwitzstraße; für diesen Tonfall war kein Friseur zu finden gewesen. Dieses mal mürrische, mal wehleidige, dann wieder gutmütige Gemaule ließ sich nicht maßschneidern. Kein Parfum hätte den Wohnküchendunst übertönen, kein Ortswechsel die eingeübten Arien der beiden Frauen auf Salonton umstimmen können. Mutter und Tochter waren sich, im Prinzip, gleich geblieben und fanden zuerst einmal alles schlimmer als schlimm: »Daß mir mein Wuttke das antut...« – »Na sowas war von Vater schon längst zu erwarten...«

An den Küchentisch gebeten, gaben wir Bericht vom Kesselhaus der Kulturbrauerei, vom zahlreichen Publikum, der anwesenden Prominenz und vom Redner am Stehpult, vom Zwischenapplaus. Obgleich wir Abschweifungen unterschlugen und vielmehr die gesteigerte Qualität des Vortrags, besonders dessen Wortwitz und zitatsichere Komplexität betonten, sagte Emmi: »Dasser das nich lassen kann. Immer die Klappe groß auf, und die Leute lachen sich schief über ihn. Das war beim Kulturbund schon so, och wenn ich zehnmal gesagt hab, sag, was de sagen darfst, und red nich auswendig. Das kannste nich, Wuttke, da kommt dir zuviel dazwischen, hab ich gesagt, das läuft dir glatt weg...«

Und von Martha, die unseren Bericht nur mit Ungeduld ertrug, hörten wir: »Nix Neues. Wußten wir längst schon. Stand sogar bei uns in der Zeitung, daß sich Vater mal wieder aussem Fenster gehängt hat. War noch ganz witzig geschrieben, was in der ›Mecklenburgischen‹ drinstand: ›Nach liebevoller Kleinmalerei kam es zum großen Feuerzauber.‹ Muß ganz schön komisch gewesen sein anfangs, aber am Ende ist er ausgeflippt, wie immer. Kenn das. Genau. Hab ich als Kind schon erlebt, wie das ist, wenn Vater ein Faß aufmacht. Und als wir dann zu lesen kriegten, daß es in der Treuhand gebrannt hat, wußt ich, was Fakt ist, und hab mir gleich gedacht, wenn da mal nicht Vater irgendwie drinsteckt...«

Aber Emmi war anderer Meinung: »Mein Wuttke? Nie macht der sowas. Der redet doch nur. War früher nich anders, wenn er sich in die Nesseln gesetzt hat und alles immer schlimmer wurde davon. Dabei hätt er zu uns kommen solln. Ein Telegramm nachem andern, und was das gekostet hat. Aber Martha hat immer gesagt: Is nix mit Sparen. Was sein muß, muß sein. Und is ja och alles fix und fertig für ihn und schön tapeziert. Nur umziehen müssen wir noch. Gewartet wird nich mehr. Morgen lassen wir packen, nich alles, aber das meiste, wo er dran hängt. Sogar die ollen Vorhänge und Gardinen nehm ich ab und laß sie für ihn aufhängen in seinem Zimmer, damit er sich schneller gewöhnt, wenn er kommt endlich...«

»Erst muß er mal wieder auftauchen!« rief Martha. »Das hat bestimmt die Kleine gedeichselt. Die will ihn für sich haben, und zwar ganz. Den Typ kenn ich, geht im Prinzip über Leichen. Und Vater? Der hat einfach mitgemacht. Genau, sowas gefällt ihm: mal schnell die Kurve kratzen. ›Sich dünnemachen‹ heißt das bei ihm. Und die Kleine hat seinem Affen Zucker gegeben...«

»Also auf unsre Marlen laß ich nichts kommen. Die sorgt für ihn, bestimmt. Außerdem gehört die nu zur Familie, ob dir das paßt oder nich. Sei nich so hart, Martha. Sie is nu mal ganz anders als du, na, bißchen mehr spritzig...«

Als die Tochter verstummte und dabei ein finsteres Gesicht aufsetzte, begann die Mutter die mit Wachstuch bezogene Küchentischplatte zu streicheln: »Ach Gottchen, mein Wuttke. Konnten ja manchmal richtig bißchen stolz auf ihn sein, wenn er als Aktivist wieder was angesteckt bekam, in Silber sogar. Und gab ja och paar glückliche Jahre hier, anfangs bestimmt. Nur zu eng war es, als noch die Jungs alle drei und in ein Zimmer gequetscht. Und als Martha, die ja noch klein war, bei uns lag. Ging nich auf Dauer. War richtig schlimm, so eng hatten wir es hier. Als aber die Jungs alle weg und nu Platz genug war, da war es wie leer. Und dann zog mein Wuttke och noch mit Bett in seine Stube um, daß ich auf einmal ganz allein lag, all die Jahre . . .«

Emmi weinte ein wenig. Wir saßen unruhig auf den Küchenstühlen. Martha gab vor, »richtig sauer« zu sein, weil Madeleine ihr Jungmädchenzimmer bewohnt, einige Erinnerungsstücke weggeräumt und auch sonst überall ihre Finger dazwischengehabt hatte. »Sogar ans Klavier ist sie rangegangen. Sowas seh ich sofort. Und im Regal hat sie die Platten umgestellt. Na, von mir aus! Soll sie haben den Krempel! Kann ich sowieso nicht mehr sehen, das hier, das alles! Da staunen Sie, was? Aber so läuft das momentan. Muß man können: ganz von vorn anfangen, nicht mehr hinter sich gucken. Was hier mal war, ist sowieso vorbei und gelaufen, auch wenn ich immer sag, daß in unserer Republik nicht alles nur schlecht gewesen ist. Effektiv war es nicht. Planwirtschaft? Na klar. Aber nur, wenn sie klappt und sich rechnet. Das müssen wir lernen, hab ich neulich noch zu den Genossen in Schwerin gesagt: ›Nur wenn man marktorientiert produziert, nur wenn die Rechnung stimmt und Profit dabei rausspringt, kann sich im Prinzip sowas wie ne sozialistische Perspektive . . .‹ Ob ich? Aber ja doch. Bin wieder drin. Die Partei sucht Leute, die kaufmännisch was draufhaben. Hat aber mit Glauben so gut wie nix zu tun, nur mit Überzeugung. Genau das hab ich Pfarrer Matull geschrieben, na dem, der auf meiner Hochzeit geredet hat, daß wir jetzt in der Partei, seitdem sie anders heißt, sowas wie Zweifel zulassen im Prinzip. Und zu den Genossen hab ich gesagt: ›Wer nicht zweifelt, der glaubt an rein gar nix!‹ – ›Richtig‹, haben sogar die alten Knacker gerufen, die früher immer nur auf Parteilinie geschielt haben . . . Nun hör doch endlich auf zu heulen, Mutter. Davon wird's bestimmt nicht besser!«

Bald war Emmi mit dem Weinen fertig. Wir versprachen, unsere Nachforschungen nicht aufzugeben. Marthas Angebot, etwaige bei der Suche nach Fonty anfallende Kosten zu übernehmen – sie sagte: »Aufs Geld muß nun wirklich nicht mehr geguckt werden...« –, haben wir abgelehnt: Nach Fonty zu suchen sei für uns Ehrensache.

Übrigens hing der Geschäftsfrau an einem schlichten Goldkettchen ein Kreuz am Hals. Auf unsere Frage nach dem Wohlergehen der Firma sagte sie: »Fürn Anfang läuft der Laden ganz gut. Mein Grundmann war ja mehr fürs Improvisieren. Ich bin da anders, mehr fürs Genaue. Zu meiner Freundin Inge, die bei uns jetzt den Haushalt schmeißt und auch nen Hang zum Spontanen hat, hab ich gesagt: ›Risiko muß sein, aber ein kalkuliertes.‹ Na, die lernt das schon noch...«

Kaffee bekamen wir nicht angeboten, aber einen Blick durften wir in Fontys Studierstube werfen: Noch sah sie unverändert aus. Nur der rotchinesische Teppich stand schon, fertig zum Umzug, zur Wurst gerollt an den Schreibtisch gelehnt. Keine Blume in der langstieligen Vase. Die russischgrünen Bleistifte auf unterschiedliche Länge gespitzt. Die Schwanenfedern griffbereit. Alles an seinem Ort. Nichts mutete fremd an. Doch lag auf der Tischplatte, halbverdeckt von der kubanischen Zigarrenkiste für Schnipsgummis, Briefmarken und den Bleistiftanspitzer, ein Zettel, den Martha und Emmi übersehen haben mußten. In schöner, schleifiger Schrift stand »Das Weite suchen« geschrieben, sonst nichts.

Meine Kollegin hatte keine Bedenken, diesen Hinweis für das Archiv zu sichern. Mir hätte die Briefwaage als Andenken gefallen. Schließlich ließ ich einen Federhalter samt Stahlfeder verschwinden.

Als wir gehen wollten, kam Pfarrer Matull von Sankt Hedwig, um, wie er sagte, »der Familie, wenn auch mit schwachen Kräften nur, beizustehen«. Mich kannte er von der Hochzeit her. Um irgendwas zu sagen, denn nach erstem Satz schwieg er dröhnend, kam ich ihm mit einer katholischen Wendung entgegen, die insgeheim aber meinen kleinen Diebstahl beschönigen sollte und sich auf »läßliche Sünden«, eine in Beichtstühlen gängige Nachlaßpraxis berief, von der mit Vergnügen der Unsterbliche in einem Regelbuch für Jesuiten gelesen hatte; weshalb auch Fonty unter diesem Begriff gerne verjährte und wiederholte Fehltritte abgebucht hat.

Matull ging auf meine katholische Rechnung nicht ein. Er war nur für die Familie da. Dieser Fürsorge entsprechend, gab er uns zum Abschied den Tip, bei der Suche nach dem Verschollenen im Französischen Dom nachzufragen. »Genau!« rief Martha uns nach, und Emmi war sicher: »Da wird sich mein Wuttke mit unsrer Marlen versteckt haben, die kommt ja von da...«

Wir ließen unsere Zweifel bestätigen: Weder bei den Reformierten noch in der Neuen Synagoge, in keiner der Kirchen, die wir abklapperten, in keinem Tempel, den wir aufsuchten, hatten Großvater und Enkeltochter Asyl erbeten, geschweige denn Unterschlupf gefunden, selbst bei der Heilsarmee haben wir, nun schon verzweifelt, nachgefragt.

Tage vergingen. Emmi und Martha waren abgereist. Zuvor war es ihnen gelungen, »noch schnell den Umzug zu deichseln, die paar Klamotten«, wie uns die Witwe Grundmann am Telephon sagte. Als sie ins Detail ging, erfuhren wir, daß der Poggenpuhlsche Salon von einem Altmöbelhändler abgeräumt worden war, bis auf eine Ausnahme: »Von dem ollen Klavier konnt ich mich nicht trennen. Vielleicht krieg ich mal wieder Lust. Genau, paar einfache Sachen, Kinderszenen von Schumann oder so...«

Dann wurden uns Anweisungen gegeben. Wir sollten, sobald sich irgendwas finde, ein Telegramm schicken. Aber selbst die Polizei, die auf Emmis Wunsch einer Vermißtenmeldung nachzugehen versprach, hatte kein Glück oder war, wie in Großstädten üblich, mit Suchanzeigen eingedeckt und – wie man zugab – überfordert. Schon übten wir den Gedanken ein, ohne Fontys Beistand in unserer Arbeit Sinn finden zu müssen, schon begannen wir, für ihn ein nebengeordnetes Archiv einzurichten, schon sprachen wir über Fonty wie von einem Toten, dem nach gründlicher und in die Breite gehender Vorarbeit nachgerufen werden müsse, schon schrieben wir uns versuchsweise ein, da kam Hoftaller ins Archiv.

Er wolle sich nur verabschieden. Ihm stehe eine längere Reise bevor. Die ihm neuerdings gestellte Aufgabe lasse sich nicht verschieben. Nur soviel sei angedeutet: Spezialwissen wie seines und systemübergreifende Erfahrungen, an denen es ihm nicht fehle, würden derzeit, bei total verrutschter Weltlage, doch stets gleichbleibendem Sicherheitsbedürfnis, dringlicher denn je benötigt: »Hab ich ja immer gesagt: Im Prinzip ändert sich nichts.«

Unser Gast hatte sich in Schale geworfen: dezent kariertes Tuch. Im Seidenfutter des Hutes konnte man das Signum einer Londoner Firma vermuten. Anstelle seiner abgeledeten Aktentasche hing ihm ein Diplomatenkoffer an. Irgendwie verjüngt oder rundum erneuert kam er uns vor; altgedient und vernutzt war nur sein Lächeln, das sich dem Schmunzeln näherte, so gut gelaunt gab sich unser Besucher. Sogar Scherze wie »Richtig beneidenswert, die Stille hier« und »Ne Stellung wie diese, ganz ohne Außendienst, hätt ich mir gerne gewünscht« fielen ihm ein. Als wir den Sessel für Gäste anboten, sagte er: »Aber nur auf ein Viertelstündchen. Muß noch was erledigen, ne Formalität nur. Dann aber geht's los. Bin schon lange berlinmüde.«

Wir versuchten sein Reiseziel zu erraten: »Sie wollen doch nicht etwa nach Jugoslawien, wo nur noch Chaos herrscht?«

»Hat Moskau Sie angefordert, weil nun, nach dem Putsch...«

»Ich hab's! Ihr Sprachintensivkurs erlaubt uns, Lateinamerika als Ziel zu vermuten.«

»Geht's etwa nach Kolumbien, mitten hinein in den Drogensumpf?«

Hoftallers Schmunzeln mußte uns Antwort genug sein. »Mein Biograph«, sagte er, »der sich so gründlich mit der Langzeitperspektive Tallhovers befaßt hat und mir ein selbstgewähltes Ende vorschreiben wollte, wäre erstaunt, wüßte er...«

»CIA!« riefen alle, und ich fügte hinzu: »Wen wundert das?«

Weitere Geheimdienste fielen uns ein, sogar Mossad, der israelische. Nun, da seine Abreise feststand, glaubten wir locker, wie unbekümmert fragen zu dürfen. Er ließ uns zappeln und in die Irre gehen. Wir schickten ihn auf Suche nach letzten Nazis oder ins Dickicht dieser oder jener Mafia. Ahnungslos, wie wir waren, beförderten wir ihn aus seiner überlebenslang mittleren Position zum Topagenten. Er gefiel sich in Bescheidenheit – »Alles ne Nummer zu groß« –, aber dann, schon im Aufstehen, leitete Hoftaller einen Satz mit uns vertrauter Wendung ein: »Übrigens...«, sagte er, und schon wußten wir, auf wen er hinauswollte.

»Übrigens bring ich fürs Archiv Grüße von unserem Freund mit. War gar nicht so einfach, ihn aufzustöbern. Habe auf ner Fährte gesucht, die nichts brachte. Sie wissen ja, diese Blumentopffrau, die lange vor ihm abgetaucht ist. Richtig, Helma Frühauf. Hat nicht ne Andeutung von ner Spur hinterlassen. Wurde von uns unter dem Kennwort ›Gemmengesicht‹ geführt. War anfangs, als wir die Sache noch einigermaßen im Griff hatten, zuverlässig, doch zum

Schluß ... Jedenfalls Fehlanzeige ... Zum Glück fiel mir ein, daß Mademoiselle Aubron, als wir Mitte August in Potsdam waren, mehrmals zu ihrem Großvater gesagt hat: ›Zu viele Könige. Und alles todernst. Ich hätte mal Lust auf etwas wirklich Lustiges. Ach, Großpapa, darf ich mit Ihnen Karussell fahren?‹ Sie durfte. Und ich werde Ihnen jetzt, ganz unter uns und als Freund des Archivs, verraten, wo ich das Vergnügen hatte, unserem Fonty und seiner reizenden Enkeltochter zu begegnen. War ne echte Überraschung. Sie werden staunen. Nur ein paar Stichworte zum Abschied, dann muß ich aber wirklich ...«

Er hat sie im Spreepark gefunden, der zu Zeiten der Arbeiter- und Bauern-Macht Kulturpark hieß und Teil des Treptower Parks ist, in dem das sowjetische Ehrenmal steht. Er sagte: »Weil im Rentenalter, mußte ich nur den halben Preis zahlen. Trotzdem, ganz schön happig, Westtarif! Aber dafür kann man, so oft man will, auf allem fahren, sogar auf der Achterbahn. Ist ne Gelegenheit, sollten Sie mal probieren.«

Und auf dieser schrottreifen, in allen Gelenken krachenden, in sich bebenden, doch seit den Schuljahren unserer nunmehr erwachsenen Kinder unfallfreien Achterbahn hat er das vermißte Paar gesehen, mit erstem Blick, leicht herauszupicken. Zwischen halbwüchsigen Schülern saßen sie und kreischten wie alle Mitfahrer in den Kurven, bei absturzähnlicher Talfahrt, in Schräglagen im rasenden Tempo durch den Tunnel und im weiteren Geschlinge der sich selbst in den Schwanz beißenden Strecke. Er mußte längere Zeit warten – »Konnten beide nicht genug bekommen« –, denn Fonty und Madeleine blieben dreimal nach Abschluß der Fahrt sitzen, sind also viermal hintereinander einem Vergnügen nachgegangen, das schon beim Zusehen auf den Magen drückt.

»Für mich wäre das nichts gewesen«, sagte Hoftaller, als er mit kurvenden Händen die Achterbahn nachbildete, langsam bergauf kriechend, vom Höhepunkt abwärts bis ins letzte Gekreisel. Sogar die Kurvengeräusche imitierte er. Endlich hätten beide genug gehabt, seien aber nicht torkelig ausgestiegen und kein bißchen erstaunt gewesen, ihn dort zu finden, wo der Ausgang war: »War ja nicht zu übersehen.«

Fonty habe sogleich gespottet: »Hat aber kolossal lange gedauert, bis Sie fündig wurden. Vermute, Ihr Spürsinn läßt nach.« Und Madeleine sei ziemlich frech geworden: »Darf ich Sie, Monsieur Offtaler, zu einer kleinen Bergundtalfahrt einladen? Sieht nur so gefährlich aus. Sie sind doch mutig, nicht wahr?«

Hoftallers Lächeln nahm gütige Ausmaße an, als er sich für uns an das Abenteuer Spreepark erinnerte: »Keine Bange. Nur auf ein eher harmloses Karussell habe ich mich nötigen lassen, war schlimm genug.«

Obgleich er es eilig hatte und immer wieder aus dem Besuchersessel sprang, wurden uns sämtliche Attraktionen, mit denen der Vergnügungspark bestückt war, eher breit geschildert, unter ihnen ein »Fliegender Teppich«, den Fonty und La petite schon wiederholt erprobt hatten. Sogar in Schwänen, die als Boote langsam dahinglitten und durch ein Zugsystem auf einem der Spree nachgebildeten Wasserarm ihren mäandernden Weg nahmen, hätte man in Ruhe über alles mögliche, sogar über Zukunftspläne plaudern können.

»Aber das war nichts für Mademoiselle. Sie wollte es wild haben oder uns ihre Treffsicherheit beweisen. Stellen Sie sich vor, da es Schießbuden gab, in denen ne Menge Kunstblumen auf Röhrchen standen, hat sie freihändig und mit wenigen Schüssen zuerst für ihren Großvater ne Rose, dann für mich sowas wie ne Tulpe geschossen. Konnte mich leider nicht revanchieren. Bin schon immer ein schlechter

Schütze gewesen. Aber Fonty – wer hätte das gedacht? –
ihr nach nur drei Schuß ne Kornblume präsentiert u
natürlich gleich wieder subversiv gelästert: ›War des K₂
sers Lieblingsblume. Trug, wenn Wilhelm Geburtstag hatte,
jeder Assessor, jeder Leutnant im Knopfloch. Mag eigentlich keine Kornblumen. Ein dummes, nichtssagendes Blau,
ohne Duft, aber für Schießbuden geeignet.‹ Und so ging es
weiter, von einem Vergnügen zum nächsten. Sogar ne Zir-
kusattraktion konnte man bestaunen: ein Motorradfahrer
hoch oben auf nem Drahtseil...«

Schließlich ist es Hoftaller doch noch gelungen, Fonty seiner Enkeltochter auszuspannen, wenn auch für kurze Zeit
nur. Das hätten wir gerne gesehen, wie das uns vertraute
Paar, der Tagundnachtschatten und sein Objekt, die Gondel
bestieg; auf Hoftallers Wunsch und mit Madeleines Erlaubnis durfte das Gespann ein Viertelstündchen lang Riesenrad fahren.

Natürlich habe Mademoiselle, als sie den besonderen
Wunsch hörte, gewitzelt: »Monsieur, ich hege Verdacht, daß
Sie ein Bücherwurm sind. Könnte es sein, daß Ihnen ein
gewisser Graham Greene, sozusagen als Ihr Kollege, das Riesenrad per Lektüre eingeredet hat? Oder ist es der Film
gewesen, die berühmte Szene, in der Orson Welles über
Kuckucksuhren einerseits und Michelangelo andererseits
philosophiert?«

»Typisch La petite!« riefen wir und genossen Hoftallers
nachwirkende Verlegenheit. Drei Fahrten nacheinander
durfte er mit Fonty allein in einer Gondel sein. Er lobte mit
der Höhenluft die Aussicht und zählte auf, was alles von
oben zu erblicken war: die Spree natürlich und Stralau, auf
einer Halbinsel zwischen dem Rummelsburger See und
dem Fluß gelegen. »Genau da muß man sich Lene
Nimptsch und Lina Gansauge beim Rudern vorstellen.«
Über Neukölln hinweg habe man weit nach Westberlin

ı können: »Sah man genau, wo mal die Mauer gewesen Oberbaumbrücke im Dunst, aber noch deutlich. Sollten : mal probieren, Spreepark, lohnt sich wirklich der Blick on oben. Will nicht aufhören, die Stadt. Sogar Karlshorst, die Trabrennbahn, bis nach Köpenick sieht man und ahnt den Müggelsee, wenn kein Dunst ist. Ne Augenweide das Ganze...«

Er war noch immer von der Weitsicht beeindruckt, die das Riesenrad geboten hatte. Erst als wir fragten, was denn mit Fonty hoch oben und im Verlauf der Rundumfahrt zu besprechen gewesen sei, kam wieder sein Lächeln auf, gut eingespurt und geölt: »Nunja. Auch von ihm habe ich Abschied nehmen müssen, was nicht leichtgefallen ist. Übrigens war unser Freund, ganz im Gegensatz zu Ihnen, überhaupt nicht neugierig. Kein Aushorchen: Wohin geht die Reise? ›Fahren Sie!‹ hat er gesagt. ›Fahren Sie, wohin auch immer. Sie werden überall gebraucht.‹ Und dann haben wir, wie gesagt, die Aussicht genossen. Stumm. War ne glückliche Minute... Oder bißchen länger sogar... Kommt selten vor, sowas... Von Westen her zog ein Gewitter auf... Ne Wolkenbank, ziemlich unheimlich... Aber tief unten sahen wir Mademoiselle stehn und winken. Wir winkten zurück. Ach ja, ich hatte was mit, nen Stoß Papiere, olle Kamellen von anno Tobak, aber auch Dokumente, die die Familie Wuttke betrafen, besonders den Sohn Teddy, als Ministerialrat zuständig für das militärische Bekleidungswesen... Kein großer Fisch, aber immerhin... Haben uns nen Jux gemacht und Blatt für Blatt in Fetzen zerrissen, immer kleiner, ritsch-ratsch. Ließen dann alles fliegen, wie Lametta, auf und davon in Richtung Spree. Ging ja ein Wind da oben. Sah lustig aus. Waren beide erleichtert, bißchen albern sogar. ›Man muß‹, habe ich zu unsrem Freund gesagt, ›ne Sache zum Abschluß bringen, so oder so...‹«

»Sind dabei etwa Gedichte zerschnipselt worden?«

»Und die Briefe, an Lena gerichtet? Die Spuren der Dres‹ner Zeit?«

»Etwa das Gedicht, in dem der Jungapotheker verkäuflichen Lebertran auf treibenden Elbkahn gereimt hat?«

»Alles futsch?«

Hoftaller ließ uns im Ungewissen: »Sagte bereits, verjährte Bestände, Restposten nur. Sie sollten sich endlich zufriedengeben: Kein Archiv ohne Lücke!«

Das war alles oder beinahe alles. Als sie vorm Riesenrad wieder zu dritt standen, wurde beschlossen, ein Erfrischungsgetränk zu bestellen. Unter Bäumen habe man an einem Stehtisch Faßbrause getrunken. Und dort erst soll Madeleine zwischen Schluck und Schluck angedeutet haben, daß es nach der so plötzlich endenden Veranstaltung im Kesselhaus leichtgefallen sei, ein zwar enges, aber akzeptables Quartier zu finden. Nach Hoftallers Bericht hat sie gesagt: »Wir haben Glück gehabt. Das Kämmerlein wurde uns von einer einfachen Hausfrau angeboten, deren Mann arbeitslos ist und die sich von Großpapas Vortrag begeistert zeigte. So haben wir Unterschlupf gefunden. Richtig gemütlich mit Ausblick durch ein Dachlukenfenster. Sie dürfen unbesorgt sein, Monsieur Offtaler. Nur die vielen Topfpflanzen stören ein wenig, mehr mich als Großpapa, der sogar einen Heliotrop, seine Lieblingsblume, in unsrem jardin des plantes entdeckt hat. Nun, das wird auszuhalten sein, der sehr strenge Geruch, meine ich. Wir sind ja viel unterwegs und werden gewiß nicht lange dort weilen...«

Der Abschied fand gegenüber einer Minol-Tankstelle statt, von der aus sich Hoftaller ein Taxi bestellte. Fonty und Madeleine sind über die Puschkinallee in Richtung S-Bahn gelaufen, als schon die ersten Tropfen fielen und Wind aufkam. Doch mit dem Satz »So trennten wir uns« waren wir nicht zufrieden.

Wie man denn auseinandergegangen sei, wollten wir wissen: »Einfach so, sang- und klanglos?«

Jeder ging in andere Richtung.«

»Ohne besonderes Wort?«

»Gab ja nichts mehr zu sagen.«

»Aber es muß doch irgendwas, eine Abschiedsgeste gegeben haben?«

»Das schon...«

Wir wollten nicht glauben, was uns Hoftaller, der gleich darauf das Archiv verließ, ein wenig verlegen als Bild überliefert hat: »Stellen Sie sich vor: Zum Schluß hat mich Fonty umarmt.«

So verflüchtigte sich ein Tagundnachtschatten, der auch auf uns gefallen war. Er blieb weg, aber das Rätseln hielt an: Welche Richtung nimmt er? Was hat den Spezialisten für Systemwechsel von uns abziehen können? So viele Möglichkeiten, operativ zu werden, denn wohin man mit Hilfe des Fernsehens blickte, überall klafften Sicherheitslücken, stand irgendwas auf der Kippe, war sofortiger Zugriff gefragt. Nach üblichem Hin und Her haben wir uns auf Kuba geeinigt, nicht nur, weil sein Zigarrenvorrat erschöpft war. Aber noch lange hielt sich die Frage: Auf welcher Seite wird er wohl tätig werden, in Havanna oder von Miami aus?

Zugegeben sei schließlich, daß er im Weggehen dem Archiv ein Kuvert hinterlassen hat. Wir fanden einige Dokumente aus der Leipziger Zeit – Dr. Neuberts Apotheke »Zum Weißen Hirsch« in der Hainstraße betreffend – und zwei frühe Briefe des Unsterblichen an Wolfsohn. Solche Glücksmomente sind selten geworden. Nichts Sensationelles, aber aufschlußreich ist jene Briefpassage, in der er sich vehement von Herwegh löst, um abermals bei Lenau anzuknüpfen; jedenfalls war diese Abschiedsgabe eine Bereicherung der Archivbestände.

Von Fonty hörten wir nichts, abgesehen von einer Postkarte mit Grüßen aus dem Spreepark. Abgebildet war das

Riesenrad und bemerkenswert ein mit dem Filzstift gekritzeltes Selbstzitat: »Nichts tyrannischer als alte Leute!« Dazu, in Klammern gesetzt: »Habe Madeleine gewarnt, denn mir ist, als bereitete ich mich darauf vor.« Und ihre Schulmädchenschrift: »Großpapa übertreibt schon wieder. Vielleicht sind fünfmal Achterbahn selbst für ihn zuviel gewesen. Wir haben es lustig.«

Immerhin konnten wir Hoftallers Spreeparkbericht als gesichert ansehen. Nach einigen Tagen erst, die uns lähmend langsam vergingen, kam eine weitere Postkarte, diesmal vom Fernsehturm auf dem Alexanderplatz. Wir lasen, daß Großvater und Enkeltochter im Turmrestaurant, das sich in zweihundertsieben Meter Höhe immerfort dreht, »bei toller Aussicht sehr preiswert Kohlrouladen gegessen« hatten. Und was man alles von hoch oben hat sehen können: »Das Schauspielhaus am Gendarmenmarkt, den Französischen Dom, die Staatsoper, den Friedrichstadtpalast, die Charité, am Wasser gelegen das Bode-Museum und dann noch, in Richtung Prenzlauer Berg, die Volksbühne am Rosa-Luxemburg-Platz. Nach Westen hin war es ziemlich dunstig, aber der Reichstag, das Tor und der Tiergarten waren zu erahnen, sehr minuscule die Siegessäule. Einfach phantastisch!« schrieb Madeleine. Vom Großvater nur Grüße.

Als tags drauf eine weitere Ansichtskarte mit Poststempel vom 12. September eintraf, die als Motiv die Totenmaske Heinrichs des Vierten vorwies und offensichtlich im Hugenottenmuseum gekauft worden war, wurde uns ziemlich direkt die Richtung gewiesen, weil Fonty, diesmal mit Blei, von allen Ausstellungsstücken nur »zwei besonders hübsche Kacheln aus den Cevennen« erwähnte. Überdies fand sich der vieldeutige Satz: »Zweifelsohne werde ich mir selbst nun zum jüngsten Kind meiner Laune.«

Dann kam lange nichts. Den Außendienst hatten wir aufgegeben. Um letzte Ungewißheiten zu beschwichtigen, schrieb der Leiter des Archivs an Frau Professor Jolles. Aus London kam umgehend Antwort: »Bedauerlicherweise hat sich der vermißte Herr nicht gemeldet. Vielleicht wird es Ihren Freund, der mir durch einigen Briefwechsel vertraut ist, direkt nach Schottland ins Hochmoor gezogen haben. Dort gibt es noch immer einsame Flecken, sogar Heide und Hexentreff, wenngleich der moderne Tourismus nichts ausläßt...«

Wochen vergingen. Wir begannen, uns daran zu gewöhnen, ohne leibhaftige Hilfe unser Kleinklein betreiben zu müssen. Nein, wir gewöhnten uns nicht, vielmehr waren wir sicher, ins Bodenlose gefallen zu sein, weil uns mit Fonty der Unsterbliche verlassen hatte. Alle Papiere wie tot. Keinem Gedanken wollten Flügel wachsen. Nur Fußnoten noch und Ödnis unbelebt. Leere, wohin man griff, allenfalls sekundäres Geräusch. Es war, als sei uns jeglicher Sinn abhanden gekommen. Fonty, der gute Geist, fehlte. Und nur, indem wir Blatt auf Blatt füllten, ihn allein oder samt Schatten beschworen, bis er wiederum zu Umrissen kam, wurde er kenntlich, besuchte er uns mit Blumen und Zitaten, war er, ganz gestrig, der von Liebermanns Hand gezeichnete Greis, nah gerückt, doch mit Fernblick schon, um uns abermals zu entschwinden...

Dazu kamen finanzielle Sorgen, die damals das Archiv bedrückten. Wie überall, so mußte bei uns mit weniger Personal mehr geleistet werden. Mir wurde nur noch eine Halbtagsstelle zugestanden. Schon bewarb ich mich vergeblich in Marbach und anderswo, schon sah es so aus, als bliebe mir allenfalls übrig, mich spät ins sogenannte Eheglück zu flüchten – ach ja: »Ehe ist Ordnung!« –, da traf gegen Mitte Oktober – die Kastanien fielen – eine, wie wir nun wissen, letzte Postkarte ein.

Sie sagte alles, indem sie auf der blanken Ansichtsseite eine gehügelte, vorn grüne, zum Horizont hin immer blausti-

chiger werdende Landschaft bot, der die Rückseite mit unle-
serlichem Poststempel auf dem Wertzeichen – eine karmin-
rote Marianne! – und ein paar Worten entsprach, diesmal in
Tintenschrift.

Wir lasen: »Mit ein wenig Glück erleben wir uns in kolossal menschenleerer Gegend. La petite trägt mir auf, das
Archiv zu grüßen, ein Wunsch, dem ich gerne nachkomme.
Wir gehen oft in die Pilze. Bei stabilem Wetter ist Weitsicht
möglich. Übrigens täuschte sich Briest; ich jedenfalls sehe
dem Feld ein Ende ab ...«

Inhaltsverzeichnis